HOJA DE RUTA

Cultura y civilización de Latinoamérica

QUINTA EDICIÓN

DRA. PRISCILLA GAC-ARTIGAS

AcademicPress – ENE

PARTE II: NUESTRO PRESENTE

CAPÍTULO I
El nuevo mapa político de América Latina: dos décadas que marcan la diferencia

PARTE I

NUESTRO PASADO HISTÓRICO

CAPÍTULO I
Las primeras civilizaciones en la América precolombina

¿Cuánto sabemos?

I. Conteste las siguientes preguntas y luego compare sus respuestas con un compañero/a de clase. Cuando termine de estudiar el capítulo, después de completar la sección **¿Cuánto sabemos ahora?,** vea cuáles de sus respuestas iniciales estaban correctas.

1) Los primeros habitantes de las Américas fundaron ciudades permanentes en el primer lugar al que llegaron y de ahí nunca se movieron.

Cierto o Falso

2) El nombre "Mesoamérica" se refiere en términos generales a lo que hoy conocemos como:

        a) Centro América

        b) Sudamérica

        c) Norte América

3) De los siguientes productos, uno no es originario de las Américas. ¿Cuál?:

        tabaco, maíz, papas, frijoles, naranjas

4) Todas las culturas prehispánicas hablaban el mismo idioma.

Cierto o Falso

5) Los mayas tuvieron su imperio en Machu Picchu, Perú.

Cierto o Falso

6) Un juego que la mayoría de las civilizaciones prehispánicas practicó en diferentes variantes fue el juego de:

        a) las canoas

        b) el arco y la flecha

        c) la pelota

7) Las civilizaciones prehispánicas siempre fueron muy pacíficas. Sólo hicieron la guerra contra los españoles.

Cierto o Falso

8) Todas las culturas prehispánicas eran caníbales.

Cierto o Falso

9) Hoy en día ya no existen descendientes de ninguna de las civilizaciones prehispánicas.

Cierto o Falso

10) Todas las civilizaciones prehispánicas eran politeístas. Eso quiere decir que:

        a) los hombres tenían muchas esposas

        b) creían en diversos dioses

        c) hablaban diversas lenguas

Mapa de las civilizaciones prehispánicas

teorias - theories
asiático - Asian
cruzando - crossing

CAPÍTULO I

I.1. Las primeras civilizaciones en la América precolombina

Los orígenes

Existen diversas teorías que tratan de explicar el origen de las primeras civilizaciones en habitar el continente americano, la predominante, que son de origen asiático y que llegaron a Alaska cruzando por el estrecho de Bering. De acuerdo a esta teoría, el proceso migratorio no se detuvo con la llegada a tierras americanas; estas civilizaciones se fueron expandiendo hacia el oeste y comenzaron a bajar hacia el sur hasta llegar a Puerto Montt en el sur de Chile. Las teorías para explicar este desplazamiento son varias, pero en general coinciden en que el continuo viajar obedecía a la búsqueda de alimentos.

Con el pasar de los años, estos grupos nómadas fueron estableciendo comunidades estables que se distinguieron por el desarrollo del cultivo agrícola. Se sabe que la calabaza, el cacao, diversos tipos de frijoles (habichuelas, porotos), el maíz, la papa, el tabaco y el tomate son productos originarios del Nuevo Mundo. Investigaciones realizadas en el 2008 por científicos de la Academia de Ciencias de los Estados Unidos demostraron que el girasol, que se creía había sido introducido en México en el siglo XVI por los españoles, era en verdad originario de esta región. De los resultados de las investigaciones se desprende, además, que el consumo de las semillas de girasol, utilizadas sobre todo durante algunos rituales, fue prohibido en la época de la Conquista por atribuírseles cualidades afrodisíacas.

Hasta fines de los años noventa, se creía que los primeros asentamientos poblacionales habían sido los de la llamada cultura Clovis en Norteamérica, descubiertos en los años treinta. Adquirieron el nombre del lugar donde fue encontrado el mayor y más importante sitio arqueológico, la ciudad de Clovis, Nuevo México. Los vestigios Clovis encontrados, compuestos de cuchillos; instrumentos para pulir y esculpir; puntas de lanzas; y restos humanos y de animales, databan de 11.500 y 10.900 años (11.050 y 10.800, luego de una reevaluación de la datación en los años dos mil).

En 1976, un arqueólogo norteamericano, Tom D. Dillehay y un geólogo chileno, Mario Pino, descubrieron el sitio arqueológico de Monte Verde, localizado a unos 760 kilómetros al sur de Santiago, Chile, en las inmediaciones de Puerto Montt. Después de años de excavaciones y análisis de los artefactos encontrados: residuos de fogatas, chozas, herramientas filosas y fósiles de plantas y algas marinas, vegetales, nueces, pescados, conchas de moluscos, de una especie de llama hoy día extinta y de un animal grande parecido al elefante, anunciaron que estos vestigios eran anteriores a la cultura Clovis pues databan de entre 14.220 y 13.980 años de antigüedad. El de Monte Verde fue un asentamiento de unas 20 a 30 personas que vivían en una docena de cabañas.

Como era de esperarse, esta teoría causó mucha controversia. En mayo del 2008, Dillehay (Universidad de Vanderbilt) y Pino (Universidad Austral de Chile) publicaron un nuevo estudio que confirma las fechas y refuerza la teoría lanzada en los noventa, basados en nuevos análisis y el hallazgo de nuevos artefactos. El descubrimiento de restos de animales terrestres demostró que este grupo se desplazaba tanto por la costa como por el interior.

Si aceptamos la teoría de que los primeros habitantes atravesaron el Estrecho de Bering hace unos 24.000 años, pero que comenzaron a bajar hacia el sur del continente hace 18.000, y que el primer asentamiento se dio en Monte Verde, al sur de Chile hace 16.000 años, como acaba de probar el equipo de arqueólogos dirigido por Dillehay, podemos concluir que los primeros habitantes tardaron 2.000 en cruzar el continente de Norte a Sur. Aunque todavía no existen suficientes pruebas para saber si el proceso de colonización se dio por la costa, por el interior o por ambos alternativamente, la vía costera aparece como la más rápida y lógica.

Sitio arqueológico de Monte Verde, Chile (foto: Uky.edu)

I.2. Civilizaciones existentes a la llegada de los españoles

Para facilitar el estudio de las más representativas civilizaciones que poblaban el continente americano a la llegada de Cristóbal Colón en 1492 las dividiremos en tres grupos: Culturas de Mesoamérica, Culturas Andinas y Culturas del Caribe. Hemos escogido presentar grupos aborígenes con alto grado de civilización como los mayas, los aztecas y los incas como también pueblos considerados de menor desarrollo, como los caribes, los taínos y los araucanos o mapuches, pero cuyo contacto con la civilización española tuvo un impacto significativo en el choque o encuentro que se produce con la llegada de Colón a América.

Sin embargo, antes de entrar de lleno en el estudio de esas civilizaciones, nos parece relevante detenernos un momento en rectificar la creencia hasta ahora establecida de que en la selva amazónica no se dieron culturas tan avanzadas como los mayas, aztecas o incas. Estudios publicados en el 2009 dieron a conocer los planos de una extensa red de caminos y edificios que conformaban el asentamiento de una civilización pre-colombina avanzada, hoy día desaparecida, en la región del Alto Amazonas en territorio fronterizo entre Brasil y Bolivia. La deforestación de dicha región para utilizar las tierras para pastar ganado y el uso de satélites permitieron el desarrollo de la investigación.

Luego de estudiar el sitio, los arqueólogos Martti Parssinen, Denise Schaan y Alceu Ranzi concluyeron que esta comunidad podría haber constado de unos 60.000 habitantes y que sus orígenes podían ser trazados al año 200 a.C. El asentamiento cubre más de 250 kilómetros de estructuras y caminos organizados en estricta forma geométrica que incluyen pirámides que pueden rivalizar con las de Egipto. Se cree que esta civilización, por lo avanzada, representa el mítico El Dorado buscado, pero nunca hallado, por los conquistadores. Hasta el momento sólo ha quedado al descubierto el 10% de lo que representan las estructuras.

(Sitio arqueológico del Alto Amazonas. Foto: *Antiquity*)

A. Culturas de Mesoamérica

Mesoamérica comprende las regiones central y sur de lo que hoy en día conocemos como México, Guatemala y Belice y la zona norte de El Salvador y Honduras. Esta región es la cuna de dos de las más avanzadas civilizaciones americanas, la cultura maya y la cultura azteca, las que fueron precedidas por otros grupos entre ellos los olmecas, los teotihuacán, los zapotecas, los toltecas y los chichimecas. Estos grupos se fueron sucediendo unos a otros sobre los siglos de desarrollo en que los arqueólogos dividen la historia de las civilizaciones de Mesoamérica: el periodo formativo, el periodo clásico y el periodo post-clásico.

En el periodo formativo (año 1800 a.C. –200 d.C.) las tribus, antes nómadas, comienzan a crear asentamientos, a organizarse y a desarrollar la agricultura. Durante el periodo clásico (año 200–800) los grupos continuaron desarrollándose socialmente y fueron creando las ciudades-Estado. En esta época se construyeron grandes centros ceremoniales. En el periodo post-clásico (año 800 - llegada de los conquistadores) las tribus ya conocen un gran desarrollo social y económico. Es en este periodo cuando entran en contacto América y Europa.

En el 2007, un grupo de científicos descubrió en el sitio arqueológico de Tula (antigua ciudad capital de los toltecas a cincuenta kilómetros al noroeste de la Ciudad de México) entierros infantiles que sugieren que los toltecas hacían sacrificios humanos, algo que hasta el momento no había sido probado. Encontraron la osamenta de una niña sobre una especie de altar rodeada de los esqueletos de un grupo de niños.

Igualmente, en el 2008, arqueólogos del Instituto Nacional de Antropología e Historia de México descubrieron indicios de que en el periodo post-clásico, entre el año 900 y 1200, hubo una importante actividad pesquera-comercial en un puerto localizado en las márgenes del río Coatzacoalcos en Veracruz. Los arqueólogos encontraron en el sitio artefactos de pesca, navajas de obsidiana y diversos tipos de recipientes que eran utilizados para disecar y salar el pescado. Hallaron además dos moldes de piraguas o embarcaciones hechas de madera e impermeabilizadas con chapopote (especie de alquitrán) lo que corrobora la existencia del puerto, uno de los más importantes del periodo pre-hispánico. Se cree que a través de este puerto los olmecas mantenían actividades comerciales con los mayas y los teotihuacanos. Antes de este descubrimiento, el asentamiento demográfico de este lugar era datado al 1522 con la llegada de Hernán Cortés.

Sitio arqueológico de Coatzacoalcos, Veracruz

Otros descubrimientos arqueológicos mostraron que entre los años 500 a.C. hasta la llegada de Cortés en 1521 existían al interior de estas sociedades prehispánicas las tlatlamiani (en lengua náhuatl, "las que hacen feliz"), prostitutas que acompañaban a los soldados a la guerra para evitar que éstos violaran o raptaran a las mujeres de los pueblos conquistados. Nunca se casaban y eran muy respetadas por considerarse que cumplían una labor social. Por ello, eran pagadas por el Estado y también por sus clientes.

Figura en greda de una tlatlamiani   Cabeza olmeca

Estas culturas dejaron para la posteridad extraordinarias muestras de escultura, arquitectura y arte. Vale la pena señalar las gigantescas cabezas humanas dejadas por los olmecas y las pinturas murales dejadas por los teotihuacán, además de su majestuoso complejo religioso-administrativo conformado por la Pirámide de la Luna, la Pirámide del Sol y el Palacio de Quetzalpapalot junto a otros edificios de carácter ritual y político situados a lo largo de la Calzada de los Muertos en Teotihuacán. Teotihuacán significa "lugar donde los hombres se convertían en dioses". Este complejo arqueológico fue declarado Patrimonio de la Humanidad por la UNESCO en 1987.

A fines de los noventa, un grupo de trabajadores camineros descubrió en el Estado de Veracruz, México, una piedra con grabados, la que bautizaron como Bloque de Cascajal considerada el texto más antiguo del Nuevo Mundo. La piedra, atribuida a los olmecas, muestra un sistema de escritura viejo de 2000 años. Hasta el momento se sabía que ya en el año 900 a.C. los olmecas habían creado glifos, una figura simbólica o carácter que representaba una letra, un sonido o una palabra, pero los estudiosos no estaban de acuerdo en considerar que se trataba de un sistema de escritura. El texto grabado en el Bloque de Cascajal, en cambio, se ajusta a todas las características de la escritura puesto que tiene elementos diferenciados, secuencias, patrones y un orden consistente de lectura. El texto está compuesto por 62 símbolos, algunos de los cuales se repiten hasta cuatro veces.

Pirámide de la luna

1. Los mayas

Los mayas fueron descendientes directos de los olmecas. Ocuparon las regiones de la península de Yucatán, Guatemala y parte de Honduras y El Salvador. No conformaban un grupo uniforme, sino alrededor de 28 grupos que hablaban diversas lenguas, pero que compartían una cultura bastante homogénea. Su civilización está marcada por un gran desarrollo artístico, científico y arquitectónico. Astrónomos expertos y matemáticos disciplinados, 1300 años antes de que el calendario gregoriano utilizado actualmente fuera adoptado en 1582, los mayas ya poseían un calendario de 365 días más exacto que el calendario cristiano que se utilizaba en la época.

El calendario maya, a diferencia del nuestro es cíclico; cuenta el tiempo como el último ciclo a partir del 13 de agosto de 3113 a.C. y concluye su cómputo el 21 de diciembre del 2012 d.C. En ese momento terminará un ciclo de 5125 años y comenzará uno nuevo. A medida que se acercaba el 2012, este cómputo del calendario maya dio pie a especulaciones sobre la posibilidad de que esa fecha representara el día del fin del mundo. Incluso Hollywood, en el 2009, produjo su versión de este acontecimiento: la película *2012*. Sin embargo, los expertos en astronomía coinciden en que lo que ocurrirá ese día de solsticio de invierno es la conjunción planetaria de Marte, Júpiter y Saturno que los mayas asociaban con el fin de un ciclo y comienzo de otro, época de transformación y renovación.

El año solar o haab en maya, tenía 18 meses de 20 días cada uno, llamados winal y otro más de sólo cinco días llamado wayeb. Los nombres de los meses eran: pop, uo, zip, zotz, tzec, xul, yaxkin, mol, chen, yax, zac, ceh, mac, kankin, moan, pax, kayab, cumbu y uayeb.

Cada día se escribe usando un número del 0 al 19 y un nombre del winal representado por un glifo (signo), con la excepción de los días del wayeb que se acompañan de números del 0 al 4. Los glifos y nombres de los winal o meses mayas son:

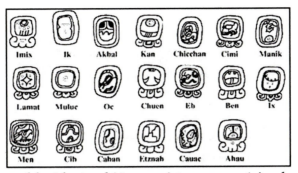

Imix	Ik	Akbal	Kan	Chicchan	Cimi	Manik
Lamat	Muluc	Oc	Chuen	Eb	Ben	Ix
Men	Cib	Caban	Etznab	Cauac	Ahau	

Habían establecido también un sistema numérico basado en veintenas representadas por puntos y rayas (el número uno lo representaba un punto y el cinco una raya). Inventaron un símbolo para representar el cero y comenzaron a utilizarlo en sus cálculos matemáticos alrededor de mil años antes que los hindúes. Estos descubrimientos e invenciones tenían aplicación práctica en la vida diaria; gracias a los mismos, los mayas podían calcular las buenas y malas épocas para la agricultura.

0	1	2	3	4
5	6	7	8	9
10	11	12	13	14
15	16	17	18	19

Sistema numérico

Organización social y política

Como en muchas civilizaciones indígenas, la organización social de los mayas era hereditaria y muy estratificada. Estaban divididos en cuatro clases: la nobleza, los sacerdotes, el pueblo y los esclavos. Los nobles ejercían poder político siendo gobernadores y jueces de las diversas ciudades y poblaciones. Los sacerdotes provenían de la nobleza y ejercían el poder religioso sobre todos. Su poder, al igual que el de los sacerdotes católicos, residía en su erudición. También eran los encargados de los estudios de astronomía y matemáticas. Como en todo tipo de gobierno organizado de esta manera, el pueblo hacía todo el trabajo de manutención económica del grupo.

Los agricultores cultivaban la tierra. Tomaban lo necesario para su sostenimiento personal y el de sus familias y entregaban a los nobles y sacerdotes el excedente de las cosechas. A cambio, recibían otros productos necesarios a la supervivencia. Los trabajadores construían templos, caminos y edificios.

Todos pagaban impuestos con productos de su trabajo bien fuera tejidos, productos agrícolas, aves, etc.

Los esclavos representaban una clase considerada inferior compuesta por prisioneros de guerra, hijos de esclavos, huérfanos o delincuentes públicos.

La organización política de la civilización maya era la ciudad-Estado. Por sobre todos los sacerdotes y jefes civiles de una ciudad-Estado estaba el halach uinic, líder supremo con carácter de semidiós quien detentaba poderes políticos y a la vez religiosos.

La mujer dentro de la sociedad maya

El rol principal de la mujer en la sociedad maya estaba asociado al hogar y a la educación de los niños, pero iba más allá que el simple cuidado de la casa. Su trabajo era de capital importancia para la economía familiar ya que de ellas dependía la elaboración de piezas de cerámica, la fabricación de algodón para la confección de tejidos y la crianza de animales. Aunque no era la regla, algunas mujeres de la nobleza llegaron a ocupar posiciones de mando como lo fue el caso de la Señora de Tikal y de la Reina Roja de Palenque. Las mujeres gobernantes accedían al poder únicamente frente al peligro de la desaparición de la línea patrilineal que daba derecho al trono.

En todas las clases sociales el matrimonio era una alianza de carácter político o económico y el hombre recién casado debía trabajar bajo las órdenes del suegro por un periodo de tiempo que podía extenderse hasta cinco años. Al interior de la nobleza, estos matrimonios arreglados eran aún más importantes puesto que podían significar alianzas de poder para fortalecer las ciudades-Estado.

Economía

Pueblo esencialmente agrícola, los mayas utilizaban los productos que cultivaban: algodón, batata o camote, cacao, caucho, chicle, maíz, papa, tabaco, tomate y yuca para la alimentación y para obtener pinturas para sus murales y tejidos. Poco a poco su actividad agrícola dejó de ser solamente para autoconsumo y se convirtió en una actividad igualmente comercial con otros pueblos. Al hacer comercio, utilizaban como unidad de cambio, semillas de cacao, discos de jade o plumas de aves de bellos colores como el quetzal, los tucanes y las cotorras.

Religión

La vida de los mayas estaba regida por un profundo sentido religioso arraigado en la naturaleza y en las actividades inherentes a la vida diaria. La suya era una religión dualista, es decir, que partía de una visión del mundo donde coexistían el bien y el mal y el destino de los hombres se veía afectado por la lucha constante entre estas dos fuerzas. Del bien dependía la vida; el mal acarreaba la guerra, el hambre, la miseria. Tenían más de 165 dioses, unos asociados con el bien, otros con el mal. Entre los primeros estaba Chac, dios de la lluvia; entre los segundos, Ah Puch, dios de la muerte.

Algunos de sus dioses principales fueron: Hunab Ku, Dios Creador del mundo y del hombre a partir del maíz, padre y señor de todos los dioses cuyo nombre significa "un solo dios"; Itzamná, hijo de Hunab ku, señor de los cielos, la noche y el día a quien se atribuye la invención del calendario y la escritura; Ixchel, esposa de Itzamná, diosa de la luna, las corrientes de agua y la fecundidad femenina e inventora del arte del tejido. Ixchel es representativa de la cosmovisión dualista de los mayas pues al ser diosa de las aguas, se le consideraba también la causante de las inundaciones y la destrucción que éstas provocaban.

Otro dios importante era Kukulkán, dios del viento, en quien la leyenda fundió deidad y humanidad y quien era representado como una serpiente con plumas a semejanza de Quetzalcóatl, dios azteca. Al mismo tiempo, su nombre alude a un caudillo y sacerdote que llegó a la península de Yucatán y fue fundador de una gran civilización.

A diferencia de los cristianos, los mayas creían que los suicidas, los sacerdotes, los guerreros muertos en la lucha, las víctimas de sacrificios a los dioses y las mujeres que morían durante el parto iban al cielo. Ixtab era la diosa del suicidio y se llevaba al cielo a quienes se habían quitado la vida. Otros dioses de menor importancia representaban actividades relacionadas con la vida doméstica y el trabajo como Yum Caay, dios del maíz; Ahau-Chamahez, dios de la medicina y Ek Chuak, dios de los comerciantes.

Ofrendar a sus dioses animales, productos agrícolas, flores, caucho y jade era parte importante de la religión maya, al igual que realizar sacrificios humanos. Sin embargo, esta última era una práctica menos extendida entre ellos que entre los aztecas. Algunos eran autosacrificios, otros, sacrificios de hombres, muchas veces prisioneros de guerra. De acuerdo a los más recientes descubrimientos arqueológicos, también hacían sacrificios de mujeres y sobre todo de niños. En los alrededores de Chichén Itzá un grupo de científicos encontró en el 2008 más de 100 restos óseos de los cuales el 80% pertenecía a niños entre las edades de 3 y 11 años y 20% a mujeres. Lo relevante del sacrificio humano para los mayas era el desangramiento, el que veían como un intercambio de fluidos: la sangre de los humanos alimentaba a los dioses y éstos, en agradecimiento, les enviaban agua para sus cosechas. Por ello los sacrificios más comunes implicaban la rápida salida de sangre como cortes en la lengua, orejas, brazos, piernas u órganos sexuales o la extracción del corazón con un cuchillo de piedra. Igualmente hacían parte de sus rituales religiosos la oración, el ayuno y la abstinencia sexual.

| Chac | Ixchel | Ah Puch | Ixtab |

Escritura

Al igual que los egipcios, desarrollaron una escritura jeroglífica que se conserva en códices hechos de diferentes tipos de corteza de árboles. También se encuentran inscripciones grabadas en bloques o pilares de piedra en los centros religiosos y edificios. Este tipo de escritura les permitió conservar su historia, sus creencias y sus mitos, y la tradición oral les ayudó a perpetuar su explicación particular de la creación del mundo, del origen del bien y del mal y los consejos morales que el hombre debía seguir para ser bendecido y protegido por los dioses y para evitar su cólera y sus castigos. En el siglo XVI se recoge en castellano una versión del original en quiché (una de las lenguas mayas) del *Popol Vuh o Libro del consejo*, equivalente a la Biblia cristiana.

Escritura: jeroglíficos

Artes y arquitectura

En cuanto a las artes, los mayas se destacaron en la construcción de pirámides como la del centro religioso de Chichén Itzá. El juego de la pelota era considerado un ritual de iniciación, muerte y renacimiento y cada centro religioso tenía una especie de cancha donde jugaban con una pelota de caucho que pateaban con los pies basando su movimiento en el movimiento de los astros. Estas canchas de forma rectangular, como un estadio moderno, estaban rodeadas de asientos de piedra para los espectadores.

Juego de pelota: fabricante de pelotas

También se destacaron en la pintura mural con la que decoraban las paredes de edificios importantes; la escultura en que sobresalieron por la utilización de la técnica del bajo relieve; la cerámica y la orfebrería. Utilizaban metales preciosos como el oro, la plata y el cobre, así como el jade, las plumas de aves y las conchas con motivos ornamentales.

Los murales pintados al interior de edificios mayas presentaban tanto escenas mitológicas como de la vida diaria. En el 2002, en la zona arqueológica de San Bartolo, Guatemala, William Saturno, investigador de la Universidad de Nueva Hampshire descubrió los murales mayas más antiguos conocidos hasta la fecha al interior de una tumba real. En éstos se ve al dios del maíz representado de cuatro maneras distintas: sacrificando un ciervo (símbolo del mundo terrestre); ofreciendo un pez (mundo acuático); un pavo (mundo aéreo) y finalmente flores, todo ello en una representación del paraíso del este, lugar por donde nace el sol cada día.

Aunque, aparentemente, la música no tuvo un gran desarrollo dentro de la cultura maya, la danza y el teatro tuvieron representaciones sobresalientes. Ha llegado a nuestros días el texto de una obra dramática de carácter político titulada *Rabinal Achí*, única obra del teatro indígena precolombino cuyo texto se conserva. Declarada en el 2005 por la UNESCO como obra maestra de la tradición oral e intangible de la humanidad, *Rabinal Achí* se sirve de los elementos del teatro: vestuario, música, danza y expresión corporal para presentar la historia del combate a muerte entre dos guerreros.

Actuales descendientes de los mayas

En la actualidad, alrededor de tres millones de indígenas descendientes de los mayas viven aún en las mismas regiones que sus predecesores de diversos grupos poblaron por años y años. En general son campesinos; sus comunidades, todas muy pobres se establecen alrededor de una plaza donde venden sus productos. Conservan sus ritos, costumbres y su respectiva lengua.

2. Los aztecas

La segunda gran cultura de Mesoamérica fueron los aztecas, sucesores de los toltecas. Se establecieron en la meseta del valle de México donde fundaron en el año 1325 la ciudad de Tenochtitlán en lo que es hoy México DF.

Cuenta la leyenda que fue en este lugar donde vieron el cactus sobre el cual se elevaba un águila con una serpiente en el pico, lugar donde, según el dios Huitzilopochtli, debían fundar su ciudad. La ciudad estaba localizada en una especie de islote rodeado de pantanos. Para remediar esta situación, construyeron jardines y huertas flotantes sobre el pantano, un sistema de canales de irrigación para llevar el agua por todo el islote y puentes para unir la ciudad a tierra firme.

Fundación de Tenochtitlán según la leyenda

Al conquistar al pueblo que dominaba Tlatelolco, otro islote hacia el norte, los aztecas unificaron las dos ciudades convirtiendo a Tenochtitlán en el centro urbano más grande de la época con alrededor de 100.000 habitantes. A diferencia de los mayas, a los aztecas los caracterizó un espíritu belicoso, el que les llevó a someter otras tribus y a establecer un inmenso imperio, el que hacia el sur se extendió hasta Guatemala y El Salvador.

Organización social y política

La población azteca estaba dividida en tres clases: nobles, plebeyos y esclavos al interior de las cuales había subgrupos que realizaban tareas específicas. Como veremos en los párrafos siguientes, a pesar de ser ésta una sociedad estratificada, había una pequeña posibilidad de movilidad social, específicamente para los guerreros y para los esclavos.

La nobleza estaba comprendida por los nobles de nacimiento, los sacerdotes y aquellos guerreros que por sus hazañas habían accedido a esa clase social. De entre los nobles se elegían los máximos representantes políticos y religiosos. El jefe político y religioso más importante, el emperador, como lo llamaron los españoles, era el tlacatecutli. El cargo era hereditario, pero el emperador anterior no nombraba a su sucesor, sino que se escogía entre sus parientes cercanos: hijos, hermanos, etc. En los orígenes, la elección era más democrática: participaban todos los jefes de familia; a medida que el Imperio se fue extendiendo, el cuerpo electoral se fue restringiendo a una pequeña oligarquía. Este emperador o jefe supremo se hacía asesorar por un grupo de cuatro concejales provenientes a su vez de los jefes de los veinte calpullis o clanes en que se subdividía el pueblo azteca.

Un clan estaba compuesto por varias familias y cada clan se auto-administraba bajo el mando de un jefe civil y uno militar quienes eran elegidos por el consejo del clan. Dentro del clan, los mercaderes estaban a cargo del desarrollo del intercambio comercial, los militares se dedicaban a hacer la guerra, conquistar otras tribus e imponer el poder azteca, y el resto del pueblo común realizaba todo tipo de oficio incluyendo la construcción de templos, edificios y caminos. Los esclavos realizaban los trabajos agrícolas pesados. Éstos podían comprar su libertad, y los que lograban escaparse de sus amos y llegar al palacio real sin ser capturados, obtenían la libertad automáticamente.

Entre los plebeyos había una subdivisión social. Estaban los macehualtin, a quienes se les otorgaba la propiedad a vida de un terreno en el que podían construir una casa propia, y los tlalmaitl, capa más baja a quienes no se les permitía tener propiedades y vivían como campesinos en tierras arrendadas.

La mujer dentro de la sociedad azteca

De acuerdo a Fray Bernardino de Sahagún en su *Historia general de las cosas de Nueva España*, el destino de la mujer azteca quedaba sellado en el momento de su nacimiento cuando la partera le cortaba el cordón umbilical y lo enterraba bajo las cenizas del hogar para marcar su lugar dentro de la sociedad: "No habéis de andar fuera de casa. No habéis de tener costumbre de ir a ninguna parte. [...] En este lugar os entierra nuestro señor. Aquí habéis de trabajar. Vuestro oficio ha de ser traer agua y moler maíz en el metate". (416).

La mujer noble debía aprender a tejer e hilar, ser diestra en refinadas artes culinarias y criar y educar a sus hijos. Debía encargarse personalmente de fabricar la ropa de su esposo e hijos. Las doncellas adquirían además una educación formal en religión, escritura, lectura, historia y música. Las mujeres del pueblo no tenían acceso a la educación; su obligación principal era aprender a realizar todos los quehaceres domésticos, desde limpiar y cocinar hasta cuidar y educar a los niños. Al igual que la mujer noble debían confeccionar la ropa de la familia; a diferencia de ésta, debían contribuir a la economía participando en las tareas agrícolas y artesanales del clan y en ocasiones podían ser empleadas como sirvientas en casa de los nobles.

En resumen, a pesar de ser el núcleo de la estructura familiar como entre los mayas, la mujer azteca no ocupó, en general, posiciones de poder. Las princesas nobles, por ejemplo, podían llegar a ser vírgenes del templo y ser sacrificadas a los dioses, pero no podían llegar a ser sacerdotisas.

Ancianos aztecas ingiriendo veneno. Códice Mendoza

Economía

Estaba fundada en la agricultura y el comercio. Cosechaban en general los mismos productos que las otras culturas de Mesoamérica: frijoles, maíz, papas, tabaco, tomates. Cada clan o grupo de familias debía cultivar colectivamente el pedazo de tierra que le fuera asignado. De una manera rotativa debían cultivar también las tierras del emperador. Como los mayas, pagaban los impuestos con el producto de su trabajo.

Su gran afición al comercio quedaba destacada en los coloridos mercados que hacían parte esencial de cada ciudad. Se dice que el mercado más grande, el de Tlatelolco atraía más de 60.000 personas diariamente. Allí se intercambiaba de todo: productos alimenticios, utensilios, cerámicas, pieles así como esclavos.

Los aztecas no poseían una moneda de cambio, sus intercambios comerciales estaban basados en el trueque. A veces, como los mayas, utilizaban los granos de cacao como moneda.

Religión

Religión y guerra eran inseparables para el pueblo azteca. Sus deidades representaban fuerzas de la naturaleza o la rutina diaria como Tláloc, dios de la lluvia, del rayo y la fertilidad, o Centéotl, dios del maíz. Huitzilopochtli era el dios de la guerra y del sol, y en ambas cosas residía su poder.

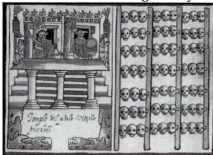
Templo dedicado a Huitzilopochtli, Códice Tóvar

Como el sol, renacía cada día, y para vivir, requería alimentarse de corazones humanos y sangre. Los sacrificios humanos, afirma el antropólogo mexicano Eduardo Matos Moctezuma, eran un rito propiciatorio, de origen agrario, para que la vida no se detuviera, para que el sol siguiera su curso.

La mayoría de las víctimas de los sacrificios humanos que los aztecas ofrecían a sus dioses en espera de recibir sus favores eran prisioneros de guerra.

Sacrificio humano

También adoraban a Quetzalcóatl, a quien representaban como una serpiente emplumada y asociaban con el planeta Venus, y a Ehécatl-Quetzalcóatl, dios del viento.

En febrero de 2010, arqueólogos del Instituto Nacional de Antropología e Historia (INAH) de México, bajo la dirección de Raúl Barrera, descubrieron vestigios que corresponden a lo que fue el Templo de Ehécatl-Quetzalcóatl. Las ruinas presentan una construcción en dos etapas: una que se realizó entre 1486-1502 durante el auge del Imperio azteca y otra que se realizó posteriormente, entre 1502-1521, que fue la que estaba en pie a la llegada de Cortés.

Ruinas del Templo de Ehécatl-Quetzalcóatl en
el centro histórico de Ciudad de México

Escritura

Los aztecas desarrollaron una escritura pictográfica que relataba narraciones históricas, religiosas o mitológicas. Escribían en un papel de su propia creación parecido al papiro de los egipcios. Se conservan aún varios códices que recogen momentos históricos y elementos de la mitología azteca.

Gracias al análisis de estos códices, ha salido a la luz en nuestros días, lo avanzado del pensamiento matemático azteca. En el 2008, dos investigadoras: María del Carmen Jorge y Bárbara Williams de la Universidad Nacional Autónoma de México (UNAM) y la Universidad de Wisconsin respectivamente, dieron a conocer el resultado de un estudio de años en el que descifran dos códices provenientes de la región de Tepetlaoztoc en el Valle de México, el Códice de Vergara y el de Santa María Asunción. Estos códices representan un registro de las propiedades de los habitantes de la región entre 1540 y 1544.

Concluyeron las expertas que, al igual que los mayas, los aztecas conocieron extraordinario adelanto en las matemáticas. Los documentos estudiados no solamente registraban la población del lugar y la distribución de las propiedades, sino el tipo de suelo poseído (arenoso, cultivable, etc.) de lo que dependía su valor. En base al valor establecido, se calculaban los tributos a pagar.

Descubrieron también que los aztecas habían creado unos glifos para expresar las fracciones, los que ellas llamaron mónadas. Por ejemplo: la mano equivalía a 1,5 metros; la flecha a 1,25 metros; el corazón a 1 metro; el brazo a 0,83 metro y el hueso 0,5 metro. Estas medidas eran más pequeñas que su unidad de longitud estándar, el *tlalquahuitl* o vara que equivale a 2.5 metros aproximadamente (1 metro = 3,28 pies). Por ejemplo: con una flecha, los aztecas representaban media vara; con cinco corazones representaban dos y con cinco manos representaban tres varas.

Artes y arquitectura

Los aztecas sobresalieron en la arquitectura y la escultura. Sus pirámides no terminaban en punta sino en un plano, como si se les hubiese cortado el tope. Al igual que los mayas construían en sus ciudades canchas rectangulares donde jugaban una variante del juego de la pelota. Utilizando sólo las piernas, los codos o las caderas los jugadores debían hacer pasar una pelota de caucho por un anillo de piedra o madera colgado de una pared.

La mayoría de sus viviendas eran construidas sin ventanas y alineadas en calles estrechas y con canales de riego rectilíneos. Cada casa poseía un patio interior adornado con plantas y flores, lo que junto al hecho de la falta de ventanas parece indicar un modo de vida volcado hacia el interior de los aposentos.

En cuanto a la escultura, dejaron piezas en piedra de gran tamaño que representan dioses o jefes políticos y religiosos, sus mitos y sus hazañas, con las que adornaban sus templos y otros edificios. Uno de los temas más representados fue el de la serpiente emplumada símbolo de Quetzaltcoátl. El calendario azteca, tallado en una enorme piedra, que se conserva en el Museo Nacional de Antropología de la Ciudad de México es una obra maestra de la escultura de todas las épocas.

Calendario azteca

Los aztecas dejaron también piezas de escultura más pequeñas en que representaban temas cotidianos, animales u objetos. Se conservan por ejemplo, unas pequeñas figuras de cerámica representando a la mujer como símbolo de la fertilidad. Desarrollaron también el arte textil, la orfebrería, para hacer joyas, y sobre todo, fueron expertos en la utilización de las plumas de pájaros para crear diversos tipos de vestimenta, tocados y joyas.

Actuales descendientes de los aztecas

Hoy en día, viviendo en diversas regiones de México y Centroamérica, podemos encontrar descendientes de los aztecas quienes mantienen vivas las costumbres de sus antepasados así como diversas variantes de su lengua, el náhuatl. Sus condiciones de vida, como la de los diversos grupos indígenas en la actualidad, son muy precarias y en general viven marginados de la sociedad.

B. Culturas andinas

De entre las culturas andinas, nos centraremos en los incas y los araucanos o mapuches. Sin embargo, nos parece importante señalar el descubrimiento reciente de un observatorio solar de unos 2300 años en la región de Chankillo en los Andes peruanos, el que ha resultado ser el más antiguo del hemisferio occidental. El observatorio es parte de un complejo ceremonial en lo alto de una montaña que incluye templos y edificios encerrados por tres murallas concéntricas con doce puertas y trece torres dispuestas en línea recta por la ladera de una montaña cercana en dirección norte-sur. Aunque los incas fueron grandes adoradores del sol y utilizaron los movimientos solares para demostraciones de poder, las pruebas de carbón mostraron que este observatorio es anterior a la presencia inca en esta zona.

Complejo arqueológico de Chankillo

1. Los incas

Lo que representaron los mayas y los aztecas para Mesoamérica, lo representaron los incas para la región andina: la cultura más avanzada. Se establecieron en el área del Cusco alrededor del año 1100 y desde ahí fueron expandiéndose llegando a crear un imperio que abarcó, por la costa occidental, desde lo que hoy se conoce como Colombia hasta el noroeste de Argentina pasando por Ecuador, Perú Bolivia y la mitad norte de Chile, uniendo el todo a través de un camino conocido como Qhapac Ñan.

Debido a la monumentalidad de sitios arqueológicos como Machu Picchu o el Valle Sagrado en la capital del Imperio, Cusco, otros lugares representativos de esta cultura en regiones más apartadas han pasado desapercibidos en la historia, lo que puede cambiar con un proyecto presentado frente a la UNESCO por varios países, entre ellos Chile y Perú, para declarar el camino de Qhapac Ñan patrimonio cultural de la humanidad. Uno de los lugares hasta ahora poco conocidos, pero que formarán parte del complejo turístico del Qhapac Ñan se encuentran en el norte de Chile. En la foto, una kallanka, que sirvió como hospedaje para administradores y funcionarios en campaña durante la conquista inca de esta parte del territorio andino.

Kallanka inca en el camino de Qhapac Ñan, norte de Chile

En septiembre del 2006, en el Parque Nacional del Manu, Perú, el arqueólogo francés Thierry Jamin descubrió un conjunto de geoglifos y petroglifos de origen incaico. Los geoglifos, caminos grabados en la montaña, son similares a los de las Líneas de Nasca y confirman la presencia inca en la selva amazónica. Los petroglifos de unos 500 metros de extensión muestran rostros gigantes. Según su descubridor, el conjunto representaría un mapa de caminos secretos que conducirían a Paitati, la mítica ciudad perdida donde los incas habrían enterrado sus tesoros tras la muerte de Atahualpa.

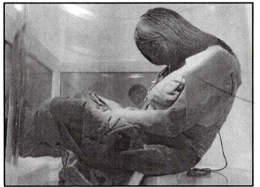

La doncella, joven inca sacrificada hace 500 años, descubierta en 1999 en el límite entre Argentina y Perú, en las laderas del volcán Llullaillaco

Administrativamente, el imperio o Tawantinsuyo estaba dividido en cuatro grandes regiones o suyos cuyo punto central era la ciudad de Cusco, que significa ombligo o centro del mundo. Cada suyo estaba bajo el mandato de un alto funcionario pariente del Sapa Inca. A partir del ángulo sur oriental de la plaza principal, salían cuatro caminos que conducían a los cuatro suyos.

En un comienzo el nombre inca era un título político que se aplicaba solamente a los jefes máximos del imperio, pero con el correr del tiempo los historiadores utilizaron este nombre para referirse a toda la población. La lengua oficial del imperio era el quechua.

Para facilitar la administración de este vasto imperio los incas construyeron una red de caminos que salían de Cusco, la capital y unían todo el territorio. Había dos caminos principales: el de la costa y el camino real o del inca que pasaba por las montañas, y de éstos salían muchos caminos transversales. A diferencia de los mayas y a semejanza de los aztecas, los incas eran un pueblo guerrero siendo su jefe máximo o emperador el Sapa Inca, quien ofrecía protección al hombre común.

Existen aspectos poco conocidos, pero muy interesantes sobre las costumbres de los incas descubiertos en documentos inéditos por el reconocido historiador peruano Waldemar Espinoza Soriano. Según este historiador los incas eran un pueblo con un gran sentimiento de hermandad, de reciprocidad y colectivismo demostrado en su saludo. Cuenta Espinoza Soriano que amigos o familiares al encontrarse levantaban la mano derecha con la palma abierta a la altura del hombro y se decían unas palabras que traducidas eran algo como "Hola, hermano".

En cuanto a las relaciones amorosas, dice el investigador que no eran consideradas tan importantes porque los matrimonios eran arreglados por los padres, lo que no significa que no existiera en algunos casos el amor verdadero. Sobre la conducta sexual nos dice que entre los incas hubo homosexuales, lesbianas y travestís. Al homosexual se le llamaba hualmishcu y a la lesbiana, holjoshta. En la sierra sur, la homosexualidad no era aceptada, pero en la costa central y la costa norte era habitual. Incluso existían los prostíbulos de homosexuales (David Hidalgo Vega "El hombre que sabe de incas").

Organización social y política

El Imperio incaico era una teocracia hereditaria basada en el sistema de ayllus, especies de clanes o grupos de parentesco sobre los cuales estaba el Sapa Inca quien era adorado como un dios. El Sapa Inca se casaba con una pariente suya, fuera su propia hermana, una prima o una sobrina quien se convertía en su esposa principal o Coya, y la sucesión al poder recaía sobre uno de sus hijos varones con la Coya, no necesariamente el primogénito, sino el que más capacitado estuviera para tomar el mando. El Sapa Inca poseía igualmente otras esposas, también de sangre real, y concubinas; sólo los miembros de la familia real podían ser polígamos.

Cuando el Inca se casaba, el matrimonio establecía una especie de poder paralelo con su Coya. La Coya adoraba la luna, así como el Inca adoraba al sol, y era considerada reina y gobernante de todas las mujeres del Imperio. En el Templo del sol existía una habitación dedicada a la luna donde se le rendía culto a las Coyas fallecidas en un culto análogo al que se le rendía a los antiguos Incas.

Se esperaba que también la Coya mostrara características de líder pues éstas podían ejercer el poder en la ausencia de sus maridos. Igualmente, jugaban un rol parecido al de primera dama en nuestros días, ocupándose de labores sociales como la organización de ayuda a damnificados de catástrofes naturales. En adición, era suya la responsabilidad de escoger la esposa adecuada para asignarles a otros miembros de la nobleza o del ejército con el fin de fortalecer o establecer alianzas. Esta especie de poder paralelo de la Coya se hacía evidente en los festivales imperiales pues los hombres le rendían pleitesía y besaban la mano del Inca, mientras que las mujeres juraban obediencia y besaban la mano de la Coya.

Los incas no perdonaban a los gobernantes inmorales. Comenta Espinoza Soriano que Inca Urco, quien según el cronista español Pedro Cieza de León gobernó por ocho años, fue descuartizado y sus miembros tirados en un río por ser un "hombre vil, cobarde, indigno, la vergüenza del Tawantinsuyo" (David Hidalgo Vega "El hombre que sabe de incas").

La sociedad estaba organizada en forma piramidal y constaba de tres clases. En el tope de la pirámide se encontraba el Sapa Inca y su familia real, y de entre los miembros de la familia real o la nobleza se escogían los sacerdotes que se encargaban de organizar la vida religiosa del Imperio. Debajo de la nobleza, llamados orejones por los conquistadores por la deformación de las orejas que distinguía a los de su clase debido al uso de pendientes y adornos pesados, estaban los servidores que incluían a los amautas u hombres sabios, quienes ejercían la actividad intelectual de educadores, poetas, historiadores, etc.; los yanaconas, en un comienzo esclavos y luego criados o sirvientes que realizaban todo tipo de trabajo manual; y los mitimaes, quienes eran enviados a poblar las regiones recién conquistadas. En la base de la pirámide estaban los runas o pueblo común quienes se ocupaban de la agricultura y la ganadería.

La mujer dentro de la sociedad inca

Entre los incas existía una gran diferencia entre la mujer del pueblo y la de la nobleza. La mujer runa cocinaba y tejía e hilaba la ropa para su familia y para pagar tributo, y al mismo tiempo, debía ayudar al marido en los trabajos agrícolas y el cuidado de los animales. La mujer noble también cuidaba de sus hijos, tejía e hilaba, pero tenía jóvenes a su servicio y disponía de tiempo libre para cuidar de su aspecto físico. En adición, las mujeres de la nobleza tenían derecho a tierras, animales y mano de obra para laborar sus campos.

Algo paradójico dentro de esta sociedad tan estratificada es que la mujer del pueblo tenía una posibilidad mínima de cambiar de situación social gracias a su belleza o a sus habilidades artísticas. Estas jóvenes, llamadas acllas, eran escogidas de todo el Imperio y enviadas a Cusco al Acllahuasi, especie de monasterio donde por cuatro años, desde la pubertad, recibían una educación especial junto a las jóvenes de la nobleza. Esta educación las preparaba para convertirse en esposas de un noble, concubinas del Sapa Inca, sirvientes de la Coya o para dedicarse a la religión de por vida. Un pequeño número podía ser escogido para sacrificios a los dioses.

De entre las acllas provenientes de la nobleza se escogían las que se dedicarían al culto del sol, quienes debían permanecer vírgenes de por vida. Éstas pasaban a llamarse mamaconas y eran las encargadas de instruir a las novicias que llegaban al Acllahuasi. Oficiaban de sacerdotisas en los cultos y por su voto de eterna castidad fueron llamadas vírgenes del sol por los conquistadores.

Economía

Una de las áreas de mayor desarrollo del pueblo inca fue la agricultura. Para cada zona desarrollaron una estrategia de cultivo que permitía obtener el máximo provecho del terreno. Construyeron grandes terrazas de cultivo en las laderas de las montañas así como camellones o waru waru en zonas altas inundables. Otro de sus grandes aciertos fue la elaboración de un excelente sistema de irrigación a través de canales gracias al cual abastecían de agua todo el Imperio.

Laderas de cultivo en el Valle Sagrado, ruinas de Pisaq

Para el cultivo de sus productos utilizaban una especie de arado de pie que ellos llamaban chaquitaclla. La actividad agrícola se llevaba a cabo comunitariamente y las cosechas se repartían entre las familias, el Estado y la jerarquía religiosa. El excedente de los productos, una vez estas capas de la población abastecidas, se depositaba en tambos, grandes almacenes a lo largo y a lo ancho del imperio para alimentar a los soldados. Sus productos agrícolas más importantes fueron la papa o patata y el maíz, pero también sembraban ají, chirimoyas o guanábanas, papayas, tomates y frijoles. Para todas las personas entre 25 y 50 años el trabajo era obligatorio.

Tenían un sistema de división de tierras con partes destinadas al Sol, al Inca y al Estado. La mayor parte de las tierras era destinada para el usufructo del pueblo donde cada hombre tenía derecho a un topo de tierra cultivable y cada mujer a medio topo (topo o tupu: medida basada en el paso humano, equivalente a 0.27 hectáreas). A la muerte de una persona su topo volvía a manos del Estado y éste era asignado a otra. El estado garantizaba una ayuda al anciano, al huérfano, a la viuda o al caído en desgracia, lo que corresponde en nuestros días a un sistema de seguridad social.

En cuanto a los animales, domesticaron la llama, que utilizaban para el transporte de productos, así como la vicuña y la alpaca, muy apreciadas por su fina lana.

La economía inca no conoció la moneda.

Religión

Al igual que en la religión maya y azteca la vida religiosa del pueblo inca estaba muy ligada a la vida y actividades del pueblo, y los dioses adorados estaban, en su mayoría, relacionados con fenómenos de la naturaleza. Viracocha, creador y señor del cielo y de la tierra y todo lo viviente, era el nombre de su dios supremo, pero se cree que la adoración a este dios era practicada más bien por la minoría educada.

El pueblo común adoraba también otros dioses como Pachacamac, dios de la creación y de la vida, Inti, dios del sol (padre de los incas), y a las diosas de la luna (Mamaquilla), de la tierra (Pachamama), y del rayo y la lluvia (Illapa). Existía también entre los incas un culto importante a los antepasados, y la importancia de una persona dentro del ayllu la establecía su cercanía en descendencia al antepasado común.

Los incas realizaban ceremonias religiosas para pedir buenas cosechas o pedir la cura de ciertas enfermedades durante las cuales se sacrificaban animales. Las vírgenes del sol, encargadas de mantener encendido el fuego sagrado en honor al dios Inti, eran parte de esta institución religiosa.

Templo del Sol

Cóndor tallado en las rocas
en las ruinas de Machu Picchu

Escritura

A pesar de ser una cultura tan avanzada, los incas no tuvieron un sistema de escritura per se, pero desarrollaron, en cambio, un sistema muy efectivo para archivar datos, inventarios de población, de tropas, de cosechas así como fechas importantes que llamaban quipu.

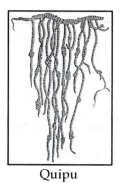
Quipu

El quipu consistía de una serie de cuerdas con nudos de varios colores que eran llevados por los chasquis (mensajeros) para transmitir información a todas partes del imperio. Los chasquis corrían en relevos alrededor de 402 kilómetros al día a lo largo de los caminos, y junto al quipu, transmitían un mensaje verbal. El color de los nudos indicaba a qué se refería la cantidad expresada por los mismos; el negro hacía alusión al tiempo, el azul a la religión, el amarillo al oro, el rojo al ejército, el carmesí al jefe inca, el blanco a la paz, etc., pero dependiendo del tipo de información que llevara el quipu, los colores podían cambiar de significado.

Aquellos objetos que normalmente no podían asociarse a un color eran clasificados por su importancia. Por ejemplo, en un quipu que hacía un inventario de armas, se colocaban primero las lanzas, puesto que las mismas eran consideradas el arma más honorable. Luego se marcaban las flechas, arcos, hachas, etc. En cuanto a las cantidades, el número más alto que se representaba era el 10.000 que se colocaba en lo más alto de la cuerda. Cada nudo representaba unidades o múltiplos de diez dependiendo de su localización en el quipu. En la parte inferior de la cuerda se colocaban las unidades. Cada cuerda tenía que ser lo suficientemente larga para dar espacio a nueve nudos entre una decena y otra. Un libro a consultar para leer ejemplos de cómo una historia podía ser contada a través del uso del quipu es *A Socialist Empire: The Incas of Peru* de Louis Baudin.

Artes, arquitectura y ciencias

El pueblo inca sobresalió, sobre todo, en la arquitectura por sus magníficos templos y palacios de los cuales Machu Picchu, que quiere decir "montaña vieja" en quechua, es un ejemplo sin igual. Machu Picchu está ubicada a 100 kilómetros al noreste de Cusco y fue declarada Patrimonio de la Humanidad por la UNESCO en 1983. El descubrimiento de Machu Picchu fue atribuido al arqueólogo norteamericano Hiram Bingham quien en 1911 fue guiado hacia las ruinas por un grupo de campesinos del área.

Sin embargo, de acuerdo al historiador peruano Carlos Carcelén, la citadela ya aparecía en mapas y documentos datados de antes de 1911. Según otra historiadora peruana, Mariana Mould de Pease, el historiador inglés Clements Markham (1830-1916), en su vejez, habría compartido con

Bingham mapas en los que ya se incluía Machu Picchu.

Investigaciones realizadas por Mould de Pease así como por el cartógrafo norteamericano Paolo Greer demostraron que las ruinas de Machu Picchu habían sido encontradas antes por un empresario y buscador de oro alemán llamado Augusto Berns quien entre 1867 y 1870 tuvo autorización del presidente peruano de la época, Andrés Avelino Cáceres, para explotar la zona con su "Compañía Anónima Explotadora de las Huacas". Según documentos encontrados en bibliotecas y archivos peruanos, el 10% de lo encontrado le correspondería al gobierno peruano. (Ver: Mould de Paese, *Machu Picchu y el código de ética de la Sociedad de Antropología Americana* Marshall. New Scientist.com. "Incan lost city looted by German businessman").

Hoy, gracias a un proyecto del Patronato de Perú, es posible realizar un tour virtual de las calles y plazas de la ciudadela de Machu Picchu o vivir la experiencia de tomar aire desde la parte más alta del Huayna Picchu. Para realizar su tour vaya a:

www.machupicchu360.com o www.mp360.com

Los incas también se destacaron en la ingeniería por la construcción de puentes colgantes hechos de sogas, de canales para regadío y de acueductos. Practicaron la orfebrería para hacer adornos en oro, plata y otros metales así como en combinación con piedras preciosas. El bronce lo utilizaron para hacer herramientas y adornos.

El reloj solar en Machu Picchu

Practicaron igualmente la cerámica y la fabricación de cestas y tejidos. Los tejidos eran variados en lana y algodón, algunos con diseños geométricos policromados, otros con brocados.

En cuanto a la tradición literaria existían entre los incas, como en otras civilizaciones antiguas, los cantores profesionales quienes recitaban sus poemas en ceremonias o festividades públicas. Gracias a ello, a pesar de no tener un sistema de escritura como ya mencionáramos, su literatura oral fue bastante prolífica, a juzgar por los fragmentos recogidos por los cronistas e historiadores españoles. La tradición oral ha permanecido arraigada en este pueblo, y algunas de esas manifestaciones literarias han llegado hasta nuestros días en voces de sus descendientes directos.

Un elemento que diferenció a los incas de las otras civilizaciones prehispánicas fue su gran desarrollo en las ciencias de la medicina. Fueron diestros cirujanos y se distinguieron en la amputación de miembros y en las trepanaciones del cráneo.

Vista parcial de las ruinas de la ciudad perdida de Machu Picchu, ciudad sagrada de los incas, descubierta en 1911 por el norteamericano Hiram Bingham

2. Los araucanos o mapuches

A la llegada de los españoles, este grupo ocupaba la parte central y sur del actual territorio de Chile, comprendiendo también el este de Argentina. Su nombre significa gente de la tierra (mapu: de la tierra; che gente). El primero en referirse a ellos como araucanos, es decir provenientes de la región de la Araucanía, fue el español Alonso de Ercilla en su poema épico *La araucana* en el que describe la fiera lucha del pueblo mapuche o araucano contra los españoles.

India araucana

Son de gestos robustos, desbarbados,
bien formados los cuerpos y crecidos,
espaldas grandes, pechos levantados,
recios miembros, de nervios bien fornidos;
ágiles, desenvueltos, alentados,

44

animosos, valientes, atrevidos,
duros en el trabajo y sufridores
de fríos mortales, hambres y calores.

Alonso de Ercilla, *La Araucana*, 1569

Hemos decidido utilizar el sustantivo mapuche para referirnos a ellos de aquí en adelante porque es el nombre que ellos se dan y reivindica su pertenencia a esta cultura rechazando al mismo tiempo el proceso y los efectos de la colonización. Antes de la llegada de los conquistadores, los mapuches vivían bajo un sistema matriarcal según el cual, en el momento del matrimonio, el esposo debía ir a vivir con la familia de la esposa. Sin embargo, cuando los españoles llegaron a tierra mapuche, ese sistema había evolucionado hacia uno patriarcal. Eran polígamos y la cantidad de mujeres que un hombre poseía dependía de su posición económica pues para poder casarse, la mujer debía ser comprada a sus padres.

Como este grupo indígena no tuvo una forma de escritura lo que conocemos de su cultura y costumbres proviene mayormente de las crónicas escritas por los españoles. Entre otros detalles particulares se sabe que se preocupaban mucho por la higiene. Aún cuando las aguas de la región que habitaban eran tan frías, acostumbraban a bañarse todos los días. Se abrigaban con ropa hecha de lana y vivían en rucas, viviendas de una sola pieza sin ventanas y con una sola entrada. Al medio de la ruca mantenían una hoguera permanentemente encendida.

Organización social y política

A diferencia de otros grupos indígenas, los mapuches no establecían poblados o aldeas sino que vivían en clanes familiares independientes provenientes de un ancestro común, y cada clan tenía su lonko o jefe. Era posible que los clanes guerrearan entre sí, por ello los mapuches se entrenaban desde pequeñitos para la guerra. De ser necesario, se unían bajo el mando de un jefe común llamado toqui. Este espíritu belicoso los caracterizó también frente a la colonización española siendo uno de los grupos aborígenes que con más fiereza luchó (durante más de 300 años) contra la conquista. Empleaban con gran destreza diversos tipos de armas como el arco y las flechas, las hondas y las lanzas. Dos de sus líderes durante esa larga lucha lo fueron Caupolicán y Lautaro.

A este grupo lo caracterizaba un gran sentido lúdico; los juegos de azar o de destreza eran algunas de sus actividades favoritas. Por ejemplo, el primer toqui elegido para dirigir la lucha contra los españoles, Caupolicán fue escogido a través de una prueba con troncos. Los oponentes tenían que cargar un pesado tronco de árbol sobre sus hombros. Cuenta la leyenda que Caupolicán caminó cargando el tronco por un día y una noche y así fue elegido jefe.

Otros juegos que practicaban eran el de la pelota o chueca que consistía en empujar con un palo curvo una pelota de madera y depositarla en un hueco en la tierra. Se jugaba entre dos equipos de 6 a 8 jugadores cada uno. Una de sus pruebas más interesantes era la del silencio, en la que ganaba la persona que pudiera guardar silencio por más tiempo.

La mujer dentro de la sociedad mapuche

El puesto ocupado por la mujer dentro de la sociedad mapuche es particular. Por un lado, el importante rol de chamán o hechicero y curandero de la tribu recaía casi exclusivamente en las mujeres, llamadas machis. Ser machi implicaba atender la salud física de las personas así como servir de guía espiritual. En el campo de la economía, cuando los mapuches pasaron de una economía exclusivamente basada en la caza y la pesca y comenzaron a dedicarse también a la agricultura, las mujeres fueron las encargadas de limpiar, preparar el terreno y sembrar. En época de guerra podían acompañar a los hombres pero no combatir; su rol era el de cargar las armas y cocinar. No obstante, a pesar de tener a su cargo grandes responsabilidades en la vida económica y pública del grupo, en el seno de la familia no disfrutaban de iguales deferencias; era la costumbre que en la casa comieran primero el padre y los hijos varones y luego la mujer y las hijas.

Economía

Contrario a otras civilizaciones, los mapuches fueron un pueblo dedicado básicamente a la pesca, y consumían los alimentos crudos o muy poco cocidos. Cultivaban patatas, frijoles, maíz y calabaza, pero la agricultura no tuvo mayor importancia en su economía hasta que dejaron de ser nómadas y se establecieron de forma permanentemente en una región. La fabricación de textiles y tejidos fue una de las actividades más desarrolladas por los mapuches.

Actuales descendientes de los mapuches

En la actualidad, con una población de alrededor de 1.000.000 (10% de la población total chilena) los mapuches constituyen uno de los grupos aborígenes más numerosos que existen. El 70%, vive en las ciudades, no en las zonas rurales.

Los que viven en las zonas rurales, se dedican mayoritariamente a la agricultura y a la ganadería. También, la artesanía y los tejidos constituyen actividades típicas del grupo. Fabrican adornos de plata, sillas de montar, artículos de cerámica, mantas o cubrecamas, alfombras, ponchos, abrigos, suéteres y otros artículos de lana. Tienen ciudadanía chilena o argentina y algunos de ellos ejercen actividades en la milicia, la docencia y la política del país.

Sin embargo, la discriminación y abandono de este pueblo continúa en nuestros días y ellos siguen dando una enorme batalla para hacer valer sus derechos, lograr el reconocimiento de su cultura y la aplicación de una política económica que ponga fin a su explotación y atraso.

En los años noventa y la primera década del nuevo siglo, los gobiernos de la concertación de izquierda dieron varios pasos adelante para la protección de las comunidades indígenas y por primera vez en la historia se vio a Chile como un país multiétnico. En 1993 se estableció la Ley Indígena con la cual se proveía protección, promoción y ayuda al desarrollo de los pueblos originarios de Chile. Entre otros medios de protección, se incluía el derecho a respetar su decisión de no aceptar abandonar sus tierras si el gobierno o alguna compañía privada quisiera desalojarlos para implementar algún proyecto. También se estableció la Corporación Nacional de Desarrollo Indígena (CONADI), organismo conformado por representantes del gobierno chileno y de las comunidades indígenas cuya tarea es vigilar por el respeto y la protección del desarrollo cultural de los pueblos indígenas así como conservar y proteger el territorio mapuche.

En los últimos años las comunidades mapuches han recibido la devolución de 650.000 hectáreas de tierra. Sin embargo, debido a que la gran mayoría de los mapuches viven en zonas urbanas, el Gobierno de Sebastián Piñera piensa introducir cambios en las ayudas gubernamentales destinadas al desarrollo de estos pueblos y se pasará de un esquema que priorizó el reparto de tierras a uno basado en el fomento productivo y el fortalecimiento de las comunidades indígenas urbanas.

C. Culturas de las Antillas

Los caribes así como los taínos eran grupos aborígenes que ocupaban las Antillas a la llegada de los españoles. Descendientes lejanos de los arawaks, se cree que eran oriundos del Valle del Orinoco en lo que hoy es Venezuela y que fueron emigrando y poblando las Antillas. Los caribes y los taínos eran pueblos de características muy diferentes. Mientras que los primeros eran muy dados a la guerra, como los aztecas y los mapuches, los segundos eran un grupo en general pacífico y hospitalario. Los caribes, sin embargo, no peleaban bajo el mando de un jefe sino más bien de manera individual.

Tanto los caribes como los taínos eran excelentes navegantes y pasaban de una isla a otra en sus canoas. A la llegada de los españoles, los caribes y los taínos estaban en guerra.

1. Los caribes

Vivían en pequeños clanes de familias emparentadas por el lado materno. Practicaban la caza, la pesca y también la agricultura. Para cazar usaban o hachas de piedra o arcos y flechas. Solían envenenar las flechas con curare, veneno extraído de una enredadera existente en Sudamérica. Curiosamente, el curare es mortal sólo cuando penetra por la piel, no cuando es ingerido, así que en las guerras, la flecha era un arma de gran valor para los caribes. Se dice que eran un pueblo tan feroz que incluso practicaban la antropofagia o canibalismo.

Las mujeres se dedicaban a la agricultura y oficios domésticos. En el siglo XVII vivían en casas separadas. Contrario a lo que parece, los caribes mostraban un gran respeto por ellas, y la mujer ejercía parte del poder.

Actuales descendientes de los caribes

En la actualidad, los pocos descendientes de este grupo aborigen (alrededor de 40,000) se encuentran localizados en áreas de Venezuela y las Guayanas.

2. Los taínos

Pueblo indígena que, a la llegada de los conquistadores, habitaba la mayor parte de las Antillas Mayores y Menores desde las Bahamas hasta Puerto Rico pasando por Haití, República Dominicana, Cuba y Jamaica. Fueron el primer pueblo indígena con quien los españoles tuvieron contacto al llegar a América. El consenso general entre los historiadores es que los taínos fueron la población aborigen más desarrollada de las Antillas.

El nombre taíno proviene de la lengua arawak y significa noble, bueno, selecto. Al llegar, los españoles intentaron comunicarse con los indígenas y se percataron de que éstos repetían constantemente la palabra taíno. De ahí les quedó el nombre. Por su carácter pacífico, estos nativos recibieron a los conquistadores sin oponer resistencia. No fue hasta que los españoles comenzaron a esclavizarlos que los mismos empezaron a rebelarse. En su diario, Cristóbal Colón los describió como gente de cuerpos esbeltos, altos y hermosos. De color oscuro o aceitunado y pelo corto. Eran carilampiños y sin vellos en el cuerpo; de lenguaje apacible y siempre con una sonrisa a flor de labios.

Los indígenas tenían la idea de que los españoles eran dioses y como tales, inmortales y por ello no se atrevían a rebelarse contra éstos. Cuenta la leyenda que el cacique Urayoán de Añasco, Puerto Rico, para probar la inmortalidad de los españoles, mandó a que mantuvieran bajo las aguas de un río a un joven de nombre Diego Salcedo. El joven se ahogó, lo que les indicó a los nativos que los españoles no eran inmortales y por lo tanto tampoco eran dioses, y así comenzó la rebelión de los taínos en esa isla.

Organización social y política

Jerárquicamente, la clase de mayor importancia eran los nitaínos que incluía a los caciques o líderes de los yucayeques o aldeas. Los caciques podían ser hombres o mujeres. Luego estaban los behíques o sacerdotes y finalmente los naborias, el indio común o trabajador.

La sociedad taína estaba muy bien organizada. Los taínos respetaban mucho los lazos familiares y muchas familias vivían en el mismo bohío (casa). Al igual que el Sapa Inca, los caciques podían tener más de una esposa y sus varias esposas e hijos compartían la misma vivienda. A diferencia del Sapa Inca, los taínos no contraían matrimonio con sus hermanas u otras parientes, sino con personas fuera del ámbito de la familia directa.

Cada aldea tenía su cacique y los bohíos estaban organizados alrededor de un batey. Al centro se encontraba la casa del cacique rodeada de las viviendas del resto de la tribu. A diferencia de las culturas de Mesoamérica y las andinas, los taínos no construyeron enormes pirámides. El batey era utilizado para las ceremonias religiosas así como para jugar a un juego muy parecido a lo que hoy día conocemos como fútbol.

Batey

Economía

Este era un pueblo que vivía en gran armonía con la naturaleza. Se alimentaban sobre todo de la caza y de la pesca. Diestros agricultores, cultivaban batatas, maíz, frijoles, guayaba, achiote (del que extraían colorante), tabaco y yuca (de la cual hacían harina para fabricar una especie de pan llamado casabe).

Cultivaban también algodón con el cual fabricaban mantas, las hamacas en que dormían y las pocas prendas de vestir que utilizaban. Aunque en general andaban completamente desnudos, en algunas de las islas las mujeres casadas utilizaban unas faldas cortas llamadas naguas y los hombres cubrían sus genitales con taparrabos. Los niños andaban desnudos.

La división del trabajo se hacía por género. Los hombres pescaban, cazaban y preparaban los terrenos para la cosecha. En general el terreno se preparaba quemando árboles y maleza. Las mujeres sembraban y cuidaban de las cosechas, hacían artesanías y textiles y cuidaban de los niños.

Religión

Los taínos eran una sociedad de gran religiosidad. Atribuían lo incomprensible a fuerzas naturales y atmosféricas y las representaban en estatuillas de piedra tallada o de arcilla llamadas cemíes. Dentro de su concepción religiosa de la vida y la muerte creían en la vida después de la muerte donde los buenos serían recompensados.

Tres deidades importantes eran reconocidas: Yuquiyú o Yucahú (existen diversas grafías de su nombre) ser supremo que representaba la bondad, Juracán (de donde surge la palabra española huracán) quien representaba la ira y Atabey, madre de Yuquiyú, diosa del agua fresca y la fertilidad representada siempre con la mitad superior humana y la mitad inferior de rana, símbolo de la fertilidad entre los taínos.

La ceremonia religiosa más solemne era el areyto en la que bailaban, cantaban, y al ritmo de tambores, recitaban colectivamente las leyendas y hazañas de la tribu. También les cantaban a las fuerzas cósmicas, a las plantas y animales y a sus dioses.

Areyto taíno

I-3. Situación general de las poblaciones indígenas latinoamericanas en el presente

En la actualidad, más del 80% de los indígenas de América Latina (unos 28 millones) vive por debajo del límite de pobreza. El Banco Mundial presentó en febrero del 2007 un "Informe de Oportunidades Económicas para los Indígenas de Latinoamérica" en donde analiza las causas del problema y propone medidas para solucionarlo. La situación es presentada como un círculo vicioso en donde los bajos niveles de educación impiden a los indígenas el obtener trabajos mejor remunerados, y en consecuencia, mejorar sus condiciones de vida. En su mayoría, las poblaciones indígenas viven en áreas rurales y los que residen en áreas urbanas hacen trabajos en la economía informal, es decir, sin beneficio alguno de seguro médico o de desempleo. Tampoco tienen acceso al crédito, con el que podrían, por ejemplo, adquirir maquinarias para hacer más productivas sus labores agrícolas u otros trabajos.

El informe propone a los gobiernos de los diferentes países hacer mayores inversiones en infraestructura que propicien la integración de las poblaciones indígenas a la economía nacional y les proporcionen acceso a programas educativos, de salud y de nutrición así como a la tierra y al crédito. Como medida complementaria, se plantea educar al resto de la ciudadanía sobre las necesidades de establecer programas para eliminar la pobreza y ayudar al desarrollo de estas poblaciones. De este modo se pretende la inserción de los países latinoamericanos a las metas de la "Segunda Década Internacional de los Pueblos Indígenas del Mundo" promulgada por las Naciones Unidas en el 2006 en que se plantea reducir a la mitad la pobreza extrema en el mundo con la consecuente mejoría en materia de salud y educación.

Preguntas de comprensión y repaso

Las primeras civilizaciones en la América precolombina

I.1 Los orígenes
1. ¿De dónde se cree llegaron los primeros pobladores de América y cómo llegaron hasta aquí?
2. ¿Qué caracterizaba a estos primeros grupos de habitantes?
3. Mencione algunos productos originarios de las Américas.
4. ¿Qué fue la cultura Clovis y cuál fue su importancia?
5. ¿Qué importancia tuvo el descubrimiento del sitio arqueológico de Monte Verde en el sur de Chile?

I.2. Civilizaciones existentes a la llegada de los españoles
1. Mencione las tres grandes civilizaciones aborígenes encontradas por los españoles a su llegada y los pueblos que las componían.
2. Resuma lo encontrado por arqueólogos en la región del Alto Amazonas en el 2009.

A. Culturas de Mesoamérica
1. ¿Qué región comprende Mesoamérica?
2. Mencione algunos ejemplos de culturas mesoamericanas que precedieron a los mayas y aztecas.
3. En el 2007 y el 2008 respectivamente se descubrió que una de esas culturas realizaba sacrificios humanos y que los miembros de otra eran activos comerciantes. Mencione cuáles fueron esas dos culturas.
4. ¿Qué son las tlatlamiani?
5. ¿Qué es el Bloque de Cascajal y cuál es su importancia?

Los mayas
1. ¿De qué otro grupo aborigen eran descendientes los mayas?
2. ¿Eran los mayas un grupo homogéneo?
3. ¿Qué es lo más significativo del calendario maya?
4. ¿Cómo representaban los mayas los números?
5. Mencione las cuatro clases sociales en que se dividía la sociedad maya.
6. ¿Cuál era su organización política?
7. ¿Cuál era el rol de la mujer?
8. ¿En qué circunstancias podía la mujer ocupar cargos de poder?
9. ¿Qué caracterizaba al matrimonio como institución?
10. ¿En qué se basaba su economía?
11. ¿Utilizaron los mayas alguna moneda para comerciar?
12. ¿Cómo era su religión? Mencione algunos de sus dioses.
13. ¿Qué tipos de sacrificios y ofrendas hacían a sus dioses?

14. ¿Qué son los códices?

15. ¿Qué es el *Popol Vuh*?

16. ¿En qué artes se destacaron los mayas?

17. ¿Qué es *Rabinal Achí*?

Los aztecas

1. ¿De qué civilización es descendiente este grupo?

2. Describa la ciudad de Tenochtitlán.

3. Según la leyenda, ¿dónde debían construir los aztecas su ciudad?

4. ¿Qué diferencia existía entre el carácter de los mayas y los aztecas?

5. ¿En qué clases sociales se dividía el pueblo azteca?

6. ¿Cómo podían los esclavos obtener su libertad?

7. ¿Qué lugar ocupó la mujer azteca dentro de la sociedad?

7. ¿Cuál fue la importancia del mercado de Tlatelolco?

8. ¿Quién fue Huitzilopochtli?

9. ¿Qué tipo de escritura desarrollaron los aztecas?

10. ¿Qué importantes datos sobre los aztecas sacó a la luz el análisis de los Códices de Vergara y de Santa María Asunción hecho por las investigadoras María del Carmen Jorge y Jorge y Bárbara Williams?

11. Describa el juego de pelota que jugaban los aztecas.

12. Los aztecas hablan diversas variantes de ¿qué lengua?

B. Culturas andinas

1. ¿Qué es el complejo arqueológico de Chankillo?

Los incas

1. ¿Qué territorio abarcó el imperio incaico?

2. ¿Cuál era la lengua oficial del imperio?

3. ¿Cómo lograron administrar tan vasto imperio?

4. ¿Qué es la Coya?

5. ¿Cómo se transmitía el poder?

6. Explique el poder paralelo que se establecía entre el Inca y la Coya a través del matrimonio.

7. Describa el sistema de clases sociales inca.

8. Explique la división política del imperio.

9. Describa el rol de la mujer en la sociedad.

10. ¿Quiénes eran las acllas y cuál era su rol? ¿Quiénes eran las vírgenes del sol?

11. ¿Qué adelantos lograron los incas en la agricultura?

12. ¿Quiénes estaban obligados a trabajar?

13. ¿Para qué utilizaban los animales que domesticaron?

14. ¿Quién era Viracocha?

15. Mencione algunos dioses incas.

16. Explique qué cosa eran el quipus y los chasquis y cómo estaban relacionados.
17. ¿En qué elementos de ingeniería se destacaron los incas?
18. ¿Qué desarrollo demostraron los incas en las ciencias médicas?

Los araucanos/mapuches
1. ¿Qué territorio ocupaban los mapuches a la llegada de los conquistadores?
2. ¿Cómo se enfrentaron a los españoles?
3. ¿Qué es un toqui y cómo fue elegido el primero? ¿Quién fue?
4. Explique la contradicción existente entre el puesto que ocupaba la mujer dentro de la sociedad mapuche y las labores que debía realizar.
5. ¿En qué se ve el carácter lúdico de los mapuches?
6. ¿De qué manera están integrados los mapuches hoy en día en la vida de Chile?

Los caribes
1. ¿De qué grupo eran descendientes los caribes y los taínos?
2. ¿En qué se diferenciaban los dos pueblos?
3. ¿Qué instrumentos utilizaban los caribes para cazar?
4. ¿Qué es el curare y para qué lo usaban?
5. ¿Cómo se manifestaba la ferocidad de los caribes?

Los taínos
1. ¿Qué región ocupaban los taínos?
2. ¿Qué significa el vocablo "taíno" en lengua arawak?
3. Explique la actitud con que los taínos recibieron a los conquistadores y por qué se produjo el cambio.
4. ¿Cómo comenzó la rebelión de los taínos en Puerto Rico?
5. ¿En qué se diferenciaban los taínos del Sapa Inca?
6. ¿Cree Ud. que la mujer tenía un rol importante en la sociedad taína? ¿Por qué?
7. ¿Dónde realizaban los taínos sus ceremonias religiosas?
8. ¿Con qué fin cultivaban el algodón?
9. ¿Cómo se organizaba el trabajo?
10. ¿Qué eran los cemíes?
11. ¿Cuál era el símbolo de la fertilidad para los taínos?
12. Mencione sus tres deidades más importantes.
13. Explique la ceremonia del areyto.

I.3. Situación general de las poblaciones indígenas latinoamericanas en el presente
1. ¿A cuánto asciende la población de origen indígena latinoamericana en los años 2000 y qué porcentaje vive en extrema pobreza?

2. Comente las razones para esta situación.

3. ¿Qué propone en el 2007 el "Informe de Oportunidades Económicas para los Indígenas de Latinoamérica" para ayudar a la solución de este problema?

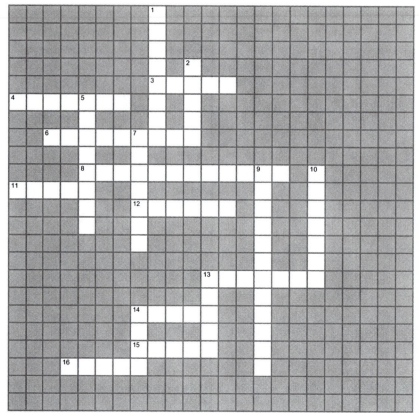

Horizontales

3. Animal que servía a los incas para el transporte
4. Dios taíno de la ira
6. Indígenas que poblaban el sur de Chile y parte de Argentina
8. Dios azteca representado como serpiente emplumada
11. Cuerdas que servían para archivar datos entre los incas
12. Veneno con que los caribes untaban las flechas
13. Libros hechos de corteza de árbol o piel de animal
14. Cultura más avanzada de la región andina
15. Significa noble, bueno, selecto
16. Curandera mapuche

Verticales

1. Dios del viento de los mayas
2. Descendientes de los olmecas
5. Mensajeros incas
7. Segunda gran cultura de Mesoamérica
9. Nombre dado por los incas a su imperio
10. Única tribu antropófaga
13. Capital del imperio inca
14. Dios del sol de los incas

Solución: p. 543

¿Cuánto sabemos ahora?

Utilice el siguiente banco de palabras para contestar las preguntas y luego vuelva a la sección **¿Cuánto sabemos?** al comienzo del capítulo para comparar sus respuestas antes de estudiar el capítulo y después.

lenguas, antropófagos, politeístas, incas, nómadas, la pelota, ciudadanía, Centroamérica, aborígenes, belicoso

1. Los primeros habitantes de las Américas no fueron grupos sedentarios sino _____.

2. Un sinónimo de Mesoamérica es _____.

3. El tabaco, el maíz, las papas y los frijoles son productos _____ de las Américas.

4. El quechua, el aimará, el arawak son ejemplos de algunas _____ indígenas.

5. Machu Picchu es también conocida como la ciudad sagrada de los _____.

6. El juego de _____ en diversas variantes fue practicado por la mayoría de las civilizaciones prehispánicas.

7. Los aztecas se distinguieron por su carácter _____ y los sacrificios humanos que hacían a sus dioses.

8. De las culturas prehispánicas, sólo los caribes eran _____.

9. Hoy en día, los descendientes de los mapuches tienen _____ chilena.

10. Las civilizaciones prehispánicas creían en diversos dioses, eran _____.

Más allá de los hechos: temas para pensar, investigar, escribir y conversar

1. Establezca similitudes y diferencias entre las civilizaciones prehispánicas estudiadas en cuanto a organización política y social, religión, economía y desarrollo de las artes.

2. Partiendo del grado de desarrollo que tenían estas civilizaciones a la llegada de los europeos, imagine cómo serían éstas hoy en día si no se hubiera producido el descubrimiento.

3. ¿Qué relación se puede establecer entre estas civilizaciones y nuestras sociedades hoy en día con respecto a la vida social, política y religiosa?

4. Compare y contraste la situación de la mujer dentro de las sociedades prehispánicas con la situación de la mujer en nuestras sociedades.

5. ¿Cuál es el peso de la religión en la estructura social de las culturas prehispánicas? ¿Existe algún paralelo con el peso de la religión en la sociedad en el presente?

6. Compare y contraste el rol de las diversiones y los deportes en las sociedades prehispánicas con el rol de los mismos en nuestras sociedades.

7. Partiendo de *La araucana* y del *Diario de Cristóbal Colón*, compare a los mapuches con los taínos tanto físicamente como en su carácter y personalidad.

CAPÍTULO II
De los imperios indígenas a los virreinatos de la conquista y colonización

¿Cuánto sabemos?

I. Conteste las siguientes preguntas y luego compare sus respuestas con un compañero/a de clase. Cuando termine de estudiar el capítulo, después de completar la sección **¿Cuánto sabemos ahora?,** vea cuáles de sus respuestas iniciales estaban correctas.

1) Cristóbal Colón, el descubridor de América, era de origen español:

Cierto o Falso

2) Los reyes españoles al momento del descubrimiento eran: _____.

3) El primer territorio al que llegó Colón en su primer viaje fue:
> a) Colombia
> b) México
> c) San Agustín, la Florida
> d) San Salvador, Las Bahamas

4) Cristóbal Colón hizo un total de cuatro viajes al Nuevo Mundo:

Cierto o Falso

5) La única razón por la cual los indígenas desaparecieron fue porque murieron en las guerras de resistencia contra la colonización española:

Cierto o Falso

6) En Brasil se habla:
> a) español
> b) portugués
> c) inglés
> d) brasileño

7) En todos los países de Sudamérica se habla español:

Cierto o Falso

II. Empareje:

_____ 1. Hernán Cortés   A. Hijo de español nacido en América

_____ 2. Francisco Pizarro   B. Leyenda sobre riquezas en el Nuevo Mundo

_____ 3. Moctezuma   C. Visión antiespañola de la conquista

_____ 4. Fernando de Magallanes D. Descubrió el estrecho que lleva su nombre

_____ 5. El Dorado   E. Conquistador del Perú

_____ 6. Criollo   F. Emperador azteca a la llegada de los españoles

_____ 7. Leyenda negra   G. Conquistador de México

CAPÍTULO II
De los imperios indígenas a los virreinatos de la conquista y colonización

II.1. El descubrimiento

El 12 de octubre de 1492, bajo los auspicios de los reyes de España, Fernando de Aragón e Isabel de Castilla, el navegante genovés Cristóbal Colón tocó tierra americana. Desembarcó en la isla de Guanahaní, habitada por los taínos, en el archipiélago de Las Bahamas y le dio el nombre de San Salvador. Como Colón había salido rumbo a las Indias, al llegar a esta isla creyó haber llegado a su destino y por ello llamó "indios" a sus habitantes.

El descubrimiento

Ante la actitud de estupefacción y la conducta de mansedumbre de los habitantes de la isla, Colón tomó posesión de la misma en nombre de los monarcas españoles. Sobre este momento histórico nos dice Hernando Colón en su libro sobre su padre *Vida del almirante don Cristóbal Colón*: "Concurrieron muchos indios a esta fiesta y alegría, y viendo el Almirante que era gente mansa, tranquila y de gran sencillez, les dio algunos bonetes rojos y cuentas de vidrio, las que se ponían al cuello; y otras cosas de poco valor, que fueron más estimadas por ellos que si hubieran sido piedras preciosas de mucho precio" (Hernando Colón 1947: 91).

Esta actitud de docilidad se repitió en los naturales de todas las islas descubiertas por Colón en su primer viaje. Por su apariencia física tan diferente: tez clara y no cobriza, barbudos y no lampiños, completamente cubiertos de ropa y no desnudos, los indígenas pensaron que los españoles eran seres divinos, opinión que reafirmaron cuando éstos les mostraron el poder de sus armas. Las armas de fuego provocaron en los naturales una peculiar mezcla de pavor y asombro puesto que les eran desconocidas.

Cuentan las crónicas que Guacanagarí, cacique de La Española, y el primero en entrar en tratos con los españoles, al escuchar el ruido de un cañonazo que Colón hizo disparar en su honor, exclamó que no le quedaba la menor duda de que los hombres blancos eran en efecto de origen divino pues sus manos estaban armadas de trueno y el trueno les obedecía.

Colón había llegado a la isla de La Española el 6 de diciembre. Acompañado de varios indígenas que le servían de guías, el Almirante había dejado la isla de San Salvador con el fin de encontrar el lugar donde se hallaban las minas de oro, codiciado metal que había visto en adornos utilizados por los indios para quienes el mismo no tenía ningún valor extraordinario. En su búsqueda del brillante metal, Colón había descubierto la isla de Cuba el 28 de octubre y poco más de un mes después había llegado a La Española. En su informe a los reyes, decía el Almirante que los nativos eran el pueblo más afable y bondadoso de la tierra.

Cuando la Santa María, una de las tres naves con que Colón realizó su primer viaje naufragó en las costas de La Española el 24 de diciembre, día de Navidad, el cacique Guacanagarí y sus hombres lo ayudaron a traer a tierra algunas de sus pertenencias y parte de la madera de la nave. Con la madera Colón dio orden de que se construyera un fuerte al que pusieron por nombre fuerte de la Navidad. Ésta fue la primera empresa de colaboración entre conquistadores y nativos que se produjo en el Nuevo Mundo. Al regresar a España para presentar su informe a los Reyes, treinta y nueve de los ochenta hombres que habían embarcado con él en el Puerto de Palos quedaron en el fuerte. Con ello Colón pensaba dar comienzo a la colonización de las nuevas tierras a nombre de los monarcas católicos.

Para que Guacanagarí no quedara preocupado por la presencia de extranjeros sobre su tierra, el Almirante se aprovechó de la rivalidad existente entre los pacíficos taínos y los guerreros caribes. Según les habían explicado los taínos por señas, y mostrándoles las cicatrices que tenían en el cuerpo, ellos eran atacados a menudo por otros indígenas que venían de otras islas en sus canoas y les robaban sus mujeres para convertirlas en esclavas. Los caribes eran temidos también por practicar la antropofagia. Colón le aseguró entonces a Guacanagarí que los españoles permanecían en la isla para defenderlo a él y a sus hombres de sus enemigos caribes mientras él regresaba a España a buscar más cuentas de colores y otras cosas de su gusto para traerles de regalo.

Los planes del Almirante, sin embargo, no resultaron como éste lo esperaba ya que tan pronto Colón dejó la isla en enero de 1493 sobrevino el caos. A la amabilidad de los indios, los españoles respondieron con abuso y maltrato. La codicia los llevó a pelearse entre sí por el oro y las mujeres. Unos abandonaron el fuerte en busca de las minas y fueron asesinados por Canoabó, cacique de la región donde éstas estaban localizadas. Luego, Canoabó vino hasta el fuerte con sus hombres e incendió las casas mientras los diez españoles que allí quedaban dormían. Estos huyeron hacia el mar pereciendo ahogados.

Mientras tanto, en España, Colón preparaba junto a Isabel y Fernando su segundo viaje al Nuevo Mundo. Para los Monarcas, este segundo viaje representaba sentar las bases de un poderoso imperio. Sin embargo, a pesar de que Colón logró fundar este imperio, no es a él, sino al navegante italiano Américo Vespucio, a quien se le acredita el haber sido el primero en afirmar que estas tierras no eran parte de Asia, sino un mundo nuevo. Es por ello que se les dio el nombre de América.

Colón regresó a América no solamente con el encargo de establecer poblados, colonizar las tierras y extraer riquezas para beneficio de la Corona, sino también de ejercer su poder sobre los habitantes y convertirlos en buenos cristianos y sumisos súbditos. Cuando el Almirante llegó de regreso a La Española meses más tarde convertido en virrey y gobernador por gracia de los Reyes Católicos, encontró todo destruido y sus hombres muertos.

Sin perder la calma, Colón decidió buscar un lugar más hospitalario donde fundar un poblado, lo que hizo muy cerca de donde estaban las grandes minas de oro. Llamó a este pueblo Isabela, en honor a la reina Isabel. Más adelante, para protección, hizo construir otro fuerte al que llamaron el fuerte de Santo Tomás. Frente a las ruinas de Isabela, destruida por las luchas entre españoles e indígenas, se fundó en 1496 Santo Domingo, hoy capital de la República Dominicana, la ciudad hispánica más antigua del nuevo continente.

Dos otros viajes hizo Colón al Nuevo Mundo, en 1498 y en 1502. En 1508 fundó el poblado de Villa Caparra en lo que hoy conocemos como Puerto Rico, primer asentamiento español en la isla que había sido descubierta en 1493. El primer gobernador de Puerto Rico lo fue Juan Ponce de León, nombrado en 1509, quien gobernó hasta el 1513 cuando abandonó la isla en busca de la famosa fuente de la juventud, y en su búsqueda, descubrió La Florida.

Juan Ponce de León

Los primeros poblados en la isla de Cuba: Baracoa, Santiago de Cuba y La Habana se establecieron entre 1511 y 1514. Con su fundación dio comienzo la colonización española en América.

II.2. Conquista y colonización

Excepto el territorio del Brasil que era colonia portuguesa, durante el siglo XVI las tierras del llamado Nuevo Mundo hicieron del Imperio español el más grande de la época. Las leyendas de riquezas y lugares legendarios como la de las siete ciudades de Cíbola con sus calles cubiertas de joyas y piedras preciosas o El Dorado, o la maravillosa fuente de la juventud cuyas aguas rejuvenecían por la eternidad a quien las bebiera, dieron una dimensión mítica al proceso de conquista y colonización. Fue un proceso complejo y arduo y en el mismo participó una representación bastante amplia de la sociedad española: soldados u hombres de armas, marineros, comerciantes, religiosos (encargados tanto de la educación del alma como de la formación intelectual), campesinos, agricultores, aventureros e incluso delincuentes. Sin embargo, más que cumplir el encargo de los Reyes de colonizar las tierras y ganar almas para la fe católica, predominó en los colonizadores un desmesurado espíritu de codicia y un desenfrenado interés de enriquecimiento instantáneo y fácil.

Cuando comenzó a escasear el oro que poseían los indios y que habían entregado voluntariamente a los españoles, o que en algunos casos les había sido quitado por la fuerza, los colonizadores impusieron en los aborígenes el trabajo forzado. Con la explotación de las minas en las Antillas Mayores, los beneficios para la corona se triplicaron, pero la riqueza de las minas fue diezmando. Esta situación provocó cambios en la conformación de la población de las colonias, así como en la actividad económica en las mismas. Dado que los yacimientos de oro estaban casi agotados se comenzó a desarrollar la agricultura, sobre todo la siembra de las grandes plantaciones de caña de azúcar, y también la ganadería. Los indígenas, acostumbrados a una vida de labranza y de caza y pesca de supervivencia, no pudieron soportar las duras jornadas de trabajo a las que fueron sometidos. Tampoco sobrevivieron a las enfermedades traídas por los europeos a América a las que su cuerpo no era inmune. (Entre el 1518 y el 1519 hubo una gran epidemia de viruela que cobró la vida de miles de habitantes, la mayoría indígena). Para reemplazar esta falta de mano de obra, se introdujeron entonces esclavos africanos.

Los primeros esclavos se introdujeron muy tempranamente, en el 1502, en la isla de La Española, pero en 1530 ya la práctica se había institucionalizado en todo el Caribe, y a medida que avanzaba la conquista de los territorios de América del Sur, también se fue propagando en aquellas zonas donde se necesitó mano de obra para la minería y la agricultura. Un ejemplo claro del desproporcionado aumento de la población esclava en el Caribe a lo largo del siglo XVI y la gradual desaparición de la población indígena resulta el caso de Puerto Rico, donde de acuerdo a un censo ordenado por el Gobierno español de la época, en el 1530 había 327 blancos, 1.148 amerindios y 2.292 esclavos. Setenta años más tarde, en el 1600, la población amerindia había prácticamente desaparecido del Caribe hispano.

Durante los siglos que duró la conquista y colonización del continente las islas de las Antillas, por su estratégica posición geográfica, servirían de área de abastecimiento para los galeones que partían en expediciones hacia México, sur de Norte América, Centro y Sudamérica, así como punto de escala para aquellos que regresaban a España cargados con las riquezas de América.

Cuatro importantes momentos marcan el periodo de conquista y cuatro el de colonización de la llamada tierra firme, es decir tierra continental:

1. La conquista de México por Hernán Cortés (1519, entrada a Tenochtitlán, 1521 conquista definitiva) y el sucesivo establecimiento del Virreinato de Nueva España en 1535.

2. La conquista del Perú por Francisco Pizarro (1535) y el establecimiento del Virreinato del Perú en 1542.

3. La conquista del norte de Sudamérica, región conformada hoy día por Colombia, Venezuela, Panamá y Ecuador por Gonzalo Jiménez de Quesada (1538) y el establecimiento del Virreinato de Nueva Granada en 1717.

4. La conquista de la parte sur de Sudamérica, región conformada hoy por Chile, Argentina y Paraguay por Pedro de Valdivia (1541), Pedro de Mendoza (1536) y Juan Salazar de Espinosa (1537) respectivamente y el establecimiento del Virreinato del Río de la Plata en 1776.

Hernán Cortés, quien ha pasado a la historia como "el conquistador de México" zarpó de Cuba en 1518 para conquistar el gran imperio indígena del cual había traído noticias Juan de Grijalva quien había explorado la costa de la península de Yucatán un año antes. El gobernador de Cuba, Diego Velázquez, le encargó esta empresa a Cortés, pero al ver el gran interés que éste ponía en la misma comenzó a sospechar que sus intenciones eran más bien de enriquecimiento personal, y decidió relevarlo de su puesto. Mas, antes de que pudieran cumplirse las órdenes de Velázquez, Cortés ordenó a su tripulación de partir de Cuba precipitadamente. Llegaron a la isla de Cozumel, donde rescataron a Jerónimo de Aguilar, quien había aprendido la lengua maya durante sus años de cautiverio. Con él llegaron hasta la península de Yucatán donde se enfrentaron por primera vez a los indígenas. Gracias al miedo que causaron en estos últimos las armas de fuego y los caballos, pudieron vencerlos fácilmente.

Como era la costumbre, el pueblo derrotado le hizo entrega a Cortés de veinte jóvenes y hermosas princesas entre ellas Malinali o la Malinche. Doña Marina, nombre cristiano de la Malinche, se convirtió rápidamente en uno de los intérpretes de Cortés gracias a su dominio de la lengua maya así como del náhuatl, conocimiento lingüístico que se enriqueció rápidamente con su aprendizaje del español. Princesa azteca, Malinali había sido vendida por sus padres a un cacique de Tabasco, pueblo del que aprendió el maya. Con el tiempo pasó a ser la amante de Cortés de quien tuvo un hijo ilegítimo. Por su conversión al cristianismo y los servicios prestados a los conquistadores el pueblo mexicano ve en la Malinche el símbolo de la traición.

La Malinche y Cortés

La noticia de la llegada a tierras mexicanas de estos hombres barbudos de tez clara llegó hasta Tenochtitlán, capital del imperio azteca, a oídos del emperador Moctezuma II. Éste pensó que se trataba de Quetzalcoátl y sus hombres ya que según la profecía, los mismos habían jurado regresar ese año por el Este, lado por el que nace el sol, para vengarse por haber sido enviados al exilio varios siglos antes. Desde que supo de su llegada, Moctezuma envió mensajeros donde Cortés para ofrecerle, en señal de paz, que abandonaran sus tierras a cambio de todo el oro y la plata que quisieran. Sin embargo, no se atrevió a luchar contra ellos.

Cortés, quien ya había escuchado de las enormes riquezas que se encontraban al interior del país ordenó a sus hombres marchar hacia Tenochtitlán. Como algunos de éstos, fieles a Diego Velázquez no querían reconocerlo como líder de la expedición y se negaron a avanzar, hizo quemar los barcos para impedirles el regreso a Cuba. En su recorrido hacia Tenochtitlán, Cortés fue estableciendo alianzas con las tribus que encontraba a su paso, algunas vencidas por las armas, otras porque, agobiadas por los tributos que les habían sido impuestos, se unían a los españoles para luchar contra el Imperio azteca opresor, renunciando incluso a sus dioses y creencias religiosas por orden de Cortés.

La entrada de Cortés y sus hombres a Tenochtitlán fue una entrada triunfal, y Moctezuma los recibió con el más grande respeto, besando su propia mano con la que antes había tocado el suelo como era la costumbre para agasajar a huéspedes de tanto honor. Ante los ojos admirativos del pueblo azteca, Moctezuma, Cortés y sus hombres se dirigieron juntos al interior de la ciudad donde los españoles fueron acomodados en el palacio de Axayacatl, el padre de Moctezuma.

Mapa de Tenochtitlán

Los primeros días Cortés y sus hombres aprovecharon para conocer la ciudad quedando enormemente impresionados por la riqueza y colorido del mercado que cada cinco días florecía con los más variados productos venidos de todas partes del Imperio. De pronto, llegaron noticias de problemas en la costa: Cualpopoca, gobernador representante de Moctezuma en la zona había entrado en guerra contra los españoles y varios de ellos habían muerto. La reacción de Cortés frente a esta situación fue ir a exigirle cuentas a Moctezuma, y a pesar de éste negar su relación con el incidente, Cortés decidió tomarlo como rehén para garantizar su propia protección y la de sus hombres. Éste fue el comienzo del fin del poderío de Moctezuma, y su pérdida de confianza a los ojos del pueblo azteca, pues aunque le permitían moverse con toda libertad en el palacio donde Cortés lo mantenía, al salir por la ciudad iba siempre acompañado de soldados españoles lo que lo hacía aparecer como el prisionero que realmente era. Cuando Cualpopoca y sus hombres fueron traídos a Tenochtitlán por orden de Moctezuma para ser juzgados, y fueron condenados a la hoguera, Moctezuma fue encadenado por ser considerado cómplice.

Cortés sabía muy bien que para poder dominar al pueblo azteca y proclamarse gobernador general de México debía lograr dos cosas: que reconocieran al emperador Carlos V como su jefe máximo y que abrazaran la fe cristiana. Moctezuma fue entonces llevado, a pesar suyo, a reconocer a Carlos V como su rey, basado en la profecía sobre Quetzalcóatl, y a convencer a su pueblo de que también lo aceptara y le pagara tributo siguiendo su propio ejemplo. Sus hombres, acostumbrados a obedecerle en todo, se convirtieron de este modo en vasallos del rey español. El paso siguiente fue la cristianización, y a pesar de la oposición de Moctezuma las figuras de los dioses aztecas fueron destruidas y reemplazadas por altares cristianos donde sobresalían las imágenes de la Virgen y de otros santos.

Cortés tuvo noticias de que había llegado a Vera Cruz, ciudad que él había fundado en la costa, una expedición con Pánfilo de Narváez a la cabeza quien venía con órdenes de Diego de Velázquez de tomar preso a Cortés y llevarlo de regreso a Cuba. Cortés se vio entonces en la necesidad de partir hacia la costa para detener el avance de Narváez dejando a Pedro de Alvarado al mando de Tenochtitlán. En la costa, Cortés tuvo mucha suerte logrando vencer a Narváez y reclutando sus hombres para su propia causa. Desgraciadamente para Cortés, Alvarado no poseía su calculadora calma, y temiendo un ataque, atacó primero, dejando la masacre entre los aztecas, dando comienzo así a la guerra tan temida por Cortés como por Moctezuma.

De regreso de la costa, Cortés le pidió a Moctezuma que le hablara a su gente y les ordenara dejar de combatir para que los españoles pudieran abandonar la ciudad. Moctezuma le habló a su pueblo, y mientras lo hacía, llovieron flechas y piedras que aunque destinadas a los españoles que lo acompañaban, le hirieron gravemente provocándole la muerte tres días más tarde. Cuitláhuac, hermano de Moctezuma, quien había sido elegido su sucesor, comenzó su reinado, el cual no duró sino ochenta días. A su muerte le sucedió Cuauhtémoc, sobrino de Moctezuma, quien fue el último emperador azteca y murió a manos de los españoles.

Cortés y sus hombres abandonaron sigilosamente la ciudad la noche del treinta de junio de 1520 llevando consigo los tesoros amasados en esos ocho meses y aunque el mismo Cortés y sus hombres más cercanos lograron salir con vida, las pérdidas humanas, de animales y del tesoro fueron tan cuantiosas que la noche de la retirada de Tenochtitlán pasó a la historia con el nombre de la noche triste. Les tomó alrededor de un año juntar los hombres y las armas y elaborar las estrategias necesarias para conquistar definitivamente la ciudad, lo que lograron el trece de agosto de 1521.

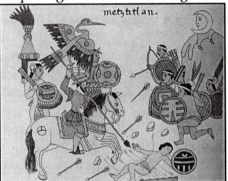

Batalla entre españoles e indios

Cortés fue finalmente nombrado gobernador de México el 15 de octubre de 1522 y le dio el nombre de Nueva España al territorio por el parecido con el paisaje español, pero no sería hasta 1535 que el Virreinato de Nueva España sería establecido. Ya en esta época los territorios centroamericanos que ocupan hoy en día Guatemala, El Salvador, Nicaragua, Honduras y Costa Rica habían sido conquistados e incorporados al virreinato, el que por el norte llegó a incluir gran parte de la zona occidental de los actuales estados de California, Texas, Nuevo México, Arizona, Utah, Nevada y parte de Colorado. Aunque las aguas del golfo de México y del mar Caribe o de las Antillas estaban bajo la jurisdicción del Virreinato de Nueva España, el territorio de las Antillas Menores y Mayores no fue parte de este virreinato. Éstas estuvieron bajo la jurisdicción de la Capitanía General de Cuba. El virreinato terminó tres siglos más tarde, en 1821, con el advenimiento de la independencia.

II.4. La conquista del Perú y el establecimiento del Virreinato de Nueva Castilla o del Perú

Luego del establecimiento del Virreinato del Río de La Plata

Tras varias expediciones, en 1532 Francisco Pizarro fundó San Miguel de Piure, primera ciudad española en el Perú, y obtuvo autorización oficial de Carlos V para conquistar y colonizar ese territorio al que se denominó Nueva Castilla.

Por estos años el Imperio incaico estaba dividido. A la muerte, en 1525, del emperador Huayna Cápac quien había llevado el Imperio a lo más alto de su desarrollo, éste quedó dividido entre sus dos hijos: Huáscar y Atahualpa. En su lucha por el poder total Atahualpa y Huáscar se enfrentaron en fratricida guerra. Huáscar resultó vencido; Atahualpa lo hizo prisionero en 1530. Sin embargo, Atahualpa logró disfrutar de su triunfo por muy poco tiempo pues en 1532 se vio obligado a enfrentarse a Pizarro y sus hombres quienes a su vez lo tomaron preso a él.

Atahualpa

Como los seguidores de Huáscar habían unido fuerzas con los españoles en contra de Atahualpa, éste ordenó matar a su hermano Huáscar, el que murió ahogado. Luego, intentó comprar su libertad ofreciéndole a Pizarro llenar el cuarto donde se encontraba prisionero con oro y dos otros cuartos con plata a cambio de que le dejaran libre, pero fue ejecutado en 1533 por una sospecha infundada de que estaba complotando en contra de Pizarro. Con la muerte de Atahualpa, último emperador inca, dio comienzo la colonización española en esas tierras.

Ejecución de Atahualpa

Pizarro nombró emperador en primer lugar a Túpac Huallpa, quien murió en 1533 y en 1534 a Manco Cápac II (también conocido como Manco Inca), pero en realidad eran siempre los españoles quienes mantenían el control del imperio. El mismo año en que se estableció el Virreinato de Nueva España, 1535, se fundó la ciudad de Lima, hoy capital del Perú, y con ello se asentaron las bases de la colonización.

Al verse maltratado y utilizado como marioneta, en 1536 Manco Cápac II organizó la rebelión para restaurar el Tahuantinsuyo, pero a pesar de su lucha no logró hacerlo: por un lado, muchos de los guerreros incas murieron a causa de la viruela y por otro, los españoles consiguieron aliados entre algunos grupos indígenas que estaban cansados del dominio inca. Manco Cápac II se retiró entonces a Vilcabamba y trasladó allí la capital del Imperio, pero en 1537 Pizarro nombró emperador en el Cusco a Paullu Inca, medio hermano de Manco Cápac II. En 1544 Manco Cápac II fue asesinado.

En el año 2004, un equipo arqueológico dirigido por el peruano Guillermo Cock descubrió en un cementerio inca en Lima, (entre miles de cuerpos descubiertos en el 2002) el esqueleto de un joven indígena de entre 18 a 22 años muerto por bala de arcabuz, la más avanzada arma de fuego europea del siglo XVI. Junto a éste encontraron otros 71 cuerpos enterrados igualmente a poca profundidad, sin ofrendas y sin los ritos tradicionales de la cultura inca que exigían el que los muertos fueran sepultados sentados, dentro de fardos y orientados hacia el Este, lado por donde nace el sol. Mostraban indicios de lesiones resultado de una lucha violenta; en algunos cuerpos las heridas parecían haber sido causadas por armas europeas y en otros por flechas o lanzas. La teoría de los investigadores es que estos cuerpos pertenecerían a guerreros incas de los que se rebelaron en 1536 e intentaron recuperar la recién establecida ciudad de Lima.

Cráneo de joven inca herido por bala de arcabuz

El deseo de poder y la ambición de riquezas que caracterizaban a estos conquistadores no tenían límites. En 1535 Diego de Almagro, compañero de Pizarro en la conquista del Perú, realizó una expedición hacia el sur, hacia Chile. Al no encontrar las minas de oro y plata que esperaba regresó al Perú y a su regreso se enfrascó en una lucha por el poder con Pizarro. Como años antes Huáscar y Atahualpa, Pizarro y Almagro no lograron unir esfuerzos para triunfar y ambos murieron ejecutados a manos del enemigo, Almagro en 1538, en 1541 Pizarro. En 1542 es creado, por orden real, el virreinato del Perú cuyo primer virrey es Blasco Núñez de Vela quien llega a Lima en 1544.

Blasco Núñez de Vela, primer virrey

El virrey, como su nombre lo indica, el representante del rey en estas tierras, trata de imponer el cumplimiento de unas leyes promulgadas en España llamadas las leyes nuevas, destinadas a poner fin al abuso cometido contra los indígenas en territorios de América, pero los conquistadores cegados por la avaricia y el hambre de oro y plata no lo permitieron. En 1545 descubrieron las minas de plata de Potosí cuya explotación se llevó a cabo gracias a la utilización forzosa de mano de obra indígena. Las riquezas del Perú eran tan cuantiosas que en el idioma español ha quedado la frase: "esto vale un Perú" para describir algo que tiene mucho valor. En 1548 el virrey es asesinado y el país comienza a vivir un nuevo periodo de extremada violencia. No es sino hasta 1555, bajo el mandato de Andrés Hurtado de Mendoza, que el panorama comienza a cambiar y una era de prosperidad y paz comienza a vislumbrarse.

El virreinato del Perú llegó a abarcar todo el continente sudamericano, excepto Brasil, las Guayanas y la costa del Caribe en Venezuela. A lo largo del siglo XVIII, se fueron produciendo cambios en las fronteras territoriales y el virreinato del Perú perdió parte de sus territorios con el establecimiento de los virreinatos de Nueva Granada y del Río de la Plata quedando en la práctica con el territorio de lo que hoy es Perú.

II.5. El establecimiento del Virreinato de Nueva Granada

El Virreinato de Nueva Granada como tal, que abarcó la región conformada actualmente por Panamá (hoy parte de Centro América), Colombia, Venezuela, y Ecuador se funda en 1717. Sin embargo, esos territorios habían sido explorados y colonizados desde mucho antes con la fundación de importantes ciudades como Santa María la Antigua del Darién, Panamá en 1510; Santa Marta (1525), Cali (1536) y Bogotá (1538) en Colombia; Quito (1534) y Guayaquil (1535) en Ecuador.

El Virreinato fue suprimido en 1723 para ser restablecido definitivamente en 1739. La importancia de este virreinato para la corona española durante el siglo XVIII fue doble. En primer lugar, las minas de oro en la región eran cuantiosas y la situación económica por la que atravesaba la corona española en esa época era precaria. Fue en esta región, en específico en los alrededores de Bogotá, que los conquistadores localizaron la leyenda de El Dorado. Según la mitología de los indígenas que habitaban la zona, había un cacique tan rico que solía cubrir su cuerpo con polvo de oro durante los festivales anuales. Los conquistadores trataron de encontrar el imperio de este cacique sin éxito alguno, pero al igual que la expresión "esto vale un Perú" está enraizada en hechos históricos, la leyenda de El Dorado ha pasado a simbolizar en español cualquier lugar donde se consigan riquezas de una manera fácil. Como hecho anecdótico cabe mencionar que el aeropuerto internacional de Bogotá se llama "El Dorado".

El segundo aspecto de considerable importancia fue la privilegiada situación geográfica de esta región pues permitía el acceso a dos océanos: el Pacífico y el Atlántico. Además servía de conexión entre Centro y Sudamérica. Por representar la puerta de entrada a los territorios más ricos en oro, plata y piedras preciosas esta región costera servía como bastión amurallado para protegerse de ataques de piratas y corsarios ingleses, franceses y holandeses que luchaban por apoderarse de parte de las inmensas riquezas que transportaban los galeones españoles.

II.6. El establecimiento del Virreinato del Río de la Plata

Aunque el establecimiento oficial del Virreinato del Río de la Plata (en la actualidad territorios de Bolivia, Chile, Paraguay, Uruguay y Argentina) no se produjo sino hasta 1776, la exploración y conquista de la parte sur del continente suramericano comenzó un poco antes de la conquista de México, en 1516, año en que Juan Díaz de Solís descubrió el Río de la Plata. Esta expedición fue seguida por la de Fernando de Magallanes quien navegando hacia el sur por toda la costa atlántica del continente llegó hasta el estrecho donde las aguas del océano Atlántico y el Pacífico se confunden. La expedición, compuesta de cinco naves y 250 hombres, partió de España en 1519; el 21 de octubre de 1520 entraron en aguas del estrecho que hoy lleva el nombre de su descubridor y en 1521 Magallanes murió en una isla de Filipinas combatiendo contra los indígenas sin poder completar su hazaña de circunnavegar el globo. Ésta fue completada por su contramaestre Juan Sebastián Elcano quien, con apenas una sola nave y dieciocho hombres, regresó a España en 1522.

Como ya sabemos, en 1535 Diego de Almagro partió desde el Perú hacia el sur en busca de más riquezas, pero no logró establecer ningún asentamiento debido a la valentía con que los mapuches defendían sus tierras y también al hecho de que los hombres que le acompañaban quedaron muy decepcionados al no encontrar la cantidad de metales preciosos que esperaban. Un año después, en febrero de 1536 Pedro de Mendoza estableció un fuerte en lo que hoy conocemos como Buenos Aires y en 1537, uno de sus hombres, Juan Salazar de Espinosa fundó la ciudad de Asunción, hoy en día capital de Paraguay.

No fue sino hasta 1539 que una nueva expedición, comandada por Pedro de Valdivia, se organizó para salir a conquistar territorio chileno. En febrero de 1541 llegaron al valle de un río, el Mapocho, y considerando Valdivia que el río podría servir de barrera natural para protegerse de los ataques indígenas fundó allí la ciudad de Santiago de la Nueva Extremadura, hoy Santiago de Chile, capital del país. En 1550 y 1552 fueron fundadas otras ciudades en territorio chileno: Concepción y Valdivia respectivamente. La previsión de Valdivia al fundar Santiago fue, en efecto, lo que salvó la ciudad de ser destruida cuando, durante el levantamiento mapuche de 1553, Valdivia fuera asesinado y la mayoría de las ciudades fueran arrasadas en lo que representó el comienzo de una guerra entre españoles e indígenas que se prolongó hasta 1881 cuando se firmó un tratado que selló la pacificación de la Araucanía.

La primera etapa de esta lucha fue recogida por el militar y escritor español Alonso de Ercilla en su poema épico *La araucana* en el que describe la valentía del pueblo mapuche, bautizado araucano por los españoles, al resistir la conquista gracias a las hazañas de los líderes Caupolicán y Lautaro. Lautaro, jefe mapuche, de joven trabajó como caballerizo de Valdivia, pero regresó con los suyos y organizó la insurrección usando como estrategia el ataque escalonado de grupos diferentes en oposición al ataque frontal de un solo cuerpo militar en lo que corresponde a la primera guerra de guerrillas en el continente.

Lautaro

77

El movimiento hacia el sur se fue consolidando. Es evidente que con la exploración y colonización de todo el cono sur la Corona española quería resistir la avanzada de los portugueses, quienes tenían bajo su dominio la gran región del Brasil, así como contrarrestar las incursiones de flotas inglesas, francesas y holandesas que pretendían romper el monopolio comercial que los españoles tenían con sus colonias gracias al contrabando. Sólo así podrían afirmar su hegemonía sobre el continente suramericano.

Más adelante fueron fundadas otras ciudades en lo que es hoy Argentina. Córdoba y Santa Fe se fundaron en 1573, y en 1580, Juan de Garay dirigió el establecimiento definitivo de la ciudad de Buenos Aires, la que había sido fundada como un fuerte en 1537 y abandonada cinco años después debido, principalmente, a la hostilidad de los indígenas y a la imposibilidad de los españoles de conseguir víveres (alimentos).

Para el año 1620 toda la región del Río de la Plata hacía oficialmente parte del Virreinato del Perú. Sin embargo, para poder realizar sus objetivos de control sobre tan vastos y variados territorios y defenderlos del avance portugués, no bastaba simplemente con seguir avanzado, y el monarca español Carlos III se vio en la necesidad de hacer una redistribución territorial, como lo hiciera Felipe V en 1717 cuando estableció el Virreinato de Nueva Granada. Así, en 1776 quedó establecido el Virreinato del Río de la Plata, el que comprendió el territorio ocupado actualmente por Argentina, Bolivia, Paraguay, Uruguay, el sur de Brasil y la zona norte de Chile y cuyo primer virrey fue Pedro Antonio de Cevallos. El hacer de Buenos Aires, ciudad puerto, la capital del virreinato favoreció el desarrollo de ese territorio.

A. Vida durante la época colonial

Desde su posición etnocentrista europea, al confirmar que no habían llegado a las Indias, sino a nuevas tierras desconocidas para los europeos, los españoles se vieron a sí mismos como los "descubridores" de un nuevo mundo, y se adjudicaron el rol de introducir este mundo y sus habitantes a la historia de la humanidad tal como ellos la concebían. El espíritu de conquista que los había guiado en Europa en los siglos precedentes lo trajeron consigo a Hispanoamérica; se conquistó con las armas y se colonizó reproduciendo aquellas estructuras políticas, sociales y económicas de España que les permitían mantener absoluto control: gobierno absolutista, estratificación social, monopolio económico. En este afán nunca se les ocurrió pensar, como no se le ocurre pensar a ningún gobierno absolutista, que su inflexibilidad los llevaría siglos más tarde a perder el control sobre tan vasto imperio.

Es evidente que dentro de esta visión del mundo, los peninsulares "descubridores" estaban en la cúspide de la pirámide, ocupando los más importantes cargos de mando, mientras que los indígenas "descubiertos" ocupaban el escalón más bajo. En la medida que la vida en las colonias se desarrollaba, la situación se complicaba pues la sociedad dejó de ser bipolar y fue adquiriendo matices con el surgimiento de otras capas poblacionales. Primero surgieron los criollos (descendientes de españoles nacidos en el Nuevo Mundo) quienes gozaban de los mismos privilegios que los peninsulares. Sin embargo, el haber nacido en tierra americana los hacía sentir más cercanos a este continente y su futuro que a la Península.

Luego surgieron otros grupos producto del entrecruzamiento de razas: los mestizos, legítimos o ilegítimos (hijos de peninsulares con indígenas), y con la introducción de los esclavos africanos quienes al mezclarse dieron a su vez origen a los mulatos (hijos de blanco con negro) y a los zambos (descendientes de negro con indio). A más oscura la piel, más baja la posición en la escala social y peor la situación económica.

Muchos historiadores coinciden, sin embargo, en que la situación de los indígenas en la América hispana era aún peor que la de los africanos puesto que estos últimos en algún punto de la historia tenían la opción de comprar su libertad. Como dato curioso podemos comparar el sentido de identidad de los mestizos con el de la segunda o tercera generación de latinos o hispanos en los Estados Unidos. En la época colonial los mestizos no eran aceptados de lleno ni por los peninsulares ni por los indígenas, lo que les hacía, hasta cierto punto, renegar de su herencia indígena pues la veían como el obstáculo al disfrute de ciertos privilegios y se vieron en la obligación de buscar una identidad desde la cual luchar por sus derechos, lo que explica su participación en las luchas por la independencia. En el caso de los latinos o hispanos en los Estados Unidos éstos no se sienten completamente aceptados por el país donde nacen o donde viven, pero tampoco se sienten completamente parte del país o la cultura de sus ancestros. Si regresan a su país de origen les llaman "gringos", y en Estados Unidos, a pesar de tener ciudadanía americana, algunos se resisten a considerarlos norteamericanos a parte entera.

B. Organización política y judicial

Como mencionáramos, la organización político-judicial de las colonias se realizó a imagen y semejanza de España. Para facilitar la administración de los territorios conquistados se establecieron los virreinatos. El representante máximo en las colonias era entonces el virrey cuyo periodo en el poder, en los comienzos, dependió exclusivamente de que su trabajo fuera de la satisfacción de la corona. Más adelante esto se cambió por un periodo definido de tres años, renovable, dependiendo siempre de la decisión de la corona, hasta que finalmente se fijó en cinco el máximo número de años que un virrey podía permanecer en el poder.

El más alto organismo legislador, el Consejo de Indias, estaba localizado en la Península, y sus miembros eran elegidos por los monarcas. Junto al virrey existía un cuerpo jurídico denominado Audiencia, el que tenía un carácter consultivo con respecto al rey y al virrey similar al Consejo del Reino en Castilla. Sin embargo, el rol principal de las audiencias americanas, un total de catorce (la primera establecida en Santo Domingo en 1524) fue uno de orden judicial para juzgar de igual modo casos civiles como criminales.

Tanto el virrey como los miembros de las audiencias eran nombrados en España; el virrey, a su vez, podía nombrar gobernadores que le ayudaran en su tarea. Los gobernadores estaban a la cabeza de las Capitanías Generales o Gobernaciones. Éstas eran establecidas en regiones aisladas o en territorios de importancia estratégica, fuera para la defensa contra corsarios y piratas extranjeros, como lo fue el caso de la Capitanía General de Cuba, fuera para someter poblaciones indígenas irreductibles, como la Capitanía General de Chile.

Las Capitanías Generales ejercían autoridad sobre asuntos de orden político, económico y militar y aunque dependían administrativa y políticamente de un virreinato mantenían cierta independencia en la administración de la justicia. El equivalente al gobierno municipal actual era el cabildo.

C. Economía

Para asegurarse de recibir el mayor beneficio posible de la explotación de las riquezas en el Nuevo Mundo y de que los colonizadores no utilizaran su poder para enriquecimiento propio en detrimento de la corona, se estableció en 1503 la Casa de Contratación que controlaba el traslado de toda carga humana, animal, vegetal y material hacia y desde las Indias. El monopolio comercial que se estableció entre la Península y las colonias fue una de las razones que siglos más tarde contribuyó a que los criollos tomaran las armas contra los peninsulares durante las guerras de independencia del siglo XIX.

Como con la colonización también se trataba de propagar la fe cristiana, se establecieron las encomiendas. Un español, llamado el encomendero, recibía un cierto número de indígenas quienes trabajaban para él a cambio de que les proveyera alimentación, albergue, cuidado médico y educación religiosa. Este sistema parecía ser más justo que el sistema de mitas, nombre dado en las regiones andinas al trabajo forzoso de indígenas en las minas, pero en el fondo la explotación era la misma ya que los encomenderos, en general, estaban más preocupados por su beneficio personal que de la protección de los indígenas a su cargo.

La actividad económica más importante de la Colonia durante los primeros años estuvo relacionada con los metales preciosos; en un comienzo éstos fueron entregados voluntariamente por los nativos, luego a mediados del siglo XVI comenzó el desarrollo de la minería. La agricultura y la ganadería se desarrollaron de manera paralela, más como medio de supervivencia que por interés comercial. Ello no quiere decir que productos cultivados en el Nuevo Mundo no fueran exportados hacia la península. Dos barcos reales visitaban los puertos de Porto Bello, Panamá; Veracruz, México; y Cartagena, Colombia dos veces al año trayendo cargamentos de productos manufacturados en la Península y llevando oro y plata así como productos cultivados en América tales como caña de azúcar, algodón, café, cacao y tabaco.

D. La religión, la educación y el desarrollo cultural

La Iglesia Católica y su máximo representante, el Papa, tuvieron un rol preponderante tanto durante la época de exploración y descubrimiento como en la de colonización del Nuevo Mundo. En 1494, dos años después del primer viaje de Colón, el Papa Alejandro VI intervino para mediar entre España y Portugal quienes se disputaban el derecho jurídico a explorar y descubrir nuevas tierras a este lado del océano y expandir así la fe cristiana. Gracias al Tratado de Tordesillas firmado en 1494 se estableció una línea de demarcación que establecía que los territorios descubiertos y por descubrir distantes de 370 leguas al este de las islas de Cabo Verde pertenecían al Rey de Portugal y al oeste a los Reyes de España. Seis años más tarde, en 1550, los portugueses descubrieron Brasil, el que caía dentro de sus límites territoriales lo que marcó la división luso-hispánica de Sudamérica (luso: de lusitano: portugués; Lusitania: provincia romana fundada en el año 27 a. C. por el emperador Augusto y que comprendía en parte lo que es hoy Portugal).

En las colonias, los sacerdotes se encargaron de la educación y de la propagación de la fe cristiana. Entre las órdenes religiosas que vinieron a América se encuentran los dominicos, los franciscanos y los jesuitas quienes estuvieron muy envueltos en el establecimiento de misiones como las de Nuevo México y California o reducciones como las de Paraguay y Uruguay logrando así convertir a muchos indios al catolicismo. En estas misiones o reducciones se les enseñaba a los indígenas algunos oficios artesanales, latín, elementos de aritmética, arte y música al tiempo que se les adoctrinaba en la nueva religión. Más tarde, cuando se introdujeron esclavos africanos para reemplazar la mano de obra indígena que había ido diezmando a causa de los trabajos forzosos y las enfermedades, también se dedicaron a cristianizarlos a ellos.

El desarrollo cultural en las colonias estuvo igualmente vinculado a las iglesias. Durante los siglos XVII y XVIII los monasterios y conventos de las grandes ciudades como lo eran la Ciudad de México, capital del Virreinato de Nueva España y Lima, capital del Virreinato del Perú fueron también centros de diseminación cultural donde se llevaban a cabo tertulias, recitales de poesía, conciertos y representaciones teatrales.

Las primeras universidades fundadas en las colonias españolas fueron las de Santo Domingo (1538) y las de Lima y México (1551); la primera imprenta se introdujo en México en 1535.

Entre los sacerdotes que vinieron al Nuevo Mundo, el nombre de Fray Bartolomé de Las Casas quedó para la posteridad, sobre todo, por atreverse a denunciar frente a las Cortes españolas los abusos cometidos por los encomenderos, en particular, y por los conquistadores, en general, contra los indígenas. Decía en su libro *Brevísima relación de la destrucción de las Indias* (1552): "La causa por que han muerto y destruido tantas y tales e tan infinito número de ánimas los cristianos ha sido solamente por tener por su fin último el oro y henchirse de riquezas en muy breves días e subir a estados muy altos e sin proporción de sus personas...".

Bartolomé de las Casas

La denuncia por parte de Las Casas de esta situación de abuso es considerada por muchos historiadores modernos como exagerada en sus estadísticas y descripción. También se le critica que en su defensa de la raza indígena favoreció la esclavitud al no oponerse abiertamente al trato que se les daba a los esclavos africanos. La denuncia de Las Casas fue retomada y difundida por los otros países europeos enemigos de España dando origen a lo que se ha llamado la "leyenda negra", una interpretación antiespañola de la Conquista que enfatiza la destrucción que se produjo con su llegada.

En el año 2008 salió a la luz un estudio realizado por un grupo de científicos en Latinoamérica y Europa que añadió evidencia al efecto nefasto de la Conquista no solamente en términos de la destrucción de culturas sino de genocidio. Basados en el análisis de ADN de 13 poblaciones mestizas en 7 países latinoamericanos desde Chile hasta México, el estudio concluye que los conquistadores mermaron considerablemente la población local masculina y se mezclaron de manera rápida y drástica con las mujeres nativas, lo que impuso, en diversas regiones, una identidad mestiza.

La celebración en 1992 del quinto centenario de la presencia española en América abrió un debate sobre esta visión negativa del descubrimiento y colonización y dio cabida a la interpretación positivista y universalista de "encuentro" de dos mundos, el hemisferio occidental (América) y el hemisferio oriental (Europa, África, Asia y Oceanía). La propuesta, presentada por México frente a la UNESCO en 1988 y aprobada unánimemente por los otros miembros, sostenía que al estudiar la influencia española en América no se podían tener en cuenta solamente los aspectos negativos de la Conquista, sino que también era preciso valorar el impacto positivo de la misma, los resultados del intercambio cultural que se había producido y que le habían dado a este continente las características particulares que hoy lo definen.

Si por un lado en este "encuentro" la cultura española con su lengua, religión e ideologías se impuso por la fuerza a las culturas prehispánicas, por otro lado la resistencia indígena logró que una nueva cultura surgiera de la fusión, la cultura hispanoamericana con sus variantes lingüísticas, su sincretismo religioso y sus particulares culturas regionales.

Se debe recordar que los frailes no solamente se dedicaron a enseñarles latín y español a los nativos, sino que aprendieron de ellos las lenguas indígenas y los alfabetizaron también en sus propias lenguas gracias a las gramáticas y diccionarios que desarrollaron. El intercambio cultural que se estableció permitió que llegaran hasta nosotros elementos de la riqueza cultural indígena que de otro modo, quizás, habrían desaparecido. Con la adición del elemento africano al indígena y español se desarrolló el mestizaje, característica intrínseca de la sociedad hispanoamericana contemporánea.

Nadie como el gran poeta chileno, premio Nobel de literatura, Pablo Neruda para plasmar la dualidad de sentimiento y las contradicciones representadas por estas dos interpretaciones de la Conquista: la leyenda negra y el encuentro de dos mundos:

"Qué buen idioma el mío, qué buena lengua heredamos de los conquistadores torvos... Todo se lo tragaban... Por donde pasaban quedaba arrasada la tierra. Pero a los bárbaros se les caían de las botas, de las barbas, de los yelmos, de las herraduras, como piedrecitas, las palabras luminosas que se quedaron aquí resplandecientes... el idioma. Salimos perdiendo... Salimos ganando. Se llevaron el oro y nos dejaron el oro. Se lo llevaron todo y nos dejaron todo... Nos dejaron las palabras". (Pablo Neruda, *Confieso que he vivido*, 74).

Preguntas de comprensión y repaso

De los imperios indígenas a los virreinatos de la conquista y colonización

II.1. El descubrimiento

1. ¿Cuándo llegó Colón a tierras del Nuevo Mundo y por qué llamó indios a los habitantes de Guanahaní?
2. ¿Cómo fueron recibidos Colón y sus hombres por los habitantes de las diferentes islas y por qué?
3. ¿Por qué creían los indios que los españoles eran seres divinos?
4. Explique la diferencia entre los indios taínos y los caribes.
5. ¿Qué relación trata de establecer Colón con Guacanagarí antes de regresar a España?
6. ¿Cuál es la ciudad hispánica más antigua del continente?
7. Mencione las tres islas donde los españoles fundaron los primeros poblados.

II.2. Conquista y colonización

1. ¿Por qué fue necesario introducir esclavos africanos?
2. ¿Cómo se muestra la desproporción con que fue aumentando la población esclava en el Caribe y la reducción de la población indígena?
2. ¿Cuáles fueron los cuatro virreinatos en que se dividió el imperio español?

II.3. La conquista de México y el establecimiento del Virreinato de Nueva España

1. ¿Quién fue Hernán Cortés y quién Doña Marina?
2. ¿Qué representa la Malinche para los mexicanos y por qué?
3. ¿Por qué no se atreve Moctezuma a luchar contra Cortés?
4. ¿Qué posibles razones pueden explicar el que los españoles hayan logrado conquistar un imperio tan grande, poderoso y organizado como el de los aztecas?
5. ¿Qué es la noche triste?
6. ¿Cuánto tiempo después de la entrada de Cortés a Tenochtitlán se logra definitivamente la conquista del pueblo azteca? ¿Fue fácil o difícil?
7. ¿Qué nombre le da Cortés al territorio una vez nombrado gobernador por Carlos V?
8. ¿Cuánto tiempo duró el virreinato y qué territorios incluyó?

II.4. La conquista del Perú y el establecimiento del Virreinato del Perú

1. ¿Cuál era la situación del Imperio inca a la llegada de Pizarro?
2. ¿Cómo logró Pizarro la conquista definitiva del Perú?
3. ¿Qué comparación se puede hacer entre la relación de Huáscar y Atahualpa y la de Pizarro y Almagro?
4. ¿Quiénes fueron Túpac Huallpa y Manco Cápac II?
5. Explique en sus propias palabras la importancia del descubrimiento en el

2004 del cráneo de un joven inca herido por bala.

6. ¿Cuándo se fundó el Virreinato del Perú? ¿Qué territorios comprendió?

7. ¿Qué significa en español la expresión "esto vale un Perú"?

II.5. El establecimiento del Virreinato de Nueva Granada

1. ¿Qué territorios abarcó el Virreinato de Nueva Granada y qué importancia tuvo para la corona española?

2. ¿Dónde tiene origen la leyenda de El Dorado?

II.6. El establecimiento del Virreinato del Río de la Plata

1. ¿Cuándo comenzó la exploración del sur del continente sudamericano?

2. ¿Quiénes fueron Magallanes y Elcano y qué hazaña realizaron?

3. ¿Por qué se hizo difícil el establecimiento de poblados y ciudades en el sur del continente?

4. ¿Dónde se funda la ciudad de Santiago, hoy capital de Chile y por qué se escoge ese lugar?

5. ¿Quién fue Alonso de Ercilla y cuál fue su importancia?

6. ¿Quiénes fueron Caupolicán y Lautaro?

7. ¿Qué interés tenía la corona española en continuar la exploración y colonización del sur del continente?

8. ¿Cuándo se estableció oficialmente el Virreinato del Río de la Plata y por qué?

A. Vida durante la época colonial

1. ¿Qué plan de conquista establecieron los españoles para garantizarse el éxito?

2. ¿Qué correlación había entre la capa social a la que se pertenecía y la situación económica en que se vivía durante la época colonial?

B. Organización política y judicial

1. ¿Cuál fue la organización política y judicial en las colonias?

C. Economía

1. ¿Cómo se manifestó el monopolio económico español en las colonias?

2. ¿Había alguna diferencia entre las encomiendas y las mitas?

3. ¿Qué actividades comerciales se desarrollaron durante la Colonia?

D. La religión, la educación y el desarrollo cultural

1. ¿Cuál fue el papel de la Iglesia Católica durante el proceso de colonización?

E. La "leyenda negra" y el "encuentro de dos mundos"

1. ¿Quién fue Fray Bartolomé de las Casas y por qué es recordado?

2. Explique los términos "leyenda negra" y "encuentro de dos mundos".

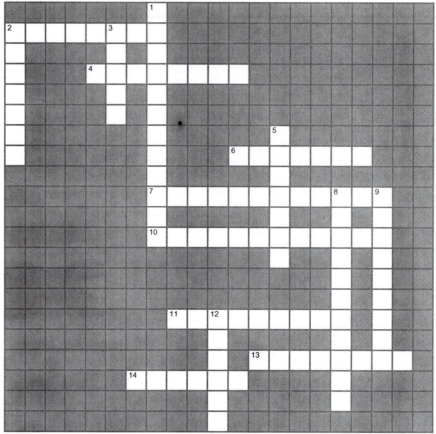

Horizontales

2. Princesa india, amante de Cortés, símbolo de la traición para los mexicanos

4. Mítica ciudad construida en oro

6. Hijo de españoles nacido en el Nuevo Mundo

7. Interpretación fuertemente antiespañola de la conquista

10. Virreinato conformado por Colombia, Venezuela, Ecuador y parte de Panamá

11. Emperador azteca

13. Sacerdote español defensor de los indígenas

14. Hijo de blanco con negro

Verticales

1. Capital del imperio azteca

2. Hijo de peninsular con indígena

3. Descubridor de América

5. Conquistador de Perú

8. Cacique de La Española

9. Ofreció un cuarto lleno de oro a cambio de su libertad

12. Conquistador de México

(Solución: p. 543)

¿Cuánto sabemos ahora?

Utilice el siguiente banco de palabras para contestar las preguntas y luego vuelva a la sección **¿Cuánto sabemos?** al comienzo del capítulo para comparar sus respuestas antes de estudiar el capítulo y después.

Hernán Cortés, leyenda negra, mestizos, portugués, Cíbola, epidemias, cuarto, francés, Moctezuma, Fernando de Castilla e Isabel la Católica, Fernando de Magallanes, Francisco Pizarro, trabajos forzosos, holandés, genovés, criollos, San Salvador, El Dorado

1. Los viajes de Colón fueron auspiciados por la corona española, pero Cristóbal Colón era de origen _____.

2. En 1492 España estaba gobernada por _____.

3. El primer territorio encontrado por Colón en su primer viaje fue la isla de Guanahaní en las Bahamas, la que bautizó con el nombre de _____.

4. El primer viaje de Colón fue en 1492 y el _____ y último, en 1502.

5. Entre las razones por las que en muchos lugares los indios fueron exterminados se encuentran las guerras, pero sobre todo los _____ y las _____.

6. Brasil fue colonia portuguesa, no española, por lo tanto en Brasil se habla _____.

7. En la Guyana francesa se habla _____ y en Surinam, antigua colonia holandesa se habla_____.

8. Cuando los españoles entraron a Tenochtitlán, hoy Ciudad de México, el emperador de los aztecas era _____ y el líder de los españoles era _____.

9. Huáscar y Atahualpa, líderes del imperio incaico, tuvieron que enfrentarse al conquistador _____.

10. Entre las leyendas sobre riquezas en el Nuevo Mundo podemos mencionar las de _____ hacia el norte del territorio ocupado por la Nueva España y de _____ en el territorio ocupado por la Nueva Granada.

11. Entre las nuevas capas poblacionales surgidas durante la conquista podemos mencionar a los _____, hijos de españoles peninsulares e indígenas y a los _____, hijos de españoles nacidos en América.

12. Entre las primeras exploraciones hacia el sur del continente sudamericano se encuentra la de _____ quien descubrió el estrecho que une las aguas del Océano Pacífico y el Atlántico.

13. En oposición a la _____ se habla del "encuentro de dos mundos" para dar una visión más completa y objetiva de la conquista española de América.

Más allá de los hechos: temas para pensar, investigar, escribir y conversar

1. Discuta su opinión sobre la leyenda negra y el encuentro de dos mundos como explicaciones de la conquista española del Nuevo Mundo.

2. Discuta qué conclusiones podemos sacar del hecho de que tanto España como Inglaterra llamaron muchos de sus territorios en el Nuevo Mundo anteponiendo el adjetivo nuevo/a a nombres de ciudades propias como Nueva España, Nueva Castilla, Nueva Granada, Nueva York, Nueva Jersey, Nueva Inglaterra.

3. Relea cuidadosamente las palabras de Neruda sobre lo que se llevaron los españoles y lo que nos dejaron como herencia. ¿Por qué cree Ud. que el poeta dice que al dejarnos el idioma, las palabras, nos dejaron todo y cómo esto representa su visión de cuál debe ser el oficio del poeta?

4. Busque información sobre Pablo Neruda y su colección de poemas *Canto general*. Trate de encontrar algún poema de esa colección relacionado con el tema del capítulo y tráigalo a clase para discusión.

5. Lea y comente la siguiente selección del libro *Memorias del fuego I Los nacimientos* del autor uruguayo Eduardo Galeano.

Agüeybaná

Hace tres años, el capitán Ponce de León llegó a esta isla de Puerto Rico en una carabela. El jefe Agüeybaná le abrió la casa, le ofreció de comer y de beber, le dio a elegir entre sus hijas y le mostró los ríos de donde sacaban el oro. También le regaló su nombre. Juan Ponce de León pasó a llamarse Agüeybaná y Agüeybaná recibió, a cambio, el nombre del conquistador.

Hace tres días el soldado Salcedo llegó, solo, a orillas del río Guauravo. Los indios le ofrecieron sus hombros para pasarlo. Al llegar a la mitad del río, lo dejaron caer y lo aplastaron contra el fondo hasta que dejó de patalear. Después, lo tendieron en la hierba.

Salcedo es ahora un globo de carne morada y crispada que velozmente se pudre al sol, apretado por la coraza y acosado por los bichos. Los indios lo miran, tapándose la nariz. Día y noche le han pedido perdón, por las dudas. Ya no vale la pena. Los tambores transmiten la buena nueva: Los invasores no son inmortales.

Mañana estallará la sublevación. Agüeybaná la encabezará" (66-67).

¿Cuánto sabemos?

I. Conteste las siguientes preguntas y luego compare sus respuestas con un compañero/a de clase. Cuando termine de estudiar el capítulo, después de completar la sección **¿Cuánto sabemos ahora?,** vea cuáles de sus respuestas iniciales estaban correctas.

1) La independencia de las colonias norteamericanas influyó en las luchas por la independencia en América Latina.

Cierto o Falso

2) El despotismo ilustrado fue un movimiento literario del siglo XIX.

Cierto o Falso

3) _____ es considerado "el Libertador" de América.

4) La Inquisición fue:
      a) una institución judicial establecida por la Iglesia Católica
      b) una institución política establecida por el Rey de España
      c) un tipo de gobierno
      d) un sistema de interrogación

5) El destino manifiesto fue una doctrina promulgada por los Estados Unidos en 1945 para justificar la conquista y expansión sobre los territorios americanos que aún quedaban sin explorar.

Cierto o Falso

II. Empareje:

_____ 1. Túpac Amaru II

_____ 2. Puente entre Centro y Sudamérica

_____ 3. No tiene ejército

_____ 4. Rafael L. Trujillo

_____ 5. República Socialista

_____ 6. Estado Libre Asociado

_____ 7. Capital es un puerto en el Atlántico

_____ 8. Madres de Plaza de mayo

_____ 9. Salvador Allende

_____ 10. "América para los americanos"

_____ 11. Che Guevara

A. Presidente de Chile de 1970-73

B. Costa Rica

C. Argentina

D. Líder inca que se rebeló contra los españoles a fines del siglo XVIII

E. Opositoras a la dictadura en Argentina

F. Doctrina Monroe

G. Cuba

H. Puerto Rico

I. Dictador República Dominicana

J. Guerrillero latinoamericano

K. Panamá

CAPÍTULO III
De la independencia al presente

III.1. Siglo XIX

A. Razones para las luchas por la independencia

Los viajes de exploración y el descubrimiento de nuevos continentes pusieron en contacto e interrelacionaron diferentes países, culturas y sociedades durante los siglos XVI al XVIII. En la medida en que los viajes se hacían más frecuentes entre un punto y otro, en que el comercio, legal o de contrabando se desarrollaba, y en que las ideas pudieron viajar con más facilidad gracias a la invención de la imprenta por Johann Gutenberg en 1450 y a la expansión de su uso a diferentes partes del orbe, la influencia de unos pueblos sobre otros y las alianzas políticas se dejaron sentir cada vez más. Como podemos ver, la idea de globalización de la que escuchamos hablar tanto hoy en día con respecto a la economía es algo que ha venido evolucionando desde el momento en que el hombre se interesó en conocer lo que existía más allá de sus fronteras inmediatas.

En ese sentido podríamos afirmar que si bien es cierto que las luchas por la independencia en Hispanoamérica tuvieron una base interna: la situación imperante en las colonias, también es cierto que recibieron un impulso externo: la influencia en la población criolla de ideologías de liberación imperantes a fines del siglo XVIII a través del globo y los movimientos revolucionarios inspirados por éstas.

1. Globalización de conflictos: influencias externas

El siglo XVIII en Hispanoamérica estuvo marcado por las reformas que Carlos III de la Casa de Borbón, monarca de 1759 a 1788 y representante en España de lo que se llamó el despotismo ilustrado, introdujo en el gobierno y en las relaciones de la madre patria con las colonias. El despotismo ilustrado se caracterizó por un tipo de gobierno paternalista en que los monarcas gobernaban con el bienestar del pueblo en mente, pero sin incluir al pueblo en la toma de decisiones. Aunque desde el punto de vista de los peninsulares las reformas introducidas por Carlos III eran progresistas, lo cierto es que las mismas sólo resultaron en un fortalecimiento del poder monárquico frente al poder del gobierno local en las colonias.

Algunas de las reformas administrativas visaban a fortalecer el control de la corona sobre el territorio colonizado como lo fue el ordenar el establecimiento del virreinato del Río de la Plata. Otras apuntaban a una reestructuración de las relaciones comerciales con las colonias como lo fueron la eliminación del monopolio comercial del puerto de Sevilla (que por razones técnicas se había mudado al puerto de Cádiz en 1717); la apertura de otros trece puertos en España y su autorización, así como la autorización a otras compañías como la de Barcelona o la de Las Filipinas a comerciar con las colonias en América; y finalmente la habilitación de 22 puertos americanos y la autorización a compañías como la Guipuscoana de Venezuela a entablar relaciones comerciales con España.

Sin embargo, estas reformas excluían de plano el comercio entre las colonias en sí, lo que fue causa de gran malestar entre los criollos quienes veían el comercio entre unos puertos y otros como la posibilidad más viable de desarrollo económico de los territorios americanos. Debemos recordar que uno de los inconvenientes más grandes causados por el monopolio comercial fue la enorme cantidad de tiempo que demoraban los productos en llegar a su destino final desde el momento en que salían de Cádiz, y el contrabando surgido como consecuencia de esta tardanza.

Como medida política, Carlos III abolió las encomiendas y estableció las intendencias. Los intendentes eran oficiales administrativos nombrados por el rey, en su mayoría peninsulares, encargados de vigilar la administración colonial local, impulsar la economía y recaudar impuestos. En cierto modo su rol principal fue el de limitar el poder de los virreyes y de los gobiernos locales y frenar la corrupción administrativa imperante pues ellos ejercían poder en asuntos de justicia y del desarrollo social y económico de las colonias, y le reportaban directamente al rey.

Otra medida tomada por este monarca que redundó en contra de las colonias fue la expulsión de los jesuitas de todos sus territorios en 1767 con el fin de contrarrestar el gran poder político adquirido por la Iglesia gracias a las riquezas acumuladas. Para mediados del siglo XVIII la mayoría de los jesuitas eran criollos y la orden tenía bajo su dirección alrededor de 650 centros de estudios superiores y unas 24 universidades en todo el continente. Sin embargo, el exilio no les impidió a los jesuitas el colaborar con la causa de independencia de las colonias a través de sus críticas abiertas al gobierno absolutista español.

El poder absolutista seguía reinando sobre las colonias; no sólo el comercio seguía controlado, sino también el libre flujo de ideas pues la Inquisición dictaba qué libros podían leerse y cuáles estaban prohibidos obligando a los criollos educados a procurárselos de manera clandestina. Vale la pena recordar aquí que esta institución de tipo judicial fue establecida por la Iglesia Católica en la Edad Media para perseguir y enjuiciar a los acusados de herejía. En 1559 publicaron la primera edición del *Índice de libros prohibidos* y casi cuatro siglos más tarde, en 1948 publicaron la última edición del mismo, mas no fue hasta 1966 que fue eliminada la pena de excomunión a quienes leían estos libros.

Entre los libros prohibidos en los siglos XVIII y XIX se encontraban *El Contrato social* del pensador francés Juan Jacobo Rousseau así como *La declaración de los derechos del hombre* producto de la Revolución francesa. Este último fue traducido al español por el político colombiano Antonio Nariño e impreso y distribuido de contrabando. Lo mismo sucedió con los libros que presentaban las ideas de los economistas liberales ingleses Adam Smith, John Stuart Mill y David Ricardo en defensa de la libre competencia, la libre iniciativa privada, el libre mercado.

En política, la independencia de las colonias americanas del poder inglés en 1776, el triunfo de la Revolución francesa en 1789, así como las doctrinas de algunos de los pensadores que provocaron estos acontecimientos: Thomas Jefferson, Thomas Paine, Rousseau, Montesquieu influyeron enormemente en el pensamiento liberador criollo. La independencia de Haití del imperio francés en 1804 también sirvió de incentivo de lucha para los criollos. Estas luchas, cuyo fuego fue inflamado por las ideas que caracterizaron a lo que se ha llamado siglo de las luces o ilustración en el que la razón, la ciencia y el respeto a los derechos del hombre surgieron como faro por sobre la oscuridad y la ignorancia de la Edad Media marcaron la pauta a seguir para las colonias de América sometidas al absolutismo español. Cuando Napoleón Bonaparte invadió España y Portugal en 1808 y nombró a su hermano José como monarca, el país comenzó a perder el poder absolutista que tenía sobre su imperio americano.

2. Detonadores internos

La liberación de los territorios coloniales estuvo liderada por los criollos y mestizos ilustrados quienes por su privilegiada situación económica y posición social habían tenido la oportunidad de estudiar en el extranjero, tanto en los Estados Unidos como en Europa, y de haber estado, por lo tanto, en contacto con las ideas revolucionarias del siglo. La inconformidad y molestia por parte de criollos y mestizos ilustrados se tradujo en un gran resentimiento contra el sistema imperial español el que consideraban caduco. Aunque disfrutaban de los mismos privilegios económicos que los peninsulares, no ostentaban ningún poder político ya que eran los peninsulares quienes ocupaban la mayoría de los puestos de decisión en los gobiernos coloniales. Los criollos, como hijos de esta tierra se sentían más cercanos a la realidad americana que a lo que sucedía en la madre patria; es decir, se sentían más americanos que españoles. Por eso, el hecho de tener prohibido el comercio interno sin pasar por España creó un clima de inconformidad que encontró canalización en las luchas por la independencia. Los criollos deseaban autogobernarse y promover el desarrollo económico de los territorios americanos a través del libre comercio con otros países.

B. Guerras de independencia

La emancipación de las colonias españolas fue un proceso largo que comenzó a mediados del siglo XVIII con todo tipo de alzamientos a lo largo del continente. En su mayoría estas revueltas respondían más a intereses económicos de los criollos que a intereses políticos nacionales y fueron más bien reacciones de protesta contra el monopolio comercial o contra los altos impuestos.

En 1780, en Perú, sin embargo hubo un líder indígena, Túpac Amaru II (José Gabriel Condorcanqui, nacido en Cusco el 19 de marzo de 1742) quien indignado por el abuso de los españoles, a la cabeza de 6.000 indios organizó una enorme rebelión. Fue derrotado y condenado a morir descuartizado, amarrados sus miembros a cuatro caballos. Al no poder cumplirse la sentencia, fue arrastrado y descuartizado en la plaza pública de Cusco, la misma plaza en que su bisabuelo había sido decapitado. Más tarde, lo que quedaba de su familia fue exterminada, menos Fernando, su hijo de 12 años, quien fue enviado a España y condenado a prisión a vida. En 1760 se había casado con Micaela Bastidas quien fue asesinada frente a él para obligarlo a hablar.

Ejecución de Túpac Amaru II

También en 1780, en Bolivia, otro líder indígena Túpac Katari (Julián Apaza 1750-1781) encabezó otra rebelión frente a un ejército de 40.000 indígenas con los que sitió la ciudad de La Paz. Traicionado fue derrotado, hecho prisionero, condenado a muerte y luego desmembrado. Se dice que antes de morir dijo, "un día volveré hecho en millones". A comienzos de los años noventa, nació en Bolivia el llamado Ejército Guerrillero Túpac Katari cuyo objetivo era luchar contra la desigualdad social, el que se dio ese nombre en homenaje al líder indígena. Uno de sus máximos dirigentes fue el actual vicepresidente Álvaro García Linera.

Las luchas cuyo objetivo fue claramente la independencia de España y el establecimiento de naciones independientes comenzaron en los albores el siglo XIX y se prolongaron a lo largo de todo el siglo. Fue un largo proceso de batallas militares y políticas que podríamos dividir en tres etapas, aunque éstas a veces se superponen. La primera etapa corresponde a la independencia de Sudamérica culminando en 1828 con la ratificación de la independencia del Uruguay obtenida en el 1825. Entre 1810, año en que la Nueva Granada, hoy día Colombia declaró su independencia de España y 1828, los virreinatos de Nueva Granada, del Perú y del Río de la Plata fueron desintegrándose dando paso al nacimiento de las nuevas naciones. La segunda etapa la conforman las luchas por la liberación de México y Centro

América donde para 1848 ya todos los países habían consolidado su independencia, y la tercera y última etapa las luchas de independencia de las colonias del Caribe que se produjeron en la segunda mitad del siglo, luchas que también incluían entre sus objetivos lograr la emancipación de la población esclava; en 1898 Cuba y Puerto Rico seguían aún bajo dominio español.

En la década del 2000, diversos países incluyendo Argentina, Bolivia, Chile, Colombia, Ecuador, México, Paraguay y Venezuela decidieron organizar la celebración del bicentenario de la independencia de España con actividades políticas y culturales que al mismo tiempo que recuerden la gesta libertaria, sirvan para unificar las naciones. Recordemos que el 1810 fue un momento decisivo que marcó el comienzo del desmembramiento del Imperio español en América: en el 2010, México, Argentina, Bolivia, Ecuador, Chile, Colombia, Paraguay y Venezuela celebran sus primeros doscientos años de independencia.

El caso de México es particular porque en el 2010 se celebra también el centenario de la Revolución. Como anécdota, uno de los platos más celebrados de la cocina mexicana y la gastronomía internacional son los chiles en nogales que curiosamente es un platillo que data de la época de la independencia. La receta fue creada por las monjas del convento de Santa Mónica quienes le dieron un carácter simbólico al elegir para el mismo ingredientes con los colores de la nueva bandera del México independiente: el verde, representado en los chiles, el rojo en la granada y el blanco en la salsa de nuez de castilla (Ver receta en el capítulo "De gustos y sabores").

Por su parte, Venezuela, le dio un sentido diferente a esta efeméride al proponer que la independencia iniciada hace 200 años continúa con la revolución socialista emprendida por el presidente Hugo Chávez con su llegada al poder en 1999. Para marcar la continuidad de este proyecto convocó el 19 de abril de 2010 en Caracas, una cumbre con la participación de los países de la Alianza Bolivariana para los Pueblos de Nuestra América (ALBA) de la que forman parte Antigua y Barbuda, Bolivia, Cuba, Dominica, Ecuador, Nicaragua, San Vicente y las Grenadinas, y Venezuela. Como oradora invitada estuvo la presidenta de Argentina, Cristina Fernández.

C. Héroes de la independencia hispanoamericana

1. Francisco de Miranda (1750-1816)

La primera tentativa de independencia fue dirigida por el militar Francisco de Miranda quien intentó, infructuosamente, de liberar a su país de origen, Venezuela. Miranda fue capitán del ejército español, mas la semilla de independencia y libertad que habitaba su espíritu lo llevó a luchar también del lado de las fuerzas de Jorge Washington y Lafayette por la independencia de las colonias norteamericanas de Inglaterra, así como del lado de las fuerzas revolucionarias durante la Revolución francesa.

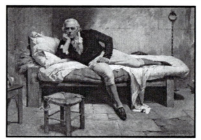

Francisco de Miranda en su celda en Cádiz

Trató de conseguir apoyo en Inglaterra, Francia y los Estados Unidos para la independencia de Hispanoamérica, y finalmente partió desde Nueva York con una expedición que organizara en esa ciudad. Llegó a costas venezolanas el 28 de abril de 1806 donde sus fuerzas fueron derrotadas. Hizo un segundo intento en los primeros días de agosto que también fracasó. Regresó a Londres, donde en 1810 se encontró con Simón Bolívar quien también había llegado allí buscando apoyo para la causa de la independencia de Venezuela. Regresaron al país con los mismos objetivos de lucha y finalmente en julio de 1811 Venezuela fue declarada independiente. Sin embargo, esta independencia no duró mucho debido a conflictos internos entre los diferentes grupos. En 1812 Miranda fue capturado por el ejército español y enviado a la cárcel. Murió en Cádiz en 1816.

2. Simón Bolívar (1783-1830)

Conocido como el Libertador, Simón Bolívar es una de las figuras señeras de los movimientos de independencia del continente sudamericano, padre de la independencia de Colombia (1810), Venezuela (1811), Perú (1821), Ecuador (1822) y Bolivia (1825). Criollo nacido en Caracas en 1783, hijo de descendientes españoles con gran poderío económico, como todo criollo rico, el joven Bolívar se crió y tuvo una educación similar a la de un príncipe europeo. Su familia tenía grandes relaciones con la corona, a tal punto que el joven Bolívar, en sus visitas a la madre patria, solía jugar a la pelota vasca con el príncipe Fernando de Asturias. En uno de esos partidos Bolívar, por accidente, le hizo caer el sombrero al príncipe de un pelotazo. Considerándolo una afrenta, el príncipe exigió una apología. La negativa de Bolívar de doblegarse ante el príncipe por lo que él consideraba un accidente fue un presagio de lo que sucedería unos veinte años más tarde: Bolívar contribuiría al desmembramiento del imperio español en América. (Wepman, 113-14).

Simón Bolívar, el Libertador

Su labor dentro de la lucha de independencia de su país comenzó en 1807 cuando organizó una conspiración contra el régimen en el poder. Más adelante, en 1810 fue en misión diplomática a Londres con el propósito de lograr adeptos a la causa de liberación. Allí se encontró con Francisco de Miranda con quien unió fuerzas para regresar y continuar la lucha. Después de años caracterizados por un ir y venir de campañas militares -algunas ganadas, otras perdidas- y por periodos de exilio, en febrero de 1819 Bolívar fue elegido Presidente de Venezuela y en diciembre de ese mismo año fundó la República de Colombia. En el verano de 1819 Bolívar y San Martín, quien venía combatiendo desde el sur, se encontraron en la ciudad de Guayaquil y con un abrazo sellaron el triunfo de la independencia de las colonias sudamericanas en lo que la historia recuerda como el abrazo de Guayaquil. San Martín y sus tropas se sometieron a las fuerzas comandadas por el Libertador quien soñaba con establecer los Estados Unidos de Sudamérica y quien sería elegido presidente de la temporera Confederación de Venezuela, Colombia, Ecuador, Perú, y el Alto Perú al que Bolívar cambió de nombre por Bolivia. Las victorias militares dirigidas por Bolívar que consolidaron la definitiva independencia de Sudamérica del dominio español fueron las de Carabobo (1821), donde finalmente se consolidó la independencia de Venezuela y la batalla de Ayacucho (1824), bajo el mando del general Antonio José de Sucre, quien también liberó Guayaquil y Quito.

Dos mujeres influyeron de forma directa o indirecta en etapas cruciales en la vida de Bolívar: su esposa, la española María Teresa de Toro quien al morir inesperadamente de una enfermedad tropical le soltó las ataduras a una vida de conformidad familiar preparándolo a abrir camino al amor y a la lucha por la patria, y Manuela Sáenz, quiteña a quien conoció en el año de 1822 y quien abandonó a su marido para seguir a Bolívar con quien permaneció hasta los últimos momentos de su vida. El amor que surgió entre ambos, tan ardiente como el que anteriormente había sentido Bolívar por María Teresa, le dio al Libertador la fortaleza necesaria para continuar la lucha hasta lograr su objetivo de una Hispanoamérica independiente, antes de morir en 1830. Bolívar la llamó "la Libertadora del Libertador" después de que le salvara la vida cuando un grupo de oficiales se amotinó para darle muerte el 25 de septiembre de 1828. El Libertador murió de tuberculosis en Santa Marta, Colombia camino al exilio. Manuela murió en la miseria en Paita, Perú, durante una epidemia de difteria en 1856. Fue enterrada en una fosa común y todos sus bienes, incluyendo la mayoría de las cartas de amor de Bolívar, quemados.

3. José de San Martín (1778-1850)

Hacia el sur fue, entre otros, San Martín, argentino quien lideró las luchas de independencia declarando en julio de 1816 la liberación de Argentina. Hubo por supuesto, otros líderes, como José Gaspar Rodríguez de Francia (1766-1840) quien declaró la independencia de Paraguay en mayo de 1811 y Bernardo O'Higgins, chileno, (1817-1823) quien gracias al apoyo de San Martín logró la independencia de Chile en 1818. Sin embargo fue sobre todo San Martín el que junto al Libertador, abrazó la causa de la liberación del continente. Atravesó fronteras hacia el norte y junto a Bolívar y a Sucre participó en la liberación del Ecuador así como en la campaña liberadora del Perú.

José de San Martín

El caso de la liberación del Uruguay no fue resuelto tan rápidamente. En 1814 los portugueses en Brasil invadieron este territorio conocido en ese entonces como la Banda Oriental y lograron conquistarlo. En 1821 el territorio fue oficialmente anexionado al Brasil. No fue hasta 1828 que el Uruguay pudo declarar su independencia del Brasil gracias al apoyo militar argentino.

4. Miguel Hidalgo (1753-1811)

Sacerdote mexicano conocido como el cura Hidalgo, padre de la independencia de su país. A diferencia de los otros héroes de la independencia, el cura Hidalgo no era militar; su lucha tuvo raíces más bien de justicia social. Fue su honda preocupación por las paupérrimas condiciones económicas de los indígenas la que le llevó, en septiembre de 1810, a proclamar el Grito de Dolores y tomar las armas contra las tropas realistas del gobierno español, pero fue derrotado en enero de 1811 sin alcanzar a llegar a la Ciudad de México, centro del poder. Sin embargo, es en este día que el país celebra el día de la independencia, por ser la primera insurrección de importancia contra la corona española.

Miguel Hidalgo y Costilla

Su estandarte fue tomado por otro sacerdote, el padre José María Morelos quien declaró la independencia en 1813 y quien también fuera vencido por las tropas realistas y ejecutado al igual que Hidalgo. La insurrección fue mantenida viva por Vicente Guerrero el que en 1821 firmó un acuerdo por la liberación nacional con Agustín Iturbide, militar de las fuerzas realistas contra quien había estado luchando. El Plan de Iguala o de las Tres Garantías, como se llamó el acuerdo, establecía tres puntos sobre los cuales fundar la unión de ambos bandos: la independencia de México, el mantenimiento del catolicismo como religión oficial y la igualdad de derechos para españoles y mexicanos.

La independencia de España fue final y permanentemente declarada en agosto de 1821 por medio de la firma del Tratado de Córdoba entre el virrey Juan O'Donojú e Iturbide quien había quedado al mando de las fuerzas liberadoras una vez firmado el Plan de Iguala. Los territorios centroamericanos también declararon la independencia ese mismo año, pero en 1822 Iturbide se proclamó emperador de México e incorporó Centroamérica a su imperio, con excepción de Panamá que fue parte de la Gran Colombia hasta 1903. En 1823 Guatemala, Honduras, El Salvador, Nicaragua y Costa Rica aprovecharon la coyuntura histórica de que Iturbide fue obligado a abdicar para separarse de México y formar la confederación de Provincias Unidas de Centro América. Con el curso de los años esta confederación fue debilitándose dando paso al nacimiento de repúblicas completamente independientes como las conocemos hoy día; Nicaragua y Honduras (1838), Costa Rica (1838 hasta 1842 y luego definitivamente en 1848), El Salvador (1841), y Guatemala (1847).

5. Juan Pablo Duarte (1813-1876) y Ramón Emeterio Betances (1827-1898)

Las luchas de independencia se extendieron a mediados de siglo a las colonias del Caribe. La República Dominicana logró su independencia en el 1844 bajo el liderazgo de Juan Pablo Duarte, considerado el padre de la patria, y Francisco del Rosario Sánchez, quien proclamara oficialmente la república en la ciudad de Santo Domingo el martes 27 de febrero.

El hecho de que Puerto Rico no lograra dejar de ser colonia española hasta 1898 en que fue cedida a los Estados Unidos como resultado de la Guerra Hispanoamericana no significa que no se luchara por la independencia. El 23 de septiembre de 1868 se produjo el Grito de Lares, insurrección dirigida por Ramón Emeterio Betances y Segundo Ruiz Belvis (1829-1867). La misma, planeada para el 29 tuvo que ser adelantada por temor a una traición y fue aplastada por las fuerzas españolas en 24 horas.

Betances, quien había estudiado medicina en París, fue el autor de los "Diez Mandamientos del Hombre Libre" basados en la "Declaración de los Derechos del Hombre" adoptada por la Revolución francesa en 1879. Estos mandamientos iluminaron la lucha que llevó al Grito de Lares y son los siguientes: 1. Abolición de la esclavitud; 2. Derecho a fijar contribuciones; 3. Libertad de culto; 4. Libertad de imprenta; 5. Libertad de palabra; 6. Libertad de comercio; 7. Libertad de reunión; 8. Derecho a portar armas; 9. Inviolabilidad del ciudadano; 10. Derecho a elegir a los oficiales públicos.

Juan Pablo Duarte

Ramón Emeterio Betances

6. José Martí (1853-1895) y Antonio Maceo (1845-1896)

Dos son los héroes de la lucha por la independencia de Cuba -la más grande de las Antillas Mayores- José Martí y Antonio Maceo. Desde muy joven, Martí se opuso al absolutista gobierno español lo que le costó el exilio a la corta edad de 17 años. A lo largo de su vida forjó ideales de libertad para su país, oponiéndose a que cualquier otra potencia extranjera, incluyendo los Estados Unidos que ya en esa época buscaban expandir su dominio sobre los países del sur, ejerciera su poder sobre el mismo.

Así como el cura Hidalgo fue antes religioso que hombre de armas Martí fue primero hombre de letras, y aunque como Hidalgo en determinado momento optó por la lucha armada, su pluma fue su arma más poderosa. Luego de haber vivido en exilio en España, México y Guatemala, en 1878 le fue posible regresar a su país, aunque no por mucho tiempo. Desde un segundo exilio en Nueva York, donde vivió de 1881 a 1895, organizó la lucha armada por la independencia de su patria muriendo en una de las primeras batallas en 1896.

José Martí

Maceo, recordado como "el titán de bronce", participó activamente en la Guerra de los diez años (1868-1878) entre las tropas reales y las cubanas. El padre de Maceo había luchado al lado de las fuerzas españolas vencidas por Bolívar en Venezuela así que después de declarada la independencia, emigró a Cuba, país aún bajo el régimen español con el fin de comenzar una nueva vida. En Cuba, sin embargo, años después se unió a las fuerzas revolucionarias de 1868, al igual que varios de sus hijos, entre ellos Antonio.

Antonio Maceo

La lucha en Cuba tuvo dos etapas. La primera fue la Guerra de los diez años entre 1868 y 1878; la segunda, la Guerra de independencia de 1895 a 1898. Durante la primera etapa todos los que luchaban querían la independencia de España, pero algunos deseaban la anexión a los Estados Unidos en lugar de la independencia total. En 1878 se firmó un acuerdo de paz, acuerdo que luego no fue respetado por España, lo que trajo como consecuencia la continuación de la lucha desembocando en la Guerra de independencia en la que fueran asesinados Martí y Maceo.

En 1898 los Estados Unidos intervinieron en el conflicto provocando la Guerra Hispanoamericana. Como resultado de la misma España perdió los últimos bastiones de su imperio colonial: Cuba, Puerto Rico y Filipinas. Cuba logró su independencia en 1902; Puerto Rico y Filipinas pasaron a ser territorios norteamericanos. Se consolidó así la intervención norteamericana en el hemisferio sur a lo largo del naciente siglo; intervención cuyas primeras manifestaciones se habían producido en Centro América cuando en 1856 William Walker se declaró presidente de Nicaragua y luego en 1860 trató de apoderarse del territorio hondureño.

A. Formación de las naciones y delimitación de fronteras

Con el fin de la Guerra Hispanoamericana un optimista panorama se abrió para el Nuevo Mundo ya completamente liberado del Imperio español, y las fronteras nacionales tal como las conocemos hoy en día terminaron de establecerse con la separación de Panamá de Colombia en 1903.

1. Países y capitales: aspectos geográficos, topográficos, demográficos y económicos

Los Estados Unidos Mexicanos es el nombre oficial de lo que conocemos comúnmente como México. De los países de habla hispana, México es el único que se encuentra localizado en la América del Norte. Al norte tiene fronteras con los estados de Texas, Nuevo México, Arizona y California en los Estados Unidos, sirviendo el Río Bravo o Río Grande de frontera natural entre los dos países. Al sur tiene fronteras con Belice y Guatemala. Sus costas son bañadas por el océano Pacífico por el oeste y por el golfo de México y el mar Caribe o mar de las Antillas por el este. Los Estados Unidos Mexicanos son treinta y uno, más un distrito federal, Ciudad de México, capital del país. Con respecto a los Estados Unidos de Norte América, la superficie de México (764.000 millas cuadradas / 1.972.550 kilómetros cuadrados) es un poco más de tres veces la de Texas, lo que lo hace el segundo país de Hispanoamérica más grande en tamaño. Argentina es el primero con 1.100.000 millas cuadradas /2.771.300 kilómetros cuadrados.

Siendo un país tan extenso cuyo territorio incluye además varias islas de gran atractivo turístico como las de Cozumel, Puerto Real, Carmen y Mujeres su clima varía dependiendo de la topografía. En el norte, donde existen los desiertos, el clima es seco. Hacia el centro, el sur y las islas en el golfo de México el clima es más bien húmedo y tropical. Dos cadenas de montañas atraviesan el territorio mexicano: la Sierra Madre Occidental al noroeste del país y la Sierra Madre Oriental a lo largo del este. La población de México en el 2009 es de alrededor de 111.211.789 habitantes; su unidad monetaria es el peso mexicano y los recursos naturales más importantes con que cuenta el país son el petróleo, la plata, el cobre, el oro, el plomo, el zinc, el gas natural y la madera.

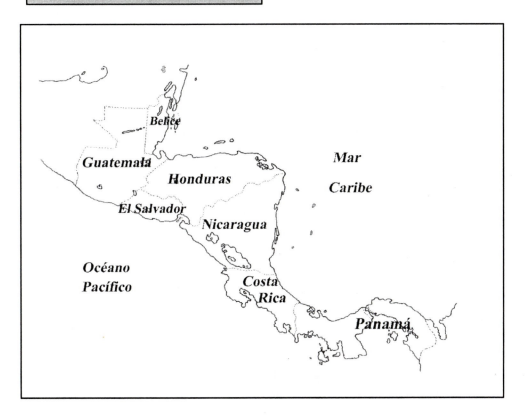

La América Central, cuyas costas son bañadas por el mar Caribe al este y el océano Pacífico al oeste, está compuesta de siete repúblicas. Yendo de norte a sur, están: Belice, al noreste, único país donde no se habla español sino inglés, y luego, los siguientes países de habla hispana: Guatemala, al este de Belice, El Salvador, Honduras, Nicaragua, Costa Rica y Panamá.

Guatemala, cuya capital es Ciudad de Guatemala limita al norte con México, al suroeste con El Salvador cuya capital es San Salvador y al sureste con Honduras cuya capital es Tegucigalpa. Honduras, a su vez tiene frontera al sur con Nicaragua, cuya capital es Managua, y Nicaragua colinda al sur con el norte de Costa Rica cuya capital es San José. Finalmente, Costa Rica que limita al sur con el norte de Panamá, cuya capital es Ciudad de Panamá. Panamá está conectado a Colombia sirviendo de puente entre Centro y Sudamérica.

109

Tiene una superficie de 42.000 millas cuadradas /108.890 kilómetros cuadrados, más o menos el tamaño del estado de Tennessee dividida en veintidós departamentos. En general, el mismo clima tropical se extiende por todo el país: húmedo y cálido; un poco más frío en las regiones montañosas elevadas. Hacia el sur las montañas incluyen regiones volcánicas donde se encuentra el extinto volcán Agua de 3.776 metros de altura. Esta zona volcánica hace de Guatemala un lugar susceptible a terremotos, y las costas hacia el Caribe la hacen propicia a huracanes y tormentas tropicales. La población de Guatemala en el 2009 es de alrededor de 13.276.517. La moneda del país es el quetzal y los más importantes recursos naturales son el petróleo, el níquel, el pescado, el caucho y las maderas finas. El café, el azúcar, el banano y otras frutas y vegetales tropicales representan los productos de exportación más fuertes.

El Salvador

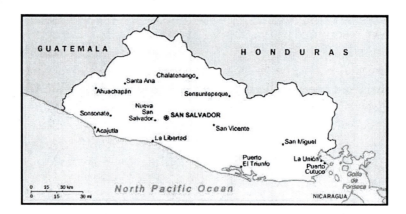

110

El país de América Central más pequeño en extensión, El Salvador, tiene una superficie de unas 8.292 millas cuadradas /21.476 kilómetros cuadrados, más o menos el tamaño de Massachusetts, dividida en catorce departamentos. El clima es tropical con una estación de lluvia de mayo a octubre y una estación de sequía de noviembre a abril. La presencia de varios volcanes no extintos: el Santa Ana, el San Vicente, el San Miguel y el Izalco en su zona montañosa hacen al país muy propenso a violentos y frecuentes movimientos sísmicos. La población en el 2009 es de alrededor de 7.185.218 habitantes. Entre los productos agrícolas que se cultivan en el país se encuentran el café, el algodón, la caña de azúcar y árboles de madera valiosa como el cedro, el roble negro y la caoba. Como recursos naturales el país cuenta con petróleo y reducidos depósitos de oro, plata, piedra caliza y yeso. En el 2001 El Salvador adoptó como unidad monetaria el dólar norteamericano. En el 2006 los Estados Unidos firmaron un Tratado de Libre Comercio con América Central y la República Dominicana siendo El Salvador el primer país en ratificar este acuerdo.

Honduras

Está administrativamente dividida en dieciocho departamentos. La superficie del país es de 43.267 millas cuadradas /112.090 kilómetros cuadrados, un poco más grande que el estado de Tennessee. Como en El Salvador y Guatemala, el clima en general es tropical, más templado en las montañas del interior y más cálido y húmedo en las zonas costeras. El terreno montañoso, que ocupa unas tres cuartas partes del país, se mezcla con valles donde se produce suficiente pasto para alimentar la producción ganadera. Los productos de exportación más importantes son el café, el banano, la carne congelada, los mariscos y la madera. Otros recursos naturales con que cuenta el país, a pesar de que no están suficientemente explotados, son pequeños yacimientos de oro, plata cobre, hierro, cal, mármol, plomo y zinc. La población de Honduras en el 2009 es de 7.833.696 y la moneda es el lempira.

Nicaragua

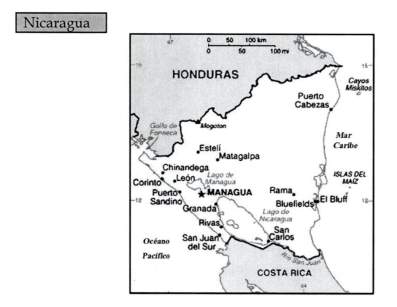

Las 49.985 millas cuadradas/129.494 kilómetros cuadrados de Nicaragua están conformadas por planicies rodeadas de una serie de cadenas de montañas una de las cuales, la Cordillera Volcánica que se extiende también hacia Costa Rica, es abundante en volcanes que hacen al país muy propenso a violentos terremotos. Esta configuración topográfica hace que el clima tropical que existe en general en el país sea templado en las zonas montañosas. Nicaragua es el país de mayor extensión de América Central y abriga el cuerpo de agua dulce más extenso, el lago Nicaragua. Su territorio, algo más pequeño que el estado de Nueva York, está dividido en quince departamentos. Como las tierras son muy fértiles, la economía del país está fundada en la agricultura y hay grandes plantaciones de maíz, algodón, café, tabaco, banano, arroz, soya y caña de azúcar. También hay yacimientos de oro, plata, cobre, zinc, tungsteno y plomo. La población de Nicaragua en el 2009 es de 5.891.199 y la unidad monetaria del país es el córdoba oro.

Las 19.700 millas cuadradas/51.022 kilómetros cuadrados de Costa Rica (un poco más pequeña que Virginia del Oeste) están divididas en siete provincias las que en el 2009 contaban con 4.253.877 habitantes. Costa Rica es el país más estable de América Central y el único que no tiene un ejército, proscrito por el capítulo 12 de la constitución de 1949: "Se proscribe el Ejército como institución permanente". A diferencia del resto de los países centroamericanos en que el nivel de pobreza que afecta la población fluctúa entre el 75 y el 37%, en Costa Rica existe una amplia clase media y solamente el 20% de los habitantes vive bajo el nivel de pobreza. El clima de Costa Rica es muy similar al de los otros países de Centro América, cálido en las costas, y de templado a frío en las zonas más elevadas dependiendo de la altitud del terreno. La estación de lluvias es de mayo a noviembre y la de sequía de diciembre a abril. El fuerte de su economía es el turismo y la agricultura, pues a pesar de que hay yacimientos de minerales, sobre todo de bauxita, no se han explotado masivamente. El país produce además enormes cantidades de energía hidráulica. Gracias a la riqueza de su suelo Costa Rica es capaz de producir una gran variedad de productos agrícolas para la exportación primordialmente café, banano, cacao, frutas tropicales y caña de azúcar; gracias a la riqueza de sus costas también puede exportar pescado y mariscos: atún, tiburón, tortuga, etc. La moneda del país es el colón.

En las elecciones de febrero del 2006, Costa Rica eligió como presidente a Óscar Arias Sánchez, candidato socialdemócrata por el Partido Liberación Nacional. Arias Sánchez ya había sido presidente en el cuatrienio de 1986-1990, y en 1987 recibió el Premio Nobel de la Paz por sus gestiones por la paz en Centroamérica. En las elecciones de febrero de 2010, Costa Rica eligió a la primera mujer presidenta del país, Laura Chinchilla, heredera política de Arias.

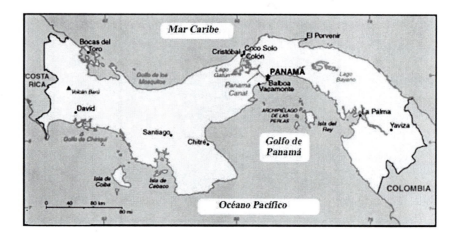

Nueve provincias divididas en dos partes por el canal, la superficie total de Panamá cubre 30.185 millas cuadradas/78.200 kilómetros cuadrados (más o menos el tamaño de Carolina del Sur) incluyendo las numerosas islas que le pertenecen oficialmente. Su clima es básicamente tropical. Su posición estratégica de eslabón entre Norte y Sudamérica y a la vez entre el océano Atlántico y el Pacífico hacen de Panamá un país de una riqueza única. La administración del canal desde 1999 (hasta ese momento estuvo administrado por los Estados Unidos desde que se finalizó su construcción en 1914) ha significado para Panamá una fuente de ingreso muy importante, junto al turismo que la zona del canal genera. Como todos los países centroamericanos, el país exporta banano, café y caña de azúcar. También exportan camarones y otros mariscos. Los extensos bosques tropicales son un notable recurso natural del país; además posee cobre y se produce importante cantidad de energía hidráulica. La moneda de Panamá es el balboa, y su población en el 2009 es de 3.360.474 habitantes.

C. El Caribe hispano

Solamente tres de las Antillas mayores son de habla hispana: Cuba, la República Dominicana, la cual comparte el territorio total de la isla La Española con Haití, y Puerto Rico. Cada una de las tres Antillas tiene un tipo de gobierno diferente: Cuba, cuya capital es La Habana, es una república socialista, la República Dominicana, cuya capital es Santo Domingo, es una república democrática y Puerto Rico, cuya capital es San Juan, es un Estado Libre Asociado de los Estados Unidos. En su calidad de Estado Libre Asociado, es decir no una república independiente ni un estado de la unión norteamericana, el primer mandatario en Puerto Rico es un gobernador elegido por el pueblo puertorriqueño, no un presidente.

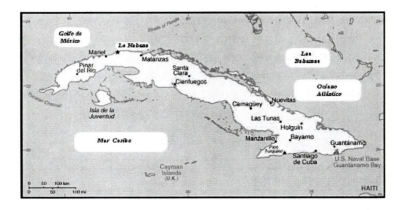

Cuba, la mayor en extensión (44.00200 millas cuadradas/114.471, el tamaño de Pensilvania) se encuentra situada directamente al sur de La Florida y al noroeste de La Española. Su posición geográfica le da a la isla un clima semi-tropical, y las tres Antillas comparten la misma época de lluvias, de agosto a octubre, en que toda la región es afectada por tormentas tropicales o huracanes. La población de Cuba en el 2009 era de alrededor de 11.451.652 habitantes.

Como la isla está regida por un gobierno de corte socialista, los medios de producción, los recursos naturales, el comercio internacional están controlados por el gobierno. Cuba, catorce provincias en tierra firme y un municipio especial conformado por la pequeña Isla de la juventud, posee yacimientos de níquel, cobalto, cobre, manganeso, cromo y sal. Hasta los años noventa la agricultura fue la actividad principal del país, sobre todo el cultivo de la caña de azúcar, el café y el tabaco. Los puros cubanos son internacionalmente reconocidos entre los mejores del mundo.

Con el desmembramiento del bloque de países socialistas la agricultura cubana perdió su lugar como primera actividad económica del país y Cuba conoció una fuerte crisis. El gobierno llamó este periodo de crisis de los años noventa el periodo especial y para aliviar la situación introdujo algunas reformas para crear una economía mixta -socialista y capitalista- que incluían el abrir sus puertas a un mercado que se había mostrado exitoso en otros países de Latinoamérica: el turismo. Igualmente permitió las inversiones extranjeras, legalizó el uso del dólar norteamericano en paridad con el peso cubano, se les permitió a algunos sectores profesionales el trabajar por cuenta propia -entre ellos la industria de la restauración y la del transporte- y estableció tiendas en las que se podía comprar solamente con dólares.

Como consecuencia del flujo de moneda americana, la brecha en el nivel de vida entre los sectores de la población que tienen acceso a dólares, bien sea porque tienen familiares en el extranjero que les envían divisas o porque trabajan en sectores económicos pagados en dólares, se ha agranda-

115

do. La prostitución ha regresado y el mercado negro se ha acrecentado por la necesidad de la gente de satisfacer la carencia de alimentos, ropa y productos de higiene personal existente en la isla.

En el capítulo I de la segunda parte, "El nuevo mapa político de América Latina", hablaremos más en detalle sobre la situación actual en Cuba producto del cambio de presidente; en el 2008 Raúl Castro fue elegido presidente del país tras la decisión de Fidel de no presentarse a la reelección.

República Dominicana

La República Dominicana tiene una superficie total de 18.712 millas cuadradas/48.464 kilómetros cuadrados –un poco más que el doble de Nueva Hampshire. El territorio dominicano cuya población en el 2009 era de alrededor de 9.650.054 habitantes está dividido en veintinueve provincias y un distrito nacional, Santo Domingo. En 1930 Rafael Leónidas Trujillo asumió el poder tras un golpe de Estado y por treinta y un años gobernó el país directa o indirectamente como dictador absoluto -con el apoyo de los Estados Unidos- y como si éste fuera una empresa privada suya y de su familia. Este interés "personal" quizás explique el desarrollo económico que conoció la República Dominicana durante su mandato en que se construyeron hospitales, carreteras, puertos y se estableció un sistema de pensiones para los trabajadores pues en realidad se trataba de que en última instancia todo redundara en beneficio de su "propiedad personal".

Como bajo todo gobierno dictatorial durante el "trujillato" o época de Trujillo, la violación de las libertades del individuo y de los derechos humanos fue flagrante. En 1960, su régimen fue censurado por la Organización de Estados Americanos (OEA), y le fueron impuestas sanciones económicas. Hoy en día la República Dominicana tiene un gobierno democrático. Hasta mayo del 2004 el presidente lo fue Hipólito Mejía quien había elegido como vicepresidenta a Milagros Ortiz Bosch, primera mujer en ocupar ese escaño en el país. En las elecciones de mayo del 2008 salió reelegido (por segunda vez) el Dr. Leonel Fernández del Partido de la Liberación Dominicana (PLD) quien había sido el presidente del 1996-2000 y del 2004-2008. Aunque la economía dominicana ha conocido un gran crecimiento en las últimas décadas llegando a reducir la tasa de habitantes viviendo bajo el límite de pobreza a 25%, la distribución de riquezas continúa siendo muy dispareja y aún en nuestros días muchos dominicanos pobres arriesgan sus vidas cruzando en inseguras lanchas el canal de la Mona hacia Puerto Rico donde esperan encontrar mejores condiciones de vida o pasar de ahí a los Estados Unidos.

El reciente crecimiento de la industria turística y el aumento de zonas de libre comercio han provocado que la agricultura haya perdido el lugar predominante que ocupaba en la economía del país. Los productos agrícolas de mayor exportación siguen siendo el azúcar, el café y el tabaco. La crianza de ganado vacuno y porcino y de aves de corral es básicamente para el consumo interior. La isla cuenta además con limitados yacimientos de ferroníquel, oro, hierro y acero y la unidad monetaria del país es el peso dominicano.

Puerto Rico

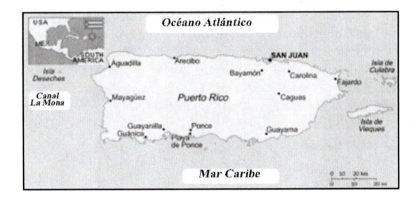

Puerto Rico es la más pequeña de las Antillas mayores ocupando una superficie de 3.551 millas cuadradas/9.104 kilómetros cuadrados, tres veces el tamaño de Rhode Island. Parte de esta superficie está comprendida por las islas de Vieques, Culebra, Mona y Monito. Como hiciera el Ecuador con las islas Galápagos, el gobierno de Puerto Rico clasificó estas últimas dos islas de reserva natural por la variedad única de su fauna y de su flora. Del mismo modo, el bosque lluvioso de El yunque, localizado al noreste de Puerto Rico es considerado reserva natural y hace parte del sistema de bosques nacionales de los Estados Unidos.

Contrario a muchos países de Hispanoamérica, la agricultura no es una de las actividades principales del país y a pesar de ser una isla, tampoco lo es la pesca comercial. Sus recursos minerales son limitados: pequeños ya-

117

cimientos de cobre y níquel, pero se cree que en sus costas hay posibilidades de encontrar petróleo, algo que aún no ha sido confirmado. La industria del turismo, la manufacturación de productos farmacéuticos y químicos y de instrumentos científicos así como el refinamiento de petróleo, y los servicios de finanzas, seguros, bienes raíces, etc... ocupan un lugar preponderante en la economía de la isla.

Puerto Rico está dividido en setenta y ocho municipios y su población en el 2009 es de 3.966.213 habitantes en la isla. Como los puertorriqueños son oficialmente ciudadanos americanos desde 1917 y por lo tanto no necesitan visa para entrar a los Estados Unidos, existe una enorme cantidad de puertorriqueños viviendo allí, alrededor de 3.406.178 según el censo del 2000, casi tantos como en la isla. Esta emigración comenzó en los años cuarenta y continúa hoy en día; como todo emigrante, los puertorriqueños llegan a los Estados Unidos en busca de mejores oportunidades económicas para ellos y para sus hijos pues a pesar de la relación política de dependencia con los Estados Unidos, el ingreso per cápita del puertorriqueño de la isla es de $17.100, menor que el del estado de Mississippi, el más bajo de la unión. La moneda de Puerto Rico es el dólar y el correo es el correo federal norteamericano.

La isla no tiene un ejército propio; los puertorriqueños sirven en el ejército de los Estados Unidos. En el cuatrienio del 2000-2004 Puerto Rico tuvo una gobernadora, Sila M. Calderón, primera mujer en ocupar ese cargo. En las elecciones de noviembre del 2008 resultó elegido, por un muy estrecho margen, Luis Fortuño, del Partido Nuevo Progresista, quien propulsa la estadidad. La crisis económica mundial agudizó los problemas económicos en la isla; en el 2009, antes de que se produjera el masivo despido de más de 20.000 empleados de agencias gubernamentales, la tasa de desempleo ya alcanzaba el 15%.

El continente sudamericano está compuesto por doce repúblicas independientes (de las cuales sólo tres: Brasil, Guyana y Surinam no son hispanohablantes), más la Guayana francesa, departamento de ultramar francés. En Brasil, cuya capital es Brasilia, se habla portugués; en Guyana, cuya capital es Georgetown, se habla inglés y en Surinam, cuya capital es Parabaribo, se habla holandés. Los países de habla hispana bajando por el lado del Noroeste del continente y subiendo hacia el Norte a encontrarse con Brasil por el Este son: Venezuela, capital Caracas; Colombia, capital Bogotá; E-

119

cuador, capital Quito; Perú, capital Lima; Bolivia, capital La Paz; Chile, capital Santiago; Paraguay, capital Asunción; Argentina, capital Buenos Aires y Uruguay, capital Montevideo.

País	Superficie	Unidad Monetaria	Población al 2009
Argentina *Buenos Aires*	1.100.000 millas cuadradas/ 2.771.300 kilómetros cuadrados	peso argentino	40.913.584
Bolivia *La paz*	424.162 millas cuadradas/ 1.098.160 kilómetros cuadrados	boliviano	9.775.246
Brasil *Brasilia*	5.289.089,84 millas cuadradas/ 8.511.965 kilómetros cuadrados	real	198.739.269
Chile *Santiago*	292.280 millas cuadradas/ 756.945 kilómetros cuadrados	peso chileno	16.601.707
Colombia *Bogotá*	440.000 millas cuadradas/ 1.139.600 kilómetros cuadrados	peso colombiano	43.677.372
Ecuador *Quito*	109.454 millas cuadradas/ 283.560 kilómetros cuadrados	sucre = dólar norteamericano	14.573.101
Paraguay *Asunción*	157.048 millas cuadradas/ 406.752 kilómetros cuadrados	guaraní	6.995.655
Perú *Lima*	496.087 millas cuadradas/ 1.285.200 kilómetros cuadrados	nuevo sol	29.546.963
Uruguay *Montevideo*	68.037 millas cuadradas/ 176.215 kilómetros cuadrados	peso uruguayo	3.494.382

Venezuela _Caracas_	352.143 millas cuadradas/ 912.050 kilómetros cuadrados	bolívar	26.814.843

De esas doce repúblicas sólo Bolivia y Paraguay no tienen costa. Al perder la Guerra del Pacífico o Guerra del salitre (1879-1883) entre Chile y la Confederación Perú-Boliviana, Bolivia perdió el acceso al mar. El origen de la guerra podemos encontrarlo en una ley boliviana que imponía un nuevo impuesto de 10 centavos sobre cada quintal de salitre exportado, impuesto que Chile consideró violaba el Tratado de Límites de 1874 en el que se estipulaba que los derechos de exportación de minerales, explotados entre los paralelos 23 y 25, no podían exceder a los vigentes en aquella época. Lo que en realidad estaba en juego eran las inmensas riquezas en salitre y guano de la región al norte del desierto de Atacama. La guerra, originalmente con Bolivia, se extendió al Perú al conocer Chile la existencia desde 1873 de un tratado secreto de alianza defensiva entre Bolivia y Perú.

Al finalizar la guerra, en virtud del Pacto de Tregua firmado en 1884 Atacama y el puerto de Antofagasta pasaron a dominio chileno, con lo cual Bolivia perdió su salida al mar. En 1953, sin embargo, el gobierno chileno proporcionó a Bolivia un puerto franco en Arica para facilitarle el comercio de sus productos. La reivindicación de una salida al mar ha sido constantemente reclamada por los sucesivos gobiernos bolivianos. La llegada al gobierno de Michelle Bachelet en Chile y de Evo Morales en Bolivia propició que por primera vez se incluyera el tema de la salida al mar entre los 13 puntos a discutir entre ambos países. Ello no significa necesariamente un acuerdo sobre la solución al problema, pero indudablemente es un avance. El nuevo presidente de Chile, Sebastián Piñera, elegido en enero del 2010, está de acuerdo en continuar la discusión de los 13 puntos con el gobierno boliviano, pero dejó claro durante su campaña que la salida al mar soberana está fuera de discusión.

Aunque huérfanos de costa y mar, Bolivia y Paraguay cuentan con otros sistemas fluviales de importancia. Bolivia, por su parte, comparte con Perú el lago navegable más alto del mundo, el Titicaca, y cuenta con una enorme cantidad de ríos de variada importancia que se extienden por todo el país. En total Bolivia cuenta con más de 10.000 kilómetros comercialmente navegables. Actualmente está desarrollando Puerto Busch, sobre el río Paraguay enclavado en la frontera trinacional con Paraguay y Brasil, una vía que le abre la posibilidad de transportar pasajeros y carga desde y hacia el océano Atlántico. La hidrovía tiene una extensión de 3.442 kilómetros longitudinales, desde sus cabeceras al interior del estado de Mato Grosso en el Norte de Brasil, hasta el río Paraná a la altura del puerto uruguayo de Nueva Palmira. Puerto Busch está emplazado cerca de los ricos yacimientos de hierro del Mutún, reserva de 4.000 millones de toneladas de hierro.

Paraguay también cuenta con lagos y ríos navegables entre ellos los ríos Paraná –uno de los más grandes del mundo- y Paraguay, dos de los más importantes sistemas fluviales del continente. El río Paraguay nace en Brasil y va bajando hacia el sur convirtiéndose en afluente del Paraná a la altura de la frontera entre Paraguay y Argentina para alimentar luego el cauce del río de la Plata y finalmente desembocar en el océano Atlántico. Los otros sistemas fluviales del continente que representan vías de comunicación y de transportación de importancia y en algunos casos sirven para generar electricidad lo conforman el río Amazonas, el río Magdalena y el río Orinoco.

Hasta muy recientemente se pensaba que el Amazonas era el segundo río en longitud en el mundo después del Nilo en Egipto. Hoy en día se ha localizado el lugar de nacimiento y la desembocadura del río en un lugar diferente, lo que de probarse, le daría al Amazonas una longitud de 6.800 kilómetros y por lo tanto lo haría más largo que el Nilo que mide 6.695. Las aguas del Amazonas o de sus afluentes recorren territorio brasileño, colombiano, boliviano, peruano, ecuatoriano y venezolano.

Como dato curioso queremos señalar que el Amazonas cambió de curso: hoy en día el Amazonas fluye del océano Pacífico al Atlántico, pero según un estudio realizado por el geólogo Russell Mapes, entre 65 y 145 millones de años atrás, éste corría en dirección opuesta, del Atlántico al Pacífico, es decir en dirección Este-Oeste. El estudio se basa en que si el Amazonas siempre hubiera fluido hacia el Este, como lo hace ahora, los sedimentos encontrados contendrían rastros de minerales mucho más jóvenes, que se habrían "deslizado" desde los Andes y los sedimentos encontrados son rastros de minerales antiguos.

El río Magdalena nace en la cordillera de los Andes y recorre el territorio colombiano hacia el norte para desembocar en el mar Caribe. El Orinoco recorre el territorio venezolano y desemboca en el océano Atlántico.
Sudamérica está localizada en el hemisferio sur lo que implica que las estaciones del año son opuestas a las del hemisferio norte. La diversidad climática y geográfica va de la selva tropical en Brasil, Ecuador, Colombia y Venezuela a las inmensas llanuras de la Argentina, Uruguay, Venezuela, Colombia y Brasil, a los desiertos del sur del Perú y el norte de Chile y a las nieves eternas de la cordillera de los Andes, la que atraviesa el continente de norte a sur desde el norte de Venezuela hasta la Tierra del Fuego. Los picos más altos de esta cadena de montañas se encuentran en la frontera entre Chile y Argentina siendo el Aconcagua el más elevado. La topografía montañosa de la mayoría de los países ha creado permanentemente problemas de comunicación entre los gobiernos, con sede en las ciudades capitales, y el resto del país. Esta situación, a su vez, ha afectado el desarrollo económico y ha creado problemas de densidad poblacional en las grandes ciudades pues

los habitantes del interior emigran a las ciudades desarrolladas en busca de mejores condiciones de vida. La constante emigración resulta en el desarrollo de arrabales (favelas en Brasil, villas miseria en Argentina y Uruguay, poblaciones callampas en Chile), alrededor de los centros urbanos. Según datos del V Foro Urbano Mundial de la ONU, el 80 % de la población latinoamericana (el doble que en los años cincuenta) vive en zonas urbanas, y la pobreza, que no ha parado de crecer, ya afecta a 127 millones de personas, el 29 % de esta población. La pobreza se acentúa más en el campo y en las ciudades pequeñas. Algunos ejemplos: en el Perú, la miseria afecta al 69,3% de la población rural, en Brasil al 50,1%, en Colombia al 50,5% y en México al 40,1%.

Pobreza y hambre

Según un informe publicado por la UNICEF en el 2008, un 39% de los jóvenes latinoamericanos (15 a 24 años de edad) viven en la pobreza y 15 millones de adolescentes (10-19) viven en la pobreza extrema, es decir, con el equivalente de menos de un dólar al día. Igualmente, unos 740.000 adolescentes y jóvenes viven con VIH/SIDA en América Latina y el Caribe.

A pesar de que en algunos países la macroeconomía ha conocido una cierta mejoría, la brecha entre ricos y pobres en América Latina se hace cada vez más amplia. El 20 % de los más opulentos acapara el 56,9% de los ingresos, mientras que el 20% de los más pobres recibe apenas un 3,5% de la riqueza (V Foro Urbano Mundial de la ONU). Según un informe de la FAO (Food and Alimentation Organization) de las Naciones Unidas presentado en Panamá a fines de abril del 2010 la crisis alimentaria y económica mundial incrementó el número de personas que padecen hambre en Latinoamérica de 45 millones en el 2006 a 53 millones en el 2009 anulando los avances registrados entre 1995 y 2006.

En adición, todavía un 32% de la población entre 12 y 24 años padece de problemas de deserción escolar, maternidad no planificada, desempleo, drogadicción, abuso y abandono. Una de las razones que se arguye para explicar esta situación es el hecho de que, comparado a las inversiones que se hacen para programas o beneficios para la tercera edad, la infancia o la población activa, se invierte muy poco en los jóvenes y adolescentes.

Violencia

La violencia es otro de los males mayores que aquejan a América Latina, secuela directa de la desproporcionada distribución de la riqueza. De acuerdo al informe de la UNICEF ya mencionado, a pesar de contar solamente con el 8,6% de la población del planeta, el 42% de los homicidios del mundo ocurren en América Latina y el Caribe haciendo de ésta la región con la más alta incidencia de violencia armada. Un estudio realizado en el 2008 en 83 países por el Instituto Sangari mostró que América Latina y el

Caribe son los lugares más violentos del mundo, especialmente para jóvenes de hasta 25 años. Seis de los diez países con mayores tasas de homicidios por cada 100,000 habitantes se encuentran en la región: El Salvador, Colombia, Venezuela, Guatemala, Brasil y Ecuador. En términos regionales, el Caribe, resulta con la tasa de homicidios mayor: 30 por cada 100 mil habitantes; le sigue Sur América con 26, y finalmente Centroamérica, con 22. Un dato interesante incluido en el informe es que Caracas (Venezuela) presenta una de las mayores alzas en el nivel de violencia en los últimos diez años pasando de 19 a 49 homicidios por cada 100 mil habitantes.

El estudio menciona además que la tasa de asesinatos mayor se concentra en los sectores medios y bajos de la población: 89,7 por cada 100 mil personas, y que la violencia juvenil es más frecuente en zonas urbanas debido al desempleo, la falta de educación y el hacinamiento, así como al consumo de drogas y alcohol.

Otro tipo de violencia que ha ido en auge en las últimas décadas ha en los países centroamericanos de Guatemala, El Salvador y Honduras sido la violencia de pandillas juveniles relacionadas con el tráfico de drogas.

Las víctimas de violencia doméstica contra niños y adolescentes alcanzan los 6 millones reclamando la vida de 80.000 niños por año.

Detalles específicos sobre el cuadro político y económico actual por países se encuentran en la segunda parte de este libro.

B. Movimientos revolucionarios

Como ya vimos, el siglo XIX fue de grandes logros políticos para Hispanoamérica; todos los países lograron la independencia excepto Puerto Rico y Cuba, a quien finalmente le fue concedida en 1902, con algunas restricciones impuestas por la aprobación de la enmienda Platt. Esta enmienda establecía el derecho de los Estados Unidos a intervenir militarmente en la isla cuando lo creyera necesario, poder que no vaciló en utilizar. Se delimitaron también las fronteras nacionales y las repúblicas comenzaron a dar forma a su desarrollo político, social y económico. Como los españoles habían reproducido en América un sistema administrativo similar al que tenían en la Península y trasladado aquí el mismo espíritu regionalista que la dividía –y en cierto modo aún hoy la divide- este proceso no fue fácil. En adición, después de la independencia de España las nuevas naciones, en su mayoría, quedaron huérfanas de clases dirigentes capacitadas para tomar las riendas del gobierno y desarrollar las economías locales. El objetivo de los criollos, quienes llevaron la voz cantante en las luchas de independencia fue, en general, el de apoderarse de los privilegios de mando de que disfrutaban los peninsulares ya que, como sabemos, aunque criollos y peninsulares disfrutaban por igual de privilegios económicos y sociales asociados a su clase, los primeros tenían limitados poderes políticos lo que era profundamente resentido pues ellos consideraban a América su patria. Una vez lograda la independencia pocos de ellos pensaron en el bienestar de las otras capas de la sociedad, entre ellos indígenas, mestizos, mulatos quienes en diferente medida habían unido sus voces a las luchas de independencia contribuyendo así a la victoria.

Se produjo además una división política de carácter bipartidista: conservadores y liberales o centralistas y federalistas. Los conservadores favorecían un gobierno fuerte centralista dirigido desde la capital hacia las provincias y con estrecho vínculo del estado y la iglesia católica; los liberales favorecían el fortalecimiento de gobiernos locales que no dependieran de un gobierno central, la completa separación de la iglesia y el estado y la defensa de las clases desfavorecidas. La principal consecuencia de esta situación fue el surgimiento de gobiernos de tipo caudillista o dictatoriales de los que los siguientes no son sino algunos ejemplos: Juan Manuel de Rosas en Argentina (1835-52); José Gaspar Rodríguez de Francia en Paraguay (1814-40); Rafael Carrera en Guatemala (1844-48; 1851-65); Mariano Melgarejo en Bolivia (1864-83); Gabriel García Moreno en Ecuador (1861-75).

Así fue como el progreso y desarrollo económico de las nacientes naciones no dependió exclusivamente de éstas; la globalización de inversiones extranjeras ya estaba presente en esos momentos. El patrón fue el mismo en toda Latinoamérica: el pretexto para la intervención era ayudar a los países a lograr o mantener independencia política, pero el objetivo final, premeditado o no, era llegar a controlar la economía de esos países a través de inversiones, llegando así a dominar su mercado.

La primera en ver en los nuevos países un mercado de extensión significativa fue la Gran Bretaña quien desde el comienzo apoyó las luchas de independencia de las colonias españolas. Al perder sus colonias norteamericanas era lógico que surgiera allí el interés por, y la necesidad de encontrar nuevos mercados para sus productos. Más adelante, los recién formados Estados Unidos de Norteamérica en expansión hacia el oeste y hacia el sur, amparados sucesivamente bajo la doctrina Monroe y la doctrina del destino manifiesto hicieron inversiones en México e intervinieron en 1898 en la guerra entre los independentistas cubanos y España provocando la Guerra Hispanoamericana o Hispano-estadounidense, de la que ya hemos hablado.

James Monroe, 1816 NP Gallery

La doctrina Monroe, proclamada por James Monroe frente al Congreso de los Estados Unidos en 1823, y cuya consigna fue "América para los americanos", establecía la política exterior de los Estados Unidos frente a las naciones latinoamericanas con respecto a las potencias europeas de las que habían sido o eran todavía colonias: los Estados Unidos no intervendrían en esos países, pero tampoco permitirían a España, Francia, Gran Bretaña o Portugal el intentar recuperar sus antiguas colonias.

En un principio fue una doctrina de "defensa" contra Europa y no de "dominación" sobre Latinoamérica; el cambio de objetivo se produjo más adelante con la implementación del destino manifiesto, doctrina proclamada por John L. Sullivan veintidós años más tarde (1845) la que declaraba que por mandato divino los Estados Unidos estaban destinados y tenían el deber de conquistar todas las tierras vírgenes en territorio americano.

Es evidente, y el examen que haremos más adelante de la historia de la intervención norteamericana en Latinoamérica a lo largo del siglo XX lo muestra, que el desarrollo independiente de las nuevas naciones sería algo muy difícil de lograr y que el origen del subdesarrollo de estos pueblos tiene su base en esta situación.

Baste citar dos ejemplos concretos, el caso de México y el de Cuba. Durante el gobierno de Porfirio Díaz (1876-1910) el capital extranjero dominaba la vida económica del país: "Los americanos y los británicos eran dueños de los pozos de petróleo y de las minas. Los franceses controlaban la mayor parte de la industria textil y muchas de las grandes tiendas. Los alemanes controlaban el negocio de ferretería y medicinas. Los españoles (especialmente los gallegos eran tenderos y pequeños comerciantes. Los servicios públicos –tranvías, electricidad, agua corriente- pertenecían a los ingleses, canadienses, americanos y otros extranjeros. Los mexicanos, sin formación en la técnica moderna, eran por así decirlo, extranjeros en su propia tierra" (Herring 331) [nuestra traducción].

Porfirio Díaz

Igualmente, al triunfo de la Revolución cubana en 1959, la United Fruit Company poseía en Cuba 277.000 acres de terreno; la explotación de las minas de hierro, sulfuro, níquel, cobalto, y otros minerales así como las tres más importantes refinerías de petróleo y las centrales azucareras estaban en manos americanas. (Herring 408-409).

El hecho de que la situación de injusticias sociales para la mayor parte de la población en los diferentes países siguiera vigente después de la independencia hizo que el siglo XX en Latinoamérica estuviera marcado por luchas de tipo social y económico, por la búsqueda del mejoramiento de las condiciones de vida de la gente sobre todo de los indígenas, los mestizos, los mulatos, los campesinos, los antiguos esclavos, es decir, aquellas capas de la población que vivían en condiciones de extrema pobreza sin disfrutar de derecho alguno a la educación o a empleos bien remunerados. Y, de la misma manera que para lograr la independencia fue necesaria la lucha armada, para mejorar las condiciones de vida no bastó con el establecimiento de constituciones o la organización de elecciones, sino que fueron necesarios movimientos de acción revolucionaria dirigidos muchos de ellos por líderes mestizos y mulatos, y que comenzaron con la Revolución mexicana de 1910.

1. La Revolución mexicana

Después de lograr su independencia se sucedieron en el gobierno de México una serie de caudillos: el general Antonio López de Santa Anna, quien entre 1821 y 1855 ocupó en seis ocasiones la presidencia del país; el coronel Anastasio Bustamante (1830-32; 1837-41); Benito Juárez (1861-1863; 1867-1872), de sangre indígena; el general Porfirio Díaz (1876-1911) cuyos respectivos gobiernos fueron preparando el terreno para que germinaran ideales revolucionarios.

Entre 1821 y 1910 el país se vio envuelto en guerras civiles así como guerras contra los Estados Unidos y contra Francia. Las mismas dejaron una deuda externa de grandes proporciones la que el gobierno de Benito Juárez, al ser reelegido presidente en 1861, ordenó no pagar. En 1836 México perdió a favor de Estados Unidos el territorio de lo que hoy es Texas, y en 1848 el territorio ocupado hoy por Arizona, California, Colorado, Nevada, Nuevo México y Utah. El fin de la guerra contra los Estados Unidos significó para el país la pérdida de más de la mitad de su antiguo territorio mientras que para los Estados Unidos significó no sólo el anexar tierras de enormes riquezas sino, sobre todo, y gracias a ello, el afirmar su creciente poderío económico y político y garantizarse puertos de excelente posición estratégica en el océano Pacífico y el golfo de México.

En 1856, el gobierno liberal de Ignacio Comonfort libró una batalla no contra país alguno sino contra una poderosa institución, la Iglesia Católica: se firmó la Ley Lerdo de Tejada la que obligaba a la Iglesia a vender todos sus bienes y tierras no cultivadas. Esta ley tenía un doble fin: debilitar el poderío económico y la influencia política de la Iglesia al mismo tiempo que lograr que más personas sin tierras pudieran adquirir y ser dueños de tierra productiva. Sin embargo, la tierra no fue adquirida por los sin tierra sino que fue a parar a manos de los grandes hacendados, locales y extranjeros.

El cinco de mayo de 1862, las fuerzas invasoras francesas enviadas por Napoleón III en respuesta al no pago de la deuda externa, fueron momentáneamente derrotadas por un pequeño número de soldados muy mal equipados. El sentimiento de cohesión y orgullo nacional que ese triunfo le otorgó al pueblo mexicano dio origen a la celebración del cinco de mayo como día de fiesta nacional. Más adelante, y gracias a los refuerzos enviados, Francia logró imponer a Maximiliano de Austria como emperador del país por igualmente un corto periodo de tiempo (1864-67). En 1867 los franceses fueron finalmente derrotados, y Benito Juárez fue reelegido presidente.

Porfirio Díaz perdió dos veces las elecciones frente a Benito Juárez, y en 1876, por medio de un golpe de Estado, asumió el poder. Durante su gobierno dictatorial, que se prolongó de 1876 a 1911, enmendó la constitución varias veces para poder ser reelegido, y durante esa época, conocida como el porfiriato, despojó al país de sus mayores riquezas al poner tanto recursos naturales como tierras productivas en manos de inversionistas extranjeros. La modernización tecnológica que conoció el país en esa época no alcanzó a las grandes masas campesinas que se hacían cada vez más pobres. A pesar de llevar sangre indígena, Díaz mostró su menosprecio por indios y mestizos por igual al irlos dejando fuera de su gobierno, mientras que, cada vez, más criollos eran nombrados en puestos administrativos. Su desagrado por los pobres y por los indios llegó a tal punto que se dice que para la celebración del centenario del Grito de Dolores con el que el Padre Hidalgo había dado comienzo a la lucha por la independencia de España, mandó a sacar de la ciudad de México a todos los indígenas para que sus invitados extranjeros vieran una ciudad impecable sin vestigios de pobreza. (Herring 336). Fueron las clases marginadas y empobrecidas, junto a algunos intelectuales indignados por las atrocidades cometidas por Díaz, las que pusieron en jaque su gobierno dictatorial desencadenando los diez años de lucha revolucionaria que se sucedieron.

Pancho Villa

Francisco Madero fue el líder que logró aglutinar las diferentes fuerzas que lucharon contra Díaz obligándolo a partir al exilio en 1911. Sin embargo, el gobierno de corte liberal de Madero no duró mucho. Traicionado por algunos de sus oficiales, entre ellos el general Victoriano Huerta, y abandonado por las masas que le habían apoyado ante lo que ellos consideraban insuficientes y lentas reformas para el mejoramiento de las condiciones de vida, Madero fue depuesto y asesinado. Es en este momento en que entran en acción dos famosos héroes de la revolución: Emiliano Zapata, quien estaba al frente del movimiento campesino del sur y Francisco (Pancho) Villa, quien junto a Venustiano Carranza y Álvaro Obregón dirigían el movimiento revolucionario en el norte.

Emiliano Zapata (sentado al centro) y partidarios

1917 representó el año del triunfo de los ideales revolucionarios pues bajo la presidencia de Venustiano Carranza, elegido ese mismo año, se promulgó la Constitución de 1917, la que hoy en día permanece vigente, uno de los documentos de más avanzada en favor de la justicia social de la época; documento promulgado, vale la pena mencionarlo, meses antes de que se produjera la Revolución rusa ocurrida en octubre del mismo año.

Cuatro artículos de esta constitución captan nuestra atención pues resumen el llamado al reconocimiento y respeto de algunos de los más importantes ideales de la revolución: derecho a la igualdad de los individuos, justicia social, soberanía nacional sobre los territorios y recursos naturales y preservación y restauración del "equilibrio ecológico". Estamos hablando de los artículos 3, 4, 27 y 123. Los siguientes son fragmentos de las estipulaciones de estos artículos:

Artículo 3. Todo individuo tiene derecho a recibir educación... dicha educación será laica y, por tanto, se mantendrá por completo ajena a cualquier doctrina religiosa... y [será] gratuita.

Artículo 4. La nación mexicana tiene una composición pluricultural sustentada originalmente en sus pueblos indígenas. La ley protegerá y promoverá el desarrollo de sus lenguas, culturas, usos, costumbres, recursos y formas específicas de organización social...

Artículo 27. La propiedad de las tierras y aguas comprendidas dentro de los límites del territorio nacional, corresponde originariamente a la nación... La nación tendrá en todo tiempo el derecho de imponer a la propiedad privada las modalidades que dicte el interés público, así como el de regular, en beneficio social, el aprovechamiento de los elementos naturales susceptibles de apropiación, con objeto de hacer una distribución equitativa de la riqueza pública, cuidar de su conservación, lograr el desarrollo equilibrado del país y el mejoramiento de las condiciones de vida de la población rural y urbana.

Artículo 123. La duración de la jornada máxima será de ocho horas. La jornada máxima de trabajo nocturno será de siete horas. Quedan prohibidas: las labores insalubres o peligrosas, el trabajo nocturno industrial y todo otro trabajo después de las diez de la noche, de los menores de dieciséis años. Queda prohibida la utilización del trabajo de los menores de catorce años. Los mayores de esta edad y menores de dieciséis tendrán como jornada máxima la de seis horas. Por cada seis días de trabajo deberá disfrutar el operario de un día de descanso, cuando menos. Las mujeres durante el embarazo no realizarán trabajos que exijan un esfuerzo considerable y signifiquen un peligro para su salud en relación con la gestación; gozarán forzosamente de un descanso de seis semanas anteriores a la fecha fijada aproximadamente para el parto y seis semanas posteriores al mismo, debiendo percibir su salario íntegro y conservar su empleo y los derechos que hubieren adquirido por la relación de trabajo. En el periodo de lactancia tendrán dos descansos extraordinarios por día, de media hora cada uno para alimentar a sus hijos... Para trabajo igual debe corresponder salario igual, sin tener en cuenta sexo ni nacionalidad... Los trabajadores tendrán derecho a una participación en las utilidades de las empresas... (Constitución política de los Estados Unidos Mexicanos).

Así como la Revolución de octubre fue el comienzo de una nueva era política en los países europeos, el triunfo de la Revolución mexicana encendió la llama de la esperanza en los países de Hispanoamérica donde existía una gran concentración indígena, mestiza y mulata, población que desde tiempos coloniales había sido marginada del progreso social. En ese sentido se fundan partidos políticos con ideales de justicia social los que desean llevarlas a la práctica a través de la vía electoral, y surgen también movimientos completamente revolucionarios como los que llevaron a la Revolución cubana y a la Revolución sandinista en Nicaragua.

2. Intentos revolucionarios en Perú y Bolivia

En 1924, en el Perú, surgió el partido Alianza Popular Revolucionaria Americana (APRA) dirigido por Víctor Raúl Haya de la Torre. Como la Constitución mexicana de 1917, el APRA perseguía la justicia social y la soberanía sobre el territorio y los recursos naturales nacionales, por lo que el partido fue prohibido en varias ocasiones de participar en las elecciones. En 1968, algo inesperado y extraordinario dentro del panorama político latinoamericano sucedió. Un militar, Juan Velasco Alvarado, a la cabeza de la Junta Militar Revolucionaria, dio un golpe de Estado derrocando al presidente de turno Fernando Belaúnde Terry luego de los intentos infructuosos de éste de expropiar el petróleo en manos de compañías norteamericanas.

La junta militar gobernó con mano de hierro, censurando la prensa entre otras medidas, pero adoptando al mismo tiempo posiciones reformistas y un carácter populista hasta el momento desconocidos en Latinoamérica en un gobierno militar. Velasco concretizó la expropiación de los pozos de petróleo a seis días de haber asumido el poder, puso en marcha un plan de reforma agraria y de nacionalización de industrias con capital extranjero, entre ellas las asociadas a la minería, la pesquería, el cemento, los servicios (telecomunicaciones y energía eléctrica) y la banca, y promulgó una radical reforma educativa.

Parte fundamental de la reforma educativa la constituyó el objetivo de erradicar el analfabetismo a través de un plan de alfabetización integral llamado Operación ALFIN. Se le consideraba integral pues no se limitaba a enseñar a leer y a escribir al adulto analfabeta sino que también incluía capacitación profesional y promovía la toma de conciencia del individuo sobre su situación histórico-social. Estaba basado en las teorías de alfabetización-concienciación del pedagogo brasileño Paulo Freire, de quien hablaremos en el capítulo dedicado a la educación.

A comienzos de los setenta llegó al Perú el brasileño Augusto Boal quien había salido al exilio luego de haber sido víctima de la represión desatada en su país en los años sesenta y setenta por los gobiernos militares de Artur Da Costa e Silva y Emilio Garrastazu Médici. Boal había sido acusado de "activista cultural" que incitaba a la rebelión a través de sus obras y actividad teatral. Inmediatamente comenzó a colaborar con la Operación ALFIN y fue así como desarrolló las técnicas del Teatro del Oprimido que le han dado a conocer a nivel internacional.

Según estas técnicas, también influenciadas por las teorías de Paulo Freire, es necesario que el individuo participe activamente en el proceso de aprendizaje y que no sea un simple receptor pasivo; en ese sentido, el teatro puede ser utilizado como medio para la enseñanza y medio de expresión del individuo. La idea de Boal era básicamente que el teatro debía ser un instrumento al servicio de los intereses de las clases desfavorecidas de la sociedad. Partiendo de esa premisa, pensaba que si los individuos/público sentían que eran dueños de los medios de producción del teatro y que podían hacer parte de la ficción e influir sobre la misma en el proceso teatral, ello les daría la confianza necesaria para ser individuos activos dentro de la sociedad y luchar por influir sobre ésta para cambiarla.

Los ideales revolucionarios también se manifestaron en Bolivia. En 1941, Víctor Paz Estenssoro participó en la fundación del Movimiento Nacionalista Revolucionario (MNR). En 1951 ganó las elecciones y al tomar posesión de su cargo como presidente emprendió una serie de reformas económicas para recuperar la soberanía del país sobre sus recursos naturales, y sociales para mejorar las condiciones de vida de los desposeídos. A estos efectos nacionalizó las empresas de estaño que estaban en manos extranjeras, dio inicio a una reforma agraria en 1954 y aprobó el voto universal para incluir a la población analfabeta que hasta ese momento no podía votar.

3. La Revolución cubana

No hay lugar a dudas que dentro de la historia de la segunda mitad del siglo XX la Revolución cubana ocupa un lugar prominente como el movimiento revolucionario más radical de Hispanoamérica y el que ha conocido por igual fervientes defensores y exaltados detractores. Como todo movimiento político revolucionario la Revolución cubana fue una respuesta a condiciones de vida insufribles para la mayoría de la población, a la oposición a un gobierno dictatorial y a la falta de libertad y violación de derechos humanos y civiles que este tipo de gobierno usualmente conlleva, lo que logró que una pequeña vanguardia, poniendo su vida en peligro, se lanzara a la lucha y lograra aglutinar en un movimiento los diferentes sectores de la población afectados por esa situación. Del mismo modo que a fines del siglo XIX José Martí tomó la antorcha de la independencia encendida por Bolívar casi un siglo antes y la hizo suya para luchar por la independencia de Cuba, Fidel Castro y un puñado de hombres se hicieron eco de los ideales de libertad, de soberanía y de justicia social expresados en la Constitución Mexicana de 1917 así como en la Constitución cubana de 1940 para convertirse en artífices de la Revolución de 1959, aquella que puso fin a la dictadura de siete años de Fulgencio Batista.

Fidel en el Escambray

Otro latinoamericano que se transformó en símbolo no sólo de la Revolución cubana, sino de otros movimientos revolucionarios en Latinoamérica lo fue el médico argentino Ernesto (Che) Guevara. Como San Martín un siglo y medio antes subiera del sur hacia el norte del continente en su lucha por la independencia durante el periodo colonial, el Che abandonó su país en 1954 en su ideal de unirse a otros que como él veían en la revolución armada el fin de las injusticias sociales que se vivían en los países latinoamericanos. En México se unió a Fidel Castro quien se encontraba exiliado y al Movimiento 26 de julio y junto a ellos embarcó en el Granma hacia Cuba. Luchó en la sierra y participó de la toma de poder que los llevó a derrocar a

Batista. Luego del triunfo de la Revolución se desempeñó como ministro de la industria. En 1965 dejó Cuba y se unió a las luchas revolucionarias campesinas en Bolivia donde fue asesinado en 1967.

El Che

Durante las décadas de los sesenta y setenta la Revolución cubana representó un faro de esperanza para los países latinoamericanos. Reconocidos intelectuales como el escritor colombiano Gabriel García Márquez, Premio Nobel de literatura en 1982 tomaron su defensa, e incluso hicieron donaciones para desarrollar programas educativos o culturales. Por ejemplo, García Márquez hizo grandes aportes financieros para la fundación, en 1986, de la Escuela Internacional de Cine y Televisión de San Antonio de los Baños en la que se han formado cineastas de diversos países de América Latina y del mundo.

El desarrollo social experimentado por la Cuba revolucionaria es ampliamente reconocido. Los mayores logros sociales de la revolución pueden resumirse en los siguientes:

1. Educación gratuita para todos los cubanos desde preescolar hasta universidad, y alfabetización de la población adulta analfabeta. En 1961 se llevó a cabo una gran campaña de alfabetización que elevó el porcentaje de alfabetizados en la isla a un 99%, uno de los más altos del mundo.

2. Junto a la educación gratuita se promovió el desarrollo de la cultura y se trató de elevar el nivel cultural de la gente. Se fundó la Casa de las Américas, institución que "[c]oncebida como un espacio de encuentro y diálogo desde distintas perspectivas en un clima de ideas renovadoras, divulga, investiga, auspicia, premia y publica la labor de escritores, artistas plásticos, músicos, teatristas y estudiosos de la literatura y las artes; cuya comunicación alienta, al tiempo que fomenta el intercambio con instituciones y personas de todo el mundo". (Sitio web de Casa de las Américas); se fundó además el Instituto Cubano del Arte e Industrias Cinematográficas (ICAIC), y en música se impulsó el desarrollo de lo que se llamó "la nueva trova cubana".

3. Plan de salud nacional gratuito. Se logró reducir la mortalidad infantil y aumentar la esperanza de vida de la población hasta hacerlas comparables a las de los países desarrollados incluyendo los Estados Unidos, y a pesar de que entre 1959-1962 la mayoría de los médicos y otros profesionales abandonaron la isla, el país fue capaz de suplir esa falta con la formación

de nuevos médicos. Hoy en día hay más médicos cubanos que de la Organización Mundial de la Salud ofreciendo sus servicios en diferentes países del mundo incluyendo Venezuela, Uruguay y Bolivia. La Escuela Panamericana de Ciencias Médicas recibe estudiantes de todas partes del mundo.

4. Redistribución de las riquezas saliendo favorecidos, más que todo, los campesinos y agricultores.

Las críticas o acusaciones más fuertes a la Revolución cubana enfatizan los siguientes aspectos:

1. La supresión de las libertades individuales así como la falta de libertad de expresión, libertad de disensión y libertad de prensa. Desde su llegada al poder Castro dejó claramente establecida su consigna de "dentro de la revolución, todo; fuera de la revolución, nada".

2. El encarcelamiento arbitrario de periodistas y dirigentes de la oposición como medida de amedrentamiento.

3. La expropiación de la propiedad privada.

4. Su injerencia en la política interior de otros países.

5. La aplicación y manejo de un modelo económico que ha producido escasez de comida y productos de primera necesidad y el hecho de que aunque se hayan logrado cubrir las necesidades básicas de todos los individuos (salud, educación y recreación gratuitas, subsidios para arriendos de viviendas y comida) no se haya logrado aumentar el nivel de vida de la sociedad cubana en su conjunto y que después de más de cuarenta años de revolución el país sigue enfrentando graves problemas a nivel económico. Esta situación se vio aún más agravada con la caída de la Unión Soviética, lo que hizo que Cuba perdiera la ayuda económica que le permitía aliviar en algo sus problemas económicos. Tras la llegada de Hugo Chávez a la presidencia de Venezuela, Cuba cuenta hoy con el apoyo de ese país para abastecerse de petróleo a precios solidarios, y junto a Bolivia ingresó al ALBA, tratado de comercio impulsado por Venezuela.

Esta situación política y económica junto a la falta de libertades civiles ha llevado a cientos de miles de cubanos a través de los años a tomar el camino del exilio, sea escapando a la persecución política, sea escapando a la situación económica.

Más detalles sobre la Cuba actual, incluyendo la elección de Raúl Castro como Presidente en enero de 2008, serán presentados en la segunda parte de este libro.

4. Movimientos de guerrilla

Siguiendo el ejemplo del movimiento de guerrilla que comandado por Fidel Castro había derrocado a Batista en Cuba, surgieron en otros países movimientos guerrilleros caracterizados por tener en sus filas tanto obreros como intelectuales y en los que el ruido de la metralleta y el sonido de las guitarras llamaban al unísono a la protesta. Nos ocuparemos en esta sección de algunos de ellos.

La guerrilla boliviana es sin duda una de las que dejó para la historia nombres que aún hoy día se recuerdan envueltos entre una nube de heroísmo y de leyenda. Desde comienzos de los sesenta el germen guerrillero andaba rondando en Bolivia. En 1962 Inti y Coco Peredo, dos jóvenes hermanos de izquierda bolivianos se presentaron ante el Che Guevara en La Habana con un plan para organizar la guerrilla en su país. El objetivo era de, al igual que en Cuba, derrocar al gobierno y tomar el poder por la fuerza con la idea de que la experiencia de Bolivia sirviera de detonador y se expandiera por otros países latinoamericanos: Brasil, Paraguay, Perú y Argentina en donde ellos pensaban que las condiciones eran también favorables a este tipo de acción.

En 1966 el Che dejó Cuba y entró clandestinamente a Bolivia para organizar la guerrilla. Eran años en que el sueño de cambiar el mundo y construir una nueva sociedad más justa recorría el orbe; la simpatía hacia estos movimientos guerrilleros se fue extendiendo por otros lugares del planeta y, entre otros, se unieron al grupo dirigido por el Che el teórico de izquierda francés Regis Debray y la intérprete argentina que pasaría a la historia como Tania la guerrillera. En marzo de 1967 todo el plan quedó truncado; el Che fue asesinado en las montañas por el ejército boliviano. Sus manos le fueron cortadas y enviadas a los EU para confirmar su identidad. Los campesinos guerrilleros que le acompañaban cuando lo ejecutaron y para quienes el Che representaba la esperanza de un mundo más justo comenzaron a llamarlo San Ernesto de La Higuera pues fue en la escuela de este pueblo donde a la 1:10 p.m. el 9 de octubre de 1967 Guevara fue ajusticiado.

Escuela de La Higuera

Tania, única mujer en formar parte de la guerrilla también cayó bajo las armas del ejército y Regis Debray fue sentenciado a treinta años de cárcel (de los cuales llegó a cumplir tres). En los años setenta, el hermano menor de Inti y Coco Peredo, Chato, tomó las armas y organizó la guerrilla de Teoponte. (Teoponte es un pequeño pueblo minero boliviano cuya mina era explotada por capitales norteamericanos). A la consigna de "volvimos a las montañas" acuñada por Inti antes de ser asesinado respondieron sobre todo los movimientos estudiantiles y culturales de las ciudades.

Un cantante de protesta, Benjo Cruz, escribió los siguientes versos que se convirtieron casi en himno de las guerrillas latinoamericanas: "En esta América nuestra,/ sólo hay un muro que existe./ Al norte un hay pueblo alegre y al sur veinte pueblos tristes./ ¿Qué miraste en esta vida hermano que no lo viste?/ Aprende a ganar como hombre lo que nunca defendiste". Antes de dar su último concierto en La Paz para unirse a la guerrilla, dejó una nota explicando su decisión donde decía: "tomo el fusil para justificar mi canto".

También los intelectuales peruanos se sumaron a la guerrilla en el Perú. Javier Heraud Pérez, a quien llamaban el poeta guerrillero, luego de vivir en Cuba como estudiante becado de cine y literatura adoptó el seudónimo de Rodrigo Machado bajo el cual escribió una serie de poemas y se sumó a la guerrilla boliviana dirigida por el Che. En 1963, a los veintiún años de edad, regresó a su patria como miembro del Ejército de Liberación Nacional del Perú (ELN) y fue asesinado en un encuentro de la guerrilla con el ejército en medio del río Madre de Dios.

Sendero Luminoso: A fines de los sesenta se fundó en Perú el movimiento guerrillero Sendero Luminoso, el que ejerció una influencia nefasta en la vida del país hasta 1992 cuando su fundador, el profesor de filosofía Abimael Guzmán fue tomado preso en Lima. Como los otros movimientos guerrilleros de la época, Sendero surgió con la esperanza del establecimiento de una sociedad más justa por lo que, como secuela normal, se sumaron a sus filas muchos estudiantes; en los años setenta, este movimiento radical de corte maoísta llegó a controlar las organizaciones estudiantiles universitarias tanto en la capital como en el interior del país.

En los años ochenta, cuando el presidente Morales Bermúdez llamó a elecciones generales después de doce años de gobierno militar, la directiva del movimiento declaró que ellos no participarían en las mismas; sólo la lucha armada, pensaban, podría llevarlos al poder. Entonces, ordenaron a sus militantes repartirse por todo el Perú para comenzar a organizarla. Los senderistas rápidamente ejercieron control sobre muchas áreas del país, sobre todo en las regiones andinas de Ayacucho, Apurímac y Huancavelica, donde, en un comienzo, los campesinos se unieron a sus filas dada la situación de extrema pobreza en que vivían debido al abandono en que el gobierno tenía esas regiones.

Sin embargo, el dogmatismo sobre el establecimiento de un "comunismo primario" que este movimiento perseguía lo llevó a cometer crímenes contra los mismos campesinos lo que los llevó a quitarles su apoyo. Cerraron pequeños mercados rurales con el pretexto de que había que terminar con las ideas capitalistas; establecieron los juicios populares donde los encontrados culpables eran degollados, apedreados o quemados vivos. Del mismo modo, se lanzaron contra la cultura y las tradiciones de las poblaciones originarias prohibiéndoles, entre otras cosas, el ingerir bebidas alcohólicas en sus ceremonias religiosas.

A fines de 1981 el gobierno le dio al ejército carta libre para combatir a los senderistas y lo que siguió fue una guerra sangrienta en la que se violaron los derechos de los ciudadanos, se llegó a sospechar de todo el mundo y muchos inocentes fueron torturados y asesinados por parte de los militares, al punto que la gente se preguntaba cuál de los dos cuerpos, el militar o el guerrillero, era el peor enemigo. En algunas regiones, los mismos campesinos crearon patrullas llamadas rondas para combatir a los senderistas. Estas rondas fueron oficializadas por el gobierno del presidente Fujimori en los años noventa, se les entregaron armas y se les dio entrenamiento militar.

En la década de los ochenta y comienzos de los noventa, Sendero comenzó a expandir su radio de acción a las zonas urbanas de la capital organizando huelgas, cometiendo actos de sabotaje contra torres de transmisión eléctrica, quemando los locales de industrias extranjeras o colocando bombas a causa de los cuales muchos civiles inocentes perdieron la vida. Otras víctimas de la violencia lo fueron líderes sindicales o de otros partidos de izquierda que se oponían a Sendero, así como ciudadanos extranjeros que residían en el país bien fuera como sacerdotes o trabajando con organismos internacionales para el desarrollo.

Los años noventa, con el país en bancarrota como resultado del adverso gobierno del presidente Alan García y a causa de las medidas extremas tomadas por el gobierno del presidente Fujimori –quien asumió el poder en julio de 1990- sumergieron al Perú en un estado de guerra civil durante el cual murieron unas 70.000 personas. Las medidas adoptadas por Fujimori en 1992 de suspender la Constitución y tomar poderes absolutos para, según él, terminar con el terrorismo, facilitaron la captura de Abimael Guzmán en 1992 y del dirigente que lo reemplazó, Óscar Ramírez, en 1999 y como consecuencia, el desmembramiento de Sendero Luminoso. A comienzos de la década del 2000, Sendero pasó a ser un movimiento de poca influencia política, pero es considerado como grupo terrorista por Canadá, la Comunidad Europea y los Estados Unidos. (Para un relato factual, pero muy humano sobre lo sucedido en Perú con Sendero Luminoso recomendamos leer el capítulo "Anastasio, Fleeing Shinning Path" del libro *Voices from the Global Margin: Confronting Poverty and Inventing New Lives in the Andes* del antropólogo norteamericano William P. Mitchell).

En el 2008, Sendero comienza a resurgir en la zona de Ayacucho como movimiento subversivo muy asociado al narcotráfico del cual obtienen la mayor parte de su financiamiento. Con nuevas estrategias: comprar lo que necesitan en vez de robarlo, pagarles a los jóvenes campesinos $20.00 al día para reclutarlos, concienciar en vez de forzar a la gente, están tratando de ganar adeptos y recuperar la influencia perdida.

FARC (Fuerzas Armadas Revolucionarias de Colombia): La guerrilla en Colombia tuvo diferentes ramificaciones desde comienzos de los sesenta. El grupo más grande pasó a llamarse en 1966 FARC, del que se dice es el brazo armado del Partido Comunista Colombiano. A través de los años su dirigente fundador, Pedro Antonio Marín se fue convirtiendo en leyenda viviente. Tomó el nombre de un líder comunista muerto como consecuencia de prisión y tortura en 1951, Manuel Marulanda Vélez, para honrarlo a través de su participación en la guerrilla. Pronto comenzaron a apodarle "Tirofijo" pues se decía que no fallaba un disparo. Su fama se fue acrecentando y los campesinos decían que cuando estaba en peligro se transformaba en nube, rompía el cerco de sus enemigos y luego aparecía en otra montaña para seguir luchando. En 1964 comenzó a organizar campesinos en grupos de autodefensa contra el ejército lo que dio origen a las guerrillas móviles, cuya estrategia de emboscadas, las hacía más difíciles de derrotar para el ejército; lo mismo podían atacar destacamentos de soldados estacionados que patrullas en movimiento. Dos años más tarde nacieron las FARC.

Otro de los guerrilleros que marcó Colombia fue el sacerdote Camilo Torres Restrepo de quien se dice que nunca disparó su fusil, sin embargo murió asesinado en 1966. Camilo fue fundador del Frente Unido Movimientos Populares y miembro del Ejército de Liberación Nacional (ELN). Su compromiso con los pobres y desfavorecidos de Colombia nació de la influencia que la Teología de la Liberación (de la que hablaremos en el capítulo sobre la religión) había tenido en jóvenes sacerdotes latinoamericanos. Según este pensamiento teológico el deber de todo cristiano debía ser el de luchar por una sociedad más justa lo que dejaba sin efecto la contradicción que la Iglesia Católica tradicional establecía entre el cristianismo y el socialismo.

En 1985, las FARC comenzaron a cobrar un impuesto a los narcotraficantes para aumentar sus ingresos; a partir de la década de los noventa, sin embargo, comenzaron a intervenir como intermediarios para más tarde participar directamente en la elaboración y comercialización de la droga estableciendo vínculos directos con distribuidores de Europa y los Estados Unidos. En el año 2006 los Estados Unidos presentaron un dossier acusatorio de 64 páginas en contra de las FARC estableciendo cargos concretos en contra de 50 guerrilleros, entre ellos varios miembros del alto mando de la guerrilla, como Jorge Rodríguez Mendieta, ex comandante del frente 24 y miembro del estado mayor del bloque Magdalena Medio.

En la primera década del 2000, el grupo guerrillero volvió al primer plano de la escena internacional debido a la presión del Gobierno colombiano para la liberación de los secuestrados, sobre todo los denominados "canjeables", tanto nacionales como extranjeros que mantenían cautivos y a los golpes que fueron sufriendo progresivamente por parte del ejército, hechos que golpearon duramente al movimiento guerrillero. Entre el 2008 y la primera mitad del 2010 se produjeron los siguientes hechos: en marzo, muerte del segundo en mando, primer miembro del secretariado muerto en combate, Raúl Reyes, durante un bombardeo por parte del ejército colombiano a su campamento, en territorio ecuatoriano, y la recuperación de sus computadores; muertes de un segundo miembro del secretariado, Iván Ríos, asesinado por su guardaespaldas para cobrar la recompensa ofrecida y del legendario Tirofijo, ambas también ocurridas en marzo (Tirofijo tenía 78 años al momento de su muerte y era considerado el guerrillero más viejo del mundo); en mayo, deposición de las armas de Nelly Vila Moreno, alias "Karina" única mujer con cargo de comandante en la historia de las FARC; en julio del 2008, triunfo de la operación "Jaque" en la que fueron liberados la ex candidata presidencial Ingrid Betancourt, tres estadounidenses y 11 soldados y policías; en octubre, evasión de Óscar Tulio Lizcano, político colombiano secuestrado desde el 2000, con la ayuda del jefe guerrillero que lo custodiaba; en junio del 2010, triunfo de la operación "Camaleón" en la que fueron liberados el general Mendieta, los coroneles Murillo y Donato y el sargento Delgado Argote, secuestrados hacía 12 años.

Hoy en día los movimientos de guerrilla en Colombia se distanciaron de sus objetivos ideológicos y se les asocia al secuestro y asesinato de civiles, políticos o personas influyentes de la sociedad y al narcotráfico como fuente de ingreso para financiar sus actividades.

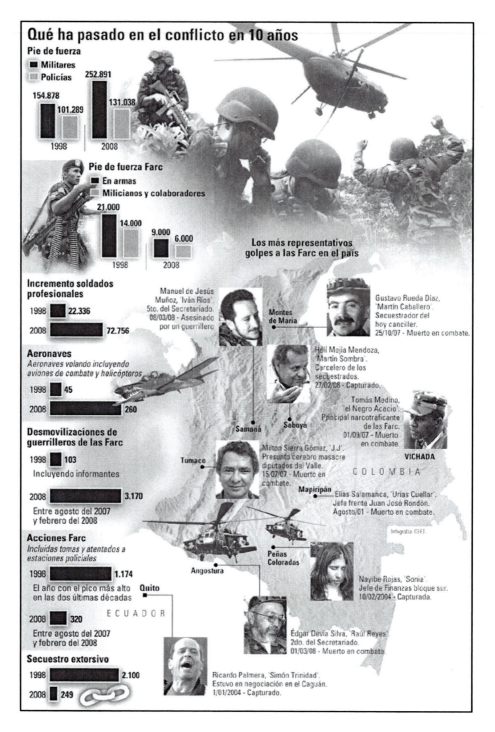

Qué ha pasado en el conflicto en 10 años

Pie de fuerza
- Militares
- Policías

154.878 | 101.289 | 1998
252.891 | 131.038 | 2008

Pie de fuerza Farc
- En armas
- Milicianos y colaboradores

21.000 | 14.000 | 1998
9.000 | 6.000 | 2008

Incremento soldados profesionales
1998 — 22.336
2008 — 72.756

Aeronaves
Aeronaves volando incluyendo aviones de combate y helicópteros
1998 — 45
2008 — 260

Desmovilizaciones de guerrilleros de las Farc
1998 — 103
Incluyendo informantes
2008 — 3.170
Entre agosto del 2007 y febrero del 2008

Acciones Farc
Incluidas tomas y atentados a estaciones policiales
1998 — 1.174
El año con el pico más alto en las dos últimas décadas
2008 — 320
Entre agosto del 2007 y febrero del 2008

Secuestro extorsivo
1998 — 2.100
2008 — 249

Los más representativos golpes a las Farc en el país

Montes de María

Manuel de Jesús Muñoz, 'Iván Ríos'. 5to. del Secretariado. 08/03/08 - Asesinado por un guerrillero.

Gustavo Rueda Díaz, 'Martín Caballero'. Secuestrador del hoy canciller. 25/10/07 - Muerto en combate.

Héli Mejía Mendoza, 'Martín Sombra'. Carcelero de los secuestrados. 27/02/08 - Capturado.

Tomás Medina, 'el Negro Acacio'. Principal narcotraficante de las Farc. 01/09/07 - Muerto en combate.

Samaná

Saboyá

VICHADA

Milton Sierra Gómez, 'J.J'. Presunto cerebro masacre diputados del Valle. 15/07/07 - Muerto en combate.

Tumaco

COLOMBIA

Mapiripán — Elias Salamanca, 'Urias Cuellar'. Jefe frente Juan José Rondón. Agosto/01 - Muerto en combate.

Infografía CEET.

Peñas Coloradas

Angostura

Nayibe Rojas, 'Sonia'. Jefe de Finanzas bloque sur. 10/02/2004 - Capturada.

Quito

ECUADOR

Édgar Devía Silva, 'Raúl Reyes'. 2do. del Secretariado. 01/03/08 - Muerto en combate.

Ricardo Palmera, 'Simón Trinidad'. Estuvo en negociación en el Caguán. 1/01/2004 - Capturado.

Los Montoneros: En 1966, con la llegada al poder de los militares, se organizaron en Argentina los Montoneros, guerrilla del ala de extrema izquierda del peronismo. Financiaban sus campañas secuestrando ejecutivos u hombres de negocio extranjeros en Argentina y pidiendo sumas enormes por su rescate. Como modernos Robin Hoods, a veces pedían parte del rescate en comida y ropa a ser repartida entre los pobres. Su objetivo era que Juan Domingo Perón, quien se encontraba en el exilio en España, regresara al país y los librara de un gobierno que estaba llevando a la Argentina a depender cada vez más de los Estados Unidos. La violencia llegó a su clímax cuando los Montoneros secuestraron y dieron muerte a Pedro Eugenio Aramburu quien había participado del golpe de Estado que había derrocado a Perón en 1955 y al asumir la presidencia había hecho detener a muchos dirigentes políticos y sindicales peronistas. Otros dos grupos guerrilleros, el Ejército Revolucionario del Pueblo (ERP) y las Fuerzas Armadas Revolucionarias (FAR) también contribuyeron al clima de violencia que se fue intensificando en el país en los años setenta. La represión desatada por los gobiernos dictatoriales en el poder había llevado a las cárceles a numerosos dirigentes sindicales y políticos de izquierda los que en 1972 llegaban a doscientos. El 22 de agosto de 1972 se produjo la que pasó a la historia como la masacre de Trelew en la que fueron fusilados dieciséis militantes guerrilleros miembros del ERP, las FAR y los Montoneros, los que estaban presos en la base naval de Trelew.

En los setenta, cuando diversas dictaduras de derecha comenzaban a fortalecerse en el cono sur, surgieron en Uruguay los Tupamaros. Este movimiento cuyo nombre proviene de Túpac Amaru, quien como sabemos, fue el líder inca descuartizado por los españoles en la plaza de Cusco, fue el primer movimiento de guerrilla urbana en surgir en América Latina. Su objetivo era combatir el gobierno dictatorial uruguayo y convertir al país en un estado marxista. Fueron fuertemente combatidos por los gobiernos militares de Juan María Bordaberry (1972-1976) y Aparicio Méndez (1976-1981) durante los cuales muchos de sus miembros fueron encarcelados, asesinados o tuvieron que partir al exilio.

Fuerzas Populares de Liberación Farabundo Martí: También en 1970, se fundaron en El Salvador las Fuerzas Populares de Liberación Farabundo Martí (FPL), grupo de guerrilla que ejerció gran influencia en la vida política del país. Farabundo Martí fue un líder obrero y campesino salvadoreño de los años treinta y uno de los principales dirigentes del Partido Comunista de El Salvador. Luego del triunfo de la Revolución cubana algunos de los dirigentes del Partido, el que hasta ese momento había estado opuesto a la lucha armada, decidieron optar por la misma. Vale la pena recordar que a fines de los setenta la desigualdad económica en El Salvador era insalvable. El 60% de las tierras cultivables y el 70% de las riquezas estaban en manos del 5% de la población. En 1979 se desató una sangrienta guerra civil que duró doce años durante la cual murieron 85,000 salvadoreños, civiles en su mayoría. En 1980 el FPL y otras tres organizaciones guerrilleras de izquierda se unieron para fundar el Frente Farabundo Martí para la Liberación Nacional (FFMLN) con el fin de formar un frente más amplio que les permitiera llegar al poder como había sucedido en Cuba en 1959 y más recientemente, en 1979, en Nicaragua.

Movimiento zapatista: el EZLN (Ejército Zapatista de Liberación Nacional) es relativamente reciente, comparado a los movimientos de guerrilla de América del Sur, pues surgió en enero de 1994 con lo que se llamó "el levantamiento de Chiapas" en que un grupo de rebeldes indígenas de origen maya ocuparon seis ciudades en la empobrecida región de Chiapas en México. Bajo la dirección del sub-comandante Marcos reivindicaban sus derechos de: trabajo, tierra, educación, salud y vivienda. Pedían además independencia, participación en el gobierno, justicia y paz. El levantamiento fue aplastado por el ejército mexicano en menos de dos semanas y a través de los años y con todos los gobiernos llegados al poder se produjeron conversaciones de paz. De ser un grupo armado en sus comienzos, los zapatistas pasaron a ser un movimiento que busca promover los cambios políticos y sociales contenidos en su agenda por vías pacíficas, sin descartar la violencia.

Comandante Marcos

En un principio, el eje central de la lucha zapatista estaba asociado a la lucha agraria por una más justa distribución de la tierra, único medio que tenían los campesinos indígenas para sobrevivir. Se produjeron ocupaciones de las tierras que estaban en manos de propietarios privados no indígenas y a medida que se hacían más tomas de terreno los campesinos comenzaron a referirse a las mismas como "recuperación" de tierras que habían pertenecido a sus antepasados. Más adelante se añadió a la lucha la defensa y el reconocimiento legal de los derechos de las culturas indígenas y luego la lucha por la autonomía y el establecimiento de estructuras gubernamentales paralelas a nivel local y regional para garantizar la participación de los indígenas en la administración del poder. Estas reivindicaciones de los derechos de los pueblos indígenas mexicanos les valieron al movimiento la simpatía y el apoyo de la comunidad internacional.

Hay una anécdota ampliamente difundida que cuenta que en 1994 unos reporteros le preguntaron al subcomandante Marcos quién era, a lo que éste respondió: "Marcos es gay en San Francisco, negro en Sudáfrica, palestino en Israel, judío en Alemania, una mujer sola en el metro a las diez de la noche, un campesino sin tierra. Todas las minorías en busca de una palabra, su palabra, la que nos convertirá en la mayoría, los eternamente fragmentados".

Dentro del movimiento zapatista hay una estructura militar y una estructura civil de apoyo. Hoy en día en la zona de influencia zapatista de Chiapas las comunidades están organizadas en Municipios Autónomos Rebeldes Zapatistas. Las Juntas de Buen Gobierno compuestas por representantes de las mismas comunidades coordinan la vida social, económica y judicial de la comunidad incluyendo la búsqueda de soluciones a problemas de salud, vivienda, alimentación, trabajo y educación. También han creado asociaciones de trabajo voluntario así como empresas cooperativas cuyos productos son vendidos en el exterior gracias a los canales de distribución del comercio justo.

5. El caso de la Unidad Popular (UP) en Chile

En 1970, año de elecciones en Chile, fue elegido presidente Salvador Allende, candidato por la Unidad Popular, coalición de izquierda que incluía al Partido Socialista, al Partido Comunista y al Partido Radical, y quien pasaría a la historia como el primer presidente con programa socialista elegido democráticamente en el hemisferio occidental. Aunque Allende solamente obtuvo el 37% de los votos fue ratificado por el Congreso como presidente del país. Para la izquierda latinoamericana el caso de Chile representaba un camino de esperanza; para los Estados Unidos, una nueva manifestación del "espectro soviético" en Latinoamérica, un cáncer que había que exterminar antes de que comenzara a ramificarse. Recordemos que se vivían los años de la llamada guerra fría, momento de enfrentamiento entre dos bloques ideológicos distintos, uno encabezado por los Estados Unidos, el otro por la Unión Soviética.

Salvador Allende

Allende puso su programa de campaña en marcha tan pronto asumió el poder, y como después de la Revolución mexicana o los comienzos de la Revolución cubana las paredes de pueblos y ciudades se cubrieron de

143

murales cantando a la vida; la educación, la salud, la cultura alcanzaron a las capas más desfavorecidas de la población. Como médico, Allende sentía una gran preocupación por la salud de su pueblo, sobre todo de los niños; uno de sus más humanitarios decretos presidenciales fue otorgar gratuitamente medio litro de leche diaria a cada niño chileno. Su programa de gobierno no pretendía imitar ninguno de los gobiernos socialistas en vigor siendo su lema "una vía chilena al socialismo". Pretendía, al mismo tiempo que sacar al país del plano de subdesarrollo y de dependencia en que se encontraba, redistribuir el ingreso nacional ya que, en esos años, apenas el 2% de la población recibía el 46% del mismo. Entre las reformas introducidas por el gobierno de Allende están comprendidas las siguientes:

1. Nacionalización de las minas de cobre, mayoritariamente en manos de dos compañías norteamericanas, Anaconda y Kennecott; de los bancos extranjeros y de las empresas monopolísticas.

2. Socialización de los medios de producción.

3. Reforma agraria y redistribución de bienes.

4. Aumento de salarios y control de precios lo que otorgó mayor poder adquisitivo a las clases media y trabajadora.

5. Reducción del desempleo.

6. Gran impulso a la cultura. Florecieron las "Casas de la Cultura" donde se ofrecía no sólo entretenimiento cultural sino formación en diferentes áreas artísticas.

6. La Revolución sandinista

El movimiento revolucionario encabezado por el Frente Sandinista de Liberación Nacional (FSLN) fue el que en julio de 1979 puso fin a más de cuarenta años de dictadura somocista en Nicaragua. Desde 1937 el país había sido gobernado dictatorialmente por Anastasio Somoza y luego, consecutivamente por sus dos hijos, Luis y Anastasio hijo, Tachito.

Augusto Sandino

Los sandinistas tomaron su nombre del líder guerrillero Augusto César Sandino quien en la década del treinta luchara contra la ocupación estadounidense de Nicaragua y quien fuera asesinado por la guardia nacio-

144

nal somocista en 1934. Entre los líderes de las diversas facciones del FSLN, que puso fin a la dictadura de Somoza se encuentran Edén Pastora, conocido como el Comandante Cero, quien dirigió la toma del Palacio Nacional de Managua en 1978, paso decisivo en el triunfo del sandinismo un año más tarde. En las elecciones de 1984 Daniel Ortega resultó elegido presidente. A fines del 2006 fue reelecto presidente de Nicaragua al frente de una amplia coalición que incluía un partido somocista.

Entre las medidas tomadas por el gobierno revolucionario inmediatamente después de asumir el poder se encuentran las siguientes:

1. Nacionalización de todas las propiedades de la familia Somoza (10% del total de la tierra cultivable) y de la tierra y recursos naturales en manos de latifundistas locales y extranjeros.

2. Reforma agraria.

3. Reforma educativa: educación gratuita hasta la escuela secundaria y alfabetización de adultos analfabetas.

4. Protección de las libertades individuales: libertad de expresión, de organización y asociación, religiosa, etc...

5. Mejoramiento de las condiciones de trabajo de los trabajadores rurales y urbanos.

6. Mejoramiento de los servicios públicos y de las condiciones de vivienda.

7. Abolición de la tortura y de la pena de muerte.

C. Neocolonialismo: los Estados Unidos, ¿la política del buen vecino o intervencionismo?

Cuando miramos las reformas que estos movimientos revolucionarios pretendían lograr y las comparamos a la realidad de los países latinoamericanos hoy en día cabe preguntarse ¿qué sucedió? ¿Por qué los países de Centro y Sudamérica y los del Caribe siguen teniendo una economía de subdesarrollo? Un estudio profundo de las causas de ese subdesarrollo económico nos lleva a la arena de la política exterior que los Estados Unidos, país más poderoso del hemisferio occidental, ha adoptado desde el siglo XIX hacia los países al sur del río Grande. Nos lleva también a tomar conciencia de los problemas de corrupción administrativa que se han ido sucediendo en el continente sudamericano a lo largo del siglo XX y que en muchos casos, al alba del nuevo milenio siguen presentes, todo lo cual ha determinado el presente de estas naciones.

El poeta nicaragüense Rubén Darío en el poema "A Roosevelt" incluido en su colección *Cantos de vida y esperanza* publicada en 1905 presagiaba la política agresiva del destino manifiesto al tiempo que expresaba su deseada violenta respuesta de Latinoamérica:

...

Eres los Estados Unidos, eres el futuro invasor

de la América ingenua que tiene sangre indígena,
que aún reza a Jesucristo y aún habla en español.

...

Los Estados Unidos son potentes y grandes.
Cuando ellos se estremecen hay un hondo
temblor

...

y alumbrando el camino de la fácil conquista
la Libertad levanta su antorcha en Nueva York.

...

Tened cuidado. ¡Vive la América española!
Hay mil cachorros sueltos del León Español.
Se necesitaría, Roosevelt, ser por Dios mismo,
el Riflero terrible y el fuerte Cazador,
para poder tenernos en vuestras férreas garras.

Y, pues contáis con todo, falta una cosa: ¡Dios!

En una "lista parcial" preparada por la organización International A.N.S.W.E.R. llamada "Un siglo de intervenciones militares estadounidenses", entre 1890 y 1999 los Estados Unidos intervinieron 130 veces en asuntos internos de países extranjeros, 48 de ellas en países hispanoamericanos, en la mayoría de los casos para poner o mantener en el poder gobiernos dictatoriales que defendían los intereses políticos y económicos norteamericanos como el de la dinastía Somoza en Nicaragua, el de Fulgencio Batista en Cuba, el de Rafael Leónidas Trujillo en la República Dominicana, el de Augusto Pinochet en Chile, por mencionar sólo algunos.

En 1923, el Gobierno de los Estados Unidos reconoció como oficial al Gobierno del presidente mexicano Álvaro Obregón a cambio de que el artículo 27 de la Constitución concerniente a la aplicación retroactiva de la soberanía mexicana sobre sus recursos minerales, entre ellos el petróleo en manos norteamericanas, fuera revocado. Cuando en 1925 el nuevo presidente, Plutarco Elías Calles, revertió los cambios introducidos por Obregón, las relaciones diplomáticas con los Estados Unidos estuvieron a punto de romperse y nuevamente el deseo de partir en lucha armada contra México se propagó en el país para proteger lo que las compañías petroleras consideraban "sus derechos".

En 1927, el secretario de relaciones exteriores, Frank B. Kellogg, culpó a la presencia del "espectro bolchevique" por la oposición violenta que se estaba produciendo en los países hispanoamericanos contra la intervención norteamericana, y declaró que "agentes soviéticos viviendo en México alentaban a los nicaragüenses a resistir la agresión yanqui" (Thomas A. Bailey: 679).

En 1929 el recién electo presidente Herbert Clark Hoover quiso cambiar la imagen de "invasor" de los Estados Unidos en Latinoamérica por una de "buen vecino" y realizó un viaje por muchos de los países latinoamericanos donde los Estados Unidos tenían intereses comerciales. Un periódico cubano de la época citado por Thomas A. Bailey en su libro *A Diplomatic History of the American People* saludaba así su visita:

> "Si el Sr. Hoover desea conquistar la inmediata simpatía de América Latina, deberá en este instante anunciar un cambio en la política de su país declarando que la doctrina Monroe no significa que el continente americano es sólo para los Estados Unidos, que Haití será evacuado, que Nicaragua será liberado del yugo extranjero, que Cuba verá la abrogación de la enmienda Platt, que nuestros tratados comerciales dejarán de ser unilaterales, que nuestros países serán libres de manejar sus propios asuntos como lo estimen más conveniente, y que los Estados Unidos son verdaderos amigos y no conquistadores" (681) [nuestra traducción].

La idea de una política de relaciones diplomáticas de amistad y cooperación fue retomada y desarrollada por el presidente Theodore Roosevelt quien en 1933 la hizo oficial bautizándola con el nombre de política de buena vecindad. Sin embargo, la lista citada anteriormente prueba que las intervenciones políticas en Latinoamérica continuaron; el poema de Darío seguía vigente.

El 30 de abril de 1948 veintiún países: Argentina, Bolivia, Ecuador, Estados Unidos, Nicaragua, Paraguay, Perú, Brasil, Colombia, Costa Rica, Cuba, Chile, El Salvador, Guatemala, Haití, Honduras, México, Panamá, República Dominicana, Uruguay y Venezuela firmaron el Pacto de Bogotá por el cual se comprometían a abstenerse de todo tipo de amenaza, coacción o violencia de unos contra otros y a resolver sus diferencias en forma pacífica. Este pacto dio nacimiento a la Organización de Estados Americanos (OEA). A los primeros veintiún miembros se fueron sumando con el correr de los años Antigua y Barbuda, Barbados, Belice, Canadá, Dominica, Granada, Guyana, Jamaica, Las Bahamas, Saint Kitts y Nevis, San Vicente y las Granadinas, Santa Lucía, Surinam y Trinidad y Tobago.

En 1961 el presidente Kennedy les propuso a los miembros de la OEA la idea de un plan conjunto de desarrollo socioeconómico para toda Latinoamérica bajo el optimista nombre de Alianza para el Progreso, quizás como una manera de contrarrestar la influencia que los cambios que se estaban produciendo en Cuba pudieran tener en el resto de Latinoamérica. Cuba no firmó el acuerdo, y por fuerte presión de los Estados Unidos, en 1962, fue expulsada de la OEA. También ese mismo año el presidente Kennedy decretó un embargo económico contra la isla dado el carácter socialista que estaba tomando la Revolución.

Alianza para el Progreso establecía un plan que debía completarse en el lapso de diez años y requería de un presupuesto total de cien mdd de los cuales el 80% provendría de los mismos países latinoamericanos, y el restante 20% de los Estados Unidos. En teoría quedaba establecido que los fondos serían administrados de manera multilateral con representantes de diversos países, pero en la práctica los Estados Unidos se fueron adjudicando cada vez más la prerrogativa de decidir cuáles proyectos recibirían financiamiento. Dice Hubert Herring en su libro *A History of Latin America*: "Teodoro Moscoso, coordinador norteamericano de Alianza para el Progreso hizo un gran esfuerzo por mantenerse fiel al ideal multilateral, pero la presión por parte del Congreso y del Departamento de Estado para lograr un firme control americano era constante" (930).

La presión norteamericana por controlar la asignación de fondos se fue haciendo cada vez más tenaz al punto que en 1964 el Congreso impuso las siguientes condiciones: "ningún proyecto que provoque un efecto adverso en la economía norteamericana, que desaliente la empresa privada, o que prohíba la participación a pequeños negocios norteamericanos será aprobado. Aún más, no se le asignarán fondos a ningún país que no firme un acuerdo de garantía que los comprometa a respetar las inversiones norteamericanas ya existentes en esos países" (931). Se les exigía además el comprar solamente maquinaria norteamericana aunque fuera más barato adquirirla en otros países, lo que obviamente no era aceptable para los países pobres.

El problema de algunos gobiernos latinoamericanos corruptos fue otro factor negativo en contra del balance positivo que se esperaba lograr con el desarrollo de Alianza para el Progreso. En muchas ocasiones se produjo malversación de fondos por administradores corruptos; las clases adineradas no querían invertir en sus propios países; se enriquecían de manera personal y sacaban el dinero a cuentas extranjeras en los Estados Unidos o Suiza. A pesar de todo, un balance objetivo de Alianza para el Progreso muestra que en general, en unos países más que en otros, algunos proyectos, sobre todo en el plano de la salud, la vivienda y la alfabetización lograron elevar las condiciones de vida de la gente. El hecho de proveer almuerzos a los niños de las escuelas rurales, por ejemplo, logró que más padres enviaran sus hijos a las escuelas mejorando simultáneamente su salud y su escolaridad, pero como podemos observar hoy en día, aún queda muchísimo por hacer.

Como vimos en las declaraciones de Kellogg en 1927, la justificación que los Estados Unidos dieron a su intervención militar en los países latinoamericanos a lo largo del siglo XX fue la influencia del "espectro bolchevique", la amenaza soviética de expandir las ideas socialistas por el continente. Esta amenaza llegó a su clímax en los años sesenta y setenta con el triunfo, primero de la Revolución cubana, y luego de la Revolución sandinista y de la Unidad Popular en Chile.

Es importante recordar que los años sesenta cobijaban un mundo dividido en dos bloques de poder, el mundo capitalista, representado por los Estados Unidos, y el mundo socialista, por la URSS y que ambos bloques pensaban que quien no estuviera con ellos estaba contra ellos. Se creó un clima de enorme tensión, cada superpotencia sospechaba de la otra, y para mantener su hegemonía, consideraba necesario ejercer dominio sobre las naciones en desarrollo de Asia, África, el Cercano Oriente y América Latina lo que marcó la vida política de estas regiones. Cualquier incidente que la otra potencia pudiera considerar una amenaza, podía hacer pasar al mundo de la guerra fría, caracterizada por violentos choques económicos y diplomáticos, a una lucha armada.

Por ello cuando en 1960 el Primer Ministro de la Unión Soviética al momento, Nikita Jruschov, anunció su apoyo al gobierno de Castro y le proveyó misiles que, por su alcance, ponían en peligro de ataque la zona del este de los Estados Unidos, se creyó que el mundo estaba al borde de una guerra nuclear. La situación se resolvió a través de la vía diplomática en 1962: Jruschov acordó poner alto a las preparaciones que se estaban llevando a cabo en Cuba para la instalación de los misiles y llevarse las armas de vuelta a la Unión Soviética y el Presidente Kennedy prometió hacer un tanto con los misiles estadounidenses que habían sido instalados en Turquía.

Al igual que la Revolución cubana, la Revolución sandinista aglutinó muchas fuerzas de oposición a la dictadura que le precedió incluyendo las capas medias de la población. Sin embargo, se hacía evidente que los ideales de justicia social que ambas se proponían conseguir no podían concretizarse dentro de sociedades donde la tierra y las riquezas nacionales estuvieran en manos de unos pocos y donde el capital extranjero controlara la economía. Había que tomar medidas radicales y esas medidas respondían más a la organización de una sociedad socialista/comunista que a la de una sociedad capitalista.

En un comienzo Fidel Castro intentó mantener relaciones diplomáticas y comerciales con los Estados Unidos, pero la diferencia en la orientación ideológica de ambos gobiernos era insalvable. En 1961, un grupo de cubanos en el exilio en Miami, con el apoyo del gobierno de los Estados Unidos, planificó un desembarco en la región de Cuba conocida como Playa Girón o Bahía de Cochinos para intentar derrocar el gobierno de Castro, invasión fácilmente frustrada por las fuerzas cubanas. En 1962 el gobierno revolucionario liberó 1.113 prisioneros que habían sido apresados durante la invasión a cambio de $53.000.000 en comida y medicina que habían sido recaudados por entidades privadas en los Estados Unidos.

El bloqueo económico total decretado por el gobierno del Presidente

Kennedy en 1962 tras el fracaso de Bahía de Cochinos se encuentra aún vigente y afectó enormemente el desarrollo de la economía cubana. Ante esta situación, Castro aceptó el apoyo del bloque socialista quien estableció relaciones con Cuba en condiciones ventajosas para el país acordándole al gobierno de Castro un crédito de $100.000.000 y firmando un acuerdo para comprar cinco millones de toneladas de azúcar durante un periodo de cinco años al precio del mercado mundial. Otros países del mundo socialista como Polonia y China también firmaron tratados comerciales con Cuba en esos momentos.

Un cálculo hecho por las autoridades cubanas en el 2007 cuando se cumplieron 45 años del bloqueo, éste les habría causado pérdidas por 86.000 mdd.

Una política de bloqueo comercial similar se decretó contra Nicaragua a comienzos de los ochenta. Los Estados Unidos atacaron la economía poniendo explosivos bajo el agua en el puerto de Corinto para interrumpir el paso de los barcos mercantes. El presidente Ronald Reagan acusó al gobierno sandinista de brindar apoyo a movimientos revolucionarios marxistas en El Salvador y otros países de Centro América y le eliminó todo tipo de ayuda. En su lugar, a través de la CIA, para evitar que el "fantasma bolchevique" continuara expandiéndose, financiaron, proveyeron armas y dieron entrenamiento militar a los contras o movimientos contrarrevolucionarios que intentaban por todos los medios, incluyendo la lucha armada, de evitar que la Revolución sandinista lograra sus propósitos de igualdad y justicia social.

Cuba y Nicaragua representaron para los Estados Unidos huesos duros de roer, como dice la expresión popular, y casos que querían evitar se repitieran en Centro y en Sudamérica. Ya en las elecciones presidenciales en Chile en 1964 los Estados Unidos habían tratado de intervenir para impedir que Salvador Allende fuera elegido presidente, lo que volvió a producirse en 1970. Documentos salidos a la luz pública en 1998 comprueban la intervención directa de los Estados Unidos en el golpe militar que derrocara al gobierno socialista de Allende.

El 27 de junio de 1970 –poco antes de las elecciones presidenciales en Chile- en una reunión del Concejo de Seguridad Nacional, el principal consejero en asuntos de seguridad nacional del presidente Nixon, en aquel entonces Henry Kissinger declaró: "No veo por qué debemos echarnos a un lado a observar cómo un país se convierte en comunista por la irresponsabilidad de su propia gente". Después de las elecciones el gobierno de Nixon trató infructuosamente de impedir que el congreso chileno ratificara a Allende como presidente. Luego, dio la orden de impedir que Allende asumiera el poder. Finalmente, ante estos dos fracasos y la rapidez con que Allende comenzaba a socializar el país, ordenó que se comenzara un plan de desestabilización de la economía chilena que creara las condiciones favorables a un golpe de Estado militar.

Al igual que con Nicaragua, se decretó un boicot económico contra Chile cuyos medios de producción dependían casi exclusivamente de los Estados Unidos para piezas de repuesto y maquinarias. Los Estados Unidos también ejercieron presión para impedir que tanto el Banco Interamericano de Desarrollo como el Banco Mundial le prestaran dinero al gobierno de Allende, todo lo que efectivamente contribuyó a desestabilizar la economía. Todo comenzó a escasear: alimentos, piezas de recambio, productos de primera necesidad, y lo que no escaseaba, era escondido y vendido en mercado negro.

El poder adquisitivo que la clase media y la clase trabajadora habían conseguido gracias al aumento en los salarios y al control de precios quedó anulado. La gente tenía dinero, pero no había qué comprar. Esta situación causó gran malestar sobre todo en las capas medias de la población que en un principio habían apoyado a Allende. Las mujeres de la burguesía salían a las calles junto a sus empleadas de servicio golpeando las ollas vacías para protestar por la falta de comida aunque sus cocinas estuvieran abastecidas por productos comprados en el mercado negro.

Los Estados Unidos aprovecharon la coyuntura para subvencionar grupos de oposición y propaganda en contra del gobierno de Allende; incrementaron además la ayuda al sector militar e intensificaron el entrenamiento de su personal en escuelas en los Estados Unidos y Panamá. Comenzaron a proliferar las huelgas entre ellas la de los transportistas que paralizaron el país e impidieron la distribución de alimentos y la de los mineros del cobre que privó al gobierno de su principal fuente de ingreso, ambas financiadas con fondos de la CIA como fue comprobado en una investigación realizada por el congreso norteamericano y se puede leer en los documentos desclasificados de la CIA.

El descontento se generalizó: los extremistas de izquierda, porque la socialización emprendida por Allende no se producía tan radical y rápidamente como ellos lo deseaban, la derecha, porque se oponía a las reformas en marcha, todo el mundo, por la escasez, las huelgas, las manifestaciones y el caos político y social.

Para combatir la falta de distribución de alimentos Allende nombró al general de la Fuerza Aérea, Alberto Bachelet a cargo de la Secretaría nacional de distribución. Tras el golpe ello le valió su arresto y luego su muerte a consecuencias de las torturas recibidas:

El terreno estaba listo y el 11 de septiembre de 1973, con el apoyo de la CIA, una Junta militar con el General Augusto Pinochet a la cabeza derrocó al gobierno de Allende. Nadie sabe con certeza cómo se produjo la muerte de Allende, unos dicen que murió combatiendo durante la defensa del Palacio de la Moneda, palacio presidencial; muchos que se suicidó con una ametralladora que le había regalado Fidel Castro en su visita a Chile cuando los militares entraron al palacio. Las siguientes fueron las últimas palabras de su discurso de despedida al pueblo chileno:

"Trabajadores de mi Patria: tengo fe en Chile y en su destino. Superarán otros hombres este momento gris y amargo donde la traición pretende imponerse. Sigan ustedes sabiendo que, mucho más temprano que tarde, de nuevo se abrirán las grandes Alamedas por donde pase el hombre libre para construir una sociedad mejor. ¡Viva Chile! ¡Viva el pueblo! ¡Vivan los trabajadores! Tengo la certeza de que mi sacrificio no será en vano. Tengo la certeza de que por lo menos será una lección moral que castigará la felonía, la cobardía y la traición".

Otro testimonio sobre lo ocurrido en esta época lo encontramos en la carta dirigida por un general de la Fuerza Aérea de Chile a sus hijos en el exilio el 16 de octubre de 1973.

"Estuve 26 días arrestado e incomunicado. Fui sometido a tortura durante 30 horas (ablandamiento) y finalmente enviado al Hospital FACH con un esquema, que es la antesala del infarto". "Me quebraron por dentro, en un momento, me anduvieron reventando moralmente -nunca supe odiar a nadie- siempre he pensado que el ser humano es lo más maravilloso de esta creación y debe ser respetado como tal, pero me encontré con camaradas de la FACH a los que he conocido por 20 años, alumnos míos, que me trataron como a un delincuente o como a un perro".

El autor de la carta es el general Alberto Bachelet quien fuera el padre de Michelle Bachelet, presidenta de Chile entre el 2006 y el 2010.

D. Populismo, dictaduras y retorno a la democracia

1. Algunos líderes populistas

Los años cuarenta y cincuenta vieron el surgimiento de carismáticos líderes populistas que encarnaban hasta cierto punto el gobierno de sus países. En Chile surgió Arturo Alessandri Palma, presidente en diferentes periodos: 1920-1924; 1925; 1932-1938 y elegido senador en 1949. Se dice que era tan popular que se dirigía a las masas diciendo: "Chusma inconsciente que me escucháis" sin que nadie se sintiera ofendido. En Perú surgió Víctor Raúl Haya de la Torre, fundador del APRA y en Ecuador José María Velasco Ibarra, presidente del país durante cinco términos: 1934-1935; 1944-1947; 1952-1956; 1960-1961; 1968-1972 a quien le llamaban cariñosamente "el loco Ibarra" quien fuera derrocado cuatro veces por los militares. "Denme un balcón y seré presidente" fue una de sus frases favoritas.

En Argentina, Juan Domingo Perón, elegido presidente en 1946.

Juan Domingo Perón

Perón era adorado por la clase trabajadora a los que su mujer, Evita, llamaba los "descamisados" al punto que el peronismo se convirtió en un movimiento político propio a las ideas nacionalistas y populistas que caracterizaron los gobiernos de Perón, pero también de mano dura contra sus opositores, y por su admiración y cercanía de principios con el dictador italiano Benito Mussolini que hacen que algunos lo vean más como un dictador que como un líder populista.

En Colombia, Jorge Eliécer Gaitán, quien organizó un enorme movimiento popular completamente al margen de los dos partidos políticos que tradicionalmente habían controlado la vida del país, el Partido Liberal y el Conservador, y aunque cuando se presentó a las elecciones en 1946 salió derrotado, fue un indiscutible líder de masas. La situación en el país era la tensa y violenta típica situación en un país en que la industrialización, apoyada por el Partido Liberal, hacía frente al latifundismo, apoyado por el Partido Conservador. La muerte de Gaitán, asesinado en las calles de Bogotá en 1948, desató un periodo de violencia exacerbada conocido en la historia de Colombia como la época de la violencia que duró por unos treinta años, en los que murieron más de 300,000 campesinos. También se sucedieron durante esta época gobiernos dictatoriales como el de Gustavo Rojas Pinilla. Secuelas de esa violencia aún se dejan sentir hoy día.

Jorge Eliécer Gaitán

En 1948, en Puerto Rico, Luis Muñoz Marín, resultó ser el primer gobernador de la isla elegido democráticamente por el pueblo puertorriqueño y no nombrado por los Estados Unidos. Fue el artífice del Estado libre Asociado, status político actual de la isla.

Todos estos líderes partían en, muchas veces, demagógicas campañas políticas a las áreas urbanas pobres y las zonas rurales donde atraían a las masas de obreros pobres y campesinos con su política populista en favor de reformas que mejorarían sus condiciones de vida. Fomentaban igualmente un fuerte sentimiento nacionalista; por ejemplo, el lema del Partido Popular Democrático fundado por Luis Muñoz Marín era Pan, Tierra y Libertad y sus símbolos eran la pava, sombrero de paja típico del campesino puertorriqueño, y el machete.

2. Dictaduras de derecha en las décadas de los sesenta a los ochenta

Antes de entrar en detalles sobre los diferentes gobiernos dictatoriales de derecha entre los años sesenta y ochenta en América Latina es importante hacer mención de la llamada "Operación Cóndor" establecida en los años setenta, la que permitió y facilitó la persecución, asesinato y desaparición de cientos de miles de opositores a estos regímenes.

La Operación Cóndor fue un plan de inteligencia continental coordinado por los servicios de inteligencia de Argentina, Chile, Brasil, Paraguay, Uruguay y Bolivia, países que en esos años vivían bajo regímenes de dictadura militar y que contó con el respaldo y la cooperación de los Estados Unidos. Los gobiernos de Perú, Colombia y Venezuela, aunque no fueron miembros firmantes de la Operación, colaboraron con los gobiernos que hacían parte del plan.

Las acciones de represión emprendidas como parte de la Operación Cóndor no se limitaban a los países que habían firmado el acuerdo. Se les facilitaba a los servicios de inteligencia de las fuerzas armadas de los distintos países el desplazamiento a cualquier lugar del mundo para realizar operaciones represivas que podían ir desde el arresto, la represión, la desaparición o la muerte de cualquier individuo sospechoso de ser activista de izquierda, comunista, o terrorista marxista.

El alcance de este horrendo plan quedó comprobado cuando en 1992 un profesor de derechos humanos de la Universidad de Kansas, Martín Almada, descubrió en Paraguay los "Archivos del terror": 8.369 fichas, 740 libros y más de 10.000 fotografías, documentos que probaban que como resultado de la Operación Cóndor hubo un saldo final de 50.000 muertos, 30.000 desaparecidos y 400.000 presos.

a. Paraguay: Alfredo Stroessner (1954-1989)

Por treinta y cinco años ininterrumpidos, Alfredo Stroessner gobernó con mano de hierro el Paraguay. Tras un golpe de Estado fue elegido presidente en un simulacro de elecciones donde él era el candidato único. Bajo su gobierno encontraron acogida en Paraguay antiguos dictadores de otros países como Anastasio Somoza de Nicaragua, así como antiguos nazis entre ellos Joseph Mengele conocido como el "ángel de la muerte" por sus experimentos genéticos en niños, en los campos de concentración nazi. En los años sesenta Paraguay era el país menos desarrollado del cono sur.

Muere el 16 de agosto del 2006, a la edad de 93 años, en exilio, en Brasil sin alcanzar a ser testigo de la llegada al mando supremo del primer presidente de izquierda, el ex obispo Fernando Lugo en el 2008.

b. Bolivia: René Barrientos (1966-1969) y Hugo Banzer (1971-78; 1997-2001)

Barrientos encabezó la junta militar que derrocara a Víctor Paz Estenssoro en 1964. En 1966 fue elegido presidente. Su gobierno fue altamente represivo sobre todo en contra de los movimientos estudiantiles y las luchas guerrilleras. Bajo su mandato fue asesinado en 1967, el líder guerrillero Ernesto Che Guevara.

En 1971, tras otro golpe militar -el número 187 en 146 años que tenía en ese entonces la República de Bolivia- Banzer fue nombrado presidente. Estudió entre otras escuelas militares en la de Panamá donde se graduó con honores con una especialización en lucha antiguerrillera lo que utilizó para reprimir eficazmente los movimientos de izquierda en su país. Como Juan María Bordaberry en Uruguay, ilegalizó los partidos políticos de izquierda así como el sindicato la Central Obrera Boliviana y cerró las universidades. En 1997 se presentó como candidato a las elecciones por el Partido Acción Democrática Nacionalista y salió vencedor, ocupando el puesto hasta el 2001 cuando su enfermedad le obligó a renunciar. Banzer fue el primer antiguo dictador en regresar a la vida política del país por medios democráticos y ser elegido presidente. Contribuyeron a su elección sus promesas de terminar con la pobreza y poner fin a la deficiencia en los servicios sociales. Bajo su mandato como presidente democrático, Bolivia emprendió también la erradicación del cultivo de coca.

c. Uruguay: Juan María Bordaberry (1972-1976)

Fue elegido presidente del Uruguay en 1972, durante una época en que la violencia guerrillera de izquierda protagonizada por los Tupamaros era muy fuerte en el país y hasta cierto punto gobernó dictatorialmente pues se alió con los militares para mantener la situación bajo control. Disolvió el Parlamento y declaró ilegal todo tipo de organización social incluyendo el sindicato más grande del país, la Convención Nacional de los Trabajadores. Prohibió los partidos marxistas, estableció la censura y abolió las libertades civiles. Su represivo gobierno se caracterizó por las mismas atrocidades que cometía cualquier gobierno militar en Latinoamérica en esos años: violación flagrante de los derechos humanos; en 1976 el número de presos políticos en Uruguay alcanzaba los 6.000. Fue depuesto por los propios militares y en su lugar fue elegido Aparicio Méndez.

d. Chile: Augusto Pinochet (1973-1989)

El 11 de septiembre, con el asalto al Palacio de la Moneda, la Junta Militar tomó control sobre todo el país desatando años de sangrienta dictadura. Las universidades perdieron su autonomía y fueron intervenidas por los militares; los partidos de oposición fueron prohibidos, la prensa censurada, y miles de miles de chilenos fueron arrestados, encarcelados, torturados, asesinados, desaparecidos o enviados al exilio. El gobierno dictatorial de Pinochet duró alrededor de dieciséis años, de septiembre del 1973 hasta 1989.

En octubre de 1989, el General llamó a un plebiscito que ofrecía como opciones la renovación de su mandato por otros ocho años o su inmediata expiración; para su gran sorpresa, lo perdió. A los pocos meses del golpe su régimen había dejado un saldo de por lo menos 3.197 muertos y desaparecidos incluyendo extranjeros que se encontraban en Chile en el momento del golpe y que la CIA había clasificado de "peligrosos", y alrededor de 250.000 personas detenidas, al punto que tuvieron que utilizar estadios, bases militares y hasta barcos navales como prisiones y centros de tortura.

Entre tantos otros detenidos el 11 de septiembre se encontraba el cantante Víctor Jara quien fue llevado al Estadio Chile en Santiago donde fue brutalmente asesinado 5 días más tarde. Según cuenta su mujer, la bailarina inglesa Joan Jara, después de días de tortura, los militares le rompieron las manos, luego le entregaron una guitarra, y mofándose de él, le pidieron que cantara. Víctor Jara comenzó a cantar, entonces, lo acribillaron a balazos y más tarde lo tiraron en las faldas del cerro San Cristóbal.

En adición a todos los muertos, desaparecidos y torturados, el gobierno de Pinochet fue responsable de que cerca de 1.000.000 de chilenos tuvieran que salir al exilio fuera por razones políticas, fuera por razones económicas.

Además de desatar un gobierno de terror, una de las primeras empresas del gobierno de Pinochet fue transformar la economía del país. Para ello se asesoró de un grupo de economistas neoliberales, los llamados Chicago boys, influenciados por la política monetarista de Milton Friedman. Los primeros años, la economía chilena se recuperó. En sus propias palabras, Pinochet decía que él quería hacer de Chile no una nación de proletarios sino una nación de empresarios. Sin embargo la bonanza económica no alcanzó a todas las capas sociales; las capas medias virtualmente desaparecieron y en 1987 el 40% de la población chilena vivía bajo el límite de pobreza, índice que bajara a 15.7 recién en el 2000 después de la vuelta a la democracia.

Como dato curioso, Pinochet quiso cambiar la imagen del dictador latinoamericano que se enriquecía gracias a la apropiación personal de fondos públicos por la del dictador decente y austero. Sin embargo en el primer semestre del 2004 las investigaciones del Senado norteamericano al Banco Riggs por lavado de dinero sacaron a la luz pública unas cuentas millonarias con ahorros hechos por un "funcionario público chileno" a lo largo de su carrera quien resultó ser el general Augusto Pinochet. Las cuentas estaban a su nombre, a nombre de su esposa y otros familiares y colaboradores cercanos.

Pinochet murió el 12 de diciembre del 2006 desaforado de la inmunidad que pretendió darse como senador vitalicio en la constitución que él mismo elaborara, en libertad provisional y con innumerables procesos encima, el mismo día en que en todo el mundo se celebraba el aniversario de la Declaración Universal de los Derechos Humanos.

Refiriéndose a su muerte la presidenta en ese momento, Michelle Bachelet declaró:

"Tengo memoria, creo en la verdad y aspiro a la justicia y tengo la profunda convicción y la voluntad para superar la adversidad, los momentos amargos e injustos y entender que como en los ciclos personales, también en los ciclos de la historia de una nación se abren nuevos derroteros donde lo que aprendimos del pasado nos debe ayudar para enfrentar mejor el futuro".

"Chile no puede olvidar, sólo así tendremos una mirada constructiva de nuestro porvenir, garantizando el respeto a los derechos fundamentales de todas y todos los chilenos".

La ex mandataria indicó que el fallecimiento de Pinochet "simboliza la partida de un referente de un clima de divisiones, de odio y de violencia en el país".

e. Argentina: Jorge Rafael Videla (1976-1981)

En marzo de 1976, luego de una cada vez más creciente crisis económica, tomó el poder en Argentina Jorge Rafael Videla, a la cabeza de una Junta Militar que disolvió el congreso para poder gobernar. Las reglas de un gobierno dictatorial entraron en vigencia y como en Uruguay, en Bolivia, en Chile, en Guatemala: todo grupo disidente fue suprimido, los sindicatos declarados ilegales, la represión desatada. A cinco años de su mandato había sido documentado el arresto, secuestro, detención o desaparición de más de 6,000 personas. En 1981 Videla fue sustituido por otro militar, Roberto Viola quien debía ejercer un mandato de cuatro años, pero fue destituido al final de ese mismo año y reemplazado por Leopoldo Galtieri quien a su vez, luego de perder la guerra contra Gran Bretaña por la recuperación de las Islas Malvinas, fue sustituido por Reynaldo Bignone. Las atrocidades cometidas por esta sucesión de dictadores eran denunciadas y condenadas en todos los foros de derechos humanos en todo el mundo. Según el informe de la Comisión Nacional sobre la Desaparición de Personas (CONADEP) creada en 1983 por el Presidente Patricio Alwyn a la caída de la dictadura para investigar los crímenes y encontrar los culpables de tanta atrocidad, había a lo largo y ancho del país 340 centros de detención donde se practicaba metódicamente la tortura; el número de desaparecidos entre 1976-1983 se elevó a 12.000 y el total de víctimas incluyendo a los torturados y a los asesinados fue entre 20.000 y 30.000 personas. Este horrible periodo de la historia de Argentina ha sido llamado la guerra sucia.

Al igual que en Chile, en que las mujeres hacían presencia frente a las cárceles con la esperanza de con ello salvar las vidas de sus esposos, hijos, hermanos presos, las primeras en hacer frente a la represión en Argentina fueron las mujeres. En abril de 1977 un grupo de catorce mujeres, todas madres de desaparecidos, a iniciativa de Azucena Villaflor de De Vicenti decidieron pararse en silencio en la Plaza de mayo, frente a la Casa rosada, el palacio presidencial, exigiendo al gobierno respuesta a su pregunta "¿dónde están?" Por este acto de valentía los militares las llamaron "Las locas de la plaza de mayo" y con ello dieron origen a lo que más adelante se convertiría en la asociación de las Madres de Plaza de mayo que se reunían en la plaza una vez por semana con las fotos de sus hijos desaparecidos por los militares.

Las madres de Plaza de mayo

Se dice que al comienzo no marchaban, sino que se mantenían en un grupo compacto y que fueron los guardias que cuidaban la plaza quienes les dijeron que caminaran de dos en dos pues estaba prohibido formar grupos de más de tres personas en la calle. Con el aumento de la represión, el acto de estas madres se convirtió en movimiento; el grupo de Buenos Aires llegó a ser de cientos de mujeres y se fueron creando otros grupos en otras ciudades del país.

A ellas también se unieron padres, hijos, hermanas, abuelas de desaparecidos. Su enorme desafío llamó la atención de la prensa internacional y gracias a Amnistía Internacional dieron a conocer en todo el mundo la realidad que vivía el pueblo argentino, realidad negada por la dictadura. Ni siquiera con el secuestro y desaparición de su fundadora en diciembre de 1977 pudieron silenciarlas.

Vidas truncadas, futuros destruidos, familias desintegradas. Cuán abstracto puede parecer todo esto: miles de desaparecidos, cientos de miles de exiliados, etc… Veamos un par de ejemplos concretos para ilustrar lo sucedido bajo las dictaduras.

- Un bebé desaparece. En 1975 Hugo Alberto Suárez fue secuestrado por los organismos de seguridad argentinos cuando paseaba llevando en brazos a su bebé de menos de un año de edad. Su esposa María Rosa Vedoya fue detenida más tarde. Ambos "desaparecieron", del bebé nunca más se supo, hasta que 32 años más tarde un hombre se reconoció en una foto de bebé mostrada por una abuela de nietos desaparecidos en la televisión. Se hizo los exámenes genéticos y se convirtió en el nieto número 85 recuperado por las Abuelas de Plaza de Mayo. Nunca se aclaró cómo en el año 1976 este bebé llegó a las manos de una enfermera que lo declaró como propio y lo crió.

- Un diploma universitario entregado 36 años más tarde. Ricardo Chidichimo pasó su último examen en la universidad en 1976. La vida le sonreía, había terminado sus estudios y su esposa esperaba un bebé. Sin embargo el 20 de noviembre de 1976 fue secuestrado. Ricardo no recibió su diploma y no conoció a su hija. 36 años más tarde, Florencia Chichidimo, la hija que nunca conoció, recibió el diploma a nombre de su padre, un diploma igual que los otros otorgados por la universidad con la única diferencia que en la parte de atrás se lee: "Este diploma se otorga conforme a lo establecido por Res. CD Nº 768/06 de la Facultad de Ciencias Exactas y Naturales, encontrándose el Sr. Ricardo Darío Chidichimo en situación de desaparecido".

En la facultad ya había un antecedente: en septiembre de 1998, 20 años después de la desaparición del físico Daniel Bendersky, sus padres habían recibido el diploma en su nombre.

Luego de que cayera la dictadura en 1983, las madres comenzaron a marchar pidiendo que se juzgara a los culpables de tantos crímenes bajo el lema de "¡Nunca más!", para que nunca más se produjeran hechos como los relatados más arriba. En diciembre del 2003 el gobierno de Néstor Kirchner decretó el establecimiento de un premio para promover la defensa de los derechos humanos que lleva el nombre de Azucena Villaflor de Devincenti. El mismo es entregado cada 12 de diciembre, fecha en que, como dijéramos, se celebra en todo el mundo el aniversario de la Declaración de los Derechos Humanos.

f. Guatemala: Efraim Ríos Montt (1982-1983)

En 1982, tras un golpe militar, Efraim Ríos Montt se convirtió en dictador de Guatemala y comenzó una lucha encarnizada contra los militantes y las guerrillas de izquierda masacrando indígenas y campesinos. En su artículo "The Illinois Congressman and the Dictator's Daughter" Stephen Kinzer menciona que una comisión de las Naciones Unidas había concluido que durante el periodo de gobierno de menos de dos años de Ríos Montt el ejército cometió 626 masacres de civiles.

3. El retorno a la democracia

A partir de los años ochenta el panorama político fue cambiando de gobiernos dictatoriales a gobiernos democráticos en casi toda la América Latina. En Uruguay se legalizaron los dos partidos políticos históricamente rivales, el Partido Blanco (ideales conservadores, protección de la fe y el orden) y el Colorado (ideales liberales y de soberanía uruguaya) y a lo largo de los noventa se fueron poco a poco sucediendo en el país gobiernos elegidos democráticamente.

En Guatemala, Ríos Montt fue depuesto por Óscar Humberto Mejías, quien restauró las libertades civiles, y luego se fueron sucediendo gobiernos democráticos. En Argentina, en 1983, subió al poder Raúl Alfonsín bajo cuyo gobierno Videla fue enjuiciado y condenado a cadena perpetua. Éste fue amnistiado en 1990 por Carlos Menem sucesor de Alfonsín. En Paraguay Andrés Rodríguez, candidato por el Partido Colorado, ganó las elecciones presidenciales de 1989; su mandato fue caracterizado por la democratización del país. Como en otros países la democratización pasaba por la legalización de los partidos políticos prohibidos y enmiendas a la Constitución.

En Chile, como ya dijéramos, Pinochet perdió el referéndum con el que pretendía mantenerse en el poder. En 1989 el candidato por la Concertación de Partidos por la Democracia (CPPD), el demócrata-cristiano Patricio Alwyn fue elegido presidente y se aprobaron enmiendas a la Constitución que devolvían la democracia al país: se levantó la proscripción a los partidos de izquierda y se redujo el mandato presidencial de ocho a cuatro años. Las reformas económicas emprendidas bajo su mandato permitieron que más de 1.000.000 de chilenos saliera de vivir bajo el límite de pobreza. En los años subsiguientes Chile comenzó a abrirse a acuerdos comerciales con otros países del mundo lo que ha favorecido el desarrollo y la estabilización de su economía.

También en Nicaragua comenzaron a sentirse los vientos de democracia. La oposición pudo manifestarse en las calles; los medios de comunicación de masa una vez censurados obtuvieron libertad, entre ellos el periódico de oposición al sandinismo, *La Prensa* y la cadena de radio Radio Católica. Con el objetivo de lograr la paz en una región espantosamente afectada por la guerra el Presidente de Costa Rica, Óscar Arias Sánchez invitó a los gobiernos de Nicaragua, El Salvador, Guatemala y Honduras a participar de un Plan de Paz para Centroamérica. El acuerdo fue firmado en 1987 por los cinco países y ello ayudó a poner fin a las cruentas guerras civiles que afectaban la región.

Por ese gran esfuerzo, ese mismo año, Óscar Arias fue merecedor del Premio Nobel de la Paz. En 1990 se realizaron elecciones en Nicaragua en las que los sandinistas perdieron el poder, en gran parte por la paupérrima situación de la economía y por las guerras civiles que habían desangrado al país. Asumió el poder Violeta Barrios de Chamorro por la Unión Nacional Opositora (UNO) coalición de grupos antisandinistas, primera mujer en asumir ese cargo en Nicaragua. Barrios de Chamorro era la viuda de Pedro Joaquín Chamorro, editor del diario *La Prensa* asesinado en 1978 por su oposición a la dictadura somocista.

En 1991 todos los países, excepto Cuba, tenían gobiernos que habían sido elegidos en procesos democráticos.

En el 1999, con la llegada al poder de Hugo Chávez en Venezuela, se inició un nuevo capítulo en la historia de los países latinoamericanos. Ya no se trató de reconquistar la democracia, sino de consolidar su desarrollo, y de avanzar en el crecimiento macroeconómico y en el desarrollo de la justicia social; ya no se trató solamente de recuperar el derecho al voto, sino de tener el control de las riquezas naturales, el acceso a la educación, a la salud, a la técnica, en fin, el derecho a una vida mejor, pero de ello hablaremos en el capítulo siguiente.

De la independencia al presente

III. 1. Siglo XIX
A. Razones para las luchas por la independencia
1. Explique por qué podemos decir que las luchas por la independencia en Hispanoamérica tuvieron tanto una base interna como externa.
2. ¿Quién fue Carlos III y qué reformas administrativas y económicas estableció durante su reinado? ¿Qué caracterizó al "despotismo ilustrado?"
3. Explique por qué los criollos estuvieron descontentos con las reformas económicas introducidas por Carlos III.
4. ¿Cuál fue la reforma política más importante de Carlos III?
5. Describa el rol de los intendentes.
6. Describa el rol de los jesuitas en Latinoamérica.
7. ¿Qué fue la Inquisición?
8. Haga un corto resumen de las causas externas e internas a la base de los movimientos de independencia en la Latinoamérica del siglo XIX.

B. Guerras de independencia
1. ¿Quiénes fueron Túpac Amaru II y Túpac Katari?
2. Mencione las tres etapas en que se pueden dividir las luchas por la independencia de Latinoamérica en el siglo XIX.
3. Haga una lista de los héroes de la independencia hispanoamericana y qué países liberaron.

III.2. Siglo XX
A. Formación de las naciones y delimitación de fronteras
1. Tome notas sobre los más relevantes aspectos geográficos de México.
2. Mencione las siete repúblicas que forman América Central y sus capitales. ¿En cuál de ellas no se habla español?
3. ¿Cuál de las repúblicas representa el puente entre Centro y Sudamérica?
4. ¿Qué particularidades tiene Costa Rica con respecto a las otras repúblicas de Centro América?
5. Nombre las tres Antillas mayores donde se habla español, sus capitales y el tipo de gobierno que las rige.
6. ¿Cómo se resintió en Cuba el desmoronamiento del bloque de países socialistas en los años noventa y qué medidas tomó el gobierno cubano para aliviar la situación?
7. ¿Quién fue Rafael Leónidas Trujillo y qué representó para la República Dominicana?
8. ¿Por qué hay tantos puertorriqueños viviendo en los Estados Unidos?

9. Estudie rigurosamente la lista de países de Sudamérica, sus capitales y su localización así como otros aspectos de su geografía. ¿En qué sentido la topografía general del continente sudamericano ha afectado el desarrollo de los pueblos?

10. Explique cómo perdió Bolivia su acceso al mar.

B. Movimientos revolucionarios

1. ¿Qué representó el siglo XIX para los países latinoamericanos?

2. ¿Qué problema tuvieron que enfrentar los hispanoamericanos una vez ganada la independencia?

3. Explique la diferencia entre liberales y conservadores.

4. ¿Por qué Gran Bretaña y los Estados Unidos apoyaron a los países latinoamericanos en sus guerras de independencia del Imperio español?

5. Explique la doctrina Monroe y el Destino manifiesto.

6. ¿Qué caracterizó el siglo XX en los países latinoamericanos?

7. ¿Qué fue la Ley Lerdo de Tejada? ¿Cumplió su objetivo? ¿Por qué?

8. ¿Cuál es el origen de la celebración del cinco de mayo en México?

9. ¿Cuál fue el peor daño infligido por Porfirio Díaz a su país?

10. ¿Qué es el APRA?

11. ¿Qué reformas radicales introdujo el general Juan Velasco Alvarado en el Perú?

12. Describa la Operación ALFIN.

13. ¿Quién fue Augusto Boal y cuál fue su rol dentro de la Operación ALFIN?

14. ¿Quién fue Víctor Paz Estenssoro?

15. ¿Por qué se produce la Revolución cubana? ¿Cuáles son considerados sus grandes logros? ¿Cuáles son las mayores críticas que se le hacen?

16. ¿Quién fue Ernesto Che Guevara y cuál es su relación con la Revolución cubana?

17. Describa lo que caracterizó los diversos movimientos de guerrilla en Sudamérica en los años sesenta y setenta y mencione algunos de los guerrilleros cuyos nombres pasaron a la historia.

18. Comente la realidad económica en El Salvador a fines de los 70 y su incidencia en la formación de movimientos de guerrilla.

19. ¿Qué fue Sendero Luminoso y qué fue el Movimiento zapatista?

20. ¿Quién fue Salvador Allende, qué caracterizó el gobierno de la Unidad Popular y cuáles fueron los grandes logros obtenidos?

21. ¿Quién fue Augusto César Sandino y por qué el Frente Sandinista de Liberación Nacional tomó su nombre de él?

C. Neocolonialismo: los Estados Unidos, ¿la política del buen vecino o intervencionismo?

1. ¿Cómo han justificado los Estados Unidos su presencia en los países latinoamericanos en distintos momentos de la historia? ¿La ven de la misma manera los latinoamericanos?

2. Explique lo que fue la política de buena vecindad.

3. Explique lo que fue la Alianza para el Progreso. Según el historiador Hubert Herring, ¿por qué no estaban satisfechos los países latinoamericanos con la forma en que los Estados Unidos participaban en este programa de desarrollo?

4. Haga un balance de los logros alcanzados gracias a la Alianza para el Progreso y establezca las causas para aquello en que se quedaron cortos.

5. Discuta brevemente la política de los Estados Unidos con respecto a Cuba, Nicaragua y Chile.

6. Describa la situación en Chile que propició la caída del gobierno de Salvador Allende.

7. ¿En qué sentido las últimas palabras de Allende al pueblo chileno representan optimismo?

D. Populismo, dictaduras y retorno a la democracia

1. ¿Qué caracterizaba a los gobiernos populistas?

2. ¿Quién fue Luis Muñoz Marín y qué importancia tuvo en la vida política de Puerto Rico?

3. ¿Por qué Perón es visto como líder populista y como dictador?

4. ¿Qué fue la Operación Cóndor? ¿Qué datos salieron a la luz pública cuando se descubrieron los "archivos del terror"?

5. ¿Qué caracterizó a los gobiernos dictatoriales de los años sesenta a ochenta? ¿Cuál de los dictadores estuvo más tiempo en el poder? Compare y contraste los gobiernos dictatoriales de Pinochet en Chile y de Videla en Argentina.

6. Explique lo que representaron las Madres de Plaza de Mayo.

7. ¿Qué dictador luchó contra los Tupamaros?

8. ¿Cuál es la dualidad de Hugo Banzer?

9. ¿Quién fue Efraim Ríos Montt?

10. Describa cómo se fue produciendo la vuelta a la democracia en los años ochenta y noventa.

11. ¿Qué fue el Plan de Paz para Centroamérica?

12. ¿Qué caracterizó el panorama político en la década de los noventa?

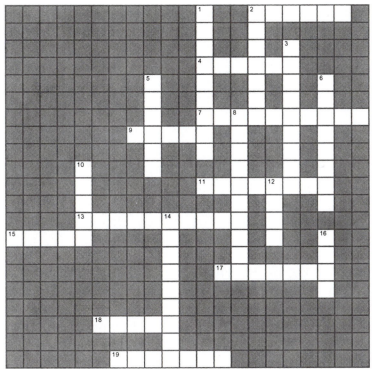

Horizontales

2. Capital de Colombia

4. Único país de habla hispana localizado en América del Norte

7. Descuartizado en plaza de Cusco

9. Héroe de la independencia de Cuba

11. Lago navegable más alto del mundo

13. País más pequeño de Centro América

15. Capital del Ecuador

17. Conocido como el Libertador

18. País largo y estrecho en Sudamérica

19. Padre de la independencia de México

Verticales

1. Libertador de Argentina

2. País que perdió su mar en la Guerra del Pacífico

3. Único país que no tiene ejército

5. País de Centro América con un canal que une el Pacífico con el Atlántico

6. Segundo río más largo del mundo

8. Estado Libre Asociado

10. "El titán de bronce"

12. País socialista en América Latina

14. Su capital es Caracas

16. Su capital es Lima

Solución: p. 543

Utilice el siguiente banco de palabras para contestar las preguntas y luego vuelva a la sección **¿Cuánto sabemos?** al comienzo del capítulo para comparar sus respuestas antes de estudiar el capítulo y después.

Simón Bolívar, Nicaragua, Sendero Luminoso, Tupamaros, El Salvador, Cuba, ilustración, Ernesto Che Guevara, Costa Rica, Grito de Dolores, descamisados, Madres de Plaza de mayo, Operación Cóndor, Panamá, Alianza para el Progreso, Salvador Allende, intendentes, Inquisición, Rafael Trujillo, Maceo y Martí, Puerto Rico, Víctor Jara, Tirofijo, Tania la guerrillera, Benjo Cruz, Javier Heraud, Camilo Torres

1. _Intendentes_ Oficiales administrativos nombrados por el rey encargados de vigilar la administración colonial local, impulsar la economía y recaudar impuestos.

2. _Iquisición_ Institución de tipo judicial establecida por la Iglesia Católica en la Edad Media para perseguir y enjuiciar a los acusados de herejía.

3. _Illustración_ Movimiento filosófico en el que la razón, la ciencia y el respeto a los derechos del hombre surgieron como faro por sobre la oscuridad y la ignorancia del periodo oscurantista de la Edad Media.

4. _Simón Bolívar_ Conocido como el Libertador de América del Sur.

5. _Grito Dolor de Dolores_ Así se le llama al momento en que el cura Hidalgo incitó a tomar las armas contra las tropas realistas del gobierno español.

6. _Castro y Che Guevara_ Maceo y Martí Dos líderes de la independencia de Cuba.

7. _Paraguay Panamá_ está conectado a Colombia sirviendo de puente entre Centro y Sudamérica.

8. _Nicaragua_ El Salvador País más pequeño en extensión de América Central.

9. _Chile_ Niccaragua País de mayor extensión de América Central.

166

10. *Costa Rica* El capítulo 12 de la constitución de 1949 de este país dice: "Se proscribe el Ejército como institución permanente".

11. *Puerto Rico* Tiene un estatus político especial; no es un país independiente ni tampoco un estado de los Estados Unidos.

12. *Cuba* República socialista en el Caribe.

13. *Rafael Trujillo* Dictador de la República Dominicana.

14. *Tupamaros* Grupo guerrillero del Uruguay. Tomaron su nombre de un líder inca que se sublevó contra los españoles y fue descuartizado en la plaza pública de Cusco.

15. *Salvador Allende* Primer presidente con programa socialista elegido democráticamente en el hemisferio occidental. Su gobierno fue derrocado por un sangriento golpe militar en 1973.

16. *Alianza para el Progreso* Plan conjunto de desarrollo socioeconómico para toda Latinoamérica propuesto por el presidente Kennedy.

17. *descamisados* Nombre con que Evita Perón se refería al pueblo.

18. *Ernesto Che Guevara* Guerrillero argentino que combatió junto a Fidel Castro en la Sierra Maestra.

19. *Tania la guerrillera* Única mujer en la guerrilla boliviana.

20. *Madres de Plaza de mayo* Grupo de mujeres que se reunían en una Plaza de Buenos Aires una vez por semana con las fotos de sus hijos desaparecidos por los militares.

21. *Javier Heraud* Poeta peruano recordado como el poeta guerrillero.

22. *Tirofijo* Fundador de las FARC, de quien se decía no fallaba un disparo.

23. *Camilo Torres* Sacerdote guerrillero colombiano.

24. _Benjo Cruz_ Cantante de música de protesta que murió en la guerrilla boliviana.

25. _Victor Jara_ Cantante asesinado en el Estadio Chile por la dictadura de Pinochet.

26. _Operación de Conclor_ Plan de inteligencia continental destinado a eliminar la oposición a los gobiernos dictatoriales.

27. _Sendero luminos_ Grupo guerrillero peruano.

Más allá de los hechos: temas para pensar, investigar, escribir y conversar

1. Escoja uno de los artículos de la Constitución mexicana de 1917 citados en el capítulo y compárelo y contrástelo con la Constitución de los Estados Unidos.

2. José Martí representa un héroe tanto para los cubanos exiliados en Miami quienes han llamado sus medios de propaganda anti-castrista Radio Martí y TV Martí como para los cubanos revolucionarios. Busque información adicional sobre Martí y escriba un corto ensayo discutiendo esta aparente contradicción.

3. La siguiente es una cita tomada de la "Segunda Declaración de La Habana" discurso de Fidel Castro al pueblo de Cuba el 4 de febrero de 1962 en el que hace extensiva alusión a la posición expresada por los Estados Unidos en la conferencia de la OEA del 17 de agosto de 1961 en Punta del Este, Uruguay, en la que el Presidente Kennedy presentó su plan de Alianza para el Progreso.

> "Frente a la acusación de que Cuba quiere exportar su revolución, respondemos: Las revoluciones no se exportan, las hacen los pueblos. Lo que Cuba puede dar a los pueblos y ha dado ya es su ejemplo. Y ¿qué enseña la Revolución cubana? Que la revolución es posible, que los pueblos pueden hacerla, que en el mundo contemporáneo no hay fuerzas capaces de impedir el movimiento de liberación de los pueblos.
>
> Nuestro triunfo no habría sido jamás factible si la revolución misma no hubiese estado inexorablemente destinada a surgir de las condiciones existentes en nuestra realidad económico-social, realidad que existe en grado mayor aún en un buen número de países de América Latina".

Busque información adicional en la red sobre la Cuba pre-revolucionaria y sobre la Cuba socialista. En grupos de tres decidan ser "defensores" o "detractores" de la Revolución. Prepárense para un debate entre grupos que defienden una posición o la otra.

4. Busque información adicional sobre las técnicas del Teatro del Oprimido. Puede consultar el libro de Boal *Categorías del Teatro del Oprimido*. Escoja una noticia o acontecimiento actual y preséntelo a la clase haciendo uso de una de esas técnicas, "teatro imagen" o "teatro periodístico", por ejemplo. Pueden trabajar en grupos.

5. Busque información sobre el rol de las mujeres y su oposición a las dictaduras en Chile y Argentina y escriba un corto ensayo sobre sus hallazgos.

6. Escoja uno de los íconos latinoamericanos del siglo XX (el Che, Víctor Jara, Tania la guerrillera, etc.) y busque información adicional. Escriba una semblanza de esa persona y preséntela a la clase.

7. Busque información adicional y discuta el rol de los intelectuales al interior de los movimientos revolucionarios latinoamericanos.

PARTE II

NUESTRO PRESENTE

El nuevo mapa político de América Latina: dos décadas que marcan la diferencia

¿Cuánto sabemos?

I. Conteste las siguientes preguntas y luego compare sus respuestas con un compañero/a de clase. Cuando termine de estudiar el capítulo, después de completar la sección **¿Cuánto sabemos ahora?**, vea cuáles de sus respuestas iniciales estaban correctas.

1) El primer país de Sudamérica en elegir un presidente de origen indígena fue:

      a) Paraguay

      b) Ecuador

      c) Bolivia

2) En el 2001 Luiz Inácio Lula da Silva se convirtió en presidente de:

      a) Brasil

      b) Perú

      c) Venezuela

3) El país de Sudamérica con mayores problemas de narcoviolencia es:

      a) México

      b) Colombia

      c) Guatemala

4) El país latinoamericano con mayores reservas de petróleo es:

      a) México

      b) Venezuela

      c) Nicaragua

5) Bolivia es uno de los países más ricos en recursos naturales de Sudamérica.

                                              Cierto o Falso

6) Cuba ha ayudado a Venezuela y Bolivia en sus campañas de alfabetización.

                                              Cierto o Falso

7) La corrupción es algo que nunca ha caracterizado a los gobiernos latinoamericanos.

                                              Cierto o Falso

8) Entre el 2000 y el 2006 Chile conoció dos presidentes socialistas. Ellos son:

      a) Hugo Chávez y Néstor Kirchner

      b) Lula y Tabaré Vázquez

      c) Ricardo Lagos y Michelle Bachelet

CAPÍTULO I
El nuevo mapa político de América Latina: dos décadas que marcan la diferencia

El mapa político de Latinoamérica en la segunda década del siglo XXI rediseña los parámetros de clasificación tradicional derecha-izquierda. En la época de las dictaduras, la clasificación se daba en dos bandas: dictadura o democracia. Tras el regreso a la vida democrática, la lucha se presentó en el esquema tradicional: derecha e izquierda, lo que respondía en parte a la pugna de bloques de la época: capitalismo versus comunismo.

Al comenzar la segunda década del nuevo milenio, la separación en campos se rediseña. Si queremos simplificar la lucha política en dos bandas tendríamos el centro, donde, a pesar de las divergencias que caracterizan uno y otro bando se ha mostrado un terreno de coincidencia entre la centroizquierda y la centroderecha, sobre todo en lo que respecta al fomento del desarrollo social de los países, y la izquierda dura, en parte tradicional, que busca el cambio de un sistema por otro: el socialismo, sea el socialismo tradicional representado por Cuba, sea el socialismo modernizado representado por el Socialismo del Siglo XXI.

Si queremos explicar el rediseño del mapa en tres bandas, tendríamos, por un lado, la centroderecha, terreno que ocupa Piñera en Chile y Santos en Colombia, donde ambos candidatos triunfantes llaman a un gobierno de unidad nacional y modernizan su propuesta programática enriqueciéndola de un componente social; la centroizquierda, que englobaría la izquierda moderada de Brasil, cuya continuidad está asegurada independiente de que el candidato triunfante sea del Partido de los Trabajadores o de la social democracia, Argentina con un proyecto basado en el peronismo, Costa Rica con una presidenta social demócrata, Uruguay con un ex guerrillero Tupamaro que plantea un gobierno cercano al de la Concertación en Chile o al de Brasil, Paraguay, El Salvador y Guatemala que buscan gobiernos de izquierda moderada; y finalmente, la izquierda dura con Venezuela, Cuba, Bolivia, Nicaragua y Ecuador que plantean la situación actual como una guerra entre capitalismo versus socialismo y denuncian cualquier desplazamiento hacia la centroizquierda como un intento del capitalismo y del imperio de dividir los pueblos y detener el avance revolucionario de Latinoamérica.

I.1 La década del 2000-2010, surgimiento de la nueva izquierda

Con la llegada al poder en febrero de 1999 de Hugo Chávez en Venezuela hasta el triunfo del socialdemócrata Álvaro Colom en Guatemala a fines del 2007, y del ex obispo Fernando Lugo en Paraguay en junio del 2008, el mapa político de Sudamérica dio un giro hacia gobiernos de izquierda o centro izquierda en un impresionante movimiento que la prensa denominó como la "nueva izquierda latinoamericana".

La totalidad de los nuevos mandatarios fue elegida por votación popular lo que muestra un avance significativo en el ejercicio de los derechos democráticos, sobre todo si lo contrastamos con el hecho de que en las últimas dos décadas del siglo XX, en Latinoamérica, 14 presidentes fueron derrocados y no pudieron terminar su mandato, golpes de Estado a los que se suma el del 12 y 13 de abril de 2002, cuando un intento golpista sacó del poder a Chávez por 48 horas y el de Manuel Zelaya en junio del 2009 en Honduras.

Igualmente, tras el cierre de la época de las dictaduras, por primera vez en la historia de Latinoamérica hubo tantos gobiernos progresistas. Sin embargo, sería erróneo intentar englobarlos en un movimiento homogéneo o irreversible en cada país, por el contrario, desde el comienzo se vislumbraron diversas tendencias, recentrajes y una alternancia dentro del juego democrático entre diferentes corrientes tanto de centro izquierda como de centro derecha. Todas las tendencias coinciden, al menos en sus declaraciones, en la necesidad de protección social, integración latinoamericana y desarrollo económico.

En general, los gobiernos de la llamada "nueva izquierda" comparten algunas semejanzas en lo que respecta a sus políticas sociales, pero mantienen diferencias programáticas, sobre todo en lo referente al modelo económico a aplicar (tratados comerciales y nacionalizaciones); al modelo democrático a seguir en lo que se refiere a la separación de los poderes del Estado para permitir un control sobre el gobierno; al número de reelecciones permitidas para permitir la alternancia y evitar la tentación de eternizarse en el poder y al proyecto de sociedad a desarrollar.

Visto así podríamos diferenciar al interior de este movimiento nuevo-progresista, por darle un nombre, dos tendencias mayores: el denominado "Socialismo del Siglo XXI" impulsado por Hugo Chávez y apoyado por Bolivia, Nicaragua y Ecuador (proyecto catalogado como "populista o neopopulista" por sus detractores) y por el otro, gobiernos o coaliciones de gobierno que desean conservar el modelo económico y de relaciones existente, pero favoreciendo reformas de tipo social.

A. Puntos en común

Han coincidido estos gobiernos en un fuerte compromiso de tipo social que apunta a disminuir, o en algunos casos a erradicar, la pobreza, a reducir la diferencia entre ricos y pobres, a eliminar el analfabetismo o elevar los niveles de educación de la gente y a proveer acceso a la medicina y a la vivienda a los sectores más desfavorecidos de la población.

Todos han buscado privilegiar los intereses nacionales, visualizando, al mismo tiempo, la integración latinoamericana como una necesidad que implica, entre otras cosas, la integración de los recursos energéticos, la apertura de sus mercados y la interconexión de sus caminos para permitir la circulación de sus productos y su acceso a mercados internacionales.

Integración que va más allá de lo económico buscando establecer un nuevo tipo de relaciones que permita superar los conflictos del pasado, la mayoría de ellos fronterizos, o del presente, como el desatado tras el bombardeo por parte del ejército colombiano al campamento del segundo hombre de las FARC (Fuerzas Armadas Revolucionarias de Colombia) en el 2008, campamento que se encontraba en territorio ecuatoriano; o el convenio militar entre Colombia y Estados Unidos para utilizar bases colombianas para la lucha contra el narcotráfico y el terrorismo.

Integración que busca una visión de conjunto con proyección al futuro en la región al mismo tiempo que lograr para Latinoamérica un mayor peso en los organismos internacionales.

Todos ellos buscan cambiar el tipo de relaciones con los organismos financieros internacionales para no estar más sometidos a sus dictados, pero sí conservar el acceso al crédito y poder aplicar una línea de desarrollo y financiamiento que vele por sus intereses. En esa óptica Brasil, Argentina y Uruguay reembolsaron sus deudas al FMI (Fondo Monetario Internacional). Argentina echó mano de sus reservas para renegociar la deuda pendiente, reintegrarse al mercado de capitales y lograr obtener los fondos necesarios a su desarrollo. Todos ellos buscan el aumentar el flujo de capitales para dinamizar su economía, pero las condiciones puestas a este tipo de capitalización varían entre ellos.

B. Puntos de divergencia

Entre ellos se han visto claras diferencias en la visión política y económica que van desde un nuevo progresismo, es decir, gobiernos herederos de los valores tradicionales de la izquierda: igualdad, solidaridad, derechos humanos, paz, pero que hoy buscan acentuar sus resultados en lo que se refiere a la equidad y justicia social en el seno de una globalización inclusiva, y aquellos gobiernos con una visión algo compleja: nacionalista, pero a la vez continental, que plantea crear nuevos organismos de comercio y alianzas estratégicas que reemplacen a los existentes; gobiernos que, en lo que Chávez ha denominado el Socialismo del Siglo XXI, se fijan como objetivo la transformación profunda de la sociedad para avanzar hacia la instauración de una sociedad socialista.

C. Las tendencias

A partir del 2007 las diferencias entre las tendencias en el seno de la denominada nueva izquierda fueron acentuándose y en el 2010 ya aparece, consolidado por un lado, un bloque relativamente homogéneo que responde al denominado Socialismo del Siglo XXI (Venezuela, Bolivia, Nicaragua y Ecuador) que busca la transformación de la sociedad, y por el otro, y no necesariamente opuesto, un grupo de países con una visión económica y social relativamente similar, pero que no conforman un bloque, sino que más bien actúan a partir de sus intereses particulares, configuración política, tratamiento y búsqueda de los capitales extranjeros y Tratados de Libre Comercio (TLC). En el fondo, la continuación del sistema existente, pero profundizando en lo social. Estos países son: Chile, Brasil, Argentina y Uruguay.

En un momento en que, tras salir de la crisis económica mundial se relanza la demanda de materias primas debido al creciente y sostenido desarrollo económico de China, India y Japón (lo que representa un momento favorable para los países exportadores de materias primas), los nuevos gobiernos se ven enfrentados a dos alternativas: una, dar prioridad al gasto social (respondiendo a las necesidades inmediatas, y exigencias, de los sectores más postergados) por sobre una política de inversiones en miras al desarrollo futuro, o dos, favorecer el desarrollo económico sustentable de manera a garantizar el futuro, pero buscando siempre establecer o mantener un equilibrio entre éste y el gasto social.

El dilema es cómo lograr un equilibrio entre el desarrollo económico y social de los países evitando el desarrollo de planes sin un sólido respaldo económico que puedan provocar el día de mañana un colapso de la economía (como el conocido por Argentina en el 2001 que puso al país al borde de la quiebra), respondiendo al mismo tiempo a las necesidades de las clases más desfavorecidas de la población.

Para los gobiernos más radicales que propugnan el Socialismo del Siglo XXI, la disyuntiva es cómo crear un nuevo modelo que financie un gasto social elevado sin poner en peligro el desarrollo económico para garantizar su financiamiento a largo plazo.

Los que propugnan un nuevo modelo de sociedad: el Socialismo del Siglo XXI

El grupo conformado por Venezuela, Bolivia, Ecuador y Nicaragua, a los que se suma Cuba, mantiene tratados de ayuda mutua en programas de alfabetización y asistencia médica. Todos esos países se suman a la Alianza Bolivariana para los Pueblos de Nuestra América (ALBA), nueva alianza comercial liderada por Chávez, que rompe los esquemas de la globalización y el neo liberalismo y propone la creación de una moneda única y un Banco del Sur que los independice de los organismos internacionales de crédito existentes.

En su política internacional, abogan por una integración continental que vaya más allá de los tratados económicos y apunte a una refundación del continente con organismos políticos y económicos que respondan a la nueva orientación política que Chávez define como Revolución bolivariana o Socialismo del Siglo XXI y que Evo Morales ve como "revolución democrática y cultural".

En estos países, apenas llegados al poder sus nuevos gobernantes, realizaron asambleas constituyentes para redactar nuevas constituciones que buscaban ampliar su poder político neutralizando a la oposición para realizar la transformación total del país y al mismo tiempo les diera el tiempo necesario para consolidar estas transformaciones.

Los que apuntan a un desarrollo social y económico dentro del sistema existente

En este grupo, más moderado en las reformas y en su enfoque político se encuentran Chile (hasta el 2010, cuando la coalición de centro izquierda gobernante perdió las elecciones tras 20 años en el poder y asumió el mismo una coalición de centro derecha), Brasil, Argentina y Uruguay. Chile, tuvo dos presidentes socialistas, uno de los cuales gobernó por dos periodos, y no abandonó la globalización ni la apertura a las inversiones extranjeras ni los acuerdos de libre comercio, al contrario, amplió sus tratados hasta lograr prácticamente una economía abierta en la cual sus productos tienen acceso potencial al 85% de los mercados del mundo. La coalición de centro derecha que asume el poder en el 2010 mantiene una línea de gobierno que difiere de lo que se podía esperar de la derecha tradicional al continuar con el programa de desarrollo económico de los gobiernos anteriores y profundizar en el gasto social.

Brasil aplica una política de desarrollo social, pero no se aparta ni un ápice del proyecto de desarrollo económico en que está embarcado. A comienzos del 2008, el gobierno anunció inversiones por 147.000 mdd en los dos años subsiguientes para impulsar su industria y una inversión de US $ 72.000 millones solamente para el sector de explotación y producción petrolera y de gas, ello tras anunciarse el descubrimiento de grandes yacimientos petrolíferos frente a sus costas los que sitúan a Brasil noveno entre los diez primeros productores de petróleo a nivel mundial. A mediados del 2008, en un encuentro independiente de los foros internacionales ya existentes, Brasil anunció su participación en el nacimiento de un nuevo bloque, el BRIC, alianza política económica entre Brasil, Rusia, India y China. Los cuatro países representan el 40% de la población mundial y por el momento, y en fuerte expansión, el 12% del Producto Interno Bruto (PIB) mundial. El nuevo bloque constituirá un contrapeso a los Estados Unidos y la Unión Europea.

En el 2010 Lula anunció el PAC 2 que contempla, entre el 2010 y el 2014, inversiones por 959 mil mdd en energía, transporte, vivienda y servicios apuntando a convertir al Brasil en la quinta potencia económica a nivel mundial.

Argentina y el propio Uruguay, gobernados por mandatarios declarados de izquierda, actúan dentro de marcos ideológicamente muy flexibles en gobiernos en los que se impone un pragmatismo mucho más conveniente desde un punto de vista económico. Cristina Fernández continuó la política económica desarrollada por su marido, el ex presidente Néstor Kirchner, manteniendo un crecimiento durante 64 meses consecutivos desde diciembre de 2002, pero pese a este crecimiento de alrededor del 9% anual, la economía argentina se enfrenta a una fuerte presión inflacionaria. Oficialmente se reconoce una inflación cercana al 10%, extraoficialmente se fija en los alrededores del 25%.

I.2. La década del 2010, profundización o rediseño de tendencias

A dos décadas del fin de la época de las dictaduras, en el nuevo milenio, se constata en lo político que la región ha consolidado la democracia, y ello pese a un golpe de Estado en Honduras en el 2009. En lo económico, se evidencia que ha resistido bastante bien a la crisis económica mundial gracias a una política pragmática en lo que se refiere a inversiones y a los tratados comerciales intercontinentales o globales, y responsable en lo que respecta al gasto público.

La economía latinoamericana, que en el 2009 se contrajo 1,7%, creció de 4,8% en el 2010. En los dos extremos encontramos a Brasil con un crecimiento del 9% (pero con una inflación de 5,4% que puede indicar el comienzo de un recalentamiento de la economía, el mismo temor que se presenta con China) y Venezuela con una contracción de un 2,6% y una inflación cercana al 33,9%.

Signo de la consolidación de la democracia es que diferentes presidentes con un alto respaldo de popularidad en sus mandatos, representantes de la tendencia moderada de la nueva izquierda o representantes de la centroderecha, no caen en la tentación de reformar la constitución para permitir su reelección y perpetuarse en el poder, lo que representa un peligro para el desarrollo democrático. Dentro de la centroizquierda, Michelle Bachelet de Chile, quien terminó con 84% de aprobación no reformó la Constitución y las elecciones dieron paso a un gobierno de centroderecha. El presidente Lula, de Brasil, tampoco cambió la constitución para ir a una reelección que tenía asegurada pues terminó su mandato con más de 80% de aprobación. Los dos candidatos favoritos, su sucesora designada, Dilma Rousseff del Partido de los Trabajadores, o José Serra, de la social democracia, presentan ambos un programa que, con algunos matices, continúa la política exitosa del presidente Lula en lo económico y lo social. El uruguayo Tabaré Vázquez, deja la presidencia con alta popularidad y le sucede el ex guerrillero Mujica. En Centroamérica, a Oscar Arias le sucede en Costa Rica

Laura Chinchilla, la primera mujer en llegar a ese cargo en ese país.

En la centroderecha, en Colombia, la Corte Constitucional rechazó la intención de un cambio constitucional que hubiera permitido un tercer periodo al presidente Uribe. Las elecciones que siguieron dieron paso a su sucesor, Manuel Santos, pero un nuevo mapa político se demarcó con la representación del Partido Verde que basó su bandera de lucha en la legalidad y la lucha contra la corrupción. Los resultados marcan el rompimiento de la tradicional alternancia liberal conservadora que durante tantos años dominó la política colombiana, y hoy, estos dos partidos no representan más allá del 5% de la votación total cada uno, lo que permite visualizar un futuro con candidatos que respondan a una coalición con base programática, como sería el Partido Verde o el llamado uribismo, y no a un partido único o línea partidista.

Ello muestra una América Latina que ha madurado democráticamente en esta década y que, en términos económicos, ha sorteado una crisis financiera que ha puesto contra las cuerdas a los países más ricos.

A. Profundización del Socialismo del Siglo XXI

Al otro lado del espectro se mantienen los gobernantes que se declaran seguidores del Socialismo del Siglo XXI, todos ellos elegidos democráticamente, quienes al asumir el poder plantean la necesidad de reformar las constituciones para permitir sus reelecciones hasta completar los cambios necesarios para el desarrollo del nuevo modelo social que proponen. En Venezuela, Hugo Chávez, tras ser derrotada la propuesta de reelección indefinida en una votación general, logró pasarla a través del Congreso; en Bolivia, Evo Morales logró reformar la Constitución para permitir su reelección por dos periodos consecutivos, y en Nicaragua, el presidente Ortega pasó una controversial reforma para lograr su reelección indefinida. En Ecuador, en el 2008, el 70% de los electores aprobó una nueva Carta Magna que permite la reelección presidencial inmediata por una sola vez. Correa llamó a elecciones al año siguiente y fue elegido presidente para el periodo del 2009 al 2013 lo que le da la posibilidad de reelección por otro periodo hasta el 2017. Cuba representa un caso aparte, y los procesos electorales continúan reproduciendo el sistema socialista sin que haya una posibilidad real de alternancia.

B. Rediseño del mapa político

El rediseño del mapa político de Latinoamérica que se observa en la segunda década del siglo XXI puede ser consecuencia de varios factores: 1. la desconexión de los partidos o coaliciones, de un electorado que ha evolucionado en respuesta a una nueva realidad socio-económica y que exige medidas que respondan a sus nuevas expectativas; 2. la decisión de ciertos líderes de eternizarse en el poder repitiendo agotadas fórmulas de gobierno y provocando la indiferencia de la ciudadanía que comienza a rechazarlos y busca nuevas alternativas.

El apoyo a quienes proponen nuevas alternativas de gobierno se ve reflejado en las urnas y ha contribuido a rediseñar el mapa político del continente produciendo un recentraje en las políticas de los partidos de derecha que, como vimos, comienzan a acercarse al centro incorporando un fuerte elemento social en sus programas.

El nuevo mapa ha dado cabida igualmente a la aparición de corrientes alternativas lideradas por candidatos jóvenes que, tomando distancia de los partidos tradicionales, innovan el discurso político y la forma de comunicarlo, y movilizan aquella generación joven de la que se decía no tenía interés por la política. Es el caso de Marco Enríquez Ominami en Chile, quien logró el 20% de la votación en una primera vuelta en las elecciones presidenciales del 2010, o el caso de Antanas Mockus en Colombia, que en tres meses pasó del 5 al 21% en la primera vuelta, consolidando la presencia del Partido Verde como actor político a tomar en consideración con un proyecto construido desde las virtudes de la política, el respeto de la legalidad y contra la corrupción. Ambos candidatos hicieron campaña fuera de los partidos tradicionales o lo que se ha denominado izquierda institucional marcando una diferencia sustancial que ha revitalizado y actualizado la democracia en momentos en que otros sectores se dejan llevar por la tentación del autoritarismo y las reelecciones indefinidas.

En el campo económico se constata que tanto los gobernantes de la centroizquierda como los de la centroderecha aplican una política pragmática en la que no existe gran diferencia, sin grandes cambios o nacionalizaciones que ahuyenten a los inversores extranjeros, y que ambas tendencias políticas buscan consolidar mercados y presencia internacional a través de la estabilidad. Todos esos países ofrecen seguridad jurídica, estabilidad institucional y beneficios impositivos para atraer inversiones. El ejemplo más representativo es Brasil que aplica desde el primer periodo de Lula la política económica neoliberal de su antecesor, el social demócrata Fernando Cardoso, alejándose de las posiciones más izquierdistas de su partido, el Partido de los Trabajadores, lo que le permitió hacer una coalición de gobierno más centrista con innegables logros socioeconómicos.

Los cambios profundos en política económica, nacionalizaciones, socialización de la distribución de la riqueza, rechazo a los TLC favoreciendo alianzas intra o intercontinentales con países con una afinidad política, se producen en los países que se declaran parte o cercanos seguidores del Socialismo del siglo XXI y que buscan su estructuración a través del ALBA.

Brasil: el saliente presidente Lula, líder sindicalista, aplicó una política basada en una visión realista del desarrollo económico del país llevando a Brasil por el camino a convertirse en el 2016 en una gran potencia mundial, la quinta del mundo. Brasil avanzó tanto en lo social como en lo económico y se transformó en "un ejemplo de control financiero", en virtud de las decisiones y políticas públicas implementadas por el Gobierno. Desde que Lula inició su gobierno, el 1° de enero de 2003 hasta fines del 2010 quintuplicó la presencia brasileña en los mercados mundiales pasando de 50.000 mil mdd de ventas al exterior a 250 mil millones.

Lula termina su segundo periodo el 1 de enero del 2011, y de acuerdo a la Constitución, un presidente no puede ser reelegido para un tercer mandato. En el 2010, la revista *Times*, en su lista anual de las cien personas más influyentes del mundo, lo situó en el número uno de los líderes mundiales. Como dato ilustrativo, el presidente de los Estados Unidos, Barack Obama, ocupó el cuarto lugar.

Brasil creó 962 mil nuevos empleos del sector formal entre enero y abril del 2010. Durante los últimos seis meses del 2010 la economía creció a un ritmo de más del 10% y muchos analistas predicen que el crecimiento anual promediará el 9%, la tasa más alta desde 1986.

El buen estado de la economía en un año electoral ha aumentado las posibilidades de que la candidata de Lula, Dilma Rousseff, sea quien, como la primera mujer presidenta en la historia de Brasil, tenga la responsabilidad de evitar un sobrecalentamiento de la economía.

Chile: tras 20 años de un gobierno de concertación de centro izquierda pasó a una alianza de centroderecha con la elección de un empresario multimillonario, Sebastián Piñera, como presidente (2010-2014). Tras el terremoto que asoló el país en febrero del 2010, el nuevo presidente presentó un plan de reconstrucción que sorprendió al mundo político chileno, el que se financió en el 40% con un alza de impuestos a los sectores más pudientes de la población, a las grandes empresas, al tabaco y a las casas consideradas de lujo planteando que es necesario que todos los sectores contribuyan a la reconstrucción del país. Desde la oposición, unánimemente, aunque con algunos matices, todos coincidieron en felicitar al nuevo Gobierno, dos ex ministros de economía lo felicitaron por la seriedad del financiamiento, muestra de la seriedad de Chile en el manejo de su economía dado que el plan fiscal no sólo va a permitir la recaudación de más de 3 mil mdd para la tarea de levantar la zona afectada por el terremoto, sino que además tiene el cuidado de sostener las cifras macroeconómicas y de no afectar la inversión y el crecimiento del país. Es este gobierno de centroderecha quien propone una reforma tributaria, aunque transitoria, que toca a los sectores más ricos, reforma que durante 20 años la coalición de centroizquierda no realizó, lo que hoy considera una de las causas de su derrota. Cabe hacer notar que la presidenta saliente, Michelle Bachelet, terminó su mandato con un ranking de popularidad superior al 80%, popularidad que no logró traspasar al ex presidente Eduardo Frei, candidato por la concertación en las elecciones del 2010.

Uruguay: el nuevo presidente (2010-2015), el ex guerrillero José Mujica, candidato del Frente Amplio, plantea acercarse en lo económico al modelo de Brasil y al de Chile en los últimos años de la Concertación. En sus primeros días de gobierno, llamó a los empresarios a invertir en el país, y garantizó la seguridad jurídica de los contratos: "¡Jugala acá!, que no te la van a expropiar, ni te van a doblar el lomo con los impuestos", exclamó Mujica. De acuerdo a Mujica, la gente cuando vota lo hace con la ilusión de poder vivir un poco mejor, y es por eso que se necesita la inversión, porque ésta genera empleos, y la misma no se puede provocar sin la existencia de leyes claras y tangibles que la propicien, discurso que en boca de otro sería calificado de neoliberal, pero que en boca de un candidato de izquierda muestra un recentraje de la política en Latinoamérica.

Todos los anteriores representan casos emblemáticos que, dos décadas tras el fin de las dictaduras, muestran el comienzo de una reestructuración del panorama político en Latinoamérica a tener presente pues rompe con las clasificaciones tradicionales de izquierda y derecha e indica un recentraje de posturas políticas.

Aquellos países que profundizan sus posiciones al interior de la nueva izquierda: el Socialismo del Siglo XXI

Venezuela: el presidente venezolano Hugo Chávez deja clara la dirección de su proyecto estratégico: ganar las elecciones legislativas de septiembre del 2010, postularse para un nuevo periodo presidencial el 2012 y permanecer en el poder hasta el 2030, cuando -asegura- "comienza el ciclo definitivo para coronar la gran revolución socialista", que se inició en el 2009.

En su mensaje al Congreso sobre la gestión de gobierno a comienzos del 2010, asumió la calidad marxista de la revolución bolivariana: "Por primera vez lo admito: asumo el marxismo, como asumo el cristianismo y bolivarianismo". Acto seguido, añadió que asumía "el bolivarianismo, el martianismo, el sandinismo, el sucrismo y mirandismo"; pero que se declaraba por encima de todo marxista, porque el marxismo era sin duda la teoría más avanzada en la interpretación de la historia, de la realidad concreta de los pueblos.

Sobre su propia gestión, Chávez dice que para él la democracia verdadera y auténtica es el socialismo, en tanto que el capitalismo en realidad violenta la democracia y, además, concentra todos los vicios del mundo. Entre los cambios propuestos dice: "La nueva policía tiene que ser como un gran motor para acelerar el desmontaje del Estado burgués y acelerar el estado de derecho y justicia" que será fruto del Socialismo del Siglo XXI.

El mandatario prometió duras medidas contra los que él denomina especuladores burgueses, a los que también culpó de la debilidad de la moneda local, y añadió que su equipo económico y los servicios de inteligencia le darán un listado de especuladores.

Venezuela está actualmente en recesión y es la única economía de América Latina que, según los expertos, se contraerá en el 2010. Entre abril de 2009 y abril de 2010, los precios en Venezuela subieron un 30,4%, la cifra más alta registrada en América Latina y el desempleo sigue en alza, en especial por la caída de la actividad industrial y un descenso del consumo. En adición, el Estado venezolano enfrenta una mayor dificultad para conseguir recursos ante el estancamiento de los precios internacionales del petróleo, su principal recurso.

Bolivia: el Presidente Evo Morales recibió por segunda vez la banda presidencial para un nuevo mandato de cinco años, avalado por el 64% de los votos en las elecciones presidenciales de fines del 2009. "El Estado colonial murió. Está naciendo el nuevo Estado plurinacional, autonómico y solidario", declaró al sumir el segundo mandato. La coalición gobernante, encabezada por el MAS, lidera una dinámica de profundas transformaciones políticas, sociales y económicas que cuenta con amplio apoyo ciudadano.

Principales cambios:
- Bolivia deja de ser república y pasa a ser Estado Plurinacional. Se reconocen 36 idiomas indígenas y se suma la whilpala como segunda bandera, al lado de la boliviana.
- La nación deja de ser unitaria y se transforma en autonómica (semifederal).
- La enajenación de recursos naturales (o la privatización) se equipara a la traición a la Patria.
- Se reconocen las autonomías indígenas en reemplazo de los municipios cuando referendos populares avalen el cambio. Allí se elegirán las autoridades por usos y costumbres.
- Los jueces de la Corte Suprema y del Tribunal Constitucional se elegirán por voto popular entre una terna aprobada por el Congreso.

Como vemos, Bolivia se encuentra en un proceso de profunda transformación del país, con una nueva Constitución, nueva división política administrativa, nuevo Congreso, nueva Corte Suprema y autonomías indígenas. Sin embargo, meses después de la reelección de Morales, a comienzos del 2010, en las elecciones regionales de gobernadores y alcaldes, éste no logró el control total como aspiraba perdiendo en las alcaldías de 7 de las 10 capitales más importantes de Bolivia, incluyendo La Paz, y sin lograr tomar control de los departamentos de la llamada "Media Luna" los que eligen tres del total de nueve gobernadores; una votación general de 50% a 50% que muestra la preferencia de los bolivianos de un equilibrio de fuerzas políticas.

Nicaragua: Nicaragua está sumida en una grave crisis institucional desde que en enero del 2010 el presidente Daniel Ortega prorrogara por decreto el mandato vencido de magistrados del Tribunal Supremo, Contraloría de la República, procurador de Derechos Humanos y magistrados del Consejo Electoral. Estos últimos funcionarios aprobaron un cambio constitucional que permite la reelección del mandatario. La oposición tachó esta acción como un golpe de Estado, lo que intensificó una pugna entre oficialismo y oposición.

El Gobierno de Nicaragua había calculado un crecimiento promedio del 4,6% del 2007 al 2009, no obstante, de acuerdo con estimaciones oficiales, el país tuvo un crecimiento promedio de apenas el 2% en ese periodo con un decrecimiento del Producto Interno Bruto (PIB) del 1,5%, según el presidente Ortega, que citó proyecciones de la Comisión Económica para América Latina y el Caribe (CEPAL).

Según cifras oficiales, 46 de cada 100 nicaragüenses viven con 2,08 dólares al día, es decir en estado de pobreza, y 15 de cada 100 nicaragüenses viven en extrema pobreza, con 1,08 dólares por día. La inflación se ubica entre el 3 y el 5%.

De acuerdo a las encuestas, Ortega, que aspira a la reelección, cuenta con un 57 % de la población que desaprueba su mandato y un 60,4 % que considera que el líder sandinista es autoritario.

I.3. Desafíos para Latinoamérica

Los desafíos que enfrenta Latinoamérica a comienzos de la segunda década del siglo, continúan dándose en el campo de la economía, del desarrollo social, de la producción y abastecimiento energético, de la educación, de la salud, etc. La forma de enfrentar estos desafíos dependerá del proyecto político de los grupos en el poder: centroderecha, centroizquierda, socialismo como el de Cuba o Socialismo del Siglo XXI como el propuesto por Chávez, y en el medio, proyectos como el de Argentina que tiene características especiales.

La integración continental

El nuevo mapa político de sigue presentando un continente marcado por las desigualdades sociales, por la diferencia en el acceso a la educación, a la salud, a la vivienda dependiendo; un continente en el que hoy, al celebrarse el bicentenario de las independencias, busca redefinirse como un todo, busca darse estructuras que le permitan hacer frente a sus problemas y tomar un mayor peso en el mundo tanto desde el punto de vista político como económico; un continente en el cual todos los gobiernos ven la necesidad imperiosa de buscar fortalecer una identidad continental superando las diferencias en el respeto de la diferencia como lo repiten en las reuniones continentales, sea de la Unión de Naciones Suramericanas (UNASUR), creada el 8 de diciembre de 2004 e integrada por Argentina, Bolivia, Brasil, Chile, Colombia, Guayana, Ecuador, Paraguay, Perú, Surinam, Uruguay y Venezuela), sea de la OEA (Organización de Estados Americanos), o del organismo alternativo propuesto en la Cumbre de la Unidad realizada en Cancún en el 2010: Cumbre de América Latina y el Caribe (CELAC) que reúne 33 naciones: Antigua y Barbuda, Argentina, Bahamas, Barbados, Belice, Bolivia, Brasil, Chile, Colombia, Costa Rica, Cuba, Dominica, Ecuador, El Salvador, Granada, Guatemala, Guayana, Haití, Honduras, Jamaica, México, Nicaragua, Panamá, Paraguay, Perú, República Dominicana, San Cristóbal y las Nieves, San Vicente y las Granadinas, Santa Lucía, Surinam, Trinidad y Tobago, Uruguay y Venezuela, dejando de lado a los Estados Unidos y Canadá, y funcionaría en paralelo a la OEA. En un reflejo de la búsqueda de integración continental en el respeto de las diferencias políticas y el nuevo balance de fuerzas, en la cumbre de julio del 2010, Chile con un gobierno de centroderecha y Venezuela líder del Socialismo del Siglo XXI, fueron nombrados copresidentes de la CELAC cuyo objetivo será proyectar la región a nivel global con base en el derecho internacional, la igualdad de los estados, el respeto a los derechos humanos y la cooperación.

Sin embargo, no han faltado obstáculos para impulsar esta integración regional, sobre todo cuando se trata de la diferente interpretación que a veces se da a principios que se creían universales como son el respeto a los derechos humanos, la libertad de expresar opiniones diferentes, la libertad de la prensa, el respeto de la constitución y de la alternancia del poder, y la separación de los poderes del Estado.

Dificulta la integración, igualmente, el diferente desarrollo económico de los países y el peso que tienen en el comercio continental y mundial, la confrontación de concepciones de sociedad diferentes, de intereses económicos que chocan, de políticas de nacionalización y de visión del comercio exterior que divergen dependiendo si se favorece o no la apertura al comercio internacional y un mayor intercambio entre países del continente.

Para dar una idea del tamaño de las economías y tener presente la diferencia entre los países, el gasto público para los próximos 5 años en el Brasil es de 800.000 mdd, un promedio de 160.000 millones por año, para el año 2010 Bolivia se fija una meta de gasto público de 1.800 mdd, prácticamente el 1% de la inversión de Brasil.

La nueva realidad política y económica hace que el continente como región comience a pesar seriamente en el plano internacional. Dos países: Brasil y México, hacen parte del consejo de seguridad de Naciones Unidas. Brasil, en camino a transformarse en la quinta potencia económica mundial no se limita a lo económico y hace oír su voz en el plano internacional. Junto a Turquía, se opuso a la resolución del Consejo de Seguridad de la ONU, que en junio del 2010 aprobó las más duras sanciones de los últimos años en contra de Irán, por negarse a suspender su programa nuclear. Sus relaciones con China y el formar parte del BRIC (Brasil, Rusia, India y China) le confieren presencia y peso a su opinión. Venezuela, liderando los países del ALBA alza la voz y gana influencia en organismos latinoamericanos como UNASUR y marca las relaciones internacionales, su aproximamiento con Irán, Rusia, China y Cuba oponiéndose a la política estadounidense.

Ventajas de la integración continental

Anteriormente, la integración regional era entendida como la manera en que los países se repartían el mercado interno, o como un conjunto de reglas aduaneras para facilitar el tránsito de mercaderías. Hoy, la define la manera en que los países enfrentan la globalización, la orientación de los acuerdos internacionales de comercio, los mercados a los que apuntará (o a los que no apuntará por razones políticas), la dependencia o independencia nacional respecto a una potencia o grupos de potencias y el proyecto de sociedad que quieren desarrollar.

Dentro de ese marco, la integración regional tiene la ventaja de presentar un frente común a las grandes potencias, las grandes compañías y el mundo del capital, lo que ayudaría a la región a negociar tratados comerciales en mejores condiciones. Ello le permitiría sacar provecho del impulso económico que los nuevos grandes actores del mundo económico (China, Japón e India) significan para el desarrollo de la economía mundial. Es sabido que los diferentes países se encuentran mejor protegidos que en el pasado frente a la crisis global, sea por la diversificación de sus mercados, sea porque el precio de las materias primas ha permitido un aumento significativo de sus reservas o sea porque su deuda externa ha disminuido (o la han pagado completamente) lo que implica que disponen de mayor liquidez.

En una escala continental, la integración crearía un mercado más amplio que favorecería el desarrollo de un nuevo fenómeno, el surgimiento de multinacionales pertenecientes a países emergentes ejemplo de lo cual son las primeras multitiendas, supermercados y líneas aéreas con unidades de operación en diversos países, o la diversificación de la inversión petrolera entre los diferentes países tanto a nivel de la exploración, como de la explotación y la distribución.

Como la desconfianza entre los países ha sido uno de los mayores obstáculos para avanzar en la integración regional, para que esta integración regional funcione, necesita de organismos multilaterales sólidos que garanticen el cumplimiento de los acuerdos sabiendo que si se establecen reglas, éstas se respetarán más allá de un cambio de gobierno;

Precisa también que se elimine la corrupción, flagelo que contribuyó en gran medida al desprestigio de las clases dirigentes; desprestigio que, entre otras cosas, crea desconfianza y aleja a los posibles inversionistas extranjeros privando a los gobiernos de obtener los créditos necesarios al desarrollo de sus países; desprestigio que debilita los gobernantes y que incluso puede conducir a soluciones extremas.

Queda claro que los discursos de buena voluntad de los mandatarios en las diferentes cumbres internacionales no son suficientes para lograr la unidad continental y este proceso de integración avanza lentamente. Resquemores heredados de conflictos del pasado, o del presente, a los que se suma una competencia en el desarrollo de cada país y la lucha por los mercados y capitales internacionales hace que los países se encierren para protegerse o busquen soluciones más allá de las fronteras del continente. Pareciera que los intentos de integración estuvieran condenados al fracaso, a pesar de tener las ventajas de un lenguaje común, a la excepción de Brasil (donde la segunda lengua es el español), un bagaje cultural similar, un deseo de integración ratificado en cada cumbre de mandatarios, diferencias con los países que conforman hoy la Comunidad Económica Europea. La realidad imperante es que tras la firma de declaraciones gubernamentales, priman los intereses nacionales y los acuerdos quedan como letra muerta o se diluyen en el tiempo.

Relaciones con los Estados Unidos

Con la llegada del presidente Obama al poder en enero del 2009, se vislumbró un nuevo capítulo de interacción con América Latina y el Caribe basado en el respeto mutuo, los intereses compartidos y la asociación en condiciones de igualdad. Sin embargo, casi dos años más tarde es poco lo que se ve en cuanto a avances concretos.

Con respecto a Cuba, aunque fueron suavizadas las reglas sobre viajes y el envío de dinero a la isla, la política de Obama ha evidenciado más continuidad que cambio. Frente a la inmigración, no se ha presentado una reforma a la ley existente, la cual identificó como una de sus prioridades al ser elegido, sino que la legislación antiinmigrantes que se aprobó hace poco en Arizona podría considerarse un revés en esta materia. La situación no mejora en comercio, en donde los TLC con Colombia y Panamá siguen estancados en el Congreso, a pesar de la solicitud expresa por parte de la Casa Blanca de que éstos sean ratificados. El manejo de la crisis en Honduras, la negociación del uso de las bases militares colombianas e, incluso, la inter-

189

vención humanitaria en Haití luego del terremoto han sido interpretados por algunos como más de lo mismo en cuanto a las actitudes paternalistas que han caracterizado históricamente la política exterior estadounidense.

Desarrollo social

El mayor desafío para los gobiernos en el poder sigue siendo el de desarrollar sociedades más justas, el reconocer e incluir los grupos étnicos postergados en sus derechos y el garantizar una mejor distribución de la riqueza manteniendo al mismo tiempo el crecimiento de su economía y aumentando la competitividad de sus productos en el mercado nacional e internacional. Este desafío implica el tener gobiernos estables, seguros y creíbles para ganar la confianza de los inversionistas extranjeros y captar el capital necesario al desarrollo nacional que garantice la paz social necesaria al desarrollo sin ser arrastrados a tomar medidas inmediatistas. Implica el establecer reglas comerciales justas y claras, y respetarlas, y modernizar las estructuras estatales para lograr un mayor dinamismo de las economías.

El desafío implica, sobre todo, el responder a las expectativas de mejoramiento del nivel de vida de los sectores más desfavorecidos desarrollando políticas que sin poner en peligro el desarrollo económico del país se preocupe de lo social.

Desarrollo económico

El mejor desempeño económico experimentado en los últimos años le da a América Latina una voz más fuerte y un mayor poder persuasivo transformándose de una región en crisis a una creciente potencia económica. Entre el 2009 y el 2010, los países latinoamericanos han hecho uso de su nuevo peso económico para ganar mayor relevancia en la arena mundial. Brasil, por ejemplo, ha jugado un papel decisivo en el esfuerzo por reajustar los derechos de voto en el Fondo Monetario Internacional y ha sido un actor importante en el G-20 y otros foros internacionales.

Fortalecidos por la demanda de materias primas y un alza del consumo interno, países como Brasil, Perú, Colombia y Chile disfrutan de lo que muchos economistas predicen será un periodo de crecimiento sostenido. Brasil lidera con una expansión del 9%. Pese al terremoto del 2010, Chile proyecta un crecimiento del 5.7% para el 2011 y una inflación anual de 3,5% para el 2010.

La mejoría de las economías de la región les ha permitido pagar miles de mdd en préstamos. Latinoamérica se ha unido a China y a otras naciones en desarrollo en una reforma que podría cambiar, para el año entrante, la participación de los países pequeños en la estructura del FMI.

En lugar de pedir paquetes de rescate, países como Colombia y México están solicitando "líneas de crédito flexibles" que el Fondo empezó a ofrecer en 2009 a países con buenos antecedentes, como una especie de respaldo en caso de que se vean afectados por crisis externas. Brasil, que hace cinco años le debía al Fondo US$ 15.500 millones, no solo pagó la deuda, sino que el año pasado acordó comprar hasta US$ 10.000 millones en bonos para ayudar en la financiación de programas.

El FMI, sin embargo, aún tiene críticos en la región, especialmente en los gobiernos de Argentina, Venezuela, Bolivia y Ecuador.

Para garantizar su desarrollo y ponerse al abrigo de cualquier crisis internacional, los gobiernos enfrentan el desafío de diversificar su producción, industrializarse y no basar su economía en la sola exportación de materias primas o productos estrellas. Necesitan firmar contratos de comercio que contemplen la defensa de sus materias primas y al mismo tiempo permitan el desarrollo de la industria nacional.

Necesitan disponer de los capitales necesarios para modernizar su industria aplicando los avances tecnológicos más avanzados permitiendo su inserción en el mercado internacional, sobre todo pensando en las pequeñas y medianas industrias, las más afectadas por una mayor apertura del mercado. Al mismo tiempo, necesitan elevar el nivel educacional de la gente para responder a las nuevas exigencias y crear así empleos estables, bien remunerados y competitivos. Enfrentan como desafío adicional el lograr que las inversiones extranjeras sirvan a los planes de desarrollo de los países y no sean capitales "golondrinas", llamados así por ser capitales especulativos que buscan ganancias rápidas y que emprenden vuelo apenas se presenta una mejor oportunidad para ellos.

Para garantizar su desarrollo se necesita diversificar y mejorar igualmente las fuentes de energía para evitar una crisis económica; necesitan desarrollar la infraestructura mejorando los caminos para permitir recolectar y transportar los productos con eficiencia y a un menor costo. El desarrollo de la infraestructura tiene que ser visto desde una perspectiva supranacional; no solamente se trata de desarrollar al interior del país, se trata ayudar a desarrollar en otros países para lograr corredores interoceánicos como la carretera que se está construyendo entre Brasil, Bolivia y Chile para conectar el puerto brasileño de Santos en el Atlántico con los puertos chilenos de Arica e Iquique en el Pacífico.

Se necesita, además, modernizar la industria, incluyendo la administración de las empresas. Es decir, se requiere invertir en mejoras que permitan reducir los costos de producción aumentando la productividad, la rentabilidad y la competitividad de sus productos, lo que atraería las inversiones necesarias para el desarrollo y creación de nuevas empresas y nuevos empleos más seguros y mejor pagados. Con algunos matices que resultan de una orientación política diferente, todos los gobiernos coinciden en estas tareas.

Abastecimiento energético

Otro desafío a enfrentar por los países del continente es el del abastecimiento energético. Existen países como Chile y Uruguay que dependen de fuentes exteriores para su desarrollo, frente a países como Venezuela y Brasil que representan potencias energéticas en el continente y a nivel mundial. También está Bolivia que, a pesar de tener importantes yacimientos de gas, tiene copada su capacidad de exportación por no contar con las inversiones necesarias para explotarlos. Perú se encuentra desarrollando las reservas gasíferas de Camisea, las que en principio, a partir de 2010, le darán libertad e independencia energética cuando deje de ser importador de petróleo y se convierta en exportador de gas natural a los mercados de México y los Estados Unidos. Colombia planifica invertir 54.000 mdd en el sector petrolero entre el 2008 y el 2015 a fin de ampliar el auge petrolero que vive el país.

La política de nacionalizaciones del grupo adherente al Socialismo del Siglo XXI ha alejado a los inversionistas; la frágil situación internacional en el mercado del petróleo pone en peligro el desarrollo de los países energético-dependientes. Necesitan estos países que exista seguridad en el cumplimiento de contratos con los países proveedores de gas o petróleo y que esta dependencia no se traduzca en dependencia política (con el riesgo evidente de que, en caso de desacuerdo, se corte el abastecimiento), por lo que necesitan buscar proveedores fuera del contexto que los rodea.

Ello explica, quizás, el que los países moderados del MERCOSUR mantengan un delicado equilibrio en sus relaciones, y declaraciones, tanto con Venezuela y Bolivia como con los Estados Unidos, los dos primeros, sus principales abastecedores de gas y petróleo, el tercero su principal fuente de intercambio comercial.

Desde un punto de vista geopolítico, existe el riesgo de que se use el gas y el petróleo (o el dinero proveniente de los mismos) como elemento de presión para imponer un determinado modelo socio-político y económico.

En resumen, para algunos países, el gran desafío es garantizar la energía necesaria a sus planes de desarrollo actuales y futuros, y ello pasa por diversificar las fuentes energéticas desarrollando todas las fuentes de las que disponen, sobre todo las renovables: hidroeléctricas, eólicas o geotérmicas; intensificar la exploración de gas y petróleo en zonas que antes no eran rentables, pero que a los precios actuales lo son, como es la exploración y explotación en el mar o a grandes profundidades; desarrollar, la energía nuclear modernizando las centrales existentes en Argentina y Brasil o instalando nuevas con la tecnología de las llamadas centrales de la cuarta generación. En países como Chile ya comenzaron los estudios para ver la posibilidad de su construcción tomando en cuenta que es un país con una gran actividad sísmica. Japón, país con problemas similares planteó que está dispuesto a colaborar con Chile en el desarrollo de plantas seguras. Para Venezuela, Bolivia, Ecuador y Brasil, el desafío es continuar desarrollando los nuevos campos, explorando otros, frente a una posible crisis mundial, e invertir los recursos producidos para garantizar la diversificación y desarrollo del país en vistas al futuro. En el caso específico de Bolivia, lograr la inversión necesaria para desarrollar los campos recientemente nacionalizados. En el caso de Brasil, mantener su expansión gracias al millonario plan de inversiones propuesto por Lula para los años 2010 a 2015 y pasar de ser el gigante de Latinoamérica a potencia mundial.

Frente a la nueva realidad energética y sus costos todos ellos necesitan reducir el consumo de energía buscando la eficiencia energética y educando a una población acostumbrada a malgastar este recurso.

I.4. Los protagonistas

A. La izquierda moderada y la centroizquierda

1. Argentina

Algunos antecedentes

En 1973 Juan Domingo Perón regresó al poder en Argentina y tras su rápida muerte en 1974 le sucedió su vicepresidenta y tercera esposa, Isabel Martínez de Perón, lo que la convirtió en la primera mujer jefe de estado del hemisferio occidental. La inestabilidad política y económica del país alcanzó límites insostenibles y ello llevó en 1976 a un golpe de Estado militar encabezado por el General Jorge Rafael Videla quien dio inicio a la llamada guerra sucia de la que ya habláramos en el capítulo anterior. En 1981 Videla fue depuesto por otro militar, Roberto Viola y éste a su turno por el General Leopoldo Galtieri. Otro militar, Reynaldo Bignone asumió el poder ante la dimisión de Galtieri luego de perder la Guerra de las Malvinas, conflicto bélico que, librara contra Inglaterra, en un intento de fomentar el espíritu nacional para desviar la atención del pueblo de los efectos de la dictadura, y de recuperar estas islas ubicadas en el Atlántico en el sur de Argentina.

Ante el descrédito internacional del gobierno militar y la presión ejercida por el pueblo argentino en demanda de un gobierno civil y democrático, en 1983, Bignone llamó a elecciones presidenciales que fueron ganadas por Raúl Alfonsín, candidato de la Unión Cívica Radical. Volvió al poder un gobierno civil y democrático, pero a pesar de las reformas políticas introducidas al gobierno de Alfonsín le fue imposible resolver los problemas económicos que aquejaban al país, y los peronistas con Carlos Menem a la cabeza ganaron las elecciones de 1989 y luego nuevamente de 1995. En 1998 la recesión llegó a niveles extraordinarios y afloraron los defectos de las políticas aplicadas por Menem incluyendo la corrupción y la amnistía de los militares encarcelados durante el gobierno de Alfonsín por violación de los derechos humanos durante los siete años de gobierno militar. Así, Menem perdió el apoyo de la clase obrera que lo había llevado al poder.

En 1999 Fernando de la Rúa se convirtió en presidente, pero tampoco pudo reducir la inflación, y la economía del país colapsó. En el 2001 las fuertes presiones sociales llevaron a de la Rúa a dimitir. En el 2002 el Congreso nombró presidente a Eduardo Duhalde cuya devaluación de la moneda nacional llevó a una crisis bancaria y a la consecuente pauperización de millones de argentinos.

Una Argentina en bancarrota fue la herencia que recibió Néstor Kirchner, miembro del peronista Partido Justicialista, cuando llegó al poder en mayo de 2003.

El legado del presidente Néstor Kirchner

En el 2006, Argentina decidió pagar toda su deuda con el FMI, cancelando débitos por más de 9.000 mdd logrando así plena independencia de los organismos crediticios para aplicar su política económica.

Durante su gobierno, Argentina no sólo recuperó las reservas, sino que dejó un superávit de 31.230 mdd en el Banco Central. En el 2007 el informe de la Organización Mundial del Comercio sobre Argentina destacó que el país había superado una de las peores recesiones de su historia y que ahora era necesario tomar medidas para que el crecimiento fuera estable y sostenido, entre ellas: reducir la inflación, aumentar la competencia y atraer inversión extranjera.

Dejó el ex presidente Kirchner un país cuyo desarrollo económico confirmó un crecimiento consecutivo de cinco años al alcanzar el 8,7% en el 2007 y proyectarse a 10,2% marcando una nueva aceleración de la economía.

Predominó durante el gobierno de Kirchner una posición pragmática: alianza e integración a América Latina con todo aquello que favoreciera el desarrollo económico de Argentina, y distanciamiento con todas aquellas posiciones que pudieran afectar o hipotecar su desarrollo. A ese respecto, su plan de gobierno lo llevó a tomar posiciones marcando distancia con uno u otro bloque por razones estratégicas. Por ejemplo, a veces tomaba distancia con el gobierno de Chávez, pero siempre manifestaba su gratitud con él por la compra de bonos que le permitió a Argentina sobrepasar la crisis financiera.

Al finalizar su mandato el presidente Kirchner no optó por la reelección, postulando en su lugar a su esposa, la senadora Cristina Fernández. Definió su rol en el futuro como dirigente máximo del peronismo y afirmó que un peronismo reorganizado puede ser la base de la deseada coalición "progresista", a través de lo que denomina "concertación plural". La elección de Cristina Fernández, en perspectiva, tiende a indicar que el matrimonio Kirchner buscará alternarse en el poder disponiendo así de tres periodos más para aplicar su visión de gobierno.

El primer relevo: Cristina Fernández de Kirchner

Cristina Fernández de Kirchner,
Primera presidenta electa de Argentina (2007-2011)

El peronismo ha marcado la política argentina, de las mujeres que precedieron a Cristina Fernández de Kirchner en la sede del gobierno, una como vice presidenta, la segunda como presidenta ambas fueron peronistas. La primera, Evita, esposa del presidente Juan Domingo Perón hoy es parte de un mito. Cantante, hija ilegítima, cursó apenas quinto año de primaria, mujer apasionada apoyó incansablemente a su marido, recorrió Argentina incansablemente regalando máquinas de coser, dinero, etc.... fue y es ado-

195

rada por el pueblo argentino. La segunda, Isabel, también esposa de Perón llegó a la presidencia en 1974, cuando murió su marido, junto al que había sido elegida nueve meses antes. Duró sólo un año y medio en el cargo, en la actualidad vive en España y no puede regresar a Argentina donde sería sometida a juicio por su responsabilidad en la desaparición de opositores a su gobierno.

En noviembre de 2007, la senadora peronista Cristina Fernández de Kirchner ganó las elecciones con los votos suficientes para evitar una segunda vuelta y se convirtió en la primera mujer elegida presidenta en la Argentina.

Con su marido al mando del Partido Justicialista, Cristina Kirchner no tendrá que preocuparse de las complejas batallas políticas del oficialismo y podrá centrarse en la gestión de los asuntos de Estado cuyas dos premisas ya ha anunciado: la lucha contra la pobreza y la formación de un "pacto social" entre empresarios, sindicato y Estado.

El gobierno de Cristina Fernández continúa la política económica del gobierno de su marido Néstor Kirchner, de hecho al asumir recondujo la mayoría del gabinete del ex presidente. Se sitúa en el centro izquierda o lo que se puede llamar un peronismo de izquierda.

Las medidas y resultados del nuevo gobierno

El Gobierno de Cristina Kirchner lanzó a comienzos del 2010 un plan de créditos a empresas por 2.030 mdd con el objetivo de financiar este año actividades productivas con tasas de interés más bajas de las que ofrecen actualmente las entidades bancarias. 9,9 % anual, por debajo de las tasas de mercado, que oscilan entre el 12 y el 20 %.

Los préstamos serán concedidos a aquellas empresas que presenten proyectos productivos y cuya financiación reciba el visto bueno de los Ministerios de Economía, de Industria y Agricultura para fomentar y desarrollar sectores estratégicos de la economía, no sólo en el marco de sustitución de importaciones y de insumos básicos, sino también lograr un fuerte impulso para las exportaciones.

La medida busca profundizar el proceso de industrialización y defender el proceso de producción nacional, logrando reducir la dependencia de insumos para la importación.

Según datos del Ministerio de Industria, en el primer trimestre del 2010, Argentina registró índices de aumentos del 6,4% en la actividad económica, del 9,3% en la industria, del 13% en la utilización de la capacidad instalada y del 13% en las exportaciones, crecimiento que genera mayores necesidades de inversión, que son demanda agregada para este año y una mayor oferta de bienes y servicios para el futuro. La mayor inversión se traducirá en una sustitución de importaciones, mayor valor agregado a las exportaciones y abastecimiento al pujante mercado interno.

La recuperación de la economía argentina se está acelerando rápidamente tras el impacto de la crisis global, liderada mayormente por la industria automotriz.

El Producto Interior Bruto registró un crecimiento interanual del 6,8% en el primer trimestre del 2010, el más importante desde el tercer trimestre de 2008, cuando había sido del 6,9%.

La inversión interna bruta fija revirtió cuatro trimestres consecutivos en bajada al registrar un alza interanual del 13,1%, con lo que se situó en el equivalente al 21% del PIB.

A raíz del impacto de la crisis financiera global, el PIB de Argentina creció un 0,9% en 2009, luego de seis años consecutivos de incrementos a una tasa del 8% en promedio.

Para 2010, tanto el presupuesto oficial como el Banco Central de Argentina prevén un crecimiento económico de 2,5%. Las cifras muestran un mayor dinamismo tanto de las exportaciones como de la actividad industrial.

La tasa de desempleo cayó a un 8,3% en el primer trimestre del 2010, de un 8,4% el periodo anterior.

Desafíos

Continúa como desafío del gobierno de Cristina Kirchner el controlar la inflación, cercana al 10% según los organismos oficiales, mucho mayor para la mayoría de los organismos internacionales o economistas privados del país que sostienen que el promedio de la inflación se sitúa entre el 20 y el 25%. Solamente nueve de los 186 países que conforman el FMI tuvieron índices de inflación más elevada que Argentina en los últimos cuatro años, y en la región, el país es superado solamente por Venezuela.

Frente a este panorama, el gobierno nnecesita recuperar la confianza de la población en la economía argentina y en sus organismos, el 54,7% de los hogares argentinos no opera con ningún banco, sea por desconfianza, sea por lo que hacen parte de la llamada economía informal y no tienen acceso a créditos.

El aumento constante del gasto público, a un ritmo del 35% anual, con una recaudación que en el 2010 creció nominalmente apenas un 12%, está en el centro de todos los argumentos que explican la subida de precios.

Frente a estas cifras negativas, el gobierno muestra un positivo balance de un crecimiento cercano al 9%; un índice de pobreza que bajó del 23,4% al 20,7%; y una indigencia que se redujo del 8,2% al 6%.

Durante su gobierno, Cristina Kirchner afirma la presencia de Argentina, y su presencia como primera mandataria, en el terreno internacional en diferentes cumbres en Latinoamérica y asume la presidencia hasta el

2010 del bloque de América Latina y el Caribe.

A muchos partidarios de Cristina Kirchner les preocupa que la corrupción oculte algunos logros del Ejecutivo a un año de las presidenciales del 2011 para las cuales se anuncia la candidatura del ex presidente Néstor Kirchner para suceder a su esposa. De ganar, el matrimonio cumpliría un ciclo de 3 períodos de gobierno con la posibilidad de un cuarto si Cristina se presenta en el 2015 tras la eventual reelección de Néstor Kirchner.

El ministro de Economía confirmó que la búsqueda de un acuerdo por la deuda que la Argentina mantiene con el Club de París será el próximo paso en la agenda una vez que concluya el canje con el que el país intenta regularizar la situación de la deuda que sigue en default en manos de tenedores privados. Es el segundo que se lanza durante la gestión del matrimonio Kirchner, el primero fue en 2005, cuando se reestructuraron 81.836 mdd que se habían dejado de pagar durante la crisis de 2001. En esa operación hubo un nivel de aceptación de 76% de los acreedores. El restante 24% que rechazó la oferta es el que se pretende regularizar con este nuevo canje: representa unos 20.000 mdd de capital más una porción indeterminada de intereses. Para este nuevo canje, se estima una aceptación de por lo menos 60% de los acreedores.

El fin de la impunidad en Argentina

Un tribunal de Buenos Aires ha condenado a 25 años de prisión al dictador argentino Reynaldo Bignone, el último presidente de la dictadura militar (1976-1983), por delitos de lesa humanidad cometidos en el mayor centro clandestino de detención del régimen *de facto*, Campo de Mayo. Se le imputa la desaparición de más de 30.000 personas y el robo de unos 500 bebés cuyas madres fueron obligadas a dar a luz en centros de detención clandestinos. Bignone es una de las 68 personas, en su mayoría militares y policías, que han sido condenados en Argentina por secuestros y torturas cometidos durante la dictadura militar (1976-1983) y en virtud de las leyes que derogaron la detestada norma de la Obediencia Debida.

Relaciones privilegiadas

Durante los gobiernos de Néstor y Cristina Kirchner se da una relación privilegiada con Venezuela. El 65% de los acuerdos bilaterales celebrados entre ambos países en el último siglo se sellaron durante los últimos siete años: de los 238 convenios acordados por los gobiernos argentino y venezolano desde 1911 a la fecha, 94 fueron rubricados por Cristina Kirchner y 62 por su marido. Los 94 firmados durante el mandato de Cristina triplican los 31 con Brasil o con Chile. Venezuela ofreció a Argentina oportunidades económicas, recursos financieros, opciones exportadoras y asesoramiento tecnológico. Cristina Fernández justificó las crecientes relaciones venezolano- argentinas porque se fundamentan en una nueva lógica comercial, en un modo diferente de vincularse los países en materia económica y comercial. El intercambio comercial entre Venezuela y Argentina se ubicó alrededor de los 1.700 mdd en 2009, según datos de Caracas.

El desafío energético

Al no poder Bolivia garantizar el volumen de gas a exportar a Argentina, el país se ve obligado a buscar soluciones más costosas como traer gas licuado desde Venezuela, mientras se busca reinyectar capitales para la exploración en las zonas gasíferas en el sur del país.

En principio, Bolivia debería exportar 7,7 millones cúbicos de gas a Argentina a partir del 2008, 16 millones en el 2009 y 27,7 millones anuales a partir del 2010 hasta el 2026. Sin embargo la falta de inversiones, el que algunos pozos entran a mantenimiento y que en otros la producción está declinando, sumado a los problemas políticos internos de Bolivia hace que Argentina esté recibiendo un promedio inferior a los 3 millones de metros cúbicos y que solamente a partir del 2014 podría recibir los volúmenes pactados. La compra de combustibles en otros mercados le significa al gobierno argentino un costo adicional de mil mdd por año entre el 2008 y 2010. A mediados del 2008, Yacimientos Petrolíferos Fiscales Boliviano anunció un aumento de sus exportaciones a Brasil y un mayor consumo interno proyectando que Bolivia dispondrá solamente de dos millones de metros cúbicos para exportar a Argentina.

Petrobras, la compañía brasileña, invertirá 2.400 mdd en el periodo 2008 a 2012 en la exploración y explotación de hidrocarburos en áreas continentales ubicadas en Santa Cruz, Neuquén y Salta, regiones argentinas, procurando incrementar la producción de crudo y gas, incluyendo la perforación de un primer pozo exploratorio en alta mar. Para ello, junto a Petrobras, el Gobierno está llevando a cabo los estudios geológicos necesarios para determinar las zonas en que podrían existir características similares a aquellas en que se descubrieron los grandes yacimientos en altamar en Brasil.

Perspectivas futuras

La tarea principal de Argentina es restablecer la confianza para evitar la desaceleración de la economía. Para ello necesita controlar la inflación. Pero es difícil recuperar la confianza y al mismo tiempo combatir la inflación. Su política de control de precios (los precios de algunos bienes esenciales, como la bencina, el gas residencial, los pasajes del transporte colectivo y algunos alimentos, están congelados) es criticada por los inversionistas quienes la consideran una política inmediatista y de corto plazo. Sin embargo, según el Gobierno, es una política que toma en cuenta una realidad social que reclama justicia y garantiza la tranquilidad necesaria a desarrollar los planes a largo plazo y no pone en peligro el desarrollo económico.

La otra tarea, de igual o mayor importancia, es el garantizar el desarrollo energético dados los problemas de la insuficiente cantidad de gas que recibe de Bolivia. El precio de los combustibles comprados en el mercado internacional es abismalmente más caro que el de los que se producen en el país, y el traspasar el mayor costo a los consumidores implica un alto precio político a pagar.

Elecciones presidenciales 2011

Las primarias nacionales para las elecciones presidenciales del 2011 fueron pautadas para el 14 de agosto del 2010. Se espera que el ex mandatario, Néstor Kirchner se presente a las elecciones como candidato a la presidencia por el Partido Justicialista, para un segundo término.

2. Brasil

Algunos antecedentes

Luego del golpe militar de 1964 Brasil conoció una serie de gobiernos militares dictatoriales que se prolongaron hasta 1985 con la elección de Tancredo Neves, un presidente civil. En 1989 fue elegido presidente Collor de Mello quien en diciembre de 1992 fue depuesto por corrupción. A pesar de los esfuerzos de los presidentes que se sucedieron la economía brasileña no lograba salir de la crisis que venía arrastrando. A la inflación se sumó una crisis energética sin precedentes y ésta es la situación que abona la llegada al poder, en octubre de 2002, de un antiguo líder sindical miembro del partido socialista Partido de los Trabajadores, Luiz Inácio Lula da Silva (Lula), primer presidente obrero del Brasil.

Es el séptimo de ocho hijos de una familia de campesinos formada por Arístides Inácio da Silva y Eurícide Ferreira de Melo. Lula recién conoció a su padre cuando tenía cinco años puesto que éste había emigrado a Sao

Pablo en busca de trabajo.

Es interesante señalar que Lula no tuvo una educación formal. Obtuvo un diploma de equivalencia de escuela secundaria ya adulto y nunca asistió a la universidad.

Lula puede ser considerado como el líder de mayor peso de la tendencia moderada en el seno de la "nueva izquierda" por sus posiciones políticas, su prestigio internacional y por el peso creciente de la economía brasileña en América Latina y el mundo.

De la "nueva izquierda", Luiz Inácio Lula da Silva

a la continuación de la política económica

Dilma Rousseff   o   José Serra

Tras dos periodos de gobierno, el ex mandatario se marcha con un balance sumamente positivo: creó 14 millones de puestos de trabajo, incorporó 30 millones de pobres a la clase media y con poder de consumo y duplicó el número de plazas en universidades públicas.

Al llegar Lula al poder la cesantía era del 12%, al final de su mandato era del 6%.

Diez millones de brasileños se incorporaron a la clase media entre 2004 y 2010.

La pobreza cayó del 46% de la población en 1990 al 26% en el 2010. La desigualdad en la distribución del ingreso ha disminuido.

La hiperinflación es una pesadilla olvidada de todos. La deuda externa está en apenas un 4% del PIB y se espera reducirla a 0 para el 2012.

Las exportaciones se multiplicaron por cinco en sólo veinte años. Y por si fuera poco, en la década que comienza Brasil se transformará en una importante potencia petrolera y se perfila como la quinta potencia mundial.

El modelo de Lula se basa en la reducción de la pobreza y la ascensión de la clase media, y ha creado un mercado de masas que ha propulsado un círculo virtuoso del mercado interno el cual ha permitido mantener un consumo elevado y resistir a la crisis global.

El salario mínimo aumentó de un 45% (por encima de la inflación) y en el primer trimestre del 2010 el país tuvo un crecimiento productivo similar al de China, alrededor del 9,8% continuando su camino a transformarse en la quinta potencia mundial y a adquirir una mayor relevancia en la recuperación económica a nivel mundial.

Las reservas internacionales brasileñas han alcanzado un nuevo record: 250.000 mdd, una cantidad un 25% superior a la del 2009 lo que blinda al país contra todo tipo de posibles crisis internacionales y son más que suficientes para hacer frente a todos los compromisos externos del país. Ello hace que la economía de Brasil sea hoy considerada acreedora en vez de deudora, en relación a otros países y organismos de crédito.

El 90% de esas reservas internacionales están invertidas en forma diversificada en títulos del Gobierno americano, en diferentes bancos extranjeros y en el Fondo Monetario Internacional (FMI)

La política de compra de reservas comenzó en 2004, durante el primer Gobierno de Lula, pero fue ganando fuerza en los últimos tres años debido al aumento del flujo de dólares en el país. Cuando Lula llegó al poder las reservas eran sólo de 40.000 mdd, seis veces menores que hoy.

Su política económica es la continuación de la política de Fernando Henrique Cardoso (1995-2003) quien puso las bases de un modelo basado en el rigor fiscal, una fluctuación estable del real frente al dólar y un sistema de metas anuales para controlar la inflación. Lula potenció el modelo de su antecesor y recolectó los frutos. Hoy, ninguno de los candidatos a sucederlo, se atreve a cuestionar estos principios.

Para convertirse en la quinta economía del mundo es fundamental el desarrollo de todos los sectores de la economía, diversificándola, consolidándola, y no solamente de las grandes reservas de petróleo y gas.

El sector agrícola será básico tanto desde el punto de vista de exportaciones como de asegurar el consumo interno de la población como para reforzar la oferta exportable del país en un escenario en el que se incrementará la demanda mundial de alimentos, lo cual anuncia una expansión del mercado.

Por ello al terminar su segundo mandato acordó al sector agrícola créditos públicos por 62.300 mdd para el período 2010-2011, lo que supone un aumento del 7,4% en relación al período anterior.

Brasil es el mayor exportador de carne vacuna y de aves, de café, azúcar, jugo de naranja, granos y otros productos del campo. El aumento de la ayuda del gobierno a la agricultura ayudará a reforzar y desarrollar sus mercados a nivel mundial. Al igual que Argentina y los Estados Unidos, en el 2010 proyecta una cosecha récord de cereales contribuyendo a un aumento del stock mundial de granos del 25% lo que puede significar una baja de precios en el futuro cercano.

El Producto Interno Bruto acumulado de los tres primeros meses del 2010 fue de 458.000 mdd. La industria creció un 4,2% en relación al cuarto trimestre de 2009 y un 14,6% frente al mismo periodo del año anterior.

El presidente Lula celebró el crecimiento del PIB calificándolo de "exuberante y merecido". Brasil fue el último país en entrar en la crisis mundial y el primero en salir de ella, como lo demuestran estos resultados.

Ocho años antes, al tomar el poder Lula, Brasil vivía una situación muy precaria caracterizada por una inflación galopante y una gran fragilidad económica externa marcada por la elevada deuda externa y la presión por las cuotas a pagar por los créditos adquiridos a nivel internacional.

Lula termina sus ocho años de mandato con un récord de aprobación personal del 83% y de su Gobierno del 75%. El popular dirigente quien no se dejó tentar por la ola de cambios constitucionales para permitir reelecciones que recorría el continente admitió por primera vez que no excluye volver a presentarse como candidato en las presidenciales de 2014, casualmente el año en que se disputará la Copa Mundial de fútbol en Brasil.

Los posibles sucesores

Dilma Rousseff, candidata oficialista, ex ministra y militante del Partido de los Trabajadores (PT), candidata de Lula que asegura la continuidad de su proyecto político, una mezcla de neoliberalismo económico con un fuerte contenido social.

El vencedor de las elecciones brasileñas de octubre recibirá un país en mejor situación de la que encontró Lula en 2002, subrayó Dilma Rousseff al ensalzar la herencia de desarrollo social y económico que deja el actual Gobierno.

La candidata del PT, quien de ganar las elecciones el 3 de octubre será la primera mujer que gobierna su país, se mostró decidida a defender y profundizar las conquistas sociales alcanzadas y destacó que en las condiciones actuales podrá hacer mucho más en el Gobierno de lo que ya fue hecho.

Rousseff se comprometió a alcanzar tres grandes objetivos si gana las elecciones: aupar a Brasil al grupo de los países más ricos del mundo, mantener el crecimiento sostenido de la economía brasileña, aumentando de esta manera la renta per cápita, y erradicar la pobreza definitivamente mediante la redistribución de la renta.

Brasil podrá ser gobernado por una mujer que va a continuar el Brasil de Lula, pero con alma y corazón de mujer, declaró la candidata oficialista a la sucesión.

El otro candidato con posibilidades de triunfo es el ex gobernador paulista José Serra, candidato progresista, miembro de la social democracia, quien durante la campaña se ha declarado admirador de Lula y de la política seguida y plantea que la continuará y mejorará gracias a su vasta experiencia en el terreno político haciendo notar así la falta de experiencia de Dilma Rousseff.

El dilema de José Serra no es de fácil solución: necesita diferenciarse de la opción oficial mientras que Lula tiene un 86% de respaldo y la economía crece hasta 14% anual y al mismo tiempo necesita verse como continuador de su exitosa política.

Al dejar el gobierno de San Pablo para aceptar ser candidato a la presidencia José Serra tenía 55% de aprobación.

Difieren ambos candidatos en la forma de llevar la política de comercio exterior, ambos están por aumentar las exportaciones, pero Serra plantea que hay que replantear la participación de Brasil en el Mercosur para que no sea un obstáculo para políticas más agresivas de acuerdos internacionales de manera que Brasil tenga independencia para firmar sus propios TLC con otros países. Argumentó que, en los últimos años, mientras que en el mundo se firmaban más de cien convenios de ese tipo, Brasil sólo firmó uno, el del Mercosur con Israel, que aún no está en vigor.

Serra hace hincapié en que Brasil necesita una modificación sustancial de su comercio exterior, que implica terminar con el Mercosur como unión aduanera y multiplicar los acuerdos de libre comercio con los principales protagonistas de la economía mundial (China, EE. UU., UE).

Todo indica que el debate electoral en Brasil a partir de julio será memorable y se referirá a las dos formas que tiene el país, y por extensión los otros de América del Sur, de acelerar todavía más su participación excepcional en este momento de expansión de la economía mundial a largo plazo.

Ambos candidatos admitieron el éxito de la actual política económica brasileña, quizá porque ambas formaciones políticas comparten el mérito de su vigencia.

Tras ellos, y lejos en las encuestas, hay otra mujer, miembro del Partido Verde, Marina Silva, defensora del Amazonas, ex ministra del gobierno de Lula.

La candidata ecologista se opone a la idea de desarrollo basado en el crecimiento material a cualquier costo, con grandes ganancias para unos pocos y perversos resultados para la mayoría, incluida la destrucción de los recursos naturales, tema candente cuando a fines del gobierno del presidente Lula se aprobó la construcción en el Amazonas de la que será la tercera represa más grande del mundo.

Los tres candidatos coincidieron en las prioridades en materia de política económica y fiscal: necesidad de reducir los tipos de interés bancario y de emprender una reforma tributaria a fondo, y un aumento de la inversión pública en infraestructura.

Las políticas del segundo periodo que seguirán vigentes como políticas de Estado
-un gobierno de orientación popular, pero no populista.
-alcanzar un crecimiento económico que ayude y acelere la inclusión de los sectores sociales marginados, crecimiento económico que debe ser rápido, sustentable y duradero y que tiene que hacerse con responsabilidad fiscal y en ello.
- un Programa de Aceleración del Crecimiento (PAC: 950.000 mdd hasta el 2015) donde lo económico, lo político y lo social están intensamente entrelazados.
- una economía de mercado que apuesta a las inversiones y desarrollo, pero íntimamente ligada a la problemática social, una economía que crece pero que incluye a los sectores tradicionalmente desfavorecidos;
Políticas de Estado que han sido interpretadas como claramente diferentes a las del socialismo del siglo XXI.

Inversiones y bonanza petrolera
El comienzo de una nueva era: considerar el petróleo como un recurso estratégico, no un surtidor de dinero fácil.

Brasil invertirá en los próximos 4 años, un total de US$ 72.000 millones en los sectores de explotación y producción petrolera y de gas, cifra equivalente al 4,6% del PIB; inversiones justificadas por los recientes descubrimientos de gigantescas reservas en aguas profundas, cifra que sumada a los fondos ya destinados a la industria petrolera alcanza los 128.000 mdd y superaría los 200.000 mdd en los próximos cuatro años.

Petrobras subió del noveno al cuarto entre las 50 mayores firmas de energía. El 2009, las acciones de la petrolera brasileña tuvieron un alza de 103 %.

La petrolera estatal posee reservas probadas de 14.000 millones de barriles que podrían más que triplicarse si se confirma el volumen hallado bajo la capa de sal en mar abierto, a una profundidad que alcanza hasta 7.000 metros. En la capa pre-sal se estima que podría haber reservas que superen los 100.000 millones de barriles, lo que podría confirmarlo como uno de los mayores productores y exportadores de hidrocarburos del mundo.

Pero no basta con tener el petróleo, los desafíos que enfrenta Petrobras son enormes: debe terminar cinco grandes refinerías que se encuentran en construcción, asegurar los equipos necesarios para explotar las reservas y poner los nuevos yacimientos en producción.

El gobierno está desarrollando la fabricación de plataformas marinas para garantizar la explotación de sus nuevos campos, y en una segunda etapa para emplearlas en la exploración y exportación a otros países.

Para desarrollar sus planes Petrobras aumentará sus inversiones a 244.000 mdd en el período 2010-2014, con el objetivo de duplicar su producción para el 2020. La mitad de esa suma será destinada a exploración y producción.

Para alcanzar las metas que se propuso, Petrobras tendrá que contar con 26 sondas de perforación, 465 barcos de apoyo y 56 plataformas de producción en el 2014, y con 84 plataformas y 504 barcos en el 2020.

El objetivo es pasar de 2,7 millones de barriles diarios a producir 3,9 millones de barriles diarios en el 2020.

Brasil se ha consolidado en los últimos años como una potencia petrolera emergente, donde empresas nacionales e internacionales invierten cuantiosas sumas en nuevas campañas de exploración y producción, pero la obtención y el mercado interno son dominados de lejos por Petrobras.

El desarrollo petrolífero se inserta como motor del desarrollo de la economía brasileña, pero el gobierno planifica desarrollar también la industria naval, la segunda del mundo en 1970 y que entró en decadencia en los 90, gracias a la bonanza petrolera. La inversión en la industria naval es vital para un país en el que el 95% de los bienes se exportan por vía marítima y cuyos costos han ido aumentando junto al precio del petróleo. Consecuente con esta política de desarrollo, en el 2008, Petrobras encargó 175 navíos a los astilleros nacionales por un valor de 5.000 mdd.

Para garantizar y controlar la exploración y explotación de las nuevas zonas, Brasil se propone crear una nueva empresa 100% estatal que sería dueña de los yacimientos y contrataría empresas como Petrobras, Esso o Shell para la explotación de los pozos. Ello significará un aumento importante en los ingresos del país que serán destinados a la educación e investigación.

Paralelamente, el gobierno está desarrollando la fabricación de plataformas marinas para garantizar, en primer lugar, la explotación de sus nuevos campos, y en una segunda etapa, para emplearlas en la exploración y exportación a otros países de Latinoamérica

Brasil aprovechará su petróleo para industrializar el país y crear un modelo de desarrollo basado en inversiones y tecnología.

El monto de inversiones para el periodo 2010-2013 varía según se trate de un sector exportador o de un sector orientado al mercado doméstico. Las inversiones de los sectores vinculados al mercado externo crecerán un 17,4% con respecto al período 2005-2008, mientras que las inversiones de sectores volcados al mercado interno crecerán un 56,8%.

La diferencia se debe a que el mercado interno se recuperó rápidamente tras la crisis mundial garantizando un mercado creciente y dinámico, en cambio el mercado externo se recupera lentamente.

Diversificación de la matriz energética

Pese a poseer este enorme potencial petrolífero, Brasil continúa una política de diversificación de su matriz energética en una política de largo plazo.

Biodiesel: Brasil sigue siendo el principal productor de etanol a partir de caña de azúcar y se propone realizar hasta el año 2012 inversiones por US$ 17.000 millones para aumentar su producción. Ya en el 2007 el etanol suministró 16 % de la energía consumida en Brasil frente a un 14,7 % generado por fuentes hidráulicas con lo cual se convirtió en la segunda fuente de energía del país, superado solamente por el petróleo, que abasteció 36,7 % de la demanda interna.

Hidroeléctricas: El gobierno del presidente Lula da Silva retomó los grandes proyectos hidroeléctricos desarrollados en los sesenta y setenta por los gobiernos militares, proyectos fuertemente criticados por los ecologistas. Aprobó la construcción de la central hidroeléctrica de Belo Monte en la Amazonía tras la exitosa licitación de otro proyecto en la frontera con Bolivia.

En el terreno educacional

Una de las grandes tareas que enfrenta es la reforma del sistema educacional en un país donde los niños terminan los seis años de primaria sin saber leer o escribir, o si leen, sin entender lo que leen. Un país donde la enseñanza media no es obligatoria y donde el salario de los profesores es menor que el de un albañil.

Para cambiar esta situación, el presidente saliente aumentó el salario de los profesores; acordó los medios económicos necesarios para elevar la formación del profesorado y mejorar la estructura de las escuelas; hizo obligatoria la enseñanza media y planificó dotar las escuelas públicas de una computadora por estudiante.

Para evitar que la juventud sea presa del narcotráfico y el crimen organizado se facilitará el acceso a las universidades creando 400.000 nuevas plazas entre el 2008 y el 2012.

A partir del 2008, el 85% de las escuelas públicas en el país tuvo acceso a Internet lo que benefició a 37 millones de alumnos. La próxima meta es dotar de este servicio a las 90.000 escuelas del campo donde estudia el 15% del total del alumnado nacional. Para el 2010 se tiene el 100% conectado a la banda ancha y ya en funcionamiento los programas educacionales para aprovechar la tecnología en la enseñanza.

En el terreno de las relaciones internacionales

Con respecto a la integración latinoamericana, el sucesor de Lula tendrá una doble tarea: continuar la política internacional brasileña: Brasil asocia su destino económico, político y social al del continente, al del MERCOSUR y al de la Comunidad Sudamericana de Naciones; pero ello sin perder espacio en su comercio con los Estados Unidos y la Comunidad Económica Europea, y ampliando su comercio con África y Asia.

Brasil ha jugado un rol moderador en la denominada "nueva izquierda", y se espera que continuará apoyando los tratados comerciales latinoamericanos, manteniendo una cierta distancia de los intentos de una integración política en miras a adoptar un determinado proyecto de sociedad: "la revolución socialista del siglo XXI" impulsada por Chávez.

La violencia en Río y Sao Paulo

Una realidad que golpea: la violencia en las favelas cerca del estadio Maracaná, que será escenario del Campeonato Mundial de Fútbol del 2014 y de las Olimpíadas del 2016, habría sido desatada por orden de los jefes de carteles de droga detenidos en las cárceles de Río como represalia por lo que se les habían limitado sus contactos con el exterior del penitenciario desde donde continuaban dirigiendo sus actividades, y la guerra por el control del mercado de la droga.

470 de las 1.020 favelas están dominadas por narcos que se calcula venden 20 toneladas de cocaína por año, moviendo un capital de 175 mdd.

Dos cifras indican la magnitud del problema, cerca de 12 millones de personas viven en las favelas que existen en el área urbana, y 6.000 víctimas deja la violencia cada año en Río de Janeiro.

Cinco favelas, (Dona Marta, Babilonia, Cidade de Deus, Batan y Chapeu Mangueira) han sido pacificadas gracias a un programa de Policía Comunitaria y servicios sociales que se ampliará a cien favelas para el 2016. En otra, el Complexo do Alemão se desarrolla un plan de inversiones para construir cientos de casas, centros de salud y guarderías infantiles, mientras que en la favela Dona Marta, sus diez mil habitantes tienen acceso a internet inalámbrico gracias al Gobierno del Estado de Río.

Está claro que la represión no es la solución al problema de la violencia, que en último término será el éxito de la política económica, la creación de empleos, el acceso a la vivienda, a la salud, a la educación lo que permitirá que se termine con la exclusión.

Es fácil estigmatizar las favelas olvidando que no son solamente un reducto de miseria azotado por la violencia, y que son ellas, el alma del mundialmente conocido Carnaval de Río.

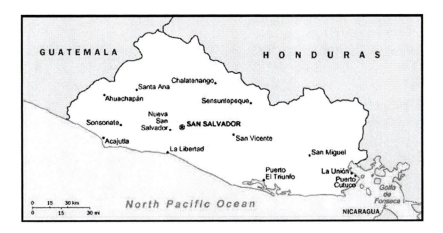

Nuevo en el seno de la "nueva izquierda": Mauricio Funes

Presidente Mauricio Funes (2009-2014)

Mauricio Funes, representante del Frente de Liberación Nacional Farabundo Martí ganó las elecciones salvadoreñas convirtiéndose en el primer presidente de izquierda en su país derrotando al derechista partido Arena, quien había gobernado sin interrupción durante 18 años desde el fin de la guerra civil de 1980-1992. Mauricio Funes, ex periodista de la televisión, es el primer candidato del FLNFM que no fue combatiente durante los años de la guerra civil durante la cual murieron más de 70.000 personas. Se declara izquierdista moderado y propone un cambio siguiendo los modelos de Lula y Obama.

En mayo del 2010, once meses después de ganar las elecciones, presentó, su proyecto de un movimiento ciudadano que dará "contenido social" a su gobierno y apoyará el cumplimiento de los cambios sociales en el país, lo que generó apoyos y críticas de distintos sectores, y marca un mayor distanciamiento con el FLNFM, partido que lo llevó al poder a través de las urnas. El Movimiento Ciudadano por el Cambio será encabezado por el mismo presidente Funes, quien señaló su determinación de "no trabajar en función de los intereses de un partido político o grupo de partidos políticos", sino más bien "en función de todos los salvadoreños y salvadoreñas".

La pobreza y la violencia

Es evidente que gran parte de la violencia que vive el país tiene sus raíces en la situación de pobreza extrema en la que vive más del 30% de los habitantes, lo que explica también la incorporación al trabajo de 189.000 niños y niñas. El Gobierno, consciente de esa realidad, se ha propuesto disminuir al 15% la población en condición de pobreza, con lo cual espera también cumplir con los Objetivos del Milenio establecidos por la Organización de las Naciones Unidas (ONU) de erradicar el trabajo infantil para el año 2020.

Del mismo modo, se ha propuesto reducir la violencia en un país que junto a Guatemala y Honduras constituye el denominado "Triángulo del Norte", la zona más violenta del hemisferio y una de las más peligrosas del mundo. En junio del 2010, dada la extrema violencia que afecta al país, el Gobierno envió al Parlamento una ley que criminaliza a quienes pertenecen a las maras, las violentas pandillas que aterrorizan al país. También desplegó 1.500 soldados para controlar las cárceles más peligrosas. Al mismo tiempo, se están poniendo en marcha en las comunidades más afectadas, diversas iniciativas de reinserción a la vida comunitaria para proveerles a los jóvenes opciones para una vida fuera de la violencia.

Uno de estos programas es el establecido por Cáritas, en coordinación con el Estado donde los jóvenes participan de talleres vocacionales y de capacitación y reciben, junto a sus familias, atención psicológica y apoyo para garantizar su salida de la delincuencia y su reinserción al mundo productivo. Otras iniciativas han contado con la colaboración de la empresa privada como el programa "Mochila Digital" impulsado por la Secretaría de Inclusión Social y la empresa Claro gracias al cual se entregaron 1.000 computadores para uso de estudiantes insertos en el ISNA y de 7 centros escolares del departamento de Chalatenango.

Logros en su primer año de gobierno

Los logros de Funes en su primer año han sido calificados de modestos ya que, sobre todo en educación, no aparecen como soluciones a largo plazo sino más bien de beneficencia. A continuación los más relevantes logros como destacados por el Presidente en su informe a la Nación:

-**en lo económico**: macroeconomía: inversión de 494 mdd (192 millones más que la anterior); microeconomía: entrega de 420.000 paquetes agrícolas, con semillas y fertilizantes a pequeños productores rurales

-en obras públicas y energía: reinicio de 22 obras que la anterior administración tenía paralizadas por parte del Ministerio de obras públicas entre ellas el incremento en 600 litros por segundo del caudal de agua potable que abastece la zona metropolitana; la puesta en marcha del Puerto de Cutuco; inversión de más de 77 mdd en varios proyectos energéticos, incluida la represa El Chaparral, la que producirá 65.7 megavatios, suficientes para abastecer de electricidad a 200.000 familias

-en educación: entrega gratuita de uniformes, zapatos y útiles escolares a 1.350.000 alumnos de la escuela pública y ampliación de la alimentación escolar gratuita a 4.950 centros educativos, y a 196 centros de atención inicial del Instituto Salvadoreño para el Desarrollo Integral de la Niñez y la Adolescencia (ISNA), con una inversión de 15 mdd

-en lo social: entrega de una pensión básica universal de 50 dólares para adultos mayores de 70 años, en los 32 municipios más pobres y establecimiento de un Programa de Ayuda Temporal al Ingreso (PATI) que consiste en un bono de 100 dólares mensuales para jóvenes y mujeres jefas de hogar sin empleo; entrega de 7.000 títulos de propiedad de la tierra, que alcanzarán los 14.000 a fin de año y los 90.000 al terminar su mandato; como parte del programa "Casa Para Todos", entrega de más de 1.000 viviendas con 3.586 pendientes de entrega en los 15 meses subsiguientes

4. Guatemala

Presidente Álvaro Colom (2008-2012)

Algunos antecedentes

Guatemala eligió por primera vez en su historia a un presidente socialdemócrata lo que marcó un giro en un país de 13 millones de habitantes

211

de los cuales el 56% está bajo la línea de pobreza. En Guatemala existen 22 etnias mayas que suman un 42% de la población.

El país fue víctima de una guerra civil que duró 36 años, dejó miles de muertos, miles de miles de desplazados y causó enormes daños materiales. Hoy tiene uno de los índices de homicidios más altos del mundo de los que son responsables en gran medida las pandillas conocidas como "las maras".

Desde 1954, cuando fuera derrocado el coronel progresista Jacobo Arbenz Guzmán, hasta 1986, el país fue gobernado por dictaduras militares. Desde que se restableció la democracia en 1986 los guatemaltecos eligen a sus gobernantes por medio del voto popular.

En la campaña del 2007 participó por primera vez una mujer indígena, Rigoberta Menchú, autora de *Me llamo Rigoberta Menchú y así me nació la conciencia*, Premio Nobel de la Paz 1992. Pese a haber obtenido solamente un 3% de la votación y haber llegado en séptimo puesto entre los candidatos, su participación marcó un avance para los pueblos indígenas y para la democracia guatemalteca en general. En las elecciones municipales que se realizaron al mismo tiempo que las presidenciales los representantes indígenas triunfaron en 123 de las 331 municipalidades y del total de autoridades elegidas, 8 fueron mujeres.

Asume la presidencia Álvaro Colom, del partido Unión Nacional de la Esperanza (UNE), en un país sediento de justicia, harto de la violencia y esperanzado en un gobierno que combata la pobreza.

El primer presidente socialdemócrata de Guatemala

Colom, un ex dirigente empresarial de 56 años asumió el 14 de enero de 2008 la presidencia de Guatemala por un período de cuatro años. Católico practicante, pero también creyente de la "espiritualidad maya" en la que los indígenas del país basan su religiosidad, Colom ha asegurado que en su gobierno "habrá libre mercado hasta donde sea posible, y Estado donde sea necesario".

El mandatario, quien se ha declarado admirador del estilo de gobierno de Michelle Bachelet, es de la línea centroizquierda de la presidenta costarricense Laura Chinchilla, considerada como una izquierda moderada que apunta al desarrollo económico de su país. Ha recalcado, que en su plan de gobierno, "el ser humano será la base de las políticas públicas". En este sentido, el presidente electo ha dicho que hará frente al problema de la inseguridad ciudadana con "inteligencia", mejorando el nivel de vida del 52% de la población que vive en la pobreza, y ello a pesar ser la economía más fuerte en la región con un PIB de 62.000 mdd de dólares.

Otro problema a enfrentar es el de la educación. En Guatemala y El Salvador sólo el 20% de la población más pobre tiene acceso al nivel secundario, frente a un 60 % de los que tienen mayores ingresos. Los principales grupos excluidos son los pueblos indígenas y afrodescendientes que constituyen más del 30% de la población de la región. Otro sector excluido son las niñas, más aún en las zonas rurales e indígenas.

Para combatir la pobreza se comprometió a crear, en sus cuatro años de gobierno, 700.000 empleos, los que asegura contribuirán a mejorar el problema de la inseguridad en un país en el que en 2007, más de 5.000 personas murieron en hechos violentos.

Denunciar el pasado para reconciliar la sociedad

Para luchar contra la violencia, una de las primeras medidas fue el hacer públicos los archivos del ejército con información relacionada con los atentados contra los derechos humanos cometidos durante la llamada guerra interna. En los 36 años se calcula que hubo más de 200.000 víctimas entre muertos y desaparecidos. Otra de las medidas fue aumentar los salarios de la fuerza policial quienes no tenían un aumento salarial desde hacía 14 años para acentuar y motivar su lucha contra la violencia.

En el plano económico propuso una reforma del sistema fiscal, aunque "hablar de impuestos en Guatemala sea como hablar de un hecho revolucionario", y tener impuestos "que no sean para sustituir injusticias, sino para garantizar justicia".

Igualmente, impulsó la exploración de gas natural en tres áreas ubicadas en el Pacífico sur y en la zona fronteriza con México, proyectos que se espera se desarrollen con El Salvador. Brasil aportará asistencia técnica para los proyectos petroleros, pero también para proyectos de desarrollo social, educativos y agrícolas. Adhirió a Petrocaribe, (proyecto del presidente Chávez al que ya han adherido Nicaragua, Honduras, República Dominicana), para adquirir petróleo a precios moderados pagando el 50% al contado y el resto en 25 años con un interés del 1%.

Para combatir el alza de precio de los alimentos reactivó una ley que obliga a los terratenientes dueños de más de diez hectáreas a dedicar el 10% de la tierra cultivable al cultivo de granos básicos: maíz, trigo, arroz y frijoles, cultivos menos rentables que el del café, la caña de azúcar o la palma africana que se emplean para producir etanol.

Logros de sus primeros dos años de gobierno

En cuanto a sus logros, al hacer el balance de su segundo año de gobierno, Colom afirmó que éstos se vieron afectados por la crisis económica, que causó un déficit de 875 mdd, el calentamiento global que acentuó una hambruna que dejó unos 400 muertos en el país, y por el asesinato del abogado Rodrigo Rosenberg, quien al implicar al presidente en el crimen, provocó una crisis política en el país. Según Colom, a pesar de esa situación negativa, Guatemala había avanzado en educación, salud y el combate a la pobreza, que aún afecta al 80% de sus 13 millones de habitantes.

-en lo económico: en el 2009 se perdieron 11.000 empleos, pero para el primer trimestre ya se habían creado más de 50.000 trabajos en diferentes áreas

-en educación: la educación se hizo gratuita y se incrementaron de 47% las inscripciones de infantes a los diferentes centros educativos públicos (1.2 millones de niños y niñas); se construyeron 333 centros de educación primaria, una por cada uno de los municipios que conforman el territorio nacional, los que darán acceso a la educación a alrededor de 1.4 millones de niños adicionales de los cuales 1.1 millón son indígenas

-en lo social: medio millón de mujeres pobres recibieron un subsidio de 38 dólares mensuales por enviar a sus hijos a la escuela y llevarlos a controles mensuales de salud; 217.000 jóvenes se benefician de escuelas abiertas los fines de semana con opción a participar en actividades culturales o deportivas (teatro, ajedrez, etc.); 12.000 familias recibieron en el 2009 títulos de propiedad por un lote de terreno; lanzamiento del programa "Bolsa Solidaria" para los residentes pobres de los asentamientos urbanos que beneficiará a 20.000 familias hasta fines del 2010 y que consiste en la entrega mensual de una bolsa con víveres: 10 libras de fríjol, 10 libras de arroz, 5 libras de harina de maíz, 5 libras de Incaparina y medio galón de aceite

-en salud: el sistema de salud se hizo gratuito; la mortalidad materna se redujo del 22,2% y la mortalidad infantil del 20%; 84 departamentos en el país fueron dotados de un centro de atención permanente las 24 horas del día; implementación de un plan para la construcción de hospitales entre el segundo semestre del 2009 y el 201 (al menos nueve centros de asistencia médica y el hospital pediátrico de especialidades, donado por el gobierno de Venezuela)

-obras públicas y energía: inicio de la construcción de la Franja transversal del Norte, una carretera de 356 kilómetros y de otra carretera que unirá Baja Verapaz y Alta Verapaz con Izabal y toda la cuenca del río Polochic, para impulsar el desarrollo de esas regiones; habilitación del Puerto de Champerico; se aumentó la generación de energía hidroeléctrica de 3.012 megavatios, lo que favorecerá la baja de las tarifas eléctricas.

La violencia, siempre la violencia

Sin embargo, de acuerdo a los analistas, la imposibilidad de controlar la violencia sigue siendo el talón de Aquiles del gobierno de Colom. En el 2010, una Organización No Gubernamental (ONG), International Crisis Group (ICG), señaló que Guatemala es uno de los países más peligrosos del mundo, con cerca de 6.500 asesinatos en el 2009 de los cuales 847 fueron asesinato de mujeres, cifra que supera las cifras registradas durante el conflicto armado y dobla la tasa de homicidios de México.

En los primeros cinco meses del 2010, denuncia la ONG, se registraron 2.413 muertes violentas, de las cuales 267 fueron mujeres. En los últimos 10 años, han muerto, de manera violenta, 5.027 guatemaltecas.

Dado el alto índice de crímenes contra las mujeres desde 2008, la legislación del país centroamericano reconoce el crimen del *feminicidio*: el asesinato de mujeres por el simple hecho de serlo, motivado por el odio y la misoginia. Esto es lo nuevo del fenómeno en el denominado triángulo de la violencia conformado por Guatemala, El Salvador y Honduras que tienen las tasas de *feminicidios* más altas de la región. La violencia actual en contra de la mujer va más allá de los conflictos armados del pasado en El Salvador y Guatemala en los que la violación se usó como arma de guerra.

La elevada tasa de violencia y de impunidad en el país (el último Índice Centroamericano de Desarrollo Humano, del Programa de Naciones Unidas para el Desarrollo reveló la presencia de más de un millón de armas en territorio guatemalteco), sumada al aumento del narcotráfico y la debilidad institucional, muestran la vulnerabilidad del Estado y convierten a Guatemala en un paraíso para el crimen.

5. Paraguay

La "nueva izquierda": Fernando Lugo

Presidente Fernando Lugo

Algunos antecedentes

Después de 35 años en el poder (lo que la convirtió en la dictadura de derecha de mayor duración en América Latina), en 1989, el general Stroessner fue derrocado a su vez por un golpe de Estado encabezado por el general Andrés Rodríguez quien inmediatamente después fue elegido presidente como candidato del Partido Colorado en los primeros comicios electorales multipartitos realizados en el país en décadas. Una nueva constitución fue adoptada en 1992 y en 1993, Juan Carlos Wasmosy, un civil, ganó las elecciones por un periodo de cinco años. En el 98 fue elegido Raúl Cubas Grau quien poco después fue obligado a dimitir por su supuesta participación en el asesinato del vice presidente Luis María Argaña, y en su lugar fue nombrado Luis Ángel González Macchi. En las elecciones del 2003 subió al poder Nicanor Duarte Frutos.

En los comicios de abril de 2008, Fernando Lugo, un ex obispo católico de la región más pobre y postergada de Paraguay, en un hecho histórico, rompió la hegemonía política del Partido Colorado que gobernara Paraguay durante 61 años y se transformó en el Presidente de Paraguay. Lugo, que se reclama de la Teología de la Liberación, ganó la presidencia con más del 40% de la votación.

Nació el 30 de mayo de 1951 en un pueblo, San Pedro del Paraná, departamento de Itaipú, a unos 490 kilómetros al sur de Asunción. El ex obispo renunció a su cargo en la Iglesia el 25 de diciembre de 2006.

Recibe Lugo un país de 6 millones de habitantes, que junto a Bolivia, se sitúa entre los países más pobres del continente, donde el 42% vive en la pobreza, donde en el 2007 otras 150.000 personas pasaron a ingresar las filas de aquellos que viven en la extrema pobreza, donde hay un 16% de desempleo. Un país donde el 20% más rico de la población posee el 60% de la riqueza nacional.

"Soy resultado del clamor de la ciudadanía, y ahora tengo el apoyo de una concertación de partidos y organizaciones (la Alianza Patriótica para el Cambio). Pero me apoyan las bases, el reclamo popular por un cambio en Paraguay, no un acuerdo de cúpulas". "Hoy podemos decir que los pequeños también están capacitados para vencer", dijo Lugo al conocer los resultados oficiales.

Desafíos

Los desafíos a los que se enfrentó el nuevo gobernante los conoció el ex obispo en carne propia: luchar contra la injusticia social, contra la pobreza, contra la exclusión y la discriminación a los indígenas.

Se planteó reducir la brecha entre ricos y pobres; combatir la corrupción generalizada en el aparato estatal heredado de 35 años de la dictadura de Alfredo Stroessner; resolver el problema de la tenencia de la tierra donde

500 familias poseían el 90% de las tierras cultivables y 350.000 campesinos no tenían tierra alguna; luchar contra un desempleo que alcanzaba el 13%, a los que había que añadir un 37% que tenían empleos precarios.

Se propuso combatir la violencia originada por esta situación económica, el tráfico de drogas y armas, y poner fin a la emigración de jóvenes que abandonaban el país debido a la falta de oportunidades.

Al frente de una heterogénea coalición tuvo que definir el nuevo gobernante el carácter y alianzas del Gobierno tanto en el plano de los tratados y bloques económicos, como en el plano político. Paraguay es miembro del MERCOSUR grupo conformado tras su triunfo por un 100% de gobiernos de izquierda: Argentina, Brasil, Paraguay y Uruguay, más los países asociados, Chile y Bolivia, así como Venezuela, en proceso de ingreso.

Ante las versiones de que podría aliarse al Socialismo del Siglo XXI de Chávez, Correa, Morales y Ortega el presidente Lugo declaró: "si bien valoramos los procesos democráticos de los gobiernos progresistas de la región, cada vez estamos más convencidos de que Paraguay tiene que hacer su propio proceso. Hay elementos comunes en la región, desafíos comunes, pero también procesos diferenciados. Nosotros queremos hacer nuestro propio proceso, con una identidad propia".

Finalmente planteó Lugo la recuperación de las riquezas nacionales. En Paraguay se encuentra la hidroeléctrica más grande del mundo, la de Itaipú, sobre el río Paraná, represa binacional que explota junto a Brasil. Durante la campaña electoral Fernando Lugo planteó que es necesario revisar el tratado de Itaipú, firmado por Stroessner en 1973, que estipula que Paraguay surtirá a Brasil hasta el 2023 de toda la energía hidroeléctrica que no consuma a precio de costo, revisión a la que el presidente Lula se opone. La revisión de precios a los precios actuales de mercado le significaría a Paraguay un mayor ingreso de 2.000 mdd al año.

Se planteó, igualmente como tarea de gobierno, una reforma constitucional para modernizar al país y garantizar la independencia del poder judicial.

Primeros dos años de gobierno

A dos años de asumir el poder, Fernando Lugo muestra un descenso en popularidad del 90% que tenía al ganar las elecciones a un 50%. En palabras del presidente, su incapacidad de cumplir la mayoría de las promesas realizadas, se debe a que las expectativas estuvieron muy por encima de lo que le permitió concretizar "la situación en que recibió las instituciones estatales".

Sin embargo, el Presidente arguye que su administración ha concretizado diferentes logros tanto en lo social como en el desarrollo del país.

Logros sociales: los más significativos fueron la gratuidad de todos los servicios de la salud pública y la puesta en marcha de una red de atención primaria; el seguro médico para tres mil empleadas domésticas; la expansión de un programa de asistencia financiera a familias en la franja de extrema pobreza, consistente en un aporte de unos 60 dólares mensuales el que creció de 15.000 a 130.000 familias, y llegará a 200.000 para fines del 2010, así como tarifas sociales de electricidad de las cuales se beneficiaron 290 mil familias y servicio de electricidad para algunos asentamientos rurales quienes recibieron luz eléctrica por primera vez; el establecimiento de albergues para los niños sin casa de lo cual se beneficiaron 1.800 niños; programas para capacitación profesional de los cuales se beneficiaron 77 mil jóvenes

Logros de desarrollo económico: firma del "Acuerdo de Itaipú", acuerdo bilateral con Brasil que le da a Paraguay soberanía para negociar directamente con el sistema eléctrico brasileño el excedente del 50% de energía producida por la represa de Itaipú, al que tiene derecho. Itaipú, de administración compartida por ambos países, es la mayor represa del mundo en funcionamiento. Hasta el momento, Brasil utiliza el 95% de la energía producida por la central y Paraguay se abastece con menos del 5%. Gracias a este acuerdo, Brasil triplicará la compensación a Paraguay por el excedente de energía comprado: 360 mdd anuales en vez de 120, y Paraguay no está obligado a venderle todo el excedente a su socio, sino que puede negociarlo con terceros países. El acuerdo también prevé una inversión de 250 mdd para construir una red de transmisión de 500 kilovatios; inversión de 25 mdd para mejorar la red eléctrica nacional; el haber mantenido la estabilidad macroeconómica durante 2009, pese a la crisis financiera internacional, de acuerdo al Fondo Monetario Internacional el que estimó que el 2010, Paraguay deberá crecer en 6%.

Sin embargo, estos modestos logros, de acuerdo a Lugo, en la mitad de su mandato, se han visto empañados por escándalos por paternidad irresponsable de los que ha sido acusado el Presidente y por numerosos casos de corrupción de los cuales han sido acusados diferentes miembros de su Gobierno. Ante esas acusaciones, Lugo pidió perdón por los escándalos de paternidad irresponsable y por los casos de corrupción, les pidió a sus ministros y colaboradores acometerla de frente. El presidente Lugo terminará su mandato de gobierno en el 2013.

6. Uruguay

En 1984 los derechos civiles y políticos de los ciudadanos fueron restaurados en el país y la junta militar permitió elecciones que trajeron al poder un gobierno civil en la persona de Julio María Sanguinetti, candidato moderado del Partido Colorado quien fuera sucedido en 1989 por Luis Alberto Lacalle del Partido Blanco. Anteriormente, en 1986 se les había concedido amnistía a los militares que habían violado los derechos humanos durante los años de dictadura militar. La situación económica del Uruguay no manifestaba ninguna diferencia con la de los otros países latinoamericanos en esa época. La inflación era la norma, la manera de contrarrestarla por parte del gobierno era el poner en marcha medidas económicas de austeridad y propuestas de privatización de las empresas públicas; la respuesta por parte de la clase trabajadora: la protesta y la huelga.

Los uruguayos siempre votaron en contra en cada referéndum sobre la privatización de los servicios públicos al que fueron llamados. En 1994, bajo el descontento general, se celebraron nuevamente elecciones en las que volvió a asumir el poder Sanguinetti, y en 1999 fue elegido Jorge Batlle del Partido Colorado, continuando la alternancia. A comienzos del 2000 la recesión económica se dejó sentir con más fuerza y apenas en el 2003 comenzó a vislumbrarse un crecimiento en la economía. Éste es el Uruguay que hereda Tabaré Vázquez, candidato izquierdista del Frente Amplio, cuando gana las elecciones de octubre de 2004 y se convierte en el primer líder de izquierda en la historia de ese país.

La "nueva izquierda": el gobierno de Tabaré Vázquez

La asunción al poder en marzo de 2005 de Tabaré Vázquez puso fin a la alternancia de poder que desde 1830 mantenían los partidos Blanco y Colorado en Uruguay. Terminó su mandato en el 2009 con casi el 70% de aprobación. Decía que gobernaba con el corazón en la utopía y los pies en la tierra, y enfrentó su gobierno desde una perspectiva donde lo pragmático primó por sobre cualquier otra consideración política.

En lo económico, a fines del 2006 pagó el total de su deuda externa con el FMI (alrededor de 1.000 mdd) siguiendo el camino de Brasil y Argentina; firmó con los Estados Unidos un acuerdo sobre marcos de comercio e inversión, llamado TIFA por sus siglas en inglés (Trade and Investment Framework Agreement), que buscaba aumentar y facilitar el comercio e inversiones entre ambos países sin salirse de las normas fijadas por el MERCOSUR; logró establecer un clima de confiabilidad, credibilidad y seguridad jurídica en el país que favoreció las inversiones nacionales y extranjeras (las inversiones extranjeras aumentaron de un promedio de 135 mdd anuales entre el 1990 y el 2000 a 1.200 mdd anuales en su periodo de gobierno); creó más de 170.000 puestos de trabajo y redujo el desempleo de 14% a 6,9%;

En lo social, su gobierno implementó un plan integral de emergencia anti-pobreza llamado PANES (Plan de Asistencia Nacional a la Emergencia Social) que consistió del establecimiento de programas sociales, médicos y educativos para ayudar a los indigentes a salir de la pobreza; firmó un acuerdo con Cuba para enviar alrededor de 150 uruguayos con problemas de la vista a ser tratados por especialistas cubanos; en educación, aumentó a 4,5% la cantidad del PIB dedicada a la educación e implementó el Plan Ceibal con el cual los 362.000 alumnos de las escuelas primarias públicas y sus maestros recibieron una computadora y conexión a Internet, convirtiendo al país en el primero en el mundo en poner la tecnología al alcance del 100% de los alumnos; la pobreza se redujo del 31,9% en 2005 a un poco más de 20% en el 2009, y la indigencia de 3,9" a 1,5%; aumentó las reservas internacionales de 2.500 mdd en el 2004 a 7.700 en el 2009, y el PIB, de 339.000 millones de pesos uruguayos a 675.000 en el 2008; promulgó la ley de 8 horas para los trabajadores rurales.

La "nueva izquierda": José Mujica

Presidente José Mujica (2010-2014)

El sucesor de Tabaré Vázquez, nuevo representante de la nueva izquierda en Uruguay, es el ex guerrillero José Mujica (1935) candidato oficialista por el Frente Amplio, quien ganó las elecciones del 2009 en una segunda vuelta con el 51,9% de la votación frente a Luis Alberto Lacalle del Partido Nacional quien obtuvo el 44,1%. En su discurso luego de su elección hizo un fuerte llamado a la unidad nacional diciendo: "A partir de este momento existe un solo bando: el de Uruguay. Y una sola consigna, hacer de la nuestra una patria libre de pobreza en la que todos tengan acceso a la educación, a la salud y a un trabajo digno".

A pesar de un pasado guerrillero (Mujica fue miembro del grupo Tupamaro y estuvo más de 13 años preso durante la dictadura militar), en su carrera política como diputado, senador y ministro de Ganadería, Agricultura y Pesca de Vázquez, mostró una seria trayectoria de negociación y de gestión moderada, combinación que lo ha hecho un presidente muy popular en Uruguay. Mujica terminó su primer discurso de gobierno modificando el lema de su movimiento guerrillero de "Patria para todos o para nadie", por "Patria para todos" y "con todos".

Logros en los primeros 100 días de gobierno

A los 100 días de gobierno, su porcentaje de aprobación fluctuó entre el 64 y 74% dependiendo de las encuestas, lo que lo convirtió en el mandatario más popular en la historia del país sudamericano. La consolidación de su gobierno de unidad nacional se vio desde los primeros días de su gobierno pues miembros de los partidos de oposición fueron nombrados a la dirección de organismos públicos y propuso la formación de grupos formados por representantes de cada partido para diseñar políticas de Estado conjuntas relativas a temas medioambientales, de energía, seguridad y educación, considerados por todos como esenciales para el futuro del país.

El grado de compromiso que ha logrado de la oposición se ve reflejado en las palabras de los líderes de los dos partidos opositores. Por un lado, Pedro Bordaberry, líder del opositor Partido Colorado declaró que asumía las medidas de Mujica como una obligación de trabajar día a día para "construir desde la oposición y no destruir desde la oposición", y añadió: "Sepa señor presidente que encontrará en todos los técnicos que se están ofreciendo, no un juez que condenará o aprobará, sino personas que señalarán cuáles son los caminos que entienden correctos". Por su parte, Pablo Mieres, representante del Partido Independiente destacó que con estas medidas "el presidente Mujica ha dado el comienzo de un nuevo ciclo político que se enraíza con las mejores tradiciones de la democracia uruguaya: la coparticipación".

Logros políticos y de relaciones internacionales

Un gran logro en sus primeros cien días de gestión fue la reanudación de las relaciones diplomáticas con el país fronterizo de Argentina deterioradas desde el 2006 cuando se inició el bloqueo de uno de los puentes que unen a los dos países sobre el río Uruguay. Los vecinos de Gualeguaychú, Argentina, protestaban por el establecimiento de una fábrica papelera uruguaya en esa área aludiendo medidas de control ambiental. A pesar de las protestas, el gobierno de Tabaré Vázquez autorizó el funcionamiento de la papelera en el 2007, lo que se convirtió en materia de conflicto entre ambos países y provocó, que por un lado ambos llevaron el caso a la Corte Internacional de La Haya, y por otro, Vázquez vetara la candidatura de Ernesto Kirchner como secretario general de UNASUR.

El fallo de La Haya llegó en abril del 2010 dando la razón a ambos países. Por un lado, confirmó que Uruguay había violado el "Tratado de Uruguay" al no comunicarle a Argentina la instalación de la papelera (de capital finlandés), y por el otro, que no había necesidad de cambiarla de lugar puesto que la alta tecnología empleada por la misma no violaba los controles ambientales de protección de la fauna y la flora. El presidente Mujica aceptó la petición de la presidenta de argentina de un control binacional de la planta de celulosa y la comunidad de Gualeguaychú, en votación, aprobó la apertura temporal del puente. Mujica, igualmente, endosó a Néstor Kirchner para secretario general de UNASUR. Estas medidas del presidente Mujica han favorecido al cambio de relaciones entre ambos países.

Logros sociales: entre los proyectos de gobierno más directamente relacionados con el desarrollo social del país se pueden mencionar los siguientes: proyecto de integración social "Juntos", cuyo objetivo es eliminar la indigencia (1,5%) y reducir la pobreza a la mitad (20%); celebró de manera oficial el 26 de junio "Día Internacional de Lucha contra el Uso Indebido y el Tráfico Ilícito de Drogas" con el propósito de fomentar la prevención y la recuperación de los jóvenes víctimas del flagelo de la droga; lanzó el Programa Nacional de Salud Rural para afianzar las redes sanitarias en todo el territorio nacional, sobre todo en el área rural; dio un nuevo empuje a la Ley 18.065 de formalización del trabajo de las empleadas domésticas instituida por Vázquez que además de derechos de seguridad social, establece y regula nuevos derechos laborales tales como la jornada de 8 horas, el descanso intermedio y el semanal , y especificidades para las trabajadoras "con cama" o "con retiro". De las poco más de 35.000 trabajadoras registradas hasta el 2005, se logró llegar a 55.000, 5.000 más de la mitad del 100% de domésticas que las encuestas sugieren hay en el país.

Otros logros: como seguimiento a su promesa de gobierno de diversificar la matriz energética del país, acordó la instalación de una planta regasificadora uruguayo-argentina para incorporar el gas natural a la matriz, como insumo para la industria y la generación eléctrica; e inauguró el Complejo de Parques Eólicos Ingeniero Emanuele Cambilargiu, el que generará al menos 300 megavatios de eólica y 200 megavatios de biomasa que suplirán las necesidades de alrededor de 10.000 familias.

Visión de futuro

Como consecuencia del país económicamente saludable que heredó Mujica, se espera que éste consolide y lleve aún más lejos el desarrollo económico y social emprendido por su antecesor Tabaré Vázquez. En lo que va del 2010, los presagios favorecen al gobierno de Mujica en todo sentido. Como ejemplo, en su informe de este año, el Banco Mundial ubicó a Uruguay en segundo lugar en Latinoamérica y el Caribe, detrás de Chile, en Índice de Oportunidades Humanas (IOH). El IOH toma en consideración siete circunstancias personales en la vida de un niño: educación de los padres, ingreso familiar, número de hermanos, género del niño, presencia de los padres, género del jefe de hogar y lugar de residencia. Los resultados muestran la incidencia de las circunstancias personales relativas al lugar de nacimiento, la riqueza familiar, la raza o el género en la probabilidad de que un niño acceda a los servicios necesarios para vivir una vida plena y tener éxito, tales como educación oportuna, el agua potable o la conexión eléctrica.

1. Bolivia

Algunos antecedentes

Desde el inicio de la creación de la República, hasta nuestros días, Bolivia fue gobernada por 65 mandatarios, incluyendo al gobierno del actual presidente constitucional de la República Evo Morales. En la mayoría de los casos la inestabilidad política fue la característica predominante que identifica a ellos.

En 1825, el Congreso de Chuquisaca declaró la independencia de Bolivia que en honor del Libertador se llamó República Bolívar. Posteriormente, el nombre fue cambiado a República de Bolivia, siendo su primer presidente Simón Bolívar.

A fines de 1825, Bolívar dejó la presidencia en manos del mariscal Antonio José de Sucre, posesionado el 3 de enero de 1826. Agustín Gamarra, futuro mandatario de Perú, obligó a Sucre a renunciar. Le sucedió Andrés de Santa Cruz (1829) que ejerció un mandato ejemplar, siendo artífice de la creación de la Confederación Perú-Boliviana, donde Chile se opuso militarmente a esta confederación.

A partir de 1841 sobrevino una época de dictaduras y pronunciamientos que los propios bolivianos denominan la época de los "caudillos bárbaros". Entre ellos puede citarse a Manuel Isidoro Belzu (1848-55) y Mariano Melgarejo (1864-71). El dictador Hilarión Daza (1876-80) se alió con Perú contra Chile en la Guerra del Pacífico.

A principios del siglo XX accedió al poder el partido Liberal con José

Manuel Pando (1899-1904) que cambió la Sede de Gobierno de Sucre a La Paz, mientras que durante la Guerra del Chaco, gobernaba el país Daniel Salamanca.

En 1952, llega al poder Víctor Paz Estenssoro, líder del Movimiento Nacionalista Revolucionario que adoptó medidas revolucionarias como la nacionalización de minas de estaño y la reforma agraria. Sin embargo, ni él en sus dos periodos presidenciales ni Hernán Siles Suazo lograron concretar cambios profundos.

Tras su reelección, Paz Estenssoro fue derrocado por el general René Barrientos, quien erradicó la guerrilla castrista de Ernesto "Ché" Guevara (1967). Después de la muerte de Barrientos, se desencadenó una serie de golpes de Estado a cargo de Alfredo Ovando, R. Miranda, Juan José Torres 1970-71) y Hugo Banzer (1971-78.

La presión popular a favor de la democracia llevó a la elección de Lidia Gueiler como Jefa de Estado (1979-80) y de Hernán Siles (1980), que no pudo asumir el poder debido al cruento golpe de Luis García Meza. Este fue derrocado en 1981 y al año siguiente fue investido Siles Suazo.

En la elección de 1985 venció Víctor Paz Estenssoro, que adoptó medidas drásticas para estabilizar la economía del país. En 1989 fue elegido Jaime Paz Zamora del Movimiento de la Izquierda Revolucionaria (MIR). Le sucedió en 1993 el dirigente del MNR, Gonzalo Sánchez de Lozada, quien puso en marcha medidas que profundizaron el modelo neoliberal.

En 1997, Hugo Banzer fue elegido Presidente constitucional, pero que no pudo terminar su gestión debido a su quebrantada salud, dejando la presidencia en manos de su vicepresidente, Jorge Quiroga.

En su segundo Gobierno (2002), Gonzalo Sánchez de Lozada enfrentó varias protestas ciudadanas, viéndose obligado a dimitir a la presidencia, de esa manera, asumió la primera magistratura Carlos Mesa Gisbert que enfrentó presiones durante su corta gestión, para lo cual presentó su renuncia, que fue aceptada por el Congreso en junio de 2005. El Congreso nacional reunido en Sucre tomó el juramento al entonces presidente de la Corte Suprema, Eduardo Rodríguez Veltzé el 19 de junio de 2005

Durante la década de los setenta Bolivia conoció un cierto crecimiento económico gracias a los altos precios del estaño en el mercado mundial. En agosto de 1978 había subido al poder, gracias a un golpe militar, el coronel Hugo Banzer el que instaló un gobierno represor que fue sucedido por otra junta militar al Banzer dimitir. La década de los ochenta estuvo marcada por la caída de los precios del estaño y la consecuente crisis económica boliviana: inmensa deuda externa, hiperinflación, disminución en las exportaciones del único producto sobre el cual habían fundado su economía, mala administración.

La exportación ilegal de cocaína tomó el lugar de la exportación de estaño. En esta década una serie de gobiernos civiles se sucedieron: el de Hernán Siles Zuazo en 1982, un nuevo término de Paz Estenssoro, y el de Jaime Paz Zamora. En 1993 el empresario minero Gonzalo Sánchez de Lozada asumió la presidencia y al igual que otros presidentes de países latinoamericanos endeudados tomó medidas austeras con el fin de enderezar la economía, lo que si bien ayudó a reducir la inflación tuvo enormes consecuencias negativas en el aspecto social. En las elecciones de 1997 Hugo Banzer volvió a ocupar la silla presidencial.

Banzer promovió la erradicación de la producción y del tráfico ilegal de coca, lo que llevó a un mayor empobrecimiento del campesinado boliviano. En el 2002 volvió al poder Sánchez de Lozada quien fue llevado a renunciar en octubre de 2003 por la fuerte presión popular que se oponía a sus medidas de gobierno por considerar que iban en beneficio de las compañías extranjeras y en desmedro del pueblo boliviano. Carlos Mesa, el entonces vicepresidente asumió el poder, pero en el 2004 dimitió y fue reemplazado de forma interina por Eduardo Rodríguez hasta que se produjeron las elecciones de 2005 cuando accedió al poder, con un 54% de la votación en la primera vuelta, el activista indígena y dirigente cocalero miembro del Movimiento al Socialismo (MAS), Evo Morales.

Para terminar estos antecedentes hablaremos sobre los territorios perdidos por Bolivia desde su fundación de acuerdo al historiador boliviano Miguel Delgadillo, pérdidas de territorios que marcan su historia y permiten entender mejor el sentimiento del pueblo boliviano hoy.

El país en su fundación tenía cerca de tres millones de kilómetros cuadrados y fue perdiendo gradualmente más de la mitad de su territorio.

Con Chile, tras su derrota en la Guerra del Pacífico perdió el litoral y un total de 120.000 km2". (Ver mapa)

Con Brasil, durante los gobiernos de Mariano Melgarejo y del general Pando perdió un total de 301.733 km2.

Con Perú, en 1909 perdió 250.000 km2.

Con Argentina, con la firma del tratado de 1925 perdió el Chaco Central (130.000 km2) y la Puna de Atacama Central (36.000 km2).

Con Paraguay, el 21 de julio de 1938 cedió todo el Chaco Boreal perdiendo 243.500 km2.

En total Bolivia perdió más de la mitad de su territorio: 665.000 Km2 por guerras y 610.000 Km2 por tratados, quedando con su actual superficie de 1.100.000km2".

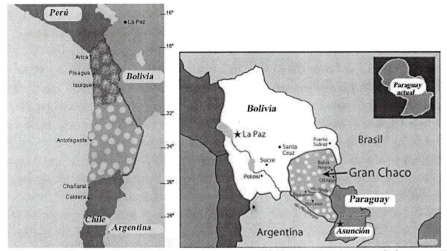

Marcados con círculos: territorios perdidos con Chile; territorios perdidos con Paraguay y Argentina

La "nueva izquierda": Evo Morales

Evo Morales entra a la historia como el primer presidente indígena de Bolivia. Es digno de señalar que al igual que Lula, Evo Morales es de origen muy humilde. Aimará es su etnia y su lengua materna; castellano su segunda lengua. De niño trabajó la tierra y fue pastor de llamas. A los 13 años, en 1972, se trasladó a Oruro, para hacer la secundaria. Mientras estudiaba trabajó como ladrillero y panadero. Sin embargo, no logró terminar sus estudios, y a los 17 años hizo el servicio militar, lo que representó una base importante de su formación. De muy joven lideró movimientos en defensa de los derechos de los indígenas, los campesinos y los obreros. También fue conocido como dirigente de los cocaleros (cultivadores de coca) e incluso siendo presidente mantiene su posición de líder máximo cocalero. Fue elegido presidente el 22 de enero del 2006 con un 53,7% de la votación, fue reelegido presidente en diciembre del 2009 con el 64% de los votos y por un periodo de cinco años. Desde su llegada al poder, un Estado integral y socialista ha reemplazado en Bolivia a una república, según Morales, colonialista, racista y liberal.

El cambio o "descolonización" del país, tras 184 años de vida republicana, se refleja no solamente en la preponderante presencia de indígenas en posiciones de mando, sino en el uso de otros símbolos, ahora oficiales, como la whipala (bandera indígena) y las efigies de los héroes aimarás Tupaj Katari y Bartolina Sisa, que, junto a los empequeñecidos retratos de los libertadores Simón Bolívar y Antonio José de Sucre, ocupan lugar destacado en los edificios de la administración pública, de donde también se han retirado otros bustos y retratos de gobernantes republicanos.

En el 2010, Morales fue también reelegido líder de las Seis Federaciones de cocaleros del Chapare. Los cocaleros, con el respaldo de su líder, aprobaron la decisión de ampliar la producción de coca.

Evo Morales en su casa natal

Segundo mandato de Evo Morales: la refundación de Bolivia

Bolivia deja de ser república y pasa a ser Estado Plurinacional. Se reconocen 36 idiomas indígenas y se suma la whilpala como segunda bandera al lado de la boliviana.

La nación deja de ser unitaria y se transforma en autonómica (semifederal). Se reconocen las autonomías indígenas en reemplazo de los municipios cuando referendos populares avalen el cambio. Allí se elegirán las autoridades por usos y costumbres.

Los jueces de la Corte Suprema y del Tribunal Constitucional se elegirán por voto popular entre una terna aprobada por el Congreso.
La privatización de recursos naturales se equipara a la traición a la Patria.

De acuerdo al presidente Morales, el nuevo Estado integral con horizonte socialista aspira a tener una correspondencia entre la sociedad civil y su representación política estatal, un aparato gubernamental que una a las colectividades y un Estado con pleno liderazgo moral, intelectual y político. Sustituirá a la República liberal que nació en 1825 y que llevó a cabo políticas excluyentes, racistas, centralistas, de prebenda y control del patrimonio de tierras hasta el año 2005.

Morales afirmó que la nueva doctrina que debe enseñarse en los cuarteles es que el originario ya no es el enemigo interno; aunque en algunos institutos militares se sigue enseñando que el enemigo es el socialismo, el verdadero enemigo es el capitalismo.

Según el Gobierno, las Fuerzas Armadas deben transformar su mentalidad colonial, al igual que debe hacerlo toda la sociedad, para que correspondan al nuevo Estado Plurinacional y se conviertan en las Fuerzas Armadas Plurinacionales.

Con estas palabras, recibió por segunda vez la banda presidencial Evo Morales: "el Estado colonial murió. Está naciendo el nuevo Estado plurinacional, autonómico y solidario".

En el marco de la autodeterminación de los pueblos, las naciones indígenas pueden ser conformadas por territorios ancestrales o Tierras Comunitarias de Origen (TCO) que crucen límites municipales, o incluso límites departamentales, lo que crea una situación potencialmente conflictiva en el momento de determinar deberes, derechos y distribución de riquezas entre departamentos ricos en gas y departamentos que carecen de riquezas naturales.

El artículo 30 de la Carta Magna promulgada en febrero de 2009 indica que: "es nación y pueblo indígena originario campesino toda la colectividad humana que comparta identidad cultural, idioma, tradición histórica, instituciones, territorialidad y cosmovisión, cuya existencia es anterior a la invasión colonial española".

Asimismo, establece que, en el marco de la unidad del Estado y de acuerdo con esta Constitución, las naciones y pueblos indígenas originarios campesinos tienen derecho a existir libremente, a la identidad cultural, a la creencia religiosa, a espiritualidades, prácticas y costumbres, y a su propia cosmovisión, así como a la libre determinación y territorialidad, a que sus instituciones sean parte de la estructura general del Estado, a la titulación colectiva de tierras y territorios, al ejercicio de sus sistemas políticos, jurídicos y económicos acordes con su cosmovisión, a ser consultados mediante procedimientos apropiados por medio de sus instituciones cada vez que se prevea tomar medidas legislativas o administrativas susceptibles de afectarlos.

Recuperación de las riquezas nacionales: minería, gas y petróleo

Es sabido que Bolivia tiene la segunda reserva mayor de gas natural del continente. Al cumplirse 100 días de su llegada al gobierno, el primero de mayo del 2006, Morales firmó el decreto supremo "Héroes del Chaco" nombrado en honor a los 50.000 bolivianos que murieron defendiendo los recursos naturales hacía unos 80 años, la que otorga al Estado el control absoluto de los importantes yacimientos de gas y petróleo del país. Las empresas extranjeras que operan en Bolivia debieron entregar toda su producción a la estatal Yacimientos Petrolíferos Bolivianos (YPFB) para su comercialización e industrialización, y en el plazo que se les acordó, 180 días, tuvieron que regularizar sus antiguos contratos bajo la amenaza que de no hacerlo, tendrían que abandonar el país.

A mediados del 2010 Yacimientos Petrolíferos Fiscales Bolivianos (YPFB) firmó un convenio con la petrolera rusa GAZPROM para trabajar en conjunto un esquema general de desarrollo de la industria gasífera nacional hasta el año 2030. La petrolera rusa apoyaría a Bolivia para la elaboración de un plan que permita aprovechar al máximo las reservas de gas y desarrollar eventualmente sus reservas de petróleo.

Una nacionalización en varias etapas

En febrero del 2007, el gobierno boliviano nacionalizó las fundiciones de estaño y antimonio del complejo metalúrgico Vinto que estaba en manos de la compañía suiza Glencore. La expropiación se hizo con la ocupación de los predios por el ejército boliviano, y el presidente Morales justificó el acto diciendo que la forma en que se había privatizado el complejo en 1996 había sido fraudulenta. Vinto produce 30.000 toneladas de estaño y 5.000 de antimonio al año.

En el 2008, el Gobierno controló mayoritariamente cuatro empresas petroleras, mediante una compra de acciones valorada en 200 mdd. Ello no descarta la posibilidad del control total de las mismas en el futuro. Las empresas afectadas fueron las productoras Andina, controlada por la española Repsol-YPF, y Chaco, del grupo British Petroleum. El mismo año, expropió la totalidad de la operadora de ductos Transredes del grupo internacional Ashmore más una pequeña distribuidora con capitales alemanes y peruanos a quien acusó de conspirar contra el gobierno, controlando así los canales de distribución del gas. En adición, recuperó el control de las dos refinerías existentes en el país las que estaban en manos de Petrobras.

A mediados del 2010, se nacionalizaron tres empresas generadoras de energía con socios internacionales y de una cooperativa local: una subsidiaria de la francesa GDF Suez; una socia de la británica Rurelec PLC, y Valle Hermoso, cuya mitad de las acciones pertenece a The Bolivian Generating Group de la empresa Panamerican de Bolivia. El sector eléctrico boliviano estaba en manos de capital privado desde 1996. Las empresas nacionalizadas fueron ocupadas por soldados y policías con uniformes de combate y tras la operación, el presidente boliviano agradeció a las Fuerzas Armadas su colaboración. Con esta medida, el Gobierno pasó a controlar el 80% de la generación de energía del país. Según Morales, su gobierno compensará a los inversionistas por las empresas nacionalizadas; espera, en un futuro cercano, conseguir la nacionalización de la totalidad de la capacidad eléctrica del país andino.

Con la nacionalización del gas y del petróleo, la minería, las empresas generadoras de energía y la redistribución de la tierra casi se completa la reposesión de los sectores estratégicos para el desarrollo del país. Dentro de este cuadro, la lógica indica que el sistema financiero para garantizar inversiones sería el próximo a ser reformado.

Resultados concretos de las nacionalizaciones

Antes de las nacionalizaciones, la renta petrolera que percibía el Estado era de alrededor de 600 mdd. A mediados del 2008, gracias a las nacionalizaciones y al aumento del precio de venta del gas a Brasil y Argentina, el Estado recibía 2.100 millones. Con las nacionalizaciones, el Estado controla un 21% de la economía nacional y se plantea llegar a un 35%. Las empresas estatales producen hoy día el 6% de la riqueza del país.

Resultados negativos: más allá de la legítima recuperación de sus riquezas naturales, apunta el gobierno de Morales al control de la actividad productiva y a deshacer el camino de la privatización neoliberal avanzando en el camino del control estatal de la economía lo que resulta en una baja de la inversión debido a la inseguridad jurídica y económica, una disminución de la llegada de capitales de inversión directa desde el extranjero y un aumento del riesgo país en los organismos de crédito internacionales, lo que dificulta la obtención de créditos.

Por la falta de inversión tanto en explotación como en exploración, la producción gasífera se estancó en los 40 millones de metros cúbicos de los cuales Bolivia necesita 7 a 8 para consumo interno, tiene comprometidos 31 millones con Brasil y 7,7 con Argentina.

Sin embargo para el 2010 la inversión de las compañías petroleras está calculada y comprometida en 700 mdd superando el punto más alto para las inversiones petroleras en 1998, cuando se alcanzó 604,8 mdd. La inversión registrada en el 2006, año de la nacionalización de los hidrocarburos, fue la más baja, con sólo 198,2 mdd.

Bolivia y las metas del milenio

Los avances obtenidos por Bolivia en las metas del milenio arrojan datos optimistas porque en 12 años, desde 1996, la extrema pobreza en el país bajó de 41,2% a 32,7%. No obstante, todavía sigue por debajo de la media latinoamericana que es de 12,6%.

El segundo indicador, el de la mortalidad infantil, también refleja un avance. Mientras en 1989 morían 82 niños de cada 1.000 nacidos vivos, en el 2008 la cifra de mortalidad bajó a 50. Sin embargo, la media a nivel de los países de la región es también menor: 26.

En el caso de la desnutrición crónica, el tercer indicador, el porcentaje de niños menores de tres años afectados bajó de 38,9% en 1989 a 20,3% en el 2008; la media latinoamericana llega a 16%. Es importante notar que a nivel urbano llegó a 11,9%, mientras que en el área rural la cifra llega a 30,3%, lo que nos indica que el sector más postergado sigue siendo el de los campesinos.

Otros logros en el área de la salud durante el gobierno de Morales han sido los siguientes:

-hasta fines del 2006, 50.000 bolivianos habían sido operados de la vista mediante el programa Misión Milagro, auspiciado por el gobierno cubano. Esta Misión que se inició con un centro oftalmológico hoy tiene once centros equipados con alta tecnología. Participan un total de cien especialistas, enfermeros y otros trabajadores de la salud cubanos junto a 25 médicos bolivianos graduados en la Escuela Latinoamericana de Medicina de La Habana. Los servicios son totalmente gratuitos.

-se elaboró igualmente una nueva política de educación sobre la sexualidad cuyo eje central es la familia y la comunidad. Se abrieron consultorios en los que se dispone del historial de la familia para facilitar el servicio médico. En el campo serán las familias, las comunidades y las organizaciones sociales las que decidirán de la salud reproductiva de una mujer.

-en educación, la cobertura de la escolarización alcanzó el 92% en la 8° de primaria, el quinto indicador. La tendencia nacional fue positiva porque pasó del 71,5% en el 2001 al 74,7% en el 2008.

Otros logros en el área de la educación del gobierno de Morales incluyen los siguientes:

-se elaboró una Nueva Ley de la Educación Boliviana que plantea descolonizar la educación y reivindicar los derechos de las personas excluidas. El nuevo diseño curricular será construido y enriquecido por sabios de los pueblos indígenas, profesores e intelectuales y en él no intervendrán consultores externos. Al inaugurar las oficinas donde trabajará el grupo encargado de elaborar la reforma, el ministro de educación recomendó al grupo que no se complique con teorías, sino con el mundo pragmático y enseñe las materias y contenidos que la mayoría de los bolivianos piden para descolonizarse.

-se creó el bono Juancito Pinto gracias al cual los niños de primaria se benefician con $200 bolivianos anuales (alrededor de $25 dólares) por asistir a la escuela. El bono abarca a 1,2 millones de escolares, entre ellos 5.000 niños especiales. A partir del año 2007 se expande a los estudiantes de nivel intermedio.

-se avanzó en la erradicación del analfabetismo aplicando el método de alfabetización cubano "Yo sí puedo"; desde marzo del 2006 a enero del 2007 se alfabetizaron 76.232 personas. A mediados del 2008 el gobierno declaró al departamento minero de Oruro libre de ese flagelo luego de que voluntarios de Bolivia, Cuba y Venezuela les enseñaron a leer y escribir a 32.514 personas. Para fines de año se espera lograr la meta de erradicar el analfabetismo en todo el país. "Aprendamos a leer y escribir bajo la influencia y experiencia del pueblo cubano y del pueblo venezolano", dijo el presidente Morales en esta ocasión.

Finalmente en las metas del milenio, se avanzó también en el acceso al agua potable el que alcanzó el 75%, lo que igualmente muestra un avance pese a seguir atrás con respecto al promedio del continente.

La oposición

La oposición al gobierno de Morales se concentra en la llamada "Media Luna", conformada por los departamentos de Tarija, el Beni, Santa Cruz y Pando, departamentos que históricamente han concentrado las mayores riquezas del país, son los motores de la economía boliviana y los que tienen menor presencia de población indígena.

En las elecciones regionales que siguieron a las presidenciales de diciembre del 2009 en que Morales ganó con el 60%, de los nueve departamentos, el movimiento del Presidente ganó 6. Los 3 más importantes de la Media Luna permanecieron en manos de la oposición la que también ganó en 7 de las 10 ciudades más importantes de Bolivia. La votación general reflejó un bajón a un 50% por parte del Movimiento Al Socialismo del presidente Morales, pero logró una mayoría aplastante en el Congreso. De 130 miembros, 88 son del oficialismo. En el Senado, 26 de sus 36 miembros son del oficialismo.

Un fenómeno interesante de estas elecciones regionales fue el peso que adquirió en la izquierda la socialdemocracia. En La Paz, pese a que el partido oficialista ganó la gobernación departamental, la alcaldía de la ciudad quedó en manos del opositor Luis Revilla, candidato del Movimiento Sin Miedo (MSM), de orientación socialdemócrata quien hasta pocos meses antes de la elección era aliado del MAS.

Igualmente, el partido de centroizquierda se quedó con la alcaldía de Oruro –que concentra una gran población obrera, era uno de los bastiones del MAS y el lugar de nacimiento de Morales-, al tiempo que obtenía buenas votaciones y lograba elegir concejales y representantes departamentales en al menos cien municipios.

La elección del 4 de abril del 2010 dejó al Movimiento de los Sin Miedo como la segunda fuerza política de Bolivia, y su máximo dirigente, Juan Del Granado, comenzó a preparar su candidatura a la presidencia del país en el 2015. Los dirigentes de la Media Luna continúan divididos entre ellos y no representan una alternativa de gobierno por el momento.

El resultado de las elecciones sumado a la expectativa creada sobre todo en los pueblos originarios, la confusión existente al superponerse la justicia comunitaria a la justicia ordinaria con predominancia de la primera indican que como en toda refundación radical de un país se avecinan momentos de confrontación que no pueden asimilarse al tradicional choque de Gobierno y oposición. Ilustremos la situación con algunos ejemplos:

- la Federación de Campesinos de Tarija planteó irregularidades en el proceso de saneamiento de tierras, por lo que no se estaba definiendo adecuadamente el tema limítrofe entre comunidades y provincias y no se respetaba el uso de los recursos naturales como acordado desde la época de sus abuelos. Para ellos habría que resolver tres situaciones fundamentales: los recursos, el derecho de propiedad del campesino y el territorio.

- la Confederación de Pueblos Indígenas de Bolivia (CIDOB), ratificó que los indígenas de tierras bajas no quieren "autonomía de papel" y exigen recursos económicos para la autonomía indígena, reconocimiento de territorios ancestrales para implementación de autonomías y aprobación de sus estatutos autonómicos mediante usos y costumbres. Además reclaman más escaños en la Asamblea Legislativa y el derecho a la consulta para la explotación de recursos no renovables en sus territorios. Finalmente la CIDOB exige que en la votación de los estatutos autonómicos sólo participen los indígenas y no toda la población del respectivo territorio, como dice el Gobierno.

- los pueblos del Territorio Indígena del Parque Nacional Isiboro-Sécure (Tipnis, centro del país) rechazan la construcción de una carretera financiada por Brasil que unirá los departamentos de Cochabamba y Beni, atravesando esa reserva natural.

- el pueblo guaraní ha pedido a Morales que detenga la explotación de hidrocarburos en su territorio del sureste boliviano, fronterizo con Paraguay y Argentina, donde está el 70% de las reservas de gas del país.
Al menos diez tierras comunitarias de origen (TCO) tituladas por el Instituto Nacional de Reforma Agraria (INRA), que son base para la constitución de autonomías indígenas, traspasan los límites actuales de los departamentos de Beni, La Paz, Pando, Cochabamba y Santa Cruz.

El gobierno explicó que no se puede dar curso a las demandas indígenas como la aprobación de los estatutos autonómicos por usos y costumbres, o la delimitación de territorio de manera unilateral, entre otros, porque sería transgredir la Constitución Política del Estado (CPE). En palabras del ministro de autonomías, el momento en que el gobierno transgreda la Constitución para viabilizar una demanda indígena, se tendría también que reconocer los estatutos autonómicos de Santa Cruz, Beni, Pando y Tarija pues se habría perdido autoridad moral para cuestionarlos.

Las autonomías

Las autonomías constituyen un intento de descentralización y distribución del poder político, económico y administrativo en el país y no un intento separatista. Entre los factores que entran en juego en los procesos autonómicos están la distribución de los recursos petroleros y saneamiento de tierras, claves del desarrollo económico de Bolivia y la implementación de planes sociales.

Lo que constituye una fuente de conflicto es la articulación de estos gobiernos con el Gobierno central, sus presupuestos con el presupuesto de la Nación y los estatutos departamentales con la nueva constitución política del Estado, sobre todo por lo que uno u otro bloque tienen una concepción distinta del papel que deben jugar las autonomías departamentales. Para unos significa desarrollo y modernización, para otros un elemento de resistencia y liberación frente a un estado tradicionalmente colonialista y opresor de la población indígena. Por ello plantean la necesidad de reconocer además autonomías indígenas con sus leyes, tradiciones y autoridades.

La Organización de Estados Americanos (OEA), el grupo de países amigos de Bolivia y la Iglesia Católica han llamado a que se establezcan mecanismos de diálogo entre el Gobierno y la oposición para evitar enfrentamientos y salir del impase. Desgraciadamente, frente a cada intento de diálogo, surgen movilizaciones de uno u otro lado con exigencias y brotes de violencia que hacen que el intento de diálogo se rompa y se vuelva al punto de partida.

Reforma del Estado e instrumentalización de la nueva constitución

La nueva constitución del país que entró en vigencia en el 2009, define el nuevo carácter del Estado como plurinacional, reconociéndose las múltiples nacionalidades que existen dentro del territorio boliviano.

En junio del 2010, en un acto realizado en el Palacio de Gobierno, el presidente Evo Morales promulgó la Ley Electoral, primera de las cinco leyes estructurales del Estado que da paso al nacimiento del Órgano Electoral Plurinacional que actuará como un nuevo poder. Otras cuatro leyes: del Órgano Judicial, del Tribunal Constitucional, una ley de autonomía para las regiones y otra legislación electoral conforman las cinco leyes que darán una nueva estructura al país bajo la Constitución vigente desde febrero de 2009.

El país se encuentra ahora en una tercera etapa de la Asamblea Constituyente: la implementación y adecuación de las normas para lograr un Estado Plurinacional. En palabras del presidente Morales, la nueva ley electoral representa una profunda transformación ya que el objetivo del Órgano Electoral es garantizar la democracia y la participación del pueblo en la elección o revocación de sus autoridades.

Morales podrá designar a un delegado del tribunal electoral nacional y otro por cada uno de los tribunales de los nueve departamentos. El primero tendrá siete miembros y los segundos cinco cada uno, y en todos habrá dos indígenas, según estipula la nueva Constitución. Los otros miembros serán designados por la Asamblea Legislativa Plurinacional, cuyos dos tercios están en poder del oficialismo. Con esto, el partido del Presidente, el Movimiento al Socialismo (MAS), podrá nombrar a todos los jueces del órgano electoral dado que tiene el control total de las dos cámaras, y los pueblos indígenas son sus aliados.

Control Social

El proyecto de Ley de Régimen Electoral, capítulo I, artículo 248 establece como facultades del Control Social: "Acompañar, la organización dirección, supervisión, administración y ejecución de los procesos electorales, referendos y revocatoria para lo cual tendrá información requerida". Asimismo, dispone "conocer por escrito los informes de gestión y de rendición de cuentas de las autoridades electorales. La omisión o la demora será considerada como falta grave". Además de "participar en la impugnación e inhabilitación de candidaturas o postulaciones en los términos que establece la ley", entre otras funciones.

La oposición criticó la ley planteando que el Gobierno tendrá así el control del órgano electoral y se perderá la independencia, lo que representa un riesgo para la democracia. Planteó, además, que las 5 leyes orgánicas que regirán la aplicación de la nueva constitución y la refundación de Bolivia son poco claras y apuntan al control político de los poderes del Estado por parte del gobierno y sus aliados.

El oficialismo, por su parte, plantea que la Asamblea Legislativa, la que controla por amplia mayoría, prevé crear una normativa para el funcionamiento del Control Social luego de la aprobación de las cinco leyes orgánicas.

Limitaciones para los referendos

El único límite que se le está poniendo a un referéndum es que no puedan someterse a referéndum aquellas competencias que están asignadas en la Constitución Política del Estado.

En el caso de un referéndum por autonomía regional, el mismo deberá promoverse por iniciativa estatal o popular en los municipios que la integran, al igual que la decisión de convertir un municipio en autonomía indígena originaria campesina.

Indígenas recibirán porcentaje de la inversión petrolera

La compensación para los pueblos originarios oscilaría entre 0,5 y 1,5 % del total de la inversión en los proyectos de la industria petrolera, lo que se verá cuando se clarifique la Ley Marco de Autonomías y se discuta la Ley de Hidrocarburos. Con ello se busca agilizar los procesos de inversión petrolera, por su incidencia mayor en el desarrollo económico del país, pero respetando los derechos de los pueblos. Para evitar posibles conflictos, se clarificó la ley a través de un reglamento que establece que es el Estado boliviano el que en última instancia tiene la palabra para autorizar o negar la exploración y explotación minera.

La reforma judicial

El reconocimiento de la justicia indígena y comunitaria contenido y que forma parte de una más amplia reforma del sistema judicial establece que la justicia originaria tiene el mismo rango que la justicia ordinaria, pero sus fallos son inapelables en instancias superiores. Si un jilakata (autoridad indígena) emite un fallo, que es verbal y no escrito, las partes o víctimas no pueden recurrir a otra instancia mayor como las cortes de distrito regionales, la Corte Superior de Justicia o el Tribunal Constitucional. Tampoco se han delimitado los tipos de delitos que son de competencia indígena y cuáles de la justicia ordinaria lo que puede representar una fuente de conflictos: una autoridad originaria puede creer que tiene potestad para juzgar delitos de narcotráfico, contra la seguridad del Estado o de contrabando, cuando estos delitos son de competencia exclusiva de la justicia ordinaria.

La serie de linchamientos ocurridos recientemente enciende el debate sobre los riesgos de la reforma, según la oficina en La Paz del Alto Comisionado de la ONU para los derechos humanos en el 2009 hubo en todo el país al menos 30 linchamientos y otros 77 intentos frustrados. Según los legisladores oficialistas en la justicia indígena no estarían reconocidos los linchamientos, sin embargo son los propios comunitarios quienes aseguran que es así cómo aplican su justicia.

El último episodio conocido en el momento de aprobarse la nueva ley fue el de un hombre torturado y linchado en el departamento de Potosí, al sur del país. Según las autoridades locales, Santiago Flores, de 51 años, fue golpeado hasta la muerte por sus vecinos que le habían descubierto el lunes violando a una mujer de 35 años. El hombre, que según la policía tenía antecedentes por robos, hurtos y otras violaciones, fue enterrado por los mismos vecinos en una fosa común de la localidad de Juruma a unos 620 kilómetros de La Paz. Flores fue enterrado boca abajo, según las costumbres indígenas, para impedir que su ajayu (alma o espíritu) moleste a los pobladores de la comunidad, ahora bajo pacto de silencio.

No se trata de un caso aislado, la muerte, el 23 de mayo, de tres policías en una comunidad cercana a Uncía, acusados de robo y asesinato por cuatro ayllus de Uncía (norte de Potosí), conmocionó a la ciudadanía. Un cuarto policía, el de mayor rango, fue ultimado mientras negociaba la devolución de los cadáveres. Las ampollas en los cadáveres reflejaban quemaduras de tercer grado debido a que les echaron agua hirviendo antes de matarlos a patadas y a golpes de piedras y palos.

En El Alto, ciudad vecina a La Paz, donde se registraron 15 linchamientos en el 2009; colgados a los postes de alumbrado público aparecieron muñecos con carteles con las leyendas: ladrón que sea sorprendido, será quemado, o ratero será linchado.

Estos hechos, sumados a las palizas o el destierro, penas habituales en la justicia comunitaria, muestran la necesidad de legislar con mayor precisión fijando los límites de una y otra forma de justicia y de establecer cuál prevalece a nivel de Estado.

El gobierno de Morales y las relaciones internacionales

La llegada al poder del primer presidente indígena en Latinoamérica provocó mundialmente un sentimiento de simpatía. En total, en su primer año de gobierno, el Presidente Morales fue invitado a visitar 28 países en cuatro continentes y comenzó el 2007 viajando en el mes de enero a otros tres: Nicaragua, Ecuador y Brasil.

En Ecuador, en enero del 2007, durante la toma presidencial de Rafael Correa, Morales manifestó que él y Chávez se han unido a "la lucha antiimperialista y anti neoliberal del pueblo cubano y de su comandante, Fidel Castro".

Los lazos principales de amistad y afinidad política quedan así claramente establecidos: Cuba y Venezuela. Cuba como ejemplo y Venezuela, su principal aliado en la línea de la revolución bolivariana e integración del continente. A ellos se sumaron Nicaragua y Ecuador.

Con Argentina y Brasil tiene lazos de amistad; recordemos que ambos países representan el mercado actual para su gas. Con Chile, ha avanzado gracias a una muy buena relación personal con la presidenta Bachelet y a la fijación de una agenda de 13 puntos sin exclusión lo que permitió hablar sobre el problema del mar, aunque con una percepción distinta para cada país: acceso a un puerto útil, con soberanía y continuidad territorial, para Bolivia; mejoramiento del acceso al mar, para Chile. Con el nuevo gobierno encabezado por Sebastián Piñera mantiene buenas relaciones, pero le exigió una hoja de ruta precisa y con fechas para alcanzar la salida soberana al mar. Piñera sigue la misma línea que sus predecesores y habla de facilitar el acceso a los puertos chilenos sin ceder soberanía.

Con los Estados Unidos mantiene una relación tensa entre otras cosas por la medida tomada por el gobierno boliviano de ampliar de 12.000 a 20.000 hectáreas el área de cultivo de la coca. A ello hay que añadir la desconfianza del gobierno norteamericano por su acercamiento a Chávez y por su posición contra los Tratados de Libre Comercio.

Al comenzar el segundo periodo presidencial el Gobierno acusó a la Agencia de los Estados Unidos para el Desarrollo Internacional (USAID) de penetrar ideológica y políticamente las organizaciones sociales bolivianas, y anunció que se tomarían medidas contra la misma y en favor de los intereses de Bolivia las que serán determinadas por el presidente Evo Morales.

A mediados del 2010, el presidente Morales expresó su deseo de lograr un acuerdo con EE UU para recomponer las relaciones diplomáticas, comerciales y de inversión respetando la posición de cada pueblo. (Recordemos que en marzo del 2007 el gobierno dejó sin efecto el libre ingreso a Bolivia de ciudadanos estadounidenses, quienes a partir de ese mes necesitan una visa para entrar al país). Reiteró que Bolivia no permitirá imposiciones sobre políticas económicas ni de relaciones exteriores por parte de EE UU.

El gobierno de Morales y los tratados comerciales

Bolivia tiene un Tratado de Comercio entre los Pueblos (TCP) con Cuba y Venezuela y adhiere al ALBA del presidente Chávez.

Se encuentra en la misma línea que Chávez, oposición a los TLC con los Estados Unidos y crítica a los organismos existentes en Latinoamérica: CAN y MERCOSUR planteando que ambos son instrumentos económicos para los empresarios, para la gente pudiente y no para la gente pobre; que entra a hacer parte de ellos para reformarlos y que si los países no escuchan, junto a otros presidentes, junto a las fuerzas sociales de Sudamérica, propone gestar otros modelos no en la perspectiva de las empresas, sino en la perspectiva de amistad y desarrollo entre los pueblos para lograr el bienestar de los sectores más desfavorecidos. Según él, los tratados comerciales deben dar prioridad al comercio de la producción de los pequeños productores, de las asociaciones, de las cooperativas y de las empresas comunitarias.

Pese a que las exportaciones al mercado europeo son las que más se han desarrollado, el presidente Morales mantiene su posición de rechazo frente a un posible TLC entre la UE y la CAN (Bolivia, Ecuador, Colombia y Perú).

2. Cuba

Cuba representa un caso aparte dentro del conjunto de gobiernos de izquierda -el viejo modelo socialista que se conociera en la época de la guerra fría- pero que tras el abandono del poder por Fidel Castro después de 49 años al mando se abre tímidamente a una nueva etapa política. Raúl Castro, a quien Fidel había traspasado el poder transitoriamente en julio del 2006, asume como nuevo Presidente y comienza a introducir cambios económicos y sociales que apuntan a suprimir una serie de prohibiciones que existían y que provocaban malestar en la población.

Presidente Raúl Castro

Ahora se permite el acceso de los cubanos a los hoteles antes reservados a los turistas, se ponen a la venta teléfonos portátiles y computadoras personales (sin que ello implique por el momento libre acceso a Internet, el que actualmente está limitado a universidades, instituciones oficiales y profesionales seleccionados) y se facilita el acceso a la propiedad de la vivienda.

En el campo se vive una pequeña revolución tras el anuncio de la entrega en usufructo de tierras ociosas a campesinos y cooperativistas. El plan busca la descentralización de la agricultura y permite que los productos puedan ser comercializados en los mercados libres.

A mediados de 2008, en una importante reforma, el Gobierno puso fin al igualitarismo salarial mediante un decreto que determina que en todas las empresas estatales y algunas mixtas, el nuevo salario diferenciado tomará en cuenta el tipo de trabajo realizado y el rendimiento de cada trabajador y que los salarios no estarán sujetos a un límite.

Desde que en julio de 2006 Raúl Castro sustituyera a su hermano Fidel, debido a una grave enfermedad, más de una docena de altos cargos y decenas de dirigentes intermedios y directivos de importantes empresas estatales han sido destituidos, y en muchos casos relevados en sus funciones, por militares. Los sacrificados más famosos fueron el ex vicepresidente Carlos Lage y el ex ministro de Relaciones Exteriores Felipe Pérez Roque, de quien se dijo que alimentaban ambiciones de poder. Otro, el titular de Transporte, Jorge Luis Sierra, era también vicepresidente del Consejo de

Ministros y miembro del poderoso Buró Político del Partido Comunista. Sierra, de 49 años, tenía un perfil discreto y era considerado uno de los cuadros de la generación intermedia que contaba con el respaldo del presidente para ser parte del relevo de la dirigencia histórica, fue relevado en el 2010 por el octogenario general Antonio Enrique Luzón -un histórico, comandante desde los tiempos de Sierra Maestra.

De esta manera los hombres de confianza de Raúl Castro ocupan ya las parcelas más importantes del poder, incluido el económico, a través del Grupo de Administración Empresarial S.A (GAESA), que administra las acciones de las Fuerzas Armadas, el que dirige su yerno, el mayor Luis Alberto Rodríguez López-Calleja. Para asegurarse el poder, Raúl ha destruido las estructuras paralelas creadas por Fidel y eliminado a sus delfines.

Cuba redujo sus proyecciones de crecimiento económico de 2,5 a 1,7% y la economía de la isla sufre una grave crisis. Como consecuencia de la crisis económica, el gobierno cubano planea racionalizar y flexibilizar las nóminas de empleo en el sector sanitario para obtener un uso más eficiente de sus recursos humanos, materiales y financieros y mejorar el servicio a la población. El personal del sector sanitario en Cuba supera los 329.000 trabajadores, de ellos 74.880 son médicos (uno por cada 160 habitantes), más de 100.000 son enfermeros y unos 46.000 son técnicos en diversos puestos.
Un número importante del personal técnico declarado en exceso permitirá al Ministerio de Salud reorientar sus perfiles de conocimiento y conformar una importante reserva para incrementar la colaboración médica cubana en otros países. La racionalización en recursos humanos es una de las medidas que impulsa desde el 2010 el gobierno del Presidente Raúl Castro quien ha insistido en que sobra un millón de los cuatro millones de cubanos que trabajan para el Estado.

La tímida apertura democrática con la que Raúl Castro dio inicio a su gobierno en el 2006, llevó a la Unión Europea (UE) a levantar las sanciones impuestas a Cuba en el 2003 (tras la condena de 75 disidentes) con el fin de avanzar en un diálogo por los derechos humanos, por relaciones políticas recíprocas e incondicionales y por el proceso de reformas que estaba viviendo Cuba. Sin embargo, poco se ha logrado en 4 años, a pesar de la apertura de Raúl a aceptar la mediación de la Iglesia Católica cubana, de la UE y de El Vaticano. En febrero del 2010 murió, como resultado de una huelga de hambre de 85 días, el preso político Orlando Zapata Tamayo y a comienzos de julio se encontraba al borde de la muerte, otro disidente preso en huelga de hambre por 130 días, Guillermo Fariñas, quien pedía la liberación de 26 presos políticos enfermos. La UE está preocupada por el lento avance en que Cuba permite avanzar en este respecto.

En efecto, la violación de los derechos humanos sigue siendo uno de los mayores problemas que enfrenta el gobierno cubano, pero la oposición ha logrado hacer escuchar su voz a nivel internacional. En abril del 2003, después de la llamada "primavera negra", surgieron las Damas de Blanco con objetivos similares a los de las Madres de Plaza de Mayo en Argentina, para pedir la excarcelación de sus esposos, hijos, hermanos, padres encarcelados por ser disidentes del gobierno cubano. Su protesta se expresa pacíficamente cuando, vestidas de blanco, después de asistir a la misa los domingos, caminan por las calles. En un comienzo, fue solo por las calles de La Habana, hoy su movimiento se ha expandido a otras provincias. En el 2005, el Parlamento Europeo les concedió el Premio Sajarov a los Derechos Humanos y en el 2010 siguen haciendo escuchar su voz en defensa de los algo menos de 200 presos políticos en las cárceles cubanas.

3. Ecuador

Algunos antecedentes

A mediados del siglo pasado Ecuador pasó por una época de inestabilidad política y de gobiernos populistas como los de la época en América Latina, encabezados por el de Velasco Ibarra quien, como dijéramos anteriormente, fue presidente del país durante varios términos: 1934-1935; 1944-1947; 1952-1956; 1960-1961 y 1968-1972.

En 1961 fue obligado a renunciar por fuerzas opositoras a su gobierno poco después de haber firmado con los Estados Unidos el acuerdo de Alianza para el Progreso. Le sucedió en el poder Carlos Julio Arosemena Monroy, depuesto a su vez en 1963 por una junta militar la que curiosamente, al igual que lo hiciera el gobierno militar de Juan Velasco Alvarado en el Perú en 1968, iniciara la reforma agraria del país. Esta junta fue derrocada en 1966 por un gran movimiento popular antigubernamental debido, primordialmente, a su falta de constitucionalidad. La inestabilidad política continuó.

En 1967 se aprobó una nueva constitución; el primer presidente elegido bajo la misma fue nuevamente Velasco Ibarra quien después de cuatro años de gobierno fue derrocado por otro golpe de Estado militar el que instaló en el poder al general Guillermo Rodríguez Lara. En esta década de los setenta el país conoció un momento de relativa prosperidad económica gracias al descubrimiento de petróleo, el cual era explotado por compañías extranjeras. El gobierno de Rodríguez Lara dio inicio a años de gobierno militar que llegarían hasta fines de 1979 cuando el país retornó a la democracia al asumir el poder Jaime Roldós Aguilera por el Partido Concentración de Fuerzas Populares, quien más adelante, creara el Partido Pueblo, Cambio y Democracia. Roldós inició una sucesión de gobiernos civiles en el Ecuador en las últimas décadas del siglo XX.

En las elecciones de 1996 llegó a la presidencia Jaime Abdalá Bucaram, de origen libanés, con el apoyo de las clases populares quienes, como en otros países del continente, cansadas de vivir desfavorecidas por los gobiernos anteriores creyeron en sus promesas de aumentar el presupuesto dedicado al desarrollo social del país. No obstante, en pocos meses, la corrupción de su gobierno llegó a límites inaceptables así como sus proyectos de privatización de empresas estatales y sus excentricidades. Fue calificado de "incapacidad mental" por el Congreso y destituido.

En 1998 subió al poder el social-cristiano Jamil Mahuad, del Partido Democracia Popular, en elecciones caracterizadas por una abstención del 30%. Mahuad, quien poseía una Maestría en administración de empresas de la Universidad de Harvard, declaró que su gobierno estaría caracterizado por "criterios de derecha en lo económico, criterios de izquierda en lo social". Sin embargo, la economía ecuatoriana no hizo sino empeorar; la inflación aumentó (a un 60%), así como el déficit presupuestario, y su gobierno tuvo que enfrentar enormes crisis económicas y políticas en las que hubo tres amplias huelgas generales en contra de las reformas emprendidas, entre ellas la dolarización de la moneda local, el sucre, las que pusieron término el gobierno de Mahuad.

Un gran movimiento social encabezado por las poblaciones indígenas del país marcharon hacia el edificio de la Asamblea Nacional e impusieron una junta militar a cargo del gobierno. El Presidente Mahud abandonó el Palacio presidencial y el Congreso nombró a la presidencia al vicepresidente Gustavo Noboa. En el 2002 otro gobierno militar asumió el poder, el coronel jubilado, Lucho Gutiérrez quien en el 2004, inconstitucionalmente, destituyó a los miembros de la corte suprema y nombró jueces nuevos. Estos nuevos jueces levantaron los cargos de corrupción contra el ex presidente Abdalá Bucaram. Nuevamente inconstitucionalidad y corrupción hicieron caer un gobierno; Gutiérrez perdió el apoyo del ejército y de la clase media del país y por fuertes presiones sociales fue depuesto, siendo reemplazado por su vicepresidente Alfredo Palacio quien asumiera el poder hasta el 2006. Es bajo este clima de caos que en las elecciones de ese año llega al poder un representante de la "nueva izquierda", Rafael Correa.

Ecuador, un país de ex presidentes

Ecuador tiene actualmente 11 ex presidentes vivos lo que lo convierte en el país con mayor cantidad de ex gobernantes vivos en el mundo, y no por lo que vivan muchos años sino debido a la inestabilidad política. En los últimos diez años tres presidentes han sido destituidos y reemplazados por sus vicepresidentes. El récord en baja duración lo lleva la vicepresidenta Rosalía Arteaga [quien reemplazó al destituido Abdalá Bucaram (1996-1997)] y que gobernó por dos días siendo reemplazada por el presidente del Congreso Fabián Alarcón, presidente interino hasta 1998. Le siguieron Jamil Mahuad quién duró 2 de sus cuatro años, Gustavo Noboa quién duró 3, Lucio Gutiérrez quién alcanzó a gobernar dos años dos meses y quien fuera reemplazado por Palacios quien en enero del 2007 entregó el poder al recién electo Rafael Correa.

La realidad del país que recibió Correa

Los índices de pobreza: según el Instituto Nacional de Estadísticas y Censo, el 38% de sus 12 millones de habitantes vivía en la pobreza, y entre ellos el 12% en situación de extrema pobreza. 8 de cada 10 indígenas, 7 de cada 10 niños y 6 de cada 10 campesinos se encontraban en el sector de extrema pobreza.

En lo que respecta a las desigualdades existentes, mientras el 10% más pobre de la población se repartía el 1% del ingreso nacional, el 10% más rico tenía en sus manos el 44% de la riqueza nacional.

Más de un millón y medio de ecuatorianos abandonaron el país desde los sesenta, la mayor parte, el 30%, abandonó el país durante la crisis económica del 99 cuando se inició la dolarización de la economía. En una tercera ola migratoria, del 2003 al 2008, el 24% emigró debido a la inestabilidad política, generalmente gente de la clase media, entre los cuales el 66% tenía un empleo, pero mal remunerado. Los países a los que emigran se diversificaron y a los Estados Unidos se sumó Europa, principalmente España e Italia.

En líneas generales el pago de una deuda externa que bordea los 10.000 mdd triplicaba el gasto social en el presupuesto de la nación agravando la pobreza, afectando el empleo, la educación, la prestación de servicios de salud, las inversiones en la infraestructura y acentuando peligrosamente la exclusión de los sectores menos favorecidos.

La "nueva izquierda": Rafael Correa

Presidente Rafael Correa (2007-2009; 2009-2013)

Correa, prácticamente un desconocido en la política salvo por los 106 días en que fue ministro de economía del gobierno de Palacios, ganó sorpresivamente las elecciones a fines del 2006 dejando en el camino a doce candidatos y a su rival de la segunda vuelta, el magnate bananero Álvaro Noboa. Nació en Guayaquil el 6 de abril de 1963, y pese a provenir de una familia de modestos recursos estudió en la Universidad Católica y tiene dos maestrías en economía, una obtenida en los Estados Unidos y otra en Bélgica, más un doctorado en Estados Unidos. Tras una constituyente, en abril del 2009 ganó nuevas elecciones presidenciales que prolongaron su mandato hasta el 2013.

Las líneas programáticas del nuevo gobierno

La propuesta de Rafael Correa ha sido de llevar a cabo la transformación total del sistema político, económico y social del país definiéndose como un gobierno bolivariano que entra al Socialismo del Siglo XXI.

Al asumir la presidencia declaró: "¡Cómo ha cambiado América Latina! Y seguirá cambiando, porque lo que vivimos no es una época de cambios sino un cambio de época. El servilismo, el entreguismo están siendo tirados por nuestros pueblos al basurero de la historia". Predijo que "la noche neoliberal está llegando a su fin, el nuevo día ha comenzado" y proclamó que "el surgimiento de una América Latina socialista del siglo XXI ha comenzado".

En el 2008, al recibir al recientemente electo presidente del Paraguay, Fernando Lugo, indicó que al sumar Paraguay a los gobiernos de izquierda, el Socialismo del Siglo XXI se imponía en la región como una muestra de rebeldía contra el neoliberalismo en una época irreversible de justicia, paz y soberanía.

Desafíos y propuestas de los primeros años de gobierno

En el plano de la estructura del Estado

Correa planteó la necesidad urgente de reestructurar el Estado modernizándolo y adaptándolo a una nueva visión política para el país. Para ello convocó a una Asamblea Nacional Constituyente con plenos poderes para cambiar la constitución la que, dicho sea de paso, había sido promulgada por otra constituyente en junio de 1998, la número 21 del país desde 1830. La misma fue ratificada en un referéndum a fines del 2008.

La nueva constitución define al Estado como unitario, laico, intercultural, plurinacional, descentralizado y participativo. En lo que respecta a los cambios de estructura, modifica a los actuales poderes del Estado: Ejecutivo, Legislativo y Judicial incorporando dos nuevos poderes: el Electoral y el de Control Social, a los que suma un Consejo de Estado integrado por las máximas autoridades de los cinco poderes más el Presidente que servirá de organismo consultor sin capacidad de decisión.

Otro cambio fundamental es que el presidente puede solicitar al poder electoral que llame a una consulta popular para revocar el mandato de la asamblea legislativa por "la violación de las normas constitucionales o por su oposición reiterada y sistemática a los planes del gobierno". De ser positivo el resultado de la consulta electoral el presidente podrá disolver el parlamento y llamar a elecciones de diputados o asambleístas. Esta prerrogativa del presidente podrá ser utilizada una sola vez durante su mandato.

Con respecto a la soberanía territorial y al establecimientos de bases militares extranjeras, la nueva constitución establece que el Ecuador es un territorio de paz y no se permitirá el establecimiento de bases militares extranjeras ni de instalaciones extranjeras con propósitos militares y que el territorio del Ecuador es inalienable, irreductible e inviolable. Nadie podrá atentar contra la unidad territorial ni fomentar la secesión.

Otro artículo establece que los recursos nacionales son propiedad del Estado.

Finalmente, en el campo económico define al sistema económico como "social y solidario y que reconoce al ser humano como sujeto y fin" ello en concordancia con la política del presidente Correa quien sostiene que "el mercado debe ser ciervo y no amo de las relaciones entre ciudadanos".

En el plano de la economía

Los principales ingresos del país provienen del petróleo, apenas 6.500 mdd puesto que las compañías se llevaban más del 50% de las ganancias. Los ingresos por concepto de la venta de petróleo alcanza el 35% del presupuesto de la Nación en un país que es el quinto productor de petróleo en Latinoamérica, pero que no tiene capacidad para refinar la mayor parte del que extrae, y ni siquiera cubre sus necesidades internas.

Para poner fin a esta situación el gobierno decidió cambiar los contratos de participación a contratos de prestación de servicios con lo que el Estado se quedará con el 65 ó 70 % de los ingresos por barril de petróleo. En un primer momento había planteado quedarse con el 90% de las ganancias extras producidas por el aumento del precio del petróleo. Los nuevos contratos serán válidos por un año y luego se renegociarán; tienen como condición el que al momento de firmar los contratos, ellos desistan de su acción (arbitraje) en el Centro Internacional de Arreglo de Diferencias Relativas a Inversiones (CIADI) donde hay procesos pendientes entre algunas petroleras y Ecuador por incumplimiento de los contratos originales.

En abril de 2008, el gobierno retiró la mayor parte de las concesiones a las compañías mineras extranjeras recuperando 3.100 concesiones, dejó en suspenso 1.220 que estaban en trámite y asumió el control de la minería.

En una perspectiva regional propuso una verdadera rebelión contra los organismos de crédito existentes como el FMI o el Banco Mundial. Propuso crear organismos regionales y promovió el Banco del Sur en el que participa junto a Venezuela, Bolivia, Argentina y Brasil. Planteó que se retiren los cerca de 200.000 mdd en reservas invertidas por los países latinoamericanos fuera de la región y que con ellos se cree un fondo regional que sea administrado por el Banco del Sur, primer paso hacia la integración financiera continental. Para lograrlo, planteó que se necesitaría acabar con la independencia del poder político de los bancos centrales de cada país.

Se propone renegociar la deuda externa y pagar un 40% o menos. Para ello se está asesorando por un equipo técnico argentino.

Se reintegró a la Asociación de Países Productores de Petróleo (OPEP), organización que el país había abandonado hace diez años.

La segunda fuente de ingresos del Ecuador son las remesas, estimadas en 3.000 mdd, enviadas a sus familiares por los ecuatorianos residentes en el exterior. Otra fuente es la exportación del banano que produce unos 1.100 mdd.

En el plano social

El objetivo de Correa ha sido el de establecer las líneas de acción de la política social y de inclusión productiva. "El rol del Estado no puede limitarse a intervenciones asistenciales, que usualmente apuntan a atacar los síntomas que causan la pobreza, mas no sus causas", señaló en su agenda social. A mediados del 2008 los recursos destinados a la salud, educación y bienestar social aumentaron en un 43%. Para evitar una posible crisis alimentaria, el Gobierno exoneró del pago del Impuesto al Valor Añadido (IVA) los bienes de capital y los insumos agrícolas, redujo la factura eléctrica de las empresas agrícolas para reducir sus costos de producción y desarrolló un plan de electrificación rural para modernizar la producción en dicho sector, advirtiendo que de no traducirse estas medidas en una baja del precio de los alimentos básicos, en el plazo de un año, eliminaría los subsidios.

En el plano energético

Ha diversificado las fuentes con las que cuenta; en asociación con Argentina, a mediados del 2008, comenzó la construcción de lo que sería el proyecto hidroeléctrico más grande en la historia del país: el CocaCodoSinclaire. El mega proyecto ubicado en la Amazonía ecuatoriana generará 1.500 megavatios. Junto a éste se desarrollarán otros tres proyectos hidroeléctricos de menor capacidad: Sopladora, Ocaña y Toachipilatón que en conjunto aportarán otros 650 megavatios. Con ello se plantea asegurar el suministro energético del país y bajar el precio de la electricidad a los consumidores. Para los próximos cinco años, el Gobierno prevé construir otros nueve proyectos hidroeléctricos, de mediana y baja potencia, que en conjunto superan los 1.700 megavatios.

En el plano de los tratados internacionales de comercio

Se declaró contrario al Tratado de Libre Comercio que Ecuador estaba negociando con los Estados Unidos, tratado que denuncia como nocivo para los intereses del país; en cambio, se muestra dispuesto a firmar tratados comerciales con Chile y la Unión Europea.

Pidió la revisión de la CAN sumándose a las posiciones de Chávez y Morales que buscan una nueva etapa que vaya más allá de la integración económica para llegar a una integración política del continente en el proyecto bolivariano.

Adhirió al ALBA.

Con Venezuela firmó una declaración conjunta en que ambos gobiernos se comprometen a buscar la igualdad, la justicia social y el respeto de los derechos humanos de sus pueblos. Parte de este compromiso es un préstamo de 1.000 mdd que le acordó Chávez, a una tasa de interés del 7%, para que salga del área de influencia del FMI.

Se incorporó al proyecto de integración petrolera para América Latina auspiciado por Chávez (Petroandina, Petroamérica y Petrosur) y participó en la ampliación de las redes de televisión y radio continentales Telesur y Radiosur.

En diciembre del 2009, no renovó el contrato de la base militar estadounidense en Manta, base situada cerca de la frontera con Colombia y que servía de apoyo en la lucha contra el narcotráfico.

A aquellos que critican al gobierno de Correa por estar siguiendo los mismos pasos del de Chávez, el Gobierno les respondió a través de su embajador en Venezuela: "hay una coincidencia histórica en el pensamiento político y ello los lleva a actuar de una manera que parece ser concertada, pero cada uno hace lo que le conviene en su respectivo país".

La gran crisis diplomática

Tras el bombardeo en Ecuador por parte del ejército de Colombia de la base de Luis Edgard Devia, alias Raúl Reyes, el segundo hombre en el secretariado de las FARC (Fuerzas Armadas Revolucionarias de Colombia), Ecuador rompió relaciones con ese país y fue seguido por Venezuela y Nicaragua. En el bombardeo murieron en total 16 personas, entre ellos un ciudadano ecuatoriano. Miembros de las tropas colombianas penetraron en territorio ecuatoriano, recuperaron el cadáver de Reyes y su computadora personal.

Reacción de Ecuador

El presidente Correa calificó el hecho "como una verdadera bofetada a la relación civilizada que deben tener países hermanos, países fronterizos". El 3 de marzo de 2008 expulsó al embajador de Colombia rompiendo relaciones diplomáticas y movilizó tropas hacia la frontera declarando.

Venezuela

Calificó como un "duro golpe al proceso de acuerdo humanitario en Colombia", la muerte del portavoz internacional de la guerrilla de las FARC, Raúl Reyes, y pidió a Bogotá reflexionar sobre el alcance de su "locura guerrerista". En apoyo a la ruptura de relaciones diplomáticas decretada por Ecuador, Chávez decretó a su vez la ruptura inmediata de relaciones con Colombia y ordenó la movilización de 10 batallones a la frontera con Colombia.

Nicaragua

3 días más tarde, a su vez rompió relaciones con Colombia, aprovechando la crisis diplomática entre Colombia y Ecuador para incluir sus reivindicaciones territoriales en su disputa por San Andrés. Daniel Ortega explicó que tomó esta decisión "en solidaridad con el pueblo ecuatoriano y ante las reiteradas amenazas militares de parte del Gobierno colombiano".

Solución de la crisis

En el mes de marzo, en una reunión de ministros de Relaciones Exteriores de la OEA sobre el conflicto entre Ecuador y Colombia, después de más de 15 horas de discusión se logró una resolución que incluye el "rechazo" a la incursión militar colombiana del 1 de marzo en territorio ecuatoriano. También incluyó las disculpas expresadas públicamente por el gobierno del presidente colombiano Álvaro Uribe.

Al mismo tiempo, la resolución contiene un compromiso de los países de combatir a "grupos irregulares o de organizaciones criminales". El documento destaca el acercamiento entre las partes en base a los principios del derecho internacional, de respeto a la plena soberanía, abstención del uso o amenaza del uso de la fuerza y no injerencia en los asuntos de otros estados como lo estipula la Carta de la OEA.

Tras el acuerdo, Venezuela y Nicaragua restablecieron las relaciones diplomáticas y comerciales con Colombia. Ecuador se muestra reacio a reanudar relaciones diplomáticas mientras Uribe sea presidente.

Tres años de gobierno de Correa en números
Inversión en desarrollo social
-Implementación del Bono de Desarrollo Humano gracias al cual 1.200.000 de familias reciben $35 dólares mensuales de ayuda, lo que le cuesta al Estado 43.494.885 dólares cada mes.

-$1.755 para la construcción y remodelación de hospitales y centros de salud y el mejoramiento de la calidad de los servicios de salud pública
-$3.732 millones para educación: uniformes escolares gratuitos, desayunos y almuerzos gratuitos, mochilas con textos escolares gratuitos, construcción y remodelación de escuelas, cubrir la eliminación de $25 y $30 de matrícula en establecimientos públicos, pago puntual a los maestros y elevación de sus salarios y bonificaciones.

Pobreza
Reducción de la pobreza de 36,74% a finales del 2007, a 35,09% a finales del 2008.

Desempleo
Según datos del Instituto Nacional de Estadística y Censos (INEC), el desempleo en el Ecuador incrementó 1% durante los tres años primeros años de gobierno de Rafael Correa: en enero de 2007, el desempleo alcanzaba el 7,3% y en junio del 2010, el 8,3%. Del mismo modo, la cantidad de personas trabajando en varios sectores del mundo del trabajo ha disminuido significativamente: en agricultura, de 156. 300 en el 2007, se bajó a 84.800 en el 2009, una reducción de personal del 45,74%; en la industria manufacturera se eliminaron 25.900 plazas de trabajo; el comercio se redujo de 133.400 a 89.700 puestos; en los servicios: el turismo pasó de 110.400 a 93.700 trabajadores, el transporte perdió 41.400 empleados y los servicios financieros se redujeron de 112.400 a 91.000. Estas cifras reflejan un decrecimiento del mercado de trabajo que perjudicó a más de 262.000 empleados.

Canasta Básica Familiar
La CBF es el conjunto de bienes y servicios habitualmente consumidos o utilizados por los hogares ecuatorianos. Está compuesta por 75 productos que componen el consumo básico de un hogar tipo de cuatro miembros. A inicios de 2007, la CBF llegaba a $453,97; para julio del 2009 subió a $521,73, un incremento de $67,76 en los últimos años.

El analfabetismo
El analfabetismo en enero de 2007 se ubicaba en 6%, pero luego de varios programas emprendidos por el Ministerio de Educación, este porcentaje se redujo al 3,24% en 2009. Entre estos programas, en agosto de 2007, Correa lanzó el "Programa de Educación Básica para Jóvenes y Adultos", que consistía en que cada estudiante de colegio debía alfabetizar a 10 personas para obtener una calificación satisfactoria como requisito de graduación.

Algunos antecedentes

En 1990, después de once años de gobierno sandinista y para sorpresa de éstos, una coalición amplia de partidos políticos cuyo único vínculo era ser opositores al FSLN, la Unión Nacional Opositora, llevaron al poder a la primera mujer en llegar a la presidencia de Nicaragua, Violeta Chamorro. Chamorro era la viuda de Pedro Chamorro, director del diario *La Prensa*, diario que había sido opositor al dictador Somoza. Al Chamorro asumir el poder, la economía nicaragüense se hallaba en ruinas debido mayormente a los enormes gastos públicos causados por la guerra contra las fuerzas contrarrevolucionarias o "la contra". Como indicadores baste mencionar que la deuda externa en ese momento ascendía a $12 billones de dólares, la inflación había llegado a 12.400% y el ingreso per cápita había sido reducido de más de un 80%.

En términos políticos, el gobierno de Chamorro intentó la reconciliación nacional; en términos económicos intentó enderezar la economía revertiendo algunas medidas tomadas por el FSLN como la reforma agraria, la estatización de empresas y la subvención de servicios públicos, y poniendo en marcha medidas de austeridad. Sin embargo, al concluir su mandato sus objetivos no se habían concretizado; Nicaragua seguía políticamente dividida y las condiciones de vida de la vasta mayoría de la población habían empeorado.

Si bien es cierto se había logrado controlar la inflación y disminuir en algo la deuda externa, en la tabla del Índice de Desarrollo Humano elaborada por el Programa de Naciones Unidas para el Desarrollo, el país se situaba en segundo lugar, junto a Haití como uno en que el desarrollo social había retrocedido enormemente. En sus siete años de gobierno, el gasto social del país en su totalidad decreció de 32%: en salud bajó del 45 al 40% y en educación del 46 al 41%.

En las elecciones de 1996 asumió el poder Arnoldo Alemán Lacayo a la cabeza de la Alianza Liberal, coalición de corte conservador. Su gobierno estuvo caracterizado por la corrupción, la malversación de fondos públicos y el enriquecimiento personal, males de los que han sufrido muchos países de Latinoamérica, y por el nepotismo. De acuerdo a las siguientes cifras, la situación económica del país no cambió mucho. A pesar de una tendencia de crecimiento económico de un 5% registrada en 1998 y otra vez en 1999, y de poco más de 5% en el 2000 gracias a un acuerdo firmado con el Fondo Monetario Internacional en virtud del cual se le perdonaba el 80% de la deuda externa a cambio de la aplicación de un plan económico estructural sugerido por este organismo, en 1998 más del 75% de la población vivía bajo los límites de la pobreza y el desempleo alcanzaba el 60%. Igualmente, el porcentaje de alfabetización había bajado del 95% alcanzado después de la gran campaña de alfabetización realizada por el FSLN al 68%, lo que no cambió significativamente en los años subsiguientes.

Le sucedió en el poder en las elecciones del 2001 Enrique Bolaños por el Partido Liberal Constitucionalista. El gobierno de Bolaños acusó de corrupción, lavado de dinero y soborno al ex mandatario Arnoldo Alemán quien fue sentenciado a 20 años de prisión lo que provocó la ira tanto de liberales como de sandinistas quienes llamaron a la destitución de Bolaños de su cargo. La administración de Bolaños estuvo caracterizada por la inestabilidad política, la que a su vez creó violencia social y no favoreció el despegue de la economía que se esperaba ya que los inversionistas evitan invertir en países con inestabilidad política. Aún en el 2006, según cifras de Naciones Unidas el 78% de la población vivía bajo el límite de pobreza, el 43% de ellos en la miseria. En adición, de acuerdo a estudios realizados por el organismo Transparencia Internacional, Nicaragua posee el índice de percepción de la corrupción más alto de la región, 2,7 en una escala de 1-10 en la que 10 corresponde al menos corrupto.

La llegada al poder de la nueva izquierda: el regreso de Daniel Ortega

Presidente Daniel Ortega (2007-2011)

En las elecciones del 5 de noviembre del 2006 el ex presidente sandinista, Daniel Ortega, resultó ganador y regresó al poder tras 17 años. Ortega había perdido las elecciones en 1990, 1996 y 2001 en las que se presentó a la cabeza del FSLN (Frente Sandinista de Liberación Nacional).

Su triunfo fue atribuido a varios factores. Primero a la reforma constitucional producto del pacto que firmara en 1999 con Arnoldo Alemán, según la cual se requiere solamente el 35% de los votos para ganar las elecciones si se logra una diferencia de 5% sobre el candidato en segundo lugar (Ortega obtuvo el 38%, contra el 29% de su rival el banquero Eduardo Montealegre); segundo, a su amplia alianza con somocistas, ex contras y gremios, y la división de los partidos opositores; en tercer lugar a su cambio de discurso a uno menos sectario, más abierto, alusivo a la reconciliación nacional, a la solidaridad, en el que también regresa a su antigua fe católica y en el que declara que como presidente respetará la propiedad privada y los derechos civiles ciudadanos y en su deseo de mantener buenas relaciones con toda la comunidad internacional afirmó que respetará el Tratado de Libre Comercio que Nicaragua firmara, junto a otros países de Centro América, con los Estados Unidos.

En sus discursos Ortega se comprometió a luchar para erradicar la pobreza que afectaba al 70% de la población, pero comprometiéndose al mismo tiempo a preservar los avances y alianzas económicas del país, mejorándolas y buscando nuevos mercados. Tras su elección lanzó un mensaje en dirección de empresarios e inversionistas: "vamos a ser fieles al libre mercado, el gobierno será un gobierno de puertas abiertas a la inversión extranjera", añadiendo que "no se puede erradicar la pobreza erradicando al inversionista".

Primeras medidas de gobierno

Entre las primeras medidas tomadas estuvo el restablecimiento de los servicios médicos y la educación gratuita. Igualmente, lanzó una nueva campaña de alfabetización con la cooperación de Venezuela, Cuba y España. En el plano económico, adhirió al ALBA que auspician Venezuela, Cuba y Bolivia, y firmó siete acuerdos de cooperación económica y energética con Venezuela. Uno de los acuerdos firmados en el campo energético contemplaba la posible construcción en Nicaragua de una refinería de petróleo, proyecto que se considera una respuesta de Chávez para contrarrestar el proyecto de una refinería mesoamericana que México planea construir en Panamá o Guatemala con una inversión de 6.000 mdd y la que beneficiaría a más de 10 países de la región incluyendo a Colombia. Proyecto que se inscribe, más allá de Nicaragua, en la campaña por el ganar zonas de influencia para el desarrollo del proyecto de Socialismo del Siglo XXI a nivel continental.

Mantuvo Ortega conversaciones con el FMI para estudiar reformas y buscar apoyo en su lucha contra la pobreza.

Con la UE firmó, en el 2010, un acuerdo de cooperación que incluye además a Guatemala, El Salvador, Honduras, Costa Rica y Panamá.
Respecto al CAFTA, tratado comercial de Centro América con los Estados Unidos, señaló que es un mercado muy importante que está aportando recursos en beneficio del pueblo nicaragüense no obstante sus limitaciones que marginan una serie de productos, lo que explica que Nicaragua busque abrir otros mercados.

Balance de tres años de gobierno
Salud: en comparación con el 2006, antes del gobierno de Ortega, en el 2009, la población recibió 11.153. 480 consultas médicas, un 68 % más y se brindaron 24.235. 860 recetas con medicamentos gratuitos, un 122% más; el índice de mortalidad por enfermedades diarreicas agudas disminuyó de 6.1 por cada 10.000 enfermos en 2007 a 4.1 en 2009; la mortalidad materna se redujo en un 25.6% en relación a los 121 casos del 2006 y la mortalidad infantil en un 16.9%.

Alfabetización y educación: durante el periodo 2007 y 2009, a través de la Campaña Nacional de Alfabetización, 445.748 personas aprendieron a leer y escribir, de las cuales 235.148 son mujeres, reduciéndose el analfabetismo del 22 al 3.33%.

Producción y abastecimiento energético
Indicó que se trabaja para invertir la matriz energética de 80% de dependencia de petróleo y 20% de fuentes renovables a 90% de fuentes renovables y un 10% en base a petróleo. Añadió que gracias a los países que conforman el ALBA, Nicaragua ha aumentado la generación energética en 281.2 megavatios en tres años y que al finalizar el 2009, la capacidad real de generación del país fue de 725.8 megavatios, es decir un 62 % mayor que la heredada del gobierno de Enrique Bolaños.

Desarrollo urbano: Con un financiamiento del 50% de fondos del Instituto Nicaragüense de Seguridad Social (INSS) 50% de la Banca privada y del gobierno subsidiando la tasa de interés, se comenzó la construcción para el 2010 de unas 4.800 viviendas, a las cuales se suman unas 8.800 que serán construidas por los gobiernos municipales para garantizar el acceso a viviendas dignas y de interés social.

Economía: en el 2007, la economía nicaragüense creció un 3.1% y en el 2008 un 2.8%. Para el 2009 se proyectaba un crecimiento del 5%, pero la crisis financiera en el sistema capitalista el resultado final fue un decrecimiento del -1.5%. Con el ALBA, se logró cuadriplicar las exportaciones a Venezuela llegando a 119.2 millones, lo que convirtió al pueblo venezolano en el tercer mercado de exportación y todo hace indicar que esta cifra se duplicará para el 2010.

Hasta mediados del 2008, la inflación alcanzó un 17%, la más alta de Centroamérica con un aumento en el costo de los alimentos de 25% y de un 40% en los medicamentos. Gracias a un convenio con el gobierno de Chávez, Nicaragua paga el 100% del petróleo que Nicaragua importa a precio de mercado y en un plazo de 90 días, pero luego el gobierno venezolano le reembolsa el 50% de lo que ha pagado en calidad de préstamo a un plazo de 25 años con un interés preferencial de 1% para ayudar a financiar los programas sociales.

El nivel de pobreza es altísimo: 61 de cada 100 nicaragüenses viven con 2,08 o menos dólares al día.

La oposición, la crisis política institucional y las elecciones del 2011

De acuerdo a la oposición, desde el comienzo de su mandato, Daniel Ortega ha estado avanzando sus peones para, en el camino de los gobiernos que siguen el Socialismo del Siglo XXI, hacerse reelegir presidente en el 2011. En efecto, varias medidas adoptadas en el curso de los tres años muestran un gobierno donde cada vez se compromete más el Estado de derecho y la constitucionalidad.

La primera medida que en su momento la oposición denunció como peligrosa para el desarrollo democrático del país fue la concentración de poder en manos de la pareja presidencial cuando al asumir el poder Ortega nombró a la Primera Dama, la poeta Rosa Murillo, coordinadora del Consejo de Comunicación y Ciudadanía. Entre sus nuevas atribuciones, Murillo coordina todas las comunicaciones emitidas por la presidencia, administra la agenda del Presidente, coordina sus giras, organiza las conferencias de prensa y dirige la gestión de todos los medios de comunicación del Gobierno. Igualmente, preside, junto al Presidente, las reuniones del Gabinete y es la encargada de comunicar a los ministros de Estado si el Presidente autorizó o no sus solicitudes de viajes oficiales al extranjero.

Bajo la dirección de su esposa, Ortega instaló los Consejos de Poder Ciudadano (CPC) considerados por la oposición como una nueva versión de los Comités de Defensa Sandinista que durante los años 80 fueron los "ojos y oídos de la revolución" aumentando el poder conferido a su esposa quien es además la secretaria ejecutiva del Consejo de Planificación Económica y Social (CONPES) y coordinadora del Consejo de Comunicación y Ciudadanía. Ortega dejó claro que los ministros y alcaldes deben acatar las resoluciones de los CPC por lo que el poder debe residir en las masas; la oposición ve estos Consejos de Poder Ciudadano como organismos de control y espionaje político.

En el 2008, se habló de fraude en las elecciones municipales para garantizar un triunfo al sandinismo. Más adelante, en octubre del 2009, seis jueces sandinistas integrantes de la Sala Constitucional de la Corte Suprema de Justicia de Nicaragua (CSJ) anularon el artículo 147 de la Constitución, que impedía la reelección de un Presidente de forma consecutiva o por más de dos mandatos, lo que le permitiría a Ortega postularse a reelección.

En enero del 2010, Ortega firmó un decreto mediante el cual, prorroga los periodos de los magistrados electorales y judiciales vencidos, todos de afiliación sandinista, lo que legalmente sólo se puede hacer mediante reforma constitucional.

Ello provocó nuevos enfrentamientos, e incluso manifestaciones de violencia entre el Gobierno y sus partidarios y la oposición, a la que se suman militantes de organizaciones civiles.

En el primer semestre del 2010 varios alcaldes, vice alcaldes y concejales fueron destituidos de sus puestos y sustituidos por miembros del FSLN en un nuevo paso para tomar el control político total y asegurar la reelección de Ortega.

Y como si la crisis de la constitucionalidad del país y la concentración de poderes en manos del presidente y su esposa fuera poco, el gobierno de Ortega ha sido empañado por la corrupción en el manejo de los fondos públicos. Según datos oficiales, en el 2008, Nicaragua recibió 457 mdd de Venezuela (30% del presupuesto nacional proviene de ayudas, préstamos o comercio con Venezuela). Sin embargo, de acuerdo a la oposición, Ortega se ha negado a incorporar al presupuesto nacional la ayuda de Venezuela, la cual, según ellos, es administrada por Albanisa, empresa privada de capital nicaragüense-venezolano y otras entidades. En el 2009, el Gobierno solamente publicó los fondos percibidos durante el primer trimestre, poco más de 280 mdd. Ante esa situación, y en respuesta a las declaraciones de Hugo Chávez en su visita a Nicaragua de que la cooperación bilateral era de "Estado a Estado", legisladores de la oposición aprobaron una resolución en la que el Congreso estipula que el Estado no responderá por las obligaciones que Ortega contraiga con Venezuela sin el aval del Parlamento. La misma lee que "cualquier fondo proveniente del gobierno de Venezuela en cooperación que no pase por el presupuesto de Nicaragua no es considerado deuda pública por el Parlamento y el Estado de Nicaragua".

Tanto para la comunidad internacional como para la oposición política y otros movimientos civiles nicaragüenses Nicaragua se encuentra sumida en una crisis que pone en peligro la democracia en este país centroamericano. Lo más lamentable aún es que no se vislumbra ninguna posibilidad de cambio. Los principales opositores del sandinismo, el ex presidente, Arnoldo Alemán del Partido Liberal Constitucionalista, condenado por corrupción que pactó con Ortega el reparto de las instituciones a cambio de su libertad, y Eduardo Montealegre, ex candidato a la presidencia, ex ministro, hoy diputado y dirigente del Movimiento Vamos con Eduardo (MVCE), también acusado de corrupción, tampoco representan alternativas viables para el desarrollo democrático del país. Y a diferencia de lo que sucedió con en Chile o en Colombia en las últimas elecciones, no ha surgido en Nicaragua ninguna voz nueva que se separe completamente de las vías conocidas y aporte una nueva propuesta política para la nación.

5. Venezuela

Algunos antecedentes

Desde 1959 en que fue elegido presidente Rómulo Betancourt hasta 1989 en que comienza su segundo mandato no consecutivo Carlos Andrés Pérez, Venezuela conoce un periodo de estabilidad democrática y desarrollo económico propiciado por el *boom* del petróleo en los comienzos de los setenta. En esos años las compañías extranjeras dueñas de petróleo y acero son nacionalizadas. Sin embargo, se abandonó la agricultura como actividad comercial, entusiasmados por los ingresos rápidos que producía el petróleo. Como consecuencia, en pocos años el país se vio obligado a importar productos alimenticios básicos como leche, huevos y carne para abastecer sus necesidades y aumentó vertiginosamente la deuda externa. La corrupción gubernamental, como en la mayoría de los países del continente, tuvo también su efecto negativo en el desarrollo sin paralelos que conoció el país en esos años. La caída del precio del petróleo a fines de los setenta, comienzos de los ochenta trajo consigo inestabilidad financiera y mayor aumento de la deuda externa del país, lo que por consecuencia creó malestar entre la gente y se produjeron dos intentos de golpe de Estado en febrero y noviembre de 1992 liderados, entre otros, por un oficial militar de carrera con apoyo civil, Hugo Chávez y su Movimiento Bolivariano MBR-200 fundado en 1983. A su vez, el Presidente Carlos Andrés Pérez fue acusado de corrupción, juzgado y destituido.

En 1994 Rafael Caldera, quien había sido presidente entre 1969 y 1974 ganó las elecciones y durante su mandato indultó a Chávez quien había pasado unos dos años en prisión. Se dice que después del fallido segundo intento de golpe de Estado, Chávez les dijo a quienes le apoyaban que habían perdido solamente, "por ahora", y tuvo razón pues años más tarde fundó en 1997 el partido de izquierda Movimiento V República (MVR) a la cabeza del cual ganó las elecciones de 1998.

La "nueva izquierda": Hugo Chávez

Presidente Hugo Chávez

La propuesta política de Hugo Chávez, quien se define como socialista heredero de los principios bolivarianos de unidad continental, y preconiza reformas políticas y económicas que les darían a los pobres mayor participación de la riqueza petrolera fue muy bien acogida por las masas frente a la debacle económica que se había acentuado en el país en los años noventa. Una vez en el poder, Chávez llamó a cambiar la constitución en julio de 1999 y en el 2000 fue reelegido presidente por un término de seis años.

Dentro del espíritu bolivariano, y con el apoyo de Cuba, desarrolló un plan de cooperación política, social y económica entre los pueblos latinoamericanos llamado Alternativa Bolivariana para América Latina y El Caribe (ALBA). Según el portal del ALBA en Internet, este plan de cooperación e integración se diferencia de ALCA en que mientras "ALCA responde a los intereses del capital transnacional y persigue la liberalización absoluta del comercio de bienes y servicios e inversiones, ALBA pone el énfasis en la lucha contra la pobreza y la exclusión social y, por lo tanto, expresa los intereses de los pueblos latinoamericanos".

Intento de golpe

Sectores de la clase media y la clase alta, disconformes de la orientación del gobierno de Chávez, respondieron con huelgas y reducción en la producción de petróleo en diciembre de 2001, y luego, en abril de 2002, una alianza entre dirigentes de negocios y militares logró deponer a Chávez, pero sólo por dos días.

Sus seguidores, en su mayoría la masa popular, lograron restituirle el poder y de ahí en adelante su popularidad entre las clases pobres se ha afianzado gracias al desarrollo de sus conocidas "misiones", programas de desarrollo social bien sea dirigidas a la salud, socio-educativas o socio-productivas las que están organizadas como grupos de base abiertos a la participación de la comunidad envuelta.

La cantidad enorme de reservas de petróleo y gas que el país posee le han permitido a Chávez disponer de medios económicos para asistir tanto a las clases desfavorecidas de Venezuela como las de los países latinoamericanos, en quienes ha buscado apoyo.

Tras el fracasado intento de golpe, Chávez aceleró los cambios para transformar el país.

La revolución bolivariana

En el marco del proyecto nacional de la Revolución bolivariana, el Congreso aprobó, a fines de marzo de 2006, los llamados "acuerdos de migración" según los cuales las empresas petroleras dejan de ser autónomas y pasan a formar empresas mixtas bajo el control de la compañía estatal Petróleos de Venezuela. La participación de las compañías extranjeras no puede superar el 40%.

El Presidente Chávez invitó a las compañías que acataron la nueva ley a participar en el financiamiento de parte de los 70.000 mdd que se necesitarán para desarrollar la Faja Petrolífera del Orinoco, que de acuerdo a las proyecciones (235.000 millones de barriles) es la mayor reserva de petróleo del mundo. Esta política frente a las compañías extranjeras cambió al comienzo del tercer periodo de gobierno del presidente Chávez, como veremos en la sección Socialismo del Siglo XXI.

Tras la aprobación de la nueva ley, el presidente Chávez señaló que por primera vez los beneficios del petróleo llegaban a los sectores más desfavorecidos de la población venezolana a través de programas de educación, salud, alimentación y desarrollo sustentable. Lideran estos programas la "Misión Vuelvan Caras", cuyo objetivo es "transformar el modelo económico a un modelo real de economía social, incorporando a los ciudadanos" y la "Misión Vuelvan Caras" internacional, que llevará la esencia de este programa social a Bolivia, Brasil, Argentina, Colombia, Nicaragua, Cuba e Irán. De ese modo "Vuelvan Caras" busca impulsar el desarrollo de otros pueblos a través de la organización y la complementación.

En los últimos 9 años Venezuela ha recibido 300.000 mdd provenientes del petróleo lo que le ha permitido financiar las misiones y abastecer con petróleo subsidiado a Cuba con un costo de 2.200 mdd, a Nicaragua con un costo de 500 millones, y financiado proyectos en Bolivia, El Salvador y Honduras.

Consciente del importante rol que los medios masivos de comunicación juegan en el desarrollo de los pueblos y en el control del gobierno, creó la cadena de televisión Telesur con la participación inicial de Uruguay, Argentina, Brasil, Venezuela y Cuba y a la cual más adelante se sumaron Bolivia, Ecuador y Nicaragua. Telesur tiene entre sus objetivos el de reflejar una nueva imagen continental, ayudar a la integración de América Latina y el Caribe y proporcionarle una voz que rompa con la hegemonía de las cadenas de noticias que promueven, como ellos lo definen, "el imperialismo cultural de los medios noticiosos norteamericanos". A nivel regional, financió el establecimiento en Bolivia de 29 radioemisoras comunitarias que quedaron en manos de obreros y campesinos. Según el proyecto denominado "Radios de los Pueblos Originarios de Bolivia", las primeras estaciones funcionarán en ocho de los nueve departamentos del país.

En lo económico y social, está a la base de la creación del Banco del Sur, financió gran parte de la campaña de alfabetización y entregó dinero para proyectos directamente a municipios, al ejército y a la policía en Bolivia, compró bonos a la Argentina para ayudarle a pagar su deuda externa y creó una escuela de medicina gratuita con capacidad para enseñar a 1920 jóvenes desfavorecidos de América Latina, escuela inspirada en la Escuela Latinoamericana de Ciencias Médicas de Cuba, todos, claros ejemplos del programa bolivariano del gobierno de Chávez.

Algunos de estos proyectos han sido criticados por considerarlos injerencia en la política interior de otros países sobre todo en aquellos en los cuales durante los procesos electorales, llamó a votar por los candidatos afines a sus posiciones como en Bolivia (Evo Morales), Perú (Ollanta Humala) y Nicaragua (Daniel Ortega). De los tres, solamente Ollanta Humala no salió elegido.

El tercer periodo: el Socialismo del Siglo XXI

Al comenzar su tercer mandato, tras triunfar con un 63% de la votación (7 millones de votos) sobre Manuel Rosales, el candidato opositor quien sumó el 37% de los votos (4 millones), el reelecto presidente Hugo Chávez reafirmó su idea de crear un "Socialismo de Siglo XXI", y fijó los lineamientos de su nueva gestión gubernamental: "Construir la vía venezolana al socialismo, ese es el único camino a la redención, a la salvación de la patria".

El Socialismo del Siglo XXI no tiene un contenido claro, pero, de las declaraciones de Chávez se desprende que es una mezcla de cristianismo, comunismo e indigenismo. Es un proyecto que se desarrollará en siete líneas estratégicas: "Uno, la nueva ética socialista; dos, un modelo productivo socialista, la economía socialista; tres, una democracia protagónica revolucionaria donde el poder del pueblo sea el máximo poder de la república; cuatro, la suprema felicidad social; cinco, una nueva geopolítica nacional, el desarrollo desconcentrado, el desarrollo del campo y el desarrollo de las ciudades; seis, una nueva geopolítica internacional, el mundo pluripolar, un mundo equilibrado; siete, Venezuela potencia energética mundial, potencia petrolera mundial".

La inflación en el país se ha hecho incontrolable; en el 2007 fue de 22,5%; en el 2009 de 25,1%; y para el 2010 se calcula en 30%.

En general, los altos precios del petróleo hicieron crecer las reservas del Estado, pero debido a la visión política del proyecto de Chávez, la inversión directa extranjera bajó a 2.000 mdd, de 4.700 en los años anteriores, situación que no se espera cambie tras el anuncio de nuevas nacionalizaciones.

Considerando que Venezuela es el octavo mayor exportador de petróleo en el mundo, sin contar las enormes reservas que tiene aún por desarrollar, a corto y mediano plazo se podría pensar que el país no confronta mayores problemas para mantener la inversión, niveles de producción, un elevado gasto social y asegurar su crecimiento.

Sin embargo, la realidad es que el país se encuentra en una situación económica vulnerable; la inflación no ha sido controlada, y la fuerte caída de los precios del petróleo y menor consumo a nivel mundial debido a la crisis internacional, mermaron significativamente las arcas fiscales, reduciendo así lo destinado al gasto social. El PIB se contrajo un 3,3% en el 2009 y el Gobierno calcula un crecimiento de apenas un 0,5% para el 2010, no obstante, de acuerdo al Fondo Monetario Internacional (FMI) en su informe "Perspectivas Económicas Mundiales", la economía venezolana se contraerá un 2,6% en el 2010, el pronóstico más malo para la región. Según este mismo informe, América Latina tendrá un crecimiento económico del 4% en el 2010 y 2011 gracias al fuerte crecimiento en el Cono Sur, mientras que Venezuela y el Caribe se quedarán a la zaga.

Uno de los organismos que más sufrió con la caída de los precios del petróleo disminuyendo la disponibilidad que ha tenido el Gobierno para generar dólares ha sido el Fondo de Desarrollo Nacional. Con relación al 2008, los aportes a este fondo cayeron 95%, al pasar de 12.000 mdd a 569 millones en el 2009. Las reservas internacionales también se vieron afectadas reduciéndose de 35.830 mdd en el 2009 a 27.900 millones a mediados del 2010.

En el 2009, Petróleos de Venezuela (PDVSA), compañía petrolera nacional, redujo los aportes al gasto social de 34% con relación al 2008, pasando a 1.800 mdd de 2.700 millones. Al comparar estas cifras con el 2007 cuando entregó por concepto de aporte social 7.3000 mdd se puede apreciar la magnitud de la baja.

Al depender de una sola fuente de ingresos y no haber desarrollado una industria nacional, el peligro a mediano y largo plazo es que el país se encuentre en una situación de gran vulnerabilidad financiera, a diferencia de Brasil que, en el seno de los gobiernos de la nueva izquierda, busca asegurar el desarrollo económico a largo plazo para garantizar su desarrollo social.

Reformas estructurales

Para llevar adelante su proyecto político, Chávez necesitaba de plenos poderes. En el primer mes del nuevo gobierno pidió a un congreso 100% chavista que le otorgara poderes especiales para legislar por decreto (sin pasar por la aprobación del congreso) durante 18 meses. La ley habilitante, llamada por él la madre de todas las leyes revolucionarias, fue aprobada por unanimidad en una sesión del congreso la que simbólicamente se realizó al aire libre en la Plaza Central de Caracas.

Finalmente, a nivel político reestructuró los diferentes partidos y movimientos que lo apoyan en un partido único, el Partido Socialista Unido de Venezuela del cual fue nombrado su primer presidente en calidad del cual participará en la selección de los candidatos a las elecciones de autoridades.

Los nuevos poderes le permiten emitir decretos leyes sobre la transformación de las instituciones del Estado, la participación popular, la función pública, el sector económico y social, finanzas y tributos, y seguridad ciudadana y jurídica. También sobre ciencia y tecnología, ordenamiento territorial, seguridad y defensa, infraestructura, transporte y servicios y el vital sector energético.

Es la tercera vez que el congreso le acuerda poderes extraordinarios, pero nunca antes fueron tan amplios y por un tiempo tan largo desde que asumió en 1999. La primera fue ese mismo año, por un plazo de seis meses y sólo para legislar sobre asuntos económicos. La segunda, al año siguiente, fue por un plazo de un año y para legislar en seis ámbitos específicos. Las 49 leyes dictadas en ese periodo desataron movilizaciones, paros empresariales, un fracasado paro petrolero y el fallido intento de golpe de Estado en abril del 2002.

Empleando estos nuevos poderes, el Estado tomó el control de los campos petrolíferos que explotaban compañías transnacionales en la Faja del Orinoco. El Estado tiene ahora una participación mínima del 60%.

En el plano del consumo interno, y para poner fin a la especulación, escasez de alimentos y el incumplimiento de los precios fijados por el Estado dictó una ley para nacionalizar los frigoríficos, mataderos, unidades productivas de ganadería y supermercados.

PDVSA tomó el control en todas las actividades de exploración, extracción y distribución del crudo y sus derivados. Para financiar esta nueva etapa cuenta con 17.000 mdd que le serán transferidos de las reservas internacionales que están en manos del Banco Central. Anunció también que planea terminar con la independencia del Banco Central, lo que le permitirá fijar la política monetaria del país.

Estos poderes especiales anunciaban ya las reformas que vendrían para avanzar en el nuevo proyecto de sociedad "reemplazando el estado burgués por el estado comunal", en palabras del Presidente en ese momento histórico. Las reformas comprenden: la reforma constitucional, el poder comunal, la reforma educativa y la reorganización de la geopolítica nacional.

A mediados del 2010, diez años más tarde, todas y cada una de las reformas comienzan a instrumentalizarse y vemos que nada de lo que anuncia Chávez es fruto de la improvisación, todo responde a una política bien delineada, con objetivos claros y precisos, estemos de acuerdo o no con ellos, como veremos en la parte de la profundización del Socialismo del Siglo XXI. Para algunos, como el cineasta norteamericano Oliver Stone, director del documental *Al sur de la frontera*, es un héroe y ojalá los Estados Unidos tuvieran un Chávez de presidente; para otros es el horror y representa lo peor de las políticas del pasado en los países totalitarios. El documental da una visión de los movimientos políticos desde el punto de vista de Hugo Chávez en Venezuela, de Evo Morales en Bolivia, de Lula da Silva en Brasil, de Cristina Kirchner en Argentina, de Fernando Lugo en Paraguay, de Rafael Correa en Ecuador y de Raúl Castro en Cuba, presentados como un proceso conjunto.

No es la primera vez que en Venezuela se otorgan poderes extraordinarios, otros presidentes antes de Chávez usaron de ellos, la diferencia radica en que constitucionalmente antes de la reforma bolivariana de 1999 estos poderes no podían exceder un año y se limitaban al sector económico.

Primer traspié: la reforma constitucional

En diciembre del 2007, el Presidente llevó a votación una polémica reforma constitucional que le hubiera otorgado poderes casi absolutos. El proyecto consagraba la reelección permanente del presidente, le daba el control total sobre el Banco Central y la capacidad de administrar a su discreción las reservas internacionales. También, adoptaba el socialismo como forma de gobierno y declaraba a las Fuerzas Armadas como un cuerpo bolivariano y antiimperialista, reducía la jornada laboral a seis horas diarias y ampliaba los beneficios sociales a los trabajadores informales. Asimismo, en uno de sus puntos más polémicos, la propuesta facultaba al gobierno a detener sin cargos a ciudadanos e imponer la censura de prensa.

En un resultado inesperado para el Gobierno, su propuesta fue rechazada por un margen de 1,5% obteniendo apenas 4,3 millones de votos.

La abstención fue de 44%. El presidente Chávez había sido reelecto con 7,1 millones de votos un año antes.

El Presidente reconoció la derrota pero anunció que la reforma se volvería a plantear dado que era fundamental para acelerar la instauración del Socialismo del Siglo XXI.

La derrota de Chávez se debió a dos factores, uno, el que la oposición se presentó unida, y dos, a que debido al aumento de los precios, un relativo desabastecimiento y el considerar que se estaba entregando demasiado poder al presidente, sectores del chavismo se abstuvieron de votar o como el general Baduel, llamaron a votar en contra por considerar las reformas un golpe contra la democracia. El general Baduel fue uno de los fundadores del movimiento político chavista y desempeñó un rol clave en la liberación de Chávez tras un derrocamiento de 48 horas en el 2002. El presidente Chávez calificó a su ex amigo de ser "un traidor más".

Relaciones en el terreno económico

Venezuela pidió ingresar al MERCOSUR, pero al igual que Morales, pidió que éste deje de ser simplemente un acuerdo comercial, se reforme y cree estructuras políticas en función de la integración latinoamericana en una posición similar a la del ALBA.

Apoyó y fue uno de los motores de la creación del Banco del Sur y ha otorgado créditos para el desarrollo a Bolivia, Cuba, Ecuador y Nicaragua; le ha prestado a Argentina miles de mdd, y en menor escala ha ayudado económicamente a Bolivia, Ecuador, Guatemala y Nicaragua.

Planteó la necesidad de la integración energética del continente y para ello ofreció petróleo a bajo precio y a ser pagado a largo plazo a 14 países caribeños a los que llamó a "crear un mar de resistencia" contra el imperialismo norteamericano.

Firmó una alianza estratégica con Irán la que, entre 11 acuerdos, comprende: la creación de un fondo para desarrollar inversiones en ambos países y/o apoyar otros países que intenten liberarse del "yugo imperialista"; y la coordinación de sus posiciones en el seno de la OPEP para mantener el precio del petróleo, y para promover el pensamiento revolucionario en el mundo.

Mantiene una relación comercial privilegiada con Argentina, de los 238 convenios firmados entre ambos países desde 1991 al 2010, 94 lo fueron con Cristina Kirchner y 62 con Néstor Kirchner. Los 94 firmados con Chávez durante el gobierno de Cristina Kirchner triplican los 31 firmados con Brasil o con Chile en ese mismo periodo de tiempo. Según los analistas, los acuerdos tienen un mayor contenido ideológico desde la perspectiva de Chávez y un contenido más pragmático desde el punto de vista de los Kirchner.

En el plano de las relaciones internacionales

Ofreció el apoyo militar de Venezuela al gobierno de Evo Morales en caso de "crisis internas" lo que es fuertemente criticado por la oposición boliviana que denuncia una nueva injerencia.

Su lenguaje, para algunos franco y directo, para otros cercano a la grosería, han provocado una serie de incidentes de los cuales el más conocido fue el choque con el rey de España en un encuentro de mandatarios en Chile, cuando éste, excedido por las críticas de Chávez y por lo que monopolizaba la palabra exclamó el ya famoso "por qué no te callas", seguido de un "Chávez, tienes que aprender a escuchar".

Participó activamente, junto a la senadora colombiana Piedad Córdova, en la liberación de algunos secuestrados por las FARC. Tras la liberación de los primeros rehenes (la ex candidata a la vice presidencia, Clara Rojas y la congresista Consuelo González) Chávez pidió a la comunidad internacional que se retirara a las FARC de la lista de organizaciones terroristas y se les diera el carácter de fuerza beligerante. Según el derecho internacional, la beligerancia es un estatuto que otorga igualdad de condiciones políticas y militares a una organización que esté en guerra dentro de un país, generalmente cuando hay un estado de guerra civil en un país, como fue la Guerra Civil de Estados Unidos o la Guerra Civil Española.

Cinco meses más tarde, en junio del 2008, cambió radicalmente de posición, debilitado, según la oposición, por el descubrimiento de posibles vínculos entre las FARC y Venezuela en los computadores encontrados en el campamento de Raúl Reyes miembro del secretariado de las FARC muerto en un ataque colombiano en Ecuador, y por lo que con una baja en su popularidad (pasó del 75% a un 59% de aprobación en un año) está en plena etapa preelectoral: "A estas alturas está fuera de orden un movimiento guerrillero armado. La guerra de guerrillas es historia. Llegó la hora que las FARC liberen a todos los que tienen en las montañas, sería un gran gesto a cambio de nada". Tras la liberación de Ingrid Betancourt y otros 14 rehenes por el ejército colombiano, el presidente Chávez llamó a las FARC a que liberaran al resto de los secuestrados, civiles y militares.

Se fija como tarea el contribuir a nivel mundial a la creación de una red de movimientos antiimperialistas y socialistas, "desde Argentina a Canadá, desde las costas de Portugal a las estepas de la Rusia amiga y hermana, yendo por todo ese mundo mágico que se resiste a la imposición hegemónica del imperio de los Estados Unidos".

Al recibir al presidente sirio Bachar Al Asad a fines de junio del 2010, dijo que esta visita es "la continuación de un proyecto estratégico de alianza, de un eje en construcción entre Damasco y Caracas", agregando que la civilización suramericana y la árabe "están llamadas a cumplir un papel fundamental en la liberación del mundo, en la salvación del mundo frente al imperialismo, la hegemonía neocapitalista" y rindió un sentido homenaje al pueblo sirio "que levanta la bandera del socialismo árabe".

En el plano educacional

Relanzó la Misión Ribas, que comenzó en el 2003, para beneficiar a los ciudadanos interesados en culminar los estudios de enseñanza media en lo que llamó Misión Ribas Técnica. La nueva orientación de esta misión apunta a la formación de técnicos para la industria petrolera, y en una segunda etapa para la agricultura, el transporte y la construcción; además tendrá una rama de trabajadores sociales revolucionarios cuyos proyectos serán nacionales e internacionales, entre ellos las empresas del ALBA.

En el plano militar

Creó un comando general de la reserva militar bajo sus órdenes y con un presupuesto ilimitado para enfrentar una eventual agresión por parte de los Estados Unidos para controlar la riqueza petrolera de Venezuela.

Además, creó una guardia territorial compuesta por voluntarios que reciben entrenamiento en labores de resistencia y que están integrados en el comando general de la reserva.

La oposición criticó la creación de este comando que podría ser considerado una especie de guardia personal del Presidente para asegurar su permanencia en el poder.

A mediados del 2008, anunció que Venezuela continuará fortaleciendo su poderío militar para lo cual intensificará su colaboración en este sector con Rusia. "Es nuestra revolución una revolución pacífica, y quiere seguir siendo pacífica, pero que no se equivoque nadie, esta es una revolución armada", expresó el presidente Chávez el 22 de junio del 2008, fecha de la conmemoración de los 187 años de la batalla de Carabobo que selló la independencia de Venezuela.

Defensa y crítica al gobierno de Chávez

Los defensores del proyecto de Chávez basan su defensa en el carácter social de las reformas propuestas y su beneficio para los sectores desfavorecidos; los opositores basan su crítica en la concentración del poder en un solo hombre y el peligro que ello implica para la democracia.

Los países moderados de la llamada nueva izquierda señalan que Chávez fue elegido democráticamente, que las políticas aplicadas a nivel nacional no tienen por qué trabar las relaciones comerciales entre su gobierno y los otros gobiernos o con el resto del mundo, y que diferentes proyectos pueden coexistir a nivel continental siempre que no intenten imponerse a otros países y se respeten las reglas democráticas.

Los críticos resaltan el papel protagónico que Chávez quiere jugar tanto en Latinoamérica como en el resto del mundo y el uso que hace del petróleo y sus ingresos para desarrollar su objetivo de implantar el Socialismo del Siglo XXI, lo que pondría en peligro el equilibrio latinoamericano.

Profundización en el camino al Socialismo del siglo XXI

A mediados del 2010, y antes de realizarse las elecciones parlamentarias en septiembre, donde indicó que no espera menos de 110 de los 167 puestos en la Asamblea Nacional, sostuvo que la revolución está obligada a obtener una victoria aplastante porque de ello depende no solo el futuro de Venezuela, sino la esperanza de un nuevo mundo.

Para el Presidente Chávez, la revolución bolivariana y socialista en sus primeros once años se ha convertido en el faro, en la esperanza de un mundo nuevo inmerso en el sistema socialista; según él, una derrota tendría un impacto muchísimo más demoledor para el futuro, para el socialismo como camino a la vida, que el tremendo impacto que tuvo la caída de la Unión Soviética.

En el camino trazado planteó que es necesario acabar definitivamente con lo que bautizó como los tres pilares del capitalismo venezolano: latifundio, recursos financieros privados y comercio interno.

El latifundio

Para el presidente 100 ó 20 hectáreas de buena tierra improductiva ya constituyen un latifundio.

El capital

También critica la burguesía venezolana que teniendo capital, teniendo dinero se niega a invertir en el país. "Ellos controlan dos tercios del sistema bancario, se dan prestamos entre ellos y viven de los depósitos públicos. Hacen una y 100 trampas", comentó. "Ellos andan buscando dólares para llevárselos", indicó. Agregó que hay que acabar con "el control que sigue teniendo la burguesía venezolana del manejo de la mayor parte de los dineros del país (…) Los dineros venezolanos son dineros del pueblo, no de la burguesía, dinero del pueblo, para el pueblo, para el desarrollo económico".

El comercio

El tercer pilar capitalista según Chávez, es el comercio, tanto el que se nutre de las importaciones como el que distribuye y mercadea la producción interna. "Lo poco que producen o lo que importan ellos mismos lo distribuyen. Los vehículos, ¿quién distribuye los vehículos?, los alimentos, ¿quién los distribuye? La distribución nuestra como Mercal, PDVAL y otras experiencias como el Bicentenario apenas ocupan una pequeña proporción del llamado mercado nacional. Ellos son los que tienen todavía la hegemonía", aseguró.

Los pilares del cambio en el 2010

"Nosotros estamos obligados a crear la nueva hegemonía de la tierra en manos del pueblo, del capital en manos del pueblo y del comercio en manos del pueblo (…) Mientas más tardemos en ese proceso más capacidad de hacernos daño tienen ellos".

La ley de tierras

El Parlamento venezolano aprobó a mediados del 2010 una reforma de la ley de Tierras que condena el latifundio y otorga al Estado un papel determinante en la producción y distribución de alimentos y productos agrícolas.

La reforma estipula que el gobierno creará una empresa estatal cuyo objetivo será la consolidación de una participación determinante del Estado en la producción, manufactura, distribución, intercambio y comercialización, nacional e internacional, de productos agrícolas y alimentos.

La ley contempla "el rescate de tierras y la expropiación agraria" que beneficien a los campesinos, subraya la función social de la tierra con vocación agrícola reivindicando el principio socialista según el cual la tierra es para quien la trabaja.

El nuevo orden político–territorial

La Asamblea Nacional aprobó la Ley Orgánica de las Comunas, cuya creación, explicaron, es la necesidad de una nueva institucionalidad para el desarrollo socialista. Así las comunas podrán contar con Parlamento, justicia y hasta moneda propia.

La nueva ley plantea que las comunas son un "modelo socioeconómico legitimado por el Estado" y responde al Socialismo del Siglo XXI. Habría en total 200 comunas, cada una con Parlamento Comunal, Carta Comunal (normas de la comuna), Banco de la Comuna, Plan Comunal de Desarrollo y Consejo de Planificación Comunal.

La norma establece dos modalidades de propiedad social comunal: la primera es la propiedad directa en la cual los medios de producción son de propiedad social (manejados por comunas) y la segunda es la indirecta, en la que los medios de producción son públicos y el Estado los transfiere a las comunidades.

En el proyecto también se contempla el sistema de intercambio (trueque) y la creación de monedas comunales. Este nuevo régimen económico comunal se financiará con los recursos que transferirán el gobierno central, las gobernaciones y las alcaldías.

La oposición criticó que las competencias de esta ley chocarán con los poderes constituidos y que responderán al presidente Hugo Chávez. Esta Ley Orgánica de Comunas establece una geometría del Poder que ya había sido planteada en el proyecto de país que fue rechazado en el año 2007 en el referéndum consultivo de la Reforma Constitucional.

Nuevo componente de las Fuerzas Armadas Bolivarianas

Las milicias bolivarianas son un nuevo componente consagrado en la nueva Ley Orgánica de la Fuerza Armada Bolivariana y actuará contra "agresores internos y externos".

Las milicias campesinas de reciente creación son similares a la milicia regular creada anteriormente, sólo que éstas están radicadas en las zonas rurales de la República. Chávez justificó su creación frente a una arremetida que, según él, adelanta la oligarquía y por la cual "el deber indelegable del Estado nacional bolivariano y el gobierno revolucionario es proteger al campesinado: defenderlo con todos los medios a su alcance. La Milicia Campesina nace con ese deber... y encarna un principio trascendental: la defensa de la propia tierra contra el eventual agresor externo, pero también contra el agresor interno que se ha amparado en un verdadero estado de impunidad alentado por tribunales que amparan y protegen a los latifundistas y criminalizan a los campesinos y campesinas que quieren hacer valer la Ley de Tierras".

El mandatario añadió que "son apenas una primera muestra del desarrollo de un cuerpo armado popular para salvaguardar nuestra integridad y nuestra soberanía en los campos de Venezuela".

El presidente Chávez puntualizó especialmente que no se tratan de grupos paramilitares, sino de nuevos elementos que conforman el nuevo Estado comunal.

El comercio

El proyecto de Ley Orgánica para el Fomento y el Desarrollo del Sistema Económico Comunal contempla que las empresas comunales tengan la prioridad para constituirse como empresas productoras y distribuidoras de alimentos.

En la exposición de motivos de esta propuesta legal se señala que el Estado protegerá y promoverá la pequeña y mediana industria, cooperativas y cajas de ahorro, así como también la empresa familiar, microempresa y cualquier otra forma de asociación comunitaria que se oriente a contribuir con la seguridad y soberanía agroalimentaria.

El control social

La Asamblea Nacional aprobó en primera discusión el Proyecto de Ley Orgánica de Contraloría Social que promueve en las comunidades la práctica fiscalizadora sobre la gestión pública y privada que afecte el bienestar común.

La norma tiene por objeto darle poder al pueblo para que ejerza el control de manera más eficiente y para que las denuncias puedan ser atendidas por los órganos competentes con celeridad.

"La ética y la moral revolucionaria se ponen en práctica sobre la base de la participación, el control social, la vigilancia, el seguimiento y la orientación oportuna para mejorar las gestiones de los propios consejos comunales y de los gobiernos local, regional y nacional".

La ley, dijo, se basa en el derecho constitucional de todos los ciudadanos a participar libre, voluntaria y democráticamente en todos los asuntos públicos.

Frente a la situación venezolana, un informe del consejo de la Internacional Socialista, reunido en Nueva York en la sede de las Naciones Unidas, en junio del 2010 acordó respaldar un documento de condena al régimen de Chávez. El texto, redactado por una misión especial enviada a Caracas, calificó al gobierno venezolano de "dictadura moderna" y se le acusa de emplear "temibles instrumentos de un mecanismo autoritario de nuevo tipo". En Chile el secretario general del partido socialista y un ex ministro de la concertación, del partido por la democracia, suscribieron la declaración planteando que en Venezuela hay un giro en una dirección de debilitamiento de la institucionalidad democrática, y que eso no puede ser asimilado a un proyecto de izquierda.

El jefe del Estado venezolano insistió en sus posiciones en junio del 2010: "seguiremos profundizando el sistema socialista (...) la batalla no es entre la burguesía y Chávez, la batalla es entre el socialismo y el capitalismo, entre los capitalistas y el pueblo, entre la burguesía y los trabajadores, esa es la batalla histórica que estamos dando".

La oposición respondió citando a Bolívar: "la continuación de la autoridad en un mismo individuo frecuentemente ha sido el término de los gobiernos democráticos. Las repetidas elecciones son esenciales en los sistemas populares, porque nada es tan peligroso como dejar permanecer largo tiempo en un mismo ciudadano el poder. El pueblo se acostumbra a obedecerle y él se acostumbra a mandarlo; de donde se originan la usurpación y la tiranía".

C. La centroderecha

1. Chile

Algunos antecedentes

Chile recuperó su calidad de país democrático en 1989 al ganar las primeras elecciones presidenciales, después de diecinueve años de cruenta dictadura, el candidato demócrata-cristiano Patricio Alwyn, luego de que el General Augusto Pinochet perdiera el plebiscito organizado por él mismo. Con el proceso de transición a la democracia iniciado por Alwyn, quien nombró una comisión para investigar la violación de los derechos humanos durante el gobierno de Pinochet, tuvieron lugar también ciertas reformas económicas que favorecieron la salida de más de un millón de chilenos de la pobreza extrema. En diciembre de 1993 le sucedió al poder Eduardo Frei, candidato de una coalición de centro izquierda al que se le debe la integración de Chile al MERCOSUR como socio observador junto a Bolivia, seguido por los dos periodos del Presidente Ricardo Lagos, quien ganó un gran prestigio internacional y consolidó la política de inserción de Chile en los mercados internacionales y luego la primera presidenta en la historia de Chile, Michelle Bachelet.

Desde el punto de vista histórico se ven intentos de realizar cambios profundos, reorientar el país, dirigirlo en una nueva dirección desde la llamada "revolución en libertad" del presidente Frei Montalva, demócrata cristiano quien gobernó de 1964 a 1970; le sigue una nueva política refundacional con Salvador Allende, el primer socialista que llega al poder por la vía electoral en la historia del mundo y que fuera derrocado por un golpe militar en el año 1973; le siguen los 17 años de la dictadura militar encabezada por el general Pinochet y luego los 20 años de la Concertación que incluyen a la primera mujer presidenta de Chile: Michelle Bachelet.

Los 20 años de la concertación en cifras
-5,1% promedio de crecimiento de Chile durante esos 20 años
-3.164 las veces que se multiplicó el número de teléfonos celulares
-224% de aumento en la cantidad de vehículos
-9 veces creció la superficie de centros comerciales llegando a 3,8 millón de metros cuadrados
-34 universidades privadas, de 14 en el 1989
-488% creció el tráfico aéreo de pasajeros
-US$ 14.299 PIB por habitante en el 2009, de US$ 4.542 en 1989
-13,7% de los chilenos viviendo bajo la línea de pobreza contra el 38,8% hace dos décadas
-casi 90% de popularidad alcanzó la presidenta Michelle Bachelet al terminar su gobierno

A finales de 1996 Chile firmó con Canadá, el primero de una serie de Tratados de Libre Comercio, consolidándose así como el país con el mayor número de ese tipo de acuerdos del mundo, lo que le dio acceso al 86% del PIB del planeta y entrada preferencial de sus productos a los mercados más importantes. Como referencia mencionemos que México tiene acceso al 60% del PIB mundial.

Esta diversificación de mercados le permite ponerse al abrigo en caso de variaciones bruscas de un determinado mercado, pero le significó estar más expuesto a la crisis global, sin embargo gracias a su política económica en la que favoreció un balance estructural mostró responsabilidad fiscal y mantuvo prudencia en el gasto social, logró sobrepasar la crisis sin gran problema.

El resultado de una economía basada en el comercio exterior y la diversificación en los productos de exportación le ha dado a Chile un fuerte desarrollo económico que ha repercutido positivamente en el nivel de vida de la gente. Sin embargo mantuvo una tasa de crecimiento baja, cercana al 4%, la que en el 2010 se proyecta con un crecimiento del 4,4% y del 5,6% para 2011. La inflación se ha acelerado desde abril y se espera que cierre el año en 3,5%.

A pesar de los devastadores efectos del terremoto de febrero, la economía chilena mantuvo su expansión en el primer trimestre, aunque a un ritmo débil. No obstante, es probable que vuelva a tasas de crecimiento más saludables a medida que los esfuerzos de reconstrucción se conviertan en un factor de impulso adicional.

Ello muestra claramente la orientación seguida por Chile: insertarse en el proceso de globalización tratando de sacar ventaja de éste, y a nivel interno, reglas claras, independencia del banco central y respeto de los contratos y tratados. Como algo interesante hay que señalar que los últimos tratados firmados incorporan un capítulo de inversiones y otro de intercambio de tecnología y formación.

Michelle Bachelet, fue la primera mujer presidente en la historia de Chile y su triunfo en el 2005 marcó un hito en la historia del país.

La presidenta Bachelet termina su mandato en el 2010 con cerca del 90% de aprobación popular y se habla de ella como posible candidata de la concertación de centroizquierda para las elecciones del 2014.

Vale la pena recordar que Michelle Bachelet, socialista, fue víctima de la dictadura del General Pinochet; que su padre, Alberto Bachelet fue un general de brigada de la fuerza aérea chilena quien murió a consecuencias de las torturas a las que fue sometido durante su detención tras el golpe de Estado; que fue la primera mujer ministro de Defensa en la historia de Chile; y que se identifica como agnóstica en un país de tradición católica donde la ley del divorcio fue recién aprobada en el 2004.

Bachelet explicó la fórmula para concluir su mandato de cuatro años con tan alto índice de popularidad de la siguiente manera: la razón está en "un estilo de liderazgo que infundió confianza, entender que la presidenta es de todos los chilenos, buscar grandes acuerdos nacionales frente a grandes temas", así como fomentar las políticas de Estado frente a las políticas de Gobierno y sobre todo asumir que "Chile tenía que ser exitoso económicamente, pero al tiempo, generar prosperidad para todos"; la clave es "desarrollar una sociedad donde las personas sientan que son importantes y que pueden ser parte de ella".

Como dato anecdótico, en el 2006, al comenzar su gobierno, el tradicional desfile militar del 18 de septiembre en conmemoración de la Independencia de Chile, por primera vez fue presidido por dos mujeres: la Presidenta Bachelet y su ministra de defensa, Vivianne Blanlot.

Al analizar el caso de Chile, el nuevo mapa político nos indica que estamos frente a una nueva forma de gobernar de la derecha que se desplaza hacia el centro, frente a una centroizquierda que se debate entre si se desplaza hacia la izquierda, si busca un nuevo eje de la centroizquierda como quiere liderar el Partido por la Democracia (PPD) o si como lo quiere la democracia cristiana, se mantiene más hacia el centro para no dejar a la centroderecha crecer en ese sector.

Ello explicaría el porqué no se veían diferencias fundamentales entre los programas de gobierno propuesto por el candidato Sebastián Piñera y el candidato Eduardo Frei; ello explica que tras el primer discurso de Piñera dirigentes de la concertación de centroizquierda lo hayan acusado de robarse sus banderas, de plantear que varios de esos proyectos eran de ellos, o que otros hayan dicho, que ese discurso lo hubieran querido en Bachelet hace cuatro años.

Quizás, el triunfo del candidato de la oposición frente al candidato de la sucesión de una presidenta que termina con casi el 90% de apoyo se explique por lo que la derecha apareció innovándose, modernizándose, centrando sus posiciones, menos ligada al pasado, y la izquierda apareció anquilosada, sin propuestas nuevas. La soberbia, desidia, abuso de algunos funcionarios y desconexión con la realidad, son algunos de los primeros errores reconocidos por sus líderes al buscar las causas de su derrota.

El cambio de mando: de la concertación de centroizquierda a la alianza de centroderecha

Al asumir el poder, Sebastián Piñera (1949), presentó un plan de gobierno ambicioso que busca la modernización y paso del país del subdesarrollo al desarrollo, plan con metas y plazos precisos que busca proyectar en el tiempo la alianza política centroderechista, plan sorpresivamente cargado a la expansión del gasto social. Su subida al poder estuvo marcada por el terremoto de febrero por lo que anunció que su plan de gobierno requiere de una economía fuerte que tome en consideración el terrible efecto del terremoto que azotó el centro y el sur de Chile. Los planes de gobierno se vieron alterados para incorporar esta nueva realidad y la primera tarea fue comenzar la reconstrucción del país.

Sorprendió nuevamente Piñera cuando a los cuatro meses, aún no terminada la etapa de la reconstrucción, reunió su equipo de gobierno para exigirles comenzar a desarrollar su plan de gobierno en lo económico, en educación, en seguridad ciudadana, en la minería, en lo social exigiendo fijar metas y plazos precisos y responder a los compromisos adquiridos.

Es evidente que se ve la forma de gobierno del exitoso hombre de negocios, uno de los más ricos de Chile; se nota su manera de conducir: delega, pero al mismo tiempo supervisa y exige. De alguna manera eso le ha producido conflictos con los partidos de la alianza que le llevó al poder quienes de acuerdo a la idiosincrasia política tradicional esperaban ser consultados, tener más peso en las decisiones del gobierno y en el nombramiento en los cargos públicos. Intentó integrar representantes de la Democracia Cristiana, el partido centrista de la concertación gobernante que lo precedió, pero muy pocos aceptaron ser parte de su gobierno, lo que les valió la expulsión de la DC.

Al César lo que es del César: cien días de gobierno de Piñera

Lo que logró en los primeros cien días de gobierno fue posible por lo que recibió un país con una economía sólida y con una amplia gama de tratados comerciales internacionales; un país recibido entre los países más ricos y prestigiosos del planeta en la Organización para la Cooperación y el Desarrollo Económico (OCDE); un país que tras la dictadura tuvo veinte años para cicatrizar heridas sin que ello implicara olvidar el pasado y sacar las lecciones para que nunca más se repita; un país que tuvo veinte años para volver a caminar en democracia. Ante los temores de la Concertación a ese respecto, Piñera los disipó recordando que fue opositor al régimen militar y declarándose firmemente respetuoso de la democracia y los derechos humanos.

Lo negativo de los primeros 100 días

Se le critica haberse demorado en deshacerse de sus empresas, cuya posesión mayoritaria o su permanencia en los consejos directivos representan un conflicto potencial de intereses. Vendió sus acciones en la línea aérea LAN, pero se ha demorado en salir de Chilevisión, canal que representaría un peligro desde el punto de vista de la independencia de la información. Demoró en la selección de "los mejores" para su gobierno, dejando puestos importantes vacíos en un momento en que se necesitaban funcionando.

No ha logrado un diálogo fluido con la oposición y la tendencia personalista del ejecutivo se refleja también en el momento de aceptar ideas de otros para enriquecer las propias. Cierto que la oposición no le facilita las cosas, quizás por lo que cuatro años pasan volando y se enfrentarán nueva-mente por la presidencia.

El programa: balance y tareas

El programa del Presidente Piñera está enmarcado por el principio de eficiencia para la formulación y evaluación de políticas y programas. Engloba los problemas que vive Chile, pero sorprende el acento social y de urgencia que caracteriza su programa:

- un gobierno de unidad nacional que gobernará para todos los chilenos, pero con un compromiso muy especial para los más pobres, un gobierno cercano a la gente, empapado de sus problemas y comprometido con sus soluciones

- un gobierno que restablezca la cultura de hacer las cosas bien, en forma honesta y hacer las cosas con un sentido de urgencia sabiendo que hay más de seiscientos mil chilenos sin **trabajo**, que hay millones de chilenos que viven con angustia y desesperación por temor a la **delincuencia**, que hay más de 600 mil niños y jóvenes que han caído en las garras de la **droga** que destruye sus vidas y las de sus familias y que millones de niños y jóvenes no reciben una **educación** de calidad, que hay un millón de chilenos en listas de espera para tener atención de **salud** y más de 600 mil familias que no tienen una **vivienda** donde formar con dignidad un hogar, que millones de **adultos mayores** y personas con discapacidad claman por una sociedad más solidaria y cariñosa

- un gobierno que fortalecerá y ampliará la red de protección social, pero que estará más contento cuando un chileno salga de ella por sus propios méritos y esfuerzo, que cuando un chileno la necesite por las circunstancias o limitaciones de su vida

- un gobierno comprometido con la ciencia, la tecnología, la innovación y el emprendimiento

A nivel de las relaciones internacionales, no se espera una gran diferencia. El triunfo de Piñera hace que la centroderecha adquiera un mayor peso y logre una mayor presencia en los organismos de integración latinoamericanos. Con los gobiernos de izquierda, no se espera la misma calidez en las relaciones que propiciaba la simpatía de esos gobiernos por Michelle Bachelet.

Educación

Busca alcanzar en los próximos diez años una educación de calidad. El primer paso es la creación de 50 liceos de excelencia donde se pretende beneficiar a los alumnos más pobres y a escuelas y liceos que logren avances concretos en el aprendizaje que impartan. Chile tiene una educación de baja calidad, poco equitativa y que está tremendamente estancada pese a que el presupuesto se quintuplicó desde 1990. Planteó Piñera que la batalla contra el subdesarrollo y la pobreza se va a ganar o perder en la sala de clases, pero que para lograrlo hay que romper con el ciclo que acentúa la diferencia entre sectores acomodados y sectores sumidos en la pobreza y mejorar la calidad de la enseñanza.

Desarrollo económico

Entre otras medidas se apoyará a las Pequeñas y Medianas Empresas, que generan el 80% del empleo en Chile, con un proyecto que permitirá reducir los trámites para crear una empresa de 27 a 16 días y disminuir el costo a menos de la mitad. Si bien varios de los anuncios realizados estaban incluidos en su programa de gobierno incluyó también medidas propuestas por diferentes gobiernos de la Concertación, como la creación de una Bolsa Nacional de Empleo.

Seguridad ciudadana

Se incrementará en 10.000 el número de Carabineros y 1.000 policías en cuatro años.

Justicia social

Otra de las tareas fundamentales que se fijó el nuevo gobierno es erradicar la extrema pobreza antes de 2014 y sentar las bases para terminar con la pobreza y las desigualdades excesivas antes de 2018, destacándose el ingreso ético familiar que se fijó en US $500. Para no transformar al país en un país de personas pasivas y dependientes, esta ayuda implicará responsabilidades: las personas que lo reciban deberán tener los controles de salud de sus hijos al día, asegurarse de que los niños asistan a la escuela y que los que están en edad de trabajar, si no se están capacitando, estén buscando empleo.

Ampliar las bases de la democracia

Se propone desarrollar el perfeccionamiento de la democracia a través del proyecto de inscripción automática, el voto voluntario y el voto de los chilenos en el extranjero, un viejo anhelo que alguna vez fue proyecto de los gobiernos anteriores.

El manejo económico

Se enfocó el nuevo plan de gobierno en la necesidad de volver a crecer, tras el descenso de crecimiento económico que se produjo a partir de 1998 con la crisis asiática en momentos en que gobernaba el presidente Eduardo Frei. Durante los 12 años que siguieron a esa primera crisis, la tasa de crecimiento se redujo a menos de la mitad, la capacidad de crear trabajos disminuyó a poco más de 100 mil, el crecimiento en la inversión se redujo un tercio, y el país, de haber sido considerado ejemplo por su dinamismo económico, pasó a tener resultados tristemente mediocres donde la productividad en lugar de crecer ha estado disminuyendo y, en lugar de ser un motor del crecimiento, se está transformando en un lastre.

El Presidente insistió en que la meta de crecer un promedio de 6% en los cuatro años de su mandato permitirá alcanzar el desarrollo y superar el ingreso per cápita, que alcanza los 14 mil dólares. Su plan de gobierno contempla una poderosa agenda pro-crecimiento y empleo, que permitiría incrementar la inversión del PIB del 22 al 28%.

Defensa y críticas del plan de gobierno

Para Renovación Nacional, partido componente de la Alianza de gobierno, el plan de gobierno muestra una preocupación social muy amplia, con una connotación moral dado que habla de valores determinantes como los de la familia, la atención a los mayores, el énfasis en la educación, entre otros.

Desde la izquierda, al candidato independiente Marco Enríquez Ominami el programa de gobierno de Piñera le pareció un plan sólido y coherente, con medidas que van en la dirección correcta y con metas claras, pero ambiciosas que requieren de la implementación de los mecanismos necesarios para cumplirlas y además, de mucho coraje.

Al diputado Pepe Auth, del Partido Por la Democracia, le pareció muy buen plan, ambicioso y concreto, que establece metas nacionales, y que felizmente no resucitó la agenda clásica de la derecha y más bien responde al deseo de la gente de un gobierno que continúe lo que ha hecho en estos veinte años la Concertación y extienda la red de protección social y profundizando la democracia.

La Democracia Cristiana hizo notar que gran parte de los anuncios del presidente Piñera forman parte de las propuestas ya formuladas por la Concertación sobre todo las reformas que perfeccionan la democracia.

El senador ex PS, Alejandro Navarro resumió el plan con la siguiente frase: "El discurso de Piñera debió pronunciarlo Bachelet el 21 de mayo de 2009".

En general, se hace constante una preocupación por la forma para financiar su programa y sobre todo que la eficiencia y el aumento de productividad requeridos vaya en desmedro de las conquistas sociales obtenidas durante los gobiernos de la Concertación.

Algunos antecedentes

El ex presidente, Álvaro Uribe, fue elegido para un primer mandato del 2002 al 2006. Fue el primer candidato a presidente de su país en ser elegido en la primera vuelta de las elecciones al obtener 53% de la votación contra 31,8% obtenida por el candidato opositor. Su reelección en mayo del 2006 estableció dos récords: uno, por primera vez en su historia, el pueblo colombiano reeligió a un presidente (y con 62%), una votación incluso mayor que la obtenida en el primer mandato, y dos, la aparición de una nueva formación de izquierda como primera fuerza de oposición: el candidato del Polo Alternativo Democrático, quien llegó en segunda posición con el 22%, lo que puso fin al bipartidismo liberal-conservador hasta ese momento imperante.

El rechazo por parte de la Corte Constitucional de una reforma para permitirle optar a un tercer mandato (segunda reelección) cambió sorpresivamente el mapa electoral colombiano.

Hasta ese momento, la vida política colombiana estaba dominada por la corrupción y la violencia producida por el narco y la guerrilla, la narcoguerrilla por un lado, los grupos paramilitares por el otro; los secuestrados por las FARC y los llamados falsos positivos, civiles asesinados por el ejército que hacían aparecer como guerrilleros muertos en combate.

Entre el 2007 y el 2008 la política colombiana estuvo dominada por dos temas: en primer lugar, la lucha contra las FARC y el problema de los secuestrados (la narco política) y en segundo, los lazos existentes entre el Gobierno y los grupos paramilitares (la para política). Hay 64 parlamentarios (54 de ellos oficialistas) bajo investigación por sus contactos con estos grupos que se desmovilizaron en el 2006.

A ellos, tras la recuperación de las computadoras de algunos de los jefes de las FARC se suma lo que los colombianos llaman las Farc-política para referirse a los lazos existentes entre este grupo guerrillero y algunos políticos y gobiernos extranjeros.

A ello se suma el problema del narcotráfico y de los desplazados que afecta 3,8 millones de los 42 millones de habitantes del país.

Esa violencia que en el puerto de Buenaventura ha hecho que las tradiciones se pierdan y los muertos se entierren sin ser velados; lo mismo sucede en el otro extremo del país, en Turbo.

Esa violencia cotidiana que llevó a las mujeres de Pereira en septiembre del 2006 a, sin saberlo, repetir la acción de las mujeres de Atenas y Esparta las que 430 años antes de Cristo decidieron no tener sexo con sus parejas hasta que la guerra terminara, única forma que encontraron para detener la masacre entre los hombres. Gesto extraordinario que fuera recogido por Aristófanes en *Lisístrata* que significa "las que fracturan los ejércitos".

Casi 25 siglos más tarde 25 mujeres de un barrio periférico de Pereira, algunas de ellas menores de edad, en un intento de reducir los índices de violencia en la ciudad y poner fin a la masacre entre sus hombres decretaron una huelga de "piernas cruzadas".

Hay en Pereira alrededor de treinta pandillas cuyos miembros son en general menores de 30 años. La ciudad tiene una de las tasas más altas de homicidios en el país (90 de cada 100.000 habitantes) y el 80% de los muertos son hombres menores de 30, esposos, novios, compañeros de las mujeres en huelga. La huelga terminaría el día en que los hombres se sentaran a concertar el desarme.

Sin saberlo, sintieron que el enfrentamiento entre pandilleros estaba hipotecando su futuro, que el enfrentamiento entre Esparta y Atenas, el que dejó miles de desplazados como lo ha hecho la violencia en Colombia, fue lo que llevó a la destrucción de una sociedad.

La violencia no se detuvo, pero fue un primer paso, una campanada que obligó a las autoridades a reconocer que tras la violencia existe un problema social y que tiene que ser enfrentado como tal.

Un vuelco en el enfrentamiento FARC-Gobierno: el paso de la ofensiva a la defensiva

Cuando el presidente Uribe asumió la presidencia, la guerrilla más antigua del continente estaba en plena ofensiva, secuestros selectivos o masivos, impuestos revolucionarios, presencia en una parte importante del territorio nacional donde la autoridad del Estado prácticamente no existía (lo que llevó a Chávez a decir que Venezuela limitaba con Colombia, pero también con las FARC, algo que fue repetido por Correa en Ecuador). El empate entre un ejército que no lograba someterla y una guerrilla que no podía tomar el poder por las armas configuraba un cuadro en que cualquier salida negociada parecía igualmente estancada.

Ante la ofensiva militar, la guerrilla desarrolló una ofensiva comunicacional llevando a centrar la atención mundial sobre la liberación o no de los secuestrados y las condiciones para lograrla, entre ellos, la más conocida Ingrid Betancourt, ex candidata a la presidencia de la república. Esta ofensiva contó con la participación de diferentes mediadores, siendo los más importantes por sus logros, el presidente Chávez y la senadora Piedad Córdova.

Esto produjo un avance político de las FARC; el presidente Chávez llamó a reconocerlas como fuerza beligerante, el presidente de Francia ofreció asilo a los guerrilleros de las FARC que lo quisieran y el gobierno colombiano aparecía cada vez más impopular, aislado, aparentemente sin saber cómo manejar un conflicto que se le había escapado de las manos y presentando como respuesta acciones militares que no tenían el peso mediático ni despertaban simpatía.

Un vuelco en esta situación se produjo con el llamado de un grupo de jóvenes colombianos a través del sito Facebook: cientos de miles de personas vestidas de blanco marcharon el 4 de febrero del 2008 en diversas ciudades del mundo, bajo la consigna "No más secuestros. No más mentiras. No más muertes. No más FARC". Según las autoridades de Bogotá, en Colombia marcharon 4,8 millones de personas a lo largo de todo el país. Un mes más tarde se realizó otra marcha contra la violencia, esta vez incluyendo en la lista a los paramilitares; a esta segunda marcha se sumó el Polo Democrático que agrupa a la izquierda democrática de Colombia, pero no tuvo la repercusión de la primera.

Tras la ruptura de las mediaciones, el ejército colombiano bombardeó, en territorio ecuatoriano, el campamento de Raúl Reyes, el segundo hombre del secretariado de las FARC lo que provocó una crisis diplomática que dejó profundas cicatrices entre Ecuador y Colombia; el ministro de defensa en aquél momento era Manuel Santos, el actual Presidente. En un golpe contundente en contra de la guerrilla, por primera vez, un miembro del secretariado, el número dos en la línea de mando, moría en combate. Semanas más tarde, también en marzo del 2008, Iván Ríos, otro de los siete integrantes del secretariado de las FARC es asesinado por su encargado de seguridad para cobrar la recompensa ofrecida: 5.000 millones de pesos colombianos. Como prueba de su muerte, lleva una mano de Ríos, y su computadora personal.

Gracias a un trabajo de inteligencia, el ejército logró interceptar las comunicaciones entre los diferentes frentes lo que los obligó a guardar silencio, y en consecuencia, a perder contacto entre ellos. La ofensiva fue cada vez más precisa gracias, en parte, a la información obtenida en las computadoras recuperadas y en parte a información proporcionada por desertores de la guerrilla o campesinos deseosos de cobrar las recompensas ofrecidas por el Gobierno. De 70 frentes, hoy la guerrilla cuenta con sólo 45, algunos de ellos apenas con un puñado de combatientes. Hambrientos, cercados, desilusionados, algunos se fueron entregando, como la legendaria Karina, jefa guerrillera del frente 45 quien se entregó junto a su amante al, en sus palabras, no ver futuro en la lucha. Sin embargo, previno a las autoridades de que las FARC estaban golpeadas pero no derrotadas y que algunos, cercados, no veían otra salida que continuar la lucha armada.

En el mes de mayo del 2008 un miembro del secretariado confirmó la noticia de la muerte de Manuel Marulanda Vélez, alias Tirofijo como consecuencia de un paro cardíaco. Marulanda, jefe máximo del secretariado combatió durante más de cincuenta años a 17 presidentes de Colombia y se había transformado en una figura mítica. Tras su muerte, asumió como el nuevo número uno, Alfonso Cano, ex estudiante de antropología en la Universidad Nacional, quien participara en las conversaciones de paz en 1991 y 1992 y luego en el Caguán. Cano es considerado más un ideólogo que un estratega militar.

El 2 de julio del 2008, en un golpe demoledor desde el punto de vista político, militar y moral, el ejército colombiano logró infiltrar a la primera cuadrilla de las FARC y su secretariado, engañarlos haciéndoles creer que se trataba de una operación de traslado de secuestrados que contaba con la autorización de Cano, y en una operación comando (denominada Jaque), sin disparar un solo tiro, logró rescatar a los rehenes de mayor peso: Ingrid Betancourt, los 3 rehenes norteamericanos y 11 miembros del ejército y la policía quitándoles la posibilidad de seguir utilizándolos como moneda de intercambio.

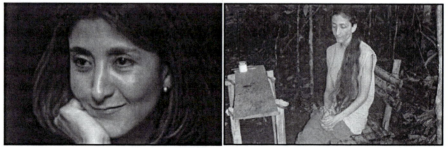

Ingrid Betancourt

Candidata a la presidencia   Foto enviada como prueba de supervivencia

En junio del 2010, entre ambas vueltas de la votación durante las elecciones presidenciales, el ejército golpeó nuevamente a las FARC liberando a 4 uniformados, los secuestrados de mayor rango en sus manos, entre ellos el general Mendieta del que las FARC habían dicho sería el último liberado. La operación Camaleón, nombre que le fuera dado, se realizó sin que hubiera una sola baja por parte del ejército, de los rehenes o de los guerrilleros.

Según estudios de la comisión de Paz, entre agosto del 2002 y abril del 2010, se han desmovilizado 53.037 personas pertenecientes a grupos paramilitares, FARC y ELN; se acogieron a la amnistía y forman parte del proceso de reintegración.

En medio de esta violencia, la política colombiana se definía en torno a estos ejes y el discurso de los candidatos se centraba en la política de seguridad. Los resultados de la primera vuelta electoral mostraron que la gente en Colombia, en especial la de las ciudades, la más informada, la más joven, se ha liberado del miedo que le producía la guerra que se libra en el campo.

El país que recibirá Manuel Santos de manos de Uribe no está en las mejores condiciones, a pesar de que se hable de una economía creciente y de un modelo de seguridad democrática exitoso.

Uribe le dejará el país con más desempleados de la región, cerca de dos millones y medio de desocupados, una informalidad de empleos que alcanza el 60%, y la paradoja de que para un empresario resulte más barato comprar maquinarias que contratar empleados debido a los altos costos extra salariales.

El presidente también tendrá que enfrentarse con la pobreza y la desigualdad económica. De hecho, cerca de 22,5 millones de colombianos, es decir, el 46% de su población, vive en la pobreza.

¿La continuación del uribismo, o una tercera vía?

Juan Manuel Santos, presidente de Colombia 2010-2014

Las primeras decisiones del presidente electo han sorprendido a aliados y rivales; considerado el seguidor del uribismo, Santos ha tomado una prudente distancia de Uribe.

Primero, llama a construir un gobierno de unidad nacional con tareas concretas para luchar por el crecimiento de la economía y contra desempleo, la pobreza y la corrupción. Un acuerdo muy amplio para consolidar la seguridad democrática derrotando el terrorismo y la delincuencia poniendo énfasis en la seguridad ciudadana para dar el gran salto a lo que el nuevo presidente llama la prosperidad democrática.

Los primeros ministros nombrados son todos de perfil técnico, especialistas en los temas a los que van a enfrentarse, lo que muestra el sello que quiere imprimirle Santos a su gobierno, y hasta sus críticos reconocen sus cualidades para escoger el mejor equipo de trabajo: la canciller será María Ángela Holguín, ex embajadora en Venezuela y en la ONU y experta en relaciones internacionales, cuya primordial tarea será la de reparar las relaciones con Venezuela y Ecuador y acercarse a Nicaragua; Hacienda será dirigido por Juan Carlos Echeverry, cuyo desafío será resolver un déficit fiscal del 4,5% del PIB y frenar el creciente desempleo; Transporte estará en las manos de Germán Cardona, quien deberá renovar la infraestructura vial del país para que ésta facilite el desarrollo económico; y el Ministerio de Medio Ambiente lo dirigirá una bióloga marina, Sandra Bessudo.

También imprime sello personal a su gobierno al reunirse con los máximos dirigentes de la oposición para buscar puntos de coincidencia, Mockus del Partido Verde y Gustavo Petro del izquierdista Polo Democrático. Con el primero, para analizar lo que tiene que ver con la lucha contra la corrupción y restablecer el imperio de la legalidad, con el segundo, para ver los problemas de distribución de las tierras, derecho a aguas e indemnización de las víctimas de la violencia.

En el terreno del funcionamiento del Estado y las instituciones, el nuevo gobernante se compromete a la transparencia, y a combatir la corrupción, y hace un llamado a que durante su gobierno impere la ética en la conducción de los asuntos públicos y la cultura de la legalidad en lo público y lo privado.

A semejanza de Piñera en Chile, plantea un gobierno eficaz, descentralizado, participativo y responsable en todos los niveles; un gobierno no centralizado que trabaje con líderes locales, los más cercanos a la realidad, para el desarrollo de las regiones.

Para terminar con los enfrentamientos entre los poderes de Estado y devolverles la confianza de la ciudadanía busca fortalecer el Estado democrático garantizando la independencia, el equilibrio y la colaboración entre los poderes.

Retomando planteamientos de sus opositores durante la campaña, hace hincapié en fortalecer el Estado de Derecho a través de la aplicación irrestricta de las leyes con cero impunidad, garantizar el derecho de la sociedad y los individuos a la justicia, defender los derechos de las víctimas: verdad, justicia y reparación.

Un problema que enfrentará su gobierno es el de restablecer las complicadas relaciones que deja Uribe con sus vecinos, sobre todo con

Ecuador y Venezuela con quienes buscará recomponer y estrechar las relaciones basados en el respeto y la cooperación. Con los Estados Unidos la relación no cambiará, pero sí se enfocará más en el desarrollo económico y social y menos en seguridad, tomando en cuenta la nueva realidad.

Necesariamente, la economía será una de las prioridades del nuevo gobierno si desea sacar adelante las tareas fijadas; para ello se ha rodeado de técnicos y no de políticos. Las claves están en el nombramiento de un técnico a la cabeza del ministerio de Economía, y de un ex dirigente sindical como vice presidente buscando con ello una concertación entre gobierno, empresarios y trabajadores en una política de diálogo y paz social.

Otra tarea primordial será el reducir el desempleo a menos de un dígito para dar cumplimiento a la promesa de crear 2, 5 millones de empleos y formalizar cerca de 500 mil empleos irregulares, tarea que junto a la de la lucha contra la delincuencia e inseguridad, contra el terrorismo, y por la justicia social, serán claves para medir el éxito del nuevo gobierno.

Como una forma de asegurar la energía necesaria a su desarrollo económico, entre 2008 y 2015, Colombia invertirá en la explotación y exploración de petróleo la suma de 54.000 mdd; otros 8.000 millones se destinarán a la exploración y explotación del carbón. Más de 1.300 mdd para explorar 96 bloques provendrán de inversión extranjera. Colombia, el cuarto productor de petróleo en Latinoamérica, espera duplicar sus reservas de crudo y mantener el crecimiento de un sector en plena expansión. Parte de la exploración se hará en el Mar Caribe y en el océano Pacífico siguiendo la tendencia mundial de explotación de yacimientos marítimos.

Con la elección de Santos podemos apreciar que tras las elecciones del 2010 se configura un nuevo mapa político en Colombia. La tradicional repartición del poder entre los partidos Liberal y Conservador, se rompe con la sorpresiva subida de la votación del Partido Verde liderado por Antanas Mockus, 26%, un tercer lugar por un candidato liberal en ruptura, Rafael Pardo, con un 11% y un cuarto para el izquierdista Polo Democrático con un 10%. Los partidos tradicionales llegan últimos con un 5% cada uno. Recomposición que indica que el discurso de honestidad y legalidad es algo que caló profundamente en el electorado y que determinará el rumbo de la política colombiana en los años a venir pues la gente está por la seguridad democrática, pero está cansada de que la política del país sea determinada por la violencia que asola al campo; y está cansada del clientelismo y de la corrupción.

Al plantearse como un gobierno de tercera vía, Manuel Santos, quien ganó con 9 millones de votos contra 3,5 millones de Mockus, busca desmarcarse de su pasado uribista e intenta ubicarse en una centroderecha que le permita una política de alianzas que le de mayor gobernabilidad al país, y la posibilidad de imponer un sello propio.

Algunos antecedentes de la historia reciente

Las elecciones generales de México el 2 julio del 2006 fueron unas muy reñidas al punto que el resultado oficial final no fue dado a conocer sino hasta septiembre. La noche de los comicios electorales el Instituto Federal de Elecciones (IFE) pidió a ambos candidatos, Felipe Calderón y Andrés Manuel López Obrador que se abstuvieran de pronunciarse vencedores puesto que la diferencia de votos era muy pequeña; Calderón aparecía con una ventaja de apenas el 1,4%. Ni Obrador, ni Calderón hicieron caso de este llamado y ambos se declararon vencedores lo que inició un periodo de conflictos entre los partidarios de cada candidato.

Presidente Felipe Calderón

El 6 de julio del 2006 oficialmente se declaró vencedor a Felipe Calderón por el estrecho margen de 0,58%.

La violencia marca a un país

México se ve enfrentado a una terrible violencia originada por los carteles de la droga. Desde que el presidente Calderón asumiera el mando más de 4.000 personas fueron asesinadas. Solamente para junio del 2008 habían ocurrido alrededor de 1.400 muertes relacionadas con el narcotráfico.

De acuerdo a un informe del Comité para la protección de periodistas, 21 periodistas fueron asesinados y siete desaparecieron entre el 2003 y mediados del 2008. En una de las zonas más conflictivas, la frontera con los Estados Unidos, los carteles de la droga han impuesto con amenazas una autocensura de los medios de comunicación.

Para combatir la inseguridad, el Presidente aumentó el presupuesto de 12,4% para fortalecer los cuerpos policiales con el fin de realizar redadas masivas contra los carteles de droga. En adición, el Gobierno decidió la extradición a los Estados Unidos de varios líderes de pandillas asociadas con el narcotráfico.

Junto a ello planteó una reforma al sistema judicial que apunta a que los procesos judiciales se realicen en forma oral, haciéndolos más sencillos y eficaces, y sobre todo más impermeables a la corrupción. La gente desconfía tanto de las fuerzas policiales por su pasado de corrupción como de la justicia por su ineficacia. La reforma busca permitir, tanto al gobierno federal como a los estatales, el tener mejores instrumentos y más celeridad en el combate al crimen organizado lo que facilitará, entre otras cosas, atacar el narcotráfico quitándoles sus bienes.

Ciudad Juárez donde tan sólo en el 2009 hubo más de 2.600 asesinatos, se convirtió en el símbolo mundial de la violencia mexicana, el asesinato de mujeres (que sirviera de tema a *2666* -el número de mujeres asesinadas- a la última novela del escritor chileno Roberto Bolaño), el asesinato de 15 jóvenes con buenos expedientes escolares a comienzos del 2010 remeció al gobierno y a la población.

El Gobierno se desplazó a Ciudad Juárez para presentar un plan de cuatro ejes para recuperar la ciudad: salud (extender la cobertura, crear diez nuevas clínicas o reforzar la atención de adicciones), educación (ampliación de la jornada escolar en 89 centros, y becas y estímulos para evitar la deserción), y ayuda social (apoyos a pequeñas y medianas empresas, desempleados, guarderías, etc.). El cuarto eje es el reforzamiento de la estrategia policial en una ciudad que cuenta ya con la intervención de 7.000 miembros del ejército a quienes se les acusa de brutalidad y atropellos a la población.

Lo que queda claro es que la violencia producida por el narcotráfico, está lejos de ser eliminada pues la misma tiene otras ramificaciones como el tráfico de armas, el lavado de dinero y la corrupción.

La cruzada nacional en contra de los carteles de la droga emprendida por el presidente Felipe Calderón al iniciar su gobierno en el 2006, se le salió de las manos. "No teníamos idea del poder de los narcotraficantes", admitió Calderón. Esa falta de diagnóstico real ha provocado una guerra civil de más de 23.000 muertos, la mayoría delincuentes, pero también policías, militares y ciudadanos que no tenían nada que ver en esa lucha.

El problema creció, la violencia se ha extendido a casi el 30% del país y amenaza la vida democrática de México.

El tema de las drogas es un tema global al que hay que enfrentar bajo diversos ángulos: como un tema económico y de mercado. Este es uno de los ángulos que ayuda a explicarse el fenómeno, y quizás a encontrar los mecanismos para combatirlo o al menos, para contenerlo. Recordemos que cada año ingresan a la economía mexicana alrededor de 40.000 mdd por concepto de drogas.

Otro aspecto de la ecuación de la violencia hay que verlo en la dirección opuesta, Estados Unidos a México. Desde que en 2004 se deroga en EEUU la prohibición de venta de armas de asalto, creció el poderío bélico de los carteles debido al suministro de armamento ilegal que pueden adquirir fácilmente al norte de la frontera. El gobierno ha decomisado en los últimos tres años cerca de 75.000 armas, de los cuales más de 40.000 son rifles de asalto, unas 5.000 granadas, ocho millones de cartuchos, lanzamisiles, un arsenal capaz de armar a un pequeño ejército, o con el cual enfrentar a un ejército.

En el plano económico

México fue una de las naciones latinoamericanas más golpeadas por la crisis internacional por su gran dependencia de los Estados Unidos país al que exporta el 80% de sus productos, sin embargo lo negativo se transforma en positivo cuando los Estados Unidos se estabiliza y comienza a salir de la crisis.

Según el informe sobre competitividad global del 2009-2010 del World Economic Forum, de 133 países, México ocupa el lugar 101 en ineficacia de las instituciones; en materia de recaudación de impuestos, México recauda en promedio 9% del PIB, frente al 14% promedio en América Latina; según transparencia internacional, México pasó del lugar 72 al 89, de 180 países en corrupción en el 2009; y según otros estudios la informalidad económica abarca cerca del 50% de la economía del país.

En el primer trimestre del 2010, la inflación aumentó a 4.8%, comparado con el 4.0% de fines del 2009 y se proyecta sobre el 5% para el 2011.

La Inversión Extranjera Directa en el 2009 cayó de un 51% consecuencia directa de la crisis y de la incertidumbre originada por la violencia.

Sin embargo, México comienza a recuperarse en el 2010, el PIB ascendió durante el primer trimestre a 4.4%, comparado al mismo periodo del 2009 cuando registró una contracción de 2.4% en lo que representa la primera expansión desde el 2008 cuando la economía mexicana entró en su peor recesión en décadas. Un mes más tarde, en abril, la economía registró un crecimiento de 7.2%, como resultado del comportamiento favorable en todas las actividades económicas del país.

Otro buen índice es el de las reservas internacionales que alcanzaron los 100.000 mdd, balance positivo frente a una deuda externa que alcanzó los 94.000 mdd, lo que le facilitará el camino a créditos en mejores condiciones.

Al conocer estas cifras, la oposición planteó que esos fondos deberían emplearse, sea para cancelar deuda externa o para invertirlos en proyectos sociales.

México se convertirá así en el 2012 en el séptimo país que ostenta la presidencia del Grupo de Veinte países más industrializados del mundo (G20) que incluye tanto economías desarrolladas como emergentes, economías que acumulan el 80% de la producción de riqueza a nivel mundial.

A nivel de la salud, a los dos tercios de su mandato el presidente Calderón planteó que espera que un día México tenga cobertura universal, no sólo de salud en el concepto tradicional, sino también en el tratamiento de las adicciones nuevo flagelo que golpea sobre todo a los jóvenes.

Aunque en el 2007 Calderón enfrentaba cifras negativas, insistió en que nada lo detendrá de cumplir con su agenda clave de gobierno de combatir la pobreza, crear nuevos empleos y luchar contra la inseguridad. Considera que el mejoramiento en estas tres áreas básicas: educación y salud, empleo, y seguridad ayudará a atraer inversionistas a su país.

En el campo laboral lanzó un Programa Nacional para el Primer Empleo para incentivar la creación de nuevos empleos. De acuerdo a este plan el gobierno subvencionará a los empresarios que contraten recién egresados de las universidades o escuelas técnicas con el 100% de las cargas sociales de los nuevos puestos creados. También propuso el mandatario, el reactivar los sectores agropecuario, de infraestructura y de turismo.

En cuanto al desarrollo económico que garantice la política social que quiere aplicar, el mandatario ha manifestado que se necesitan inversiones extranjeras para desarrollar el país y para ello ofrece la garantía de la "seguridad jurídica" que no ofrecen otros gobiernos en Latinoamérica.

El petróleo: manzana de la discordia

La compañía estatal Pemex (Petróleos de México) no sólo representa la mayor fuente de ingresos del país, sino que es considerada un símbolo del orgullo nacional tras la nacionalización de la industria petrolera en 1939 por el general Lázaro Cárdenas. El agotamiento de los pozos explotados y la falta de inversión y modernización hacen que se calcule que la capacidad de producción de crudo mexicano baje en medio millón de barriles diarios de aquí al 2021 con una pérdida en sus ingresos de 14.000 mdd.

Por lo tanto, México necesita invertir en la exploración y explotación del petrolero en las aguas profundas del Golfo de México. El presidente Lula ofreció asociar Pemex y Petrobras para explotar estos nuevos yacimientos. La posible apertura de Pemex al capital privado, como propone el gobierno para aumentar su capacidad productiva, desató una enorme polémica y grandes movilizaciones de las fuerzas de izquierda frenando la propuesta gubernamental, la que de ser aprobada en el congreso nacional se verá limitada en sus proyecciones. México, junto a Corea son los únicos países que tienen un mandato constitucional que les prohíbe aceptar capitales privados en la exploración, explotación y refinamiento de sus recursos petroleros.

Los partidarios de la reforma constitucional e ingreso de capitales privados hacen notar que dado el tiempo que se necesita para explorar y luego explotar el petróleo en altas profundidades se necesita tomar medidas ahora para garantizar la producción de petróleo.

El reciente accidente en un pozo de profundidad en el Golfo de México perteneciente a la BP, la imposibilidad de detener el flujo del petróleo al mar por parte de la compañía, su responsabilidad en la aplicación de normas de seguridad provocó un daño ecológico y económico de dimensiones incalculables.

No sólo la imagen de la exploración y explotación petrolera en alta mar quedó dañada, sino que cada nuevo pozo a perforar es mirado como un peligro potencial mientras no se adopten normas y medidas, no importa el costo que tengan.

En el plano de las relaciones internacionales

El presidente Calderón comparte el sentimiento que recorre Latinoamérica de buscar la unidad y la integración de los países tomando en consideración las coincidencias y diferencias en una forma madura y respetuosa y analizar juntos las alternativas para los pueblos sin incurrir en descalificaciones personales.

"Yo veo gobiernos de izquierda, como puede ser el de Lula, que hacen las cosas bien, que protegen mercados, que permiten que haya inversión. Veo gobiernos conservadores o de centroderecha que trabajan con políticas sociales muy, muy intensas", ha expresado.

4. Perú

Algunos antecedentes

Después de varios gobiernos militares en los setenta el país retomó el camino de la democracia en 1980 con Fernando Belaúnde Terry como presidente electo por segunda vez. Esta nueva línea de gobierno no fue suficiente para sacar al Perú de la debacle económica, lo que, como de costumbre, aumentó la deuda externa y acrecentó los enfrentamientos entre la guerrilla de izquierda Sendero Luminoso y el gobierno. En 1985 subió al poder el candidato de la Alianza Popular Revolucionaria Americana (APRA), Alan García el que tampoco fue capaz de poner fin a la crisis económica. Por el contrario, la guerrilla siguió tomando fuerza y el deterioro en la economía del país, así como la corrupción, siguió acrecentándose.

En 1990 Alberto Fujimori, de descendencia japonesa, ganó las elecciones presidenciales; en 1992 disolvió el Congreso, suspendió la constitución e impuso la censura poniendo así fin a la democracia parlamentaria en el Perú, para según él, poder luchar contra el terrorismo, el tráfico de drogas y la corrupción. Gracias a ello, y a un gobierno autoritario, pudo vencer a la guerrilla y en el 1993 hizo aprobar una nueva constitución que le otorgaba más poderes al presidente y personalmente le permitía volver a presentarse como candidato en las elecciones de 1995 las que volvió a ganar. Como en los vecinos países, la economía del país no vio mejoría con las medidas de austeridad y de privatización de los servicios públicos; la deuda externa siguió creciendo a la par con la pobreza y el descontento popular.

A pesar de todo, en las elecciones del 2000 Fujimori fue reelegido presidente por un tercer periodo consecutivo. Ese mismo año, luego de que su jefe de inteligencia, Vladimiro Montesinos fuera acusado de soborno, Fujimori, quien fuera acusado de corrupción, dimitió de su puesto de presidente del Perú durante una visita al país de sus progenitores, ante la sorpresa y la cólera de los peruanos ya que por poseer ciudadanía japonesa no podía ser extraditado para ser juzgado por sus acciones. En diciembre de 2005, en un sorpresivo viaje de regreso a Perú, Fujimori hizo escala en Chile donde fue detenido de acuerdo a la orden internacional de captura interpuesta por el gobierno peruano por violación a los derechos humanos y mal manejo de fondos públicos. En septiembre del 2007 fue extraditado al Perú donde fue sometido a juicio en diciembre y sentenciado a seis años de prisión por abuso de poder. En el 2008 enfrenta otros juicios por violación a los derechos humanos y soborno, entre otros delitos.

En el 2001 el candidato centrista de origen mestizo Alejandro Toledo, fue elegido presidente. La corrupción del gobierno de Toledo no fue diferente de la de los gobiernos que le precedieron. Sus medidas de privatización de los servicios públicos fueron muy mal acogidas por la gente y le quitaron credibilidad a su gobierno pues Toledo, durante su campaña, había prometido no vender las compañías nacionales.

A pesar de que desde su llegada al poder en el 2001 la economía conoció un tímido crecimiento de 4% anual basado en los ingresos que dejan la minería y la industria del gas, este crecimiento no se tradujo en la creación de nuevos empleos ni en un beneficio social evidente para los sectores desfavorecidos.

El 9 de abril del 2006 se celebró la primera vuelta de las elecciones presidenciales bajo un panorama político marcado por un fuerte desencanto con respecto a la clase política dirigente. Entre los 27 candidatos a presidente destacaron tres: una mujer, candidata socialdemócrata por el Partido Popular Cristiano (PPC), Lourdes Flores Nano, el ex presidente, candidato del APRA Alan García y un desconocido en el círculo político, el ex militar y candidato nacionalista, Ollanta Humala.

Humala comparte características con algunos de los presidentes que han asumido el poder en América Latina en los últimos años. Al igual que Evo Morales, es de origen aimara y al igual que Chávez, militar de carrera. Similar al gobierno de Chávez y al de Morales, la propuesta de gobierno del Partido Nacionalista Peruano (PNP), por el cual Ollanta fue candidato a presidente, está caracterizada por un fuerte sentimiento nacionalista e indigenista y se inscribe en esta corriente populista. Su plan de gobierno se denomina "Llapanchik Perú" que significa "Perú de todos". Durante su campaña se definió diciendo: "Siempre han tratado de ponerme etiquetas" antes de considerar que los conceptos de derecha e izquierda", acabaron con el fin de la Guerra Fría". "Soy de abajo, ni de derechas ni de izquierdas", lo que describe su ideología y planteamientos políticos.

El resultado de la primera vuelta fue que Humala, un perfecto desconocido, llegó en primer lugar, con una votación del 30%. Sin embargo, en la segunda vuelta ganó el candidato socialdemócrata Alan García por apenas el 5,5% de los votos. Vale la pena destacar que Humala ganó en 14 de los 24 departamentos del país, sobre todo en el sur y los departamentos de la sierra, es decir los más abandonados económica y socialmente y que no han sentido los beneficios del crecimiento económico sostenido del Perú en los últimos 5 años. García ganó en los departamentos que representan la costa exportadora y los departamentos productores de riquezas mineras.

El alto porcentaje de votos del candidato nacionalista que, con 43 años de edad, un partido en formación y cinco meses de campaña se transformó en un referente indiscutible de la política peruana, puede interpretarse como un claro mensaje a la clase política tradicional marcada por la corrupción y la exclusión de que continuar con su manera de hacer política es inaceptable. Al reconocer su derrota, Humala planteó que había obtenido una victoria social y política, que logró colocar por primera vez en la agenda política peruana el tema de la exclusión y las demandas de los sectores más pobres, y que de inmediato se pondría en marcha para obtener la transformación social que prometió durante su campaña.

El segundo mandato de Alan García: lograr el desarrollo económico y social

Presidente Alan García (2006-2011)

En su primer discurso, García prometió un gobierno de "concertación, coincidencia, diálogo y apertura que no olvidará a los desposeídos". Se planteó reducir la pobreza del 45 al 30% para fines de su mandato en el 2011. A fines del 2007 había logrado bajar la pobreza de 44,5% a un 39,3%; en el 2008 la llevó al 36,2% y en el 2009 a 34,8% en una curva descendente que le permitiría lograr la meta fijada. La extrema pobreza disminuyó de un 3%: del 16 al 13%.

Una de las causas de esta baja es un crecimiento sostenido cercano al 8,3% (comparable al de China) durante los últimos 9 años y una exitosa apertura del Perú a los mercados internacionales, entre ellos a los Estados Unidos gracias a un Tratado de Libre Comercio que fuera ratificado por el congreso americano en el 2008.

Perú sobrepasó la reciente crisis global gracias a una política monetaria (vigente desde el 2002) que permitió acumular reservas internacionales para proteger la economía frente eventuales crisis del mercado internacional.

Después de registrar tasas de crecimiento anuales superiores al 5% desde el 2004, con un estelar 9,8% en 2008, en el 2009, la economía peruana creció apenas un 1,12% debido a los efectos de la crisis financiera global. Tras ese bajón, la economía peruana se recuperó y alcanzó un crecimiento del 6% durante el primer trimestre del 2010, comparado al mismo periodo en el 2009, según cifras oficiales publicadas por el Instituto Nacional de Estadísticas e Informática.

La demanda de electricidad en Perú está creciendo a un ritmo del 6% debido al buen desarrollo de la economía. Ante la creciente demanda, el Gobierno busca sumar 2.300 megavatios al sistema interconectado del país para el 2013 para garantizar así un suministro vital para la industria.

La contradicción de un país con gas: su precio para las industrias nacionales es más alto que el precio de venta a la exportación. La exportación del gas a México (destinado a Chile, según algunos) está en el centro de la discusión ya que hasta ahora el Gobierno mantiene la decisión de su venta, pese a las recomendaciones de los técnicos. Se enviará al exterior casi el 50% de las reservas de gas de Camisea. El precio interno es de US$ 3.00 contra US$ 0.56 por millón de BTU a la exportación.

Las exportaciones mineras en los primeros cuatro meses del año se incrementaron en un 51.4 %, respecto al año anterior, con lo que sumó 6,505 mdd, reportó hoy el Ministerio de Energía y Minas (MEM).

En el plano del comercio internacional, continúa la política de expandir los tratados de comercio: Chile, Brasil, Estados Unidos, China, La Unión Europea, Asia, etc.

En abierta competencia con Chile, se propone modernizar sus puertos para que sirvan de plataforma de salida a los productos latinoamericanos para los mercados de ultramar.

Estos logros macroeconómicos representan una gran diferencia con los resultados del primer gobierno de Alan García en 1990 donde la inflación alcanzó el 7,650% hundiendo al país en un caos económico; en su segundo gobierno la inflación alcanza el 3,9%. Su milagro económico es resultado de una política de disciplina fiscal, de lucha por controlar la inflación y de un Estado más eficiente en el manejo de la economía ofreciendo garantías para la inversión extranjera, estabilidad política y buscando diversificar sus exportaciones.

En el campo de las inversiones y de los recursos naturales

Se confirmó el descubrimiento de campos petrolíferos en la Amazonía lo que podría convertir al Perú en un país exportador de petróleo a fines del 2010 con una producción de hasta 220.000 barriles diarios, 70.000 más de los necesarios para cubrir la demanda interna; cifras que no toman en cuenta la producción de nuevos campos petrolíferos que se exploran en su frontera con Colombia y Ecuador.

El gobierno se comprometió a dar seguridad jurídica y tributaria a las diferentes compañías extranjeras, pero al mismo tiempo exigió el que se fortalezca una gestión social y se mantenga una buena relación con las comunidades en las áreas explotadas.

Las proyecciones muestran que el Perú puede captar el doble de los capitales esperados para minería y energía, cerca de 20.000 mdd hasta el 2011, y ello gracias al dinamismo que muestra la economía y al grado de inversión que alcanzó en los organismos financieros internacionales.

Desafíos

Indiscutiblemente estamos frente a un país que prospera. Convencido partidario del libre comercio, critica a algunos de los gobiernos de izquierda de Latinoamérica por mantener sistemas y visiones atrasadas e intentar administrar la miseria: "Soy de izquierda, pero ser de izquierda no es ser tonto. Hay que usar los mejores instrumentos para ser de izquierda. Para generar empleo y crecimiento necesito inversión", dijo García en uno de sus tantos discursos contra el proteccionismo y el populismo. Hace alusión en sus discursos a ciertos gobiernos de izquierda latinoamericanos, a los que les pidió abrirse "sin restricciones, sin complejos y sin temores", y a los que les recordó que "una democracia de administración de la miseria no es ni socialismo ni democracia, es simplemente miseria".

Sin embargo, y pese a la reducción de la pobreza, la distribución de la riqueza es lenta y desigual (entre ricos y pobres, entre la ciudad y el campo, entre la costa y la sierra) lo que ha creado una cierta incertidumbre y malestar en los sectores excluidos del boom que beneficia al país.

Pese a la disminución del desempleo (apenas alcanza un 8.5%) muchos de los empleos son precarios, no calificados y con bajo salario. Los salarios aumentan en las grandes corporaciones, la banca, la minería y la industria ligada al gas, pero no en las pequeñas y medianas empresas, aquellas que emplean el 85% de la masa laboral lo que hace que el ingreso por habitante sea igual al de 1974.

Este sentimiento de abandono de los sectores más desfavorecidos de la población es aprovechado por el líder populista Ollanta Humala quien se posesiona para las elecciones del 2011.

En el terreno de la educación

Perú necesita mejorar el acceso a la educación; el 4% de los niños no va a la escuela primaria y de los que entran a primaria, el 30% no sigue a la secundaria.

Necesita también mejorar la calidad de la educación, y para ello el gobierno tomó la capacitación del profesorado como una política de Estado, sostenida en el tiempo y con controles que permitan medir su eficacia. El mejorar la calidad de la enseñanza pasa también por aumentar el salario de los profesores, invertir en los recintos escolares e incluso luchar por reducir la desnutrición infantil que afecta a los niños de las capas más pobres de la población. Los profesores representan uno de los sectores más duros contra el presidente García: reclaman aumento de salario, y al mismo tiempo están contra la reforma educacional que los obliga a ser evaluados para poder continuar en la carrera docente.

Fronteras: controversia Chile - Perú

Perú presentó en el Tribunal Internacional de La Haya una demanda para dirimir el problema de las fronteras marítimas con Chile, lo que implica la soberanía sobre miles de kilómetros cuadrados sobre el océano Pacífico. Perú considera que no están definidos los límites marítimos con Chile, tras la Guerra del Pacífico de 1879-83, en la que también participó Bolivia. Chile, vencedor en ese conflicto, dice que sí lo están, en acuerdos suscritos en 1952 y 1954, acuerdos que para Lima son sólo pactos pesqueros.

Perú planteó que la frontera debe definirse con una línea equidistante, a diferencia de la que Chile dice existir y que sigue el paralelo. Esa opción supondría ampliar el dominio marítimo peruano en 35.000 kilómetros cuadrados.

La línea dibujada en un mapa peruano en el 2007 extiende esa área de controversia a 61.600 kilómetros cuadrados de mar territorial chileno, a los que se suman 27.700 kilómetros de alta mar.

En rigor, la diferencia comienza porque Perú considera que el denominado "Punto de la Concordia" identifica los límites terrestres y no la frontera marítima, mientras Chile señala el llamado Hito 1 como el límite territorial y no la Línea de la Concordia.

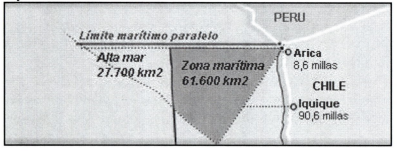

Chile presentó su versión ante el tribunal de La Haya en el 2009, y éste, en el 2010 le pidió a Ecuador que diera su opinión sobre el eventual conflicto dado que sus fronteras con Perú están delimitadas en parte por los mismos tratados comerciales que invoca Chile en su defensa.

El presidente Correa planteó que Ecuador si recibiera de parte de Perú un documento oficial que señale que los límites con Ecuador son válidos y reconocidos por Perú y por lo tanto no existe ninguna posibilidad de revisión, no se pronunciaría al respecto. Hasta junio del 2010, no había recibido satisfacción a su demanda.

La situación a comienzos de la década del 2010

Todo hace pensar que la economía peruana crecerá significativamente por encima del promedio mundial constituyéndose como una de las de mayor crecimiento en el mundo en el 2010 y 2011.

A nivel nacional, la pobreza se redujo de 36.2% en el 2008 a 34.8% en el 2009, aunque en el área rural se registró un aumento de la pobreza del 0.5%, sin embargo la brecha existente entre pobres y ricos prácticamente no disminuye, la mayor actividad económica continúa concentrándose en la costa, y la falta de oportunidades en la sierra y la selva, mantienen la pobreza a niveles alarmantes; en los departamentos de Huancavelica la pobreza alcanza el 77.2%, en Apurímac el 70.3%, en Huánuco el 64.5%, en Ayacucho el 62.6% y en Puno el 60.8%.

No es de extrañar que haya sido en esos departamentos que el candidato Ollanta Humala obtuvo su mejor votación sobre el actual presidente, no es de extrañar la baja popularidad del actual gobernante pese al crecimiento económico del Perú dado que la población no percibe los beneficios del desarrollo. Lo ven, saben que el país está creciendo, pero no ven los beneficios directos para ellos. Continúa la desconfianza con la clase política gobernante y un caldo de cultivo para la confrontación social y las aventuras populistas.

Ello hace que a mayo del 2010, las encuestas mostraron que sólo el 27,3% de los ciudadanos aprobaba el gobierno de García contra un 60,2% de desaprobación.

Elecciones presidenciales del 2011

En abril del 2011 se llevarán a cabo elecciones presidenciales para las cuales se presentarán 9 candidatos. Entre los favoritos para llegar a una segunda vuelta se encuentran, en el siguiente orden según sondeos de junio del 2010: Luis Castañeda, alcalde de Lima, por el partido Solidaridad Nacional; Keiko Fujimori, por Fuerza 2011; el ex mandatario Alejandro Toledo por Perú Posible, y Ollanta Humala por el Partido Nacionalista Peruano.

CAPÍTULO I

I. El nuevo mapa político de América Latina: dos décadas que marcan la diferencia

1. Resuma las dos formas en que se puede explicar el rediseño del mapa político de América Latina en la segunda mitad del siglo XXI.

I.1. La década del 2000-2010, surgimiento de la nueva izquierda

1. Defina lo que ha sido denominado como la "nueva izquierda latinoamericana" y qué países la componen.

2. Resuma los puntos de convergencia y de divergencia entre los gobiernos parte de la "nueva izquierda".

3. Mencione y explique la diferencia entre las dos tendencias al interior de esta "nueva izquierda" y los países que las componen.

I.2. La década del 2010, profundización o rediseño de tendencias

1. ¿En qué se constata la consolidación de la democracia en América Latina en las últimas décadas?

2. ¿Qué países continúan en la profundización del Socialismo del Siglo XXI y cómo lo hacen?

3. ¿Cómo se puede describir el nuevo mapa político que impera en Latinoamérica en la década del 2010? Dé algunos ejemplos emblemáticos.

I.3. Desafíos para América Latina en la próxima década

1. Haga un bosquejo de los diferentes desafíos a los que se enfrenta Latinoamérica a comienzos de la década del 2010.

I.4. Los protagonistas

    La izquierda moderada y la centroizquierda

1. Describa la situación de la economía argentina justo antes de que Néstor Kirchner asumiera el poder.

2. Resuma los logros más significativos del gobierno de Kirchner y las críticas que se le hacen.

3. Comente los logros de gobierno de Cristina Fernández de Kirchner.

4. Explique las implicaciones de la posibilidad de alternancia de poder de la pareja.

5. Resuma los logros más significativos del gobierno de Lula.

6. ¿Quiénes son los posibles sucesores de Lula en las elecciones de octubre del 2010 y cómo el ganador puede o no afectar el camino de desarrollo económico y social logrado por Lula?

7. ¿En qué planea invertir el gobierno brasileño los extraordinarios ingresos producidos por el petróleo?

8. ¿Quién es el nuevo presidente de El Salvador y en qué se ve que pretende llevar a cabo un gobierno de unidad nacional?

9. ¿Cuáles han sido sus primeros logros de gobierno?

10. ¿Quién es Álvaro Colom? ¿Cuáles fueron los logros de sus primeros años de gobierno y qué enorme desafío le queda por delante con respecto a la inseguridad?

11. ¿Quién es Fernando Lugo y qué desafíos deberá enfrentar?

12. Diga quién es Tabaré Vázquez y qué lo diferenciaba de los presidentes que le precedieron.

13. ¿Quién es José Mujica y cuáles fueron sus logros en los primeros 100 días de gobierno?

El Socialismo del Siglo XXI

1. Describa lo que caracterizaba a Bolivia como país a la llegada al poder de Evo Morales en términos de situación económica, política y de población.

2. Resuma los logros más significativos del gobierno de Morales y las críticas que se le hacen.

3. ¿Cuáles son los cambios refundacionales que introdujo Morales?

4. Explique por qué Cuba debe ser considerado un caso aparte.

5. ¿Por qué se dice que el Ecuador es un país de ex presidentes? ¿Cuál era la situación del país cuando Correa llegó al poder?

6. ¿Qué cambios produjo la llegada al poder de Rafael Correa y cómo se perfila el desarrollo del país?

7. ¿Qué propició la vuelta de Daniel Ortega a la presidencia de Nicaragua? ¿Cuáles fueron las primeras medidas tomadas por su gobierno? ¿Qué peligros comienzan a perfilarse?

8. ¿Por qué no se vislumbra cambio para Nicaragua aunque haya elecciones en el 2011?

9. Resuma la propuesta política del presidente Hugo Chávez y su programa de desarrollo social.

10. ¿Cuántos periodos de gobierno ha tenido Chávez? Describa su proyecto de sociedad "Socialismo del Siglo XXI" y resuma los cambios estructurales que introdujo en su tercer mandato.

11. ¿Cuál es la situación económica actual de Venezuela y qué peligros ve la oposición en el gobierno de Chávez?

La centroderecha

1. ¿Quién fue Ricardo Lagos?

2. ¿Quién es Michelle Bachelet? Comente los logros de su gobierno.

3. ¿Quién es Sebastián Piñera y qué caracteriza su gobierno?

4. Resuma los logros y los problemas enfrentados por Álvaro Uribe en sus dos periodos de gobierno en Colombia.

5. Haga un breve resumen del conflicto FARC-Gobierno.

6. Resuma lo que sucedió en las elecciones de julio del 2006 en México.

7. Resuma la agenda clave del gobierno de Felipe Calderón y su visión de los países de la "nueva izquierda".

8. Comente el alcance y las implicaciones del problema de la narcoviolencia en México.

9. ¿Qué caracterizó al gobierno de Alberto Fujimori?

10. ¿Quién es Ollanta Humala y qué lo distingue de los otros candidatos que optaron a la presidencia del Perú en el 2006?

11. ¿Por qué no ganó la "nueva izquierda" en Perú?

12. ¿Cómo es el panorama político y económico del Perú bajo el segundo mandato del presidente García?

13. ¿Qué conflicto de fronteras surgió entre Chile y Perú en el 2007?

14. ¿Quiénes son los candidatos a la presidencia del Perú en las elecciones del 2011 que cuentan con más apoyo popular?

¿Cuánto sabemos ahora?

Empareje:

Luego vuelva a la sección **¿Cuánto sabemos?** al comienzo del capítulo para comparar sus respuestas antes de estudiar el capítulo y después.

___ 1. Hugo Chávez

___ 2. Michelle Bachelet

___ 3. Lula

___ 4. Néstor Kirchner

___ 5. José Mujica

___ 6. Fernando Lugo

___ 7. Venezuela

___ 8. Felipe Calderón

___ 9. Nueva izquierda

___ 10. Chile

___ 11. Bolivia

___ 12. Daniel Ortega

___ 13. Ollanta Humala

___ 14. Rafael Correa

___ 15. Evo Morales

A. Presidente de México

B. Presidente de Paraguay

C. Segunda reserva de gas del continente

D. Presidente de Venezuela

E. Presidente de Nicaragua

F. País con mayor apertura comercial del continente

G. Denominación dada al grupo de nuevos mandatarios

H. Presidente de Ecuador

I. Ex militar peruano candidato a la presidencia

J. Sindicalista que llega a la presidencia de su país

K. Primera mujer presidente de Chile

L. Primer aimará que llega a la presidencia de un país latinoamericano

M. Fue presidente de Argentina

N. Presidente del Uruguay

O. Primera reserva latinoamericana de gas

1. Busque información adicional sobre la llamada "nueva izquierda" latinoamericana y escriba un ensayo que responda a la siguiente pregunta: ¿cree Ud. que a pesar de las diferencias que los animan, estos gobiernos pueden llegar a lograr la integración de los países latinoamericanos?

2. Usted es un economista que ha sido contratado por un gobierno latinoamericano para que ayude al país a salir de la condición de subdesarrollo en la que se encuentra y hacerlo más competitivo en el mercado internacional. Escoja un país; busque información adicional sobre la economía y la política de ese país y luego escriba sus recomendaciones en un corto ensayo. Pueden trabajar en grupos.

3. Luego de buscar información adicional, escriba un ensayo a favor o en contra de englobar los nuevos gobiernos de Venezuela, Brasil, Argentina, Bolivia, Ecuador, Nicaragua, El Salvador, Guatemala, Paraguay y Uruguay bajo el nombre de "nueva izquierda".

4. Busque información adicional sobre la situación en los países llamados de la "nueva izquierda". A su entender, ¿en cuál/es de ellos se ha desarrollado la democracia y en cuál/es se han limitado los derechos democráticos de la oposición? Ilustre su posición con ejemplos concretos.

5. Escriba un ensayo donde presente su opinión sobre el rediseño de las tendencias políticas en América Latina en la segunda década del siglo XXI.

6. Escriba un ensayo o haga una presentación para la clase explicando su posición con respecto al modelo de sociedad defendido por el Socialismo del XXI.

CAPÍTULO II
El nuevo mapa económico de América Latina

¿Cuánto sabemos?

I. Conteste las siguientes preguntas y luego compare sus respuestas con un compañero/a de clase. Cuando termine de estudiar el capítulo, después de completar la sección **¿Cuánto sabemos ahora?**, vea cuáles de sus respuestas iniciales estaban correctas.

1) El MERCOSUR es un Tratado de Libre Comercio entre los Estados Unidos y Latinoamérica.

Cierto o Falso

2) Chile tiene problemas de independencia energética.

Cierto o Falso

3) Bolivia es uno de los países más ricos en recursos naturales de Sudamérica.

Cierto o Falso

4) El país latinoamericano que al 2007 tiene la mayor cantidad de tratados comerciales firmados es México.

Cierto o Falso

5) Venezuela es el país con mayores reservas de petróleo.

Cierto o Falso

6) El gas es otra fuente de energía importante para los países latinoamericanos.

Cierto o Falso

7) Brasil es uno de los más grandes exportadores de petróleo.

Cierto o Falso

8) El problema de la droga se da solamente en Colombia.

Cierto o Falso

9) Uno de los problemas acentuados por el problema de la droga es la violencia.

Cierto o Falso

CAPÍTULO II
El nuevo mapa económico de América Latina como respuesta al nuevo mapa político

II.1. Una nueva realidad mundial y su efecto en Latinoamérica

Panorama a comienzos del 2010: el mapa indica población e ingreso per cápita que dan una visión global por país.

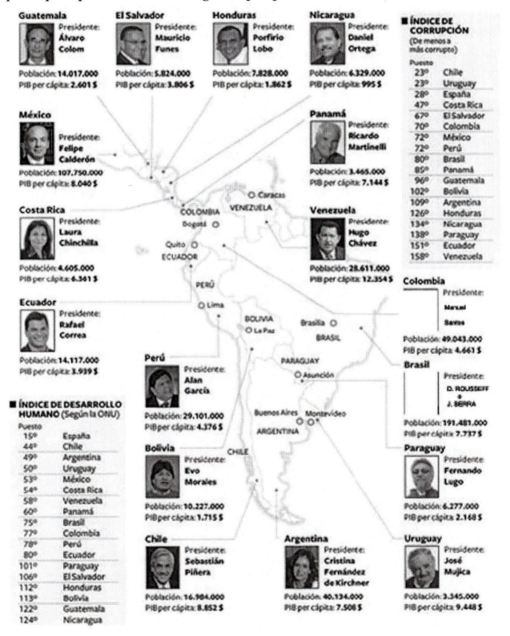

Guatemala
Presidente: Álvaro Colom
Población: 14.017.000
PIB per cápita: 2.601 $

El Salvador
Presidente: Mauricio Funes
Población: 5.824.000
PIB per cápita: 3.806 $

Honduras
Presidente: Porfirio Lobo
Población: 7.828.000
PIB per cápita: 1.862 $

Nicaragua
Presidente: Daniel Ortega
Población: 6.329.000
PIB per cápita: 995 $

México
Presidente: Felipe Calderón
Población: 107.750.000
PIB per cápita: 8.040 $

Panamá
Presidente: Ricardo Martinelli
Población: 3.465.000
PIB per cápita: 7.144 $

Costa Rica
Presidente: Laura Chinchilla
Población: 4.605.000
PIB per cápita: 6.361 $

Venezuela
Presidente: Hugo Chávez
Población: 28.611.000
PIB per cápita: 12.354 $

Ecuador
Presidente: Rafael Correa
Población: 14.117.000
PIB per cápita: 3.939 $

Perú
Presidente: Alan García
Población: 29.101.000
PIB per cápita: 4.376 $

Bolivia
Presidente: Evo Morales
Población: 10.227.000
PIB per cápita: 1.715 $

Chile
Presidente: Sebastián Piñera
Población: 16.904.000
PIB per cápita: 8.852 $

Argentina
Presidente: Cristina Fernández de Kirchner
Población: 40.134.000
PIB per cápita: 7.508 $

Colombia
Presidente: Manuel Santos
Población: 49.043.000
PIB per cápita: 4.661 $

Brasil
Presidente: D. ROUSSEFF ó J. SERRA
Población: 191.481.000
PIB per cápita: 7.737 $

Paraguay
Presidente: Fernando Lugo
Población: 6.277.000
PIB per cápita: 2.168 $

Uruguay
Presidente: José Mujica
Población: 3.345.000
PIB per cápita: 9.448 $

■ ÍNDICE DE CORRUPCIÓN (De menos a más corrupto)

Puesto	País
23º	Chile
23º	Uruguay
28º	España
47º	Costa Rica
67º	El Salvador
70º	Colombia
72º	México
72º	Perú
80º	Brasil
85º	Panamá
96º	Guatemala
102º	Bolivia
109º	Argentina
126º	Honduras
134º	Nicaragua
138º	Paraguay
151º	Ecuador
158º	Venezuela

■ ÍNDICE DE DESARROLLO HUMANO (Según la ONU)

Puesto	País
15º	España
44º	Chile
49º	Argentina
50º	Uruguay
53º	México
54º	Costa Rica
58º	Venezuela
60º	Panamá
75º	Brasil
77º	Colombia
78º	Perú
80º	Ecuador
101º	Paraguay
106º	El Salvador
112º	Honduras
113º	Bolivia
122º	Guatemala
124º	Nicaragua

En el 2008, el panorama económico mundial se vio golpeado por una crisis que, en un mundo de negocios cada vez más globalizado, afectó la economía tanto de los países desarrollados como de los emergentes, y entre ellos, en mayor o menor grado, los de América Latina.

A diferencia de otros momentos históricos, tanto los mercados del Asia como los de Latinoamérica se mantuvieron relativamente bien sin que la crisis mundial los afectara seriamente gracias a que se adoptaron acertadas políticas macroeconómicas, se racionalizó la deuda pública y hubo un mayor acento social. América Latina, una región que había sufrido gravemente en anteriores crisis, creció por encima del promedio mundial.

La crisis se sintió con mayor fuerza en México y en naciones del Caribe por su alta dependencia de los Estados Unidos el que fue centro de las turbulencias del 2008, pero a partir del tercer trimestre del 2009, cuando comenzó la recuperación, la mayoría de los países comenzaron a salir de la crisis y a recuperar su ritmo de crecimiento. De hecho, los países llamados emergentes han sido los primeros en salir de la recesión y han ayudado a la recuperación global.

En los países latinoamericanos, el desempleo aumentó de 7,3 a 8,1% en el transcurso del 2009, pero ya en el 2010, en algunos de los países, el empleo había regresado a los niveles anteriores a la crisis.

Es preocupante por su incidencia en el desarrollo económico, el atraso comparativo existente en materia de innovación y productividad en la región, el cual impide que las economías regionales superen su tradicional papel de exportadoras de materias primas haciéndolas aún más dependientes y limitando sus ingresos y sus mercados.

En general, las mejores perspectivas para Latinoamérica se deben a las políticas contracíclicas aplicadas en los diferentes países; reunidos en Lima a mediados del 2010, los ministros de Hacienda de Latinoamérica y el Caribe acordaron mantener esa línea política prudente y anticíclica ahorrando en los momentos de crecimiento para enfrentar los momentos de las vacas flacas.

A nivel de capitales, la crisis global ha hecho migrar los capitales de corto plazo a Latinoamérica buscando oportunidades de ganancia rápida y fácil, sin embargo los llamados capitales golondrinas (por lo que llegan y se van) no crean verdadera riqueza y pueden representar un riesgo para el desarrollo de los países. Consientes de ello, diferentes gobiernos como el de Brasil, Chile y Perú están desarrollando estrategias para que estos capitales se transformen en inversiones de largo plazo. No obstante, el flujo de capitales hacia los países no es homogéneo, depende de varios factores algunos de los cuales podemos deducirlos estudiando el mapa que encabeza este capítulo.

Depende de las posibilidades de expansión del mercado interno para respaldar las inversiones, ello salta a la vista al ver el peso de la población y el ingreso medio en cada país; dentro de la población juega el grado de preparación y la distribución geográfica. Juegan la extensión e infraestructura; el mapa nos muestra la distancia existente entre los posibles centros de producción y los puertos de salida de los productos. Juegan los tratados de libre comercio que cada país tenga, lo que lo que acrecienta las posibilidades de comercialización: un mercado se mide no solamente por el número de habitantes de un país, sino también por sus ramificaciones (a través de un país se entra a otros mercados); juega el volumen de riquezas que se posee, la seguridad energética, etc.

Pero sobre todo, juega el riesgo de cada país: la estabilidad y seguridad que ofrece a nivel político y económico, el respeto a los tratados comerciales y al capital extranjero, la política económica local en relación a la economía global, la gobernabilidad, la eficiencia.

Visto desde una perspectiva global y dentro del sistema neoliberal, son estos últimos elementos los que determinaran la llegada de los capitales tan necesarios al desarrollo, pero existe otra perspectiva, la propuesta por el Socialismo del Siglo XXI, en la cual el interés primordial son los pueblos y el capital debe ser un capital social, con una visión más latinoamericanista, y cuando se abre, se abre más que por intereses económicos, por intereses de orden político como lo sería con Irán y Siria.

Esas dos visiones o proyectos políticos determinan hoy el desarrollo en Latinoamérica, más que los tratados que quedan en el papel y demoran en ser implementados, más que el trazado hipotético de los corredores interoceánicos que demoran en construirse, más que la conciencia de que el continente tiene recursos energéticos para satisfacer las necesidades de cada país incluyendo aquellos que no pueden autosatisfacer sus necesidades, pero que en el momento de vender de un país a otro priman otros intereses, o resquemores, o competencias o una visión política divergente que hace que estando de acuerdo se desconfíe.

Como vemos, la economía no existe aislada; se ve afectada por el proyecto de sociedad en el cual se inserta, sea, por resumirlo en dos tendencias, el neoliberalismo, con mayor o menor contendido social dependiendo de si se es de centroderecha o de centroizquierda (Brasil, Argentina, Chile, Perú, Colombia por citar algunos), sea el socialismo renovado, que busca, al igual que en el pasado, la reestructuración de la sociedad, como lo es el Socialismo del Siglo XXI (Venezuela, Ecuador, Bolivia, Nicaragua, Cuba por citar los más representativos), con su política de nacionalizaciones y reestructuración económica para responder a la sociedad propuesta; una visión populista en la cual la democracia tal como la conocemos se limita en función de lo colectivo y puede llevar a los mismos errores del pasado.

Entre esos dos polos se encuentran las economías pujantes con crecimiento sostenido, como la peruana, pero que conserva las regiones altiplánica con una pobreza entre el 60 y 80% y un gran sector de la población excluido del nuevo bienestar.

En todo caso, no todo es blanco o negro. Es claro que el Estado tiene un rol que jugar; el desarrollo social así como la lucha contra la pobreza y la desigualdad no se pueden dejar en manos del mercado o a la merced de promesas en tiempos de elecciones sin que a través del proceso democrático se pueda pedir cuentas, sobre todo en una región donde alrededor del 40% de la población (225 millones) vive en la pobreza.

II.2. Los tratados comerciales existentes

A. Algunos antecedentes históricos

A lo largo del siglo XX se produjeron algunos intentos de los países latinoamericanos de unirse bajo ideales bolivarianos de cooperación mutua para el desarrollo económico y el establecimiento de una zona de libre comercio. Entre ellos se encuentra la fundación de la Asociación Latinoamericana de Libre Comercio (ALALC), creada en 1960 y cuyos primeros integrantes fueron, en orden alfabético, Argentina, Brasil, Chile, México, Paraguay, Perú y Uruguay. Colombia, Ecuador, Venezuela y Bolivia firmaron el acuerdo en años subsiguientes.

Los resultados no fueron lo que se esperaba, y siempre en busca de alternativas viables, en 1981 fue reemplazada por la Asociación Latinoamericana de Integración (ALADI). Con el objetivo de lograr resultados más efectivos, esta vez se tomó en cuenta la realidad económica y de desarrollo de cada país. Los países miembros fueron clasificados en tres grupos: países más desarrollados, países con desarrollo intermedio y países de menor desarrollo. En 1999, Cuba entró a formar parte de la organización.

Con el fin de ampliar mercados y expandir el comercio y desarrollo económico de los países miembros, la ALADI realizó otros acuerdos subregionales de sus miembros así como de países no miembros: la Comunidad Andina de Naciones (CAN), integrado hasta el 2006 por Bolivia, Colombia, Ecuador, Perú y Venezuela; el Mercado Común Centroamericano, cuyos países miembros son Costa Rica, Guatemala, Honduras, Nicaragua y El Salvador y el Mercado Común de América del Sur (MERCOSUR) del cual fueron miembros iniciales Argentina, Brasil, Paraguay y Uruguay con Chile y Bolivia como miembros asociados; en el 2006 Venezuela fue aceptado como miembro pendiente de la aprobación en los parlamentos de los respetivos países, en el 2010 faltaba aún la aprobación del parlamento de Paraguay donde la oposición mayoritaria se opone a su ingreso por la orientación política del gobierno venezolano y los problemas que puede causar en el seno de la alianza.

Por su parte, los Estados Unidos ha firmado tratados de libre comercio con diversos países de Centro y Sudamérica (NAFTA con México, CAFTA con Centro América) ampliando su influencia económica en el sur del hemisferio lo que ha provocado críticas, al mismo tiempo que ha despertado simpatías; los críticos aluden que es una nueva forma de imperialismo económico por parte de los Estados Unidos y que la riqueza así generada favorece a los de siempre y no llega a los sectores más necesitados. Los simpatizantes consideran que los logros económicos producto de estos tratados están comenzando a reflejarse y que los mismos permitirán, a mediano y largo plazo, un mejoramiento de la calidad de vida de sus pueblos.

B. La reestructuración de los bloques existentes

A un nuevo mapa político del continente, responde necesariamente una nueva política de relaciones comerciales.

A fines de abril del 2006, el presidente Hugo Chávez anunció oficialmente la salida de Venezuela de la Comunidad Andina de Naciones (CAN), de la cual ejercía la presidencia, endosando la responsabilidad de esa decisión a los dos países andinos (Colombia y Perú) que firmaron un TCL con los EEUU, tratados denunciados por Chávez como instrumentos de dominación y coloniaje.

La CAN estaba integrada por Bolivia, Colombia, Ecuador, Perú y Venezuela y era la sucesora del Pacto Andino, bloque que había nacido en los años sesenta. A fines del 2006 Chile se reintegró a la CAN.

En el 2010 Colombia y Perú continúan la misma línea de acción y crean las bases para firmar por separado un tratado de libre comercio con la Comunidad Europea.

Tras anunciar la retirada venezolana de la CAN, y aceptar la invitación a formar parte de MERCOSUR, Chávez lanzó una advertencia al otro gran sistema de integración del subcontinente: "si el MERCOSUR no se reestructura apropiadamente le ocurrirá lo mismo que a la CAN: morirá"; el "MERCOSUR debe ser reformado, reformulado; nuevos fundamentos deben primar en estos mecanismos, uno de ellos la solidaridad, otro de ellos la cooperación, otro la complementación económica".

América Central (El Salvador, Honduras, Nicaragua, Guatemala, Costa Rica y Panamá) fue la única región latinoamericana en lograr avances concretos con el lanzamiento de negociaciones para la firma de un Acuerdo de Cooperación Económica birregional. Este acuerdo se suma al Tratado de Libre Comercio CAFTA ya logrado por América Central con Estados Unidos el que fuera negociado en el tiempo récord de un año entre enero de 2003 y enero de 2004, y que ya está vigente en El Salvador, Honduras y Nicaragua.

En el 2010, en la VI Cumbre Unión Europea-América Latina y el Caribe se buscó acelerar la firma de convenios para ampliar la relación entre ambas regiones: en los últimos diez años se firmaron exitosos acuerdos de asociación entre la UE, México y Chile; al comenzar la nueva década se logró concretizar un primer acuerdo interregional entre la UE y Centroamérica. Colombia y Perú, como lo dijéramos, dieron el paso para crear estructuras de libre comercio con la UE desligándose de sus socios, Bolivia y Ecuador.

En la misma cumbre se dieron los pasos para reactivar un tratado de libre comercio entre la Unión Europea y países del MERCOSUR, negociación que lleva 10 años. Si se añade el bloque sudamericano, Europa tendrá acceso a un mercado de 270 millones de personas con un PIB que en su conjunto equivale al quinto del mundo. De los acuerdos firmados o en potencia, sólo quedarían fuera Venezuela, Ecuador y Bolivia.

C. El ALBA o el nacimiento de un nuevo bloque

El ALBA nació el 14 de diciembre de 2004 en La Habana. Los socios fundadores fueron dos: Cuba y Venezuela, pero ya a fines del 2009 estaba conformado por Venezuela, Cuba, Bolivia, Nicaragua, Honduras, Ecuador, San Vicente y las Granadinas, Antigua y Barbuda y Dominica. En enero del 2010, el nuevo gobierno de Honduras, tras el golpe que derrocara al presidente Zelaya, retiró al país del ALBA. Irán se vinculó en 2007 como miembro observador.

Este nuevo bloque se caracteriza por su definición política y por lo que ha adoptado un carácter confrontacional en el terreno de las declaraciones públicas, lo que ha producido más de un roce a nivel diplomático, y ha generado incertidumbre en el mercado financiero internacional. "Será un paso más en las aspiraciones de cambiar el sistema neoliberal que predomina en nuestro continente" y "(será) un encuentro de tres generaciones, de tres revoluciones que esperan profundizarse más todavía", según palabras del presidente boliviano, Evo Morales.

El ALBA contempla, entre otros aspectos, cooperación económica, integración energética, fomento de capitales iberoamericanos, respeto al papel del Estado como regulador de la actividad económica, defensa de la identidad de los pueblos y concertación de posiciones a nivel internacional.

II.3. Latinoamérica y las inversiones extranjeras

Extrañamente, la crisis internacional representó una oportunidad para Latinoamérica. Ante la inseguridad de los mercados internacionales, los capitales y empresas buscaron nuevas oportunidades y algunos países de Latinoamérica ofrecen una mayor seguridad por la experiencia adquirida para sortear la crisis, experiencia que indica prudencia, seriedad en las políticas económicas y visión a mediano, sino largo plazo; experiencia que podría utilizarse en la eventualidad de una nueva crisis.

La escalada de precios de las materias primas (con una caída durante la crisis) y su actual recuperación gracias a la expansión meteórica de los países emergentes, entre ellos China e India, devolvieron su atractivo a la explotación de riquezas cuyo costo anteriormente era considerado excesivo.

El hecho de que la crisis no se agravara y comenzara una lenta recuperación a fines del 2009 disipó las dudas de los inversionistas sobre la necesidad de invertir en proyectos de mediano y largo plazo, los enormes descubrimientos de gas y petróleo en Brasil, el crecimiento de Perú, una población de 370 millones de habitantes, un ingreso mayor por habitante, una disminución del endeudamiento, el control del flagelo de la inflación que golpea con mayor fuerza a los sectores desfavorecidos de la población y la estabilidad política y social de un número importante de países vuelven interesante la región.

La crisis y la nueva composición geopolítica de la región llevaron a los países a buscar diversificar sus mercados y romper con la tradicional dependencia de los Estados Unidos. Unos, los moderados siguiendo una política pragmática de búsqueda de oportunidades y mayor seguridad determinada por una menor dependencia, pero manteniendo el diálogo y buenas relaciones con el socio antes mayoritario. Otros, los seguidores del Socialismo del siglo XXI, se distancian de los Estados Unidos por razones más bien políticas viéndolo como el país imperialista enemigo del cambio revolucionario y un peligro para la soberanía nacional y del continente.

Este cuadro es el que determina las relaciones comerciales, las alianzas, los tratados comerciales en el momento actual. Las tensiones ya aparecen en ambos extremos; se suavizan en el centro, donde hay un terreno de coincidencia entre gobiernos de derecha y de izquierda moderada; para uno es la guerra, para otros una oportunidad de afirmarse, de ganar identidad y presencia y de hacerse respetar en una nueva realidad. Para unos se trata de terminar con el capitalismo para construir la sociedad socialista, para otros desarrollarse para crear riqueza, pero luchando contra la desigualdad imperante. El desafío de hoy en Latinoamérica es el de encontrar, sino coincidencia de puntos de vista, al menos, las bases mínimas que les permitan funcionar en el respeto de las diferencias y aprovechar un momento privilegiado que esta vez va más allá de ser simples proveedores de materia primas.

En este cuadro, las multinacionales latinas buscan ampliarse, primero a sus mercados naturales donde por el idioma, tradiciones y cultura común tienen ventaja sobre otros competidores, y luego en otros mercados afines en los países emergentes.

La inversión extranjera hacia Latinoamérica alcanzará unos 200.000 mdd en el 2010 lo que muestra un aumento del 30% con respecto a los 156.000 millones de 2009. Pero los capitales comienzan también a moverse en direcciones diferentes. A mediados del 2010, el entonces presidente Lula se dirige a los empresarios europeos planteando que Brasil es un país serio y estable, un país que llama a invertir, pero que también llegó el momento en que el nuevo Brasil, aquel que se proyecta como quinta potencia mundial, comience a invertir en Europa y pide que se deroguen las reglas proteccionistas y se abran los mercados a sus productos.

La energía: elemento clave del desarrollo

El desarrollo requiere de energía, de un precio que permita a la industria ser rentable, de seguridad de acceso a ella en cantidad y tiempo sin que esté sujeta a otra consideración que no sea comercial. Esta necesidad hace que la búsqueda de energía renovable, la exploración y explotación de las fuentes naturales, petróleo, gas, recursos hídricos sean determinantes en el posible desarrollo de cada país, y cada gobierno busca asegurar su desarrollo futuro.

En Colombia, país con una importante industria petrolera, hasta el 2015, se prevén inversiones en petróleo por 54.000 mdd, más 8.000 millones adicionales destinados a la exploración y explotación del carbón.

En Chile, país prácticamente sin petróleo y gas natural, las inversiones proyectadas hasta el 2013 superan los 65 mil mdd de los cuales 28 mil millones corresponden a inversiones en energía. La minería, la riqueza más importante de Chile, ocupa el segundo lugar, con 14 mil mdd hasta el 2013 y 48 mil millones al 2017. A corto plazo, para el 2010 se proyecta una inversión de 15 mil millones, de los cuales 4 mil millones son para la minería y 6 mil millones para energía. Estas cifras ilustran la importancia de uno de los elementos claves del desarrollo con sus implicaciones económicas y potenciales presiones políticas.

Brasil, el gigante de Latinoamérica, con una economía en plena expansión necesita más energía. Independientemente de su capacidad de auto abastecerse en gas y petróleo busca diversificar sus fuentes de preferencia las renovables. Para ello, pese a la oposición al proyecto, aprobó la construcción de la que será la tercera represa hidroeléctrica más grande del mundo, después de las Tres Gargantas de China y la propia Itaipú de Brasil y Paraguay con un costo de 11 mil mdd.

En los próximos 5 años, hasta el 2015, Brasil invertirá 224 mil mdd para doblar su capacidad de explotación y exploración petrolera.

Bolivia, cuya matriz energética está conformada por casi un 80% de gas (43,3%) y petróleo (36,3%); lo que gracias a sus reservas le garantiza la energía para su consumo interno y desarrollo, más la destinada a la exportación principalmente a Brasil y Argentina, busca que las compañías extranjeras inviertan 760 mdd en el 2011; la estatal Yacimientos Petrolíferos Fiscales Bolivianos invertirá 650 mdd en el mismo periodo para asegurar la producción de hidrocarburos.

En Ecuador, el presidente Rafael Correa busca obligar a las empresas extranjeras para que cambien sus contratos transformándose en proveedores de servicios, pagadas a comisión por barril, terminando sus derechos de compartir los beneficios de los yacimientos como en el pasado. El presidente Correa fijó como plazo hasta finales del 2010 para que las compañías extranjeras cambien sus contratos o abandonen el país.

Perú busca atraer inversiones al país, el que posee un gran potencial de reservas de crudo y gas natural tanto en región altiplánica como en la selva amazónica. Espera alcanzar 2.000 mdd en inversión petrolera hasta el 2013 para triplicar su producción petrolera en cuatro años pasando de producir 140 mil barriles por día a 500 mil.

Entre el 2000 y el 2009 los sectores minero y de hidrocarburos atrajeron inversiones por 18.800 mdd, así como un despunte de 260% en el PIB de esas actividades en ese periodo llevando los ingresos en regalías para el Estado peruano a superar los 850 mdd en el 2009. Dicha inversión se divide en 13.000 mdd para minería y 5.800 millones para la exploración y producción de petróleo y gas. La significativa inversión en la minería sitúa al Perú como primer productor mundial de plata, segundo en cobre y zinc, tercero en estaño, cuarto en plomo y sexto en oro y representa el 60% del total de exportaciones, además de ser fuente de empleo directo de 128.000 personas, a las que se suman 400.000 que trabajan en actividades relacionadas.

Este muestreo de países nos da una visión global de la situación de inversiones y relaciones en uno de los elementos que determinarán el desarrollo económico de los países y que también podrá ser fuente de conflictos.

Dejamos para el final, por lo compleja, la situación e implicaciones, de quien es el principal productor de petróleo actualmente, la Venezuela del presidente Hugo Chávez.

Venezuela, como lo dijéramos anteriormente, es el único país de Latinoamérica que no solamente no crecerá en su economía al comenzar la segunda década del nuevo milenio, sino que entrará en su segundo año de recesión, acentuada su situación por los cortes de energía eléctrica en el 2010.

Según las cifras oficiales, la actividad petrolera registró una contracción de 10% en el cuarto trimestre del 2009 respecto a igual periodo del año anterior, y una disminución anual de 7%.

En el primer trimestre del 2010 la inversión, tanto pública como privada, cayó de un 28% con respecto al mismo periodo en el 2009.

En 2009, el país no recibió inversión extranjera y por el contrario se retiraron capitales por 3 mil mdd. Recordemos que, en el mismo año, en inversiones extranjeras, Brasil recibió 26 mil mdd, Chile 13 mil millones, México 11.500 millones, Colombia 7 mil millones y Argentina 5 mil millones.

Las enormes reservas de petróleo existentes en la Franja del Orinoco, hacen que las empresas extranjeras que aceptaron quedarse tras las primeras nacionalizaciones en el 2007 cuando Venezuela tomó el control del 60%: la norteamericana Chevron y la española Repsol, hayan participado en la adjudicación de los proyectos Carabobo 1 y 3, cada uno con una producción potencial de entre 400.000 y 480.000 barriles diarios de crudo e inversiones por 30.000 mdd separando los discursos políticos del presidente y una realidad de mercado que hace que ambas partes se necesiten.

El contraste entre los ingresos de una nación petrolera que pareciera contar con una chequera inagotable y el crecimiento del país, la inflación y la elevada tasa de desempleo que alcanza cerca del 40% se debe en parte a la baja que experimentaron los precios del petróleo por una menor demanda durante la crisis y a la elección de un modelo político en que el capital pasa a ser social, las relaciones económicas, relaciones de pueblo a pueblo donde la ganancia no es el factor primordial en relación a los países hermanos, y una parte importante de los ingresos se destina al desarrollo de misiones y gasto social para paliar los momentos difíciles que viven los venezolanos.

Es la falta de inversión, el alto monto del gasto social, la cantidad gastada en apoyo a otros gobiernos afines al interior del continente, en el Caribe, en África, e incluso sectores pobres de los Estados Unidos, lo que hace que la economía venezolana esté frágil. Es el discurso político con acentos guerreristas (recordemos que Chávez era militar) y su confrontación de dos modelos de sociedad: capitalismo y socialismo lo que hace aparecer a Chávez como populista y autócrata.

A modo de conclusión

El nuevo mapa económico está íntimamente relacionado con los diferentes proyectos políticos, con la capacidad de encontrar puntos de convergencia, con el verdadero interés de establecer una identidad continental para enfrentar la inserción del continente en la economía global y sobre todo estimular el desarrollo justo al interior.

Ello permitirá establecer los necesarios corredores interoceánicos para permitir la circulación de bienes, la interconexión para permitir un mejor aprovechamiento de la energía, la circulación de capitales entre los países más ricos y los más pobres para ayudar al desarrollo y bienestar de los pueblos, y el funcionamiento efectivo, con una hoja de ruta precisa de metas y plazos, de los organismos creados, más allá de las declaraciones en las cumbres.

II.4. La droga, mal continental

La droga representa un problema que va más allá de las fronteras y que afecta igualmente la economía y la seguridad ciudadana en todo el continente latinoamericano. Colombia comparte con Bolivia y Perú el serio problema de ser productores de la materia prima para la elaboración de la droga, lo que les ha creado problemas de gran violencia e inseguridad. De acuerdo a un informe presentado en junio del 2010 por la Oficina de Naciones Unidas contra la Droga y el Delito (UNODC, en sus siglas en inglés), Colombia sigue siendo el principal productor mundial, con 149.391 toneladas métricas contra 128.000 producidas por Perú, donde, además, se destinan unas 9.000 toneladas para fines lícitos (tradicionales y elaboración de algunos productos). En tercer lugar estaría Bolivia.

Bajo el gobierno de Evo Morales, dirigente cocalero, Bolivia se desmarca de las formas tradicionales de lucha contra la droga: erradicación de las plantaciones, y pide la legalización de la hoja de coca como producto benéfico. A fines del 2006, y rompiendo los acuerdos que tenía firmados a nivel internacional, Bolivia aumentó del 40% las tierras donde legalmente se podía plantar coca planteando que la coca allí producida sería industrializada para su exportación. De acuerdo a la ONU, Colombia tiene 68.000 hectáreas dedicadas al cultivo de la coca, Perú 59.900 y Bolivia unas 28.900, de las que sólo 12.000 son consideradas legales para usos tradicionales andinos, como acullico e infusión contra el mal de altura.

La droga proveniente de estos tres países es distribuida en 174 países del mundo. De acuerdo al informe de la ONUDD, en el 2009, el comercio de la coca generó un aproximado de 265 mdd y que los dos más grandes mercados de cocaína lo son Europa y América del Norte.

Aunque los gobiernos han tomado medidas drásticas para erradicar el problema, éste está muy lejos de ser eliminado. Hasta el momento, ninguno de los planes para combatir la droga: el Plan Colombia o la erradicación en Perú y Bolivia, ha dado el resultado esperado. La gran violencia que se vive en Colombia y que se ha desatado igualmente en las ciudades de Río y Sao Paulo en Brasil así como en México, y el descubrimiento cada vez más frecuente en el norte de Chile y en Buenos Aires de hombres y mujeres que han ingerido cápsulas de cocaína, no son sino reflejo de cuán arraigado está este mal en el continente y cuán difícil se ha hecho erradicarlo.

En México, desde diciembre del 2006 cuando asumió el poder el presidente Calderón, quien tomó la guerra contra el narcotráfico como bandera de lucha, hasta fines del 2009 murieron 22.743 personas por causa de la narcoviolencia, la que en el último año ha azotado, incluso, los centros de rehabilitación de los toxicómanos. Todo el país se ha contagiado, y ni el despliegue de la Policía Federal ni del Ejército se ha traducido aún en una reducción de la violencia, sino todo lo contrario.

Es innegable el vínculo existente entre el negocio ilícito de drogas y el aumento de la criminalidad y la violencia. De acuerdo a la ONU, el 50% de los robos son perpetrados por toxicómanos para financiar su vicio, y con el negocio del dinero de las drogas se financian algunos grupos armados.

La mayor dificultad en la erradicación de la narcoviolencia es su incidencia en la economía de los países a través de un flujo de capital para los países comercializadores y productores de drogas que no tiene paralelo. Como ejemplos: en Bolivia, las comunidades donde se cultiva la coca han conocido una gran bonanza económica en los últimos años debido a la llegada de los narcotraficantes que atrajo a los desempleados de la región dándoles la posibilidad de recibir altas rentas por un producto relativamente fácil de cultivar y cuyo mercado está asegurado; en México, según un informe de la consultora Stratfor, cada año, el negocio de drogas, le inyecta alrededor de 40.000 mdd (mdd) a la economía. Como elemento comparativo, los ingresos de México por concepto de remesas en 2009 fueron de 21.181 mdd, por turismo fueron de 11.275 mdd, y por petróleo de 30.882 mdd. Es decir, que el dinero que recibe el país por concepto de drogas es, en promedio, más del doble de lo que recibe por concepto de remesas, turismo y petróleo (21.112 mdd) o de la inversión extranjera directa que en 2009 fue de 11.417 mdd.

Esos ingresos provenientes de una productividad ilícita, buscan legalidad a través del "lavado de dinero" que se transforma en inversión y empleos que movilizan la economía en los países productores o exportadores. Entonces, una solución real al problema del narcotráfico debe atacar simultáneamente la producción, la exportación y la comercialización de la droga. Para lo primero, los países productores y exportadores deben crear infraestructuras económicas y de producción lícitas que sustituyan las creadas por el lavado de dinero y generen empleos que agilicen las economías y que sobre todo les provea a los campesinos que cultivan la coca se incentivos económicos que les permitan mejorar sus condiciones de vida que los motive a cultivar otros productos que fortalezcan la economía. En cuanto a la exportación y comercialización, es preciso un mayor control de las fronteras y sobre todo atacar el mercado consumidor en los países desarrollados.

Preguntas de comprensión y repaso

II.1. Una nueva realidad mundial y su efecto en Latinoamérica
1. ¿Qué efectos tuvo la crisis económica mundial en los países latinoamericanos y por qué?
2. ¿De qué depende el flujo de capitales hacia los países latinoamericanos?
3. ¿Cómo determina el proyecto de sociedad la economía de los países?

II.2. Los tratados comerciales existentes
1. ¿Qué es el MERCOSUR y qué países lo componen?
2. ¿Qué son el NAFTA y el CAFTA?
3. ¿Qué es el ALBA, qué países lo componen y cuáles son sus objetivos?

II.3. Latinoamérica y las inversiones extranjeras
1. ¿Cómo contrasta el volumen de inversión extranjera en los países sean de centroderecha o de izquierda moderada con la inversión en Venezuela y cómo se ha reflejado ello en la economía del país?

II.4. La droga, mal continental
1. ¿Cuáles son los mayores productores de coca en Latinoamérica?
2. ¿Qué regiones representan los más grandes mercados?
3. ¿Qué relación existe entre el narcotráfico y la violencia que viven países como México, Perú y Colombia?
4. ¿Por qué es tan difícil de erradicar el problema del narcotráfico? ¿Qué se necesita para resolver este problema?

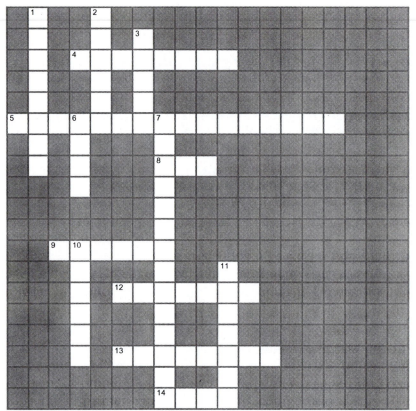

Horizontales

4. Primera mujer presidente de Chile

5. Nombre dado a la propuesta de Chile para dar solución al problema del gas

8. Nombre de pila del primer presidente indígena de Bolivia

9. Presidente de Venezuela que propicia el plan bolivariano de integración

12. País en conflicto con Argentina por la construcción de dos plantas papeleras

13. Tratado de comercio entre Argentina, Brasil, Uruguay, y como observadores, Chile y Bolivia

14. Alternativa Bolivariana para América Latina

Verticales

1. Apellido de la presidenta de Argentina, Cristina…

2. El gigante latinoamericano

3. País mejor ubicado en el ranking de competitividad del WEF

6. Nombre que se le da cariñosamente al presidente de Brasil

7. Nombre dado a los nuevos gobiernos latinoamericanos en Venezuela, Brasil, Bolivia, Uruguay, Ecuador, Argentina, etc.

10. Candidato a la presidencia del Perú de origen indígena

11. Nombre de los campos gasíferos del Perú

Solución: p. 543

¿Cuánto sabemos ahora?

Empareje:

Luego vuelva a la sección **¿Cuánto sabemos?** al comienzo del capítulo para comparar sus respuestas antes de estudiar el capítulo y después.

_____ 1. ALBA	A. El gigante de América del Sur
_____ 2. MERCOSUR	B. Mercado Común de América del Sur
_____ 3. CAN	C. Narcotráfico y violencia
_____ 4. Venezuela	D. Alternativa Bolivariana para América Latina y el Caribe
_____ 5. CAFTA	E. Tratado de Libre Comercio entre México, los Estados Unidos y Canadá
_____ 6. NAFTA	F. Carece de gas y petróleo
_____ 7. Perú, Colombia	G. Tratado de Libre Comercio entre los países centroamericanos y los Estados Unidos
_____ 8. Brasil	I. Comunidad Andina de Naciones
_____ 9. Chile	J. Más grandes productores de coca
_____ 10. México	K. Impulsa el Socialismo del Siglo XXI

Más allá de los hechos: temas para pensar, investigar, escribir y conversar

1. Busque información adicional sobre lo que son los Tratados de Libre Comercio y escriba un ensayo exponiendo su opinión sobre si éstos son beneficiosos o no al desarrollo de los países latinoamericanos.

2. Discuta en un ensayo las consideraciones políticas que puede tener para un país el poseer o no fuentes de energía para su desarrollo.

3. Busque información adicional sobre el problema de oferta y demanda, producción, tráfico y consumo de drogas y desarrolle un plan para la eliminación de este flagelo de la sociedad. Describa cómo cambiaría la situación en los países envueltos, tanto en los países productores como en los consumidores.

4. Busque información adicional y escriba un ensayo sobre cómo afecta la economía el proyecto de sociedad en que se inserte. Ilústrelo con ejemplos de países latinoamericanos.

CAPÍTULO III

La mujer en la escena latinoamericana: de las trincheras por la independencia al palacio presidencial

III.1. La mujer en la historia

    A. Conquista y colonización
    B. Independencia
    C. Periodo de transición
    D. Siglo XX y XXI
        1. La mujer y la Revolución mexicana
        2. El desarrollo del feminismo latinoamericano
            a. Feminismo intelectual
            b. Feminismo obrero
        3. La mujer latinoamericana en la política en los siglos XX y XXI
            a. Primeras mandatarias

CAPÍTULO III
La mujer en la escena latinoamericana: de las trincheras por la independencia al palacio presidencial

¿Cuánto sabemos?

I. Conteste las siguientes preguntas y luego compare sus respuestas con un compañero/a de clase. Cuando termine de estudiar el capítulo, después de completar la sección **¿Cuánto sabemos ahora?,** vea cuáles de sus respuestas iniciales estaban correctas.

1) Las mujeres son escasamente mencionadas en los libros de historia latinoamericana porque no jugaron ningún papel importante en la misma.

Cierto o Falso

2) En América Latina sólo pueden votar las mujeres alfabetizadas.

Cierto o Falso

3) Se les llamó soldaderas a las mujeres que acompañaron a los hombres en la Revolución mexicana.

Cierto o Falso

4) Una vez lograda la independencia de España y establecidas las nuevas naciones, las mujeres obtuvieron completa igualdad de derechos dentro de la sociedad latinoamericana.

Cierto o Falso

5) Rigoberta Menchú obtuvo el Premio Nobel de la Paz.

Cierto o Falso

6) Las mujeres tuvieron parte activa en la Revolución cubana.

Cierto o Falso

7) Ha habido varias mujeres latinoamericanas que han sido primeras mandatarias de sus países.

Cierto o Falso

8) Puerto Rico nunca ha tenido una mujer como gobernadora.

Cierto o Falso

9) El libro y la película *En el tiempo de las mariposas* están basados en la vida de las hermanas Mirabal de la República Dominicana.

Cierto o Falso

10) La primera mujer en llegar a ser presidenta de Chile fue Michelle Bachelet.

Cierto o Falso

CAPÍTULO III
La mujer en la escena latinoamericana: de las trincheras por la independencia al palacio presidencial

III.1. La mujer en la historia

A. Conquista y colonización

En todas las sociedades, escribir la historia ha sido tarea tradicionalmente de hombres. No resulta entonces sorprendente que cuando leemos libros de historia sobre América Latina, donde priman sociedades patriarcales, las líneas dedicadas a la mujer sean tan pocas y se les mencione, por lo general, habiendo jugado roles secundarios en el desarrollo de la misma. Se hace natural alusión a "el padre de la patria" pero nunca se menciona a las muchas madres de la patria. Más aún, en el idioma español, caracterizado por la división de sustantivos por género, la palabra prócer no tiene femenino y el femenino de héroe, heroína, como el femenino de poeta, poetisa, encierran en el sufijo "ína" o "isa" un dejo de inferioridad. Es por esa razón que con el desarrollo del feminismo en la literatura latinoamericana las mujeres poetas comenzaron a rechazar el sustantivo "poetisa" que consideraban miraba despectivamente su labor creativa, y a reivindicar el de "poeta" para referirse a sí mismas.

En esta sección presentaremos mujeres que, aunque ignoradas por casi todos los textos y libros de historia, influyeron en el desarrollo de la sociedad. A manera de homenaje queremos que sus nombres queden blanco sobre negro para que las futuras generaciones les otorguen el reconocimiento que ellas merecen.

Si hurgamos en la historia no contada tratando de leer lo que aparece entre líneas, la mujer ha tenido una participación más significativa de la que se nos ha hecho creer en la rebelión contra las atrocidades cometidas por los españoles durante la conquista así como en las guerras de independencia. Una de las primeras mujeres ejecutadas por sospecha de sublevación fue la cacica **Anacaona,** esposa del cacique Canoabó y hermana del cacique Behechio de la isla La Española quien además de valiente guerrera fue una gran poeta. Se la describe como una mujer muy hermosa, de gran talento y con gran iniciativa y actitud de mando, el que mostró extraoficialmente al lado de su hermano y el que tomó oficialmente a la muerte de su marido quien había dirigido la sublevación que destruyó el Fuerte de la Natividad. Fue apresada y murió ahorcada en 1504.

A mediados de 1700 existió en el Virreinato del Perú un grupo de mujeres guerrilleras bajo el liderazgo de **Ana de Tarma** quienes durante trece años se mantuvieron en guerra contra los españoles. Alrededor de 1777, otra mujer, **Juana Moreno,** ayudó a los insurrectos a abastecerse de armas para luchar contra las injustas prácticas de los encomenderos a las cuales se había añadido el venderles productos superfluos e innecesarios a los indígenas.

Como mencionáramos en el Capítulo III de la primera parte de este texto, en 1780 en el Virreinato del Perú explotó una de las más importantes rebeliones indígenas contra el dominio español dirigida por Túpac Amaru la que comenzó con la captura y ejecución del corregidor Antonio Arriaga. Lo que no se menciona a menudo es la significativa participación de las mujeres en esta lucha; nos detendremos en los párrafos siguientes a presentar el rol que jugaron algunas de ellas.

Tenemos en primer lugar a **Micaela Bastidas**, esposa de Túpac Amaru, quien mostró sus potencialidades de líder no sólo reclutando campesinos para la causa revolucionaria sino también dirigiendo las tropas cuando Túpac Amaru debía desplazarse a otros lugares. Se dice que ella le sugirió a su marido el tomarse la ciudad de Cusco cuando ésta estaba poco guarnecida, pero que Túpac Amaru no le hizo caso. Ambos fueron capturados y ejecutados al mismo tiempo que sus dos hijos, el 18 de mayo de 1781.

Un par de meses antes, en marzo, **Bartolina Sisa** dirigió la lucha para sitiar La Paz, plan que fracasó debido a los refuerzos de 5,000 hombres que recibieron los españoles para proteger la ciudad. En julio fue hecha prisionera y un año más tarde, en 1782, fue ejecutada.

Otras mujeres combatientes y que también fueron torturadas, vejadas y ejecutadas lo fueron **Gregoria Apaza**, apresada junto a Bartolina, y **Marcela Castro**. Esta última fue acusada no sólo de participar en el alzamiento de Marcapata sino también de no denunciar a ninguno de los que intervinieron en él. Su cuerpo fue amarrado a la cola de un caballo, arrastrado por las calles y luego descuartizado, sus miembros expuestos en diferentes lugares; el resto del cuerpo fue quemado y las cenizas lanzadas al aire.

Un gran número de mujeres fue acusado de apoyar los movimientos de insurrección bien fuera reclutando hombres y mujeres para la causa o proveyéndoles víveres u otro tipo de apoyo a los rebeldes, y por ello condenadas al destierro. En octubre de 1783 alrededor de cien personas fueron sentenciadas a dejar la ciudad de Cusco. Debían hacer un trayecto a pie hasta el puerto del Callao para de ahí embarcar hacia México, su destino final. Entre las mujeres que iban en esa caravana se encontraban **Ventura Monjarrás**, **Margarita Condori**, **Manuela Tito Condori** y **Antonia Castro** quienes no alcanzaron a llegar al destierro pues murieron por el camino. Otra mujer que no alcanzó a llegar al destierro fue **Cecilia Túpac Amaru** quien a pesar de ser la esposa de un español, Pedro Mendigure, no pudo soportar el trato que éstos les daban a los suyos y se unió a los insurrectos. Fue sentenciada a que antes de partir al destierro debería recibir doscientos azotes y ser arrastrada por las calles de la ciudad. No alcanzó a dejar la ciudad; murió cuando le aplicaban este castigo.

Al sur del continente, dos mujeres mapuches dejaron su nombre para la posteridad, **Fresia y Guacolda**. A pesar de que sus nombres no fueron registrados por los cronistas, lo que atestaría de su existencia más allá de la ficción, han llegado a ocupar un lugar en la historiografía nacional chilena a través de la única referencia que se tiene de ellas, la que hace Alonso de Ercilla en su poema épico *La Araucana* en el siglo XVI donde describe la guerra de los mapuches (con Caupolicán y Lautaro como líderes) contra las tropas españolas. Refiriéndose a Guacolda, pareja de Lautaro, dice Ercilla en su poema: "Aquella noche el bárbaro dormía/con la bella Guacolda,/y ella por él no menos se abrasaba". A Fresia, pareja de Caupolicán, la menciona cuando habla sobre la captura de éste. Según cuenta Ercilla en su poema épico Fresia, indignada por la rendición de Caupolicán, al verlo preso de los españoles tomó a su hijo recién nacido y se lo tiró a los pies diciendo: "Que yo no quiero título de madre/ del hijo infame del infame padre". Habría preferido verlo muerto que prisionero de los españoles.

Como en toda guerra siempre hay dos bandos, queremos mencionar igualmente las hazañas de valientes mujeres que combatieron del lado de los españoles como **Catalina de Erauso**, mejor recordada como la Monja Alférez quien disfrazada de soldado español combatió a los mapuches durante el proceso de la conquista de Chile y como **Inés Suárez**, amante de Pedro de Valdivia.

Defensa de Santiago dirigida por doña Inés de Suárez,
José Mercedes Ortega Pereira (1856-1933).

Nació Doña Inés en Extremadura, a la edad de 30 años al no tener noticias de su marido, quien había viajado al Nuevo Mundo como parte de la expedición de Pizarro, abandonó España y partió en su busca. En su peregrinar recorrió diversos países llegar a Lima, Perú, donde se enteró de su muerte. Poco tiempo después se transforma en la amante de Pedro de Valdivia y lo siguió hasta Santiago de Chile. En 1541, en ausencia de Pedro de Valdivia, Doña Inés en un momento en que la moral de los españoles bajaba, tomó el liderazgo en la defensa de Santiago. Años más tarde, el tribunal de Lima, para evitar el escándalo de que vivieran "al igual que marido y mujer" sin ser casados, la obligó a separarse de Pedro de Valdivia y a casarse con uno de sus capitanes, Rodrigo de Quiroga. A Pedro de Valdivia le ordenaron terminar esa relación y traer de España a Doña Marina, su legítima esposa. Su extraordinaria historia es recogida por la escritora Isabel Allende en una novela *Inés del alma mía* publicada en el 2006.

B. Independencia

A comienzos del siglo XIX un grupo de mujeres peruanas, con **Rosa Campuzano** a la cabeza, ayudaron al triunfo de los planes del general San Martín sirviendo de enlace con los criollos que luchaban por la independencia del Perú. Por su privilegiada posición social, económica e intelectual dentro de la sociedad peruana de la época estas mujeres podían reunir en sus salones, sin despertar sospecha, a los grupos que conspiraban contra el gobierno español. Fue así como pudieron ayudar a difundir los mensajes que San Martín enviaba para llamar a la sublevación. Compañeras de Campuzano lo fueron **Gertrudis Coello**, **Carmen Noriega**, **Francisca Quiroga**, **Carmen Guzmán**, **Brígida Silva de Ochoa** y **Petronila Fernández de Paredes** quien mantenía una red de espías gracias a la cual logró salvar la vida de muchos insurgentes y también transportar armas de un lugar a otro.

Otras peruanas guerrearon con su pluma: **Josefa Sánchez de Boquete**, madre, **Josefa Riva Agüero de Gálvez**, hija y **Catalina Sánchez Boquete**, prima de la primera lucharon por la independencia desde las trincheras de la revista por ellas editada: *Boletines Pro Libertad*. Igualmente utilizó su pluma como arma de combate **Josefa Messia de la Fuente y Carrillo de Albornoz** quien imprimía panfletos de propaganda revolucionaria en su casa y además recogía dinero entre su círculo de amistades para la causa.

Otra aliada de San Martín lo fue la chilena **Paula Jaraquemada Alquizar** quien armó a los hombres que trabajaban para ella en su hacienda en la región de Paine y marchó junto a ellos a encontrarse con el ejército del general. No sólo le proveyó hombres sino también caballos y alimentos, y convirtió su hacienda en hospital para los heridos.

Heroínas ecuatorianas lo fueron **Baltazara Chuiza** y **Lorenza Abimañay** quienes en 1778 y 1803 respectivamente dirigieron levantamientos contra los españoles. Lorenza, junto a otras dos mujeres: **Jacinta Juárez** y **Lorenza Peña**, bajo el grito de "sublevémonos, recuperemos nuestra tierra y nuestra dignidad" llevaron a 10,000 indígenas a la sublevación. Como tantas otras antes de que se lograra la independencia, esta rebelión fue controlada por las tropas realistas y Lorenza Abimañay fue decapitada.

Evidentemente, no podemos dejar de mencionar a la quiteña **Manuela Sáenz de Thorne** (1797-1856), recordada en los pocos libros de historia en que la mencionan como la amante de Simón Bolívar. Sin embargo los hechos muestran que Manuela fue mucho más a las luchas de independencia que simplemente la amante del Libertador. Antes de conocer a Bolívar y de enamorarse de él, Manuela ya hacía parte de las fuerzas revolucionarias que luchaban contra el gobierno español en el Ecuador trabajando como espía y distribuidora de panfletos que llamaban a la insurgencia. Cuando Ecuador se convirtió en república fue una de las primeras mujeres en recibir la Orden del sol, condecoración establecida en 1821 por José de San Martín en reconocimiento a servicios civiles o militares prestados a la patria. Una vez convertida en la compañera de lucha y sentimental de Bolívar combatió a su lado en numerosas batallas y estuvo junto a él en diferentes momentos decisivos de su vida política: el encuentro del General con San Martín en Guayaquil, las batallas de Pichinca y Ayacucho, el conflicto entre Bolívar y Santander, la rebelión de Córdova y la disolución de la Gran Colombia. Lo acompañó fielmente hasta su muerte después de la cual fue desterrada al Perú donde murió. La independencia de Latinoamérica fue tan importante para Manuela como lo fue para Bolívar y fue su mutua pasión y convicción de principios lo que los mantuvo unidos y lo que la hace digna de ocupar un merecido lugar en la historia del continente latinoamericano.

En Bolivia se distinguió **Vicenta Juaristi Eguino** quien recogió dinero entre los de su clase para la causa revolucionaria al tiempo que estableció una fábrica donde empleaba mujeres para la fabricación de municiones. También, **Juana Azurduy de Padilla** estuvo a la cabeza de un batallón de mujeres llamado "las leales" el que se dice participó en unas dieciséis batallas.

En Colombia mujeres como **Antonia Santos Plata**, **Josefa Palacios** y **Policarpa Salavarrieta**, La Pola, son recordadas como heroínas de la independencia, sobre todo Salavarrieta, a quien no sólo se le considera heroína sino mártir. Conquistada para la causa por el insurgente Alejo Sabaraín se estableció en la capital del país y se hizo emplear como sirvienta y costurera en la casa de Andrea Ricaurte Lozano, el corazón del movimiento republicano, con el objetivo de servir de contacto y obtener información que fuera útil a la causa de la independencia. Además organizó batallones de soldados para engrosar las huestes de Simón Bolívar y de Francisco de Padua Santander, líderes de la independencia. Fue denunciada por un hombre de nombre Francisco Tovar, y ejecutada.

Entre las venezolanas adherentes a la causa republicana o de independencia mencionaremos a **Juana Ramírez** quien dirigió un batallón de mujeres, a **Josefa Joaquina Sánchez de España** quien diseñó la primera bandera de la república de Venezuela y a **Leonor Guerra** quien se negó a denunciar a los patriotas con los que estaba en contacto y quien cada vez que era interrogada respondía "Viva la patria, mueran los tiranos".

En Uruguay, último país sudamericano en conseguir su independencia, se recuerda la valentía de **Ana Monterrosso de Lavalleja** quien luchó junto a su esposo Juan Antonio Lavalleja por la independencia del país, en esa época bajo dominio brasileño.

México reconoce entre sus heroínas de independencia a **Gertrudis Bocanegra** quien se distinguió en 1810 como dirigente de un batallón femenino por lo que fue arrestada y torturada. También a **Josefa Ortiz de Domínguez**, a quien apodaban "la corregidora" por estar casada con el corregidor de Querétaro. Se admira su valentía de oponerse a su marido y abrazar la causa de la independencia sirviendo de enlace entre diferentes grupos de rebeldes, los que asistían a las tertulias que ésta organizaba en su casa.

Otra mexicana que se atrevió a desafiar la autoridad familiar para dedicarse a la causa insurgente fue **Leona Vicario** quien entregó gran parte de su fortuna para el financiamiento de las luchas por la independencia. En adición sirvió en varios otros frentes: reclutamiento de soldados, contrabando de armas, espionaje, cuidado de los heridos.

En dos de los últimos bastiones del Imperio español en el Caribe: Cuba y Puerto Rico las mujeres también derramaron su sangre y dieron sus vidas. En Cuba se recuerda a la jovencita **Candelaria Figueredo** quien a la edad de dieciséis años, en 1868 se unió a las fuerzas independentistas cubanas. En Puerto Rico se evoca la memoria de **Mariana Braceti** a quien apodaban "brazo de oro" por su destreza en la utilización de la espada. Se le recuerda también por haber bordado la primera bandera puertorriqueña. Se rememora igualmente a **Lola Rodríguez de Tió** quien escribió una versión revolucionaria para el himno nacional de Puerto Rico en la que instaba a los puertorriqueños a seguir el ejemplo de Cuba, que continuaba en guerra, y a luchar contra la tiranía española:

La Borinqueña
(versión de Lola Rodríguez de Tió)

¡Despierta, borinqueño
que han dado la señal!
¡Despierta de ese sueño
que es hora de luchar!

A ese llamar patriótico
¿no arde tu corazón?
¡Ven! Nos será simpático
el ruido del cañón.

Mira, ya el cubano
libre será;
le dará el machete

su libertad...
le dará el machete
su libertad.
...

El Grito de Lares
se ha de repetir,
y entonces sabremos
vencer o morir.

En su mayoría, fueron mujeres indígenas, mestizas o criollas las que participaron en las luchas por la independencia. Las mujeres de población esclava que se rebelaron junto a los hombres en diferentes momentos desde el siglo XVI hasta el siglo XIX lucharon más bien por algo más concreto que las tocaba más de cerca: la emancipación de la esclavitud. Entre éstas se encuentran **Guiomar**, quien luchó junto al negro Miguel en la rebelión por éste organizada en Venezuela en 1552; **Juana Francisca**, **María Valentina** y **Juana Llanos** quienes lucharon por la abolición de la esclavitud junto al negro Guillermo entre 1771-74 en la ciudad de Caracas; y **Trinidad**, **Polonia** y **Juana Antonia** quienes lucharon junto al negro José Chirino en 1796, también en territorio venezolano. La lucha por la abolición de la esclavitud en los países sudamericanos y del Caribe estuvo en cierta medida vinculada al logro de la independencia política. En México se abolió la esclavitud en el año 1813, en Colombia y Venezuela en 1821, en Cuba en 1869, así como en Uruguay, y en Puerto Rico en 1873.

C. Periodo de transición

Del periodo de transición post independencia se recuerda en el Perú a una mujer de gran carácter que ejerció el poder a través de su esposo, el General Agustín Gamarra, presidente del país entre 1829 y 1833. Su nombre es **Francisca Zubiaga y Bernales** (1803-1835). Se dice que su ambición personal de poder la llevó a luchar por que su esposo llegara a la presidencia, y que éste estaba consciente y aceptaba las grandes dotes de líder político que su mujer exhibía. Francisca participaba con igual destreza en la vida militar que en el mundo de la política logrando llevar al Perú de la época a un estado de paz que no había conocido en muchos años.

De este periodo se recuerda también la constante iniciativa por parte de las mujeres de fundar revistas y periódicos desde los cuales alzar la voz y hacer avanzar sus ideas. El año 1830 vio nacer *La Argentina*, primera publicación de mujeres en América Latina; en 1836 surgió *El Semanario de las Señoritas Mexicanas*; en 1852 y 1862 respectivamente se fundaron en Brasil *O Jornal das Señoras* y *O Bello Sexo* (Alexandra Ayala Marín); en 1893 Ana Roqué de Duprey dio nacimiento a *La Mujer*, primera publicación puertorriqueña "escrita e impresa, administrada y distribuida por mujeres", (*Partici-pación de la mujer en la historia de Puerto Rico*) iniciativas que se redoblarán con más fuerza y precisión de objetivos a lo largo del siglo XX.

D. Siglo XX y XXI

A pesar de haber combatido junto a los hombres durante las guerras de independencia, los cambios políticos que comenzaron a producirse una vez ésta lograda no mejoraron la situación social ni política de la mujer. Esta permaneció por muchos años sin acceso al derecho al voto o sin poder detentar puestos de poder dentro de la sociedad. Después de la independencia, la mujer latinoamericana, la que se había rebelado contra los conquistadores españoles y se había batido en las guerras libertarias se vio llevada a emprender una nueva lucha, la lucha por sus derechos civiles y por ocupar el puesto que se había ganado dentro de la sociedad.

Reactivar foros propicios a través de los cuales difundir sus ideas se hizo imperativo, y las revistas y periódicos femeninos comenzaron a renacer en manos de sufragistas: *Nosotras*, fundada por María Abella en 1901 en la Argentina, *La Evolución*, fundada por Ana Roqué de Duprey en 1902 en Puerto Rico y *La Mujer*, fundada por Zoila Ugarte de Landívar en 1905 en el Ecuador, por mencionar solamente algunas. A la fundación de revistas y periódicos se sumó la creación de asociaciones feministas que luchaban por los mismos derechos de sufragio y educación para la mujer, entre ellas la Asociación Puertorriqueña de Mujeres Votantes, fundada por Roqué de Duprey y el Centro Feminista Anticlerical fundado por Ugarte de Landívar.

No hay lugar a dudas de que la lucha frontal librada por estas dos mujeres hizo que los dos primeros países latinoamericanos en otorgarle el voto a la mujer lo fueran el Ecuador y Puerto Rico, en 1929. El último país en que las mujeres lograron ese derecho lo fue Paraguay tan tarde como 1961 con la mayoría de los países habiéndolo otorgado entre 1945 y 1955. Sin embargo en una primera etapa, en general, el sufragio femenino fue limitado a las mujeres alfabetizadas. Las mujeres de clase privilegiada seguían teniendo acceso exclusivo a la educación, única puerta de salida para cambiar de situación social, y aquellas mujeres que fueron incorporándose al mundo obrero eran víctimas de salarios y condiciones de trabajo inferiores a los hombres.

Fecha de obtención del derecho al voto femenino en los países latinoamericanos

Ecuador / Puerto Rico	1929
El Salvador / Uruguay	1932
Brasil / Cuba	1934
Panamá	1941
República Dominica	1942
Guatemala	1945

Argentina / Venezuela	1947
Chile / Costa Rica	1949
Nicaragua	1950
Bolivia	1952
México	1953
Colombia / Honduras	1954
Perú	1955
Paraguay	1961

1. La mujer y la Revolución mexicana

La amplia participación de la mujer en la Revolución mexicana dejó profunda huella en la historia de Latinoamérica pues gracias a ella muchos de sus derechos civiles y ciudadanos fueron incorporados en la constitución de 1917. Entre las mujeres revolucionarias se encontraban las llamadas soldaderas quienes participaban al mismo nivel que los hombres en el campo de batalla además de realizar las tareas consideradas naturalmente femeninas como la cocina, el lavado y mantenimiento de la ropa y el cuidado de los heridos así como el compartir la vida sentimental de los hombres.

No han quedado registrados en los libros muchos datos sobre las soldaderas a parte de mencionarse las labores que realizaban lo que a nuestro entender deja implicado que se les recuerda más por su "utilidad" que por su valor o aporte al movimiento revolucionario. Sin embargo, hasta nosotros ha llegado una leyenda, la leyenda de "La Adelita" quien se dice combatió junto a las fuerzas de Emiliano Zapata. No se sabe si Adelita realmente existió o si, en tanto leyenda, representa la suma de todas las soldaderas que pelearon durante la Revolución. En todo caso, ha pasado a simbolizar a la mujer revolucionaria a través de las épocas. Su activa participación en la lucha y su valentía en el campo de batalla le granjearon el mayor respeto por parte de los soldados incluyendo a los de más alto rango.

Soldaderas

Su historia ha sido perpetuada en un corrido, especie de balada típica mexicana, que aún hoy en día se canta en toda América Latina. La letra del corrido dice:

En lo alto de una abrupta serranía
acampado se encontraba un regimiento,
y una moza que valiente lo seguía
locamente enamorada del sargento.
Popular entre la tropa era Adelita,
la mujer que el sargento idolatraba;
porque a más de ser valiente era bonita,
y hasta el mismo coronel la respetaba.
Y se oía lo que decía
aquel que tanto la quería:
Si Adelita ya fuera mi novia,
si Adelita ya fuera mi mujer,
le compraría un vestido de seda
para llevarla a bailar al cuartel.
Si Adelita se fuera con otro,
la seguiría por tierra y por mar;
si es por mar en un buque de guerra,
si es por tierra en un tren militar.
Y por si acaso yo muero en la guerra,
y si mi cuerpo en la tierra va quedar,
Adelita, ¡por Dios! te lo ruego,
que por mi cuerpo no vayas a llorar.

Además de las soldaderas, se distinguieron durante la Revolución otras mujeres cuyo aporte fue más bien político, el de hacer avanzar las ideas revolucionarias de justicia social y por propia iniciativa los derechos de la mujer. Entre éstas podemos mencionar a **Dolores Jiménez y Muro** (1848-1925), **Juana Belén Gutiérrez de Mendoza** (1875-1942) y **Hermilda Galindo** (1896-1954) quienes tuvieron en común el utilizar como armas su voz y la pluma.

Jiménez y Muró fue maestra y escritora, miembro del comité editorial de la revista feminista *La Mujer Mexicana* y directora del periódico *La voz de Juárez*. Desde sus artículos en periódicos como *La Patria*, *El Diario del Hogar* y *Juan Panadero* levantó la voz en defensa de los desfavorecidos y acusó las injusticias que éstos padecían dentro de la sociedad mexicana, lo que le valió el encarcelamiento. Promovió también el reconocimiento de derechos para la mujer. Fue miembro de las fuerzas zapatistas donde alcanzó el grado de General Brigadier y además perteneció a la asociación Socialistas Mexicanos.

Juana Belén Gutiérrez de Mendoza fue periodista. En 1901 fundó el periódico *Vesper: Justicia y Libertad* desde cuya tribuna combatió la injusticia social bajo el gobierno del Presidente Porfirio Díaz por lo que fuera encarcelada en repetidas ocasiones y su periódico confiscado. En 1919, luego del asesinato de Emiliano Zapata, fundó otro periódico, *El Desmonte*.

Hermilda Galindo fue secretaria particular de Venustiano Carranza y como diplomática, encargada de promover las ideas de Carranza en el exterior. Su lucha fue, como en el caso de Dolores y Juana Belén, contra la injusticia y a favor de los derechos de la mujer mexicana. Fue fundadora del diario feminista *La mujer moderna* en el que defendía el derecho a la educación sexual en las escuelas públicas del país, atacaba a la iglesia católica por promover la subordinación de la mujer a un rol secundario dentro de la sociedad y abogaba por la igualdad de derechos, entre ellos el derecho al voto, el que en 1916 solicitó, aunque sin éxito alguno, al Presidente Carranza. Aunque sabía que no tenía ninguna posibilidad de ser elegida, fue la primera mujer mexicana en correr para un puesto en la Cámara de Diputados. En 1953, bajo el gobierno de Adolfo Ruiz Cortines vio concretizadas sus aspiraciones: fue nombrada primera mujer mexicana congresista, y el sufragio les fue acordado a las mujeres.

2. El desarrollo del feminismo latinoamericano

No se puede hablar del pensamiento feminista latinoamericano sin mencionar a **Flora Tristán** (1803-1844) parisina, hija ilegítima de un aristócrata peruano quien obligada por la precaria situación económica en que quedó la familia tras la muerte de su padre, entró como obrera a un taller de litografía. Se casó con el dueño del taller de quien se divorció por abuso. En pocos años la joven Flora conoció lo horrible de la explotación del mundo del trabajo para las mujeres así como una degradante situación familiar, lo que la convirtió en una incansable luchadora por los derechos civiles y políticos de la mujer. Decidió ir al Perú, para tratar de reclamar la herencia de su padre, lo que no consiguió. Visitó este país, entre muchos otros, y se dio cuenta de que había una constante en la situación de inferioridad y en la falta de derechos que sufría la mujer en todas partes y comenzó una campaña para la liberación de la mujer, la que continuó a su regreso a Europa.

Flora Tristán

Su denuncia de la situación de opresión que sufrían las mujeres de su época está contenida en sus libros *La situación de las mujeres extranjeras pobres en Francia* y *La emancipación de la mujer*. También escribió *Paseos por Londres*, *La unión obrera* y *Peregrinaciones de una paria*. Lo que hace del pensamiento de Flora Tristán uno de vanguardia es la simbiosis de feminismo y socialismo que encontramos en•sus obras. Para Tristán la situación de subordinación que sufría la mujer estaba estrechamente relacionada con las desigualdades sociales que sufría la clase obrera, y por ello, proponía que la emancipación de las mujeres iba de la mano de la emancipación de la clase obrera.

La lucha por los derechos civiles y el sufragio universal de la mujer se dio por igual en todo el continente y fue el primer paso a la incorporación de ésta al mundo de la política. En un estudio realizado por el Centro de Investigaciones Sociales de la Universidad de Puerto Rico sobre la participación de la mujer en la historia de ese país se categoriza en dos el feminismo en Puerto Rico: el feminismo dirigido por las mujeres profesionales provenientes de los sectores privilegiados de la sociedad -el que nosotros llamaremos feminismo intelectual- y el feminismo obrero. Esta dicotomía se aplica de igual manera a los otros países de América Latina. La mujer combatió desde diversas trincheras para lograr progresivamente ampliar el panorama de sus derechos civiles; unas combatieron, como mencionáramos anteriormente, realizando una importante labor intelectual bien fuera fundando revistas feministas, escribiendo artículos comprometidos para periódicos o revistas existentes, escribiendo o traduciendo libros en defensa de los derechos de la mujer provenidos de otras latitudes. Otras combatieron desde su trabajo en las fábricas, la calle, las minas. Ampliaremos el sucinto panorama de mujeres periodistas presentado anteriormente con algunos ejemplos relevantes de mujeres combatientes en diversos países y en diferentes frentes.

a. Feminismo intelectual

Cuando en las primeras décadas del siglo XX la mujer comenzó a tener acceso gradual a la educación, al pasar al mercado de trabajo, se desempeñó en oficios en los que ofrecían servicios directamente relacionados con las tareas que estaban acostumbradas a realizar en el ámbito privado de la casa: educación, enfermería, secretariado. No eran posiciones de mando, sino de subordinación. A manera de ejemplo, en Puerto Rico en 1930 el 75% de los maestros eran mujeres. (*Participación de la mujer en la historia de Puerto Rico*: 19). Aún hoy en día éstas son las profesiones en las que el porcentaje de mujeres dedicadas a las mismas sigue siendo más alto en todas partes.

Mayor educación dio acceso a más mujeres a otras áreas de la vida pública como lo fue el mundo profesional y el de la política, y las puso en contacto con los movimientos feministas del resto del mundo. En Chile, en 1873, **Martina Barros Borgoña** (1850-1941) publicó la traducción del libro *The Subjection of Women* (*Sobre la esclavitud de las mujeres*) del autor John Stuart Mill, filósofo y economista británico, gran defensor del sufragio femenino. A partir de ese momento la defensa de la libertad y los derechos de la mujer se convirtieron en Norte de su vida. En 1887, **Eloísa Díaz** y **Ernestina Pérez** se convirtieron en las primeras mujeres médicos de Chile y de Latinoamérica, abriendo camino para la mujer en el mundo profesional.

En 1916 se realizó en México el Primer Congreso Feminista de Yucatán en el que participaron unas 700 mujeres de esa zona del país, entre otras, Hermilda Galindo, como sabemos, secretaria de Venustiano Carranza. Entre los logros obtenidos por las mujeres a raíz de este congreso se encuentran el derecho a la administración de bienes, la tutela de hijas e hijos e igualdad en el plano salarial.

En Colombia, de regreso de los Estados Unidos donde había ejercido como profesora en la Universidad de Georgetown, **María Rojas Tejada** fundó en 1914 en Antioquia un Centro Cultural Femenino con el interés de educar a las mujeres. Como el centro le fuera cerrado por oposición de la Iglesia, se fue a la ciudad de Pereira donde estableció entonces una escuela mixta y laica. En 1916 fundó la revista *Femeninas* dedicada a la defensa de los derechos de la mujer en donde publicaba traducciones de artículos de feministas norteamericanas y europeas.

Cuando se habla de los comienzos del feminismo en el Perú se recuerda a **María Jesús Alvarado** (1878-1971) quien en 1914 fundó un organismo al que llamó Evolución Femenina para promover la educación, la cultura y los derechos de la mujer así como una escuela llamada Moral y Trabajo, para dar formación a las mujeres de clase obrera.

La necesidad de agruparse en organizaciones que defendieran los derechos ganados y lucharan por aquellos aún por conquistar dio origen a centenares de asociaciones femeninas a través de todo el continente así como en los países del Caribe.

En 1905 se fundó en Argentina el Centro Feminista del que era miembro, entre otras, **Elvira Rawson de Dellepiane**, una de las primeras médicas del país, y en 1919, bajo su liderazgo y el de la poeta **Alfonsina Storni** se fundó la Asociación Pro Derechos de la Mujer; en 1911 en Uruguay, **María Abella de Ramírez** fundó la Sección Uruguaya de la Federación Femenina Panamericana; en 1916, bajo la batuta de **Paulina Luisi**, primera uruguaya en recibirse de médico, se fundó el Consejo Nacional de Mujeres y en 1919 se creó la Alianza Uruguaya por el Sufragio Femenino; en Perú, en 1915 vio la luz Evolución Femenina, agrupación fundada por María Jesús Alvarado y en 1918 la Unión Feminista Nacional; en 1919, en Chile, **Amanda Labarca**, pedagoga, fundó en 1933 el Consejo Nacional de Mujeres y el Comité Nacional pro Derechos de la Mujer, y en 1920 fue fundado el Club de Señoras, dirigido por **Delia Matte Izquierdo**, el que reagrupaba mujeres de dos diferentes capas sociales, la alta y mediana burguesía; en 1936, bajo la dirección de **Elena Caffarena** fue fundado el Movimiento de Emancipación de la Mujer Chilena (MEMCH); en 1934, en Venezuela, se fundó la Agrupación Cultural Femenina.

Entre 1944 y 1948 vieron nacimiento en Colombia diversas organizaciones: la Unión Femenina de Colombia, el Comité Socialista Femenino de Moniquira (Boyacá), la Alianza Femenina del Valle y la Acción Feminista Nacional dirigidas por **Rosa María Moreno** e **Hilda Carriazo, Mercedes Abadía, Anita Mazuera** y **Lucila Rubio** respectivamente.

Otras organizaciones existentes fueron la Alianza Internacional Sufragista, la Liga Pro Paz y Libertad y la Comisión de Mujeres. También el país dio acogida a dos Congresos Nacionales Femeninos, el primero de los cuales se celebró en 1945.

b. Feminismo obrero

Como lo había planteado Flora Tristán a comienzos del siglo XIX, los grupos feministas latinoamericanos se percataron de que no podía existir una separación entre la lucha particular por los derechos civiles de la mujer y una lucha más amplia por la reivindicación de una sociedad más justa. Para ello era inminente que la mujer educada y de clase social alta expandiera su radio de lucha y estableciera necesarias alianzas con las batallas que libraba la clase obrera.

El feminismo obrero está marcado entonces por el nacimiento de asociaciones femeninas afines con el sindicalismo. En 1913 en Chile, Luis Emilio Recabarren, fundador del Partido Obrero Socialista Chileno y gran defensor de la emancipación femenina, fomentó el desarrollo de los Centros Femeninos en la zona salitrera de Iquique. En 1921 se fundaron la Federación Unión Obrera Femenina y el Consejo Federal Femenino y en 1922 y 1924 respectivamente se fundaron los primeros partidos políticos femeninos del país: Partido Cívico Femenino y Partido Demócrata Femenino. (Pardo, "Historia de la Mujer en Chile").

En Ecuador surgieron en 1920 el grupo Rosa Luxemburgo, integrado por trabajadores agrícolas, y la Alianza Femenina, este último dirigido por la periodista **Nela Martínez**, quien falleció en Cuba en el 2004 después de una larga vida al servicio de la clase obrera y de la mujer ecuatoriana. Nela Martínez Espinosa (1912-2004) fue la primera mujer diputada del Ecuador y a su vez una gran feminista y una de las más prominentes dirigentes de izquierda del país. Comenzó su vida política siendo casi una adolescente y a los treinta y dos años, en 1944, durante un levantamiento que derrocara al presidente Carlos Arroyo del Río se tomó la presidencia gobernando el país por varios días hasta que el movimiento revolucionario del que hacía parte fuera depuesto y se instaurara a José María Velasco Ibarra en el poder.

Igualmente en 1920, en Puerto Rico, surgió la Asociación Feminista Popular cuya presidenta fue **Franca de Armiño**, obrera de la industria tabacalera a su vez dirigente de la Federación Libre de Trabajadores. En Bolivia tuvo origen la Federación Obrera Femenina de la Paz en 1927, y en Cuba, la

Unión Laborista de Mujeres en 1928.

En Argentina surgieron organizaciones cercanas a los grupos socialistas y anarquistas del país: la Unión Gremial Femenina, el Centro Socialista Femenino y el Consejo Nacional de Mujeres. Lo mismo en Uruguay, donde surgió la Alianza Uruguaya de Mujeres.

En Chile, el Movimiento de Emancipación de la Mujer Chilena (MEMCH) abrió sus puertas a las empleadas domésticas para ayudarlas a organizarse y comenzó la promoción de actividades en favor de la mejoría de las condiciones de vida de esta capa social. Una de sus iniciativas lo fue el de tomar la defensa de los menores de edad para lo que promovieron un proyecto de ley que otorgara desayuno gratis a los niños en las escuelas.

Entre las más dignas representantes del feminismo obrero latino-americano se encuentra la boliviana **Domitila Barrios de Chungara** (1937-) quien en su libro *Si me permiten hablar, testimonio de Domitila, una mujer de las minas de Bolivia* relató las condiciones de explotación que sufrían las obreras de la mina de carbón Siglo XX. Domitila fue capaz de lograr que la fuerza obrera femenina adhiriera a la lucha general de los mineros bolivianos por la reivindicación de mejores salarios y más humanas condiciones de trabajo.

En Colombia, el nombre de **María Cano** (1887-1967) o Mariacano, como la llamaban cariñosamente, se recuerda como el de la pionera del movimiento obrero del país, el que recorrió íntegro promoviendo la toma de consciencia de los obreros sobre su situación y haciendo un llamado para el reclamo de sus derechos.

El rol de Mariacano y de Domitila lo jugó en Puerto Rico **Luisa Capetillo** (1879-1922). Al igual que Mariacano lo hiciera en las bibliotecas públicas, Capetillo, como miembro de la Federación Libre de Trabajadores, entre muchas otras cosas, fue lectora en fábricas de tabaco y recorrió la isla organizando a los trabajadores de la industria del tabaco y de la caña de azúcar. Escribía artículos para el periódico de la Federación, *Unión obrera*, así como para el periódico que ella fundara: *La mujer*. Como dato curioso se menciona haber sido la primera mujer en llevar pantalones en Puerto Rico, así como la primera sufragista del país.

Capetillo defendía la idea de que todas las mujeres: ricas o pobres, educadas o analfabetas debían tener derecho al voto. Como muchas representantes del feminismo obrero, nunca se afilió a una asociación feminista pues consideraba que el único medio que tenían las obreras de lograr justicia social era a través de la organización en sindicatos. No se contentó con organizar a los obreros de Puerto Rico; viajó tanto a Cuba como a la República Dominicana con el mismo fin. Entre sus escritos se encuentra el que ha sido considerado el primer manifiesto feminista escrito y publicado en la Isla: *Mi opinión sobre las libertades, derechos y deberes de la mujer.*

Guatemala: Premio Nóbel
Rigoberta Menchú

No podemos dejar de mencionar a **Rigoberta Menchú,** guatemalteca, candidata presidencial en el 2007, quien recibiera el Premio Nobel de la Paz en 1992 por su activismo en defensa de los derechos de los indígenas de su patria, por los derechos de la mujer y por su lucha por la paz. Hasta la edad de veinte años Rigoberta hablaba solamente quiché, lengua heredada de sus antepasados mayas. Aprendió el español de adulta para que su mensaje fuera escuchado en foros más amplios. En su libro *Me llamo Rigoberta Menchú y así me nació la conciencia* editado por Elizabeth Burgos Debray, venezolana, Menchú nos cuenta su historia y la historia de los indígenas en la Guatemala de los noventa, su terrible situación de miseria y la violencia de la que eran víctimas a manos del gobierno de Efraim Ríos Montt. Gracias a la difusión de su libro y a su obtención del Premio Nobel, la voz de Menchú fue escuchada internacionalmente y el mundo tuvo conocimiento y consciencia de la terrible realidad cotidiana que debe enfrentar la población indígena a lo largo y lo ancho del continente americano.

La candidatura presidencial de Rigoberta Menchú estuvo apoyada por un nuevo partido indígena, el "Winaq" que en idioma quiché significa "equilibrio e integridad" y por los partidos Unidad Revolucionaria Guatemalteca y Encuentro por Guatemala, más numerosos intelectuales. Solamente recibió el 3% de la votación.

El presidente electo, Álvaro Colom, nombró ministra del interior a Adela de Torreabierta, primera mujer en ocupar ese cargo en el país.

3. La mujer latinoamericana en la política en los siglos XX y XXI

Los partidos políticos femeninos que se fundaron no sólo en Chile, sino también en otros países como Brasil, Argentina y Uruguay probaron, con su pronta desaparición, la tesis del feminismo obrero sobre la necesaria unidad de la lucha por la reivindicación de los derechos de las mujeres y de la clase obrera en general. A pesar de que en un comienzo mujeres miembros de esos partidos comenzaron a ocupar escaños políticos de importancia tanto a nivel municipal como nacional se hizo urgente dar el salto por sobre la segregación y presentar un frente común de lucha. Después de todo, la mujer, como ente social, debía estar unida y no separada de la sociedad de la que era parte y al interior de la cual ya había conquistado los primeros derechos civiles y ciudadanos.

En los años cincuenta, en Puerto Rico, el movimiento nacionalista dirigido por Pedro Albizu Campos y cuyo objetivo principal era lograr la independencia de la Isla conoció un nuevo aliento entre los habitantes de las zonas rurales del país. Hubo brotes de violencia en la isla y también en los Estados Unidos durante los cuales fueron atacados edificios gubernamentales. El primero de marzo de 1954 una mujer, **Lolita Lebrón** -convencida de que la independencia era un derecho del pueblo puertorriqueño que había sido truncado por el gobierno de los Estados Unidos- en compañía de otros cuatro miembros del movimiento entraron al Congreso en Washington y abrieron fuego hiriendo de bala a cinco congresistas exigiendo libertad para Puerto Rico. Lebrón y sus compañeros fueron detenidos y sentenciados a cincuenta años de prisión. En repetidas ocasiones les ofrecieron perdón a cambio de retractarse de lo que habían hecho, pero prefirieron la cárcel a renunciar a sus principios, por lo que se fueron convirtiendo en mártires del movimiento independentista puertorriqueño. Veinticinco años después, en 1979, fueron indultados por el Presidente Jimmy Carter.

En la República Dominicana, a fines de los años cincuenta, cuatro hermanas se opusieron valientemente al régimen dictatorial de Rafael Trujillo. Son conocidas como **las hermanas Mirabal** y tres de ellas, Patria, Minerva, y María Teresa fueron asesinadas en 1960, y el auto en que viajaban, echado por un barranco para simular un accidente. Desde ese momento se convirtieron en heroínas de su país y en símbolo de la mujer que lucha por los derechos del individuo. El día del aniversario de su muerte, el 25 de noviembre, fue decretado Día Internacional Contra la Violencia en Contra de la Mujer por la UNESCO. La escritora dominicana residente en los Estados Unidos, Julia Álvarez, las inmortalizó en su novela *En el tiempo de las mariposas*, la que fue llevada al cine.

En Puerto Rico se distinguió por su labor política y social **Felisa Rincón de Gautier** (1897-1994). Fue alcaldesa de la ciudad capital por veintitrés años, la primera mujer en ocupar ese escaño en el país. Doña Fela, como se le recuerda cariñosamente, vestía de una manera muy peculiar: llevaba siempre un turbante y un abanico español en las manos. Hay una anécdota curiosa sobre doña Fela y es que una Navidad hizo llevar nieve en un avión desde los Estados Unidos hasta Puerto Rico para que los niños puertorriqueños pudieran disfrutar del maravilloso espectáculo.

Desde luego, no es sólo por esas extravagancias que se le recuerda, sino por la enorme labor social que realizó en pro de la clase pobre de su ciudad. Siempre estuvo cercana a su pueblo por quien no solamente desarrolló numerosos proyectos de reforma social, sino de quien se ocupaba por cosas más concretas como visitar a los enfermos o recibir a la gente en su casa para conocer sus problemas y ayudarles a solucionarlos. Luchadora incansable por los derechos de la mujer y los desfavorecidos, en tanto representante del Partido Popular Democrático de Puerto Rico en las Convenciones del Partido Demócrata de los Estados Unidos impulsó, entre otros proyectos, el programa de ayuda a los niños de escasos recursos *Head Start*.

Aunque muchas veces, ante la magnitud de personalidades como Fidel Castro y el Che Guevara se tiende a pasar por alto el rol de las mujeres en la Revolución cubana, es importante recordar en honor a todas ellas al menos a dos: a **Haydée Santamaría** y a **Melba Hernández** quienes prácticamente tomaron en sus manos la difusión de documentos escritos por Castro mientras se encontraba preso por el fallido ataque al cuartel Moncada, entre ellos su famosa defensa "La historia me absolverá". Estas y otras mujeres como la misma hermana de Castro, Lydia, fueron responsables de orquestar la presión social y política que llevó a Batista a liberarlo a él y a los otros rebeldes presos. Ambas mujeres tomaron también las armas y acompañaron a Castro en la lucha que lo llevó al poder.

Igualmente, la brigada Mariana Grajales, compuesta exclusivamente por mujeres quienes fueron entrenadas, entre otros, por el mismo Castro fue una de las que más valientemente luchó durante la Revolución. Después del triunfo Haydée Santamaría fundó Casa de las Américas, que como mencionáramos en el Capítulo III, es un espacio de encuentro, de desarrollo y de difusión de la cultura latinoamericana en todas sus manifestaciones.

En la Cuba revolucionaria las mujeres fundaron en 1960 la Federación de Mujeres Cubanas (FMC), organización de masas a la que pertenece la inmensa mayoría de las mujeres. La FMC se preocupó, desde su fundación, de promover la participación de la mujer en todas las áreas de la vida política, social y cultural del país y para ello luchó por la implantación de una infraestructura que posibilitara esta participación. Gracias a esta organización se crearon en la isla comedores escolares, guarderías infantiles así como semi internados en las escuelas primarias para que los niños reciban educación, alimentación y cuidado durante las horas en que las madres están en sus trabajos.

El resultado más significativo de las oportunidades abiertas por la Revolución a la mujer cubana es que en tres décadas de revolución la participación de la mujer en la economía del país se elevó del 15 al 42.3% (Isabel Rauber). Asimismo el nivel de alfabetización aumentó a tal punto que hoy en día un 50% de los médicos salidos de las universidades cubanas son mujeres.

En Nicaragua muchas mujeres también tomaron las armas para ayudar a derrocar la dictadura de Anastasio Somoza. Mencionaremos entre ellas a la escritora Gioconda Belli, quien fue miembro del Frente Sandinista de Liberación Nacional. Por sus actividades políticas fue perseguida por el régimen de Somoza y se vio obligada a salir al exilio en el cual se convirtió en miembro de la Comisión Político-Diplomática del Frente y visitó numerosos países de Latinoamérica y de Europa buscando apoyo moral y financiero para la causa nicaragüense. Además de ello fue correo clandestino transportando, como muy detalladamente lo cuenta en sus memorias *El país bajo mi piel*, no sólo mensajes, sino también armas.

Al igual que sucediera en Cuba después del triunfo de la revolución con la fundación de la FMC, una vez en el poder el FSLN, se creó la Asociación de Mujeres Nicaragüenses Luisa Amanda Espinoza (AMNLAE) para la defensa de los derechos de la mujer. Al interior del nuevo gobierno Gioconda Belli ocupó diversos cargos políticos entre ellos representante sandinista ante el Consejo Nacional de Partidos Políticos, portavoz del FSLN durante la campaña electoral de 1984 y Directora de la Unión de Escritores Nicaragüenses. El siguiente poema nos muestra el enorme sacrificio de la autora por los principios en los que creía.

> Ya van meses, hijita
> que no te veo.
> Meses en que mi calor
> no ha arrullado tu sueño.
> Meses en que sólo
> hemos hablado por teléfono
> -larga distancia, hay que hablar de prisa-
> ¿Cómo explicarte, mi amor,
> la revolución a los dos años y medio?
> ¿Cómo decirte: las cárceles están llenas de gente,
> en las montañas el dolor arrasa poblados enteros
> y hay otros niños que no escucharán ya la voz de sus
> madres?
> ¿Cómo explicarte que, a veces,
> es necesario partir
> porque el cerco se cierra
> y tenés que dejar tu patria, tu casa, tus hijos
> hasta quién sabe cuándo
> (pero siempre con fe en la victoria)
> ¿Cómo explicarte que te estamos haciendo un país
> nuevo?
> ¿Cómo explicarte esta guerra contra el dolor,
> la muerte, la injusticia?
>
> ¿Cómo explicarte tantas,
> pero tantas cosas,
> mi muchachita...?

> (del poemario: *Línea de fuego*)

Una mujer muy querida por la clase trabajadora chilena fue **Gladys Marín** (1941-2005), activista y figura política, luchadora incansable contra la dictadura del general Pinochet y defensora de los derechos de los trabajadores. Adhirió al Partido Comunista Chileno durante sus años de estudiante universitaria y fue Secretaria General de las Juventudes Comunistas de Chile por muchos años. En 1965 y 1970 fue elegida diputada por la región de Santiago.

Gladys Marín

Después del golpe de Estado de 1973 tuvo que partir al exilio, regresando clandestinamente al país en 1978. Desde la clandestinidad luchó por el derrocamiento del gobierno de Pinochet; en 1998 se convirtió en el primer chileno en presentar una acusación formal contra el General bajo los cargos de genocidio y violación de derechos humanos. Representando al Partido Comunista fue candidata a presidenta en las elecciones de 1999 que fueron ganadas por Ricardo Lagos. Murió en marzo del 2005 de cáncer al cerebro. El gobierno de Ricardo Lagos decretó dos días de duelo nacional en su honor.

En los últimos años, Latinoamérica ha tenido mujeres en el **Ministerio de Defensa**, puesto usualmente ocupado por hombres, entre ellas, **Nilda Garré**, ministra de defensa de Argentina quien se desempeñaba como embajadora en Venezuela. Abogada peronista, a principios de los ochenta luchó por la recuperación de la democracia. Favorece el enjuiciamiento y castigo de los que violaron los derechos humanos durante la época de la dictadura lo que podría causarle dificultades en el puesto que va a ocupar. Fue nombrada en el 2006.

Azucena Berrutti, de Uruguay, ministra de defensa desde el 2005. Fue abogada de derechos humanos. Anteriormente trabajó como Secretaria General de la Administración de la Ciudad de Montevideo.

Martha Lucía Ramírez de Rincón, de Colombia, ministra de defensa del 2002-2003. La criminalidad en el país bajó significativamente durante su incumbencia. Anteriormente había sido vice ministra de 1991-98 y ministra de comercio exterior de 1998-2001. Del 2001-2002 había sido embajadora en Francia. En el 2003 renunció a su puesto de ministra.

Cristian Matus Rodríguez, de Nicaragua, ministra de defensa del 2000 al 2002.

Elizabeth Chuiz Sierra, de Honduras, ministra de seguridad y policía de 1998-2000.

Laura Chinchilla Miranda de Costa Rica, ministra de seguridad pública, interior y policía de 1996-1998. En el 2010 se convirtió en la primera mujer presidenta de Costa Rica.

Guadalupe Larriva de Ecuador, primera civil ministro de defensa del país, nombrada por el presidente Rafael Correa en el 2007. Al morir en un accidente a los nueve días de su nombramiento, fue reemplazada por **Lorena Escudero**.

Mujeres en otros cargos políticos de importancia

Con la llegada al poder del presidente Evo Morales, las mujeres indígenas han pasado a ocupar cargos políticos de envergadura, entre ellas: **Sylvia Lazarte**, dirigente cocalera y miembro del MAS nombrada por Morales como presidenta de la Asamblea Constituyente; **Savina Cuéllar Leaños**, indígena quechua, opositora al presidente Morales, fue elegida prefecta de Chuquisaca en julio del 2008, convirtiéndose en la primera mujer en el país elegida por voto popular para este cargo; y **Amalia Morales**, abogada de 51 años y juez de instrucción de provincia, nombrada en febrero del 2010 a la Corte Suprema de Justicia. Es la primera "mujer de pollera", término en el lenguaje políticamente correcto, la primera "chola", para la gente de la calle, en llegar a la cúspide del Poder Judicial.

Soledad Alvear, chilena, demócrata-cristiana, fue ministra de estado del Servicio Nacional de la Mujer (SERNAM) (1991-1994), ministra de justicia (1994-1991) y ministra de relaciones exteriores (2000-2005) y se disputó con Michelle Bachelet la candidatura a la presidencia por la Concertación de Partidos por la Democracia en el 2006.

No podemos dejar de mencionar a **Ingrid Betancourt** de Colombia. Betancourt fue elegida diputada en 1994; denunció y condenó la corrupción de la clase política y tomó la bandera de lucha en favor de los pobres. La violencia en Colombia era pan de cada día y Betancourt fue amenazada de muerte, fue víctima de un atentado del cual afortunadamente logró escapar, y además fue atacada por la prensa. En 1998 fundó su propio partido político, Oxígeno y se presentó como candidata a senadora, ganando el mayor número de votos a nivel nacional. Cansada de no ver avanzar sus proyectos de paz y justicia social decidió ser candidata a la presidencia en las elecciones del 2002, entonces, dimitió de su posición de senadora a fines de 2001 y lanzó su campaña. Pocos meses después, en febrero de 2002, Betancourt y su jefa de campaña Clara Rojas, fueron secuestradas por las FARC, la guerrilla colombiana. Clara fue finalmente liberada en enero de 2008 y reunida con su hijo Emmanuel, cuyo padre era un miembro de la guerrilla. Tras seis años en cautiverio, Ingrid Betancourt fue rescatada el 2 de julio del 2008 gracias a una acción comando del ejército de Colombia.

a. Mujeres primeras mandatarias

La primera mujer en convertirse en primer mandatario de su país y primera mujer con el título de presidente en el mundo occidental fue **Isabel Perón** (1931-), segunda esposa del presidente argentino Juan Domingo Perón quien ocupó el puesto entre 1974 y 1976. Isabel fue vicepresidenta y Presidenta del Senado durante el segundo gobierno de Perón entre 1973-74 y al morir éste, le sucedió en el poder. En oposición a la casi veneración del pueblo argentino por Evita, primera mujer de Perón, el pueblo argentino no guarda buenos recuerdos del gobierno de Isabel durante el cual la organización Alianza Anticomunista Argentina desató una fuerte represión contra dirigentes y militantes de izquierda la que provocó el asesinato o desaparición de miles de ellos. Isabel fue derrocada por el golpe de Estado militar de Jorge Rafael Videla y fue encarcelada acusada de malversación de fondos públicos. En 1981, al salir de la prisión, se exilió en España. A comienzos del 2007 se dictó una orden de detención internacional por su posible responsabilidad en el secuestro de dirigentes políticos durante su gobierno.

En 1979 la boliviana **Lidia Gueiler Tejada** (1921-) fue nombrada presidenta interina del país, puesto que ocupó por un año al cabo del cual fuera derrocada por Luis García Meza quien diera el golpe de estado número 129 en la historia de Bolivia. Anteriormente había ejercido varios puestos políticos y diplomáticos entre ellos: diputada (1956-1964); presidenta de la cámara de diputados (1979); embajadora en la Alemania Oriental (1982-83) y en Venezuela (1983-86). Igualmente fue una activa feminista y gracias a su liderazgo se instituyó en Bolivia el 11 de octubre como día de la mujer boliviana. Fue a su vez la representante de Bolivia ante la Comisión Interamericana de Mujeres. Publicó dos libros, *La mujer y la revolución* (1960) y *Mi pasión de lidereza* (2000), una autobiografía.

Violeta Barrios de Chamorro (1929-) asumió el poder como presidenta de Nicaragua en 1990 lo que la convirtió en la primera mujer en llegar a la presidencia en un país centroamericano. Su mandato se extendió hasta 1997. Barrios de Chamorro fue miembro de la Junta de Reconstrucción Nacional que asumió el poder cuando el Frente Sandinista de Liberación Nacional derrocó la dictadura de Anastasio Somoza en 1979, pero poco después se separó de los sandinistas por discrepancias políticas. Al ganar las elecciones en 1990 como representante de la Unión Nacional Opositora contra Daniel Ortega, representante sandinista, ocupó el puesto de presidenta y también de ministro de defensa. En las elecciones de 1997 no se presentó a reelección. Ese mismo año publicó una autobiografía bajo el título de *Sueños del corazón*.

Ecuador conoció en 1997 una presidenta interina, **Rosalía Arteaga Serrano de Fernández de Córdova** (1956-) quien había sido elegida vicepresidenta en 1996. En 1997, luego de una huelga general nacional el congreso destituyó al Presidente Abdalá Bucaram Ortiz por ineptitud para gobernar y Rosalía Arteaga fue nombrada presidenta interina. Fue candidata a presidenta en las elecciones de 1998, pero no fue elegida. Arteaga Serrano se ha destacado también como escritora siendo la autora de libros de ficción y de poesía, entre ellos *Jerónimo y Gente* (cuento) *Cinco poemas y Horas* (poesía) y *Árboles de Cuenca Alto Cenepa: las fronteras de una guerra* y "La presidenta: el secuestro de una protesta" (ensayo).

En 1999 Panamá vio el advenimiento al poder de **Mireya Moscoso Rodríguez** (1946-). Moscoso Rodríguez no sólo se contentó con acceder ella al poder sino que fue la primera presidenta de la historia en nombrar a otra mujer como vice presidenta, su hermana Ruby Moscoso de Young. Moscoso Rodríguez gobernó hasta septiembre de 2004 en que fue sucedida por Martín Torrijos. Una de las críticas negativas que se le hizo a su gobierno fue la práctica del nepotismo.

En el año 2001 asumió la gobernación del Estado Libre Asociado de Puerto Rico **Sila María Calderón Serra** (1942-), miembro del Partido Popular Democrático. Antes de aspirar a la gobernación de la isla se desempeñó, entre otros puestos de servicio público, como secretaria de estado y alcaldesa de San Juan, ciudad capital. Su mandato culminó en noviembre del 2004.

Sin lugar a dudas, la mandataria que mayores expectativas causó antes y después de llegar al poder fue **Michelle Bachelet**, presidenta de Chile, de 2006-2010, y quien antes de ser candidata a la presidencia ocupó los cargos de ministra de salud, y ministra de defensa.

El caso de Michelle Bachelet es extremadamente singular pues no solamente es la primera mujer presidenta de Chile, sino la primera presidenta en la historia de América del Sur en ser elegida en elecciones populares y no por ser la viuda de un ex presidente. Para muchos chilenos, esta médica socialista, por cuya profesión y afiliación política recuerda a quien la alentara a militar en la Juventud Socialista en los años setenta, Salvador Allende, representó la cara de un nuevo Chile que miraba hacia el futuro envuelto en el manto de la reconciliación nacional.

Bachelet, como lo mencionáramos, es la hija del General de Brigada Aérea, Alberto Bachelet quien fuera nombrado por Salvador Allende jefe de las Juntas de Abastecimiento y Precios y quien al producirse el golpe de Estado fuera tomado preso, muriendo en la cárcel de un infarto como resultado de la tortura. Bachelet y su madre también fueron apresadas, torturadas y enviadas al exilio por alrededor de seis años.

Michelle Bachelet fue también la primera mujer latinoamericana en ocupar el puesto de ministra de defensa convirtiéndose así en jefa civil del cuerpo uniformado. La popularidad de Bachelet como presidenta se basó mayoritariamente en los proyectos sociales que su gobierno impulsó para mejorar las condiciones de vida de los más desfavorecidos, como vimos en los capítulos sobre los nuevos mapas político y económico de Latinoamérica. Al final de su gobierno contaba con un impresionante 82% de aprobación popular, sin embargo, no pudo optar a la reelección por lo que la Constitución de Chile no permite la reelección consecutiva de un presidente.

En el año 2007 Argentina marcó un hito al ser el único país del mundo, hasta el momento, en que por primera vez los candidatos a la presidencia en ocupar el primer y segundo lugar fueron mujeres: **Cristina Fernández Kirchner** (1953-) y **Elisa Carrió** (1956-). Fernández Kirchner sucedió a su esposo, el ex presidente Néstor Kirchner. Antes de ser presidenta, Fernández fue senadora por la provincia de Buenos Aires y por la provincia de Santa Cruz del 2001-2005.

Costa Rica siguió los pasos de Chile y Argentina eligiendo, en febrero de 2010, a **Laura Chinchilla Miranda** como su primera mujer presidente. Chinchilla Miranda fue elegida vice presidenta en el 2006 junto a Óscar Arias en su segundo periodo presidencial. Renunció al cargo en el 2008 y lanzó su candidatura a presidenta por el Partido Liberación Nacional como sucesora de Arias. Fue elegida con el 46,76% de los votos por un mandato de 4 años para convertirse en la tercera mujer en llegar a ese cargo en Centroamérica, tras la nicaragüense Violeta Chamorro y la panameña Mireya Moscoso. Es la octava mujer en llegar a la presidencia en la América hispana.

En el momento de asumir el poder, llamó a continuar la ruta del presidente saliente, Óscar Arias, manteniendo el país en terreno moderado y evitando los populismos de izquierda o derecha. Siguiendo la paridad ministerial de los comienzos del gobierno de Michelle Bachelet en Chile, Chinchilla nombró un 50% de mujeres en su gabinete y en áreas claves como Agricultura, Economía, Comercio Exterior, Trabajo, Vivienda, Planificación, Ciencia y Tecnología, y Salud y Deportes.

Algunas candidatas que no alcanzaron la Presidencia

En el 2006 dos otras mujeres sudamericanas fueron candidatas a la presidencia: **Lourdes Flores Nano** (1959-) en el Perú, y **Heloísa Helena Lima de Moraes** (1963) en Brasil, siendo ambas las primeras mujeres en aspirar al palacio presidencial en sus respectivos países.

En Argentina, en el 2007, **Elisa Carrió** (1956-), abogada de profesión, fue la contendiente de Cristina Fernández de Kirchner. Fue fundadora del partido de centro izquierda Alternativa para una República de Iguales (ARI) compuesto en su gran mayoría por mujeres por el que fue candidata a la Presidencia en 2003 y en 2007. En el 2003 quedó en cuarto lugar, en el 2007, en segundo. En el 2004 había sido elegida diputada nacional por Buenos Aires; anteriormente, había sido diputada nacional por la provincia del Chaco durante dos periodos, de 1995-1999 y 1999-2003.

Aspirantes a la Presidencia en los próximos años

Para las elecciones de octubre de 2010 en Brasil, el Partido de los Trabajadores (PT), a quien representa el actual Presidente Lula da Silva, proclamó como candidata presidencial a **Dilma Rousseff** (1947), ministra de Minas y Energía. Ésta se enfrentará a José Serra, del Partido de la Social Democracia Brasileña. Desde adolescente, Rousseff se involucró con grupos armados que luchaban contra la dictadura en Brasil, por lo que pasó tres años en prisión y fue torturada. Según las encuestas de marzo del 2010, Rousseff estaría llegando en segundo lugar.

Lourdes Flores Nano se postulará nuevamente a la Presidencia en Perú en el 2011, a la que postulará igualmente **Keiko Fujimori** (1975), hija del ex Presidente Alberto Fujimori (hoy en prisión), quien será candidata por el partido fujimorista, Alianza por el Futuro. **Elisa Carrió** volverá a presentarse en Argentina en el 2011 a la cabeza de la Coalición Cívica, de ideología peronista.

Es evidente que la situación de la mujer latinoamericana de hoy en día varía dependiendo del país, y al interior de los países, de la zona en que se viva, bien sea rural o urbana. En las zonas urbanas las mujeres tienen más acceso a la educación en todos los niveles y mayores posibilidades de entrar al mercado de trabajo. El único país en que esta diferencia aparece menos acentuada es en Cuba. En la actualidad el congreso cubano cuenta con un 22% de mujeres, y como dijéramos, el 50% de los médicos que se gradúan de las universidades cubanas son mujeres. Sin embargo hay que reconocer que existen en la isla otros problemas, siendo el mayor, la vuelta atrás a la prostitución, la que había sido prácticamente erradicada por el gobierno revolucionario, provocada por la difícil situación económica imperante y la apertura hacia el turismo como una de las medidas de solución a la crisis económica.

La violencia contra la mujer

La historia muestra que es muy difícil hacer avanzar las ideas. Superar el machismo que ha predominado en nuestras sociedades ha sido una ardua tarea en la que tanto hombres, y aunque parezca increíble, también mujeres han servido de obstáculo. Entre otros problemas inherentes al machismo, uno que precisa de inmediata erradicación es la violencia contra la mujer pues representa uno de los peores males de una sociedad civilizada.

Para hablar de la violencia contra la mujer en Latinoamérica debemos diferenciar **la violencia doméstica** de **la violencia de género**. La primera es la que sufre la mujer al interior del hogar de parte de padres, esposos, miembros de la familia; la segunda ocurre fuera del hogar, crímenes perpetrados contra ellas por el solo hecho de ser mujeres.

En un estudio sobre la población joven y la violencia durante el noviazgo realizado por la Organización Iberoamericana de Juventud (OIJ) publicado en noviembre del 2009 se concluye que entre ochenta millones de jóvenes latinoamericanas menores de 35 años, una de cada tres, ha sufrido algún tipo de violencia, evidencia de que los comportamientos que perpetúan la violencia de género se repiten en las nuevas generaciones. La percepción entre los jóvenes es de que como este tipo de violencia no es considerada delito grave queda impune. Ello ocasiona que el maltratador continúa maltratando y las jóvenes lo tomen como algo normal. Si sus madres sufren y aceptan esta violencia, las hijas no pueden pensar que ellas puedan tener un destino diferente

Por su parte, la violencia de género es un fenómeno relativamente nuevo que comenzó a propagarse, sobre todo por Centro América, a partir de los asesinatos de mujeres en Ciudad Juárez, México. Las características de estos actos delictivos que comenzaron en Ciudad Juárez en el 1993 son similares en todos los países: el asesinato, precedido por tortura, mutilación y violación sexual de las víctimas, jóvenes entre las edades de 10 y 35 años, y los victimarios no son ni familiares ni conocidos de las víctimas. De acuerdo a estudios realizados por las Naciones Unidas, los tres países con mayor número de feminicidios en Centroamérica son Honduras, El Salvador y Guatemala.

Cuantificar la violencia contra la mujer es una tarea difícil de lograr ya que la mayoría de los países no guarda record de ese tipo de datos y en muchos casos no se hace diferencia entre las muertes por violencia doméstica y las muertes por violencia de género. Sin embargo, en los últimos años, dadas las campañas de concienciación emprendidas por diversas organizaciones feministas, por la Organización de las Naciones Unidas y por diferentes ONG estas estadísticas se están estableciendo. Como paso significativo para lograr esta concienciación, la ONU designó el 25 de noviembre como el Día Internacional de la Eliminación de la Violencia contra la Mujer, día en que se conmemora el asesinato de las hermanas Mirabal por orden de la dictadura de Trujillo en la República Dominicana.

Algunas cifras de países en que se ha cuantificado la violencia contra la mujer (sea doméstica o de género) entre el 2007 y el 2010 son las siguientes:

1. **Argentina**: Según la Oficina de Violencia Doméstica (OVD) de la Corte Suprema de Justicia de la Nación, entre el 15 de setiembre de 2008 y el 30 de abril del 2010 se registraron 10.261 casos de violencia doméstica de los cuales, el 81% tiene como víctimas a mujeres y niñas. La OVD registró igualmente 1.926 casos únicamente de maltrato psicológico, por lo general amenazas, insultos, desvalorización y control cronométrico de los horarios. En el 2009 el Congreso argentino aprobó una ley para combatir el problema, pero no se ha reglamentado por falta de presupuesto. Hasta mayo del 2010, solamente se habían establecido oficinas de

OVD en la capital, Buenos Aires, y en Tucumán, pero se proyectaba abrir otras dos, una en Salta y otra en Santiago del Estero.

2. **Bolivia**: de 343 casos de muertes de mujeres que fueron recogidas en la prensa nacional en el 2009, 98 fueron producto de diferentes tipos de violencia. Hubo 51 de violencia conyugal; 19 de violencia sexual; 17 de violencia infantil; 7 de violencia familiar; 2 de violencia lesbofóbica y 2 por aborto mal practicado.

3. **Chile**: El 20% de las jóvenes sufre violencia psicológica en la pareja. Casi una de cada 10 sufre maltrato físico y un 1% abusos sexuales. La educación es un factor determinante para erradicar la violencia: el maltrato físico en personas con estudios secundarios o inferiores se da en un 10,1% de los casos; en técnicos superiores y universitarios, en un 3,5%. El maltrato psicológico se produce más entre personas de bajo nivel educativo, casi en una de cada cinco, que en universitarios, un 11,8%. Cómo abusan de la pareja: el 30,7% controla las salidas, los horarios y las apariencias; el 18,5%, las amistades, y un 13,5% usa las descalificaciones. El 17,5% admite restringir las amistades a su pareja; el 14,3% admite maltrato físico, y el 11,3% controla las actividades de la pareja.

4. **Colombia**: en un estudio realizado en el 2008, una de cada tres mujeres de Bogotá declaró haber sido maltratada por su pareja. La violencia en el hogar, incluyendo la violencia verbal, física y sexual afecta más a las mujeres de clases desfavorecidas; según el estudio, 46,7% de las mujeres con educación primaria y el 49% de las que pertenecen a estratos más bajos declararon ser víctimas de violencia por parte de sus parejas. Las mayores víctimas de violencia sexual en la capital colombiana son las menores de entre 10 y 14 años, seguidas de las de 15 a 17.

5. **El Salvador**: 579 víctimas de violencia de género, según datos de 2009 del Instituto de Medicina Legal.

6. **Guatemala**: víctimas de violencia de género: 532 muertes violentas de mujeres en el primer semestre del 2010; 877 entre el 2008 y el 2009, registrados por la Procuraduría de Derechos Humanos; más de 5.027 víctimas desde el 2000. Una ley contra el feminicidio fue aprobada en julio del 2008. También se estableció la fundación gubernamental "Sobrevivientes" que provee apoyo y todo tipo de ayuda a las mujeres víctimas de violencia de género.

7. **Honduras**: El 75% de las mujeres ha sido objeto de algún tipo de violencia física en algún momento de su vida; 4 de cada 10 mujeres declararon haber sufrido agresiones violentas por parte de sus parejas. En 1997 se aprobó una ley contra la violencia doméstica; en agosto del 2008 es estableció un juzgado especializado en

la violencia doméstica. Organismos como "Manos Unidas", Naciones Unidas y "Cáritas" han establecido programas de ayuda a la mujer hondureña como el "Programa Integral de la Mujer", cuyo objetivo es proveerles todo tipo de apoyo a las mujeres de comunidades rurales y suburbanas con el fin de que puedan mejorar su situación educativa, económica, de salud. También les proveen asistencia jurídica para animarlas a denunciar estos actos de violencia. En adición se les ofrece asistencia psicológica, tanto a las víctimas de violencia doméstica como a los agresores, para propiciar cambios en el comportamiento de éstos últimos. De acuerdo al Consejo Centroamericano de Procuradores de Derechos Humanos, entre el 2002 y el 2005, 613 hondureñas fueron víctimas de violencia de género, y entre enero y noviembre del 2008 se contabilizaron 151 muertes, es decir casi una víctima cada 24 horas.

8. **México**: el 75,8% de las mexicanas entre 15 y 24 años ha sufrido agresiones psicológicas y el 16,5% ha vivido al menos un ataque sexual. En México DF, nueve de cada 10 jóvenes ha sufrido algún tipo de violencia en el noviazgo y el 30% admite callar cuando tiene conflictos de pareja por temor. Solamente en Ciudad Juárez, en el 2009, se cuantificó el número de mujeres asesinadas en 388.

9. **Nicaragua:** De acuerdo a cifras de la Red de Mujeres contra la Violencia (RMCV), en los tres primeros meses del 2010 se registraron 12 asesinatos de mujeres, de las cuales, cuatro eran niñas menores de seis años. En el 2009, el número de crímenes contra el sexo femenino fue de 79, y entre enero y agosto de 2009, se denunciaron 1.259 casos de violación, de los cuales dos terceras partes fueron cometidos contra menores de 18 años.

La violencia contra la mujer exhibe también otras caras. En Bolivia, según estudios recientes, de los dos millones de bolivianos que han emigrado al extranjero en busca de mejores condiciones de vida para sus familias, el 39% son mujeres. Aunque no se ha asociado este hecho concreto con el problema de la prostitución no sería descabellada la asociación dado que se ha producido en otros países. Ejemplos ilustrativos son las "niñas Paraguay" menores de edad que se prostituyen en ciudades al noreste de Brasil por 1,99 reales (80 céntimos de euro) o el caso de niñas, adolescentes y mujeres en Pereira, Colombia, ciudad de 420.000 habitantes en crisis económica desde hace veinte años, sumergida en el narcotráfico y la violencia que éste genera, y en la que la prostitución femenina ha sido el eje que ha mantenido la economía.

En el 2002, alrededor de 30.000 pereiranos salieron del país, la mitad de los cuales eran víctimas del trato de personas, la mayoría, mujeres entre

15 y 30 años. Las remesas enviadas del exterior alcanzan el 19% del Producto Interno Bruto (PIB), remesas sobre todo enviadas por mujeres desde Madrid, Panamá, Estados Unidos, Holanda, China, Japón; prostitución que se da también en la misma ciudad sin que la policía intervenga convirtiendo a Colombia en el tercer país del mundo afectado por el mal del tráfico humano. Estudios realizados por la Corporación Casa de la Mujer y la Familia indican, por ejemplo, que de las 12.800 nuevas mujeres extranjeras que la policía contabilizó en España dedicadas a la prostitución en 2003, 4.761 eran colombianas y que de las 30.000 que ejercían en Holanda, un 60% eran latinoamericanas. Estas mujeres mantienen a sus maridos, padres, hermanos, hijos. El dinero de la prostitución hace, al mismo tiempo, sobrevivir a las familias y mantener el engranaje económico de la región.

Igualmente en Colombia, en el 2007, otro tipo de violencia contra los derechos de la mujer salió a la luz pública: el grupo indígena embera chamí de los departamentos de Risaralda y el norte de El Valle, practica la ablación del clítoris en las niñas recién nacidas. De acuerdo a sus creencias religiosas, así se evita el fin del mundo y se garantiza la fidelidad de la mujer, pues para ellos, el movimiento de la mujer durante el coito puede provocar que el mundo se le caiga de las manos al dios Karabi. Entonces, para asegurar la fidelidad de la mujer se le elimina el deseo sexual. Esta situación de enfrentamiento entre las costumbres ancestrales de un pueblo y la defensa de los derechos de la mujer debe ser manejada con extremo cuidado por las autoridades colombianas por las implicaciones que ello conlleva.

A la base de todos estos actos de violencia se encuentran la pobreza, la falta de educación y la concienciación sobre la gravedad de la violencia de género. A través del continente se han puesto en marcha algunas iniciativas para contrarrestar las diferentes caras de este problema y se han establecido organizaciones de apoyo a las víctimas que se atreven a denunciar el maltrato.

A nivel internacional comenzó a fines del 2009 la campaña "Maltrato Zero", la que va dirigida especialmente a los jóvenes. La misma tiene un sitio en la red (www.maltratozero.com) donde las víctimas tienen la posibilidad de subir sus propias fotos y vídeos para reportar el abuso.

Para mencionar algunas de las iniciativas con fuerte presencia: a nivel regional, en febrero de 2010, organizaciones civiles feministas de cinco países latinoamericanos iniciaron la "Campaña Regional por el Acceso a la Justicia para las Mujeres" para exigir acción por parte de los gobiernos ante la impunidad contra el delito de feminicidio. Las firmantes de dicha iniciativa fueron María Delia Cornejo, de El Salvador; Gladys Lanza, de Honduras; Carmen Yolanda López, de Guatemala; Virginia Meneses, de Nicaragua y María de la Luz Estrada, de México.

Asimismo, en Bolivia se realizó una marcha de protesta organizada por activistas de derechos humanos en celebración del Día Internacional de la Mujer el 8 de marzo del 2010, para ratificar la exigencia de mayor severidad en los castigos como manera de luchar contra la perpetuación del mal. La idea surgió como seguimiento a un estudio realizado en el 2009 sobre las muertes por violencia de género cuyos resultados (expuestos en el punto 4 de esta sección) servirán para plantear a la Asamblea Legislativa Plurinacional que se declare abiertamente el "feminicidio" como delito penal de modo a que se endurezcan las sanciones para los perpetradores.

En México, la Red de Organizaciones Feministas contra la Violencia" de la que forman parte más de trescientas organizaciones mexicanas lanzó una campaña "Alto a la Impunidad ¡Ni una Muerta Más!", para llamar la atención sobre el problema en todo el país, pero especialmente por los feminicidios sin esclarecer en Ciudad Juárez.

En Colombia, organizaciones como Contigo Mujer y la Corporación Casa de la Mujer y la Familia que se dedican a tratar de rescatar a las mujeres de la prostitución, quienes indican que el promedio de 10 mujeres de la zona que llegaron a salir al día al extranjero desde el 2003, se redujo a 10 por semana.

La brecha de género

La equidad y la paridad en cuanto a oportunidades y derechos de la mujer todavía sigue siendo un camino de lucha. Sobre esta brecha de género, un informe producido por el Foro Económico Mundial a fines del 2009 arroja los siguientes datos: de los 128 países incluidos en el estudio, los países latinoamericanos en mejores posiciones son los siguientes: Ecuador, en el puesto 23, sobrepasando a Argentina (24), Costa Rica (27), Cuba (29), Panamá (43), Perú (44), Nicaragua (49), El Salvador (55), Colombia (56), Uruguay (57), Honduras (62), Chile (64) y Paraguay (66), el que ha avanzado 36 puestos desde 2008. Le siguen la República Dominicana, en el puesto 67, Venezuela (69), Bolivia (83), México (99) y Guatemala (111). El estudio mide, entre otros aspectos, el acceso a la educación básica y superior, a posiciones que demandan elevado nivel educativo o de preparación o que requieren la toma de decisiones, la diferencia de salarios por igual empleo y las expectativas de vida.

Otro aspecto importante a considerar al hablar de la brecha de géneros es la distribución de las tareas domésticas. Aunque existe la idea de que ha habido una gran evolución en este ámbito (incluso los medios de comunicación se encargan de difundir la imagen de un nuevo tipo de relación en la que el hombre contribuye al trabajo del hogar) la realidad muestra una situación completamente opuesta. Un estudio realizado en el 2010 por el Centro de Microdatos de la Universidad de Chile y Comunidad Mujer encontró que, de 3.000 mujeres entre los 18 y 65 años de edad entrevistadas, dos de cada tres, sin importar el estrato social, afirmó llegar a las casas después de trabajar 8 horas a realizar el trabajo doméstico.

Un dato revelador entregado por el estudio es la mentalidad machista que aún no ha logrado vencerse en las mismas mujeres, lo que explica, hasta cierto punto, el que la situación de doble jornada para la mujer que trabaja fuera continúe. Ante la pregunta de si les pediría a sus hijas que prepararan la comida, el 88% de las mujeres respondió que sí; ante la pregunta de si se lo pediría a sus hijos varones, sólo el 72,8% respondió que se lo encargaría a sus hijos hombres. Un resultado similar se obtuvo con la pregunta de a quién le encargaría lavar ropa, planchar y hacer aseo: el 89,3% de las madres se lo pide a sus hijas, el 74,1% se lo encargaría a los varones. Aunque la diferencia en ambos casos es de sólo 15 puntos, ésta es bastante si se considera que la misma fortalece el estereotipo de encargar las tareas domésticas a la mujer, y al hombre las reparaciones en la casa.

Estos resultados muestran que hay aún un largo trecho que recorrer para lograr la completa igualdad y reconocimiento de la mujer y para que le sean respetados sus derechos como individuo a parte entera, tanto a nivel de los individuos, como de la familia, como de la sociedad. En general, aunque las mujeres han llegado a ocupar importantes cargos políticos en varios países, como hemos visto, todavía permanecen poco representadas en el mundo de la economía, los negocios y los puestos administrativos en la educación superior, así como en el mismo mundo político. Sin embargo, es importante recordar que a pesar de todos los inconvenientes la mujer, como lo ha hecho a través de la historia, sigue luchando por sus derechos y los de sus familias no importa el ámbito en que se mueva, y el esfuerzo realizado por las indígenas de alguna población latinoamericana por asegurar el pan que ponen en la mesa toma tanta dimensión como los proyectos de ley que proponen las legisladoras en las zonas urbanas.

Queremos cerrar este capítulo con una nota optimista, no lamentando el rol negado a la mujer en la historia, sino recalcando que sólo un trabajo en conjunto del hombre y la mujer de la calle y de los hombres y mujeres que ostentan posiciones políticas, puede traer los anhelados cambios de justicia social por los cuales todas las mujeres aquí mencionadas y aquellas cuyos nombres u obras quedaron en el tintero, dieron su aliento; justicia no sólo para la mujer, sino para la sociedad en general.

III.1 La mujer en la historia

A. Conquista y colonización

1. ¿Existe o no representatividad de la mujer en los libros de historia de América Latina? Según Ud. ¿qué posibles razones hay para ello?
2. ¿Por qué las poetas modernas no quieren que se les llame poetisas?
3. ¿Quién fue Anacaona y cuál es su importancia?
4. ¿Qué rol jugaron las mujeres en las insurrecciones en el Virreinato del Perú?
5. ¿Qué mujeres mapuches inscribieron su nombre en la historia de las luchas contra los españoles?
6. Comente la acción de Fresia con respecto a su hijo.
7. ¿Combatieron todas las mujeres del lado de los indígenas durante las primeras insurrecciones?

B. Independencia

1. Explique en sus propias palabras la participación de las mujeres en las guerras de independencia en los diversos países de Latinoamérica. ¿Quién fue Manuela Sáenz?
2. ¿Por qué cree Ud. que resulta interesante el hecho de que el himno revolucionario de Puerto Rico haya sido escrito por una mujer?
3. ¿A qué estuvo vinculada particularmente la participación de la mujer negra en las luchas de independencia?

C. Periodo de transición

1. ¿Qué rol importante tuvieron las mujeres durante el periodo de transición post independencia?

D. Siglo XX

1. ¿Cambió la situación civil y política de la mujer una vez las colonias ganaron su independencia?
2. ¿Qué medidas tomaron las mujeres para cambiar esa situación?
3. ¿Cuáles fueron los primeros países de Latinoamérica en otorgarles el derecho al voto a las mujeres? ¿En qué año?
4. ¿Fue general o limitado el sufragio concedido a las mujeres?

1. La mujer y la Revolución mexicana

1. ¿Quiénes fueron las soldaderas y por qué se les recuerda?
2. Compare la leyenda de Adelita con la de Fresia y Guacolda.
3. ¿Qué tuvieron en común las siguientes mujeres mexicanas: Dolores Jiménez y Muro, Juana Belén Gutiérrez de Mendoza y Hermilda Galindo?

2. El desarrollo del feminismo latinoamericano

1. Describa el rol de Flora Tristán en el desarrollo del feminismo latinoamericano. ¿Qué tenían de particular sus ideas feministas?

2. ¿En qué dos tipos podemos categorizar el feminismo latinoamericano? Descríbalos.

3. Explique cómo se fueron organizando las mujeres para hacer avanzar sus ideas y conquistar sus derechos.

4. ¿Quiénes fueron Domitila Barrios de Chungara, Mariacano y Luisa Capetillo?

3. La mujer latinoamericana en la política en los siglos XX y XXI

1. ¿Quién fue Lolita Lebrón y por qué se convirtió en heroína del movimiento independentista puertorriqueño?

2. ¿Qué rol jugaron las hermanas Mirabal en la historia de la República Dominicana?

3. Partiendo de los ejemplos de mujeres presentados así como del poema de Gioconda Belli "Ya van meses hijita" comente la importancia del rol jugado por las mujeres en las revoluciones cubana y nicaragüense, los objetivos y esperanzas que tenían ellas en el cambio y los logros de éstas una vez los gobiernos revolucionarios en el poder.

4. ¿Quién fue Isabel Perón y por qué se distinguió? ¿Tiene el pueblo argentino un buen o mal recuerdo de ella? ¿Por qué?

5. ¿En qué países latinoamericanos ha habido primeras mandatarias y quiénes han sido?

6. Mencione algunos aspectos positivos de la situación de la mujer en Cuba.

7. ¿Cómo se manifiesta la violencia contra la mujer en los países latinoamericanos?

8. ¿Existe completa igualdad para la mujer en los países latinoamericanos hoy en día? Explique.

9. ¿De acuerdo al autor del texto, el futuro de la mujer en Latinoamérica es uno positivo o negativo? ¿De qué dependerán los cambios que se produzcan?

Utilice el siguiente banco de palabras para contestar las preguntas y luego vuelva a la sección **¿Cuánto sabemos?** al comienzo del capítulo para comparar sus respuestas antes de estudiar el capítulo y después.

Policarpa Salavarrieta, Luisa Capetillo, Adelita, Guiomar, Isabel Perón, Violeta Barrios de Chamorro, Anacaona, Domitila Barrios de Chungara, Manuela Sánchez, Michelle Bachelet, soldaderas, Dilma Rousseff, Lola Rodríguez de Tió, Rigoberta Menchú, Micaela Bastidas, Fresia y Guacolda, Laura Chinchilla, Flora Tristán, Haydée Santamaría y Melba Hernández, Sila María Calderón, las hermanas Mirabal, Gladys Marín, Lolita Lebrón, Ingrid Betancourt, Heloísa Helena Lima de Moraes

1. _Micaela Bastidas_ Esposa de Túpac Amaru quien le acompañó en la rebelión contra los españoles.

2. _Anacaona_ Cacica de la isla de La Española quien fuera ejecutada por sus acciones contra los conquistadores.

3. _Fresia y Guacolda_ Compañeras sentimentales de Caupolicán y Lautaro, defensoras del honor mapuche frente al poder español.

4. _Manuela Sánchez_ Quiteña luchadora por la independencia del Ecuador, amante de Simón Bolívar.

5. _Policarpa Sal_ Heroína y mártir de la independencia colombiana.

6. _Lola Rodríguez de Tió_ Autora del himno revolucionario puertorriqueño.

7. _Guiomar_ Esclava negra que luchó por la emancipación de los esclavos en Venezuela.

8. _soldaderas_ Nombre dado a las mujeres que lucharon en la Revolución mexicana.

9. _Rigoberta Menchú_ Premio Nobel de la Paz.

10. _Adelita_ Encarna legendariamente a todas las soldaderas.

11. _Flora Tristán_ Aunque vivió a comienzos del siglo XIX, sus ideas influyeron grandemente en el desarrollo del feminismo obrero en La-

tinoamérica en el siglo XX.

12. _Luisa Cadetillo_ Luchó por los derechos de las mujeres en Puerto Rico, Cuba y República Dominicana.

13. _Domitila Barrios de Chungara_ Obrera de la minas de carbón de Bolivia, autora de *Si me permiten hablar.*

14. _Haydée Santamaría y Melba Hernández_ Pelearon junto a Fidel Castro para derrocar el régimen dictatorial de Fulgencio Batista.

15. _Sila maría Calderon_ Gobernadora de Puerto Rico entre el 2000-2004.

16. _Violeta Barrios de Chamoro_ Primera presidenta de Nicaragua.

17. _Isabel Perón_ Argentina, primera mujer en el mundo en ocupar el escaño presidencial.

18. _Michelle Bachelet_ Ministra de Defensa chilena bajo el gobierno de Ricardo Lagos, hoy, primera presidente mujer de Chile.

19. _Lolita Lebron_ Permaneció presa por veinticinco años por defender sus ideales de independencia para Puerto Rico.

20. _las hermanas Mirabal_ Asesinadas por la dictadura de Rafael Trujillo.

21. _Ingrid Betancourt_ Candidata a la presidencia de Colombia que fuera secuestrada por las FARC.

22. _Heloísa Helena Lima de Moraes_ Candidata a la Presidencia de Brasil en el 2006.

23. _Gladys Marín_ Candidata a la Presidencia de Chile por el Partido Comunista en las elecciones de 1999.

24. Candidata a la Presidencia de Brasil en las elecciones del 2010. _Dilma Rousseff_

25. Primera mujer en llegar a la Presidencia de Costa Rica. _Laura Chinchila_

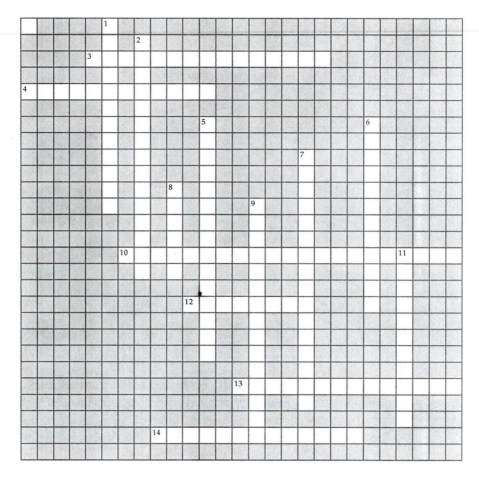

Horizontales

3. Poeta argentina fundadora de la Asociación Pro Derechos de la mujer

4. Feminista peruana del siglo XIX

10. Héroe y mártir de la independencia de Colombia

12. Cacica de La Española ejecutada por los conquistadores

13. Presidenta de Nicaragua

14. Candidata a la presidencia del Perú en el 2006

Verticales

1. Puertorriqueña que asaltó el Congreso de los Estados Unidos

2. Autora de *Si me permiten hablar.*

5. Guatemalteca, Premio Nobel de la paz

6. Dirigió el batallón de mujeres "Las Leales" en Bolivia

7. Primera presidenta de Chile

8. Pareja de Caupolicán

9. Mujer del Inca Túpac Amaru

11. Argentina, primera mujer presidente en el mundo

Solución: p. 543

Más allá de los hechos: temas para pensar, investigar, escribir y conversar

1. Escoja una de las personalidades femeninas mencionadas y haga investigación sobre su vida y obra. Escriba un ensayo donde exponga sus hallazgos.

2. Busque información adicional sobre el periodo gubernamental de alguna de las primeras mandatarias de un país latinoamericano. Establezca qué caracterizó su gobierno, los logros en beneficio de la mujer, si los hubo, cómo las recuerda el pueblo, etc.

3. Lea la novela y/o vea la película *En el tiempo de las mariposas* y escriba un ensayo sobre el rol de las hermanas Mirabal en la lucha contra la dictadura del General Trujillo.

4. Realice una encuesta entre sus compañeros de clase y profesores de la universidad para ver si ellos votarían por una mujer para presidenta de los Estados Unidos. Escriba un ensayo y/o presente un informe a la clase exponiendo y analizando los resultados de la encuesta. O mejor, organice un debate en que un grupo exponga sus ideas a favor de una mujer presidente y otro en contra.

5. Uno de los estereotipos más difundidos sobre los latinoamericanos es el ser machistas. Sin embargo, a diferencia de países desarrollados como Francia y los Estados Unidos que no responden a ese estereotipo, varios países de Latinoamérica han tenido presidentes mujeres, así como las han tenido, entre otros, India y Liberia. En Francia, Ségolène Royal fue candidata a la presidencia en las elecciones del 2007 por el Partido Socialista, pero perdió; en los Estados Unidos, Hilary Clinton disputó la candidatura por el Partido Demócrata para las elecciones de 2008 y la perdió. Busque información adicional y escriba un ensayo exponiendo su opinión sobre este fenómeno.

CAPÍTULO IV
La realidad de la población LGBT

¿Cuánto sabemos?

I. Conteste las siguientes preguntas y luego compare sus respuestas con un compañero/a de clase. Cuando termine de estudiar el capítulo, después de completar la sección **¿Cuánto sabemos ahora?,** vea cuáles de sus respuestas iniciales estaban correctas.

1) En Latinoamérica se decretó un "Día Contra la Homofobia".

Cierto o Falso

2) México fue el primer país latinoamericano donde se creó una organización en defensa de la población LGBT.

Cierto o Falso

3) Los movimientos LGBT norteamericanos no tuvieron ninguna influencia en la creación de organizaciones similares en América Latina.

Cierto o Falso

4) En la actualidad, Cuba es el país con las leyes de discriminación más estrictas contra la población LGBT.

Cierto o Falso

5) Cuba es uno de los países con menor incidencia de HIV/SIDA en el mundo.

Cierto o Falso

6) Uruguay fue el primer país en aprobar una ley de unión civil a nivel nacional.

Cierto o Falso

7) Los festivales de cine gay son comunes en Latinoamérica.

Cierto o Falso

8). En Latinoamérica, los miembros de la población LGBT no pueden ocupar cargos políticos.

Cierto o Falso

9). Un cantante famoso que declaró públicamente ser gay es Ricky Martin.

Cierto o Falso

CAPÍTULO IV
La realidad de la población LGBT

IV.1. Antecedentes históricos de los movimientos LGBT

La situación de la población LGTB en América Latina en el nuevo milenio varía no solamente de país en país, sino también al interior de los países mismos. De acuerdo a informes de organismos internacionales como ILGA (International Lesbian and Gay Association), en algunos países se han ido aprobando leyes que benefician a la población LGBT, pero éstas, o son de carácter regional y aplican solamente a la ciudad o región donde se presente el proyecto, que por lo general es la capital o ciudades de importancia, o aunque otorgan algunos derechos, aún no representan la completa igualdad. Sin embargo, son logros que merecen ser destacados.

Algunos ejemplos de estas leyes son las siguientes:

En diciembre de 2009, el DF se puso a la vanguardia de la región cuando la Asamblea Legislativa aprobó reformas al Código Civil local para permitir el matrimonio entre homosexuales en Ciudad de México, primera localidad de América Latina en legalizar el matrimonio entre personas del mismo sexo. Sin embargo, la enmienda no les extiende el derecho a la adopción de hijos.

El primer país latinoamericano en aprobar la ley de unión civil para las parejas del mismo sexo a nivel nacional fue Uruguay a fines del 2007. Las parejas deben haber convivido por cinco años para poder acogerse a la ley, la cual extiende a los cónyuges los mismos derechos de cobertura médica, pensiones, paternidad y herencia garantizados a las parejas heterosexuales.

La ley de unión civil existe también en Buenos Aires y la provincia de Río Negro en Argentina desde el 2003 y en el pueblo de Villa Carlos Paz desde el 2007, y aunque garantiza la mayoría de los derechos, no incluye el derecho a adopción. Existe igualmente en el estado de Río Grande do Sul, Brasil desde el 2004, así como en el Distrito Federal y el estado de Coahuila en México. En DF se llama "Sociedad de Convivencia", no da derecho a la adopción, y los derechos que ofrece están limitados a las fronteras de la ciudad; en Coahuila se llama "Pacto Civil de Solidaridad" y aunque tampoco garantiza la adopción, le da cobertura nacional a las parejas unidas dentro de su periferia.

Colombia también dio un paso al frente cuando, durante el curso del 2007, la Corte Constitucional aprobó, escalonadamente, varias medidas para garantizar que las parejas del mismo sexo registradas en la notaría pública gozaran, después de dos años de convivencia, de los mismos derechos que las parejas heterosexuales. Primero se aprobó la ley al derecho de propiedad y herencia, luego el derecho a seguridad social y cobertura médica y finalmente los derechos de pensión. En enero del 2009 se hizo una revisión a la Constitución para garantizar esta equidad de derechos y para corregir los artículos que mostraran discriminación hacia los individuos y parejas de la población LGBT.

El surgimiento en América Latina de organismos que luchan contra la discriminación en base a orientación sexual y en defensa de los derechos de la población LGBT estuvo influenciado por las luchas sociales, civiles y estudiantiles de los años sesenta en el mundo y muy específicamente por las luchas de movimientos feministas y los primeros movimientos de los homosexuales en los Estados Unidos. Recordemos que en 1969 grupos de homosexuales y lesbianas manifestaron por semanas en la ciudad de San Francisco en protesta por el despido de trabajadores de un puerto por ser homosexuales, y que en Nueva York, miles de homosexuales marcharon en conmemoración a los violentos disturbios ocurridos el año anterior entre la policía y grupos de homosexuales cuando los primeros hicieron una redada en el bar gay Stonewall Inn localizado en Greenwich Village; disturbios que dieron origen al Frente de Liberación Gay.

En sus comienzos, estas agrupaciones en América Latina estuvieron cercanas a los partidos y agrupaciones de izquierda porque sus miembros adherían a las agendas de reivindicaciones sociales que éstos proponían. El pionero en la lucha por los derechos de la población LGBT en Latinoamérica fue México, donde en 1971 se fundó el Frente de Liberación Homosexual, el primero en todo el continente. Después de éste, y a través de los años, surgieron diferentes grupos tanto en México como en otros países, así como capítulos locales de organizaciones internacionales como ILGA, antes mencionada, y de otros movimientos sociales de LGBT. Entre otros podemos mencionar a la CHA (Comunidad Homosexual Argentina, 1983) y a MOVILH (Movimiento de Integración y Liberación Homosexual, Chile, 1992).

A fines de los setenta, fue notoria la participación de estos grupos en manifestaciones de apoyo a sucesos políticos asociados a cambios sociales como la Revolución cubana o el triunfo del sandinismo en Nicaragua. Las primeras manifestaciones o marchas públicas para exigir la liberación homosexual se produjeron a fines de los setenta, las que apuntaban también a una toma de conciencia social de la población gay de la necesidad de reivindicar además sus derechos como parte de la sociedad. Las consignas eran del tipo: "No hay libertad política si no hay libertad sexual"; "Por un socialismo sin sexismo"; "Nadie es libre hasta que todos seamos libres".

Casi al final de esta misma década y comienzos de los ochenta, comenzó a producirse una fisión dentro de estos movimientos al decantarse una diferencia de intereses entre los diversos grupos dependiendo de la orientación sexual. Es decir, se crearon nuevos grupos con intereses específicos como las agrupaciones Lesbos -que se autodefinía como movimiento lésbico-feminista- y Oikabeth -que se definía como movimiento lésbico socialista. En este renglón, México también estuvo a la vanguardia pues estas dos primeras organizaciones surgieron allí en 1977. La primera Marcha Latinoamericana del Orgullo Gay también se celebró allí en 1979.

Lo que volvió a aglutinar la lucha de la población LGBT en los ochenta fue la aparición del virus VHI/SIDA. En ese momento y de ahí en adelante, a la lucha por derechos humanos, políticos, civiles y ciudadanos se sumó la lucha por nuevas políticas de salud, campañas preventivas e información. Algunos grupos se aliaron con partidos políticos de izquierda o con religiones liberales para hacer avanzar su agenda de respeto y aceptación a todas las formas de vivir la sexualidad.

La división de los ochenta reapareció en los noventa y se agudizó con la llegada del nuevo milenio. Las agrupaciones específicamente dirigidas a luchar por los derechos de las lesbianas desembocaron en un movimiento propio que en cierta medida se separó de los grupos de orgullo gay por considerar que éstos tenían posturas patriarcales y neo-liberales y sobre todo, no representaban los intereses de la lucha lésbico-feminista.

Algunos de estos derechos, de acuerdo a grupos lésbicos mexicanos son: la abolición de la opresión histórica de la mujer de la cual dependía la opresión lésbica, es decir, por un salario para las amas de casa por su trabajo en el hogar; el fin de la esclavitud del trabajo doméstico; el fin de la familia como la base fundamental de la sociedad; la eliminación del coito obligatorio dentro de la sexualidad; la eliminación de la feminidad impuesta a las mujeres; contra la división del trabajo en intra-doméstico y extra-doméstico; etcétera.

Segunda marcha lésbica, México 2004

Otra vez fue México el abanderado. El 13 de octubre de 1987 tuvo lugar en ese país el I Encuentro Lésbico-Feminista de Latinoamérica y el Caribe, el que ya va para su octava etapa. El más reciente encuentro, el número VII, se llevó a cabo en el 2007 en Chile, uno de los países de Latinoamérica donde aún no existen leyes antidiscriminatorias por razones de orientación sexual. En ese encuentro se acordó establecer el 13 de octubre como Día Internacional de la Rebeldía y Visibilidad Lésbica a ser celebrado en toda Latinoamérica y el Caribe.

A pesar de ser un país muy progresista en muchas áreas, Chile es un país muy tradicional en lo concerniente a las instituciones sociales; recordemos que fue solamente en el 2004 que en Chile se aprobó la ley que permite el divorcio.

Sin embargo, ese mismo año, la Corte Suprema removió de su puesto en la Corte de Apelaciones de Santiago al juez Daniel Calvo luego de descubrirse que asistía a un sauna frecuentado por gays, e igualmente decidió en favor de la revocación de la custodia de sus tres hijas a la ex juez Karen Atala por ser lesbiana. Atala llevó el caso a instancias internacionales: la Comisión Interamericana de los Derechos Humanos, la que le pidió al gobierno chileno que justificara su decisión. La Corte Suprema reafirmó su decreto diciendo que el proceso seguido para llegar a tal decisión había sido completamente legal.

Sin embargo, en agosto del 2008, la Comisión Interamericana de Derechos Humanos (CIDH) declaró admisible la denuncia. Ahora se espera que se realice una investigación con miras a establecer cuáles derechos humanos fueron violados para que la Comisión pueda realizar las recomendaciones necesarias para la corrección de la acción decretada por la corte chilena y la reparación de los daños causados. De no lograr ningún resultado en esta instancia, la decisión de la CIDH faculta a Atala a presentar su caso ante la Corte Interamericana de Justicia.

Desde su llegada al poder en el 2006, la presidenta Michelle Bachelet ha apoyado la lucha de la población LGBT, pero no ha contado con el suficiente respaldo de las instancias gubernamentales para hacer avanzar proyectos de ley. En noviembre del 2007 la Presidenta envió a MOVILH, organizador de la Marcha de Orgullo Gay en la que participaron alrededor de 20.000 chilenos, una carta de apoyo a su lucha por la aprobación de leyes antidiscriminatorias por razones de orientación sexual y del derecho a uniones civiles de parejas del mismo sexo.

Un proyecto interesante financiado en parte por la Presidencia de la República fue la participación del equipo chileno gay de fútbol en el X Mundial de Gays y Lesbianas que se celebró en Buenos Aires en el 2007 organizado por la Asociación Internacional de Fútbol Gay Lesbiano (IGLFA). Este equipo representa la primera organización deportiva gay de Chile avalada por la Subsecretaría de deportes, Chile deportes.

Ex-presidenta Michelle Bachelet, Chile

366

Como sede del VIII Encuentro se escogió a Guatemala, por ser un país donde aún tampoco existen leyes antidiscriminatorias. El mismo será organizado por Lesbiradas, la única organización pública lésbica del país que lucha por los derechos humanos de toda la población LGBT guatemalteca.

México tomó igualmente la vanguardia en cuanto a permitirles a miembros de la población LGBT postularse como candidatos para puestos de gobierno. En 1997, Patria Jiménez fue elegida deputada por el Partido Democrático Revolucionario, lo que la convirtió en la primera lesbiana en ocupar un tal cargo tanto en su país como en toda Latinoamérica. (Jiménez pertenecía a la organización El Closet de Sor Juana, uno de los organismos lésbicos más importantes del país fundado en 1992); en 1992, Rosario Ibarra, fue candidata presidencial por el Partido de los Trabajadores; en el 2003, Amaranta Gómez se convirtió en el primer candidato, abiertamente transexual, al Congreso. Ese mismo año, México se convirtió en el primer país latinoamericano en organizar la Primera Marcha Lésbica.

Al año siguiente, el 2004, más de 100.000 personas asistieron a la XXVI Marcha del Orgullo Gay encabezada esta vez por grupos de padres: Madres Asertivas, Padres Amorosos, Grupo de Padres y Grupo Coyoacán de Padres y Madres de Gays y Lesbianas. El que fueran los padres y familiares quienes estuvieran esta vez a la cabeza de la marcha y más aún, organizados en grupos estructurados muestra el enorme avance de respeto y aceptación de las generaciones adultas a hijos e hijas gays o lesbianas en este país lo que representa un gran progreso con respecto a otros países de Latinoamérica.

Los años noventa también trajeron cambios para la población LGTB en Cuba. Vale recordar que en los primeros años de la Revolución, sobre todo durante las décadas de los sesenta y los setenta, los homosexuales fueron encarcelados y enviados a campos de trabajo forzoso. Muchos abandonaron el país en 1980 entre los más de 125.000 que salieron por el Puerto Mariel con la aprobación del presidente Fidel Castro.

El 1994 marcó un hito cuando bajo los auspicios del gobierno revolucionario, se realizó la película *Fresa y chocolate*, dirigida por el fenecido Tomás Gutiérrez Alea, cuyo personaje principal, Diego, es homosexual. Por primera vez el tema de la homosexualidad era presentado en una película cubana en una época en que todavía asumirse como homosexual significaba, para el gobierno socialista, ir en contra del sistema. Ahora, para describir la situación de la población gay en la isla se habla de "antes" y "después" de *Fresa y chocolate*. La película ganó diversos premios internacionales y abrió la discusión sobre un tema hasta ese momento tabú en el país. En el 2006, se hizo una telenovela, *El lado oscuro de la luna*, la que también trató el tema en un intento de educar y ayudar a cambiar la percepción que se tiene de la población LGBT.

Aunque el Estado no reconoce aún las parejas del mismo sexo y tampoco existen las uniones civiles, las relaciones sexuales por consentimiento mutuo entre adultos mayores de 16 años son legales desde 1992. En el día de hoy, el Centro Nacional de Educación Sexual de Cuba (CENESEX), dirigido por Mariela Castro, hija del actual presidente, Raúl Castro, está promoviendo leyes en favor de la población LGBT, entre éstas, cirugía de cambio de sexo y tratamiento de hormonas gratis, así como nuevos documentos de identificación sin tener que esperar por la cirugía. El CENESEX está proponiendo además que se creen pabellones especiales en las cárceles del país para acoger parejas de presos homosexuales y que se apruebe la libertad para los transexuales de elegir el pabellón en que se alojan en los hospitales o centros de salud.

Es importante señalar que en la isla el tratamiento a los pacientes con HIV/SIDA es completamente gratis y está acompañado de una gran campaña de educación y de prevención, lo que coloca a Cuba entre los países con más baja proporción de población con HIV y con la menor cantidad de muertes causadas directamente por esta enfermedad.

Según Mariela Castro, el Parlamento cubano está examinando, en adición, los siguientes proyectos de ley: el derecho a la libre orientación sexual e identidad de género y la reforma del Código de Familia para reconocer la unión legal de parejas homosexuales con igualdad de derechos civiles y patrimoniales que las parejas heterosexuales incluyendo el derecho a la adopción.

La revolución sexual que el gobierno de Raúl Castro ha introducido en su gobierno ha llegado también a los medios de comunicación. *Fresa y chocolate* (1994), película que, como dijéramos, marcara un hito en el cine cubano, fue estrenada en mayo del 2007 en la televisión cubana en horario estelar. Otras dos películas más recientes, que también habían sido prohibidas en la televisión fueron exhibidas en horarios similares, en el mes de marzo. Se trata de: *Suite Habana* (2003) y *Páginas del diario de Mauricio* (2006) las que también presentan con ojo crítico distintos aspectos de la realidad cubana actual.

IV.2. Otros hitos de los movimientos LGBT en diferentes países

En 1989, las Constituciones de Mato Grosso y Sergipe en Brasil prohibieron explícitamente la discriminación en base a orientación sexual. En el 2003 los municipios de Sao Paulo y Río de Janeiro adhirieron a esta ley. Los primeros casos de adopción en Brasil se reportaron en el 2006; una pareja gay de Sao Paulo adoptó oficialmente una niña, a una segunda pareja le fueron entregados cuatro niños en custodia y una pareja lesbiana de Río Grande do Sul adoptó dos niños. La Marcha de Orgullo Gay del 2007 en Sao Paulo rompió record mundial de asistencia con 3.5 millones de asistentes.

Multitudinaria marcha del orgullo gay, Río de Janeiro, 2007

En 1990, el Comité de Derechos Humanos y la Corte Suprema de Costa Rica aprobaron leyes permitiendo a la población LGBT organizarse para luchar por sus derechos y abrir bares y clubes nocturnos.

En 1991, bajo el gobierno sandinista, se celebró en Nicaragua la primera Marcha de Orgullo Gay.

También en 1991, se sentaron las bases en México de Telemanitas, grupo de mujeres comunicadoras que capacitan a otras mujeres en el uso del vídeo como arma educativa y de activismo político y social. En sus años de existencia (se declararon como asociación sin fines de lucro en el 1994) no solamente han capacitado a grupos de mujeres sino que les prestan el equipo de filmación necesario; han organizado muestras de vídeos hechos por mujeres en la Ciudad de México y también festivales de vídeos lésbicos en DF y muestras de vídeos lésbicos en Chiapas, Costa Rica, El Salvador, Nicaragua, Guadalajara, Cuernavaca, Chile, Puerto Rico y Colombia.

En 1996 se fundó en Panamá la Asociación Mujeres y Hombres Nuevos de Panamá (AHMNP), la que no adquirió reconocimiento oficial sino hasta el 2002. En el 2004, esta organización presentó una petición a la asamblea legislativa exigiendo el reconocimiento de iguales derechos para las parejas del mismo sexo. En el 2005 realizaron la primera Marcha del Orgullo Gay del país.

En 1997, Ecuador se convirtió en el tercer país del mundo en legalizar la homosexualidad al incluir en su Constitución la orientación sexual como una categoría contra la cual no se puede discriminar.

En 1998, Chile legalizó la homosexualidad.

También en 1998 la Corte Constitucional colombiana aprobó que los maestros de la enseñanza pública no pueden ser despedidos de sus empleos por razones de su orientación sexual y que las escuelas religiosas no pueden prohibir la matrícula a estudiantes en base a su preferencia sexual. Desde 1999, es considerado ilegal para el ejército discriminar en contra de los homosexuales. En febrero del 2007, la Corte Constitucional otorgó los mismos derechos patrimoniales de propiedad y de herencia de que disfrutan las parejas heterosexuales a las parejas del mismo sexo que lleven por lo menos dos años de convivencia. La decisión no incluye derechos a seguro médico o seguridad social.

En 1999, Venezuela aprobó la Ley Orgánica de Trabajo prohibiendo la discriminación en base a orientación sexual.

En el 2004, se aprobó en Puerto Rico una ley que declara los crímenes motivados por discriminación en base a orientación sexual como crímenes de odio; en el 2005, se aprobó otra ley legalizando la homosexualidad, y la Universidad de Puerto Rico se convirtió en la primera institución pública del país en extenderles a las parejas de sus empleados homosexuales los mismos derechos que a las parejas de heterosexuales.

Desde comienzos de la década del dos mil, Buenos Aires se convirtió en la meca turística de los homosexuales; el 20% del total de turistas que visita la ciudad. Allí encuentran un clima de aceptación y tolerancia: tienen playa propia, a 300 km, en la ciudad de Rosario, establecida en el 2005; un hotel de cinco estrellas, Axel Buenos Aires, (el único en el continente latinoamericano) que acoge exclusivamente a la población gay, abierto en el 2007, el mismo año en que la ciudad fue sede del Mundial de Fútbol Gay, el primero en celebrarse en un país de Latinoamérica; hay un festival de cine desde 2004; y se produjo en el 2006 (el mismo año que se filmó en Cuba *El lado oscuro de la luna*) una de las primeras telenovelas latinoamericanas que trata temas relativos a la población GLBT, *El tiempo no para*.

La declaración pública del cantante puertorriqueño Ricky Martin en abril del 2010 proclamando su homosexualidad fue recibida por la población LGBT como un acontecimiento que hará avanzar su causa por lo que la estrella representa dentro de la comunidad internacional, no solamente un ídolo pop, sino mucho más, un filántropo, quien a través de su fundación aboga por la justicia social y por el bienestar de los niños a nivel mundial en las áreas de educación y salud.

IV.3. Panorama actual

El panorama actual de la situación de la población LGBT en Latinoamérica es al mismo tiempo prometedor e inquietante. Si bien es cierto, como hemos podido ver anteriormente, en algunos países se han dado pasos legislativos gigantescos en beneficio de las parejas del mismo sexo, todavía queda mucho que hacer para cambiar la mentalidad de la población en general. Los crímenes y atropellos contra este sector de la población varían en términos de seriedad y de país en país, pero en general siguen siendo considerables y de acuerdo a estudios realizados por ANSA (Association of Nutrition Services Agencies) en el 2004, los países latinoamericanos más hostiles contra la población LGBT son Panamá y El Salvador.

En Bolivia, a pesar de que el movimiento LGBT es fuerte para el país (existen más de 21 organizaciones que luchan por sus derechos), durante la Marcha del Orgullo Gay celebrada en La Paz en el 2007, se produjo una explosión de dinamita en una de las carrozas. La Fuerza Especial Contra el Crimen recibió la denuncia y nada se hizo para investigar el hecho. Del mismo modo, los actos contra homosexuales en otras partes del país quedan sin esclarecer y los culpables sin condenar.

En las últimas décadas se ha visto un significativo incremento en el número de organizaciones LGBT, las cuales no solamente luchan por lograr la aprobación de leyes que protejan los derechos de esta población sino también por una campaña educativa contra la discriminación y la estigmatización de la misma.

Como sabemos, el 17 de mayo de 1990, la Organización Mundial de la Salud (OMS) dejó de considerar la homosexualidad como una enfermedad. En la actualidad, la mayoría de los países celebra oficialmente el 17 mayo, como Día Contra la Homofobia, día internacional de lucha contra la discriminación por orientación sexual o identidad de género. Sin embargo, aún no se ve en algunos países un compromiso real por parte de los gobiernos en proveer protección o extender los derechos cívicos y sociales a la población LGBT.

Sin lugar a dudas, la masificación del uso de Internet ha provisto a la población LGBT de diferentes foros de comunicación para establecer redes informativas y de apoyo. Hoy en día existen revistas, periódicos y portales en la red dirigidos a esta población en casi todos los países.

Del mismo modo, en todo el continente se han organizado festivales de cine gay que se celebran anualmente. Algunos ejemplos son: el Festival de Cine Gay, Santiago de Chile (1999); el OutfstPerú, Festival de Cine Gay, Lésbico, Trans (Perú, 2003); el Festival Diversa (Argentina, 2004); el Festival de Diversidad Sexual (Cuba, 2005); el Festival Internacional de Cine Gay de Ciudad de México (2006); el Ciclo Rosa de Colombia; el MIx Brasil; el Llamale H de Montevideo; el Festival de Cine de las Diversidades Sexuales (Bolivia); el Festival de cine Gay y Lesbiano de Puerto Rico y el LesgaiCineVox (Rosario, Argentina). Es evidente que la presencia del cine gay y lésbico en Latinoamérica es cada vez más extensa y que la participación de los diversos países en festivales de cine gay y lésbico internacionales es cada vez más significativa.

A nivel específicamente de Sur América es importante señalar que agosto del 2007 marcó un hito en el avance de los derechos sexuales y de género en los países que pertenecen al MERCOSUR. La comisión de Derechos Humanos de este organismo reunida en Buenos Aires presentó una resolución en favor de terminar con las leyes discriminatorias contra las minorías sexuales y de género en sus países miembros. Una vez la misma sea aprobada, ayudará al mejoramiento de las condiciones de vida de la población LGBT en toda Sur América. El segundo Encuentro de la Red LGBT del

MERCOSUR se llevará a cabo en Santiago de Chile en septiembre del 2008.

A continuación, un resumen de la declaración, la que hace un llamado a los gobiernos de los países miembros y asociados a: revocar leyes que discriminan a las personas LGBTTI; promover políticas de sensibilización y educación públicas; incrementar la participación de las personas LGBTTI en todos los niveles de la enseñanza pública; poner fin al acoso y la persecución policial; adoptar leyes de protección para parejas del mismo sexo y sus familias; facilitar el cambio de nombre y registro de género a las personas trans; crear dependencias gubernamentales para apoyar y proveer servicios a las personas LGBTTI; promover la inclusión de la orientación sexual y la identidad de género en el anteproyecto de Convención Interamericana contra el Racismo y toda forma de Discriminación e Intolerancia; crear una entidad regional para monitorear las políticas estatales.

Desde los setenta, cuando los primeras organizaciones comenzaron a surgir en Latinoamérica, hasta la primera década del nuevo milenio mucho se ha avanzado en la aprobación de leyes en beneficio de la población LGBT. Los grandes desafíos del milenio siguen siendo el lograr un cambio de actitud en la población general frente a la población LGBT y que la toma de posición antidiscriminatoria por parte de la mayoría de los gobiernos latinoamericanos se traduzca en acción efectiva que le garantice igualdad de derechos y de protección.

Preguntas de comprensión y repaso

La realidad de la población LGBT

IV.1. Antecedentes históricos de los movimientos LGBT

1. Mencione en qué sentido México tomó la vanguardia en cuanto a los derechos de la población LGBT.
2. ¿Cuál fue el primer país latinoamericano en aprobar una ley de unión civil para la población LGBT? ¿Qué otros países o ciudades tienen leyes similares?
3. Explique cuándo y cómo surgen los movimientos LGBT en Latinoamérica.
4. ¿Cuál fue la primera organización LGBT en Latinoamérica y cuándo y dónde surgió?
5. ¿Qué caracterizó a estos grupos a fines de los setenta? ¿Qué cambio se produjo a comienzos de los ochenta?
6. ¿Cuándo y dónde se celebró la primera Marcha del Orgullo Gay?
7. ¿Qué sucede con la aparición del HIV/SIDA?
8. ¿Qué sucedió en los noventa?
9. ¿Qué acciones antigay se tomaron en Chile en el 2004?
10. ¿Cuál fue la posición de la presidenta Bachelet con respecto a la población LGBT?
11. Mencione en qué sentido México tomó la vanguardia en cuanto a los derechos de la población LGBT.
12. Describa los cambios que se produjeron en Cuba a partir de los noventa.

IV.2. Otros hitos de los movimientos LGBT en diferentes países

1. Mencione y discuta sobre diferentes momentos importantes para la población LGBT en Latinoamérica entre los noventa y el nuevo milenio.

IV.3. Panorama actual

1. ¿Cuál es el panorama actual para la población LGBT en Latinoamérica?
2. ¿Se siguen cometiendo crímenes contra los homosexuales en Latinoamérica?
3. ¿En qué medida la popularización del uso de las nuevas tecnologías de comunicación ha beneficiado a esta población?
4. ¿Cuál es la situación del cine lesbogay en Latinoamérica?
5. ¿Cuáles son los desafíos a enfrentar por la población LGBT en el nuevo milenio?

Empareje:

Luego vuelva a la sección **¿Cuánto sabemos?** al comienzo del capítulo para comparar sus respuestas antes de estudiar el capítulo y después.

_____ 1. Uruguay	A. Agrupaciones de LGBT
_____ 2. Cuba	B. Lesbiradas
_____ 3. México	C. Diputada mexicana abiertamente lesbiana
_____ 4. Brasil	D. Ley Orgánica de Trabajo
_____ 5. 17 mayo	E. Uno de los países más homofóbicos
_____ 6. CHA y MOVILH	F. Primero en aprobar unión civil a nivel nacional para población LGBT
_____ 7. Guatemala	G. País con más bajo porcentaje de HIV
_____ 8. Patria Jiménez	H. Pionero en muchos de los logros de la población LGBT
_____ 9. Amaranta Gómez	I. Los gays pueden servir en el ejército
_____10. Venezuela	J. Ha concedido derechos de adopción a parejas de gays y lesbianas
_____ 11. Panamá	K. Transexual mexicano candidato al Congreso
_____ 12. Colombia	L. Día de Lucha Contra la Homofobia

Más allá de los hechos: temas para pensar, investigar, escribir y conversar

1. Realice una encuesta entre los profesores y estudiantes de su universidad sobre el clima de tolerancia a la población LGBT. Puede tomar en cuenta las siguientes variantes: edad, factor social, factor educacional, factor económico, factor religioso, etc. Presente sus conclusiones a la clase.

2. Basado en su conocimiento actual y en investigación adicional sobre el tema, ¿cree usted que hay más tolerancia a la población LGBT en los Estados Unidos o en Latinoamérica? Desarrolle sus ideas en un corto ensayo o haga una presentación para la clase.

3. Compare y contraste la lucha de las sufragistas por el derecho a voto de la mujer con la lucha de la población LGBT por el matrimonio entre personas del mismo sexo y otros derechos civiles.

CAPÍTULO V

La educación

CAPÍTULO V
La educación

¿Cuánto sabemos?

I. Conteste las siguientes preguntas y luego compare sus respuestas con un compañero/a de clase. Cuando termine de estudiar el capítulo, después de completar la sección **¿Cuánto sabemos ahora?,** vea cuáles de sus respuestas iniciales estaban correctas.

1) Los indígenas nunca aprendieron el castellano.

Cierto o Falso

2) En la época colonial la instrucción era impartida por los sacerdotes.

Cierto o Falso

3) Los niños y las niñas recibían el mismo tipo de educación en la época colonial.

Cierto o Falso

4) Las primeras escuelas laicas se establecieron después de la independencia.

Cierto o Falso

5) El sistema universitario en Latinoamérica está estructurado sobre el modelo del sistema universitario norteamericano.

Cierto o Falso

6) El porcentaje de mujeres que asiste a las universidades en los países latinoamericanos es muy bajo.

Cierto o Falso

7) El grado de analfabetismo en todos los países es muy alto.

Cierto o Falso

8) Paulo Freire es un pedagogo brasileño cuyas teorías han influenciado el mundo de la educación a nivel internacional.

Cierto o Falso

CAPÍTULO V
La educación

V.1. De las escuelas de la época colonial a las del siglo XXI

A. Periodo colonial

Como dijéramos en la primera parte de *Hoja de ruta*, los españoles reprodujeron en las colonias el sistema político, social y económico de la madre patria, incluido el pedagógico. De la misma manera que se impuso la religión católica por sobre las creencias de los nativos, en un comienzo se intentó imponer la alfabetización de los indígenas en castellano con la intención de una doble colonización: religiosa y lingüística. Era la manera que tenía el Imperio de garantizar la obediencia y el sometimiento de sus súbditos. Poco a poco, los sacerdotes, encargados de la educación, se dieron cuenta de que si querían tener éxito en su empresa colonizadora tendrían que aprender las lenguas indígenas y alfabetizar a los nativos tanto en castellano y latín como en su lengua materna.

Según las crónicas, los indígenas eran muy diestros en el aprendizaje de idiomas, y fueron capaces, incluso, de hacer traducciones de textos en latín y castellano a sus propias lenguas.

Las primeras órdenes sacerdotales en ejercer la enseñanza en las colonias fueron los franciscanos y los dominicos a los que se sumaron en el siglo XVII los jesuitas. Las escuelas estaban asociadas a los conventos; la primera fue fundada en 1505 en el Convento de San Francisco en la isla de La Española para educar a los niños mestizos nacidos de unión de peninsular con indígena en esos primeros viajes en que la tripulación no incluía mujeres. Básicamente el currículo de las escuelas primarias estaba integrado por cursos de lectura, escritura, aritmética y por supuesto religión. El de la enseñanza secundaria incluía gramática, retórica, latín, ciencias naturales y filosofía.

Una de las iniciativas pedagógicas más significativas fue la emprendida por Vasco de Quiroga, obispo del estado de Michoacán en México. Fundó, a través de todo el estado, lo que él llamó "hospitales" por el significado que la raíz de la palabra tiene en latín (hospitalidad). Estos hospitales eran poblados comunitarios de beneficencia abiertos a los pobres y desvalidos, viudas, huérfanos, etc. donde se les acogía y se les enseñaba un arte o labor específico. Como las comunidades indígenas de la época pre-colonial, estas comunidades practicaban el trueque de productos y de servicios ya que cada una se especializaba en un tipo de arte o labor en específico como la confección de artefactos de metal, plumas, etc.; la fabricación de tejidos de algodón; la pintura; la escultura y otros oficios de utilidad a la comunidad.

En los conventos, también se educaba a las niñas, tanto las de clase alta como las huérfanas recogidas por caridad. Su educación consistía en aprender la doctrina cristiana, lectura, escritura y labores relacionadas con el rol que se esperaba que jugaran dentro de la sociedad: bordado, costura, cocina.

A medida que se extendía la Conquista, aumentaba el número de escuelas, así como el interés de los sacerdotes por la sistematización de las lenguas indígenas. Gracias a ello han llegado hasta nosotros textos mayas como el *Popol Vuh* o la obra de teatro *Rabinal Achí* que, tal vez, de otra forma habrían desaparecido. De igual modo gracias a este interés ha llegado hasta nosotros importante información sobre los pueblos prehispánicos y sus culturas; de hecho, uno de los estudios más impresionantes sobre la cultura azteca, *Historia general de las cosas de Nueva España*, fue escrito por un jesuita, Fray Bernardino de Sahagún.

Las dos primeras universidades de la colonia fueron fundadas en la isla de La Española: la Universidad de Santo Tomás de Aquino en 1538 y la de Santiago de la Paz en 1540. Once años más tarde, en 1551, se decidió de la fundación de otras dos universidades en puntos estratégicos del imperio, en el virreinato de Nueva España y en el virreinato del Perú. Así fueron fundadas la Universidad de México y la Universidad San Marcos en Lima. El currículo que se seguía era el mismo de las universidades europeas al que se le añadió como requisito de graduación el estudio de un año de lenguas indígenas.

B. La educación en Latinoamérica de fines del siglo XIX a la actualidad

Una vez surgieron las naciones independientes, una de las principales reformas fue establecer sistemas educativos públicos laicos (no religiosos) lo que en cierta medida intentaba contribuir también a la integración nacional y a la homogenización social. Hubo diversas iniciativas sobresalientes para aumentar la educación de las masas. Simón Bolívar, por ejemplo, cuando fue presidente de Bolivia hizo adoptar un decreto que establecía que la educación y la salud eran asuntos que debían ser de primera importancia para los gobiernos y que la educación debía ser general y para todos. Lo mismo sucedió en Ecuador cuando logró su independencia de España. Sin embargo, a pesar de éstos y otros intentos, a lo largo del siglo XIX las masas en Latinoamérica seguían estando al margen del proceso educativo, más que en los países europeos o en los Estados Unidos. No fue sino hasta bien adentrado el siglo XX que los gobiernos comenzaron a darse cuenta de que si querían entrar al mundo de la modernización o aumentar la productividad o promover la movilidad social para evitar peligrosas luchas sociales tenían que promover, y sobre todo proveer educación a las masas populares.

En México, con el triunfo de la Revolución se establecieron las primeras escuelas rurales para la instrucción de los indígenas y los campesinos. En los años veinte se desarrolló un extenso plan de alfabetización y de reestructuración del currículo escolar para cuya planificación e implantación se invitó a México a grandes educadores de otros países latinoamericanos como Gabriela Mistral, chilena, maestra, poeta y primer escritor latinoamericano en recibir el Premio Nobel de literatura.

La estructura del sistema educativo, público o privado en Latinoamérica es básicamente la misma en los diferentes países; quizás hay algunas variantes en la nomenclatura, pero en general éste se divide en: educación preescolar; educación general básica, elemental o primaria; educación media o secundaria; y educación superior o universitaria. En la mayoría de los países la educación preescolar es gratuita pero no es obligatoria y está dirigida a los niños hasta los cinco años de edad. En Colombia y Venezuela un año de preescolar es obligatorio, a diferencia de otros países. La educación primaria es obligatoria básicamente en todas partes, no así la secundaria. La educación superior también es gratuita y comprende tres tipos de instituciones de enseñanza: las universidades, los institutos profesionales y los centros de formación técnica, dependiendo de la carrera que se quiera estudiar. Hoy en día, además de las escuelas y universidades públicas existen también las instituciones privadas, muchas de ellas religiosas.

En la actualidad, la población estudiantil universitaria es muy diferente de la del siglo pasado. Las reformas universitarias en los años sesenta y setenta abrieron las puertas de las universidades latinoamericanas a las clases populares. Hoy en día, el número de estudiantes matriculados en las universidades es mucho mayor y la cantidad de mujeres que prosiguen una carrera profesional ha aumentado.

A pesar de depender económicamente de los Gobiernos, las instituciones universitarias latinoamericanas públicas gozan de autonomía. Una diferencia entre las universidades norteamericanas y las universidades en Latinoamérica es que en estas últimas los estudiantes no reciben una formación general sino profesional. Los cursos de educación general se realizan en la escuela secundaria. Por ello, al entrar a la universidad, los estudiantes ya tienen que estar seguros de la carrera que van a seguir.

Las universidades están divididas en facultades: humanidades, ciencias sociales, ciencias médicas, ciencias políticas, ingeniería, arquitectura, derecho, y hasta hace algunos años, en esas facultades se estudiaban las carreras más solicitadas. Con la globalización y el desarrollo de la tecnología, en la actualidad las universidades han añadido facultades de computación o comunicaciones para preparar a los futuros programadores, técnicos e ingenieros de computación así como a los futuros periodistas de radio y televisión, ingenieros de sonido, etc.

Otra diferencia es que las residencias universitarias casi no existen pues en general, los estudiantes estudian en la universidad que queda más cerca de su casa. Si por alguna razón van a estudiar a otra ciudad se hospedan en pensiones. Como regla general, la asistencia a clase no es obligatoria. Si un estudiante hace todo el trabajo y pasa los exámenes finales, obtiene créditos por la clase.

Alfabetización

En términos de la alfabetización, el promedio a nivel continental en el 2009, fue de 92,2%, 13,5 puntos superior al de 1980. (De acuerdo a la UNESCO, un pueblo está libre de analfabetismo cuando más del 96% de la población mayor de 15 años sabe leer y escribir). Ello se atribuye a una mayor inversión de recursos por parte de los Gobiernos y a las diversas reformas educativas que se han puesto en marcha.

Entre los países con mayor tasa de alfabetización se encuentran Cuba con 99,8%, Argentina con 97,8% y Chile con 95,7. Honduras, a pesar de mostrar un aumento significativo de 63,2% en 1980 a 84,1% en el 2009, todavía mantiene una tasa inferior al promedio del continente. Otros dos países que disminuyeron considerablemente el analfabetismo fueron Bolivia y Colombia.

Bolivia, que en el 2003 tenía 87% de nivel de alfabetización, es decir, 13% de analfabetismo, con la llegada al poder de Evo Morales, erradicó este problema. Muy poco tiempo después de acceder al poder, en los primeros días de marzo de 2006, Morales lanzó una masiva campaña de alfabetización con el apoyo de Cuba y Venezuela para erradicar el analfabetismo en el término de dos años y medio y lo logró.

En Colombia, aunque el porcentaje de alfabetización a nivel nacional se sitúa en el 94,1%, el porcentaje de afrocolombianos e indígenas alfabetizados es mucho más bajo: 67 y 69% respectivamente, y un 72% de los indígenas y 87% de los afrocolombianos de más de 18 años no han completado la educación primaria, mientras que en los cursos de posgrado, menos de un 1 % de los estudiantes matriculados son indígenas, y solamente un 7,07% son de origen africano.

Venezuela, a pesar de que no tenía un porcentaje de analfabetismo tan elevado en comparación con otros países, sólo 7% en el 2003, tras la gran campaña de alfabetización iniciada por el gobierno de Hugo Chávez, el analfabetismo fue erradicado.

El caso de Nicaragua es particular. Antes de la Revolución sandinista, alrededor del 56% de la población era analfabeta. Un año después de la gran campaña de alfabetización organizada por el gobierno revolucionario, el nivel de alfabetización subió a 93%, pero volvió a decaer a partir de los años ochenta cuando los sandinistas perdieron el poder. Fue éste uno de los problemas que, siguiendo el ejemplo del presidente Chávez en Venezuela y Morales en Bolivia, el presidente Ortega atacó inmediatamente tan pronto asumió el poder por segunda vez. Una nueva campaña de alfabetización se lanzó con el apoyo de Venezuela, Cuba y España en marzo del 2007 gracias a la cual se esperaba erradicar el analfabetismo en el país para el 2009. En efecto, en agosto del 2009, el presidente Ortega dio a conocer los resultados de esta nueva campaña de alfabetización: el analfabetismo cayó a 3,56, es decir 96,3 de la población adulta está alfabetizada.

La educación hoy en día

En el presente, la educación laica y gratuita es garantizada por la Constitución de los diversos países. Ello no quiere decir que ese derecho sea respetado en todas partes. Sabemos que en los sectores pobres de la población, muchas veces las familias necesitan que los niños vayan a trabajar a temprana edad para poder subsistir, entonces, por más que la educación sea un derecho, éste tiene menos relevancia que la subsistencia. Esto se refleja sobre todo en las poblaciones de origen indígena; aunque todos los gobiernos veían en la educación una forma de romper la marginalidad y de integración de estas comunidades a la nación todavía hoy en día ello no se ha producido completamente y podemos ver que el analfabetismo sigue existiendo entre estas poblaciones marginales.

Hemos visto que la tasa de alfabetización varía de un país al otro, y también varía por género y por área: urbana o rural. En casi todos los lugares hay más hombres que mujeres que saben leer y escribir y que asisten a las universidades. Es obvio que en una sociedad en donde a pesar de los grandes logros alcanzados por los movimientos feministas el hombre sigue siendo considerado el proveedor familiar principal, si hay que elegir, se favorece que sea éste quien reciba educación universitaria y en el caso de que ambos estudien que sea el hombre quien realice un posgrado. Hay siempre las excepciones que confirman la regla. Esta situación está comenzando a cambiar en algunos países. Por ejemplo, datos del Consejo Nacional de Educación (CNE) chileno, muestran que en este país se han hecho avances en cuanto a la educación de la mujer; en el 2008 las mujeres graduadas de universidades, centros de formación técnica e institutos superaban el 57%. Para los títulos de magister y doctorado fue solo el 41%, pero ello ya representa un avance considerable.

En general, a nivel continental, muchas mujeres alcanzan a terminar la escuela secundaria y luego van a trabajar en fábricas y oficinas. Las mujeres de las clases más desfavorecidas trabajan muchas veces vendiendo comida o artículos en las calles.

También es evidente que los habitantes de las zonas urbanas tienen más acceso a la educación que los residentes de zonas rurales y que la calidad de la enseñanza depende, como en todas partes, de la realidad económica de la región. Por ejemplo, estudios realizados en México en el 2006 muestran que mientras en las grandes ciudades el gobierno invierte 8,100 pesos al año por la educación de un niño, en zonas de alta población indígena se invierten sólo 700. Y mientras el estado de Jalisco invierte 16,000 pesos, Puebla destina sólo 5,300. Es obvio que esta disparidad, además de ser moralmente injusta, representa un impacto negativo inmediato y a largo plazo en los estudiantes que la sufren.

Actualmente, en países con alta concentración de población indígena, los gobiernos están tratando de resolver otro problema, el de la lengua, y están haciendo un mayor esfuerzo por ofrecer una educación bilingüe a los estudiantes. El hecho de que esas poblaciones habiten en su mayoría en zonas rurales y de que hay que alfabetizarlas en ambos idiomas ocasiona una escasez de maestros para servir esas áreas pues la mayoría de las veces los maestros que se gradúan en las ciudades no desean ir a trabajar al campo o no se sienten preparados para realizar esa labor. También, como mencionáramos anteriormente, en las zonas rurales la población en general no le ve un fin práctico a la educación. Los niños desde muy temprana edad deben ayudar a las familias en las labores del campo.

Un estudio coordinado por la Oficina Regional de Educación de la UNESCO para América Latina y el Caribe, realizado en el 2006 corroboró algo que es evidente: en primer lugar, que el rendimiento es más bajo en los niños y niñas que asisten a escuelas rurales que en los que estudian en escuelas urbanas; en segundo lugar, que a mayor desigualdad en la distribución del ingreso más bajos son los resultados académicos. También corroboró algo que ha sido evidente por muchos años: tanto en las pruebas de lectura como de matemáticas de tercero y sexto de primaria, los niños cubanos obtuvieron los porcentajes más altos. Otros países con buen rendimiento escolar fueron Costa Rica, Chile, Uruguay y México.

En Cuba y la República Dominicana fue donde menor diferencia se registró en el rendimiento entre los niños de la zona rural y los de la zona urbana. La siguiente medida tomada por el alcalde de la región de Sucre, Colombia en julio del 2008, puede ilustrar las dificultades que tienen que enfrentar los estudiantes de las zonas rurales en Latinoamérica. Para disminuir la deserción escolar debido a la lejanía de los centros educativos en que vivían muchos de los niños, el gobierno local les entregó burros como medio de transporte para ir a la escuela, lo que redujo de alrededor de dos horas el tiempo de ida y vuelta al centro escolar.

A ello hay que sumar la iniciativa de los "biblioburros", puesta en marcha también en Venezuela bajo el nombre de "bibliomulas". En ellas se llevan los burros o las mulas cargadas con libros a aquellas regiones apartadas para fomentar la lectura entre los habitantes, sobre todo los niños. Estos proyectos han tenido una gran aceptación y han sido de mucho beneficio para las comunidades donde se han puesto en marcha. La historia del profesor Luis Soriano, quien en compañía de sus burros "Alfa" y "Beto" comenzó a recorrer las zonas más apartadas de la región del Magdalena en Colombia a mediados de la década del 2000, iniciando así la tradición de las Biblioburros, fue plasmada en un documental y luego un largometraje por el director y guionista colombiano Carlos Rendón Zipagauta.

Biblioburro recorriendo las regiones más apartadas

Capacitación de los maestros

La capacitación de los docentes es un problema doblemente serio que están enfrentando los diferentes países y que afecta la formación de las futuras generaciones de ciudadanos.

Los resultados obtenidos en estudios realizados en Perú en el 2007 y en Chile en el 2010 para medir la capacitación de sus maestros nos permiten establecer una posible conexión con los resultados del estudio realizado por la UNESCO sobre el rendimiento escolar de los alumnos. El resultado en ambos casos es sintomático de un mal que precisa atención urgente y eficaz por parte de los Gobiernos: la deficiente formación de los maestros.

En Perú, de 183.118 maestros evaluados a nivel nacional, solamente el 5% aprobó los exámenes. Frente a esta catástrofe, la ministra de Educación declaró que era imprescindible cambiar el sistema de capacitación de los docentes para garantizar la calidad de la enseñanza y se puso en marcha el Programa Nacional de Formación y Capacitación Permanente (PRONAF-CAP) cuyo objetivo es mejorar las capacidades, conocimientos, actitudes y valores de los docentes, enfatizando el desarrollo de sus aptitudes comunicativas, lógico-matemáticas, dominio del currículo escolar y especialidad académica de acuerdo al nivel educativo y mejorar así la enseñanza en las aulas.

En Chile, donde las evaluaciones del personal docente son realizadas cada cuatro años para garantizar la calidad en la enseñanza, los resultados obtenidos en la prueba del 2009 fueron catastróficos, a pesar del aumento de presupuesto a la educación implementado por la presidenta Bachelet. Vale la pena abrir un paréntesis y recordar que durante su mandato, Michelle Bachelet incrementó el presupuesto de Educación en 330 mdd para el 2007 con el fin de mejorar la calidad de enseñanza y convertir la educación en "un motor para la innovación, el emprendimiento y la competitividad".

Este aumento permitió el acceso a pre kínder a todos los niños chilenos. Asimismo aumentó la alfabetización digital de la población proveyendo mayores oportunidades de competitividad en el mercado laboral a gente de todas las clases sociales. La educación universitaria también fue beneficiada. Se invirtieron 10 mdd en la mejora de las universidades estatales y el desarrollo de programas de humanidades, artes y ciencias sociales, en parte como un intento de atraer estudiantes y profesores foráneos al país, y se fijó en seis mil mdd el presupuesto para becas de posgrado y de formación en oficios tecnológicos de alta especialización en el extranjero, lo que permitirá ofrecer hasta 6.500 entre el 2008 y el 2012.

Sin embargo, el gran aumento en el presupuesto no se reflejó en la calidad de la enseñanza, ni de los alumnos, y peor aún, tampoco de los maestros recién egresados. Según la prueba Inicia que mide la capacitación de los egresados de la carrera docente, el 89% de los profesores chilenos recién graduados escribe con faltas de ortografía y el 94% no tiene buen vocabulario, y sin embargo, el 96,7% de los programas de educación universitarios están certificados por la Comisión Nacional de Acreditación (CNA), proceso al que debieron someterse desde fines del año 2008 debido a los bajos resultados obtenidos por los docentes en las pruebas de capacitación.

Entre las razones que contribuyen a esta realidad, se mencionan las siguientes:

1. La falta de barreras de ingreso a los programas de pedagogía para los estudiantes como un puntaje mínimo en la Prueba de Selección Universitaria PSU (equivalente al SAT); el puntaje promedio PSU de quienes tomaron la prueba Inicia fue de 485 (el puntaje promedio máximo es de 850 y el mínimo 450).

2. La falta de monitoreo de la calidad de la formación que reciben los estudiantes en las facultades de pedagogía del país, ya que el sistema de acreditación actual mide la consistencia de la institución y de sus programas, según los planes que ella misma se plantea, y la compara con la oferta universitaria nacional, pero no mide la calidad de la formación que entregan. Ello puede explicar el continuismo en las deficiencias de competencias con las que entran y egresan los alumnos a la carrera docente.

Como medida para cambiar esta realidad, actualmente, en el 2010, la CNA está trabajando con el Middle States Commission on Higher Education de Estados Unidos con el objetivo de integrar estándares internacionales al sistema de acreditación chileno, en espera de que ello ayude a corregir esta situación, altamente preocupante.

Desafíos del nuevo milenio

Sirvan los casos de Perú y de Chile como representantes de lo que sucede en el resto del continente. Por ello, uno de los desafíos urgentes de los Gobiernos latinoamericanos en cuanto a la educación para este nuevo milenio es, necesariamente, el reevaluar y reestructurar la preparación de su personal docente y designar una mayor parte del presupuesto nacional a la educación ya que es axiomático que la capacitación de los maestros y la cantidad, calidad y pertinencia de los recursos disponibles se refleja en los resultados de los alumnos. Es imposible mejorar el rendimiento de los estudiantes si los maestros no están capacitados y si no se dispone de los medios necesarios apropiados.

Es necesario que la educación logre por fin convertirse en elemento de integración y de movilidad social de las poblaciones marginadas para que cumpla su primordial función en la sociedad, pero todo eso depende del estado de la economía y del interés que pongan los Gobiernos en reconciliar ese desfase. El eliminar el analfabetismo y alfabetizar a las poblaciones indígenas tanto en castellano como en sus lenguas maternas es un gran paso inicial hacia la integración, el que tiene que ser seguido de una excelente educación primaria, secundaria y universitaria o de preparación técnica pues es de primordial importancia que la juventud, no importa su estrato social, esté preparada para asumir un rol activo en el desarrollo económico de los países, y así, tenga acceso a una vida mejor. La capacitación de los educadores y el proveer oportunidades educativas para la inserción de los jóvenes en el mercado global todavía siguen siendo desafíos de los Gobiernos latinoamericanos en el siglo XXI.

En ese sentido hay dos iniciativas significativas a mencionar: como iniciativa continental para el mejoramiento de la educación universitaria, el presidente Lula, de Brasil, firmó un decreto en el 2010 para crear la Universidad Federal de la Integración Latinoamericana (UNILA). Este centro de estudios ofrecerá cursos de pregrado y posgrado en español y portugués para alumnos de todo el continente. Ahí se formarán especialistas para llenar las necesidades actuales y futuras de Latinoamérica, como desarrollo rural, gestión de recursos hídricos, derechos humanos, políticas lingüísticas y relaciones internacionales. La mitad de los alumnos y docentes serán brasileños, y el resto, de otros países latinoamericanos.

La segunda iniciativa, el Encuentro de Universia, comenzó hace cinco años en Sevilla, España y tuvo su segunda edición en junio de 2010 en Guadalajara, México. En este encuentro participaron líderes de la educación superior de más de 34 países: 985 rectores y 72 vicerrectores de 1.057 universidades, principalmente de América Latina, España y Portugal quienes, juntos, representan a una comunidad de 14 millones de estudiantes y académicos. ¿Su objetivo?: construir la universidad del siglo XXI, desarrollar "un espacio iberoamericano del conocimiento socialmente responsable".

Pero esta iniciativa de grandes sueños se ve enfrentada a una cruda realidad: miseria, hambre analfabetismo (50% de desnutrición infantil en Guatemala, entre 18 y 26% de analfabetismo adulto en cuatro países centroamericanos representados en el encuentro, umbral de pobreza de 50,7% en Honduras y 47,9% en Nicaragua); desigualdad en el acceso a la educación universitaria, disparidad en la calidad de enseñanza. El camino no se vislumbra libre de obstáculos; la agenda para los próximos cinco años de trabajo antes del tercer encuentro programado para el 2015 en Brasil, apunta a impulsar el intercambio de alumnos, profesores e investigadores, a lograr la convergencia y reconocimiento de programas y títulos y al establecimiento de un sistema de evaluación de la calidad de los estudios ofrecidos y de acreditación de los mismos, así como al desarrollo de redes de investigación internacionales.

V.2 Grandes educadores latinoamericanos

A. Eugenio María de Hostos (1839-1903)

A Eugenio María de Hostos se le considera uno de los más influyentes pedagogos y teóricos latinoamericanos de la sociología de la educación de todos los tiempos. Nació en Puerto Rico, pero fue residente de muchos países hispanoamericanos entre ellos Cuba, la República Dominicana y Chile en donde en el año 1888 fue invitado por el gobierno para reorganizar el sistema educativo del país; allí permaneció por nueve años. Ardiente luchador de la independencia de Cuba y Puerto Rico, le llegó la muerte sin que sus sueños se hicieran realidad.

Su pensamiento filosófico de una educación para la libertad del individuo influyó en los respectivos sistemas educativos de los países latinoamericanos en donde vivió y por ello se le conoce como "ciudadano de América". El mismo Hostos definía así el rol del maestro: "Antes que nada, el maestro debe ser educador de la conciencia infantil y juvenil; más que nada, la escuela es un fundamento moral" (Hostos: 1982: 224). Del mismo modo que para Hostos la integración de todas las razas era necesaria para lograr el progreso, también consideraba que sin la integración intelectual de la mujer a la sociedad, el progreso de nuestros países quedaría rezagado.

Para Hostos, en la medida en que la mujer recibiera una educación científica podría, a su vez, educar a sus hijos de una manera científica enseñándoles a respetar los ideales de la razón y del progreso. Aunque su posición no puede interpretarse necesariamente como a favor de un cambio radical en el rol tradicional de la mujer dentro de la sociedad, representó un gran paso adelante al proponer su derecho a tener acceso a una educación que le permitiera que su rol dejara de ser visto como inferior y se convirtiera en una compañera del hombre en su labor de construcción de una sociedad de hombres justos y luchadores por la libertad y el progreso de los pueblos. Dice en su ensayo "La educación científica de la mujer:" "Reconstituyamos la personalidad de la mujer, instituyamos su responsabilidad ante sí misma, ante el hogar, ante la sociedad; y para hacerlo, restablezcamos la ley de la naturaleza, acatemos la igualdad moral de los dos sexos, devolvamos a la mujer el derecho de vivir racionalmente…"

En la República Dominicana, Hostos fundó la Escuela Normal, y en estrecha colaboración con la también maestra Salomé Ureña, logró el que se abriera sus puertas a las mujeres. La cita siguiente hace parte del discurso de Hostos cuando se graduaron de maestras las primeras diez mujeres, y confirma el ideario educativo de Hostos en el que razón, sensibilidad, belleza, bien moral, equidad, justicia y libertad son piedras angulares: "Sois las primeras representantes de vuestro sexo que venís en vuestra patria a reclamar de la sociedad el derecho de serle útil fuera del hogar, y venís preparadas por esfuerzos de la razón hacia lo verdadero, por esfuerzos de la sensibilidad hacia lo bello, por esfuerzos de la voluntad hacia lo bueno, por esfuerzos de la conciencia hacia lo justo…Vais a ser… educadoras de la sensibilidad, para enseñarla a sólo amar lo bello cuando es bueno; educadoras de la voluntad para fortalecerla en lucha por el bien; educadoras de la conciencia para doctrinarla en la doctrina de la equidad y la justicia, (…) y la doctrina del derecho y la libertad".

Dada la enorme importancia que Hostos le concedía al maestro dentro de la sociedad, toda su vida abogó por que éste tuviera el reconocimiento social que tal posición merecía.

B. Gabriela Mistral (1889-1957)

Todos conocemos a la Gabriela Mistral poeta o a la Gabriela Mistral Premio Nobel de literatura, la primera entre los escritores latinoamericanos en recibir el tan codiciado galardón en 1945. Sin embargo, pocos conocen de sus inicios como humilde maestra rural en el norte de Chile. Por años se desempeñó como maestra de grados elementales a través de los cuales fue desarrollando una trascendental visión pedagógica. Por sus grandes aportes a la educación chilena y latinoamericana, en 1923, el Rector de la Universidad de Chile, Gregorio Amunátegui, le propuso al Consejo de Instrucción Primaria que se le concediera a Gabriela Mistral el título de Profesora de Castellano.

Se dice que a Mistral no le gustaba ayudar en los quehaceres del hogar pues desde su perspectiva, en cuanto vieran que era útil para la casa, estaba perdida. Sin embargo, su poesía es un canto de amor a la maternidad representada no sólo por la madre, sino también por la maestra. Es una oda de amor por los niños: "Piececitos de niño/azulosos de frío/¿Cómo os ven/y no os cubren/Dios mío?" Es igualmente un canto de amor por el campesino y por los desfavorecidos de la tierra, lo que también se refleja en su labor educativa.

En 1922, José de Vasconcelos, secretario de Educación del entonces presidente mexicano Obregón conoce a Gabriela Mistral en el Brasil. Queda tan impresionado con sus ideas sobre la educación que la invita a formar parte del plan de reestructuración del sistema educativo público mexicano que incluía además la apertura de bibliotecas públicas. En México como en Chile y como en todos los países donde residió, Mistral se identificó completamente con las gentes humildes y convencida de que la educación era la única puerta de salida a una vida mejor se entregó en cuerpo y alma para entregarles las herramientas que les ayudaran a vencer la ignorancia que los ahogaba. El gobierno de Obregón quería erradicar el problema de analfabetismo en el pueblo mexicano. Ya no se trató para Mistral de educar únicamente a los niños, ahora se trataba también de alfabetizar adultos y de formar los maestros que colaborarían con ella y que continuarían la ardua tarea. Mistral enseñó literatura en Columbia University, Middlebury y Vassar College.

C. Paulo Freire (1921-1997)

Producto del siglo XX lo fue el educador brasileño Paulo Freire. El hecho de haber conocido desde temprana edad la realidad de una de las regiones más pobres del Brasil le hizo tomar conciencia de las injusticias sociales y le dio la determinación para luchar por la transformación de esa sociedad en una sociedad verdaderamente democrática y justa y de la cual desaparecieran discriminación y desigualdad. Para lograr esos cambios Freire no veía otra vía que la educación, pero un tipo de educación diferente; aquella que le permitiera al individuo tomar conciencia de su situación social y le proveyera los instrumentos para cambiarla. Sus revolucionarias ideas le valieron la persecución y el encarcelamiento en su país, pero a pesar de ello la influencia de sus teorías educativas alcanzó a todas partes del mundo.

Para Freire el proceso educativo debe concienciar al estudiante, hacerlo pensar y cuestionarlo todo, pero sobre todo, convertirlo en sujeto de su propio mundo. La relación entre alumno y maestro debe ser democrática y no autoritaria, tanto alumno como maestro deben aprender el uno del otro; enseñar, para Freire, da la oportunidad al maestro de reaprender lo que ya sabe. La experiencia educativa debe implicar igualmente humildad por parte del educador, así como respeto y amor por el educando. Decía Freire que "nadie lo sabe todo, nadie lo ignora todo", no importa cuán pobres o desfavorecidos seamos. El conocimiento y respeto del maestro por las condiciones de vida del estudiante, de aquello que, al determinar su diario vivir determina su ser, es para él de suma importancia en el proceso educativo.

Según Freire, la elite tiende a pensar, como algo natural, que "diferente" es sinónimo de inferior, lo que para él denota intolerancia pues de esa mentalidad se desprende que a la elite no le interesa ser igual a quienes son diferentes, es decir, inferiores, pero tampoco acepta que éstos sean iguales a ella. Por el contrario, le interesa mantener la dominación sobre aquellos que considera inferiores por ser diferentes.

En ese sentido, Freire considera que el maestro que se considere a sí mismo progresista no debe sentirse inferior a los estudiantes hijos de miembros de la clase dominante, sobre todo en los colegios privados, pero tampoco debe sentirse superior a los estudiantes de los barrios pobres que asisten a las escuelas del sistema público.

Dentro de sus teorías pedagógicas, Freire propone que la lectura, la escritura y la comprensión son destrezas cuyo aprendizaje no debe darse aisladamente. El ejemplo que ofrece para mostrar su teoría es la frase "Eva vio la uva". Para él es una frase sencilla que cualquier estudiante puede aprender a leer, pero para poder conocer el verdadero sentido de las palabras y para que las mismas aporten verdadero conocimiento al estudiante, éste último deberá situar al sujeto Eva y al objeto uva en su contexto social; deberá preguntarse, por ejemplo, quién produjo la uva y quién se benefició de ese trabajo de producción. Ello lo llevará a leer y comprender más allá de un simple reconocimiento de las palabras, y sobre todo, le dará la posibilidad de ver el mundo desde otra perspectiva.

La comprensión de lectura no se produce, según Freire de manera milagrosa; es producto de arduo trabajo, de paciencia y de perseverancia acompañadas de la utilización de herramientas que faciliten la comprensión como diccionarios, tesauros y enciclopedias. En ello estriba la diferencia entre leer para memorizar datos, lo que él llama la "educación bancaria" y leer para adquirir conocimientos, lo que él denomina "educación para la libertad".

Su filosofía educativa está contenida en dos libros: *Educación para la libertad* publicado en 1967 y *Pedagogía del oprimido* publicado en 1970, un año después de haber sido invitado como profesor visitante a la Universidad de Harvard. Paulo Freire es considerado uno de los teóricos en educación más influyentes del siglo XX.

V.1. De las escuelas de la época colonial a las del siglo XXI

1. En un comienzo, ¿de qué manera se garantizaban los colonizadores la obediencia y sometimiento de los indígenas?

2. ¿Tenían los indígenas talento para las lenguas?

3. ¿Dónde se fundó la primera escuela y para quién?

4. ¿Qué eran los "hospitales" y quién los fundó?

5. ¿Había diferencia entre la educación que recibían las niñas y aquella que recibían los niños en el periodo colonial? ¿Qué piensa Ud. que reflejaba el tipo de educación que se ofrecía de esa sociedad?

6. ¿Qué ventajas tuvo, si alguna, para la preservación de las tradiciones y la literatura prehispánica el que los indígenas fueran alfabetizados en sus lenguas de origen así como en castellano y latín y el que los sacerdotes aprendieran las lenguas indígenas?

V.2. La educación en Latinoamérica de fines del siglo XIX a la actualidad

1. ¿Cómo cambió la situación de la educación con respecto a los siglos anteriores?

2. ¿Qué medidas educativas se tomaron en México a raíz del triunfo de la Revolución?

3. ¿Cuál es la estructura básica del sistema educativo latinoamericano? Compárelo con el sistema educativo estadounidense, incluyendo el sistema universitario.

4. ¿De qué depende el grado de alfabetización de la gente en Latinoamérica?

5. Dé ejemplos de algunas medidas que están tomando los nuevos Gobiernos para eliminar el mal del analfabetismo y mejorar la educación.

6. ¿Cuál es la situación con la preparación del personal docente de acuerdo a los dos ejemplos presentados de Perú y Chile?

7. ¿Qué desafío deben enfrentar los Gobiernos latinoamericanos de hoy en día en términos de la educación?

V.3. Grandes educadores latinoamericanos

1. Resuma la filosofía educativa de Eugenio María de Hostos.

2. Explique a qué se refería Hostos con la educación científica de la mujer.

3. ¿Quién fue y cuál fue la importancia de Salomé Ureña en el campo de la educación?

4. ¿Quién fue y cuál fue la importancia de Gabriela Mistral en el campo de la educación?

5. Explique lo innovativo de la filosofía pedagógica propuesta por Paulo Freire.

¿Cuánto sabemos ahora?

Empareje:

Luego vuelva a la sección **¿Cuánto sabemos?** al comienzo del capítulo para comparar sus respuestas antes de estudiar el capítulo y después.

Atención, tres de los nombres en la columna de la izquierda tienen dos respuestas

_L_ 1. Gabriela Mistral

_J_ 2. Eugenio María de Hostos

_G_ 3. Salomé Ureña

_E_ 4. "hospitales"

_A_ 5. Franciscanos, dominicos y jesuitas

_H_ 6. Paulo Freire

___ 7. Periodo colonial

_B_ 8. Bordado, costura, cocina

_M_ 9. Santo Tomás de Aquino

_K_ 10. Facultades

_O_ 11. Grandes campañas de alfabetización

_D_ 12. Sistema de educación laico y público

A. Escuelas asociadas a conventos

B. Niñas época colonial

C. Educación científica de la mujer

D. Humanidades, ciencias sociales, ciencias médicas, ciencias políticas

E. Poblados comunitarios de beneficencia para pobres, viudas y huérfanos

F. Bolivia, Venezuela

G. Maestra dominicana

H. *Pedagogía del oprimido*

I. Naciones independientes

J. Ciudadano de América

K. Encargados educación en la colonia

L. Pedagoga chilena

M. Primera universidad en Latinoamérica

N. Participó en reforma educativa en México

O. "Nadie lo sabe todo, nadie lo ignora todo"

1. Busque información adicional sobre la filosofía educativa de Hostos, Gabriela Mistral y Paulo Freire y escriba un ensayo comparativo sobre los tres.

2. Basado en la información en este capítulo e información adicional que consiga, escriba una semblanza del ideal de maestro propuesto por Hostos o por Freire.

3. Escoja un tema conflictivo y desarrolle un plan de enseñanza de ese tema basado en las teorías de Paulo Freire.

4. A la luz de la pedagogía del oprimido de Paulo Freire, discuta la estrategia, y los resultados obtenidos, de los sacerdotes encargados de la educación en la época colonial de alfabetizar a los indios y al mismo tiempo aprender ellos las lenguas indígenas.

5. Compare la situación de la capacitación de los maestros en los Estados Unidos con la de Chile o Perú, o algún otro país de Latinoamérica.

6. Reflexiones sobre la iniciativa de los biblioburros como manera de fomentar la lectura en las regiones apartadas de los países latinoamericanos e imagine una manera efectiva de fomentar la lectura entre los niños de su comunidad.

CAPÍTULO VI

La religión

CAPÍTULO VI
La religión

I. Conteste las siguientes preguntas y luego compare sus respuestas con un compañero/a de clase. Cuando termine de estudiar el capítulo, después de completar la sección **¿Cuánto sabemos ahora?,** vea cuáles de sus respuestas iniciales estaban correctas.

1) El 100% de los latinoamericanos es de religión católica.

Cierto o Falso

2) Los indígenas tenían una religión politeísta.

Cierto o Falso

3) El sincretismo religioso se produce cuando se mezclan elementos de dos o más religiones.

Cierto o Falso

4) La santería es una religión practicada, en su mayoría, en regiones con alta población de origen indígena.

Cierto o Falso

5) Hoy en día la Iglesia Católica no ejerce influencia alguna en la forma de pensar de la gente en Latinoamérica pues hay separación de poder con el Estado.

Cierto o Falso

6) La teología de la liberación proviene de la rebelión de los indígenas cuando los españoles intentaron imponerles la religión católica.

Cierto o Falso

7) El arzobispo Arnulfo Romero fue asesinado por los militares en El Salvador.

Cierto o Falso

8) Ernesto Cardenal fue un sacerdote y poeta nicaragüense.

Cierto o Falso

CAPÍTULO VI
La religión

VI.1 Sincretismo religioso

A. Religiones indígenas y catolicismo

Como viéramos en el Capítulo número I de la primera parte los pueblos aborígenes tenían una religión politeísta que, más allá de lo simplemente religioso, gobernaba todos los aspectos de su vida. Por ejemplo, los aztecas hacían sacrificios humanos a Huitzilopochtli, dios del sol y de la guerra porque pensaban, de esta manera, mantener viva la energía del sol, la que a su vez daría vida a las cosechas, y por consiguiente a ellos mismos. Los grupos indígenas, en general, adoraban la tierra, el sol, el agua, las constelaciones, todo aquello de lo que dependía su vida o aquellos fenómenos naturales que no podían explicar y que les afectaban positiva o adversamente: el trueno, la lluvia, las tormentas. La imposición de la religión católica por los colonizadores representó, entonces, un fuerte golpe para ellos; una ruptura con su mundo y con los valores que habían regido su vida hasta ese momento.

Los indígenas, acostumbrados a un sistema religioso centrado en lo práctico y lo concreto, desde un comienzo opusieron resistencia a este complejo y abstracto sistema religioso católico basado en el misterio de la Santísima Trinidad. Por otra parte, como la conquista y la evangelización se produjeron de una manera tan violenta, era imposible para ellos entender la ironía en la conducta de estos seres que al mismo tiempo que decían venían a liberarlos de los sufrimientos terrestres invadían sus tierras e intentaban someterlos y destruir su cultura. Por ello muchos de ellos se escapaban de las mitas o reducciones pues "no [querían] ir al cielo si [iban] allí los españoles". Sin embargo, el dominio que ejercían los conquistadores sobre ellos aniquilaba todo tipo de resistencia frontal y por ello surgió lo que hoy llamamos sincretismo religioso, de la necesidad de los indígenas de sobrevivir a esta situación sin tener que renunciar a sus creencias y deidades.

Lo que facilitó la reconciliación entre el monoteísmo cristiano y el politeísmo indígena fue el culto a los santos. A medida que la evangelización avanzaba, la mitología indígena y los principios cristianos se fueron confundiendo, y a pesar de su intolerancia inicial los evangelizadores favorecieron esta práctica por facilitarles su tarea de cristianización. Así, por ejemplo, Viracocha, el padre creador de los incas fue asociado con el Dios Cristiano, creador del universo, y Pachamama, la madre tierra, con la virgen María.

El sincretismo afectó también los rituales. La fiesta del Inti Raymi que los incas celebraban el 24 de junio, en honor del dios Sol fue convertida en la fiesta católica de San Juan. De hecho, un tipo de danzas tradicionales que se bailaban para esta fiesta en la región de Imbabura en el Perú fueron llamados San Juanitos para marcar el cambio. Igualmente, la fiesta de Kapak Raymi que celebraban los incas el 21 de diciembre para honrar a la tierra porque es el momento del nacimiento de las cosechas, fue sustituida por la Navidad que representa el nacimiento del niño Dios. Con el tiempo, como manera de integración de las comunidades indígenas les fue asignado un santo patrón que protegía a la comunidad y esto fortaleció el culto de los santos.

En realidad, de acuerdo a los documentos históricos consultados, la tolerancia a este tipo de sincretismo religioso fue mayor o menor dependiendo de la orden religiosa de los misioneros. Por ejemplo, los dominicos fueron completamente intolerantes a la misma y les prohibían a los indígenas pintar representaciones del sol o la luna para impedirles que volvieran a sus antiguas creencias, mientras que los agustinos trataban de que éstos identificaran al sol con Dios y a la tierra con la virgen María (el sol fecundador de la tierra).

B. La santería

El sincretismo religioso se dio también entre la religión católica y las religiones traídas al Nuevo Mundo por los esclavos africanos. El resultado de esta forma particular de sincretismo se llama santería y es practicada mayoritariamente en los países o regiones con una gran concentración de población de origen africano como Cuba, la República Dominicana, Puerto Rico y Brasil. En la misma, santos de las religiones africanas se fundieron con santos católicos de características similares. Como en el caso de los indígenas, el comienzo de esta práctica puede tener dos orígenes que son intrínsecos, bien sea que los esclavos empezaron a adorar a sus dioses a través de las figuras de los santos católicos como una forma de protección de sus creencias o que con la experiencia indígena fresca, la Iglesia se sirvió del sincretismo religioso para promover la fe entre los esclavos. En todo caso, el resultado ha sido, como dijéramos la santería, definida por el sacerdote Juan J. Sosa como, "la adoración de dioses africanos bajo la apariencia de santos católicos". Entre los santos más famosos podemos mencionar a Babalú Ayé (San Lázaro); Ochún (Virgen de la Caridad del Cobre, patrona de Cuba); Obatalá (Virgen de las Mercedes); Ogún (San Pedro) y Changó (Santa Bárbara).

VI.2. La religión católica como religión oficial del Estado

Durante los siglos que prosiguieron al descubrimiento y conquista de América la religión católica, como religión oficial del Estado, tuvo absoluto control sobre diversos aspectos de la vida en los territorios coloniales a través del control que ejercía sobre la educación, así como por el poderío económico que paralelamente fue acumulando. Ya en la segunda mitad del siglo XVI los conventos fueron autorizados a establecer las primeras escuelas para indígenas donde se les adoctrinaba en la fe católica y en la fidelidad a la Corona. Más adelante se fundaron conventos y escuelas para instruir a la elite criolla en ciernes, y como vimos en el capítulo anterior, el siglo XVI vio también el nacimiento de las primeras universidades.

A pesar de que después de lograda la independencia la tendencia en las recién creadas naciones fue, en general, a mantener separados Estado e Iglesia, la religión católica permanecía como la religión oficial. La influencia ejercida por ésta durante el proceso de evangelización y adoctrinamiento de la colonia fue tal que poco a poco fue logrando, en unos países más que en otros, seguir ejerciendo un poder enorme sobre la gente. Como resultado, aún hoy en día en algunos países las leyes que vayan en contra de los principios de la fe católica muchas veces demoran años en ser aprobadas.

Un caso reciente que muestra esta intromisión de la iglesia en asuntos legales es la ley del divorcio en Chile. En noviembre de 1995 un grupo de diputados presentó la moción a la Cámara para derogar una ley prohibiendo el divorcio que databa de enero de 1884, ciento once años atrás. Demoró nueve años antes de que la ley fuera finalmente aprobada en noviembre de 2004. Según un comunicado de la Biblioteca Nacional de Chile la demora se atribuye a que "varios sectores de la sociedad, entre los que destaca la Iglesia Católica, se oponían férreamente a la idea de imponer en la legislación chilena la idea del divorcio vincular, y expresaban esa opinión a través de los parlamentarios que también estaban en contra del proyecto".

No es un secreto que, históricamente, la Iglesia Católica se ha mantenido aliada a los gobiernos en el poder y alejada de aquellos a quienes debería primordialmente servir: los desfavorecidos.

VI.3. El Concilio Vaticano II: la Iglesia Católica intenta abrirse al mundo moderno

Al alba de los años sesenta, la cabeza de la Iglesia Católica con sede en Roma, cual presintiendo los tiempos de cambios que se avecinaban, sintió la necesidad de realizar un nuevo concilio en el cual se discutieran temas relevantes al presente de la Iglesia, a su participación de la vida comunitaria y a su presencia como fuerza de opinión sobre temas concernientes a la humanidad en general. Así fue como en 1959 el Papa Juan XXIII llamó a la organización del mismo y entre octubre de 1962 y diciembre de 1965 alrededor de 3,000 obispos de la Iglesia Católica se reunieron en 178 sesiones de discusión. Como cambio significativo con respecto a previos concilios, representantes de las iglesias protestantes y ortodoxas se unieron a éstos en calidad de observadores.

Uno de los logros del Concilio fue el de acercar la Iglesia al pueblo.

Se propició y se logró una participación mayor en el acto de las misas al cambiar el idioma del rito del latín a las lenguas vernáculas. Obviamente éstos y otros cambios producidos a raíz del Concilio causaron una división en el seno de la Iglesia. Los tradicionalistas, quienes veían en los concilios demasiada apertura que ponía en peligro los privilegios de la Iglesia, desafiaron estos cambios y el obispo francés Lefèvre, quien se opuso categóricamente a los cambios propuestos por este segundo Concilio fue expulsado de la Iglesia en 1976 por el Papa Pablo VI.

En América Latina, región de grandes injusticias sociales donde soplaban vientos de lucha, los acuerdos del Concilio Vaticano II encontraron tierra fértil la que propició el nacimiento de lo que se ha denominado la teología de la liberación, una revolucionaria interpretación de la teología cristiana a partir de otras teorías filosóficas, económicas y sociopolíticas del momento, entre ellas el marxismo.

En 1968 el Concilio Episcopal Latinoamericano (CELAM) organizó en Medellín, Colombia una conferencia de obispos del sur del continente para discutir sobre las vías óptimas de aplicación de los acuerdos del Concilio Vaticano II en los países de América Latina. Para poner en marcha la idea de que la Iglesia de Dios debía ser la Iglesia del pueblo, de los pobres y de los desfavorecidos los sacerdotes debían acercarse a las bases, salir a buscar a los feligreses donde estuvieran pues muchos no asistían a la iglesia por sentirla alejada de su vida diaria y ajena a sus problemas.

Así, el edificio dejó de ser el centro de la religión; los sacerdotes celebraban el ritual de la misa en una casa, en un parque, en una plaza pública. La gente no tenía que vestirse elegantemente para participar del acto ni los sacerdotes estaban obligados a vestirse con sotana para oficiar. Todo lo superfluo que separara al pueblo de la Iglesia fue, poco a poco eliminado. Al acercarse a este pueblo que era la verdadera base de la religión, según la teología cristiana, el sacerdote llevaba este pueblo a acercarse a Dios y por consecuencia, él mismo también se acercaba más a Dios.

VI. 4. La teología de la liberación

Dentro de ese marco, la realidad socioeconómica del continente en los años sesenta, se desarrolló en Latinoamérica ese gran movimiento de renovación de la Iglesia, la teología de la liberación. En el Capítulo III de la primera parte de este texto mencionamos al sacerdote colombiano Camilo Torres, asesinado en 1966 mientras luchaba al lado de la guerrilla. Frente a una Iglesia Católica que seguía representando la opresión de la Conquista, sacerdotes con visión como Camilo, el monseñor Dom Helder Cámara de Brasil, el sacerdote peruano Gustavo Gutiérrez, y Arnulfo Romero en El Salvador, entre muchos otros, favorecieron el fortalecimiento de todo un movimiento de renovación de la Iglesia Católica en Latinoamérica en el que la idea de salvación estaba identificada a la labor de redención realizada por el sacerdote en la tierra. No se trataba solamente de predicar un mundo mejor después de la muerte, se trataba de aliviar los sufrimientos que padecían los pobres en la tierra como consecuencia directa de las injusticias sociales existentes.

Criticaba este movimiento los mecanismos que la Iglesia había utilizado a lo largo de la historia de alianza con el poder para mantener la opresión sobre los pueblos y su privilegiada posición socioeconómica. Hacía un llamado a la iglesia tradicional a favorecer, de forma pacífica, un cambio de las condiciones socioeconómicas de la gente. Para ello, la teología de la liberación postulaba la siguiente premisa: es necesario estudiar y analizar las causas de la pobreza en la sociedad a la luz de los preceptos de la religión cristiana para luego buscar vías de solución a los problemas. Esta innovadora visión del rol de la Iglesia se propagó por toda Latinoamérica en los años sesenta y fue sistematizada por Gustavo Gutiérrez en su libro *Teología de la liberación* publicado en 1971.

Es importante señalar que los practicantes de esta teología no fomentaban la violencia en sí misma, sino que querían lograr un entendimiento, por parte de aquellos que tenían el poder político y eclesiástico de la necesidad de que la Iglesia sirviera a los necesitados, a los oprimidos. Basándose en las Escrituras, en que Jesús utilizó la violencia en algunas ocasiones, como cuando echó a los mercaderes del templo, algunos de los sacerdotes, sobre todo los más jóvenes, comenzaron a apoyar a los pobres en movimientos de rebelión armada, al ver que por los medios pacíficos no se lograba la justicia social, sino más corrupción, más violencia y más injusticias contra los pobres. Por ello, la teología de la liberación fue condenada por el Vaticano y muchos de sus practicantes fueron ex comulgados. Otros, como el arzobispo Óscar Arnulfo Romero fueron acusados de marxistas y de instar al pueblo a la rebelión y fueron asesinados. La muerte de Romero causó gran conmoción en todo el mundo pues fue asesinado mientras celebraba la misa.

Otro practicante de la teología de la liberación lo fue el sacerdote y poeta nicaragüense, Ernesto Cardenal, quien fue nombrado ministro de Cultura del país cuando el Frente Sandinista de Liberación Nacional subió al poder. Como respuesta a su participación activa en la vida política del país, el papa Juan Pablo II le prohibió oficiar misa. Uno de sus poemas más conocidos es "Oración por Marilyn Monroe" en el que enjuicia a la sociedad por la muerte de tantas Marilynes que no somos capaces de salvar:

Ernesto Cardenal
"Oración por Marilyn Monroe"
recibe a esta muchacha conocida en toda la tierra con el
nombre de Marilyn Monroe
aunque ese no era su verdadero nombre
pero Tú conoces su verdadero nombre, el de la huerfanita
violada a los 9 años
y la empleadita de tienda que a los 16 se había querido matar
y que ahora se presenta ante Ti sin ningún maquillaje
...
Perdónala Señor y perdónanos a nosotros
por nuestra 20th Century
por esta Colosal Super-Producción en la que todos hemos trabajado
Ella tenía hambre de amor y le ofrecimos tranquilizantes

VI.5. La realidad religiosa en el presente

En la actualidad, seguimos viendo en Latinoamérica dos tipos de Iglesia Católica, la tradicional y la progresista que sigue los postulados de la teología de la liberación. A pesar de que la mayoría de los latinoamericanos se declaran católicos en los censos, es más bien por costumbre y muchos de ellos no son practicantes.

Con la separación de poderes (Iglesia y Estado) fue más plausible la pluralidad religiosa que hoy caracteriza nuestro continente y otras religiones coexisten con la católica en los diferentes países, en algunos casos, por la llegada de emigrantes de religión judía o musulmana o por misioneros que países como los Estados Unidos envían constantemente. Mientras hacen labor social, estos grupos introducen también sus principios religiosos.

Como ejemplo, podemos mencionar la existencia en Chile de una cantidad significativa de testigos de Jehová y pentecostales, de mormones en El Salvador, de diversos grupos protestantes en el Perú y de grupos evangélicos entre las comunidades indígenas del estado de Chiapas, al sur de México.

Preguntas de comprensión y repaso

VI.1. Sincretismo religioso
1. ¿Cómo afectó la vida de los indígenas la imposición del catolicismo como única religión?
2. ¿Cuál fue la primera reacción de éstos ante esta imposición?
3. Explique lo que es el sincretismo religioso y por qué se produce. Dé algunos ejemplos de sincretismo.
4. ¿Qué es la santería y en qué regiones se desarrolló? ¿Es practicada hoy en día?

VI.2. La religión católica como religión oficial del Estado
1. ¿En qué se basó el poder de la Iglesia Católica durante la época colonial?
2. Explique y dé algún ejemplo de cómo ese poder todavía se deja sentir a pesar de la separación Iglesia-Estado imperante en nuestras sociedades.

VI.3. El Concilio Vaticano II: la Iglesia Católica intenta abrirse al mundo moderno
1. Discuta lo que fue el Concilio Vaticano II y sus objetivos.
2. Explique lo que fue el Concilio Episcopal Latinoamericano y qué cambios se produjeron en la iglesia a raíz del mismo.

VI.4. La teología de la liberación
1. Explique lo que significa la teología de la liberación y cuál fue su impacto en Latinoamérica. Hable sobre sus iniciadores.
2. ¿Por qué se condenó la teología de la liberación en el Vaticano?
3. ¿Quién fue Ernesto Cardenal?

VI.5. La realidad religiosa en el presente
1. ¿Es América Latina un continente 100% católico?

Utilice el siguiente banco de palabras para contestar las preguntas y luego vuelva a la sección **¿Cuánto sabemos?** al comienzo del capítulo para comparar sus respuestas antes de estudiar el capítulo y después.

Concilio Episcopal Latinoamericano, Oración por Marilyn Monroe, San Juanitos, Concilio Vaticano II, Pachamama-Virgen María, politeísmo, Ochún, teología de la liberación

1. Ejemplo de sincretismo religioso: _Pachamama-Virgen María_

2. Creencia en muchos dioses: _politeísmo_ .

3. Nombre dado por los españoles a la danza indígena que se bailaba para la fiesta del Inti Raymi: _San Juanitos_ .

4. Nombre de la Virgen de la Caridad, patrona de Cuba en la Santería: _Ochún_ .

5. Uno de sus logros fue el de acercar la iglesia al pueblo: _Concilio Vaticano II_

6. Buscó maneras para poner en marcha acuerdos del Concilio Vaticano II en Latinoamérica: _Concilio Episcopal Latinoamericano_

7. Innovadora visión del rol de la iglesia: _teología de la liberación_

8. Poema de crítica social del poeta y sacerdote nicaragüense Ernesto Cardenal: _Oración por Marilyn Monroe._ .

Más allá de los hechos: temas para pensar, investigar, escribir y conversar

1. Consulte el libro *Teología de la Liberación* o busque información adicional sobre este fenómeno que se produjo en la Iglesia. Compare lo que ahí se expone con las enseñanzas de la Biblia cristiana y escriba un ensayo o haga una presentación discutiendo la interpretación de la Biblia que hicieron los teólogos de la liberación.

2. Busque en la biblioteca libros de poesía de Ernesto Cardenal. Escoja varios y haga una presentación a la clase sobre su poesía y cómo se ve reflejada en ella su compromiso social.

3. Busque la película *Romero* de John Duigan (1989). En pequeños grupos, vean la película y hagan un análisis de las dos iglesias que se ven en la misma, la tradicional y la nueva iglesia. Hable sobre los personajes que representan a cada una de ellas y explique cómo lo sabemos; por ejemplo, puede hablar del vestuario, la vivienda, la relación con la gente, el lugar donde celebran la misa, etc. Un grupo puede encargarse de un tipo de iglesia y otro del otro.

4. ¿Cuál cree Ud. debe ser el rol de la Iglesia en una sociedad? Explique.

CAPÍTULO VII

Ciencia y tecnología

¿Cuánto sabemos?

I. Conteste las siguientes preguntas y luego compare sus respuestas con un compañero/a de clase. Cuando termine de estudiar el capítulo, después de completar la sección **¿Cuánto sabemos ahora?,** vea cuáles de sus respuestas iniciales estaban correctas.

1) En Latinoamérica el uso del teléfono celular es muy limitado.

Cierto o Falso

2) Internet de banda ancha no se conoce.

Cierto o Falso

3) La ciencia es muy importante y se le da prioridad en los programas de estudio.

Cierto o Falso

4) Tantas mujeres como hombres estudian carreras científicas en las universidades.

Cierto o Falso

5) El desarrollo de las ciencias y la tecnología están atrasados y los Gobiernos no hacen nada para mejorar la situación.

Cierto o Falso

6) Chile es uno de los países del continente más avanzados tecnológicamente.

Cierto o Falso

7) En Cuba no existe Internet.

Cierto o Falso

8) Las cabinas Internet son muy comunes en América Latina.

Cierto o Falso

CAPÍTULO VII
Ciencia y tecnología

VII.1. Popularización y desarrollo de la ciencia

El desarrollo tecnológico global mantiene a América Latina en constante desafío. Los últimos veinte años del siglo pasado y la primera década de éste han sido claves en los pasos que los países latinoamericanos han dado para avanzar en un camino en el que estaban definitivamente relegados, el del desarrollo científico y tecnológico. Diversas iniciativas fueron puestas en marcha, unas a nivel continental, otras a nivel nacional para promover el estudio, desarrollo y difusión de las ciencias. También, para fomentar que más mujeres estudien carreras científicas pues hasta ahora éstas son carreras mayormente estudiadas por los hombres.

No obstante, a pesar de todos los esfuerzos, la crisis en la falta de científicos y de presupuesto dedicado al desarrollo de las ciencias, de la tecnología y de la innovación en Latinoamérica se hace evidente en las siguientes cifras: de acuerdo al Informe Científico realizado por la UNESCO en el 2005, la parte del Producto Nacional Bruto (PIB) que los países latinoamericanos y caribeños dedican al desarrollo de las ciencias y la investigación es de sólo 0,6% en contraste con el 2 a 3% que invierten los países desarrollados. Ello provoca que aunque Latinoamérica y el Caribe representan el 8,6% de la población mundial, solamente el 2,5% de los científicos provienen de esta región. Caso concreto es el de Colombia: del 0,46 % del PIB dedicado al desarrollo de las ciencias en el 2005, bajó al 0,39 % en el 2009, según el Observatorio de Ciencia y Tecnología (OCYT). En adición, el país cuenta solamente con 337 investigadores, la mitad del promedio de países como Chile y Argentina.

Sin embargo, es interesante notar que de acuerdo a otro informe de la UNESCO, en el 2007, el 46% de los investigadores en la región son mujeres mientras que en el resto del mundo la cifra es de sólo 29%. Argentina, Cuba, Paraguay, Brasil y Venezuela aparecen habiendo alcanzado la paridad en el número de investigadores científicos, en contraste con Chile, Guatemala y Honduras donde los hombres representan el 70%. La razón de mayor peso ofrecida para explicar esta situación es el hecho de que en Latinoamérica, la mayoría de los científicos hombres abandonan sus países, muchas veces contratados por compañías extranjeras, mientras que las mujeres tienden a permanecer en sus países de origen, en general en el servicio público y la docencia.

En el 2010, Chile obtuvo un importante logro científico para la región al haber sido seleccionado por la Organización Europea para la Investigación Astronómica en el Hemisferio Austral (ESO, siglas en inglés) para la instalación del telescopio más grande del mundo en la región de Antofagasta, al norte del país. Ello representa, para la Comisión Nacional de Investigación Científica y Tecnológica (CONICYT) y la comunidad científica chilena, una gran oportunidad para el desarrollo no solamente de la astronomía, sino también de otras áreas relacionadas con las ciencias como lo son la ingeniería, las ciencias de la computación, las matemáticas y la física lo que, en forma evidente, favorecerá la consolidación de una significativa red internacional de investigación científica.

Foto de lo que sería el gigantesco telescopio una vez finalizado en el 2018

Todavía queda mucho camino por recorrer en el camino de la popularización de los programas de ciencias en escuelas y universidades, pero es evidente que ésta es una preocupación compartida por todos los gobiernos latinoamericanos y un desafío que deben enfrentar en aras de su desarrollo. Veamos algunas iniciativas tomadas en la región.

A. Iniciativas a nivel continental

Entre las iniciativas desarrolladas a nivel de continente podemos mencionar las siguientes: "RED-POP" establecida en 1990, red interactiva que cuenta con unos setenta miembros de todo el continente y del Caribe; el Acuerdo de Cooperación firmado en 1998 y ratificado en el 2005 para la "Promoción de las Ciencias Nucleares Y la Tecnología en América Latina y el Caribe" (ARCAL); y el Instituto para la Conectividad en las Américas (ICA) creado en Canadá durante la Cumbre de las Américas realizada en Québec en abril de 2001 cuyo objetivo es promover las tecnologías de la información y la comunicación para conectar diferentes sectores sociales con el fin de implementar redes estratégicas y desarrollar iniciativas de tecnologías innovadoras que establezcan la colaboración entre los países de la región para el desarrollo social y económico de los pueblos. Desde su creación este instituto ha financiado sesenta de las aproximadamente cuatrocientas propuestas de proyectos recibidas.

Igualmente existe la organización intergubernamental Red de Información Tecnológica Latinoamericana (RITLA), de la que forman parte Argentina, Brasil, México, Nicaragua, Panamá y Venezuela.

Algunos países han establecido planes de comunicación de la ciencia como el "Explora" creado en Chile por la CONICYT en 1995 cuya misión es contribuir a la creación de una cultura científica y tecnológica en la comunidad, particularmente en aquellos de edad escolar y desarrollar su capacidad de apropiación de los beneficios de la Ciencia y Tecnología promoviendo así la cultura científica como un instrumento para mejorar la calidad de vida de la población.

Con los mismos objetivos, se creó en Panamá el programa "Destellos" en 1997 bajo el auspicio de la Secretaría Nacional de Ciencia, Tecnología e Innovación (SENACYT).

Otros países también implementaron proyectos para la popularización de las ciencias como el establecido por Brasil bajo la égida del Consejo Nacional de Desarrollo Científico y Tecnológico después de la subida del Presidente Lula al poder, el Plan de Aceleración para el Desarrollo de la Ciencia, Tecnología e Innovación (PAC de C,T&I 2007-2010).

En Argentina se lanzó el Plan Estratégico Nacional de Ciencia, Tecnología e Innovación "Bicentenario" (2006-2010) y al llegar al poder, la presidenta Cristina Fernández de Kirchner instituyó el Ministerio de Ciencia, Tecnología e Innovación Productiva.

C. Casos concretos

1. "Iniciativa Científica Milenio"

Hay dos iniciativas que quisiéramos citar aquí como ejemplo de cómo el acceso a la tecnología puede incidir profundamente en el desarrollo social y económico de los pueblos y cuán importante es el que los gobiernos latinoamericanos destinen al desarrollo de la ciencia y la tecnología al menos el 1% del presupuesto nacional considerado como requisito.

El primer proyecto es la "Iniciativa Científica Milenio" establecida en 1999 en Chile bajo el gobierno del presidente Eduardo Frei y que ha tenido significativos logros en incrementar la formación de investigadores, en conectar la investigación con la práctica en beneficio del desarrollo social y económico del país y en la difusión del producto de sus investigaciones. La "Iniciativa" es un proyecto experimental que incluye tres Institutos y cinco Núcleos Científicos cuyo objetivo es realizar investigación científica de punta comparable a la realizada en laboratorios de países desarrollados.

Actualmente estos institutos realizan investigaciones como las siguientes: estudio de los genes asociados al alcoholismo; la enfermedad de Alzheimer; aplicaciones de genética molecular del virus Hanta; la biodiversidad ecológica en bosques nativos e introducidos; investigaciones en los Campos de Hielo y en astrofísica; estudios del sistema nervioso, del funcionamiento del cerebro y del litio en enfermedades maníaco–depresivas; y estudios de propiedades de los materiales con aplicaciones en tecnologías de punta como láser, entre otros.

La "Iniciativa Científica Milenio" busca establecer equipos de investigadores compuestos sobre todo por estudiantes de post-grado y post-doctorado que trabajen en colaboración e interacción con redes de investigadores y laboratorios de excelencia académica en condiciones de igualdad a los países desarrollados. Con ello se espera lograr limitar la fuga de cerebros y estimular a los científicos chilenos que viven fuera a regresar a Chile y contribuir con sus experiencias al desarrollo científico-tecnológico del país. También se espera atraer científicos extranjeros interesados en las investigaciones que allí se llevan a cabo.

A once años de creada esta institución, el balance, de acuerdo a los informes realizados por los científicos independientes extranjeros a cargo de los mismos ha sido muy positivo. Entre otros logros se incrementó el número de estudiantes con título graduado y post-graduado en el país; se contribuyó a mejorar los planes de estudio de los programas de biología en las escuelas secundarias gracias a la preparación de alrededor de 3.000 maestros; aumentó la publicación de artículos por científicos chilenos en revistas especializadas; y se establecieron contactos con laboratorios de otros países como Estados Unidos, Japón y la Unión Europea.

Como ejemplo, veamos en específico algunos de los logros de uno de los institutos que conforman la Iniciativa, el Instituto Milenio de Biología Fundamental y Aplicada (MIFAB). La producción científica de los investigadores asociados a este instituto aumentó de 26 publicaciones revisadas por sus pares y ninguna aplicación patentada en el 2000 a más de 100 publicaciones y 8 aplicaciones patentadas en el 2004; además, consiguieron algo vital, establecieron contactos con instituciones, laboratorios y empresas externas en las que la aplicación de sus investigaciones contribuye al desarrollo de la economía del país como por ejemplo: la industria agrícola de la Universidad de Tarapacá en el valle de Azapa (agricultura de regiones desérticas), la industria de la silvicultura (producción de celulosa), el Consorcio de la Unión Europea para la Degradación de Herbicidas en la Tierra Agrícola (limpieza medioambiental), el Centro Biológico Marino en Quintay (acuicultura), la Asociación de Industrias Chilenas de Salmón Novartis-Chile (cultivo del salmón), las facultades de medicina chilenas y BiosChile (diagnóstico del cáncer y terapia basados en el chRNA).

El balance de esta experiencia ha resultado muy positivo pues se está creando un núcleo nacional de científicos altamente calificados que contribuyen con sus conocimientos a desarrollar los sectores públicos y privados del país.

2. EPAD (Economic Policy & Agribusiness Development)

El segundo proyecto, EPAD (Economic Policy and Agribusiness Development) se inició en Nicaragua en el 2002 con el auspicio del Instituto

Interamericano de Cooperación para la Agricultura (IICA) y el respaldo económico de la Agencia de los Estados Unidos para el Desarrollo Internacional. Entre los objetivos del mismo estaban el de atraer inversionistas a Nicaragua para desarrollar diferentes proyectos agrícolas no tradicionales con miras a la exportación de productos hacia el mercado internacional; el expandir las capacidades de mercadeo de los productores con el creciente mercado global; el desarrollar tecnologías innovadoras que hagan los productos agrícolas competitivos en el mercado internacional y el difundir esta tecnología para duplicar iniciativas similares a través de todo el país.

Entre los productos cosechados con éxito gracias a este proyecto, se encuentran el café, los tomates, el cacao orgánico y la cebolla dulce. Para su cultivo se estudia y se toma en cuenta el mejor momento de salida al mercado internacional de los productos de manera a que el precio de venta sea el más rentable y también se controla la calidad en base a las medidas internacionales establecidas para así garantizar su competitividad. Por ejemplo, los bulbos de la cebolla que se cosecha son de más de tres pulgadas de diámetro, medida internacional establecida para la calidad de cebolla "jumbo". Estos productos están siendo exportados, entre otros países, a Costa Rica, Estados Unidos y Holanda.

VII.2. Tecnología

La mayoría de los países de América Latina están muy atrasados en lo que respecta a la popularización de la tecnología. Una visión más precisa de la situación nos la entrega el informe anual presentado por el Foro Económico Mundial en el que se evalúa la difusión de Tecnologías de la Información y Comunicación a nivel mundial en el 2009-2010. Para establecer su ranking este organismo toma en consideración una amplia variedad de productos y herramientas tecnológicas que ayudan a administrar, distribuir y procesar con mayor eficiencia la información, entre ellos celulares, computadoras portátiles, cámaras digitales, conectividad a Internet, etc…

En primer lugar figura Suecia; los Estados Unidos en quinto. Con respecto a América Latina el país mejor situado entre los 133 evaluados es Chile, en el puesto 40. Le siguen Puerto Rico, 45; Costa Rica, 49; Uruguay, 57; Panamá, 58; Colombia, 60; Brasil, 61; República Dominicana, 74; México, 78; El Salvador, 81; Guatemala, 83; Argentina, 91; Perú, 92; Honduras, 106; Venezuela, 112; Ecuador, 114; Nicaragua, 125; Paraguay, 127. Prácticamente cerrando la lista, Bolivia, en el puesto 131.

Ello nos muestra claramente la distancia existente con los países desarrollados (Dinamarca, Suecia, Suiza, Estados Unidos, por nombrar los mejores situados), y la diferencia existente entre los países latinoamericanos. Como región representó sólo un 8% de la audiencia global en conectividad, sin embargo, de acuerdo al estudio "State of Internet" (SOI en inglés) realizado anualmente, el que incluye a dos millones de habitantes en más de 170 países, en el 2009, Internet en América Latina creció un 23%, convirtiéndose en la región que registró más crecimiento. Ello de por sí es portador de esperanzas.

FEDEX encargó en el 2006 un estudio sobre el poder para definir, medir y analizar el acceso y la conectividad como fuerza motriz de cambio y progreso en el mundo. El estudio fue basado en la facilidad de interacción e intercambio entre personas, empresas y naciones y las oportunidades que esta interacción crea para que estos individuos, empresas y gobiernos puedan participar, tomar decisiones y analizar la situación actual en cada país y en relación a otros.

El resultado se muestra en una lista de 75 naciones de las cuales aparecen 15 de Latinoamérica y una del Caribe. De los países latinoamericanos Chile aparece el primero ubicado en el puesto 32 y Uruguay aparece segundo en el puesto 42. Luego se encuentran Argentina (43), México (45), Brasil (47), El Salvador (48), Trinidad y Tobado (55), Costa Rica (57), Colombia (61), Venezuela (62), República Dominicana (63), Perú (64), Bolivia (66), Paraguay (68), Honduras (69), Guatemala (70), Ecuador (71) y Nicaragua (72).

En el resto del mundo, aparece en el número uno Hong Kong, seguido de Singapur, Dinamarca, Suiza, Holanda, Finlandia, Alemania, Suecia y Gran Bretaña. Estados Unidos está en el puesto 12, detrás de Francia y Bélgica.

A. Internet y telecomunicaciones

La conexión a Internet y la brecha entre pobres y ricos en cuanto a acceso, uso y manejo de las nuevas tecnologías de comunicación es profunda. Las compañías privadas proveedoras de este servicio no quieren invertir en hacerlo llegar a las zonas pobres por falta de rentabilidad. Por ello, es indispensable que los gobiernos inviertan más en establecer la infraestructura necesaria para democratizar el uso de la tecnología, con lo que garantizan también, el desarrollo del país.

El promedio de conexión a Internet en América Latina es extremadamente bajo a juzgar por diversos estudios realizados incluyendo el del Foro Económico Mundial. Según los estudios sólo el 18% de la población continental, es decir, sólo 18 de cada 100 habitantes, tienen algún tipo de conexión a la red. Si comparamos este porcentaje con, por ejemplo, el de los Estados Unidos en que es un 60%, éste resulta muy bajo. En cuanto a la utilización de la banda ancha el promedio de uso en el continente es de menos del 0.8%.

Un estudio publicado en el 2010, reveló que Chile está a la vanguardia de los países latinoamericanos en el acceso a Internet de alta velocidad (37% de conectividad utilizando banda ancha en diciembre 2009) superando a Argentina (30%) y a Brasil (20,5). Entre los otros países del mundo hispano, México, tiene un 15,1% de este tipo de conectividad y Colombia 11,5%.

La baja penetración de Internet en Sur América en comparación con Norteamérica o Europa se debe al alto costo del servicio. Mientras que en las primeras regiones hay una malla de fibra óptica que permite mantener bajos costos, a Latinoamérica llegan solamente dos fibras ópticas, una por el océano Pacífico y otra por el Atlántico, lo que encarece enormemente los precios que resultan cinco veces más que los de los países desarrollados.

Para fines del año 2009 los siguientes países latinoamericanos habían alcanzado el 100% de tele densidad gracias al crecimiento de la telefonía móvil: Argentina, Brasil, Chile, Colombia, Ecuador, El Salvador, Guatemala, Panamá, Paraguay, Puerto Rico, República Dominicana, Uruguay y Venezuela. Ello prueba la explosión que se está produciendo con este medio de comunicación en el continente. El uso del celular debe su popularidad a que su costo inicial es más barato y es más fácil de obtener que una línea de teléfono fijo, las que son muy costosas debido a la geografía tan accidentada de los países.

B. Algunos ejemplos de situación por países

Presentaremos a continuación un breve panorama del estado de desarrollo de las tecnologías de la comunicación en varios países. Como la tecnología es algo que cambia día a día, nos permitimos referirles al portal de la Comisión Económica para América Latina y el Caribe (CEPAL) el que representa una excelente fuente de información y de data estadística sobre Latinoamérica (http://www.eclac.org/).

Chile

Aunque en ventaja sobre el resto de los países de América Latina en cuanto al uso de la tecnología, Chile está consciente de sus deficiencias con respecto al resto del mundo. Para contrarrestar esta carencia el Gobierno chileno puso en marcha "Microsoft Plan Bicentenario", ambicioso proyecto de desarrollo con el respaldo económico de Microsoft. Seis mdd han sido invertidos por esta compañía en Chile para subvencionar la incorporación de tecnología digital de punta en sectores como la educación, el gobierno, las pequeñas y medianas empresas y los servicios públicos y privados.

El objetivo es una más amplia democratización de la tecnología y reducir las desigualdades sociales al acceso a la tecnología de la información y se convierta en un país más competitivo a nivel mundial capaz de ofrecerles a sus habitantes mejores oportunidades. El plan está fundado en la formación de desempleados y en la capacitación de maestros en alfabetización digital. Ciudadanos mejor preparados tecnológicamente podrán a su vez hacer innovaciones en las diferentes áreas de la economía en que se desenvuelvan lo que redundaría en mayor producción y competitividad.

En el 2008, el gobierno chileno destinó $40.000 millones a la expansión de la conexión digital en el país, sobre todo para las zonas rurales. Esa suma representa el triple de lo asignado en los últimos trece años, lo que muestra el verdadero compromiso de reducir la brecha de conectividad. Como modelo, se lanzó el Plan de Conectividad Integral de Chiloé cuyo objetivo es llegar a una conectividad del 95% a fines del 2010 para lo cual el gobierno invertirá $750 millones, y se espera lograr una inversión similar del sector privado. Igualmente el objetivo es de tener el mismo porcentaje de escuelas rurales conectadas para la misma fecha.

Perú

También con la ayuda de inversión extranjera, particularmente española, el Perú dio crecimiento a la infraestructura para el desarrollo de las telecomunicaciones digitales. En 1994 Telefónica de España compró la Compañía Peruana de Teléfonos (CPT) y la Empresa Nacional de Telecomunicaciones (ENTEL). La espera para la conexión de un teléfono se redujo de 18 meses a 15 días, lo que redundó en un gran incremento en el número de líneas fijas que benefició no solo a la capital sino a comunidades del interior del país.

Gracias a la diversificación en los proveedores de servicio de Internet aumentó el acceso a, y el uso del mismo. Como sólo 4.79 de cada 100 habitantes (Red Científica Peruana) posee una computadora en su casa, comenzaron a proliferar por todo el país las Cabinas Internet, algo que se ha repetido en los diferentes países de América Latina, donde por el equivalente de cincuenta y tres centavos la hora se puede acceder a Internet. Las Cabinas Internet pueden encontrarse tanto en las calles de Lima como colgando de las faldas de las montañas que rodean la ciudad de Cusco.

El alto costo para establecer líneas fijas de teléfono en las áreas rurales debido a la topografía del terreno y a la demografía en estas zonas hace que se ha optado por la ampliación de servicios de telecomunicaciones celulares. Entonces no resulta nada raro que una persona tenga teléfono celular y no posea línea fija de teléfono en su casa.

Cuba

En Cuba en el año 2002, por cada 1.000 habitantes existía un número de líneas de teléfono fijo de 44, solamente 1 suscriptor a teléfono celular y un promedio de 10.7 computadoras. Esta situación cambió vertiginosamente cuando la restricción existente desde enero de 2002 en que por orden del Ministerio de Comercio Interior se prohibía la venta a particulares de computadoras, impresoras, fotocopiadoras, cualquier otro equipo de impresión masiva así como de teléfonos celulares a menos que se tuviera una autorización oficial del gobierno, fue levantada por el presidente Raúl Castro en marzo de 2008 como parte de las medidas de democratización de su gobierno. Para enero del 2009 la penetración de la telefonía móvil alcanzaba el 67,33% del territorio cubano y el 75,80% de la población. Sin embargo, el precio de los celulares es casi tan elevado como el salario promedio mensual cubano, entonces, sólo los cubanos que tienen acceso a divisas pueden realmente comprarlos y pagar por el servicio. Y en cuanto al comercio por Internet, tan extendido en todas partes, recién en el 2010 el Gobierno se abrió al mismo.

A pesar de esta apertura, la falta de libertad de expresión imperante, se ve reflejada en el uso de Internet. Cuba es uno de los diez países del mundo más represivos en cuanto al uso y acceso a la red. En el 1996 el gobierno pasó un decreto sobre la utilización de la red informática global que establecía que el acceso a la misma se concedía prioritariamente a entidades e instituciones cuyo objetivo fuera contribuir a la vida y desarrollo de la nación, entre ellas las universidades e institutos tecnológicos. Para poder tener acceso a Internet los cubanos tienen que hacer una solicitud al Gobierno la que es concedida en base a la validez de las razones que el candidato exponga en su solicitud. Igual que para obtener una línea de teléfono, la solicitud debe ser aprobada por la ETEC SA, única compañía operadora de telecomunicaciones en el país y por el Comité de Defensa de la Revolución del barrio donde viva el solicitante. Internet, entonces, está controlada y, en el caso de individuos, reservada a una elite cercana al poder. Como regla general se permite el acceso solamente a una Intranet "Mi isla" que filtra el acceso a la red global.

Frente a todas estas restricciones, el *blogueo* se ha convertido rápidamente en una opción para desafiar la falta de libertad y la censura en el país. Hay varios *blogs* conocidos, entre ellos "Generación Y", "Potro salvaje", "PenultimosDias" y la revista "DesdeCuba". Entre éstos, "Generación Y", mantenido por Yoani Sánchez, licenciada en filología, es el que más reconocimiento internacional ha logrado y Yoani firma con su verdadero nombre, no con pseudónimo.

Albergado por un servidor alemán, en su *blog*, Yoani critica, con cierta dosis de humor, la situación del país y la apatía de la que padecen muchos cubanos. En un comienzo, www.desdecuba.com/generacion podía ser leído al interior así como en el extranjero, pero fue censurado por el Gobierno y criticado por el propio Fidel Castro. Para poder publicar sus entregas y mantener su blog, Yoani debía hacer todo el trabajo de redacción en un ordenador, luego, hacerse pasar por turista para entrar en los café Internet en los hoteles y ahí pagar el equivalente a $6.00 la hora para poder publicar. Si pensamos que el salario mensual promedio en Cuba es de $19.50 nos damos cuenta lo difícil que debe ser para Yoani y los otros *blogueros* independientes el mantener sus *blogs*, sin contar con la preocupación de ser descubiertos editando un sitio en la red sin autorización gubernamental. En 2008, Yoani recibió el Premio Ortega y Gasset de Periodismo Digital en España. Desde ese momento, tanto su *blog* como los otros han encontrado dificultades para ser leídos al interior del país (aparecen errores que no permiten el acceso a los mismos). Otras distinciones importantes obtenidas son: Mejor Weblog, Premios The Bobs, de la Deutsche Welle alemana 2008 y estar entre los 25 Mejores Blogs TIME-CNN 2009.

Es evidente que el gobierno cubano está consciente de la necesidad de formación en las nuevas tecnologías de sus futuros profesionales, pero como el acceso a la información o difusión de la información puede llegar a ser ilimitado, contradictoriamente, se ve obligado a limitarlo como regla de supervivencia. Ello hace que, en un juego de poder y desafío al poder, mientras el Gobierno intenta poner freno a la libertad de prensa, los *blogueros* invaden el espacio cibernético abriendo, en palabras de Yoani, "una ventana para que a través de ella podamos salir al mundo."

México

En el año 2001 el gobierno mexicano lanzó el proyecto "E-México" cuyo objetivo es convertir al país en una economía digital. El proyecto combina esfuerzos de agencias gubernamentales y del sector privado para patrocinar el desarrollo de la industria tecnológica mexicana. Se pretende con este proyecto incitar a desarrollar un mercado interno para los productos de esta industria, promover el desarrollo del comercio electrónico y digitalizar los servicios gubernamentales. El portal de "E-México" es de tipo informativo, pero el proyecto pretende también crear la infraestructura para establecer centros comunitarios en las escuelas, centros de salud, etc. que den acceso a la red a aquéllos que por restricciones económicas o geográficas no tienen acceso al mismo desde sus casas. El proyecto tiene como objetivo que para el 2025 el 98% de los mexicanos tenga acceso a la red.

Algo significativo del portal de "E-México" es que contiene versiones en español, pero también en maya y nazahua, las dos lenguas indígenas dominantes en el país, así como en inglés y francés. Algunos piensan que el ofrecer servicios básicos al público por Internet puede ayudar a eliminar la corrupción. Es más fácil evitar el tener que pagar por el servicio si no hay contacto con una tercera persona que quiera hacer pagar por el mismo de manera extraoficial o cobrando una coima para acelerar el proceso.

Bolivia

Para entender mejor la situación boliviana veremos algunos datos generales que necesariamente inciden en el estado de las telecomunicaciones en ese país. El 58,6% de la población es considerado pobre con un 16% de los hogares considerados indigentes. En las áreas rurales el porcentaje de individuos considerados pobres es del 82%.

El 92% de la población urbana y sólo el 44% de la población rural tiene acceso a agua potable; el 97% de la población urbana y sólo el 26% de la población rural cuenta con servicio de electricidad.

Actualmente existen en Bolivia aproximadamente 60.000 usuarios suscritos a la red de los cuales el 90% está concentrado en las tres ciudades principales. Este número corresponde al porcentaje de personas con acceso a Internet en su casa u oficina. Bolivia cuenta con sólo 1,20 computadoras por cada 1.000 individuos. Como en el Perú y la mayoría de los países del continente, un número significativo de personas acude a las cabinas públicas de Internet lo que incrementa el número de usuarios. El comercio electrónico en el país es extremadamente limitado, casi inexistente y en la actualidad Bolivia cuenta solamente con 60 sitios web del sector público de los cuales aproximadamente 52 son simplemente portales de presencia, no de servicios.

En cuanto al uso de computadoras y acceso a Internet en las escuelas y universidades, éstos varían enormemente entre las instituciones públicas y privadas. En La Paz el 85% de los colegios privados tiene computadoras contra solamente el 13% de los colegios públicos. En el caso de las universidades, el 100% de ellas tiene computadoras que pueden ser usadas por profesores y estudiantes, sin embargo su utilización es aún incipiente.

Consciente de la necesidad vital de entrar en el mundo competitivo de la tecnología digital, en el 2002 el Gobierno de Bolivia elaboró un plan llamado "Lineamientos para la Estrategia de Bolivia en la Era Digital", donde se reconoce la precaria situación del país con respecto al uso de las comunicaciones digitales y se establece un plan para mejorarla, se aprobó la creación de BOLNET, registrador de dominio Internet y se pasó una resolución obligando a los servidores públicos a contar con un correo electrónico.

Es evidente que la erradicación del analfabetismo, ayudará enormemente a la alfabetización tecnológica lo que será un gran paso para garantizar el desarrollo de la nación y para la integración de la población boliviana a la vida económica del país.

VII.3. A modo de conclusión

A pesar de todos los esfuerzos individuales por países, y en conjunto a nivel continental, es evidente que la brecha en el desarrollo y acceso a las comunicaciones digitales sigue existiendo tanto al interior de los países como de éstos con respecto al resto del mundo. Dado el nivel diferente de desarrollo económico y de acceso a la educación en general y a la capacitación en el uso de los medios digitales de comunicación de cada país, el eliminar esa brecha implica un desafío que los gobiernos latinoamericanos de hoy deben estar dispuestos a afrontar. La solución comienza con inversión de capital y educación de las masas lo que como toda inversión en educación redundará, a su vez, en desarrollo económico del país. Por lo tanto, invertir en el desarrollo de la tecnología de las comunicaciones y en su democratización debe ser considerado una prioridad.

Es urgente que los Gobiernos comiencen a proporcionarles, sobre todo a los estudiantes del nivel secundario y universitario, una formación que les permita insertarse en el mundo científico-tecnológico en que vivimos. Se necesita no solamente fomentar entre los jóvenes el estudio de las ciencias y la tecnología a través de becas, sino también establecer institutos de investigación asociados a las universidades y diseminar masivamente los resultados producto de las investigaciones que se realicen. Es imperativo también que los Gobiernos se comprometan a invertir en dotar a sus países de la tecnología de avanzada necesaria que permita realizar investigaciones que contribuyan al desarrollo sustentable de su país. Para ello se necesita el apoyo tanto de los Gobiernos como del sector privado de la sociedad para que se dedique al desarrollo de la tecnología la parte correspondiente del presupuesto nacional.

En los últimos años se han producido avances dramáticos en el empleo de la tecnología y de la información, sin embargo para los países en vías de desarrollo esos avances han sido limitados comparados a otras regiones del planeta. Una política global para ellos implicaría no solamente el acceso a la información y tecnología y su transformación en valor económico y social, sino también el poder producir su propia tecnología, es decir, no solamente ser receptores sino actores en su propia realidad.

En otras palabras, la tecnología debe jugar un rol en el desarrollo económico y en el aumento de la productividad para hacer a estos países competitivos a nivel internacional y contribuir, de ese modo, a aumentar la creación de empleos y a mejorar el nivel de vida de la gente. Igualmente debe desempeñar el rol social de contribuir al desarrollo de la educación y de una sociedad mejor informada.

VII.1. Popularización y desarrollo de la ciencia

1. ¿Qué podemos decir de la correlación entre dinero invertido en el desarrollo de la investigación y la cantidad de científicos por país?

VII.2. Tecnología

1. Mencione las iniciativas a nivel continental y nacional que se han puesto en marcha para el desarrollo de las ciencias.

2. Explique lo que es la "Iniciativa Científica Milenio" y cuáles han sido sus logros.

3. Explique lo que es el EPAD y su importancia para Nicaragua.

4. ¿Qué muestra el informe anual del Foro Económico Mundial sobre la situación de la tecnología en los países latinoamericanos?

5. ¿Cuáles son los países latinoamericanos que mayor conexión a Internet tienen?

6. Explique la importancia para Chile del éxito del "Microsoft Plan Bicentenario".

7. ¿Qué razones han hecho que el uso de teléfono celular se haya expandido tanto en los últimos años en Latinoamérica?

8. Explique por qué el acceso y uso de Internet es muy limitado para los cubanos y comente también sobre el problema de la libertad de expresión en el país.

9. ¿Cómo los *blogs* han desafiado la censura gubernamental en Cuba?

10. ¿Cuáles son las expectativas del proyecto "E-México?"

VII.3. A modo de conclusión

1. ¿Por qué es urgente que los gobiernos inviertan en el desarrollo de la tecnología y en su democratización? ¿Qué importancia tiene esto para el desarrollo de los países?

Empareje:

Luego vuelva a la sección **¿Cuánto sabemos?** al comienzo del capítulo para comparar sus respuestas antes de estudiar el capítulo y después.

_____ 1. "Iniciativa Científica Milenio"

_____ 2. EPAD

_____ 3. Teléfono celular

_____ 4. "E-México"

_____ 5. BOLNET

_____ 6. "Microsoft Plan Bicentenario"

_____ 7. Brasil

_____ 8. RED-POP

_____ 9. "Mi Isla"

_____ 10. Cabinas Internet

A. Mayor inversión, menor cantidad de científicos

B. Para popularizar las ciencias

C. Nicaragua: cebolla "jumbo"

D. Intranet cubana

E. Muy comunes en los países latinoamericanos

F. Su uso ha aumentado drásticamente en los últimos años

G. Portal del gobierno mexicano

H. Formación de desempleados/capacitación de maestros en alfabetización digital.

I. Registrador de dominio Internet boliviano

J. Chile: equipos de investigadores/establecer puente entre investigación y práctica

Más allá de los hechos: temas para pensar, investigar, escribir y conversar

1. Sabemos que la tecnología cambia segundo a segundo. Busque información en Internet sobre el estado de desarrollo de las tecnologías digitales de comunicación en Latinoamérica o en algún país en específico y compárelo con el estado al momento de publicación de este libro.

2. Busque información sobre Bolivia y vea si después de asumir el poder el gobierno de Evo Morales se han puesto en marcha algunos proyectos para mejorar la precaria situación del desarrollo tecnológico en ese país.

3. Usted ha sido invitado a un país latinoamericano a dar una charla para convencer al Gobierno de las ventajas de la tecnología y la importancia de tener acceso a ella. Partiendo de su experiencia de persona nacida y criada en una sociedad donde la tecnología es parte integral de todos los aspectos de la vida diaria, escriba un ensayo argumentativo donde usted los convenza de ello.

4. Escoja un país, busque información adicional y escriba un ensayo proponiendo un plan de desarrollo de la tecnología digital de comunicaciones para ese país.

5. Trabaje con uno o dos compañeros y cree un *blog* en español sobre algún tema relacionado con Latinoamérica. Presente el *blog* a la clase e invite a sus compañeros a comentar sobre las entregas publicadas.

CAPÍTULO VIII

La música

VIII.1. Expresión del alma de un pueblo

    A. La música precolombina
    B. Aporte español
    C. Aporte africano
    D. No hay revolución sin música
        1. Música de la Revolución mexicana
        2. La nueva canción
    E. Música latinoamericana de hoy y de siempre
        1. El bolero
        2. El tango
        3. La bossa nova
        4. La salsa
        5. El merengue
        6. El reguetón

¿Cuánto sabemos?

I. Conteste las siguientes preguntas y luego compare sus respuestas con un compañero/a de clase. Cuando termine de estudiar el capítulo, después de completar la sección **¿Cuánto sabemos ahora?,** vea cuáles de sus respuestas iniciales estaban correctas.

1) La música latinoamericana tiene origen solamente indígena.

Cierto o Falso

2) La salsa es de origen sudamericano.

Cierto o Falso

3) La bossa nova se originó en Brasil.

Cierto o Falso

4) Llamamos "nueva canción" a la música que es combinación de la música española e indígena.

Cierto o Falso

5) El reguetón se originó en Puerto Rico.

Cierto o Falso

6) El tango es de origen argentino.

Cierto o Falso

7) La salsa tiene influencia del jazz.

Cierto o Falso

8) Los indígenas no conocían los instrumentos de cuerda.

Cierto o Falso

CAPÍTULO VIII
La música

VIII.1. Expresión del alma de un pueblo

Decía el político y poeta cubano José Martí: "un pueblo sin música es un pueblo sin alma; la música es el alma de los pueblos". Si algo representa el carácter intrínseco del latinoamericano es su música, producto de la fusión de tres culturas: la indígena, la española y la africana. Asimismo, tanto la música popular como la danza están íntimamente relacionadas como dos expresiones que alimentan su alma y liberan su espíritu. Necesariamente, con el pasar de los años y el contacto con otras culturas, la música latinoamericana se ha enriquecido de otras tradiciones musicales como la del jazz, el rock y el reggae, entre otras.

A. La música precolombina

Más que de las crónicas de los conquistadores, la información que se tiene de la música prehispánica proviene de los códices o de las cerámicas o pinturas en que muchas veces se ven pintados los artistas y sus instrumentos. También, de los instrumentos encontrados en tumbas. Asociadas a la naturaleza como sus dioses, la música, la danza y la poesía formaron parte de la vida diaria de todas las culturas precolombinas. Esa debe ser quizás la razón por la cual, en muchas de sus lenguas, no existía una palabra específica que hiciera referencia solamente a la música, sino palabras que pueden ser equivalentes más bien a nuestro vocablo "fiesta" y que incluyen la danza, la música, el canto, el teatro, la poesía.

No solamente los indígenas bailaban y cantaban como manifestación de gozo sino también como parte de sus ritos en homenaje a sus dioses y como una manera de preservar sus tradiciones. Los aztecas, por ejemplo, pensaban que la ejecución imperfecta de la música era una ofensa para sus dioses y por ello escogían a los más talentosos en la música y el canto y los preparaban como músicos profesionales siguiendo un rígido entrenamiento. Esto hacía que tanto músicos como cantantes disfrutaran de un inusitado prestigio dentro de la sociedad y estuvieran exentos del pago de tributos. A pesar de ello su rango social no cambiaba; se les consideraba parte del servicio doméstico de los señores. Los mayas también poseían escuelas especializadas para preparar a sus músicos y cantantes.

Los instrumentos musicales prehispánicos pueden ser clasificados en instrumentos de viento y de percusión. En general los sonidos producidos por éstos imitaban los sonidos de la naturaleza. Los instrumentos de viento incluían todo tipo de flautas y silbatos hechos de arcilla, concha de tortugas, huesos humanos o de animales y madera de árbol de pan, y de caña entre los incas y otras culturas del altiplano andino. También incluían el potuto o fotuto, un enorme caracol de mar con un sonido grave y profundo.

Los instrumentos de percusión incluían tambores hechos de madera, algunos cubiertos con piel de puma en el altiplano y de chivo en el Caribe, y de huesos. También incluían las campanas de metal, los raspadores, o racimos de semillas secas como las que los danzantes incas se ataban alrededor del pie para sus ceremonias. Los incas también poseían unos tambores pequeños que sólo eran tocados por las mujeres. Otro instrumento de percusión era el que ha llegado a nosotros como sonajero o maraca, hecho de una calabaza con semillas adentro.

B. Aporte español

La mayor influencia de los españoles en la música latinoamericana fue la introducción de los instrumentos de cuerda, en específico la guitarra, el violín y el arpa. A partir de éstos se fueron desarrollando instrumentos típicos como el cuatro, en Venezuela y Puerto Rico, el guitarrón, en México y el charango del altiplano andino. También, añadieron un aspecto de fiesta no necesariamente relacionado a la religión, es decir la música, el baile, la danza y la poesía dejaron de ser un acto comunitario para pasar a ser un acto más bien de tipo social. Hubo entonces música sacra que se tocaba o cantaba en las misas o festividades religiosas, pero también música secular.

En cuanto a los bailes, se desarrollaron por todos los países los bailes en pareja generalmente bailados acompañados de un pañuelo y marcando el ritmo con una especie de taconeo. Ejemplos de diferentes variantes son la cueca en Chile, Bolivia y Perú; el seis en Puerto Rico; el punto en Cuba; el joropo en Venezuela y los desafíos en Brasil. En general estos son bailes en que se ve el proceso de enamoramiento de una pareja; mientras el hombre expresa claramente sus intenciones, la mujer al mismo tiempo que muestra interés, muestra recato. En el caso de la cueca el baile representa los movimientos de seducción del gallo alrededor de la gallina.

Bailes peruanos

En lo que concierne a los versos, también influyeron aportando la tradición del trovador que a su vez ellos habían adoptado de los franceses y que se desarrolló entre otros, en la décima cubana y puertorriqueña, los corridos mexicanos, los vallenatos colombianos.

C. Aporte africano

El elemento africano se hizo presente en la música con la introducción de los esclavos, por ello la influencia africana se encuentra mayormente presente en las regiones de mayor población negra, en las islas del Caribe, incluyendo las regiones colombianas y venezolanas de la cuenca del Caribe y Brasil. También tuvo una vertiente religiosa, como la música que se toca en las ceremonias de santería cubana o candombe en Brasil y una vertiente secular.

Los instrumentos de percusión representan el mayor aporte de la música africana: las congas, marimbas, la clave, las maracas, y en el Caribe no hispánico, los tambores hechos de barriles de metal. La influencia africana dio variantes como la samba en Brasil, la rumba en Cuba y la bomba en Puerto Rico llegando a ser uno de los ingredientes intrínsecos de la conocida música de salsa del siglo XX.

La combinación de la percusión africana con los instrumentos melódicos europeos dio géneros bailables como el merengue dominicano, la plena puertorriqueña, la cumbia de Colombia y Panamá y la guaracha y el son cubanos. Igualmente, la tradición de duelo oral común a las tradiciones musicales africanas fue retomada en diferentes países. En este fascinante tipo de ejercicio musical uno o más trovadores improvisan sus canciones siguiendo un patrón de rima y métrica determinado que puede ser sobre un tema libre o sobre el llamado pie forzado en que cada estrofa debe terminar en un verso específico impuesto.

D. No hay revolución sin música

1. Música de la Revolución mexicana

En todo tipo de revolución social la cultura se hace presente. La primera gran revolución social de Latinoamérica después de la independencia fue la Revolución mexicana. En esta época los corridos, que hasta cierto punto documentaban lo que estaba ocurriendo en la guerra, eran muy famosos. Se cree que los corridos encuentran su origen de contar una historia en los romances traídos por los españoles en el siglo XVI. Un ejemplo de corrido es el siguiente que fue considerado como el Himno Zapatista porque casi siempre se cantaba en los campamentos zapatistas para enardecer en los hombres el deseo de lucha, la lealtad a su líder, Emiliano Zapata y la confianza en el triunfo de la Revolución.

"Soy zapatista del estado de Morelos"
Letra y música: Marciano Silva

Soy zapatista del estado de Morelos,

429

porque proclamo el Plan de Ayala y de San Luis,
si no le cumplen lo que al pueblo le ofrecieron,
sobre las armas los hemos de hacer cumplir.
Soy zapatista del Estado de Morelos... (se repite)
Para que adviertan que al pueblo nunca se engaña,
ni se le trata con enérgica crueldad,
si *semos* hijos, no entenados de la Patria,
los herederos de la paz y libertad.
Sublime general, patriota guerrillero,
que *pelió* con gran lealtad por defender su patrio suelo;
espero que ha de triunfar por la gracia del Ser Supremo,
para poder estar en paz en el estado de Morelos.
Sublime general... (se repite)

2. La nueva canción

Se conoce como nueva canción a la música popular con contenido social que se desarrolló en Latinoamérica a partir de los años setenta producto, como el nuevo cine, del compromiso social y político de los artistas populares con los movimientos revolucionarios de los pueblos. Los antecedentes de la nueva canción se sitúan en los años cincuenta y sesenta en Argentina y Chile cuando cantantes como Atahualpa Yupanqui y Violeta Parra alzaban sus voces contra la injusticia y la opresión del campesino y abogaban por un cambio social.

Inolvidables son las palabras de la canción de Yupanqui que recorrió todo el mundo:

Las penas y las vaquitas
se van por la misma senda
las penas y las vaquitas
se van por la misma senda.
Las penas son de nosotros
las vaquitas son ajenas".

La representatividad de Violeta dentro de la cultura chilena se ve reflejada en la proliferación de homenajes que se le dedican en el año en que se celebra el bicentenario de la independencia. En el 2010, 5 proyectos hacen revivir a Violeta para las generaciones que no la conocieron: una película autobiográfica titulada "Violeta se fue a los cielos"; una grabación de su conocido tema "Gracias a la vida" interpretado por las reconocidas voces internacionales de Beto Cuevas, Juanes, Alejandro Sanz, Juan Luis Guerra, Laura Pausini, Fher (Maná), Shakira, Michael Bublé y Miguel Bosé; un tributo discográfico realizado por su nieta Javiera Parra; la restauración de la casa natal de la cantautora que sufrió los estragos del terremoto y será convertida en monumento histórico nacional; un megaconcierto "Hecho en Chile" en el teatro griego de Pompeya, Italia, en el que reconocidos cantantes chilenos interpretarán sus canciones, y finalmente, la construcción de un museo dedicado a la artista y su obra y la publicación de sus obras completas por el Fondo de la Música del Consejo Nacional de la Cultura y las Artes.

La llegada al poder de Salvador Allende en Chile dio un gran impulso al desarrollo de la nueva canción. Las canciones de la nueva canción le añaden contenido político a una tradición musical autóctona y ven la música como un instrumento al servicio de las causas revolucionarias. Las canciones de Víctor Jara, Isabel y Ángel Parra, Patricio Manns y de grupos como Quilapayún e Inti-Illimani son representativas de la nueva canción chilena.

"La plegaria a un labrador" de Víctor Jara muestra la sed de justicia y el llamado a la participación, violenta si necesario, en el proceso de cambio.

> Líbranos de aquél que nos domina en la miseria.
> Tráenos tu reino de justicia e igualdad.
> Sopla como el viento la flor de la quebrada.
> Limpia como el fuego el cañón de mi fusil.

Sin duda, la canción de la nueva canción más cantada en todo el mundo fue la compuesta por el músico chileno Sergio Ortega e interpretada por el grupo Quilapayún, "El pueblo unido". Resonó en Chile durante el gobierno de Salvador Allende, y su estribillo se hizo eco en voces solidarias del mundo entero que denunciaban y repudiaban el golpe militar de Augusto Pinochet y que llamaban al pueblo chileno a resistir: "¡El pueblo, unido, jamás será vencido!" Hoy, en todas las manifestaciones en Latinoamérica se escucha el grito que comenzara en las primeras manifestaciones de apoyo a Allende, "¡El pueblo, unido, jamás será vencido!"

En Cuba este género musical fue conocido como la nueva trova. Nombres como Carlos Puebla, Silvio Rodríguez y Pablo Milanés, cantautores cubanos son producto de esta generación de artistas que hicieron parte del Grupo de Experimentación Sonora del ICAIC, (Instituto Cubano del Arte e Industria Cinematográficos) fundado en marzo de 1959 por el gobierno revolucionario de Fidel Castro.

Ninguna historia de la nueva canción latinoamericana estaría completa si dejáramos de mencionar a la cantante argentina Mercedes Sosa, sin duda una de las voces más grandes que ha dado al mundo América Latina. Tampoco podemos dejar de mencionar a Soledad Bravo de Venezuela o a la cubana Omara Portuondo y la costarricense Guadalupe Urbina.

De Uruguay, al cantautor Daniel Viglietti cuya canción "A desalambrar" se convirtió en himno de batalla del campesinado latinoamericano.

¡A desalambrar, a desalambrar!
que la tierra es nuestra,
es tuya y de aquel,
de Pedro, María, de Juan y José.

De Nicaragua, Luis Enrique Mejía Godoy, fundador del movimiento de la nueva canción costarricense y luego de la nueva canción en Nicaragua, su país de origen. De Bolivia, el anteriormente mencionado Benjo Cruz.

E. Música latinoamericana de hoy y de siempre

Hoy en día cuando se habla de música latinoamericana hay ciertos bailes que inmediatamente vienen a la mente ya que han traspasado las barreras geográficas y temporales.

1. El bolero

Algo en lo que los musicólogos están de acuerdo es en que el bolero es la música romántica por excelencia de todo el continente, la que en su época de gloria, entre los años treinta y cinco y sesenta y cinco, cruzando fronteras, llegó hasta los más apartados rincones desde la Patagonia hasta México influyendo incluso la música norteamericana.

El origen de esta música se encuentra en un baile español del mismo nombre de fines del siglo XVIII. El bolero tomó el nombre del ritmo español y conservó también el uso de la guitarra como instrumento principal, pero con la mezcla de culturas en América, evolucionó añadiendo la percusión característica a los ritmos africanos: bongoes y maracas hasta adquirir la forma que conocemos hoy día, una música bailable cuyo romanticismo estriba en su ritmo lento y en el lirismo de la letra que acompaña a la música. Los boleros cuentan historias que pueden ir de la descripción de la belleza del primer amor a la del más profundo dolor por desengaño. Existe básicamente un bolero para cada momento de la vida.

Algunas fuentes trazan el origen del bolero americano a Cuba en las últimas décadas del siglo XIX como evolución de la contradanza, la trova y la habanera, ritmos muy populares en esa época. Se dice que la famosa "Habanera" que nos deleita en la ópera *Carmen* de Bizet, estrenada en París en 1875, es una adaptación de una habanera cubana llamada "El arreglito" compuesta por Sebastián Yradier, el mismo autor de otra habanera muy conocida, "La paloma", que estuvo de moda en México, Cuba y los Estados Unidos a fines de siglo. Diversas fuentes identifican al bolero "Tristezas" del cubano Pepe Sánchez, escrito en 1883 o 1885 (las fuentes no se ponen de acuerdo) como el primero de su género.

Entre los compositores de bolero más famosos se encuentran Agustín Lara y Armando Manzanero de México; Ernesto Lecuona y Miguel Matamoros de Cuba y Rafael Hernández y Pedro Flores de Puerto Rico. También hubo mujeres compositoras de bolero como María Grever y Consuelo Velázquez mexicanas, y Sylvia Rexach, puertorriqueña. Entre los intérpretes: el Trío Los Panchos, Daniel Santos, María Luisa Landín, Bobby Capó, Lucho Gatica, Marco Antonio Muñiz, Gilberto Monroig, Chucho Avellanet, Olga Guillot y La Lupe, Chavela Vargas entre tantos otros.

Se dice que la bachata dominicana tiene sus orígenes en el bolero.

2. El tango

La Boca, Buenos Aires

El tango argentino ocupa, sin lugar a dudas uno de los lugares prominentes dentro de la música bailable universal. El tango surgió a fines del siglo XIX probablemente como una mezcla derivada de la milonga, otro baile argentino y de la habanera cubana. Nacido en los arrabales rápidamente conquistó los salones elegantes de todo el mundo siendo uno de sus intérpretes más reconocidos Carlos Gardel, apodado el zorzal criollo. El tango encierra un gran erotismo, pero al mismo tiempo una gran nostalgia. Carlos Gardel murió en un accidente de avión en Medellín, Colombia el 24 de junio de 1935. Apareció en nueve películas siendo las más conocidas *Luces de Buenos Aires* (filmada en París), *Melodía del arrabal*, *Cuesta abajo* y *El día que me quieras*.

3. La bossa nova

La bossa nova, aunque considerada elitista por muchos, representó un fenómeno que dio reconocimiento internacional a la música brasileña de lo cual da fe la famosa "Chica de Ipanema" de Antonio Carlos Jobim. En un comienzo el valor de la bossa nova residió en la música, combinación de jazz con ritmo de samba, no en la letra de las canciones. En los años sesenta una nueva generación de artistas, entre los más destacados, Chico Buarque de Holanda, pusieron contenido en las letras de la bossa nova y ésta se encontró con la nueva canción en su rol de concienciación sobre los problemas sociales y políticos del Brasil.

433

4. La salsa

La salsa tiene sus raíces en la música de origen africano, pero se desarrolló en los Estados Unidos como una expresión musical de la comunidad hispánica de la urbe newyorkina por los años setenta. Mezcla el sonido de instrumentos de viento como la trompeta y la flauta; la percusión; las cuerdas: la guitarra eléctrica y el bajo; las voces y la destreza de improvisación vocal y musical del jazz. Entre los músicos de salsa más conocidos podemos mencionar a la única, Celia Cruz (cantante); Tito Puente (director de banda y timbalero); Eddie Palmieri (director de banda); Willie Colón (trombonista); Johnny Pacheco (flautista); Ray Barreto (percusionista) y Héctor Lavoe (cantante). La salsa ha influenciado a su vez el rock y el jazz en generaciones de músicos contemporáneos. Las letras de las canciones son en general en español. El baile conquistó a la juventud norteamericana con su contagioso ritmo y atrevidos movimientos.

La música de salsa, que hasta los años setenta estuvo caracterizada por su calidad musical, pero su falta de contenido en las líricas se vio renovada por el músico panameño Rubén Blades. Blades integró al maravilloso ritmo de la salsa el compromiso social y político de las letras poéticas y sofisticadas de la nueva canción latinoamericana y la nueva trova cubana. En colaboración con Willie Colón, músico puertorriqueño que vivía en Nueva York, lograron elevar la música de salsa a otro nivel y sus composiciones que llamaban a la unidad de los pueblos latinoamericanos como alternativa frente al imperialismo norteamericano sirvieron de himno a miles:

> Oye latino, oye hermano, oye amigo
> nunca vendas tu destino por el oro ni la comodidad
> nunca descanses pues nos falta andar bastante
> vamos todos adelante para juntos terminar
> con la ignorancia que nos trae sugestionados
> con modelos importados que no son la solución...
> (de: *Plástico*)

5. El merengue

Se considera al merengue el baile nacional de la República Dominicana, pero es un ritmo que se baila y se conoce en toda Latinoamérica. En los instrumentos típicos que se utilizan en el mismo se combinan las tres culturas que dieron origen a la cultura dominicana: la europea en el acordeón, la africana en las tamboras y la indígena en el güiro. El merengue como lo conocemos hoy en día ha cambiado desde sus inicios en el siglo XIX. Al igual que el tango, tuvo orígenes humildes y paulatinamente se fue labrando un lugar en los bailes de la alta sociedad dominicana. Las orquestas que durante todo el siglo XX lo hicieron famoso más allá de las fronteras de la República Dominicana, añadieron a los típicos, el uso de otros instrumentos sobre todo de viento. El merengue es un ritmo para bailar, la letra de las canciones ocupa un segundo lugar.

Entre sus más celebrados exponentes a través de la historia se encuentran Luis Alberti, autor del emblemático "Compadre Pedro Juan", Johnny Ventura, Félix del Rosario, Wilfrido Vargas, Juan Luis Guerra, el Conjunto Quisqueya, las Chicas del Can, Patrulla 15 y Milly Quezada.

6. El reguetón

Después de la salsa, el ritmo de música latinoamericana que mayor impacto ha tenido en el mundo, sobre todo entre los jóvenes, es el reguetón el que se ha manifestado muy controversial por las letras de manifiesto contenido sexual y machista de las canciones y por el baile asociado a esta música, el perreo, baile de movimientos explícitamente sexuales. Se disputan su origen Panamá y Puerto Rico, pero fue en Puerto Rico donde este tipo de música tuvo el mayor desarrollo y desde donde se exportó al resto del mundo. Como el tango, surgido en los arrabales de Buenos Aires, el reguetón surgió al interior de los barrios de viviendas públicas más pobres en los suburbios de San Juan, Puerto Rico. Al igual que el tango, que a pesar de su origen humilde conquistó los más grandes salones y ha permanecido como música universal y de todos los tiempos, el reguetón ya tiene una trayectoria que lo perfila como una música que no está pronta a desaparecer.

Desde sus comienzos en los años noventa el reguetón se ha expandido a muchos países incluyendo Latinoamérica, el Caribe, las comunidades hispanas y no hispanas en los Estados Unidos, Canadá, Europa y Japón en los primeros años del nuevo milenio. El reguetón tiene influencia de la música reggae jamaiquina, del hip hop y de ritmos afroamericanos como la bomba y la plena de Puerto Rico.

La popularidad del reguetón entre los jóvenes de América Latina es inmensa. Como dato anecdótico, y para mostrar la importancia y el poder que tiene la música en la sociedad latinoamericana, uno de los candidatos a las elecciones presidenciales del Perú en el 2006, Alan García participó en un acto público bailando reguetón para ganar la simpatía de los votantes jóvenes, y el himno de su campaña es un reguetón llamado "Marca la estrella". Como resultado, el porcentaje de intención de votos favorables a su candidatura entre los jóvenes aumentó en las semanas siguientes y siguió aumentando durante toda la campaña al punto que en la primera vuelta de las elecciones alcanzó el segundo lugar, dejando en tercer lugar, al igual que en las elecciones anteriores, a Lourdes Flores Nano quien al comienzo de la campaña parecía ser la favorita. Alan García, como ya lo vimos, fue elegido presidente del Perú en la segunda vuelta en el mes de junio del 2006.

Hacia fines de la década del 2000 se notó una evolución en el reguetón: de un género casi exclusivamente de violencia y sexo explícito en la letra de sus canciones, pasó a dar acogida a letras más románticas. Incluso el cantante español Julio Iglesias, conocido por sus canciones de corte romántico tradicional, grabó una canción de reguetón junto a Daddy Yankee, intérprete del mundialmente conocido reguetón "La gasolina".

El reguetón fue también integrando instrumentos de diferentes países lo que transformó igualmente las melodías y el ritmo. Esta apertura a evolucionar es la que le ha permitido mantener su popularidad y seguir el camino recorrido por el tango, rompiendo así los presagios de que estaba destinado a desaparecer rápidamente.

VIII. La música: expresión del alma de un pueblo

1. ¿Qué culturas están a la base de la música latinoamericana?

2. ¿De qué otras tradiciones musicales se ha enriquecido?

3. ¿Cuál era el rol de la música al interior de las culturas prehispánicas?

4. ¿Qué tipo de instrumentos poseían?

5. ¿Cuál fue el mayor aporte de la cultura española a la música y los bailes en Latinoamérica? Mencione algunos bailes en que se mezclan elementos indígenas y españoles para crear bailes típicos latinoamericanos.

6. ¿Cuál fue el aporte de la cultura africana en términos de instrumentos y bailes?

7. ¿Cuál fue uno de los roles de la música durante la Revolución mexicana?

8. ¿A qué se le conoce como la "nueva canción" y qué la diferenciaba de la música anterior? Mencione algunos pilares de la nueva canción.

9. Describa lo que son el bolero, el tango, la bossa nova, el merengue y la salsa. ¿Por qué cree Ud. que esta música no pasa de moda?

10. ¿Qué es el perreo? ¿Qué es el reguetón y porqué se ha hecho tan popular entre los jóvenes? ¿Qué lo asemeja del tango?

¿Cuánto sabemos ahora?

Empareje:

Luego vuelva a la sección **¿Cuánto sabemos?** al comienzo del capítulo para comparar sus respuestas antes de estudiar el capítulo y después.

C 1. Reguetón
F 2. Tango
H 3. Nueva canción
E 4. Salsa
I 5. Música precolombina
B 6. Herencia africana
J 7. Bossa nova
D 8. Corridos
A 9. Herencia española
G 10. Perreo

A. Instrumentos de cuerda
B. Asociada a la religión
C. Música popular entre los jóvenes a partir de los años noventa
D. Música Revolución mexicana
E. Expresión musical comunidad hispánica de NY
F. Baile en pareja originado en Argentina
G. Baile asociado al reguetón
H. Contenido social
I. Instrumentos de percusión
J. Se origina en Brasil

Más allá de los hechos: temas para pensar, investigar, escribir y conversar

1. Consiga la letra de alguna de las canciones de Rubén Blades ("Plástico", "Tiburón", "Maestra vida", "Pablo Pueblo", "El monaguillo Andrés"). Escúchela, analícela y explique, basándose en la letra, por qué se puede decir que pertenece a la nueva canción latinoamericana.

2. Busque información y material audiovisual sobre alguno de los tipos de música latinoamericana y preséntelo a la clase. Puede también aprenderlo a bailar y hacer una demostración.

3. Busque información adicional y escriba un ensayo sobre el rol la música en las sociedades latinoamericanas a través de las épocas.

4. Busque información adicional y material sonoro sobre los orígenes de la salsa, su desarrollo, sus influencias, cantantes representativos, etc. y haga una presentación para la clase.

5. Escojan un tema y, en pequeños grupos, escriban una canción de reguetón e interprétenla frente a la clase.

¿Cuánto sabemos?

I. Conteste las siguientes preguntas y luego compare sus respuestas con un compañero/a de clase. Cuando termine de estudiar el capítulo, después de completar la sección **¿Cuánto sabemos ahora?**, vea cuáles de sus respuestas iniciales estaban correctas.

1) Gabriel García Márquez es el autor de *Cien años de soledad*.

Cierto o Falso

2) Isabel Allende es una escritora chilena.

Cierto o Falso

3) Ningún escritor latinoamericano ha ganado el Premio Nobel de literatura.

Cierto o Falso

4) El realismo mágico caracterizó un periodo de la literatura hispanoamericana.

Cierto o Falso

5) La generación *crack* toma su nombre del uso de drogas por parte de los escritores.

Cierto o Falso

6) La generación McOndo satiriza con su nombre a la sociedad globalizante en que vivimos.

Cierto o Falso

7) Sor Juana Inés de la Cruz es una de las grandes poetas hispanoamericanas de todos los tiempos.

Cierto o Falso

8) La calidad de la literatura hispanoamericana es reconocida en el mundo entero.

Cierto o Falso

CAPÍTULO IX
La literatura

IX.1. Siglos XVI y XVII

Durante la época colonial, por razones obvias, Latinoamérica consumió más literatura de la que produjo. Las capitales de los virreinatos, sobre todo de Nueva España y Perú se convirtieron en centros de la actividad intelectual de las colonias en el siglo XVII. En esta época los conventos eran grandes centros de difusión cultural.

La literatura que comenzó a surgir estuvo influenciada por los movimientos literarios de moda en la madre patria. Se han encontrado "romances" latinoamericanos que siguen la forma del romance español que fuera traído por los conquistadores y que datan del siglo XVI. Los había de temática histórica como "El rescate de Atahualpa" y literaria como "Las señas del esposo". La mayoría de los romances son anónimos.

Importante nombre a retener de este siglo es el de Garcilaso de la Vega, el Inca. Su importancia estriba en haber sido el primer escritor mestizo de Latinoamérica, hijo natural de una princesa inca y de padre español. En sus dos volúmenes de crónicas *Comentarios reales* podemos ver por primera vez la historia del imperio incaico y la visión de la conquista del Perú desde el punto de vista del mestizo.

La escritora latinoamericana más destacada y más versátil del siglo XVII fue Sor Juana Inés de la Cruz, que como Garcilaso también fue hija natural, de padre español y madre criolla. Escribió tanto obras de carácter religioso como seculares e incursionó en varios géneros: el drama, la poesía, el ensayo, etc. La influencia de la literatura del Siglo de Oro español se deja sentir en sus obras. Sus poemas en defensa de los derechos de la mujer, siendo "Hombres necios que acusáis" el más conocido, sentaron base para el desarrollo del feminismo en América Latina, y no hay escritora latinoamericana contemporánea que no se reclame su heredera intelectual.

En el siglo XVIII Lima y Ciudad de México pierden su calidad de monopolio intelectual; la actividad cultural comienza a desarrollarse también en Quito, Ecuador; Colombia; Caracas, Venezuela y Buenos Aires.

IX.2. Siglo XIX

A. Romanticismo

Con las luchas por la independencia, política y literatura se compenetraron. Hombres como José Martí, Simón Bolívar y José Joaquín Olmedo lucharon por la independencia no sólo con el fusil sino también con la pluma por lo que se les recuerda como políticos, pero también como poetas. En cuanto a la novela hispanoamericana, sus orígenes se remontan a *El periqui-*

llo sarniento publicada en 1816 por el escritor y periodista mexicano José Joaquín Fernández de Lizardi. A pesar de que la poesía de esta época comenzaba a tomar distancia de la producción poética de la península para brillar con luz propia -como presagiando el nacimiento del modernismo- la novela en sus albores sigue las corrientes europeas. *El periquillo* es una crítica social al México del siglo XIX siguiendo las líneas de la novela picaresca.

El romanticismo europeo, sobre todo francés también influyó en la obra de poetas y prosistas latinoamericanos de este siglo. Entre otros poetas de esta época influenciados por el romanticismo podemos mencionar al cubano José María Heredia, quien había traducido al español a poetas franceses como Víctor Hugo y Chateaubriand.

En cuanto a la prosa, muchas de las obras escritas en este periodo estuvieron influenciadas por el romanticismo y reflejaban las ideas básicas de este movimiento literario: subjetividad, independencia, sentimientos personales y libertad, añadiéndoles un toque local al adaptar estas características a la realidad social de lucha por la independencia nacional que se estaba viviendo: costumbrismo, desarrollo de temas e introducción de personajes relacionados a lo nacional como el gaucho, el esclavo, el indígena y el deseo de libertad no solamente individual sino nacional. La llamada literatura gauchesca florece en este periodo. Ejemplos de estas obras son: la novela de tema antiesclavista *Sap*, de la cubana Gertrudis Gómez de Avellaneda, publicada en 1841, nueve años antes que *La cabaña del tío Tom*; *Facundo o civilización y barbarie* (1845) del argentino Domingo Faustino Sarmiento; *Martín Fierro* (1862) del argentino José Hernández; *La peregrinación de Bayoán* (1863) del puertorriqueño Eugenio María de Hostos; *María* (1867) del colombiano Jorge Isaacs, considerada la obra maestra del romanticismo hispanoamericano; y el ciclo de *Tradiciones peruanas* (1872-1910) de Ricardo Palma.

B. Realismo y naturalismo

La influencia de estos dos movimientos se sintió en la novela, género que tuvo gran desarrollo en esta época. Irrumpió con el autor chileno Alberto Blest Gana y su novela *Martín Rivas* publicada en 1862 en la cual podemos ver la influencia del autor francés Honoré de Balzac.

Una de las autoras que marcó un hito dentro de la literatura hispanoamericana fue la peruana Clorinda Matto de Turner considerada la precursora del realismo en el Perú. Su novela *Aves sin nido* (1889) presenta una mirada crítica a la situación de explotación que sufría el indígena y al abuso de las mujeres por parte de los sacerdotes católicos de la región. Su obra comenzaba así: "Si la historia es el espejo donde las generaciones por venir han de contemplar la imagen de las generaciones que fueron, la novela tiene que ser la fotografía que estereotipe los vicios y las virtudes de un pueblo, con la consiguiente moraleja correctiva para aquéllos y el homenaje de admiración para éstas". A raíz de la publicación de su novela Matto fue perseguida por las autoridades eclesiásticas coloniales y su obra fue prohibida.

En la novelística, el naturalismo tuvo como representante máximo al argentino Eugenio Cambaceres. La influencia de las novelas experimentales de Émile Zola se refleja en su obra. Sus novelas *Pot-pourri* (1881), *Música sentimental* (1884), *Sin rumbo* (1885) y *En la sangre* (1887) cargadas de escenas de una violencia y bestialidad desgarradoras, son retratos de la sociedad argentina de fin de siglo realizados bajo la lupa objetiva de la ciencia. También se destacó el puertorriqueño Manuel Zeno Gandía con su novela *La charca* (1894) en que hace una crítica a la sociedad puertorriqueña del siglo XIX. *La charca* es un análisis científico (Zeno Gandía era médico de formación) del subdesarrollo del campesinado, del autoritarismo de los explotadores, de la ruptura de los códigos de conducta moral, de la falta de solidaridad y de la violencia exacerbada en el Puerto Rico de la época.

En el relato corto se distinguió el chileno Baldomero Lillo, quien publicó en 1904 una colección de cuentos sobre los mineros, *Sub terra*.

El naturalismo encontró tierra fértil también en el teatro. Las obras del uruguayo Florencio Sánchez, quien en la práctica producía una por año: *M'hijo el dotor* (1903); *La gringa* (1904); *Barranca abajo* (1905) y *Los derechos de la salud* (1907) son las más representativas.

IX. 3. Siglo XX

A. Modernismo

Aunque hubo otros poetas modernistas de talla como José Martí y José Asunción Silva, se considera al poeta nicaragüense Rubén Darío el padre del modernismo. Las publicaciones en 1888 de su libro *Azul* y luego de *Prosas profanas* (1896) dieron nacimiento y solidez, sin duda alguna, al movimiento literario más importante dentro de la literatura hispanoamericana, el que marcó un giro y cambió las reglas del juego del mundo literario. De ahora en adelante la literatura hispanoamericana deja de mirar hacia los movimientos literarios europeos buscando modelos a imitar y comienza a utilizar las influencias de estos mismos movimientos para crear modelo. Influido por el parnasianismo francés (rechazo de los excesos emocionales del romanticismo y defensa del "arte por el arte") y por las corrientes simbolistas (uso de símbolos que evocaran estados de ánimo y emociones, musicalidad en el verso) en boga en Europa, el modernismo logró darse un carácter único mezclando lo clásico con lo moderno, lo nacional con lo extranjero o exótico buscando la perfección en el estilo, la musicalidad y la evocación de todo tipo de imágenes sensoriales en el verso. Así llegó a ser el primer movimiento literario que cruzaba el Atlántico en dirección contraria, convirtiéndose en modelo a imitar en Europa.

Aunque envolvió la renovación de todos los géneros literarios, afectó, sobre todo, la poesía. Como dice Pat O'Brien en su ensayo "'Sonatina': Manifesto of Modernism", el poema de Darío "Sonatina", incluido en *Prosas profanas* sintetiza todas las características de renovación que este movimiento introdujo en la poesía desde sus dos primeras estrofas:

> La princesa está triste... ¿Qué tendrá la princesa?
> Los suspiros se escapan de su boca de fresa,
> que ha perdido la risa, que ha perdido el color.
> La princesa está pálida en su silla de oro,
> está mudo el teclado de su clave sonoro,
> y en un vaso, olvidada, se desmaya una flor.
>
> El jardín puebla el triunfo de los pavos reales.
> Parlanchina, la dueña dice cosas banales,
> y vestido de rojo piruetea el bufón.
> La princesa no ríe, la princesa no siente;
> la princesa persigue por el cielo de Oriente
> la libélula vaga de una vaga ilusión.

El desarrollo del modernismo se vio favorecido por las momentáneas estabilidad política y prosperidad económica de los criollos después de las guerras de independencia. La literatura dejó de verse menos como un instrumento al servicio de una causa y se buscó más la renovación del lenguaje poético, el desarrollo de la perfección estética formal, la musicalidad en el verso y la construcción de imágenes evocadoras.

Lo que representó Darío para la poesía modernista lo representó Horacio Quiroga para la prosa con la publicación de su libro *Los arrecifes de coral* en 1901, libro que seguía la estructura del *Azul* de Darío. Más adelante estableció su nombre como cuentista al publicar sus colecciones *Cuentos de amor, de locura y de muerte* (1917) y *Cuentos de la selva* (1919).

B. Post-modernismo

Habíamos mencionado que la estabilidad política y la prosperidad económica luego de la independencia habían sido momentáneas ya que esta última no alcanzó a todas las capas de la población, lo que produjo movimientos de revolución social como la Revolución mexicana de 1910. Este contexto dará otro giro a la literatura que se desarrollará en el siglo XX. El post-modernismo es rico en tendencias literarias; volverá a retomar la bandera del arte como compromiso social en un comienzo pero también se ocupará del ser humano, sus preocupaciones y sus problemas.

1. Prosa

Surgen escritores en México a lo largo de todo el siglo que retoman la Revolución como tema de sus obras, los unos desde la perspectiva del que participó en la misma, los otros, años más tarde, como ojo crítico hacia el pasado. Entre los primeros, el máximo representante es Mariano Azuela con *Los de abajo* (1915); entre los segundos se encuentran Juan Rulfo con sus dos obras *El llano en llamas* (1953) y *Pedro Páramo* (1955); Carlos Fuentes con *La muerte de Artemio Cruz* (1962) y Elena Poniatowska con *Hasta no verte Jesús mío* (1969).

La novela telúrica o de la tierra se desarrolla en otros países. En Colombia surge *La vorágine* (1924) de José Eustasio Rivera y en Venezuela, *Doña Bárbara* (1929) de Rómulo Gallegos. Vale la pena también mencionar la novela del argentino Ricardo Güiraldes, *Don Segundo Sombra* (1926), también de esta época, la que cerró el ciclo de la novela gauchesca. En estas novelas la naturaleza y la barbarie se enfrentan al hombre, a lo moderno y a la civilización al mismo tiempo que ponen énfasis en la descripción de la naturaleza y cómo ésta afecta la vida de la gente del lugar en que se desarrollan: la selva colombiana y los trabajadores en las explotaciones de caucho en el caso de *La vorágine*, los llanos venezolanos en el caso de *Doña Bárbara* y la pampa argentina en el caso de *Don Segundo Sombra*.

Otra corriente, la novela indigenista se expande por toda la primera mitad del siglo y la caracterizan la descripción de las condiciones de vida de los pueblos indígenas y la crítica a las injusticias sociales de las que son objeto. Está representada por las obras *Raza de bronce* (1919) de Alcides Argueda, boliviano; *Huasipungo* (1934) de Jorge Icaza, ecuatoriano; *El indio* (1935) de Gregorio López, mexicano; *El mundo es ancho y ajeno* (1941) de Ciro Alegría, peruano; *Yawar fiesta* (1941) y *Los ríos profundos* (1958) del también peruano José María Arguedas; y *Balún-Canán* (1957) de la mexicana Rosario Castellanos. Más adelante en su carrera literaria Rosario Castellanos abandonó la temática regionalista y se dio a conocer como defensora y luchadora por los derechos de la mujer dentro de la sociedad mexicana de lo que dan fe su poesía, su conocido cuento "Lección de cocina" incluido en la colección *Álbum de familia* (1971) y su famoso ensayo *Mujer que sabe latín...* (1974).

Otra tendencia en la novelística será la psicológica en la que se describen los conflictos espirituales o psicológicos de los personajes. Entre los escritores que siguen esta tendencia encontramos a dos chilenos, Eduardo Barrios con *El hermano asno* (1922) y María Luisa Bombal con sus dos novelas cortas *La última niebla* de 1934 y *La amortajada* de 1938. María Luisa Bombal, sin embargo, combina lo psicológico y lo fantástico al presentar personajes cuyo discurso se mueve entre la realidad y el sueño.

Sin lugar a dudas el mayor exponente del cuento fantástico lo fue el argentino Jorge Luis Borges. En este tipo de cuentos el autor entremezcla elementos reales con elementos sobrenaturales del mundo de los sueños y juega con dimensiones extra naturales de tiempo y espacio. Al final del relato el lector no puede decidirse entre una explicación real o sobrenatural de los hechos. "El milagro secreto" y "El sur", incluidos en su libro *Ficciones* (1944), son magistrales ejemplos.

Varios autores mexicanos se encuentran en medio de diferentes tendencias que incluyen la psicológica, la regionalista y la fantástica. Entre ellos podemos mencionar a José Revueltas, *El luto humano* (1943); Agustín Yáñez, *Al filo del agua* (1947); y Carlos Fuentes, *La región más transparente* (1958).

En la tendencia existencialista encontramos al uruguayo Juan Carlos Onetti con *El astillero* (1960); al argentino Ernesto Sábato quien se hiciera famoso con su novela *El túnel* publicada en 1948, novela cuyo tema es la incomunicación y soledad que vive el ser humano; al chileno Manuel Rojas con *Hijo de ladrón* (1951) y al también uruguayo Mario Benedetti con *La tregua* (1960). Otros temas tratados por los autores existencialistas son el tema de lo absurdo de la vida y el cuestionamiento de la libertad o del significado del tiempo.

Adolfo Bioy Casares, argentino, fue el pionero de la novela de ciencia ficción con *La invención de Morel* (1940), y Enrique Amorim, uruguayo inició la novela policíaca con *El asesino desvelado* (1945).

Obras de transición entre el post-modernismo y lo que se ha llamado el *boom* de la literatura hispanoamericana son *El señor presidente* (1946) del guatemalteco Miguel Ángel Asturias quien recibiera el Premio Nobel de Literatura en 1967 y *El reino de este mundo* (1949) del cubano Alejo Carpentier.

Siguiendo las huellas de Florencio Sánchez, el post-modernismo desarrolla también su dramaturgia. Surgen autores como Osvaldo Dragún en Argentina, Sergio Vodánovic en Chile y Enrique Buenaventura en Colombia.

2. Poesía

Por su pureza lírica y contenido social el post-modernismo es terreno fértil para la poesía femenina de protesta. A mediados de siglo comienzan a afianzarse en su quehacer literario mujeres poetas como Alfonsina Storni, Juana de Ibarbourou, Delmira Agustini, Julia de Burgos y Gabriela Mistral. De ellas, Gabriela Mistral fue la que mayor reconocimiento internacional conoció habiendo sido, como ya dijéramos, el primer escritor latinoamericano en obtener el Premio Nobel de literatura en 1945.

Otro tipo de protesta social que se da en la poesía de la época es el de la reivindicación de las raíces africanas en lo que se llamó poesía negra o afroantillana. Los máximos exponentes de esta corriente son Luis Palés Matos, de Puerto Rico y Nicolás Guillén de Cuba. Esta reivindicación se manifiesta no sólo en el contenido sino también en la forma. La poesía afroantillana incorpora vocablos que provienen de las lenguas africanas habladas por los antiguos esclavos y al mismo tiempo apela a la sensualidad y al ritmo de la música característica de este grupo étnico. Veamos como ejemplo, la primera estrofa del poema "Majestad negra" de la colección *Tuntún de pasa y grifería* (1937) de Palés Matos:

> Por la encendida calle antillana
> va Tembandumba de la Quimbamba
> -Rumba, macumba, candombe, bámbula-
> entre dos filas de negras caras.
> Ante ella un congo - gongo y maraca-
> ritma una conga bomba que bamba.

La corriente vanguardista está representada por la poesía de Jorge Luis Borges, de Argentina, a pesar de que a Borges se le conoce más por ser un maestro del cuento fantástico; Vicente Huidobro de Chile, César Vallejo, del Perú y Octavio Paz de México (Premio Nobel de literatura en 1990). A Huidobro se le atribuye ser el padre del "creacionismo" el que veía el acto de creación completamente ajeno a la realidad exterior.

Casa de Neruda en Isla Negra

El caso de Pablo Neruda es singular pues su poesía fue muy rica tanto en forma como en contenido. Por su variada temática se le consideraba el poeta del amor y del pueblo. Como dato anecdótico, todos los años se celebraba en Chile la carrera de los canillitas o vendedores de diarios, para la que Neruda siempre daba la partida. Antes, leía poemas teniendo como telón de fondo el mercado central de Santiago, de donde salía la carrera, el que de paso, había sido diseñado por Eiffel, el mismo que diseñó la torre parisina. Ello muestra el lado humano y comprometido de Neruda, el Neruda cercano a su pueblo, el Neruda que alimentaba su poesía de los humildes.

Neruda fue el segundo poeta chileno, después de Gabriela Mistral en obtener el Premio Nobel de literatura, el que obtuvo en 1971. Las colecciones de poemas dedicados al tema del amor forman un ciclo en su carrera poética: *Veinte poemas de amor y una canción desesperada* su primera colección publicada en 1924, *Los versos del capitán* publicada en 1952 y *Cien sonetos de amor* publicada en 1959. Entre *Veinte poemas...* y *Cien sonetos...* el amor se desbordó en su pueblo, los oprimidos de la tierra y en la belleza de las cosas simples de lo que son reflejo *Residencia en la tierra* (1935); *Tercera residencia* (1947) la que incluye su poema "España en el corazón" inspirado por los terribles acontecimientos de la Guerra Civil Española; *Canto general* (1950) que incluye el extenso poema "Alturas de Machu Picchu"; *Canción de gesta* (1960), homenaje a la Revolución cubana; y la serie de odas *Odas elementales* (1954); *Nuevas odas elementales* (1956) y *Tercer libro de odas* (1957).

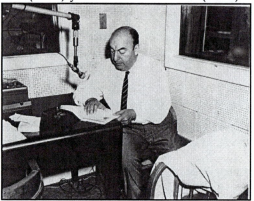

Neruda grabando en la biblioteca del congreso en E.U.

IX.4. La literatura del *boom* y el realismo mágico

Este periodo de la literatura hispanoamericana está caracterizado por un enorme incremento en la cantidad y la calidad de la producción literaria, sobre todo en la narrativa. Corren los años sesenta y con ellos el establecimiento de nuevas casas editoriales y mayor difusión en los medios para las obras. Este periodo es corto, en general se marca entre 1960 y 1970. Y así como la Revolución mexicana influyó en la literatura de comienzos de siglo, el espíritu de optimismo que acompañó los primeros años de la Revolución cubana influyó en la literatura del *boom* y la mayoría de los escritores e intelectuales apoyaron en aquel momento el gobierno de Fidel Castro.

La novelística del *boom* tuvo repercusión continental y por lo tanto produjo representantes en diversos países: México, *La muerte de Artemio Cruz* (1962), Carlos Fuentes; Argentina, *Rayuela* (1963), Julio Cortázar; Perú, *La ciudad y los perros* (1963), Mario Vargas Llosa; Colombia, *Cien años de soledad* (1967) Gabriel García Márquez, ganador del Premio Nobel en 1982; Chile, *El obsceno pájaro de la noche* (1970) José Donoso.

La novelística del *boom* experimenta con la forma para representar una compleja realidad social. La caracteriza una clara ruptura del tiempo cronológico y del plano espacial en la narración, el juego con diversos puntos de vista y la utilización de la magia o lo maravilloso para explicar una realidad tan compleja que a veces resulta incomprensible. De igual modo, aunque se partía de una realidad inmediata se trascendían las barreras geográficas, ideológicas y estéticas y las obras eran capaces de tocar un público mucho más amplio. Para los escritores del *boom* el lector era una parte integral del proceso creativo y por lo tanto se esperaba de él una actitud activa frente al texto literario. A esta nueva manera de explorar, más que de presentar la realidad, se le llamó realismo mágico. Con éstas y otras obras de la misma época la literatura hispanoamericana ganó un sitial preponderante en el mundo de las letras.

IX.5. El post-*boom*

Al igual que el post-modernismo fue una reacción al modernismo, el post-*boom* fue una reacción al *boom*. El marco sociopolítico del post-*boom* son las numerosas dictaduras de derecha que se establecen en Latinoamérica en los años setenta y las consecuencias que éstas tuvieron sobre los creadores opuestos a estos regímenes de barbarie. Muchos de ellos fueron encarcelados y torturados, otros tuvieron que partir al exilio donde desarrollaron sus carreras literarias. Característica del post-*boom* es el incremento en la producción literaria femenina. La mujer como escritora deja de ser contrapunto para pasar a ocupar lugar prominente dentro del mundo de la literatura al punto que se comienza a hablar en estos años de una literatura femenina hispanoamericana.

La literatura del post-*boom* tiende a romper con la tradición de la narrativa del *boom* de destrucción del tiempo cronológico y los planos espaciales. Estos autores le dan primordial importancia a la historia en sí, por lo tanto les interesa crear una línea narrativa que sea fácil de seguir para el lector.

Los autores más difundidos como iniciadores del post-*boom* son los chilenos Antonio Skármeta, *Soñé que la nieve ardía* (1975) y *Ardiente paciencia* (1985) e Isabel Allende, *La casa de los espíritus* (1982), y el cubano Severo Sarduy, *Cobra* (1972) pues fueron los que primero ganaron fama internacional. Sin embargo, también podemos incluir en esta literatura del post-*boom* poetas como Alejandra Pizarnik, argentina; Oscar Hahn, chileno; José Emilio Pacheco, mexicano, Nancy Morejón, cubana y Gioconda Belli, nicaragüense. Dentro de la narrativa es imperativo mencionar *The Buenos Aires Affair* (1973) del argentino Manuel Puig, así como *Yo el supremo* (1974) del paraguayo Augusto Roa Bastos; *La guaracha del macho Camacho* (1976) del puertorriqueño Luis Rafael Sánchez, *Tantas veces Pedro* (1977) del peruano Alfredo Bryce Echenique, *Maldito amor* (1986) de la puertorriqueña Rosario Ferré, *Los nudos del silencio* (1988) de la paraguaya Renée Ferrer y *Como agua para chocolate* (1989) de la mexicana Laura Esquivel.

Un tema que ha permanecido, con sus variantes, en la literatura latinoamericana desde fines de los sesenta es el personaje del guerrillero, que en cierto modo va dando cuenta de lo que ha ido sucediendo en la realidad. En sus comienzos, vemos un guerrillero estoico de grandes ideales en obras como: *País portátil* (1968), del venezolano Adriano González León; *Los fundadores del alba* (1969), del boliviano Renato Prado Oropeza; *Guerra en el paraíso* (1991), del mexicano Carlos Montemayor. El acercamiento al personaje del héroe cambiará a fines de siglo y comienzos del siglo XXI como veremos.

IX.6. La generación McOndo y la generación del *crack*

El año de 1996 volvió a marcar un hito, esta vez por partida doble, en la literatura hispanoamericana. Mientras en marzo dos escritores chilenos, Alberto Fuguet y Sergio Gómez lanzaban al mercado *McOndo*, una antología de cuentos de varios escritores latinoamericanos, en México, cinco jóvenes escritores: Ignacio Padilla, Jorge Volpi, Eloy Urroz, Vicente Herrasti y Ricardo Chávez Castañeda lanzaban en una revista un manifiesto literario en el que abogaban por una ruptura (de ahí el nombre de *crack*) con la literatura "bananera" y una vuelta a la literatura del *boom* latinoamericano. Según ellos había que "recuperar el respeto que por el lector inteligente" tenían las primeras obras de aquel hoy ya mítico momento de las letras hispanoamericanas.

Si las revoluciones o dictaduras marcaron los movimientos literarios anteriores, estas nuevas generaciones de escritores están influenciadas por la globalización y por los nuevos medios de comunicación. El nombre McOndo es una sátira que encierra todo lo que la globalización ha representado para los países latinoamericanos: McDonald, McIntosh, Condo's; etc. "Si hace años la disyuntiva del escritor joven estaba entre tomar el lápiz o la carabina,' dicen en el prólogo al libro, 'ahora parece que lo más angustiante para escribir es elegir entre Windows 95 o Macintosh".

Los autodenominados autores de la generación McOndo trazan sus orígenes a una antología de jóvenes escritores chilenos publicada en 1993 por la Editorial Planeta de Chile, *Cuentos con walkman*, de la cual también fueron editores. Varios años antes, en 1989 el mismo Fuguet había publicado su primer libro de cuentos, *Sobredosis* y en 1991 su novela *Mala onda* y otro joven escritor también chileno, Jaime Coyllor había publicado un manifiesto llamado "Casus Belli, todo el poder para nosotros" en el que ya exponía muchas de las ideas que retomaron los mcOndianos. Decía Coyllor en su manifiesto: "somos cosmopolitas y universales, internacionalistas, hasta la médula [...] El *boom* de la literatura hispanoamericana ha muerto, ¡qué viva el *boom*!" Sin embargo este manifiesto no tuvo la relevancia internacional que tuvo *McOndo* cuyos representantes, como dijéramos, rechazaban la herencia del realismo mágico, considerándolo más bien un estigma, al mismo tiempo que rechazaban la literatura comprometida, y exaltaban una nueva literatura latinoamericana globalizada con fuerte influencia norteamericana. Según Fuguet, "América Latina es un lugar donde el siglo XIX se mezcla con el siglo XXI. Más que mágico, éste es un lugar extraño. El realismo mágico reduce demasiado una realidad que es muy compleja y la hace atractiva. América Latina no es atractiva" (Bazán: 2004).

McOndo, según Fuguet y Gómez pretendía ser un *Cuentos con walkman* internacional, dándole cabida a autores de lengua española, no exclusivamente latinoamericanos, y como ellos mismos dicen, dándole voz a una nueva generación de escritores que es "post-todo: post-modernista, post-yuppie, post-comunista, post-babyboom, post-capa de ozono, donde no hay realismo mágico sino realismo virtual".

Algo interesante a notar es que esta antología, editada por Alberto Fuguet y Sergio Gómez y que pretende ser post-todo, parece ser también post-literatura femenina pues no contiene cuentos de ninguna escritora. Entre los autores contenidos en la antología se encuentran Fuguet y Gómez, Rodrigo Fresán y Martín Rejtman de Argentina, Santiago Gamboa de Colombia, Jaime Bayly del Perú, Edmundo Paz Soldán de Bolivia y Gustavo Escanlar del Uruguay.

Otros libros publicados por Fuguet son: *Por favor, rebobinar* (1994); *Tinta roja* (2001) y *Las películas de mi vida* (2005) y como co-editor junto a Edmundo Paz Soldán, escritor boliviano que también pertenece a la generación McOndo, *Se habla español, voces latinas en USA* (2000). Sergio Gómez, por su parte, obtuvo en el 2002 el Premio Lengua de Trapo con su novela *La obra literaria de Mario Valdini*. Edmundo Paz Soldán a quien los críticos ven como uno de los escritores más sólidos de la generación ha publicado, entre otros, *Sueños digitales* (2001) y *La materia del deseo* (2004) y ha sido ganador de varios premios importantes como el de cuento Juan Rulfo 1997 y finalista del Premio de Novela Rómulo Gallegos.

En cuanto a la generación del *crack* la caracteriza en primer lugar el que agrupa exclusivamente a escritores mexicanos. Las primeras obras de autores de esta generación fueron *El temperamento melancólico* de Jorge Volpi; *Memoria de los días* de Vicente Arrasti; *Si volviesen sus majestades* de Ignacio Padilla; *La conspiración idiota* de Ricardo Chávez y *Las rémoras* de Eloy Arroz, las que no tuvieron repercusión sino nacional. El reconocimiento les llegaría cuando en 1999 Jorge Volpi ganó el Premio Biblioteca Breve de Seix Barral con *En busca de Klingsor*. Luego en el 2000 Ignacio Padilla ganó el Premio Primavera con su obra *Amphitryon*. De ahí en adelante el reconocimiento a esta nueva generación de escritores no se hizo esperar.

Tanto la generación McOndo como la generación del *crack* tienen sus defensores y sus detractores. Sólo el tiempo, el mejor antologador, en palabras del maestro argentino de todos los tiempos, Jorge Luis Borges, atestiguará de su vida o de su muerte en el seno del Parnaso latinoamericano.

IX.7. La literatura de escritores indígenas

En los últimos años de la década del 2000 se han estado dando a conocer nuevas voces de escritores indígenas quienes escriben tanto en castellano como en su lengua originaria. Chile es testigo de un fuerte movimiento de poesía mapuche; asimismo han surgido escritores zapotecas, huicholas y descendientes mayas en México; guaraníes en Paraguay; kunas en Panamá; arawacos, caribes, mayúus, chibchas y yanomamis en Venezuela y quechuas en Perú y Bolivia quienes intentan reivindicar sus lenguas y tradiciones.

La difusión de estas nuevas voces ha sido posible gracias a la organización de concursos y encuentros de poetas indígenas en distintos países; la apertura de espacios de difusión para estas corrientes por parte de instituciones universitarias; la acogida que las mismas han recibido en las ferias internacionales de libros.

Por ejemplo, a la Feria Internacional del Libro en Guadalajara en el 2007 fueron invitados a leer su trabajo tres escritores originarios colombianos: Abadio Green, de origen kuna, Hugo Jamioy Juagibioy del Valle de Sibundoy en el Putumayo y Miguel Ángel López (Vito Apüshana) de origen wayúu.

En Colombia, la Universidad Javeriana ofrece una cátedra sobre literaturas indígenas y en la Universidad de Antioquia se ofrecerá una Licenciatura en "Pedagogía de la Madre Tierra".

En Chile, la Asociación de Academias de la Lengua Española, aceptó como miembro al escritor mapuche Elikura Chihuailaf cuya obra ha sido traducida a varios idiomas.

Aunque todos éstos pueden parecer acontecimientos aislados, lo cierto es que todos apuntan al reconocimiento de las voces indígenas del continente.

Lo que caracteriza a esta generación de escritores, en su mayoría poetas, es el biculturalismo; mientras que están inmersos y mantienen viva la tradición oral de sus ancestros, tienen a su vez una formación académica ortodoxa y han recibido la influencia de poetas como Borges, Cernuda, Neruda o Vallejo. Sus voces, según Miguel Ángel López, intentan encontrar en la escritura estructuras y ritmos de la tradición oral. Para Hugo Jamioy su literatura es un puente entre la sabiduría de los pueblos originarios y el mundo occidental.

Entre los textos de Hugo Jamioy se encuentran: *Mi fuego y mi humo, mi tierra y mi sol*; *No somos gente* y *Danzantes del viento*. Éstos han sido traducidos al inglés, francés, italiano y portugués. Por su parte, Miguel Ángel López ganó el Premio Casa de las Américas en el 2000 con la obra *Encuentros en los senderos de Avya Yala*.

IX.8. La literatura latinoamericana en el siglo XXI

En la década del 2000 aparece el desencanto; como dijéramos, el héroe del siglo pasado es despojado de su aura y una realidad (y un personaje) más complejos aparecen en: *La materia del deseo* (2001), del boliviano Edmundo Paz Soldán; *Los ejércitos* (2006), del colombiano Evelio Rosero. En estas dos novelas la desmitificación del guerrillero va mucho más allá, al establecer un paralelismo entre todo tipo de violencia y el autoritarismo. Las novelas argentinas *Muertos de amor* (2007) de Jorge Lanata; y *A quien corresponda* (2008) de Martín Caparrós, sin embargo, aunque también desmitifican la figura del guerrillero, lo presentan como un ser, en principio, con buenas intenciones.

Entre los años noventa y comienzos del nuevo siglo XXI, siglo de la era digital, se asentaron otros nombres como los de los chilenos Luis Sepúlveda (RIP), Roberto Bolaño (RIP), Hernán Rivera Letelier, Arturo Fontaine Talvera y Diamela Eltit; Fernando Ampuero, Santiago Roncagliolo y Jaime Bayly del Perú; Eloy Tomás Martínez (RIP) de Argentina; Fernando Vallejo, William Ospina, Laura Restrepo y Consuelo Triviño de Colombia; y Mayra Santos Febres de Puerto Rico, por sólo nombrar algunos.

Todavía es muy pronto para llegar a conclusiones de lo que el nuevo siglo depara para las letras latinoamericanas. Tal vez las palabras de Roberto Bolaño sobre uno de los escritores que se destacan en estos comienzos de siglo nos puedan servir de faro: "la literatura del siglo XXI pertenecerá a Neuman y a unos pocos de sus hermanos de sangre". Se refería Bolaño al escritor Andrés Neuman, nacido en Argentina, pero criado en España. Neuman cultiva la poesía, el cuento y la novela. Sus dos novelas: *El viajero del siglo* (2009) y *Cómo viajar sin ver* (2010) sirven de paradigma a su dualidad hispano-argentina. En la primera encontramos un paralelismo entre la Europa posnapoleónica y la actual, y en la segunda, nos sumimos en un vertiginoso viaje por una América Latina que se mueve al compás de las contradicciones provocadas por la globalización.

IX.9. La literatura hispana en los Estados Unidos: en busca de identidad

En nuestros días, un panorama de la literatura hispanoamericana no está completo si no se habla de los llamados *latino writers*, es decir, los escritores provenientes de diversos grupos étnicos latinos en los Estados Unidos cuyas raíces pueden trazarse a países donde el español es la lengua oficial; latinos nacidos y/o criados en los Estados Unidos, hijos de emigrantes llegados a este país a tierna edad. Con el crecimiento de la población de origen hispano en el censo de 1980 fue incluida una nueva categoría de autodefinición, "Spanish-Hispanic origin". Sin embargo, el 96% de las personas que podían autodefinirse como "Hispanas" optó por la categoría de "otro". Es obvio que la gente necesitaba de más precisiones para autodefinirse las que luego fueron presentadas de la siguiente manera: "¿Es esta persona de origen o descendencia hispana?": "No"; "Sí, mexicano, mexicoamericano, chicano"; "Sí, puertorriqueño"; "Sí, cubano"; "Sí, de otro origen español-hispánico". Gracias a la lengua común, los hispanos en los Estados Unidos se convierten en una especie de nación dentro de la nación. Como dice Marta Giménez, el término "hispano" despoja a la gente de su identidad histórico-geográfica particular y la viste de unidad cultural y lingüística.

La mayoría de los escritores clasificados como *latino* o *latina* escriben predominantemente en inglés pues es el idioma en que han crecido y han obtenido la educación formal, aunque algunos han desarrollado la escritura bilingüe en que pasan de un idioma al otro sin transición lo que refleja la realidad del mundo hispano familiar en que viven y el ámbito público de la sociedad norteamericana en que se desenvuelven. Por ello, la mayoría de ellos explora o ha explorado el tema de la identidad, racial en algunos casos, de género en otros, y el tema de la pertenencia. A través de sus obras nos muestran los problemas que han enfrentado como latinos creciendo en una sociedad diferente y cómo han copado con éstos.

El tema de búsqueda de identidad está reflejado, por ejemplo en los poemas "Bilingual Blues" del escritor de origen cubano, profesor de literatura en la Universidad de Columbia en Nueva York, Gustavo Pérez-Firmat y "Where you from?" de Gina Valdés, méxico-americana nacida en Los Ángeles y criada en la frontera entre México y los EEUU. Veamos unas estrofas significativas de los mismos:

Bilingual Blues
...
I have mixed feelings about everything.
Soy un ajiaco de contradicciones.
Vexed, hexed, complexed,
Hyphenated, oxygenated, illegally alienated,
Psycho soy, cantando voy:
...
Soy un ajiaco de contradicciones,
Un puré de impurezas
A little square from Rubik's Cuba
Que nadie nunca acoplará.
(Cha-cha-cha.)

de *Bilingual Blues* (1995)

Where you from?

Where you from?
Soy de aquí
y soy de allá
from here
and from there
born in L.A.
del otro lado

y de éste
crecí en L.A.
y en Ensenada
my mouth
still tastes
of naranjas
con chile
soy del sur
y del norte
...
where you from?
soy de aquí
y soy de allá
I didn't build
this border that halts me
the word fron
tera splits
on my tongue

También está presente el tema de la búsqueda de identidad y de la discriminación en el libro *Yo, Alejandro, the Story of a Young Latino Boy Struggling Through Life* (2000) de Alejandro Gac-Artigas (1988-). El caso de Gac-Artigas es particular; de padre chileno y madre puertorriqueña llegó a los Estados Unidos cuando apenas tenía dos años y medio. Publicó éste, su primer libro a la edad de doce, con excelente acogida de la crítica especializada. *Booklist* la revista de la asociación de bibliotecas de los Estados Unidos se refirió a él como un escritor prometedor cuyo libro valía la pena ser saboreado incluso por lectores adultos; el Centro para Jóvenes Superdotados de la Universidad Johns Hopkins lo incluyó en su lista de libros recomendados para los estudiantes de quinto al octavo grado y cientos de escuelas del país y algunas universidades comenzaron a incluirlo en su currículo de lecturas. Por los logros alcanzados, Alejandro se convirtió en modelo para los niños latinos, de otras minorías u otros niños que como él, también habían sido discriminados por una u otra razón.

Tras la publicación de su libro empezó a ser invitado a las escuelas y a conferencias nacionales a dar charlas sobre cómo combatir la discriminación de una manera positiva. Termina su libro con una fuerte afirmación de quién es y del rol que la generación que él representa jugará dentro de esta sociedad: "Quizás aún no me quieren, pero tienen que tomarme en cuenta, puesto que existo. Yo, Alejandro", (nuestra traducción). Entre los premios obtenidos por su labor literaria y social se encuentran el "Princeton University Prize on Race Relations" (2004) y la Medalla de Plata de Periodismo del "Hispanic Heritage Youth Award" (2005). Alejandro publicó un segundo libro, *Off to Catch the Sun* (2002), colección de cuentos y poemas. En el año 2009 se graduó de la Universidad de Harvard.

Las chicanas Gloria Anzaldúa (1942-2004) y Cherríe Moraga (1952) se han distinguido no sólo por su labor literaria sino por su activismo político en defensa de la igualdad de género y racial, y de los derechos de los homosexuales en particular las lesbianas. Juntas coeditaron tres libros que se han convertido en indispensables a la difusión de la literatura femenina de minorías mestizas y negras en los Estados Unidos y de un marco teórico para el estudio de la misma: *This Bridge Called My Back: Writings by Radical Women of Color* (1981); *Making Face, Making Soul/Haciendo Caras: Creative and Critical Perspectives by Women of Color* (1990); y *This Bridge We Call Home: Radical Visions for Transformation* (2002). Anzaldúa también publicó, entre otros, *Borderlands/La Frontera: The New Mestiza* (1987) y Moraga, *Waiting in the Wings: Portrait of a Queer Motherhood*, memoria (1997).

Uno de los escritores que ha logrado mayor reconocimiento es Junot Díaz, de origen dominicano quien en el 2008 ganara el Premio Pulitzer a la mejor obra de ficción por su novela *The Brief Wondrous Life of Oscar Wao* basada en sus propias experiencias como joven latino. Díaz nació en 1968 en la República Dominicana y desde la edad de seis años reside en los Estados Unidos adonde emigró con su familia. Tiene a su haber, además, una colección de historias cortas titulada *Drown*. En adición del Pulitzer ha obtenido, entre otros premios, una de las codiciadas becas de la Fundación Gugghenheim y el premio Roma de la Academia Americana de Artes y Letras. Se desempeña como profesor de escritura creativa en el Instituto de Tecnología de Massachusetts (MIT).

Otros escritores que se han distinguido en los últimos años son Julia Álvarez, Sandra Benítez, Ana Castillo, Sandra Cisneros, Cristina García, Judith Ortiz-Cofer, Esmeralda Santiago y Helena María Viramontes. *La casa en Mango Street* (1983) de Cisneros, *Cómo las García perdieron su acento* (1991) de Álvarez, *Soñar en cubano* (1993) de García y *Cuando era puertorriqueña* (1994) de Santiago marcan un hito dentro de la historia de la literatura latina en los Estados Unidos pues por muchos años permanecieron en el ambiente literario como las representantes de la experiencia del hispano en los Estados Unidos desde diferentes puntos del espectro geográfico-histórico latinoamericano, contada desde la perspectiva de una chicana, una dominicana, y una cubana ambas refugiadas políticas y de una puertorriqueña emigrante. En todas las obras está presente la búsqueda de identidad y las dificultades de crecer en una sociedad diferente.

No podemos dejar de mencionar algunos nombres de pilares a la base de la literatura latina en los Estados Unidos como lo son los poetas chicanos Ricardo Sánchez (1941-1995), Lalo Delgado (1930-2004) y Rolando Hinojosa-Smith (1929-) y el poeta puertorriqueño Pedro Pietri (1944-2004).

Preguntas de comprensión y repaso

IX. La literatura

IX.1. Siglos XVI y XVII

1. ¿Quiénes tenían a cargo la difusión cultural en la época colonial?

2. ¿Cuál es la importancia de *Comentarios reales* de Garcilaso de la Vega, el inca?

3. ¿Qué importancia tiene Sor Juana Inés de la Cruz dentro de la literatura hispanoamericana?

IX.2. Siglo XIX

A. Romanticismo

1. Explique el lugar que tiene *El periquillo sarniento* dentro de la letra hispanoamericana.

2. Mencione algunas de las obras más representativas del romanticismo en Hispanoamérica.

B. Realismo y naturalismo

1. Explique la importancia de *Aves sin nido*.

2. Mencione las obras representativas del naturalismo.

3. Sitúe las obras de teatro representativas del naturalismo.

IX.3. Siglo XX

A. Modernismo

1. ¿Quién es considerado el padre del modernismo?

2. ¿Quién fue Horacio Quiroga y en qué sentido se le compara a Rubén Darío?

B. Postmodernismo

1. Mencione algunas de las tendencias de la prosa y la poesía durante el periodo llamado posmodernista con ejemplos de obras.

IX.4. La literatura del *boom* y el realismo mágico

1. ¿A qué se le llamó la literatura del *boom*?

2. Describa lo que fue el realismo mágico y dé nombres de autores y obras.

IX.5. El post-*boom*

1. ¿Qué caracteriza la literatura del post-*boom*?

IX.6. La generación McOndo y la generación del *crack*

1. Describa lo que es la generación McOndo y por qué se autodenominan así.

2. Describa la generación del *crack* y dé nombres de autores y obras.

IX.7. Literatura de escritores indígenas

1. ¿Qué caracteriza a esta literatura? ¿Cuándo comienza a tener reconocimiento? ¿Qué ha contribuido a su difusión?

IX.8. La literatura latinoamericana en el siglo XXI

1. ¿Qué se puede decir de la literatura latinoamericana en el siglo XXI?

IX.9. La literatura hispana en los Estados Unidos: en busca de identidad

1. Describa lo que caracteriza a grandes rasgos la literatura hispana en los Estados Unidos y dé nombres de autores y obras significativas.

Empareje:

Luego vuelva a la sección **¿Cuánto sabemos?** al comienzo del capítulo para comparar sus respuestas antes de estudiar el capítulo y después.

_____ 1. *Aves sin nido*

_____ 2. *La charca*

_____ 3. *María*

_____ 4. *El periquillo sarniento*

_____ 5. *Azul*

_____ 6. Generación McOndo

_____ 7. Horacio Quiroga

_____ 8. Pablo Neruda

_____ 9. Gabriela Mistral

_____ 10. *Cien años de soledad*

_____ 11. Generación del *crack*

_____ 12. Isabel Allende

_____ 13. Pérez-Firmat y Valdés

_____ 14. *Yawar fiesta*

_____ 15. *Doña Bárbara*

_____ 16. Sor Juana

_____ 17. *Comentarios reales*

_____ 18. Guillén y Palés Matos

_____ 19. Cisneros

_____ 20. Julia Álvarez

_____ 21. Esmeralda Santiago

_____ 23. Anzaldúa y Moraga

A. *Cómo las García perdieron su acento*

B. Garcilaso de la Vega, el Inca

C. Denuncia abuso mujeres por sacerdotes

D. Escritoras y activistas políticas

E. Poeta chileno de poesía muy variada

F. Primera gran poeta latinoamericana

G. Novela romántica por excelencia

H. *La casa de los espíritus*

I. La experiencia puertorriqueña

J. Al cuento lo que Darío a la poesía

K. Naturalismo

L. Novela indigenista

M. Fuguet y Gómez

N. La experiencia chicana

O. Primer escritor latinoamericano en recibir Premio Nobel de literatura

P. Gabriel García Márquez

Q. Poesía afroantillana

R. Búsqueda de identidad

S. Da inicio al modernismo

T. Novela telúrica

U. Novela picaresca

V. Ruptura con literatura "bananera"

460

Más allá de los hechos: temas para pensar, investigar, escribir y conversar

1. Lea algunos de los cuentos de los escritores de la generación McOndo o de la generación del *crack*; busque información adicional sobre el reguetón, y escriba un ensayo comparativo sobre este tipo de música y este tipo de literatura.

2. Lea los sonetos de Sor Juana "Hombres necios que acusáis" y "En perseguirme, mundo, ¿qué interesas?" Analícelos y escriba un ensayo corto sobre el feminismo en la poesía de Sor Juana.

3. ¿En qué sentido la literatura hispanoamericana ha estado vinculada a la realidad político-social del momento? Busque información adicional y escriba un ensayo o haga una presentación a la clase.

4. Según Alberto Fuguet de la generación McOndo "América Latina es un lugar donde el siglo XIX se mezcla con el siglo XXI. Más que mágico, éste es un lugar extraño. El realismo mágico reduce demasiado una realidad que es muy compleja y la hace atractiva. América Latina no es atractiva". ¿Está Ud. de acuerdo con él o no? Escriba un ensayo exponiendo su opinión.

5. Consiga alguno de los textos mencionados escritos por escritores latinos. Léalo y haga una presentación a la clase de los temas presentes en el mismo y muestre cómo tanto temas como estilo en el texto se enmarcan dentro de la llamada literatura latina en los Estados Unidos.

CAPÍTULO X

Las artes

CAPÍTULO X
Las artes

I. Conteste las siguientes preguntas y luego compare sus respuestas con un compañero/a de clase. Cuando termine de estudiar el capítulo, después de completar la sección **¿Cuánto sabemos ahora?,** vea cuáles de sus respuestas iniciales estaban correctas.

1) Las líneas de Nasca se encuentran en Perú.

Cierto o Falso

2) Uno de los siguientes fue un famoso pintor mexicano que no pintó murales:
   a) Diego Rivera
   b) Rufino Tamayo
   c) David Alfaro Siqueiros

3) Frida Kahlo fue una gran pintora mexicana de comienzos del siglo XX.

Cierto o Falso

4) Wilfredo Lam fue un famoso pintor uruguayo.

Cierto o Falso

5) El indigenismo es un estilo de pintura autóctono de Latinoamérica.

Cierto o Falso

6) En la época colonial el arte servía para evangelizar a los indígenas.

Cierto o Falso

7) Un famoso pintor colombiano contemporáneo hizo una serie de pinturas inspirado en los horrores de Abu Grhaib en Irak.

Cierto o Falso

8) Latinoamérica aún no ha logrado tener expresiones artísticas propias.

Cierto o Falso

9) Se llamó barroco mestizo a la pintura latinoamericana de la época colonial.

Cierto o Falso

10) Hasta bien adentrado el siglo XX no hubo ningún pintor latinoamericano que se destacara internacionalmente.

Cierto o Falso

CAPÍTULO X
Las Artes

X.1. Periodo prehispánico

En el primer capítulo de este libro vimos que para las culturas prehispánicas la expresión artística representó una extensión de su vida cotidiana y otra manifestación de su conexión con la naturaleza y adoración a sus dioses. Por ello la arquitectura, que incluyó la construcción de templos, pirámides y palacios; la escultura; y el desarrollo de la cerámica y los tejidos fueron las expresiones artísticas de las que nos han llegado las representaciones más impresionantes. Al gran sentido artístico y estético de estas civilizaciones también debemos el desarrollo de la orfebrería, de la que han llegado a nosotros asombrosos ejemplos de adornos hechos en metal ornamentados con plumas o piedras preciosas.

Como presagiando el futuro de su civilización, los olmecas dejaron sus gigantescas cabezas humanas talladas en piedra basáltica que pareciera quisieran permanecer como testigos de la historia y que nos miran desde la eternidad de sus ojos abiertos y su colosal tamaño. Estas cabezas tienen una altura que va de los 2,4 a los 3,6 metros (7' 10 ½" - 11' 9 ¾").

La cultura nasca, antes de ser conquistada por los incas, dejó las fabulosas líneas de Nasca. El conocer hoy en día sobre esta maravilla data de 1939 y lo debemos a su descubridor, Paul Kosok, científico norteamericano y a su asistente alemana, María Reiche, quien dedicó gran parte de su vida (desde 1940 hasta su muerte en 1998) al estudio, desciframiento, fotografía y análisis de lo que hoy ha sido clasificado por la UNESCO como patrimonio cultural de la humanidad.

Las líneas de Nasca no pueden apreciarse en su magnitud sino vistas desde una altitud aproximada de 1500 pies. Están compuestas por una enorme red de líneas y figuras geométricas que forman, entre otras, claras representaciones de animales: pájaros, un lagarto, un mono, una araña; hay también una figura que parece representar a un astronauta. Están localizadas en la zona desértica, hacia la costa sur del Perú, sobre la pampa, árida y seca, que se extiende entre los pueblos de Palpa y Nasca. Aún hoy en día las líneas de Nasca siguen siendo un enigma y las teorías sobre su significado abundan, desde la de María Reiche de que representan un calendario astronómico a la del escritor suizo, Erich von Daniken quien en su libro *Chariots of the Gods* publicado en 1968 exponía su teoría de que representaban un campo de aterrizaje para naves extraterrestres. En lo que todo el mundo coincide, es en su majestuosidad.

Los mayas nos dejaron el complejo arqueológico de Chichén Itzá, así como pinturas murales que representaban tanto escenas mitológicas de la cosmogonía maya como de su vida diaria. Dejaron igualmente muestras de esculturas en las que sobresale la utilización de la técnica del bajo relieve.

La civilización azteca aportó importantes muestras de arquitectura y escultura, siendo su gigantesco calendario en piedra el más impresionante ejemplo de sus extraordinarias habilidades artísticas y también científicas.

En cuanto a los incas, es evidente que Machu Picchu y el complejo arqueológico del Valle Sagrado son la representación sin par de la combinación de sus extremadamente avanzadas habilidades arquitectónicas y de ingeniería donde lo estético y lo práctico se complementan. Puentes colgantes, canales de regadío, terrazas para la siembra, templos y palacios forman el conjunto del legado artístico y cultural incaico.

Las culturas de las Antillas aportaron piezas en cerámica, barro y madera, así como esculturas de tamaño normal. Uno de los complejos arqueológicos mejor conservados es el centro ceremonial indígena de Caguana en Utuado, Puerto Rico, legado de los indios taínos. El mismo fue descubierto a comienzos del siglo XX y a través de los años su conservación y restauración han estado a cargo del Instituto de Cultura Puertorriqueña. El centro está conformado por doce bateyes delimitados por petroglifos (piedras con diseños simbólicos grabados). Algunos de estos bateyes estaban destinados al juego de la pelota, otros a ceremonias religiosas.

X.2. Época colonial

Las muestras más representativas del arte en el periodo colonial pertenecen a la arquitectura y a la pintura pues ambas estuvieron vinculadas a la evangelización de los pueblos conquistados. El arte representó una manera de romper la barrera del idioma y, evidentemente, facilitó el hacerles entender a los nativos los conceptos abstractos de la religión católica. La construcción de catedrales, iglesias y monasterios en las ciudades importantes de los virreinatos fue parte de la estrategia evangelizadora, así como las pinturas de ángeles, vírgenes, santos y mártires que adornan sus paredes. Siendo en sus comienzos los europeos tanto maestros como modelos, la pintura de esta época estuvo influenciada por las modas del viejo mundo. Los españoles importaron obras de arte europeas para que sirvieran de modelo e igualmente trajeron maestros italianos para establecer los primeros talleres de formación artística. Con el correr de los años y el sincretismo como estrategia evangelizadora la pintura fue adquiriendo un color local en el que se mezclan las creencias religiosas de ambos mundos en la temática así como estilos de ambos lados en la técnica. Se pintaba sobre madera y en tela, pero en regiones como la andina, donde la madera no era fácil de conseguir, floreció la pintura mural.

La Escuela de Cusco es la mejor representante de lo que se ha llamado el barroco mestizo, corriente en la pintura que comienza a desarrollarse a partir de los años 1650 y tiene su apogeo en el siglo XVIII. Sus dos mayores representantes lo fueron los pintores de origen indígena Diego Quispe Tito y Basilio de Santa Cruz Pumacallao. Una de las características de este estilo mestizo es el uso de la técnica del brocateado, es decir, aplicar pintura dorada o plateada sobre las imágenes religiosas (las ropas, los halos, los cortinajes de trasfondo) para hacerlas resaltar o producir efectos visuales. En el barroco mestizo encontramos las bases de la pintura latinoamericana moderna.

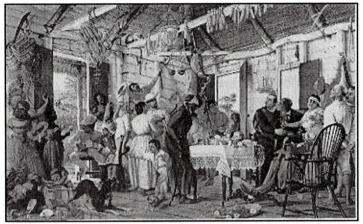

El velorio, Francisco Oller

El siglo XIX vio nacer a Francisco Oller, quien llegaría a convertirse en el único pintor hispanoamericano en jugar un rol importante en el desarrollo del impresionismo en la pintura. Nació en 1833 en Bayamón, Puerto Rico; a los 18 años salió de la Isla para estudiar pintura en Madrid, y siete años más tarde, en 1858 se estableció en París en donde frecuentó otros pintores que residían en la ciudad luz como Picasso, Renoir y Monet. De hecho, tuvo exposiciones conjuntas con estos dos últimos y otros pintores de la época. Su cuadro "El estudiante" se encuentra en el museo d'Orsay en París; su cuadro "El velorio" forma parte de la colección del museo de la Universidad de Puerto Rico en Río Piedras. Oller murió en San Juan en 1917.

X.3. El arte después de la independencia

La iconografía religiosa de la colonia dio paso a un arte de afirmación de lo nacional; ya no se trataba de evangelizar sino de asentar las bases de las nacientes repúblicas. En ese sentido, el marco de la Revolución mexicana a comienzos de siglo se manifestó muy propicio al desarrollo de las artes en Latinoamérica. Un gran artista mexicano, José Guadalupe Posada (1852-1913), sobresalió durante este momento histórico en la técnica del grabado de crítica social y política.

La muerte, José Guadalupe Posada

En sus grabados dejó ilustradas la vida, costumbres y momento político del México convulso en que le tocara vivir. Sus caricaturas políticas son muy famosas, así como sus representaciones de la muerte, tan presente en la cultura del pueblo mexicano. Su trabajo influyó a los grandes muralistas post-revolucionarios Diego Rivera y José Clemente Orozco.

X.4. Siglo XX

A. El muralismo mexicano

En 1922, varios años después del fin de la Revolución, José Vasconcelos, Secretario de Instrucción Pública bajo el gobierno de Álvaro Obregón, dio a las artes el mismo impulso que a la educación en un proyecto que pretendía contrarrestar el serio problema de analfabetismo que sufría el pueblo mexicano en esa época. Patrocinó la creación de murales que cual inmensos libros pictóricos representaran la mexicanidad, entendida como el mexicano mestizo, y en cuyas imágenes el hombre del pueblo se viera reflejado. De aquí surgió el muralismo, el que gracias al talento de los artistas alcanzara reconocimiento internacional en sólo unas décadas; para los años treinta el muralismo servía de parámetro en Estados Unidos y Europa para evaluar cualquier obra o artista que viniera de Latinoamérica.

Sus principales artífices lo fueron José Clemente Orozco (1883-1949), Diego Rivera (1886-1957) y David Alfaro Siqueiros (1896-1974). Una de las características substanciales del muralismo lo fue su profundo contenido político y su estilo narrativo en los que el pueblo mexicano podía leer una parte de su historia. Por ejemplo, algunos de los murales de Rivera trataban temas precolombinos o representaban la mexicanidad como "La gran Tenochtitlán" (1945) o la "Épica del pueblo mexicano" (1034-35), pero también pintó algunos que reflejaban acontecimientos de la época desde su punto de vista y celebraban la muerte del capitalismo y el triunfo del socialismo, como "Hombre en una encrucijada" (1934) que pintara en el Rockefeller Center y que fuera destruido ese mismo año por contener una imagen de Lenin que Rivera se negó a eliminar.

Hombre en una encrucijada, Diego Rivera

Los tres muralistas compartieron la participación activa en la política de su país y los ideales socialistas lo que se ve reflejado en sus obras. Sobre el arte muralista decía Diego Rivera que era como "[e]scribir en enormes murales públicos la historia de la gente iletrada que no puede leerla en libros" (Monsiváis). De hecho, los críticos consideran que la idea de la Revolución mexicana como un movimiento social único tiene su base en los murales de Rivera. Por su parte, José Clemente Orozco consideraba que "la forma pictórica más alta, la más pura, es el mural. Es también la forma más desinteresada, porque no puede ser asunto de ganancias privadas, no puede esconderse para beneficiar a unos cuantos privilegiados. Es para el pueblo. Es para todos" (Monsiváis).

B. Repercusión del muralismo mexicano en Latinoamérica

El muralismo mexicano tuvo influencia en otros países del continente, siendo Brasil y Colombia los países en que más rápido esa influencia se dejó sentir. En Brasil, el gobierno de Getúlio Vargas patrocinó un gran movimiento de realismo social para promover la unidad nacional bajo el emblema del mestizaje. Un pintor se destacó, Cándido Portinari (1903-1962) que como los muralistas mexicanos defendía ideas comunistas. Su más famosa pintura lleva el significativo título de "Mestizo".

En Colombia el muralista más destacado lo fue Pedro Nel Gómez (1899-1994), quien dejara murales pintados en diversos edificios públicos, entre ellos el Palacio Municipal y la Escuela de Minas de Medellín y en el Aula Máxima de la Facultad de Química de la Universidad de Antioquia. Además de artista Gómez ocupó puestos importantes en la docencia; fue director de la Escuela de Bellas Artes de Medellín y fundador de la Facultad de Arquitectura de la Universidad Nacional de Colombia. Ello le permitió ejercer una gran influencia en los artistas de la época.

El muralismo como expresión artística continuó vivo durante todo el siglo XX tomando auge en diferentes países en momentos revolucionarios cuando, como después de la Revolución mexicana, hubo apoyo gubernamental a las artes. En Bolivia se desarrolló a partir de la llegada al poder del gobierno revolucionario de Víctor Paz Estenssoro en 1952. Sus principales representantes lo fueron Miguel Alandia Pantoja (1914-1975); Walter Solón Romero (1925-); y Gil Imana (1933-). Estos tres artistas fundaron el Grupo Anteo cuyo objetivo, al igual que lo fue el del muralismo mexicano, era el de promover las artes para el pueblo. El muralismo en Bolivia fue prohibido por el gobierno militar que sucedió a Paz Estenssoro por su manifiesto compromiso social con los indígenas, los obreros y en general las clases desfavorecidas.

En Chile el muralismo comenzó a florecer a comienzos de los setenta, justo antes de la llegada al poder del presidente socialista Salvador Allende. En un comienzo los murales llevaban un mensaje propagandístico y luego de concienciación. Más que a través de pintores individuales el muralismo chileno se distinguió por las brigadas, siendo una de las más reconocidas la Brigada Ramona Parra. Al igual que en Bolivia, el muralismo chileno quedó trunco debido al golpe de Estado de 1973.

C. El indigenismo

Del muralismo surgió el indigenismo, estilo de pintura típicamente americano que se propagó por todos los países donde la población indígena era numerosa. Aunque la gran mayoría de pintores indigenistas provenían, en general, de la clase media urbana, se nutrían de las tradiciones y culturas indígenas y dentro del movimiento de afirmación nacional buscaron reivindicar los derechos de este sector de la población. Siguiendo esta corriente, en Ecuador se destacó Oswaldo Guayasamín (1919-1999) quien decía sobre su obra: "Mi pintura es para herir, para arañar y golpear en el corazón de la gente. Para mostrar lo que el Hombre hace contra el Hombre".

Guayasamín: *Las manos de la ternura*

Su estilo es uno muy particular donde se mezclan características del realismo social, el expresionismo y el cubismo y donde las manos, las caras, las bocas gritan su dolor o expresan su ternura a través de la luz, del color y de gestos cargados de profundo dramatismo. Sobresalen entre sus obras tres grandes colecciones que abarcan su vida como pintor: *Huacayñan (El camino de las lágrimas,* en quechua) que pintara entre 1946 y 1952 y que está compuesta de 103 cuadros y un mural. En éstos se ve reflejado el mestizaje entre las culturas indígenas y negras en el Ecuador; *La edad de la ira* (1961-1990), 150 cuadros que denuncian la violencia ejercida por el hombre contra su propio hermano en la época moderna; y *La edad de la ternura* (1988-1999) un homenaje a su madre y a través de ella a todas las madres del mundo en tanto dadoras, y protectoras, de vida.

El máximo representante del indigenismo en Bolivia lo fue Cecilio Guzmán de Rojas (1900-1950) quien, como podemos ver, tuvo una vida muy corta, pero extremadamente productiva. Dos de sus más famosos cuadros son "El triunfo de la naturaleza" y "El Cristo Indio".

D. La Escuela del Sur

El caso del pintor uruguayo Joaquín Torres García (1874-1949) y su Escuela del Sur es muy singular. Torres García no solamente fue artista sino que reflexionó y escribió mucho sobre arte. Fue el creador de la teoría de la corriente estética que él llamara universalismo constructivo a través de la cual buscaba sentar las bases para el desarrollo de la unidad y la identidad cultural de esta América mestiza resultado de la mezcla del indígena, el africano y el europeo en la cual la cultura europeizante tendía a ser predominante. Torres García sentía gran admiración por las civilizaciones prehispánicas y su simbología religiosa reflejada en sus creaciones artísticas. Pensaba que los artistas latinoamericanos debían identificarse con el sentimiento de unidad que emanaba de éstas donde naturaleza y espíritu se manifestaban a través del hombre y su expresión artística. De acuerdo a esta estética el artista debía expresar en sus obras la comunión del hombre con el cosmos. En su búsqueda de un lenguaje al mismo tiempo americano y universal, moderno y eterno, las obras del universalismo constructivo utilizaban la simbología para expresar la realidad, bien fueran figuras geométricas como el círculo o el triángulo; o símbolos abstractos como la luz y el color; o símbolos marcados de eternidad como los encontrados en las esculturas, cerámicas u otras piezas de arte prehispánico; o símbolos de la modernidad como las máquinas o los relojes.

En 1935 Torres García escribió el manifiesto estético de la Escuela del Sur en el que decía: "He dicho Escuela del Sur; porque en realidad, nuestro norte es el Sur. No debe haber norte, para nosotros, sino por oposición a nuestro Sur. Por eso ahora ponemos el mapa al revés, y entonces ya tenemos justa idea de nuestra posición, y no como quieren en el resto del mundo. La punta de América, desde ahora, prologándose, señala insistentemente el Sur, nuestro norte". Es interesante notar que el actual presidente de Venezuela, Hugo Chávez, retomó el lema de "nuestro norte es el sur" para la cadena de televisión Telesur, uno de cuyos fines es la integración sudamericana.

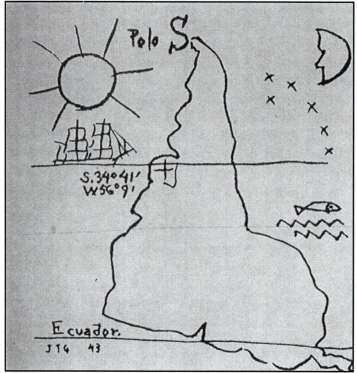

Foto © Museo Torres García. 2005
Cortesía de la Fundación Torres García <www.torresgarcia.org.uy>

Demás está decir que en un principio Torres García y su Escuela tuvieron sus detractores. En su defensa, el gran poeta chileno y padre del creacionismo, movimiento de vanguardia en la poesía, Vicente Huidobro (1893-1948), escribió una "Salutación a Joaquín Torres García" en la que decía: "Nada es tan mezquino como negar a un hombre la talla esencial de su alma. Podemos discutir sobre los problemas del agrado personal, pero no podemos borrar por antojos de cabeza embarazada el significado de una obra que resume la dedicación entusiasta de la vida entera de un hombre de alto espíritu... La obra de este gran pintor es una célula viva en medio de tantas cosas muertas... Ella inspira confianza en todo un continente, inspira fe en toda una raza y esperanzas en el futuro del hombre".

E. Otros grandes pintores del siglo XX

Ninguna historia de la pintura latinoamericana estaría completa sin, entre otros, los nombres de Rufino Tamayo, mexicano (1899-1991); Wilfredo Lam, cubano (1902-1982); Frida Kahlo, mexicana (1907-1954); Roberto Matta, chileno (1911-2002); José Balmes y Gracia Barrios, chilenos (1927-) y Fernando Botero, colombiano (1932-).

472

Durante la época de gloria del muralismo dos pintores se destacaron al margen de este gran movimiento, Rufino Tamayo y Frida Kahlo. Tamayo vivió muchos años fuera de su país incluyendo ciudades como París y Nueva York. Radicó en Nueva York entre 1936 y 1948 año en que regresó a Ciudad de México para realizar una exposición en el Palacio de Bellas Artes. Fue duramente criticado por los muralistas por su falta de compromiso político y por su pintura lejana a la estética de un arte de fácil acceso a un público popular.

Frida Khalo

La vida de Kahlo ha estado siempre asociada a la de Diego Rivera por haber sido compañeros en la vida personal y artística, y por haber compartido los mismos ideales políticos. Sin embargo, la pintura de Frida es muy diferente de la de Diego. El dolor físico y emocional fueron parte inherente de su vida y de su arte; 53 de sus 143 cuadros son autorretratos en los que se refleja su pena. También encontramos en su pintura una profunda preocupación por los problemas de la mujer y un estilo que ha sido clasificado por muchos como surrealista y onírico con clara presencia de elementos de su herencia indígena en los brillantes colores y en la simbología.

Frida Khalo y Diego Rivera circa 1932

Lo que representaron Nicolás Guillén y Luis Palés Matos en la poesía, lo representó Wilfredo Lam en la pintura, la reivindicación de la cultura negra. Hijo de padre inmigrante chino y madre afrocubana su herencia jugó un rol importante en la temática de su pintura. Quizás su interés por la cultura africana provino de la influencia de su abuela materna, practicante de la santería. Al igual que su contemporáneo Roberto Matta, su estilo estuvo muy influenciado por el movimiento surrealista y cubista; también como Matta, viajó mucho y estuvo en contacto con grandes pintores e intelectuales de la época como Picasso (quien le instara a desarrollar su interés en las máscaras y el arte primitivo africano), Diego Rivera, Frida Kahlo, André Breton, Claude Lévi-Strauss, Aimé Césaire (martiniquense, padre del movimiento literario de la negritud) y Alejo Carpentier (escritor cubano uno de los iniciadores del movimiento del realismo mágico en la literatura que él llamara "lo real maravilloso").

*El enigma*2 Wilfredo Lam

El arte de Roberto Matta estuvo influenciado en sus comienzos por el surrealismo europeo. Entre los años 1933 y 1938 viajó por toda Europa y estuvo en contacto con grandes arquitectos, artistas e intelectuales de la época como Lecorbusier, Federico García Lorca, Pablo Neruda, Salvador Dalí, André Breton, Marcel Duchamp, Picasso. El año de 1938 fue crucial en su carrera pues marcó su paso del dibujo a la pintura y fue el inicio de su vida en los Estados Unidos. Su primer cuadro en óleo se llamó "Crucifixión". Matta fue uno de los primeros pintores chilenos del siglo XX en alcanzar reconocimiento internacional.

Las vidas de José Balmes y Gracia Barrios tienen algunos aspectos en común con las de Diego y Frida con la diferencia de que el matrimonio de Balmes y Barrios no ha tenido el carácter tormentoso del de Rivera y Kahlo. Luego del golpe de Estado de 1973 Balmes y Barrios tuvieron que partir al exilio a París, donde permanecieron por más de una década. La pintura de Balmes está marcada por un hondo contenido social. Un ejemplo característico de su obra es "Camino de victoria" (1976). Un cuadro de Balmes refleja lo que según él era la característica esencial de un buen afiche, ser un grito en la pared. La pintura de Barrios, aunque también marcada por una profunda preocupación social, es al mismo tiempo más íntima y reflexiona sobre la vida cotidiana del hombre dentro de la sociedad. La mujer es tema central de muchos de sus cuadros. Durante su época de exilio sus pinturas estaban pobladas de rostros divididos, separados, que miraban, que buscaban sin encontrar; casi sombras en colores deslustrados que reflejaban la terrible realidad del exilio.

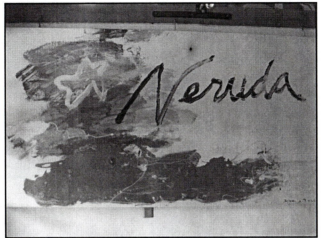

Neruda. José Balmes, Casa de Neruda en Isla Negra

En cuanto al colombiano Fernando Botero, su obra se separa completamente de la de sus contemporáneos. La caracterizan la profusión de figuras humanas infladas, el humor y la crítica social. Como ejemplos de sus pinturas mencionaremos su versión de la "Monalisa" (1977) y su colección basada en los actos de tortura cometidos en la prisión de Abu Grhaib en Irak (2005). Interrogado sobre sus razones para pintar esta serie Botero respondió: "Por la ira que sentí y que sintió el mundo entero por este crimen cometido por el país que se presenta como modelo de compasión, de justicia y de civilización".

En este momento histórico en que se está dando una profusión de literatura y cine indigenistas, es interesante citar las palabras de Botero cuando fuera honrado con el grado de Doctor Honoris Causa por la Universidad de Nuevo León, México en enero del 2008 sobre el futuro de las artes plásticas en Latinoamérica. En su discurso de aceptación del grado instó a sus colegas en las artes a regresar a sus orígenes precolombinos con el fin de crear obras que enriquezcan a la población y que sean perdurables. "El retorno a las raíces, los colores de América Latina y el arte prehispánico pueden alentar la fuerza creativa de los artistas latinoamericanos", concluyó. Un ejemplo más en la historia de las artes para atestiguar que éstas siempre han recorrido caminos que se intersecan.

X.1. Periodo prehispánico

1. ¿Cuál fue el legado cultural de las civilizaciones prehispánicas?
2. ¿Qué son las líneas de Nasca y qué representan?
3. ¿Qué son los petroglifos y dónde podemos encontrar algunos en el área del Caribe?

X.2. Época colonial

1. ¿Por qué las artes que más se desarrollaron durante este periodo fueron la arquitectura y la pintura?
2. ¿Qué fue la Escuela de Cusco y quiénes fueron sus máximos representantes? ¿Qué es el brocateado?
3. ¿Quién fue Francisco Oller y cuál fue su importancia?

X.3. El arte después de la independencia

1. ¿Qué caracterizó el arte después de la independencia?
2. ¿Quién fue José Guadalupe Posada?

X.4. Siglo XX

1. Describa qué fue y qué representó el muralismo mexicano. ¿Qué pintores lo representaron y qué había en común entre ellos?
2. ¿Qué diferencia existe para José Clemente Orozco entre un mural y una pintura?
3. ¿Tuvo el muralismo influencia en otros países de Latinoamérica? Dé ejemplos.
4. Describa la pintura indigenista.
5. Explique la importancia de Joaquín Torres García y la Escuela del Sur.
6. Mencione algunos pintores famosos del siglo XX y dé ejemplos de sus obras.

Empareje:

Luego vuelva a la sección **¿Cuánto sabemos?** al comienzo del capítulo para compara sus respuestas antes de estudiar el capítulo y después.

_____ 1. Oswaldo Guayasamín	A. Olmecas
_____ 2. Machu Picchu	B. Juego de pelota y culto a los dioses
_____ 3. Cabezas colosales	C. Pintó los horrores de Abu Grhaib
_____ 4. Calendario	D. "Crucifixión"
_____ 5. José Balmes	E. Obra refleja realidad del exilio
_____ 6. Fernando Botero	F. Paul Kosok, María Reiche
_____ 7. Muralismo mexicano	G. Barroco mestizo
_____8. Centro ceremonial Caguana	H. Historia contada en enormes libros pictóricos
_____ 9. Frida Kahlo	I. Escuela del Sur
_____10. José Guadalupe Posada	J. Autorretratos reflejan el drama de su vida
_____ 11. Wilfredo Lam	K. Legado en piedra azteca
_____ 12. Roberto Matta	L. Adornar con pintura dorada
_____ 13. Joaquín Torres García	M. Evangelización
_____ 14. Gracia Barrios	N. Caricatura de crítica social
_____ 15. Rufino Tamayo	O. "El Cristo indio"
_____ 16. Líneas de Nasca	J. Legado cultural del pueblo inca
_____ 11. Francisco Oller	K. Indigenismo en pintura en Ecuador
_____ 12. Brocateado	L. "Camino de victoria"
_____ 13. Escuela de Cusco	M. Criticado por los muralistas
_____14. Pintura y arquitectura colonial	N. Reivindicación raíces negras en pintura
_____ 15. Cecilio Guzmán de Rojas	O. Movimiento impresionista hispanoamericano

Más allá de los hechos: temas para pensar, investigar, escribir y conversar

1. Visite el siguiente enlace de la base de datos LANIC con museos de Latinoamérica: <http://icom.museum/vlmp/latin-america.html>
Busque información adicional sobre alguno de los artistas mencionados en este capítulo y prepare una presentación creativa sobre su obra.

2. Como viéramos en este capítulo, entre las diversas interpretaciones del enigma de las líneas de Nasca están la de María Reiche para quien representan un calendario astronómico y la de Erich von Daniken para quien representan un campo de aterrizaje para naves extraterrestres. Busque información adicional sobre estas líneas y elabore su propia teoría sobre su significado o argumente a favor o en contra de una de las anteriores.

3. Busque información adicional sobre el poeta chileno Vicente Huidobro y el creacionismo en la poesía y sobre el universalismo constructivo de Joaquín Torres García y escriba un ensayo comparando y contrastando ambas propuestas artísticas.

4. Escriba un ensayo sobre el rol que ha jugado el arte en Latinoamérica a través de las épocas.

5. Busque información adicional sobre el muralismo en Latinoamérica y escriba un ensayo estableciendo los objetivos de este tipo de arte y el momento político en el que en general se produce y argumentando a favor o en contra de este tipo de expresión artística.

6. Piense en un tema controversial; busque información adicional sobre el grabado de crítica social de José Guadalupe Posada y elabore una caricatura original que refleje su opinión crítica sobre el tema.

7. Escoja un pintor latinoamericano, busque información sobre su obra y pinte un cuadro original siguiendo su estilo. Preséntelo a la clase y pida que adivinen qué estilo está imitando.

CAPÍTULO XI

El cine

CAPÍTULO XI
El cine

I. Conteste las siguientes preguntas y luego compare sus respuestas con un compañero/a de clase. Cuando termine de estudiar el capítulo, después de completar la sección **¿Cuánto sabemos ahora?,** vea cuáles de sus respuestas iniciales estaban correctas.

1) El cine llegó a Latinoamérica alrededor de 1896-97.

Cierto o Falso

2) Debido al machismo, en las primeras películas latinoamericanas las mujeres tenían prohibido actuar.

Cierto o Falso

3) De los países de Latinoamérica el único que no ha desarrollado significativamente la industria del cine es Cuba.

Cierto o Falso

4) En los países latinoamericanos no se produjo ninguna película muda por lo tarde que llegó a estos países el cine.

Cierto o Falso

5) Hasta ahora, ninguna película latinoamericana ha sido ganadora del Oscar.

Cierto o Falso

6) *Amores Perros* es una realización:

        a) argentina
        b) mexicana
        c) cubana

7) En Latinoamérica todavía no se han hecho películas que traten una temática relativa a la población GLBT.

Cierto o Falso

8) *María llena eres de gracia* es una coproducción colombo-americana.

Cierto o Falso

9) Antonio Banderas es un conocido actor latinoamericano.

Cierto o Falso

10) El llamado "nuevo cine" es el que se produjo en Cuba después de la Revolución.

Cierto o Falso

CAPÍTULO XI
El cine

XI.1. Desarrollo de una industria

Pretender hablar sobre el cine latinoamericano como un todo es tarea casi imposible pues el cine llegó y se desarrolló como industria artística en forma diferente en cada país. Por un lado tenemos países como México, Argentina y Brasil que conocieron, con sus altas y bajas, un significativo desarrollo del cine como industria a través de su historia, y por otro, países como Uruguay, Paraguay, Ecuador y algunos países de América Central y del Caribe cuya producción de largo metrajes no ha sido reveladora. Entre estos dos extremos, existen países como Cuba, Venezuela, Uruguay, Chile y Colombia que no produjeron películas importantes por muchos años, pero que en las últimas décadas han conquistado su espacio dentro de la producción cinematográfica actual.

El cinematógrafo llegó al continente latinoamericano en el 1897 cuando los equipos enviados por los hermanos Lumière llegaron a hacer propaganda para su nuevo invento. Entre los países visitados estuvieron México, Argentina y Cuba. En sus comienzos, el cine que se produjo fueron cortometrajes de tipo documental y cuando se comenzó a hacer ficción se hacían películas cuyos temas y personajes estaban asociados al desarrollo de una identidad nacional como los charros mexicanos o los gauchos argentinos.

Uno de los obstáculos que limitó el desarrollo del cine en sus comienzos fue el costo de producción y la falta de un público suficientemente amplio que absorbiera esos costos. Sólo países como Argentina, México y Brasil, con una gran población urbana podían, en un comienzo, afrontar esa situación. Como bien apunta Michael Chanan en su artículo "Cinema in Latin America" sobre la correlación entre el colonialismo económico y la producción cinematográfica: "en la novela de Gabriel García Márquez, *Cien años de soledad*, el cine llega a Macondo en los mismos trenes que traen a la United Fruit Company".

Para los años veinte, justo cuando el cine local había comenzado a llegar a las clases populares en los grandes países, el mercado fue copado por películas producidas en Hollywood. Empresas norteamericanas, entre las cuales podemos mencionar a la Fox, Samuel Goldwyn y la Paramount, en busca de nuevos mercados después de la Primera Guerra Mundial, habían hecho de Brasil y Argentina mercados privilegiados para sus películas en desmedro de la producción nacional.

La llegada del cine sonoro hizo que la música popular y algunos cantantes famosos llegaran al celuloide. El primer gran cantante en protagonizar películas de largo metraje fue el argentino, Carlos Gardel célebre cantante de tangos cuya fama llegó a ser internacional.

Carlos Gardel, el zorzal criollo

En Brasil fue Carmen Miranda. Este tipo de películas, con cantantes como parte del elenco, lo veremos en más detalle en el panorama de cada país.

El cine que se produjo en los sesenta en los diferentes países compartía una estética de crítica social y de compromiso con los pueblos y sus valores que el cine latinoamericano no había conocido hasta ese momento. De ahí que se comenzara a llamarle "nuevo". Estas películas reflejaban los movimientos políticos y sociales de cambio que caracterizaron esos años. Además, marcaron una ruptura con la industria de cine influenciada por las producciones norteamericanas oponiéndole a ésta un cine de auténtica identidad nacional. Quizás ayudó también en la adjudicación del adjetivo nuevo la creación en Cuba del ICAIC (Instituto Cubano del Arte e Industria Cinematográficos) en marzo de 1959 y más adelante de la Escuela de Cine, Televisión y Video de San Antonio de los Baños que contó con el apoyo financiero del escritor colombiano, Premio Nobel de literatura, Gabriel García Márquez. La escuela ofrece educación universitaria en todas las áreas de la cinematografía.

El prestigio que el cine producido en la Cuba revolucionaria ganó en el exterior motivó a muchos estudiantes de los diferentes países latinoamericanos a ir a estudiar a Cuba. En adición, el Festival Internacional del Nuevo Cine Latinoamericano establecido en La Habana en 1979 se convirtió en foro de aprendizaje y de difusión de lo mejor de la producción cinematográfica latinoamericana de esa época. Al ICAIC también se le atribuye el haber ayudado a la promoción de las películas a través del desarrollo de afiches artísticos.

Antes que el Festival de La Habana, en Chile se había organizado el Festival de Viña del Mar en 1967, el que imprimió sello propio al nuevo cine latinoamericano. El Festival de La Habana en su XXIX edición le rindió merecido homenaje a su par el Festival de Viña del Mar por cuarenta años de labor en la difusión de lo mejor del cine de Latinoamérica.

El mismo rol que los festivales de Cartagena, el más antiguo del continente, inaugurado en 1960, y los de La Habana y de Viña, lo han tenido los que se fueron creando a través de los años a lo largo de los diferentes países, entre ellos el Festival Internacional de Cine de Mar del Plata; la Mostra Internacional de Cinema São Paulo; el Festival de Cine de Bogotá; el Festival Internacional de Cine de Santo Domingo; el Festival Cinematográfico Internacional de Montevideo y el Festival de Caracas.

Entonces, podemos decir que el nuevo cine latinoamericano estuvo compuesto de nuevos cines nacionales que compartían algunas características generales en común, pero que al mismo tiempo conservaban sus peculiaridades regionales; por ello se puede hablar del *cinema novo* en Brasil, o el nuevo cine cubano, o colombiano, o argentino y todas esas tendencias cabrían bajo la amplia sombrilla del nuevo cine latinoamericano.

XI.2. El cine latinoamericano en las postrimerías del siglo XX y comienzos del siglo XXI

A. Cine indigenista

En las postrimerías del siglo XX y comienzos del siglo XXI ha tomado auge en Latinoamérica el cine indígena como temática. Este tipo de película tiene como objetivo el presentar y defender la cultura, las tradiciones y los derechos de los pueblos indígenas de aquellos países con una actual población indígena de importancia: Bolivia, Brasil, Chile, Colombia, Ecuador, Guatemala, México y Perú.

Entre los filmes a temática indígena destacan *Venciendo el miedo*, una obra de ficción de María Morales de la comunidad aimará en Bolivia, que cuenta la historia de una mujer cuya familia abandona el altiplano en busca de una vida mejor. Teniendo como eje central la problemática boliviana de la coca tenemos *En nombre de nuestra coca*, de Humberto Claros (quechua/aimará), que narra la historia de un joven de la región de Chapareque quien debe servir en el ejército y asistir en la erradicación de la hoja de coca.

En Brasil se produce *Mi primer contacto* de Mari Correa y Kumaré Txicao, un recuento de la primera vez que el pueblo brasileño Ikpeng vio al "hombre blanco" en 1965 y del impacto irreversible que tuvo ese momento en la vida de este pueblo. También se produce *Cascada del jaguar* que relata cómo los líderes de la comunidad indígena Tariano del noroeste del Amazonas reviven sus prácticas sagradas años después de la evangelización de las misiones cristianas.

De México cabe resaltar *La cumbre sagrada* de Mariano Estrada (Tzeltal), producida por el Comité de Defensa de la Libertad Indígena Xinich, que aborda los conflictos sobre la tierra y los derechos de los pueblos indígenas de Chiapas, y *La tierra es nuestra esperanza: resistencia al Plan Puebla Panamá*, una mirada a la construcción de la carretera en el Istmo Huatulco, en Oaxaca, la que tendrá un impacto destructivo sobre miles de indígenas. En *Guardianes del maíz*, documental del realizador mexicano Guillermo Monteforte, se presenta el daño de la agricultura y la salud relacionadas con la incorporación de maíz modificado genéticamente en la Sierra Madre de Oaxaca.

De Chile podemos mencionar *De la tierra a la pantalla* de Juan Francisco Salazar, una coproducción con Australia, sobre tres comunicadores mapuches que exponen sus ideas a través de la radio, vídeo e Internet. Otra producción chilena es *Popol Vuh: mito de creación quiché maya*, animación con ilustraciones basadas en el arte maya.

De Perú vale destacar *Lima ¡Was!* de Alejandro Rossi. La misma presenta la competencia de baile hauylarsh, que celebra un antiguo ritual quechua aún practicado en estas comunidades.

De Colombia, el vídeo *Pa' poder que nos den tierra*, sobre la lucha del pueblo nasa por recuperar sus tierras, incluidas las recientes manifestaciones por parte de esta comunidad y las consecuentes represalias.

Finalmente, para cerrar este panorama del cine indígena de comienzos de siglo mencionaremos *Soy defensor de la selva* del ecuatoriano Eriberto Gualinga (sarayaku kichwa) sobre cómo las mujeres indígenas del Amazonas ecuatoriano están a la vanguardia de la resistencia a la exploración de petróleo por una compañía argentina, y *Sipakapa no se vende* del guatemalteco Álvaro Revenga que retrata el alto costo ambiental y de fuerza humana que la explotación minera del oro representa para las comunidades del municipio de Sipakapa, Guatemala.

B. En busca de una nueva identidad

En adición a la temática indigenista que representa de por sí una búsqueda de preservación de raíces, hay otro punto de encuentro en el cine que se está realizando actualmente en el continente. De acuerdo a la crítica especializada, las películas latinoamericanas presentadas en el Festival de La Habana del 2006 tuvieron como punto de encuentro la búsqueda de una identidad social colectiva a través del rescate de un momento individual de honda significación o de eventos históricos que marcaron un hito en la vida de los personajes.

Entre los filmes destacados podemos mencionar *Crónica de una fuga* de Adrián Caetano, argentino, basado en un episodio de la represión militar en Argentina que ganara el premio a la mejor edición. Un tema trillado, podemos pensar a primera vista, sin embargo Caetano lo vuelve único al presentarlo a través de la historia de un arquero de un equipo de fútbol que es encerrado en una casa y obligado a escaparse desnudo junto a otros tres presos en medio de una tormenta.

También, el ganador al tercer premio en documental, *Arcana*, del director chileno Cristóbal Vicente, quien partiendo del modo de vida que existía en el último año antes de que la cárcel de Valparaíso cerrara en abril de 1999 rinde homenaje a los tantos hombres que habitaron sus celdas en los 150 años que permaneció abierta.

En el mismo estilo se producen tres filmes en Cuba: *La edad de la peseta* dirigida por Pavel Giroud, en coproducción de Cuba, España y Venezuela. La película nos presenta la historia de un niño de diez años que se asoma por primera vez al amor dentro del marco de los acontecimientos de la Revolución cubana. Igualmente *Páginas del diario de Mauricio* de Manuel Pérez Paredes en la que a través de momentos de la vida del personaje penetramos al interior de las diversas crisis que ha atravesado Cuba en los últimos años. Y finalmente el documental *Existen*, ganador del premio a la mejor obra experimental, de Esteban Insausti que nos hace conocer la locura que se pasea por La Habana del presente a través del discurso de un enfermo mental.

Tres filmes de Brasil son también representativos de esta particular búsqueda de identidad: el tercer premio en la categoría de animación, *Los tres cerditos* de Claudio Roberto Guimaraes, el cuento infantil adaptado a la realidad brasileña; *Los 12 trabajos* de Ricardo Elias en el que un chico recién salido de un reformatorio intenta rehacer su vida y a través de su primer día de trabajo conocemos la realidad social y las redes que conectan a una amplia gama de personajes de Sao Paulo, desde los más anodinos hasta los más peligrosos: profesores, funcionarios públicos, abogados, policías y traficantes de droga entre otros; y finalmente, *De restos y soledades*, mención especial en la categoría documental de Petrus Carirg donde a través de una anciana de setenta años vemos pasar el presente y pasado inmemorial de la ciudad fantasma de Cococi.

Un último ejemplo de este tipo de cine presentado en el Festival de La Habana es la coproducción de España y Perú *Mariposa negra* dirigida por Francisco Lombardi la que parte del deseo de una mujer de descubrir la verdad sobre la muerte de su novio, un juez, y nos lleva al mundo de la corrupción administrativa que atraviesa el Perú.

C. El cine GLBT

Este panorama del cine latinoamericano estaría incompleto si no mencionamos el cine LGBT. Como vimos en el capítulo dedicado a la realidad de esta población en Latinoamérica, éste es un grupo en creciente expansión en nuestro continente y muy activo en luchar por sus derechos. La presencia de una temática LGBT en el cine ha ido aumentando a través de los años, en gran parte, gracias a la difusión que los festivales LGBT han dado a estas películas y al hecho de que la calidad artística de muchas de ellas las han llevado a ser juzgadas no sólo por la temática novedosa o atrevida que presentan sino por su calidad cinematográfica y a ser premiadas por festivales internacionales de cine.

La temática abordada no es solamente educativa con respecto a esta población, sino a su realidad cotidiana. Argentina y México son los países donde más películas con temática o que incluyen personajes gay se han producido.

En adición a las películas ya nombradas en el capítulo sobre la realidad LGBT en Latinoamérica, en un recorrido somero por los últimos años de esta filmoteca podemos mencionar: *Adiós, Roberto* (1985) dirigida por Enrique Dawi sobre la vida de un hombre que al separarse de su mujer necesita un lugar donde quedarse y va a vivir con Marcelo desconociendo la orientación sexual del mismo; *Otra historia de amor* (1986) dirigida por Américo Ortiz de Zárate sobre un joven que se enamora de su jefe, un hombre de negocios casado y con dos hijos; *No se lo digas a nadie* (1998) dirigida por Francisco J. Lombardi basada en la novela de Jaime Bayly sobre el ser gay y de buena familia en Perú o en cualquier país de Latinoamérica.

Comenzando la década del 2000 tenemos: *La virgen de los sicarios* (2000) dirigida por Barbet Schroeder y basada en el libro semiautobiográfico de Fernando Vallejo sobre un escritor adulto y su relación amorosa con un joven sicario asociado al narcotráfico en Medellín, Colombia. La película está enmarcada en la extremada violencia que consume a ese país; *Plata quemada* (2000) dirigida por Marcelo Piñeyro y basada en un hecho real sobre una pareja, Nene y Ángel, dos gánsteres y amantes, que llevan a cabo el asalto más grande de la historia de Argentina; *Tan de repente* (2002) dirigida por Diego Lerman, basada en la novela *La prueba* de César Aira, sobe una ingenua joven vendedora de ropa interior femenina que se ve envuelta con una pareja de lesbianas y las vidas de las tres se ven afectadas de maneras inesperadas.

También están *Muxes, auténticas, intrépidas buscadoras de peligro* (2005) dirigida por Alejandra Islas sobre la vida de un grupo de homosexuales zapotecas de Juchitán, México, quienes intentan conservar su identidad como zapotecas gays y luchar contra el SIDA en Oaxaca; *Ronda nocturna* (2005) dirigida por Edgardo Cozarinsky sobre la historia de un adolescente de la calle enfrentando peligros inexplicables; *Un año sin amor* (2005) dirigida por Anahí Berneri, basada en la novela de Pablo Pérez, sobre un escritor con SIDA en busca de una cura y de relaciones humanas en los hospitales y clubes gays de Buenos Aires; *Unipersonal* (2005) dirigida por Dennis Smith: 6 cortos reunidos bajo la temática "unipersonal"; *Sensaciones: historia del SIDA en la Argentina* (2006) documental del director Hernán Aguilar; y *XXY* (2007) dirigida por Lucía Puenzo sobre la historia de una adolescente intersexual y cómo su familia trata de entender y de hacer frente a esta situación. Esta película ganó el premio de la crítica del Festival de Cannes en el 2007.

Como podemos notar, del realismo crudo que caracterizó las películas de los noventa y comienzos de los 2000 tal parece que el cine latinoamericano está en busca de nuevos derroteros en los que resaltar una identidad colectiva nacional a través de lo personal, de aquellos momentos históricos que nos han marcado como individuos. Al mismo tiempo, se sientan las bases de un cine que tiene que contar con la presencia de la población GLBT y su realidad como parte integrante de la sociedad latinoamericana.

D. Siglo XXI: demarcación de nuevos derroteros

En mayo del 2010 la prensa latinoamericana destacaba el hecho de que más de 20 películas de Latinoamérica estarían presentes en la 63 edición del reconocido Festival de Cannes, tanto en competencia como fuera de competencia.

La presencia mexicana fue significativa, lo que permite presagiar que México puede volver a convertirse en la meca del cine que fue en la primera mitad del siglo pasado. En primer lugar, el actor mexicano Gabriel García Bernal, fue nombrado presidente del jurado que concedió la Cámara de Oro, el premio al mejor primer largometraje, lo que representa de por sí un reconocimiento. En segundo lugar, de las 20 películas en representación de Latinoamérica, la mayoría fueron mexicanas, entre ellas, *Biutiful*, dirigida por Alejandro González Iñárritu que compitió por la Palma de Oro y cuyo protagonista, Javier Badem, recibió el premio a la mejor interpretación masculina; *Abel*, dirigida por Diego Luna; *Revolución*, (distintos directores) 10 miradas a la Revolución mexicana en su centenario, *Año bisiesto* de Michael Rowe, premio Cámara de oro; y *Señora Pájaro*, cortometraje de Veronique Decroux y Julio Bárcenas.

Argentina estuvo presente con *Los labios*, de Iván Fund y Santiago Loza, cuyas protagonistas, Adela Sánchez, Eva Bianco y Victoria Raposo, recibieron el premio a la mejor interpretación femenina; *Carancho*, de Pablo Trapero y *La mirada invisible* de Diego Lerman. Perú, por *Octubre*, ópera prima de los hermanos Daniel y Diego Vega, premio del jurado; y Uruguay, por Gustavo Hernández con *La casa muda*. Brasil marcó su presencia con *Alegría*, de Marina Meliande y Felipe Braganza; y *5xFavela*, combinación de cinco cortos de realizadores brasileños de las favelas formados por el realizador Carlos Diegues; y Chile con *Nostalgia de la luz*, de Patricio Guzmán.

De los 9 cortometrajes de entre 10 y 15 minutos que compitieron por la Palma de Oro, cuatro fueron latinoamericanos: *Blokes*, de la chilena Marialy Rivas, *Maya* del cubano Pedro Pío Martín Pérez, *Rosa*, de la argentina Mónica Lairana y *Estaçao* de la brasileña Marcia Faria.

Otras películas que ganaron premios y reconocimiento internacional entre el 2008 y el 2010 son las siguientes:

2008: *Che, el argentino* (Steven Soderbergh) con Benicio del Toro como el Che, actuación que le valió el premio al mejor actor en Cannes; *El camino*, opera prima de la cineasta costarricense Ishtar Yacin, película donde se mezclan la ficción y el documental en la historia de una niña de 12 años que escapa de su Nicaragua natal en busca de su madre quien emigró a

Costa Rica; *Rudo y cursi* de Carlos Cuarón, la historia de dos hermanos que trabajan en una platanera en un pueblo de México, uno soñando con convertirse en futbolista y el otro con ser un reconocido cantante; *Desterrados*, cortometraje de 43 minutos de Juan Mejía Botero, documental que le pone un rostro humano a la tragedia de los desplazados en Colombia a través de la lucha de una madre, Noris Mosquera, por ayudar a su hijo a realizar su sueño de dejar el campo de refugiados donde viven para probar suerte jugando fútbol en Bogotá; *La Rabia*, cuarto film de la directora argentina Abertina Carri que trata de la historia de una niña muda y su vecinito, un niño que intenta protegerla a pesar de la oposición de los padres, en al marco de la belleza rústica del campo.

2009: *Gigante* opera prima de Adrián Biniez, argentino radicado en Uruguay, que cuenta la historia de Jara, guardia nocturno de seguridad de un supermercado que se enamora de una chica que limpia en el lugar a quien espía a través de las cámaras de vigilancia; *El secreto de sus ojos* de Juan José Campanella, que ganó, entre otros premios, el Oscar (segunda película latinoamericana y argentina en recibir el galardón), el Goya y el Ariel a la mejor película extranjera y el Premio especial del jurado en el Festival de La Habana, siendo además la película más taquillera en Argentina en el 2009 y la segunda más taquillera en la historia del cine argentino; *La nana*, de Sebastián Silva (Chile), que describe el día a día de Raquel, una criada introvertida en la casa de una familia de clase alta chilena. Cuando su patrona contrata otra nana para que la ayude, Raquel le hará la vida imposible a ella y a la siguiente, hasta que la tercera criada contratada, Lucy, le cambia la vida; *La teta asustada* de Claudia Llosa, Perú, la historia de Fausta, quien padece de una rara enfermedad llamada en los Andes la enfermedad de la teta asustada que le fuera transmitida por su madre. Según la comunidad, esta enfermedad era transmitida por la leche materna de mujeres que habían sido violadas durante la gestación y la lactancia en la época del terrorismo en Perú; *El niño pez* de Lucía Puenzo, argentina, directora de la varias veces premiada *XXY*, una historia de amor entre Lala, una chica de clase alta y su empleada doméstica paraguaya, La Guayi, la que aborda, entre otros temas, algunas leyendas guaraníes y el tabú del incesto; *Cinco días sin Nora*, opera prima de Mariana Chenillo, mexicana: Nora, mujer de edad, quien con anticipación a su suicidio, cuidadosamente pone una mesa con una preciosa vajilla de porcelana y deja establecido un plan para su velorio, entierro y la reunión familiar de despedida; *El traspatio*, dirigida por Carlos Carrera, mexicano, (*El crimen del padre Amaro*): dos mujeres independientes: Blanca Bravo, policía idealista, recién llegada a Ciudad Juárez, enfrentada a la epidemia local de jóvenes muertas, se avoca a investigar los asesinatos con tesón, lo que la lleva a descubrir una sociedad enferma en la que pocos quieren abrir los ojos y ver qué sucede a su alrededor y a encontrarse con Juanita Sánchez, de 17 años, quien llega de Cintalapa, Tabasco, a trabajar en la maquila; ***Viajo porque necesito, vuelvo porque te amo*** (Brasil), de Marcelo Gómes y Karim Aïnouz, la historia de un geólogo de 35 años, José Renato, quien es enviado a una expedición a Sertão, un área árida del noreste de Brasil con el objetivo de evaluar posibles rutas para la construcción de un acueducto para el único río de la región aún con agua lo que para muchos de los habitantes de la región representa la posibilidad de un futuro más próspero mientras que para aquellos que viven cerca del canal, implica expropiación y pérdida; ***Huacho***, de Alejandro Fernández Almendras (Chile), una mirada a la vida del campesino del sur de Chile, huacho (abandonado) a su suerte y espíritu de supervivencia frente al progreso que ha conocido el país; ***El vuelco del cangrejo***, de Oscar Ruiz Navia, Colombia: en un alejado pueblo del Pacífico colombiano, Cerebro, líder de los nativos afrodescendientes, mantiene fuertes enfrentamientos con El paisa, terrateniente que planea la construcción de un hotel en la playa. Daniel, un turista extraño y silencioso, queda atrapado en el sitio esperando una lancha clandestina que pueda sacarlo del país; ***Rabia***, del ecuatoriano Sebastián Cordero, adaptación de la novela homónima de Sergio Bizzio que cuenta la historia de José María y Rosa inmigrantes suramericanos en España, él albañil y ella empleada doméstica; la huida de José tras la muerte accidental del capataz donde trabaja y su lucha por un amor imposible.

Todavía es muy temprano para llegar a conclusiones sobre aquello que caracterizará el renacimiento del cine como industria en Latinoamérica. De lo que no hay lugar a dudas es del buen estado de la industria cinematográfica en el continente y de la diversidad, vitalidad y creatividad que este arte manifiesta en la primera década del siglo y de su calidad indiscutible reflejada en el reconocimiento regional e internacional de sus cineastas y obras.

XI.2. Panorama histórico por países

Como el desarrollo del cine dependió y todavía depende de las circunstancias políticas y económicas propias a cada país proponemos el siguiente panorama breve del desarrollo y el estado actual del cine en diversos países. Primero hablaremos en detalle de México, Argentina y Brasil y luego de una manera menos detallada de los otros países.

A. México

Fue el primer país latinoamericano en desarrollar una fuerte y reconocida industria de cine. Una razón que se esgrime para ello es la cercanía con Hollywood, donde estaban localizadas las más importantes compañías de filmación norteamericanas. Cuando el cine hablado comenzó, estas compañías comenzaron a hacer versiones al español de las películas producidas para competir en los crecientes mercados latinoamericanos y contrataban mucho personal del otro lado de la frontera el que se fue formando en la técnica, la que fueron exportando a su país.

Algunos de los primeros cineastas mexicanos lo fueron Salvador Toscano (desde 1898); Guillermo Becerril (desde 1899); los hermanos Stahl y los hermanos Alva (desde 1906) y Enrique Rosas (desde 1906). Dentro del marco de la Revolución mexicana se desarrolló la filmación; éste fue el primer gran acontecimiento histórico que se documentó en la pantalla y el que se mantuvo, por así decirlo, en cartelera durante el lapso de alrededor de diez años que duró la Revolución.

La primera película de ficción del cine mudo filmada en México data de 1907, *El grito de Dolores o La independencia de México* de Felipe de Jesús Haro. El primer largometraje fue *La luz, tríptico de la vida moderna* de J. Jamet probablemente el seudónimo de Manuel de la Bandera, que data de 1917 y que basaba su argumento en un personaje femenino, la "diva". Esta película llevó a la fama a la actriz mexicana Emma Padilla. Pero la que se recuerda como la más célebre película del cine mudo mexicano data de 1919, *El automóvil gris*, último filme de Enrique Rosas.

Se cree que la primera directora de películas del cine mexicano fue Mimí Derba quien en 1917 fundó una compañía de producción que más tarde se conocería como Azteca Films junto con el camarógrafo Enrique Rosas. *La tigresa* (1917) fue la única película en que Derba no actuó por lo que muchos historiadores del cine piensan que fue su directora. En los años veinte encontramos a las hermanas Adriana y Dolores Elhers quienes filmaron documentales.

No es sino hasta 1931 que se realiza la primera película sonora en México, una película llamada *Santa* con la actriz Lupita Tovar. Entre 1932 y 1936 la incipiente, pero firme industria nacional del cine produjo alrededor de cien películas. La película que le dio carácter definitorio al cine de la llamada "época de oro del cine mexicano" fue *Allá en el Rancho Grande* (1936) de Fernando de Fuentes. El filme contenía los ingredientes de lo que definiría una producción con éxito de taquilla asegurado: melodrama y canciones rancheras que punteaban la acción. Este fue el primer filme mexicano en tener exposición y reconocimiento internacional ganando el premio a la mejor fotografía del Festival de Venecia en 1938. También se presentó en los Estados Unidos en una versión con subtítulos.

Dos mujeres directoras de los años treinta fueron Adela Sequeyro con *Más allá de la muerte* (1935), *La mujer de nadie* (1937) y *Diablillos de arrabal* (1938); Elena Sánchez Valenzuela con *Michoacán* (1936) y Matilde Landeta con *Adán, Eva y el diablo* (1944) como asistente de dirección y *Lola Casanova* (1948) como directora. Antes de 1944 Landeta fue asistente de dirección en tres películas por las que no se le dio crédito.

La Segunda Guerra Mundial benefició el panorama del cine mexicano pues la competencia del cine norteamericano era menos fuerte. Esto contribuyó al surgimiento de nuevos directores y sobre todo de una pléyade de actores, representantes de la cultura popular, que engalanaron (engalanar: *to adorn*) las pantallas del cine mexicano, y que lo popularizaron en todos los países de habla hispana, entre ellos María Félix, Mario Moreno "Cantinflas", Pedro Armendáriz, Jorge Negrete, Sara García, Fernando y Andrés Soler, Arturo de Córdova, Dolores del Río y la argentina Libertad Lamarque.

El cine entre 1940 y 1950 estuvo marcado por un tema recurrente: la chica de provincia que llega a la capital en busca de mejores oportunidades, cae víctima de la maldad imperante en la gran urbe y es condenada a prostituirse para sobrevivir hasta que finalmente es redimida por un alma buena. Dos de las más famosas películas de esta época tienen títulos muy sugestivos, *Nosotros los pobres* y *Ustedes los ricos* ambas de 1947 y ambas teniendo como protagonista a Pedro Infante.

La llegada de la televisión en la década del cincuenta, en cierto sentido dio muerte a esta época de oro del cine; un nuevo tipo de cine comenzó a surgir influenciado por la presencia en México del cineasta español Luis Buñuel así como por los programas de lucha libre en la televisión que le dieron a ese deporte carácter de espectáculo. En México Buñuel realizó algunas de sus más logradas películas: *Los olvidados, Susana (Carne y demonio)* (1950), *Subida al cielo* (1951), *Él* (1952), *La ilusión viaja en tranvía* (1953), *Ensayo de un crimen* (1955), *Nazarín* (1958) y *El ángel exterminador* (1962).

A partir de los sesenta la influencia de Hollywood se dejó sentir a nivel del público, las salas que pasaban películas mexicanas se vaciaron y las películas norteamericanas ganaron al público nacional, a excepción de los sectores más cultos de la población que favorecían el cine europeo. Fue para estos años, en 1963 precisamente que se fundó la primera escuela oficial de cinematografía en el país, el Centro Universitario de Estudios Cinematográficos que dependía de la Universidad Nacional Autónoma de México (UNAM).

Así comenzó a surgir en el ambiente mexicano un cine independiente experimental que tendría su apogeo en los años setenta y ochenta. Esta década vio la estatización de la industria cinematográfica mexicana. En 1972 se reconstituyó la Academia Mexicana de Artes y Ciencias Cinematográficas y se estableció la entrega de un premio nacional, el Ariel; en 1974 se inauguró la Cinemateca Nacional; y en 1975 se creó el Centro de Capacitación Cinematográfica y se fundaron tres empresas de producción: Conacine, Conacite I y Conacite II.

Las películas producidas en esta década rompen con estereotipos anteriormente establecidos y buscan la compatibilidad entre calidad y éxito de taquilla. Entre los filmes de éxito de esta década podemos destacar *El castillo de la pureza* de Arturo Ripstein y *El rincón de las vírgenes* de Alberto Isaac (1972); *Canoa* de Felipe Cazals, *La pasión según Berenice* de Jaime Humberto Hermosillo y *El apando* (1975) de Felipe Cazals; *Actas de Marusia* del director chileno Miguel Littin (1975) y *Los albañiles* de Jorge Fons (1976).

A mediados de los setenta y comienzos de los ochenta se produjeron dos fenómenos, el primero, lo que los críticos han llamado el "cine fronterizo" o "cabrito western" que reflejaba la realidad particular de la gente que vive en la frontera entre México y los Estados Unidos. Este cine, influenciado por los famosos "westerns" americanos no se distinguió por la calidad artística de las películas sino por el arraigo que causaba en su audiencia la que llenaba las salas. Películas como *Contrabando y traición* (1976) de Arturo Martínez (1976), *Pistoleros famosos* de José Loza Martínez (1980), *Lola la trailera* de Raúl Fernández (1983) y *El traficante* de José Luis Urquieta (1983) pertenecen a esta época.

El segundo fenómeno que se produce es el surgimiento de un número significativo de directoras, entre ellas Marcela Fernández Violante cuya primera película importante fue *Cananea* filmada en 1976.

La crisis económica de los ochenta tuvo su incidencia en la industria cinematográfica. Se produjeron escasas películas de calidad artística. La gran mayoría de las películas en ganar el prestigioso premio Ariel en muchas ocasiones no alcanzaron a exhibirse en cines comerciales; no había público para ellas. A pesar de la crisis el número de mujeres cineastas aumentó en esta década. Podemos mencionar a María Elena Velasco Fragoso, Dana Rotberg Goldsmith, Guita Schyfter Lepa y Marise Sistache Perret cuya producción se prolongó durante las décadas posteriores.

En el 1992, aparece una luz al final del túnel la que pone al cine mexicano otra vez sobre sus rieles. La película *Como agua para chocolate* de Alfonso Arau basada en la novela del mismo título de Laura Esquivel y ganadora del Ariel rompió record de taquilla tanto en la capital como en otras ciudades importantes. Esta película dio la vuelta al mundo y marcó un viraje en el cine mexicano no sólo hacia un cine de calidad sino hacia un reencuentro con el público nacional.

A *Como agua para chocolate* le siguieron otras películas dignas de mención como *La tarea* de Jaime Humberto Hermosillo (1990), *Danzón* de María Novaro (1991), *La mujer de Benjamín* de Carlos Carrera (1991), *Sólo con tu pareja* de Alfonso Cuarón (1991), *Cronos* de Guillermo del Toro (1992), *Miroslava* de Alejandro Pelayo (1993), *Entre Pancho Villa y una mujer desnuda* de Sabina Berman e Isabelle Tardán (1995), *En el país de no pasa nada* de María del Carmen de Lara Rangel (2000) y *Sin dejar huella* de María Novaro (2000), una coproducción con la televisión española que tuvo distribución internacional.

Este renacer, sin embargo vino acompañado del siguiente problema: algunos de los cineastas más talentosos que han triunfado en el exterior como lo hiciera Alfonso Arau, han abandonado el país para desarrollar una carrera en el extranjero. Entre los más reconocidos directores mexicanos del momento se encuentran: Alejandro González Iñárritu (*Amores perros*, 2000; *21 gramos*, 2003; *Babel* 2006), Alfonso Cuarón (*Y tu mamá también*, 2001; *Harry*

Potter y el prisionero de Azkaban, 2004; *Hijos de los hombres*, 2006; *Paris, je t'aime*, segmento "Parc Monceau", 2005), Carlos Carrera (*El crimen del Padre Amaro*, 2002), Guillermo del Toro (*Blade II*, 2002; *Hellboy*, 2004; *El laberinto del fauno*, 2006) y Luis Mandoki (*Cuando un hombre ama a una mujer*, 1994; *Mensaje en una botella*, 1999; *Atrapada*, 2003; *Voces inocentes*, 2004; *Fraude: México 2006*, documental, 2007).

Lo mismo ha sucedido con un significativo número de actores que han emigrado a los Estados Unidos por las oportunidades de trabajo que se han producido gracias a la nueva estrategia de mercadeo del cine hollywoodense de incluir personajes de descendencia latina en sus películas o hacer películas sobre personajes históricos o legendarios latinoamericanos como *Frida*, basada en la vida de Frida Khalo o *Zorro*.

Esto ha provocado lo que el crítico mexicano Gustavo García ha descrito como cine mexicano "en el exilio"; en el 2007 hubo un total de 16 nominaciones para el Oscar de directores, actores, fotógrafos y guionistas mexicanos. Alejandro González Iñárritu fue nominado como mejor director por *Babel*, película que tuvo nominaciones en seis otras categorías incluyendo las de mejor película y mejor guión (de Guillermo Arriaga), y la de la actriz Adriana Barraza como mejor actriz de reparto. *El laberinto del fauno*, de Guillermo del Toro, optó al Oscar de mejor película de habla no inglesa y *Los hijos de los hombres*, de Alfonso Cuarón al premio de mejor guión adaptado y mejor fotografía por un trabajo de Emmanuel Lubezki quien competirá también con Guillermo Navarro, fotógrafo de *El laberinto del fauno*. Aunque en el certamen no todos los nominados fueron galardonados (de los mencionados solo Guillermo del Toro obtuvo la estatuilla a la mejor fotografía) la nominación muestra el reconocimiento al talento mexicano en el extranjero.

Sin embargo, a pesar de esta deserción, el cine mexicano hecho en México sigue vivo. En la ceremonia de entrega de premios Ariel del 2006 participaron 16 películas producidas en México, tres de las cuales estuvieron nominadas al Ariel de oro. Entre los directores emergentes que se destacan están: Antonio Serrano: *Sexo, pudor y lágrimas* (1999), *La hija del caníbal* (2003) y *Cero y van cuatro* (2004); Juan Carlos de Llaca, *Por la libre* (2000); Carlos Reygadas: *Japón* (2001), *Batalla en el cielo* (2005), *Luz silenciosa* (2007), premio del jurado del Festival de Cannes y Premio Coral del Festival de La Habana 2007; Julián Hernández: *Mil nubes de paz cercan el cielo, amor, jamás acabarás de ser amor* (2002), *Cielo roto* (2006); Fernando Eimbcke: *Temporada de patos* (2004), Premio Ariel a la mejor película, *Perro que ladra* (2005) y *Lake Tahoe* (2008); Ricardo Benet: *Noticias lejanas* (2004), ganadora del Astor de Oro en el Festival de Mar del Plata en el 2006; Amat Escalante: *Amarrados* (2002), *Sangre* (2004) y *Los bastardos* (2008) y Paul Leduc: *Bartolo y la música* (2003) y *Cobrador: In God We Trust* (2006); Gael García Bernal, en su debut como director: *Déficit* (2007).

Como podemos ver, a pesar de la falta de verdadero apoyo gubernamental y de dificultades de exhibición y distribución, el cine mexicano
mantiene su presencia dentro de la cinematografía internacional. Una iniciativa que fortalecerá, sin duda, la industria cinematográfica mexicana será la
concretizada por Alfonso Cuarón, Guillermo del Toro y Alejandro González
Iñárritu durante el Festival de Cannes en el 2007: la fundación de la compañía productora CHA, CHA, CHA films la cual firmó un contrato comercial con Universal Pictures para el financiamiento de sus primeras cinco
películas.

B. Argentina

Los historiadores del cine mudo en Argentina coinciden en que se
filmaron en el país alrededor de doscientas películas durante esa época, es
decir desde la llegada del cinematógrafo a fines del siglo XIX hasta fines de
los años veinte. Entre éstas cabe destacar *La muchacha del arrabal* y *Buenos
Aires, ciudad de Ensueño* (1922), y *La costurerita que dio aquel mal paso* (1926)
todas dirigidas por el "Negro" Ferreyra. El tema de la chica provinciana pobre que llega a la ciudad y es devorada por la misma, que tan famoso se
hizo en el cine mexicano de los años cuarenta fue anteriormente explotado
en Argentina en la época del cine mudo. En 1931, Ferreyra hizo una película
llamada *Muñequitas porteñas* en la que experimentó con el uso del sonido
sincronizado grabado en discos fonográficos.

Sin embargo, aunque durante esta época se filmaron tantas películas,
no fue sino hasta la llegada del cine sonoro en 1933 que comenzó a surgir en
el país una verdadera industria de cine la que se cotizó altamente en todos
los países de habla hispana. Es en ese año que nace la compañía de producción Argentina Sono Film que debuta con la producción de la película *Tango*
de Luis Moglia Barth, la que resultó ser el primer largometraje sonoro argentino y en la que comenzara su brillante carrera Libertad Lamarque quien
llegó a ser conocida como "la novia de América".

En los años cuarenta, para contrarrestar la invasión de películas producidas en los Estados Unidos y fortalecer la industria nacional se aprobaron leyes en defensa del cine que establecían obligatorio el presentar películas argentinas y el contratar exclusivamente personal técnico y artístico nacional. El gobierno de Juan Domingo Perón en su primera etapa (1946-55)
puso por su parte en vigor una especie de censura al contenido de las películas. En 1942 se filmó *La guerra gaucha* de Lucas Demare que se convirtió en
un clásico del cine argentino. Para que apreciemos la calidad del cine argentino de esta época es importante mencionar que la película *Dios se lo pague*
de Luis César Amadori filmada en 1948 fue la primera película en la historia
del cine de este país en ser nominada al codiciado Oscar.

La primera escuela de cine, el Instituto Nacional de Cinematografía
se funda en 1957, seis años antes que en México; al igual que en México, la

llegada de la televisión afectó adversamente la industria del cine.

Uno de los directores argentinos y latinoamericanos más importantes actualmente es Fernando Birri, quien debutó en el cine en 1955. Luego de estudios en Italia y de alcanzar un cierto reconocimiento internacional por su trabajo fue nombrado en 1986 director de la Escuela Internacional de Cine de Cuba. La primera película que dirigió allí se llamó *Un hombre muy viejo con unas alas enormes* (1988) basada en el cuento del mismo título de Gabriel García Márquez.

Los años sesenta y setenta, marcados por la dictadura que se instaló en el país no fueron muy favorables al cine, pero los años ochenta, con el regreso de la democracia, fueron testigos de un resurgimiento del cine de calidad. Hace su aparición, además una directora, María Luisa Bemberg cuya película *Camila* (1984) tuvo un gran éxito comercial y también fue nominada para el Oscar. Otras películas de María Luisa Bemberg son *Miss Mary* (1986) *Yo la peor de todas* (1991) basada en la vida de la primera gran escritora latinoamericana, la monja mexicana Sor Juana Inés de la Cruz, y *De eso no se habla* (1993). Sus películas nos presentan mujeres de extraordinaria personalidad.

Al año siguiente salieron *Hombre mirando al Sudeste* de Eliseo Subiela y la primera película argentina en ganar el Oscar a la mejor película extranjera, *La historia oficial* que trata el doloroso tema de los desaparecidos bajo la dictadura militar, y *La noche de los lápices* de Héctor Olivera (1987).

De los años noventa y comienzos del siglo XXI mencionaremos algunos cineastas que se han distinguido: Marcelo Piñeyro: *Tango feroz* (1992), *Caballos salvajes* (1995), *Cenizas del paraíso* (1997), *Plata quemada* (2000), *Kamchatka* (2001) y *El método* (2005); Juan José Campanella: *El hijo de la novia* (2001), *Luna de Avellaneda* (2004); Albertina Carri: *Los Rubio* (2003), *Géminis* (2004); Paula de Luque: *El vestido* (2008); Paula de Luque y Sabrina Farsi: *Cielo azul, cielo negro* (2003); Daniel Burman: *El abrazo partido* (2004), *Derecho de familia* (2006), *Encarnación* (2007); Ariel Rotter: *Sólo por hoy* (2001) y *El otro* (2007), ganadora del tercer lugar en el XXIX Festival de La Habana; y Lucrecia Martel: *La ciénaga* (2001), premio NHK del Festival de Cine Independiente de Sundance, el Grand Prix del Festival de Cine Latinoamericano de Toulouse y el premio a mejor película y mejor director del Festival de Cine de La Habana, *La niña santa* (2004), *La mujer sin cabeza* (2008). Entre el 2000 y el 2008 se dan también las excelentes producciones de Alberto Lecchi: *Nueces para el amor* (2000); *El juego de Arcibel* (2003) y *Una estrella y dos cafés* (2006) Premio de la Crítica especializada, Premio Especial del Público y Premio del Jurado en el Festival de cine de Viña del Mar en el 2006; *No mires para abajo* de Eliseo Subiela (2008).Películas todas ejemplo de la alta calidad que recuperó el cine argentino con el regreso a la democracia y que lo sigue distinguiendo a nivel internacional.

C. Brasil

Brasil fue el tercer país latinoamericano en conocer un gran desarrollo de la industria cinematográfica. En los años de 1900 el país ya contaba con veintidós salas de cine en la capital lo que en esa época representaba un número importante.

Una de las características del cine mudo brasileño es la ausencia de negros en las películas. En las décadas de los treinta y los cuarenta eso cambió un poco y vemos sobre la escena actores negros y mulatos como el "Gran Otelo" en roles de malandro (pícaro brasileño) y la exótica Carmen Miranda quien en 1933 protagonizó *La voz del Carnaval* para los estudios Cinedia de Río de Janeiro.

Como parte de la política hollywoodense de búsqueda de mercado en Latinoamérica para sus películas, Carmen Miranda hizo una carrera exitosa en Hollywood; quienes han visto sus películas la recordarán por sus llamativos sombreros adornados de frutas tropicales y su voz y bailes con ritmo de conga. Su primera película para la Twentieth Century Fox fue *Serenata argentina* de Irving Cummings (1940). En esta época surgió también la chanchada, versión brasileña de la comedia musical.

Para reconocimiento más allá de sus fronteras el cine brasileño tuvo que esperar más que el mexicano o el argentino. La primera película brasileña en ser exhibida internacionalmente, luego de haber ganado el premio a la mejor música en el festival de Cannes fue *O Cangaceiro*, de Lima Barreto, 1953.

En 1958 una coproducción franco-brasileña bajo la dirección de Marcel Camus llevó al cine *Orfeo Negro* basada en la obra teatral *Orfeu do Carnaval* de Vinicius de Moraes que a su vez retomaba el mito griego de Orfeo y lo situaba en el contexto de la sociedad brasileña. A pesar de que esta película todavía jugaba con el Brasil tropical estereotipo de "tarjeta postal", ritmo, samba, hermosos paisajes y carnaval, fue un éxito de taquilla y al igual que *O Cangaceiro* contribuyó al reconocimiento internacional del cine hecho en Brasil. Además ganó varios premios como mejor película, entre ellos del Festival de Cannes y del de Venecia en 1959, así como el Oscar a la mejor película extranjera ese mismo año. Las películas producidas a partir de los sesenta acrecentaron el reconocimiento internacional del cine, pero esta vez por diferentes razones, las que llevaron más adelante a llamar esta cinematografía cinema novo.

El cinema novo, como mencionáramos anteriormente favorece una temática relacionada a la pobreza en Brasil situando las películas sobre todo en las grandes ciudades y en la seca y pobre zona nordeste del país. Sabemos que los años sesenta en el mundo entero fueron años de movimientos revolucionarios por la reivindicación de los derechos de los grupos desfavorecidos en la sociedad. El cinema novo se hace eco de ese sentimiento sirviendo así de modelo a cineastas de otros países latinoamericanos. La pobreza se presenta como parte de una realidad tal como es y afecta a quienes la viven, y no sublimizada, como dentro del cine mexicano. Fue un mensaje que inspiraría a directores latinoamericanos, como por ejemplo el chileno Miguel Littin, a plasmar en la pantalla el dolor colectivo de la América Hispánica.

Entre los directores conocidos de estos primeros años se encuentran Anselmo Duarte, *El Pagador de Promesas*, ganadora de la Palma de Oro en el festival de Cannes en 1962, Glauber Rocha; *Dios y el diablo en la tierra del sol*, 1964; *Tierra en transe*, 1967; *Antonio das Mortes*, 1969; Nelson Pereira dos Santos, *Vidas secas*, 1963, Ruy Guerra, *Los fusiles*, 1963; y Joaquim Pedro de Andrade *Macunaíma*, 1969.

Ni los años setenta marcados por dictaduras militares ni los ochenta del gobierno civil de Fernando Collor de Mello fueron favorables al desarrollo del cine brasileño.

A fines de los setenta y durante los ochenta se distinguieron algunos directores como Bruno Barreto, *Doña Flor y sus dos maridos*, 1976, teniendo como protagonista a Sonia Braga; Carlos Diegues, *Bye Bye Brazil*, 1980 y *Vendrán días mejores*, 1989; Héctor Babenco, *Pixote* (1981). Tanto Barreto como Braga dejaron el país y vinieron a los Estados Unidos donde han desarrollado sus carreras.

Películas representativas de los noventa son sin duda *Tierra extranjera* de Walter Salles y Daniela Thomas, 1995; *Anahy de las Misiones*, 1997 y *Central de Brasil*, 1998, ganadora del Oscar a la mejor película extranjera, de Sérgio Silva.

Frente a un panorama de casi desaparición del cine brasileño por falta de apoyo financiero, el gobierno de Lula da Silva decretó la ley audiovisual que, entre otras cosas, les dio incentivos fiscales de reducción de impuestos a las empresas que inviertan en el cine nacional. También se ha invertido bastante en la promoción en el extranjero de las películas brasileñas. Hoy en día se producen en Brasil entre 40 y 50 películas al año, y una nueva generación de cineastas y cosecha de películas de calidad artística reconocida a nivel internacional comienza a producirse. Dos ejemplos son *El hombre que copiaba* de Jorge Furtado, 2002 y *El otro lado de la calle* de Marcos Bernstein, 2003. En el 2008 Brasil participó en el XXIX Festival Internacional del Nuevo Cine Latinoamericano realizado en La Habana con 34 películas. El filme *El año que mis padres salieron de vacaciones* de Cao Hamburguer ganó el segundo premio a la mejor película; *La casa de Alice*, de Chico Texeira, recibió el premio Coral a la mejor ópera prima. Igualmente, dos jóvenes cineastas comienzan a hacer camino de paso firme por el mundo cinematográfico internacional: Marcelo Gomes (1962) y Karim Aïnouz (1966). La primera película de Gomes, *Cinema, aspirinas e Urubus* fue inaugurada en el Festival de Cannes del 2005 y ha sido ganadora de más de cincuenta premios internacionales. El primer largometraje de Aïnouz, *Madame Satã*, se inauguró en

Cannes, y *El cielo de Suley*, su segundo largometraje, se presentó en Venecia. Juntos dirigieron la ya mencionada *Viajo porque necesito, vuelvo porque te amo* (2009) que ya ha obtenido premios internacionales.

D. Cuba

Como México, Argentina y Brasil, Cuba también tuvo su periodo de cine silente y conoció el desarrollo de un cine nacional que en sus comienzos fue, como en los otros países, nacionalista y patriótico. En 1930, Ramón Peón, uno de los pilares del cine silente cubano dirigió *La virgen de la Caridad*, considerada por algunos historiadores uno de los filmes latinoamericanos más importantes de estos años. La primera película sonora fue *Serpiente roja* dirigida por Ernesto Caparrós en 1937.

Los filmes de los años cuarenta y cincuenta siguieron el patrón de la época en Latinoamérica, filmes con música e imagen turística de tarjeta postal para los que los melodramas mexicanos o argentinos eran modelo a imitar. Cuba también fue en esta época lugar favorito de productores norteamericanos para filmar películas.

A partir de los años cincuenta un grupo de cineastas en ciernes: Julio Espinoza García, Tomás Gutiérrez Alea, Alfredo Guevara y José Massip comenzaron a proponer un cine crítico y de contenido social diferente. Ésta sería la semilla del cine que comenzaría a producirse en Cuba después del triunfo de la Revolución. Realizan en 1954 un documental titulado *El mégano* sobre la vida difícil de los fabricantes de carbón del sur de La Habana. El documental fue estrenado en la Universidad de La Habana y rápidamente confiscado por el gobierno dictatorial de Batista por lo que no pudo ser exhibido comercialmente.

Como ya dijéramos, el gobierno de Castro desde sus comienzos dio apoyo al desarrollo de las artes y la cultura y la fundación del ICAIC representó la infraestructura para el desarrollo del cine cubano. La producción del ICAIC iba en tres direcciones: películas didácticas, documentales y de ficción. Gutiérrez Alea se convertiría en el más destacado cineasta cubano con películas como *Historias de la Revolución* (1960), *La muerte de un burócrata* (1966), *Memorias del subdesarrollo* (1968), *La última cena* (1977).

En los años ochenta sus películas no escatimaron la crítica a problemas que aún no se habían solucionado bajo el nuevo sistema socialista como por ejemplo el problema del machismo en *Hasta cierto punto* (1983); la prostitución, el dogmatismo político y la intolerancia en *Fresa y chocolate* (1993) y la burocracia en *Guantanamera* (1995), su última película. Estas películas están impregnadas de profundo humor, frescura y al mismo tiempo de una sátira mordaz.

Fresa y chocolate recibió una gran acogida a nivel internacional y mereció la nominación para el Oscar como mejor película extranjera. Antes de morir en 1996 Gutiérrez Alea reafirmó su posición con respecto al régimen cubano diciendo que no se consideraba un disidente sino un ojo crítico al interior de la Revolución cuyo objetivo era mejorarla, perfeccionarla y de ningún modo, destruirla. Las películas de crítica al sistema de la cual *Se permuta* de Juan Carlos Tabío (1984) es otro ejemplo, no fueron muchas y se produjeron en general a partir de los ochenta. En la misma línea de crítica mordaz pero presentada con humor, en el 2007 Tabío dirigió *El cuerno de la abundancia* basada en un hecho real sobre la quimera del oro que se desató en la Isla por una supuesta herencia depositada en un banco en el extranjero la que los descendientes de una familia podían cobrar.

El cine producido por el ICAIC tuvo dos vertientes fuertes, la histórica, y la de temática contemporánea relacionada con problemas vigentes dentro de la sociedad cubana. *Cecilia*, dirigida por Humberto Solás (1982), que se sitúa en la Cuba de 1830, representa el máximo logro de la vertiente de películas históricas; por su parte *Lucía*, también de Solás (1969) y *Retrato de Teresa* de Pastor Vega (1979) representan la vertiente de problemática contemporánea, tratando ambas el tema de la mujer dentro de la nueva sociedad.

La industria del cine cubano se convirtió en una fuerte y de reconocimiento internacional, tanto en el área de los documentales como en el área de la ficción.

Cuba estuvo representada en el XXIX Festival de La Habana con las siguientes películas: *Madrigal* de Fernando Pérez, *La noche de los inocentes* de Arturo Sotto y *Camino al Edén* de Daniel Díaz Torres.

E. Chile

Anteriormente mencionamos que algunos países no habían conocido una industria cinematográfica de larga trayectoria, sin embargo, hay nombres dentro del cine de otros países que no podemos dejar de mencionar, como tampoco podemos dejar de hablar de la situación actual del cine en algunos países que están desarrollando una cinematografía de calidad.

Dentro del cine chileno podemos mencionar a Miguel Littin y Raúl Ruiz, dos de los más prolíficos cineastas que desarrollan sus carreras influenciados por el nuevo cine. En las películas y documentales de Littin siempre están presentes la preocupación social y política en términos de contenido, y la experimentación en cuanto a la estética que caracterizaron al nuevo cine latinoamericano. Su primera película de éxito fue *El chacal de Nahueltoro* (1969).

Bajo el corto gobierno de Salvador Allende, Littin fue presidente de la compañía nacional de producción cinematográfica del país, Chile Films. Después del golpe de Estado salió al exilio y durante el exilio realizó *Actas de Marusia* (1976); *El recurso del método* (1978), basada en la novela de Alejo Carpentier; *La viuda de Montiel*, basada en un cuento de García Márquez (1980) y *Alsino y el cóndor*, basada en la obra del mismo nombre de Pedro

Prado, en coproducción de Nicaragua, México y Costa Rica (1982), película que fuera nominada al Oscar como mejor película extranjera ese año.

En el 1985 regresó clandestino a Chile y lo que filmó se convirtió en un documental *Acta general de Chile* (1986). En el año 1990 filmó *Sandino* sobre la vida del héroe nicaragüense César Augusto Sandino; en 1994 realizó *Los náufragos*, sobre el proceso de retorno desde el exilio y en el 2000 *Tierra del Fuego*. Su más reciente película, *La última luna* (2005) refleja la continuidad de su interés por la problemática política pues trata sobre el conflicto del Medio Oriente.

Raúl Ruiz también tuvo que partir al exilio en los setenta. Sus películas son de un género más intelectual y de mayor experimentación artística que las de su compatriota Littin. Su fama internacional como cineasta se produjo a partir de los años ochenta teniendo a su haber más de cincuenta películas. Su primer largometraje fue *Tres tristes tigres* en 1968. Diez años más tarde realizó en Francia la primera película que le daría fama internacional, *Hipótesis de un cuadro robado*, película en blanco y negro. Entre sus más recientes filmes destacan *Días de campo* (2004); *El dominio perdido* (2005) y *Klimt* (2006), basada en la vida del pintor austriaco Gustavo Klimt.

Al igual que en otros países, la dictadura chilena también dejó sentir su efecto en la industria del cine; durante los años de 1973 al 1985 se produjeron en Chile solamente nueve películas, pero a fines de los ochenta el cine comenzó a renacer y a adquirir reconocimiento internacional.

En la actualidad el cine chileno es muy sólido y de una calidad artística indiscutible gracias a directores como Silvio Caiozzi, *Julio comienza en julio* (1979), la que en una encuesta realizada por el periódico *El Mercurio* y la municipalidad de Santiago fuera votada como "la mejor película chilena del siglo"; *La luna en el espejo* (1990); *Coronación* (2000); *Cachimba* (2004) todas las que han ganado diferentes premios internacionales; Ricardo Larraín, *La Frontera* (1991) y *El entusiasmo* (1998); Gustavo Graef Marino, *Johnny cien pesos* (1995), que describe el proceso de transición del país hacia la democracia; Cristián Galaz, *El chacotero sentimental* (1999), película que no solamente ganó premios internacionales sino un éxito de taquilla nacional sin precedentes; Gonzalo Justiniano, *Amnesia* (1994) cuyo personaje central es un militar que recuerda y olvida a la vez su "trabajo" en el desierto en los primeros años del gobierno militar y *B-Happy* (2004); Andrés Word: *Historias de Fútbol* (1997); Orlando Lübbert: *Taxi Para Tres* (2002); León Errázuriz: *Mala Leche* (2004); Andrés Wood: *Machuca* (2004); Rodrigo Sepúlveda: *Padre nuestro* (2005); Luis R. Vera: *Fiestapatria* (2006).

El desarrollo del cine como industria implica también el desarrollo de una audiencia. En este sentido el gobierno regional de la ciudad capital chilena propuso en diciembre del 2006 la firma de un convenio para incorporar el cine y la creación audiovisual a la educación básica y media en las escuelas en la región metropolitana. De acuerdo a este convenio, llamado

"La escuela al cine', y firmado por el Consejo Regional de la Cultura y las Artes, la Cineteca Nacional del Centro Cultural Palacio La Moneda, la Secretaría Ministerial de Educación y la Cámara de Exhibidores de Multisalas se establecerán en 23 escuelas cine clubs para lo cual, al momento de la firma del convenio ya se habían capacitado 33 maestros en la metodología de apreciación audiovisual. Como beneficio adicional, los estudiantes y maestros de estas escuelas tendrán la posibilidad de asistir a funciones matinales en las salas de cine comerciales.

Se espera que este convenio, endosado por la Secretaría Ministerial de Educación, sea eventualmente expandido a todo el país.

F. Bolivia

En la historia del cine boliviano destaca Jorge Sanjinés. Junto a Oscar Soria funda el grupo fílmico Ukamau y la Escuela Fílmica Boliviana, la que permaneció abierta apenas cinco meses ya que el Instituto Cinematográfico Boliviano les negó acceso a la utilización de equipo. Entre sus largometrajes podemos mencionar *Ukamau* (1968); *Yawar Mallku* (1969) que denuncia la esterilización de campesinas bolivianas por miembros del Cuerpo de Paz, el que posteriormente fue expulsado de Bolivia; *El coraje del pueblo* (1971); *El enemigo principal* (1973), cuyo gran acierto cinematográfico fue servirse de un recurso teatral brechtiano, un narrador que anticipa los eventos, para que el espectador pueda seguirlos de manera crítica y distanciada; *Banderas del amanecer* (1984); *La nación clandestina* (1989) y *Para recibir el canto de los pájaros* (1995). En los últimos años, varias películas bolivianas han tenido resonancia internacional: *Los Andes no creen en Dios* (2007) de Antonio Equino, *El estado de las cosas* (2006), documental de Marcos Loayza y *Cocalero* de Alejandro Landes (2007).

G. Perú

De Perú mencionaremos a tres de sus más destacados realizadores del presente: Francisco J. Lombardi, con una gran trayectoria que comienza en el 1977 con *Muerte al amanecer*, Alberto "Chicho" Durant, y Fabrizio Aguilar, quien debuta con *Paloma de papel* (2003).

La cinematografía de Lombardi incluye *Muerte de un magnate* (1980); *Maruja en el infierno* (1980); *La ciudad y los perros* (1985), adaptación parcial de la novela de Vargas Llosa; *La boca del lobo* (1988); *Sin compasión* (1986); *Caídos del cielo* (1991); *Bajo la piel* (1996); *No se lo digas a nadie* (1998); *Pantaleón y las visitadoras* (1999–2001), filme que obtuvo los premios a mejor película, mejor director, mejor actor y el premio FIPRESCI en el festival de cine de Gramado, Brasil y el premio a la mejor película del Cuarto Encuentro Latinoamericano de Cine, Elcine de Lima; *Tinta roja* (2002) y *Mariposa Negra* (2006).

Junto a Lombardi, Durant es uno de los cineastas más prolíficos del

Perú. Entre sus películas se cuentan *Ojos de perro* (1982); *Malabrigo* (1986); *Alias la gringa* (1991); *Coraje* (1998); *Doble juego* (2004) que al igual que la opera prima de Aguilar, desarrolla un momento de la historia nacional: los últimos momentos del gobierno de Alberto Fujimori y la corrupción en el país; y *El premio* (2007).

En cuanto a Aguilar, su primera película como director, *Paloma de papel* nos presenta, desde el punto de vista de un niño, el horror del periodo histórico marcado por la guerra civil que se desató en el Perú en los años ochenta entre el gobierno institucional y el movimiento de guerrilla Sendero Luminoso.

Un fenómeno interesante que se está produciendo en la región amazónica del Perú es el cine alternativo independiente. Los cineastas de provincia han tenido que sortear todo tipo de obstáculo para producir sus películas: falta de presupuesto, de escuelas de actuación para preparación de sus actores, de salas de cine donde exhibir sus películas. Sin embargo, esto no los ha limitado para producir filmes que han tenido el patrocinio de la audiencia provinciana y despertado el interés de la audiencia capitalina e incluso internacional. Películas como *Chullachaqui* de Dorian Fernández o *El Misterio del Kharisiri*, de Puno Henry Vallejos son representativas de este cine provinciano que quiere rescatar viejos mitos de la selva amazónica para llevarlos a la pantalla con la máxima calidad técnica posible para competir con lo mejor del cine realizado en Lima.

El promedio de largometrajes realizados a nivel nacional en Perú es de 4 películas por año. En el 2008, el Consejo Nacional de Cinematografía (Conacine), fundado en 1996, recibió, por primera vez, un 40% del presupuesto que por ley debería proporcionarle el Estado. Se espera que con esto pueda aumentar la cantidad de proyectos cinematográficos subvencionados.

Una mujer cineasta que se ha revelado en los últimos años es la premiada Claudia Llosa (1976). Tiene a su haber: *Madeinusa*, ganadora del mejor guión de cine no publicado en el Festival Internacional de Cine de La Habana en el 2003, y de *La teta asustada* (2009), primera película peruana nominada para el Golden Bear Award, el cual ganó y también fue nominada a los Oscares en la categoría de películas extranjeras.

H. Colombia

De los años ochenta en que se produjeron relativamente muchas películas, no podemos dejar de mencionar directores como Gustavo Nieto Roa, *El taxista millonario* (1979); Francisco Norden *Cóndores no entierran todos los días* (1984); y Lisandro Duque Naranjo, *Milagro en Roma* (1988).

La gran producción de cine de los años sesenta a los ochenta se redujo enormemente en los años noventa por la desaparición en diciembre de 1992, por decreto gubernamental, de FOCINE, el Instituto Nacional del Cine Colombiano. La última película producida por FOCINE fue *La estrategia del caracol* de Sergio Cabrera (1993). La desaparición de FOCINE marcó el camino de la industria cinematográfica de ahí en adelante. En los últimos años el cine colombiano ha estado caracterizado por las coproducciones internacionales como manera de sufragar los gastos de la producción fílmica lo que si bien es cierto le ha dado exposición mundial a las películas, según los críticos, le ha hecho sacrificar un poco la identidad nacional para favorecer un cierto carácter internacional necesario a satisfacer el mercado.

Entre las coproducciones de los noventa y de comienzos de milenio podemos mencionar *Edipo Alcalde*, de Jorge Alí Triana, adaptación del mito de Edipo a ambiente latinoamericano, con libreto de Gabriel García Márquez (México, con aportes adicionales de Venezuela, Francia, España, Italia y Canadá), 1996; *La montaña del tiempo*, de Raúl García (Bulgaria y España); *Ilona llega con la lluvia* de Sergio Cabrera (España e Italia), 1996; *La virgen de los sicarios* de Barbet Schroeder (España, Francia), 2000; *Bolívar soy yo* de Jorge Alí Triana (Francia), 2002; *María Full of Grace* de Joshua Marston (USA), 2004.

Sin embargo, en la década del 2000, Colombia comienza a tener una producción de cine estable de alrededor de 8 películas por año y ello gracias a la conjugación de varios factores. En primer lugar, en 1998, el gobierno del presidente Uribe abrió una sección de cine en Colcultura la que provee fondos para la producción de cine del país. De manera similar a lo que hizo el presidente Lula en Brasil, las compañías colombianas que deseen invertir en la industria cinematográfica se benefician de una reducción de impuestos, lo que las ha estimulado a la inversión.

Igualmente, la televisión está invirtiendo en la producción de películas. Un ejemplo de ello es la producción cinematográfica de la internacionalmente exitosa telenovela de Caracol TV *Sin tetas no hay paraíso* que se rodó en la ciudad de Girardot en junio de 2008. La misma cuenta la historia de una joven obsesionada con hacerse un implante de senos con la idea de conseguir los favores de importantes narcotraficantes que le permitan salir de la pobreza. La trama que se desarrolla alrededor de este punto de partida es una radiografía del mundo de pobreza en que vive la mayoría de la población colombiana y la falta de opciones reales que proponen la prostitución, el narcotráfico y la violencia como posibilidades de escapar hacia una vida mejor. La telenovela ha sido también adaptada a la realidad española y china.

Un último factor importante ha sido la fundación de Dynamo Capital S.A., Sociedad Gestora del Fondo de Capital Privado de Cine Hispanoamericano cuyo objetivo es invertir sus recursos financieros en proyectos cinematográficos a nivel iberoamericano. El fondo, establecido por antiguos banqueros, es diferente a fondos en otros países en que no se recaudan fondos por proyecto. Los fondos ya existen y cuando encuentran un proyecto que les parece interesante lo financian. Dynamo Capital está dirigido por miembros del mundo cinematográfico, Rodrigo Guerrero y Andi Baiz, ambos ex alumnos de la Tisch School of the Arts de New York University y ya han subvencionado muchos proyectos colombianos.

Todo este esfuerzo se ha visto coronado por un significativo respaldo del público a las películas nacionales. Algunas de las películas nacionales más taquilleras en el 2008 en el país fueron: *Paraíso Travel* (2006), de Simón Brand, *Muertos de Susto* (2007) de Dago García, *Soñar no cuesta nada* (2006) de Rodrigo Triana y *Rosario Tijeras* (2005) de Emilio Maillé, basado en el libro de Jorge Franco.

En el 2007 Colombia presentó a competencia en el XXIX Festival de La Habana cuatro guiones inéditos, dos documentales: *El corazón de Diego* de Diego García Moreno y *Pucha vida* de Nazly López Díaz, coproducción colombo-cubana, una película animada: *Una de espantos* de Andrés Felipe Zuluaga y un largometraje: *Como un atardecer de sábado* de Alejandro Rey.

En el 2008, Colombia también tuvo un lugar preponderante en el Festival de Cannes. Las películas *Bluff* (2006) de Verónica Orozco, *Al final del espectro* 2006) de Juan Felipe Orozco, la ya mencionada *Soñar no cuesta nada* y *La sombra del caminante* (2004) de Ciro Guerra participaron en la sección oficial no competitiva "Todos los Cines del Mundo". También fue presentado el cortometraje *Hoguera*, dirigido por Andi Baiz.

El cortometraje documental *La corona*, dirigido por Amanda Micheli y la colombo-venezolana residente en Los Ángeles, Isabel Vega estuvo entre los finalistas para el Oscar en el 2008. El mismo, filmado en la cárcel de mujeres El Buen Pastor, en Bogotá, trata sobre el reinado de belleza que las reclusas celebran cada año siguiendo las rigurosas reglas de todo certamen de belleza.

Otras películas recientes lo son *Esto huele mal* (2007) dirigida por Jorge Alí Triana y *Noche Buena* (2008) de Camila Loboguerrero. *Saluda al diablo de mi parte* de Carlos Esteban y Juan Felipe Orozco y *Del amor y otros demonios*, basada en la obra de García Márquez y dirigida por la costarricense Hilda Hidalgo, están *programadas* para ser estrenadas en el 2009.

I. Venezuela y Uruguay

Para terminar este panorama del cine queremos hacer honor a varias cineastas mujeres cuyas películas han tenido reconocimiento internacional, las venezolanas Fina Torres, Solveig Hoogesteijn, Mariana Rondón y Marite Ugáz, y la uruguaya Beatriz Flores Silva. También, mencionar algunas de las más recientes películas venezolanas y uruguayas.

Fina Torres es autora, directora y productora de *Oriana*, ganadora del premio Cámara de oro del Festival de Cannes en 1985, de una coproducción franco-belga-española-venezolana *Mecánicas Celestes* (1996) y de *Las mujeres arriba* (2000), con Penélope Cruz como protagonista. Sus películas presentan mujeres en busca de su identidad y de establecerse como individuos libres dueños de su propio destino.

Por su parte Solveig Hoogesteijn dirigió, entre otras, *Macu, la mujer del policía* (1987); *Santera* (1994) y *Maroa* (2005) y Beatriz Flores Silva codirigió una coproducción belga venezolana *Los siete pecados capitales* en 1992 y muchos años más tarde escribió, dirigió y produjo *En la puta vida* (2001) y *Polvo nuestro que estás en los cielos* (2008).

Mariana Rondón dirigió (junto a Marite Ugáz) *A la media noche* (1999), *Lo que se hereda no se hurta* (2007) y *Postales de Leningrado* (2007).

Otros directores y películas venezolanas actuales son: Fernando Peña quien dirigió *Amor en concreto* (2005); José Velasco, *La ciudad de los escribanos* (2005); Carlos Azpúrua, *Mi vida por Sharon* (2006); Alejandro García Wiederman, *Plan B* (2006); Olegario Barrera, *Una abuela virgen* (2007); Freddie Fadel, *13 segundos* (2007); y Marcos Linares y Carlos Villegas *Al borde de la línea* (2007).

Otras películas uruguayas recientes son, *Ruido* (2004) de Marcelo Bertalmío, *Whiskey* (2004) de Pablo Stoll y Juan Pablo Rebolleda y *El baño del Papa* (2006) de Enrique Fernández y César Charlone.

Si bien es cierto que el desarrollo del cine en Latinoamérica sigue siendo disparejo y que mientras algunos países producen casi cien películas al año otros no producen ninguna, el cine latinoamericano a través de las épocas ha marcado presencia dentro de la historia de la cinematografía mundial gracias al talento de sus realizadores incluyendo directoras mujeres, las que como vimos han estado presentes desde los comienzos del cine mudo.

XI.1. Desarrollo de una industria

1. Mencione los países latinoamericanos que tuvieron un gran desarrollo en la industria del cine y cuáles no.

2. ¿Cómo llegó el cinematógrafo a Latinoamérica?

3. ¿Qué dos factores limitaron el desarrollo del cine en sus comienzos?

4. ¿Qué sucedió en los años veinte que empeoró la situación para el desarrollo de un cine nacional?

5. Explique lo que caracterizó al "nuevo cine latinoamericano".

6. ¿Qué es el ICAIC y cuál ha sido su contribución al desarrollo del cine latinoamericano a partir de los sesenta?

7. Mencione algunos ejemplos de festivales de cine en Latinoamérica.

XI.2. El cine latinoamericano en el siglo XXI

1. Resuma los puntos de encuentro en cuanto a la temática del cine que se ha estado realizando en los distintos países de Latinoamérica de fines del siglo XX a comienzos del siglo XXI.

XI.3. Panorama histórico por países
A. México

1. ¿Por qué se cree que México fue el país en desarrollar más rápidamente la industria del cine?

2. ¿Qué caracterizó el cine mudo mexicano?

3. Mencione algunas realizadoras mexicanas de la primera mitad del siglo XX.

4. ¿Cuál es la importancia del filme *Allá en el rancho grande* dentro de la cinematografía mexicana?

5. ¿Cuál es el tema recurrente en las películas de los años cuarenta?

6. ¿Cómo se vio afectada la industria del cine en los años cincuenta?

7. Describa la situación del cine en los sesenta, en los setenta y en los ochenta.

8. ¿Qué es el "cabrito western?"

9. ¿En qué momento surge un número considerable de realizadoras?

10. ¿Qué película viene a representar "la luz al final del túnel" durante la crisis económica de los ochenta en México?

11. ¿Qué se produce en los primeros años del nuevo milenio que afecta adversamente al cine mexicano que estaba saliendo de la crisis?

12. ¿Cuál es el estado actual del cine en México?

B. Argentina

1. ¿Qué caracterizó el cine mudo de los años veinte?

2. ¿Quién fue "la novia de América?"

3. ¿Cuál fue la primera película argentina en ser nominada para el Oscar?

4. Diga quién es Fernando Birri.

5. Mencione la importancia de María Luisa Bemberg dentro de la cinematografía argentina.

6. ¿Qué película argentina fue la primera en ganar un Oscar?

C. Brasil

1. ¿Quién fue Carmen Miranda?

2. ¿Qué cosa es la chanchada?

3. ¿Cuál fue la importancia del filme *O Cangaceiro*? ¿Y la de *Orfeo Negro*?

4. ¿Ha tenido el cine brasileño películas que hayan ganado un Oscar?

5. Explique la ley audiovisual decretada por el gobierno socialista de Lula da Silva.

D. Cuba

1. ¿Cuál fue la primera película cubana con sonido?

2. ¿Qué caracterizó el cine de los cincuenta?

3. Comente la carrera de Tomás Gutiérrez Alea dentro del cine cubano.

4. ¿Qué representan los filmes *Cecilia, Retrato de Teresa* y *Lucía* dentro de la filmografía cubana?

E. Chile

1. Resuma la trayectoria de Miguel Littin y de Raúl Ruiz y comente qué diferencia su trabajo y qué comparten en común.

2. A juzgar por la cantidad de películas producidas en los últimos años, ¿cómo cree Ud. que es la situación actual del cine chileno?

3. ¿Qué gran impulso le ha dado el gobierno chileno al mejoramiento de la educación y la formación de un público educado para el cine?

F. Bolivia

1. Describa el cine de Sanjinés.

G. Perú

1. Diga los nombres de los cineastas peruanos mencionados y sus películas.

H. Colombia

1. ¿Qué ha caracterizado al cine colombiano después de la desaparición de FOCINE?

I. Venezuela y Uruguay

1. Mencione las tres realizadoras a quienes se les hace homenaje en esta sección y sus películas.

Utilice el siguiente banco de palabras para contestar las preguntas y luego vuelva a la sección **¿Cuánto sabemos?** al comienzo del capítulo para comparar sus respuestas antes de estudiar el capítulo y después.

Central de Brasil, Fernando Berri, "cabrito western", televisión, Miguel Littin, *Amores perros*, Adela Sequeyro, Raúl Ruiz, *María llena eres de gracia*, Fina Torres, Elena Sánchez Valenzuela, Carmen Miranda, *Fresa y chocolate*, Luis Buñuel, *Como agua para chocolate*, ICAIC, Jorge Sanjinés, *Paloma de papel*, Solveig Hoogesteijn, *La historia oficial*, María Luisa Bemberg

1. Dos realizadoras mexicanas de los años treinta fueron: _____ y _____.

2. En los años cincuenta, la llegada a los países de la _____ influyó adversamente el desarrollo de un cine nacional.

3. Un cineasta español que influyó el cine mexicano lo fue _____.

4. Tipo de cine fronterizo: _____.

5. Película que dio nueva vida al cine mexicano en los noventa: _____.

6. Película dirigida por un mexicano que ahora vive en los Estados Unidos: _____.

7. Realizador argentino que fue director de la Escuela Internacional de Cine de Cuba: _____.

8. Realizadora argentina contemporánea una de cuyas películas fue nominada al Oscar en 1984: _____.

9. Actriz y cantante brasileña que se hizo famosa en películas de Hollywood: _____.

10. Película brasileña ganadora de un Oscar a la mejor película extranjera: _____.

11. Organismo que ha ayudado a la difusión del cine latinoamericano: _____.

12. Película de crítica social cubana: _____.

13. Realizadores chilenos de renombre internacional: _____ y _____.

15. Realizador boliviano que denunció la esterilización de las campesinas por miembros de los Cuerpos de Paz: _____.

16. Película peruana que se sitúa en los años ochenta: _____.

17. Coproducción colombo-americana: _____.

18. Importantes realizadoras venezolanas contemporáneas: _____ y _____.

19. Primera película argentina en ganar el Oscar a la mejor película extranjera: _____.

Más allá de los hechos: temas para pensar, investigar, escribir y conversar

1. Escriba un ensayo sobre el rol del cine a través de la historia en América Latina.

2. Escoja uno de los realizadores o realizadoras de cine, busque información adicional y escriba un ensayo sobre los aspectos importantes de su obra cinematográfica. Presente sus hallazgos a la clase. Trate de mostrar un segmento de alguna película.

3. Alquile una película latinoamericana o vaya a ver alguna que se esté exhibiendo y haga una presentación a la clase exponiendo sus impresiones sobre la misma.

4. Busque información sobre la mujer como realizadora dentro de la historia del cine latinoamericano y prepare una presentación sobre el tema. Puede incluir segmentos de filmes y hablar sobre los temas que estas realizadoras tocan en sus películas.

CAPÍTULO XII

De gustos y sabores

CAPÍTULO XII
De gustos y sabores

XII.1. Refranes

El uso de refranes es muy común en el mundo hispano. Algunos los consideran parte de la filosofía popular porque suelen encerrar enseñanzas y consejos morales resultado de la observación de la conducta humana y de hechos, que, al repetirse en similares condiciones, confirman iguales resultados.

Otros dicen que su carácter popular se lo da el hecho que se les identifique con verdades del hablar cotidiano y que muchas veces se les emplee para defender puntos de vista en una discusión.

En general son frases cortas que recurren a un cierto ritmo consonante o asonante para facilitar su memorización.

Sin intentar hacer un tratado, quedémonos con la definición que de ellos hace Cervantes en *El Quijote* "los refranes son sentencias breves, sacadas de la experiencia y especulación de nuestros antiguos sabios" (Segunda parte, capítulo LXVII); y de cuya utilidad da fe diciendo "cualquiera de los que has dicho [Sancho,] basta para dar a entender tu pensamiento" (Segunda parte, capítulo LXVII).

Los refranes pueden tener un origen culto derivado generalmente de los sermones de la Edad Media, o pueden nacer de creencias y supersticiones del pueblo.

Pero, "para muestra, un botón":

Refranes comunes	Explicación
Quien mucho abarca, poco aprieta.	Quien emprende muchas cosas a un tiempo, generalmente no desempeña ninguna bien.
En casa de herrero, cuchillo de palo.	Falta algo en el lugar donde menos se espera debiera faltar.
A mal tiempo, buena cara.	No hay que dejarse abatir por la adversidad.
A falta de pan, buenas son las tortas.	Cuando falta algo, se valora lo que se tiene.
Unos nacen con estrella y otros nacen estrellados.	Unos nacen con suerte, otros con mala suerte.

Por la boca muere el pez.	Es peligroso hablar más de lo necesario.
A palabras necias, oídos sordos.	No hay que hacer caso del que habla sin razón.
Nadie diga: de esta agua no he de beber.	Nunca sea categórico en decir no, las circunstancias pueden hace que mañana haga lo que hoy día no acepta.
No se debe escupir al cielo.	Se termina escupiéndose a sí mismo.
Cuatro ojos ven más que dos.	Dos personas tienen mejor juicio que una sola.
Ojos que no ven, corazón que no siente.	No se sufre por lo que no se sabe.
Al ojo del amo engorda el ganado.	Conviene que el dueño cuide y vigile sus negocios.
Quien tiene tienda, que la atienda (y si no que la venda).	Cada uno debe vigilar bien sus negocios.
Perro que ladra, no muerde.	Los que hablan mucho, suelen hacer poco.
A cada chancho (puerco) le llega su San Martín.	A todos les llega la hora de rendir cuentas.
A quien madruga, Dios lo ayuda.	Quien empieza temprano tiene éxito.
Al perro flaco no le faltan pulgas.	Al que le ha ido mal se le juntan todos los males.
A buen entendedor, pocas palabras bastan.	La persona inteligente, comprende rápido lo que se quiere decir.
Genio y figura hasta la sepultura.	No es fácil cambiar el carácter de una persona.

En todas partes se cuecen habas.	Puede sucederle a cualquiera y en cualquier lugar.
Quien siembra vientos cosecha tempestades.	Quien le hace mal a otros será pagado con la misma moneda.
A caballo regalado no se le miran los dientes.	Un regalo no se mide por su precio.
Matar dos pájaros de un tiro.	Resolver dos problemas con una misma acción
Más vale pájaro en mano que cien volando.	Más vale lo seguro que proyectos prometedores pero irrealizables.
Cuando menos se piensa, salta la liebre.	Cuando menos se espera, ocurren las cosas.
Mucho ruido y pocas nueces.	Se aplica a quien habla mucho y obra poco.
Haz bien sin mirar a quien.	El bien hay que hacerlo desinteresadamente.
Hombre prevenido vale por dos.	El que actúa con cautela tendrá mejores resultados.
Más vale maña que fuerza.	Se obtienen mejores resultados con habilidad que a la fuerza.
Más vale poco que nada.	No hay que despreciar las cosas aunque sean pequeñas.
La caridad empieza por casa.	Lo natural es pensar en las necesidades propias antes que en las ajenas.
Quien mal anda, mal acaba.	Quien vive desordenadamente, generalmente termina mal.
En boca cerrada no entran moscas.	Es mejor callar que hablar sin pensar.
Mal de muchos, consuelo de tontos.	Consolarse porque a otros les suceda la misma desgracia es una tontería.

No por mucho madrugar amanece más temprano.	A veces, vale más la dedicación y la calidad, que la rapidez.
Contigo, pan y cebolla.	Si estás con la persona amada, no importa el ser pobre.
Aquí hay gato encerrado.	Algo no está claro, y hay que desconfiarse.
No dejes para mañana lo que puedas hacer hoy.	No hay que postergar lo que tienes que hacer.
Dios castiga pero no a palos.	A todos llega la justicia divina.
El que las hace, las paga.	Siempre llega el momento de rendir cuentas.
Ser la última rueda del carro.	Uno al que no lo tienen en cuenta para nada.
A lo hecho, pecho.	Hay que enfrentar las consecuencias de sus actos.
No hay mal que por bien no venga.	A veces, algo negativo trae consecuencias positivas.
La mona, aunque se vista de seda, mona se queda.	Una persona on cambia porque cambie de vestido.

Refranes en latín

Corruptissima republica plurimae leges.	La república más corrupta es la que tiene más leyes.
Divide et impera.	Divide y vencerás.
Ira furor brevis est.	El furor de la ira es breve.
Margaritas ante porcos.	Echar margaritas a los cerdos (algo es demasiado bueno para alguna gente y no lo sabrán aprovechar).
Vox populi, vox Dei.	Voz del pueblo, voz de Dios. Lo dice la mayoría por lo tanto se considera cierto.

XII.2. Piropos

Los piropos son frases cortas halagadoras, en general dirigidas a una mujer. La etimología de la palabra se remonta a los griegos y viene de pyr: "fuego" y ops: "cara", es decir fuego en la cara.

Los romanos tomaron la palabra griega y la convirtieron en latín en pyropus que quiere decir "rojo fuego". La utilizaron para calificar piedras finas de color rojo como el rubí, piedra que los enamorados les regalaban a sus damas. Se dice que los que no tenían dinero para regalar rubíes, regalaban palabras bonitas. Entonces, un piropo son palabras gentiles y bonitas para enamorar a una dama, palabras que por el mensaje que llevan hacen que su cara arda en fuego.

En su mayoría son gentiles, pero algunos pueden rayar en lo grosero. Por razones obvias, aquí incluiremos solamente una muestra de piropos gentiles.

Si la belleza matara, tú no tendrías perdón de Dios.

Señorita, usted es una ladrona. Me ha robado el corazón.

Si todos los ángeles son como tú, me moriría ahora mismo.

Qué Dios te guarde y me dé la llave.

Me gustaría que nuestro amor fuese como el mar, que se viera el principio pero no el final.

Entre rosas he nacido, entre espinas moriré, pero a ti, amor mío, jamás te olvidaré.

¿Crees en el amor a primera vista o tengo que volver a pasar delante de ti?

Ojos de mantequilla, boquita de requesón, envuelto en una tortilla te mando mi corazón.

Mírame un poco que me estoy muriendo de frío.

Dios debe estar distraído, porque los ángeles se le están escapando.

Si la belleza fuera pecado, tú ya estarías en el infierno.

Si fueras una lágrima no lloraría por miedo a perderte.

¿De qué juguetería te escapaste, muñeca?

¡Quién fuera bizco para verte dos veces!

Carro viejo, pero bien tenido. (A una mujer madura, pero de buen cuerpo.)

Y luego dicen que los monumentos no andan.

Debes estar cansada ya que has estado dando vueltas en mi cabeza todo el día.

¿Sabes qué hora es? Quiero decirle a mi analista el momento exacto en que perdí la razón.

Si Cristóbal Colón te viese diría: ¡Santa María, pero qué Pinta tiene esta Niña!

Para divertirnos un poco

R con R cigarro,
R con R barril,
rápido corren los carros
por sobre los rieles del ferrocarril.

De tres tristes platos de trigo,
tres tristes tigres comían trigo
en un trigal.

Pablito clavó un clavito,
un clavito clavó Pablito.
¿Qué clase de clavito clavó Pablito?

Pedro Pérez pintor peluquero
pinta preciosos paisajes
por poco precio para personas pobres
porque piensa partir para París pronto.

Me han dicho que has dicho un dicho que yo he dicho.
Ese dicho está mal dicho, pues si yo lo hubiera dicho,
estaría mejor dicho que el dicho que a mí me han dicho
que tú has dicho que yo he dicho.

Pancha plancha con cuatro planchas
¿Con cuántas planchas plancha Pancha?

El cielo está encancaranublado
¿Quién lo encancaranublaría?
Quien lo encancaranubló
Buen encancaranublador sería.

XII.4. Comidas - recetas

En general podemos decir que la comida llamada criolla, es decir las comidas típicas de América Latina, no difiere tanto en sus componentes entre los diferentes países y es el resultado de una mezcla de la cocina indígena y la cocina española. Por ello encontraremos repetidos en los países el pan o sus sustitutos, tortillas, arepas, tortillas al rescoldo y las sopas en diferentes formas de cazuelas o cocimientos de verduras y finalmente acompañando a la infaltable carne sea de ave, res, llama, cuy o cordero, las papas, yucas, maíz, y venidos de muy lejos los tallarines (originarios de la China y no de Italia como se cree).

Los dulces y postres generalmente nos vienen de la repostería española, muchas veces enseñadas las recetas a aquellas que servirían en las casas como empleadas por las religiosas que llegaron tras la conquista, de donde el dicho, "esta torta parece hecha por mano de monja".

Los pueblos costeros, en forma evidente, desarrollaron los platos con pescado y mariscos, elementos que no resistían el traslado al interior de los países. Allí nacieron los ceviches, y los curanto en hoyo, cocimiento de mariscos que se hace en Chiloé en el sur de Chile, en el que en un hoyo se ponen brazas, luego piedras y luego se alternan capas de todo tipo de carnes y mariscos, hoyo que se tapa de manera que los vapores y jugos se vayan mezclando creando un manjar de dioses.

Los pueblos del Caribe, con su herencia africana, añadieron, entre otros, los plátanos y bananos, verdes y maduros, cocidos de diferente manera y utilizados tanto en las comidas como en los postres. Si desconoce alguno de los ingredientes, puede consultar el **Diccionario de términos gastronómicos y equivalencias** en la siguiente dirección:
<http://www.euroresidentes.com/Alimentos/diccionario_equivalencias/>

Por ser el 2010 el año en que muchos países celebran el bicentenario de la independencia del Imperio español, nuestro recetario comenzará con recetas que también celebran sus doscientos años de existencia.

Menú bicentenario

Chiles en Nogada: para celebrar la Independencia de México

Como dijimos, la receta fue creada por las monjas del convento de Santa Mónica hace 200 años para festejar la recién lograda Independencia. Las mismas no sólo se preocuparon de utilizar ingredientes de la región, sino de darle un carácter simbólico al plato al elegir los colores de la nueva bandera del México independiente: el verde, representado en los chiles, el rojo en la granada y el blanco en la salsa de nuez de castilla.

Ingredientes
12 chiles poblanos
600 gramos de carne molida (mitad lomo de cerdo, mitad lomo de res.)
2 dientes de ajo picado
½ cebolla picada
¼ de taza de aceite de maíz
1 taza de manzana picada
1 taza de durazno (melocotón) picado
1 taza de pera picada
½ taza de pasitas
½ de taza de piñones
½ de taza de almendras fileteadas
un acitrón en cubitos (no lo use si no le gustan muy dulces)
sal y pimienta al gusto
2 tazas de granada

Para el capeado (es opcional)
1 taza de harina
8 huevos (separar las claras de las yemas)
sal al gusto
2 tazas de aceite

Para la nogada
200 gramos de nuez pelada y picada
300 gramos de queso crema
leche y azúcar al gusto

Preparación
Para limpiar los chiles, primero se ponen a tostar en el fuego, luego se dejan sudar 10 minutos dentro de una bolsa de plástico para que sea más fácil quitarles la piel. Después de pelarlos se les hace una cortada a lo largo para retirar las semillas y las venas.
* Tres recomendaciones para que los chiles no queden muy picantes: 1) Al elegirlos huélalos, los chiles que tienen un aroma fuerte suelen ser los más picantes; 2) Remójelos un rato en leche antes de cocinarlos; 3) Quíteles muy bien las venas.

El capeado
En una sartén grande, se vierte el aceite y se deja acitronar el ajo y la cebolla. Luego se pone la carne a freír. Cuando esté bien cocida, se agregan las frutas y se deja cocer un par de minutos más antes de incorporar las pasas, las almendras, los piñones y el acitrón. Se sazona con sal y pimienta a gusto y se deja cocer unos minutos a fuego medio para que los sabores se concentren.

Cuando el picadillo esté listo, se deja enfriar y luego se rellenan los chiles. Se pueden utilizar palillos para cerrarlos.

La nogada

Se baten las yemas un poco y las claras a punto de listón. Después se mezclan envolviéndolas suavemente. Se enharinan los chiles, se mojan en la mezcla de huevo y se ponen freír en el aceite caliente. Una vez capeados, los chiles se colocan sobre servilletas para escurrir el exceso de grasa. Se licúan todos los ingredientes y se agrega la leche poco a poco, procurando que la salsa no quede aguada.

Decoración

Se colocan los chiles en el plato, se vierte la salsa y se decora con la granada (también se puede utilizar perejil).
Sírvalos fríos.

Chiles en nogada: ¡Buen provecho, y viva México!

Asado: 200 años de un plato que une a los argentinos

Proveniente del ámbito rural, de las costumbres gauchas, el asado se convirtió en el plato nacional argentino por excelencia. El asado es la cocción a las brasas de distintas carnes: res, cerdo, cordero, etc. (en tiras de asado o costillares), chorizos, morcillas, riñones mollejas y chinchulines. En un comienzo, en la Pampa, la carne se asaba en estacas, pero hoy en día, la forma más común de hacerlo es sobre parrillas, y por eso, el asado también se conoce como parrillada. Según documentos históricos, era el plato predilecto del argentino Juan Manuel de Rosas, uno de los primeros caudillos latinoamericanos del siglo XIX. En un principio, el asado se acompañaba solamente con pan. Hoy en día se acompaña con vegetales y pimientos morrones asados, papas al barro, cebollas al fuego, o con una ensalada mixta de lechuga, tomate y cebolla.

La costumbre del asado también toma en consideración los momentos anteriores a la comida, conocidos como "la picada", compuesta de una combinación de empanadas, quesos, fiambres y aceitunas que sirven para abrir el apetito.

La carne puede ser servida con chimichurri, salsa típicamente argentina a base de ajos, perejil, ají picante, aceite de oliva y vinagre, que se usa como aderezo.

Obviamente, para acompañar un buen asado argentino no puede faltar un buen vino tinto.

Asado argentino

Receta del chimichurri

Ingredientes
1 cucharada sopera de ají molido
1 cucharada sopera de orégano
1 cucharada sopera de pimiento dulce
8 dientes de ajo
2 tazas de perejil
4 hojas de albahaca
sal y pimienta al gusto
½ taza de aceite de oliva
1 puñado de romero
2 cucharadas de limón o de vinagre

Preparación
Picar el perejil, los dientes de ajo, el Albahaca y el pimentón dulce. Mezclarlo todo con el aceite de oliva. Luego agregar la sal y la pimienta. Rectificar y corregir con sal y pimienta si fuera necesario.

Arroz con leche: bicentenario de un postre favorito en toda Latinoamérica

El arroz con leche, es un postre considerado típico en casi todos los países. En los países del Caribe, se prepara una variante con leche de coco.

Ingredientes
1 litro de leche
1 litro de agua
250 gramos de arroz
100 gramos de azúcar
1 limón
1 canela en rama
2 cucharadas de canela en polvo

Preparación
(Tiempo estimado: 20 minutos)

Se pone el agua y el arroz en una cacerola y se lleva a ebullición. Cuando comienza a hervir, se aparta del fuego, se pasa por agua fría y se cuela. A continuación, se pela el limón y se pone la cascara en una cacerola junto con el arroz, la leche y la canela, y se deja cocer lentamente mientras se va removiendo suavemente. A mitad de cocción, se agrega el azúcar y se remueve bien para asegurar que se disuelva. Cuando el arroz está cocido (los granos están blanditos) se retira del fuego, se vierte en una fuente llana y se espolvorea con un poquito de canela molida. Es importante que el arroz no quede excesivamente cocido; los granos deben quedar sueltos, pero no duros.

Arroz con leche, postre favorito en toda Latinoamérica

Tras abrir el apetito, hagamos un viaje gastronómico por el continente con comidas, postres y bebidas típicas.

Argentina: alfajores

Ingredientes
1 2/3 tazas de harina (200 grs.)
2 1/2 tazas de almidón de maíz (maicena 300 grs.)
1/2 cucharadita de bicarbonato de sodio
2 cucharaditas de polvo de hornear
200 g. de manteca

3/4 taza de azúcar (150 grs.)

3 yemas de huevo

1 cucharadita de coñac

1 cucharadita de esencia de vainilla

1 cucharadita llena de ralladura de limón

Dulce de leche para rellenar. (Manjar blanco en Chile) *

Coco rallado en cantidad suficiente

Preparación

Tamizar el almidón de maíz (maicena) con la harina, el bicarbonato y el polvo de hornear. En un bol, batir la manteca con el azúcar, agregar las yemas de a una, mezclando bien cada vez, luego el coñac y poco a poco los ingredientes secos ya tamizados. Incorporar la esencia y la ralladura de limón y mezclar bien. Formar una masa, sin amasarla, y estirar de 1/2 cm. de espesor sobre una mesa espolvoreada con harina. Cortar medallones de unos 4 cm. de diámetro. Colocar sobre un molde sin engrasar y cocinar en horno moderado durante 15 minutos. Desmoldar y enfriar, formar los alfajores, uniéndolos de a dos con dulce de leche en el medio. Pintarles el borde con dulce y pasarlos por coco rallado.

*Para preparar el dulce de leche (manjar blanco) en forma rápida: ponga en una olla a presión tres tarros de leche condensada y cúbralos con agua (un dedo sobre los tarros). Ponga a fuego fuerte y baje el fuego una vez que la olla comience a sonar. Deje cocinar por **55** minutos. Saque la olla del fuego, eche agua fría sobre ella. Cuando no salga más vapor ábrala y eche agua fría sobre los tarros de leche hasta que se enfríen. NUNCA abra los tarros mientras estén calientes, le pueden explotar en la cara. ¿Tres tarros? Por economía, mientras no los abra puede conservarlos por mucho tiempo.

Bolivia: picante de pollo

Ingredientes

1½ kilos de pollo despresado

½ taza ají colorado molido

2 tazas de cebolla blanca picada en bastoncitos finos

1 taza de tomate pelado y picado finamente

1 locoto (ají) picado finamente

1 taza de arvejas verdes peladas

½ taza perejil picado finamente

1 cucharadita de comino molido

1 cucharadita de orégano desmenuzado

½ cucharadita de pimienta negra molida

1 cucharada de sal o sal al gusto

3 dientes de ajo tostado, pelado y picado

3 tazas de caldo o agua

2 cucharadas de aceite

Preparación

En una olla poner el pollo despresado y todos los demás ingredientes juntos. El caldo o agua deberá cubrir los ingredientes completamente.

Dejar cocer a fuego fuerte hasta que hierva, y a fuego lento después, por lo menos una hora y media hasta que el pollo esté muy suave. Mover de vez en cuando.

Si con el cocimiento ha disminuido mucho el jugo, aumentar un poco más de caldo para que al servir tenga bastante jugo.

En un plato hondo servir el picante de pollo con una papa blanca, cocida aparte y salsa cruda encima*.

Finalmente poner bastante perejil sobre el picante de pollo.

*Salsa Cruda

Ingredientes:

½ taza cebolla blanca, picada finamente
½ taza de tomate, pelado picado finamente
1 locoto, picado finamente
1 cucharadita de perejil, picado finamente
1 cucharadita de sal
½ cucharadita de pimienta molida

Preparación:

Mezclar todos los ingredientes. Agregar unas gotas de aceite si se desea.

Brasil: feijoada

Ingredientes

1 kilo de frijoles negros
200 gramos de lomo de cerdo salado
1 pie de cerdo salado y 1 lengua de cerdo
1 oreja de cerdo no muy grande y salada
2 rabos pequeños salados
2 paios (especie de chorizo de cerdo)
1 salchicha grande
200 gramos de salchicha fresca delgada
800 gramos de tocino ahumado magro
200 gramos de costillas ahumadas
1/2 kilo de lomo de cerdo fresco
2 hojas de laurel
3 dientes de ajo
2 cucharadas (de sopa) de aceite
Sal

Preparación

Lave los frijoles y póngalos a remojar el día anterior. Haga lo mismo y por separado con el lomo salado. Limpie y lave la lengua de cerdo, el pie, la oreja y los rabos. Limpie la carne y el lomo de cerdo. Ponga los frijoles a cocer cubriéndolos en bastante agua (2 a 3 dedos). Después de una hora de hervor vaya añadiendo las carnes. Añada agua caliente a medida que vaya siendo necesario, para mantener las carnes permanentemente cubiertas por el caldo. Durante la cocción retire la espuma de la feijoada. Cuando los granos estén blandos y el caldo más o menos espeso, condimente los frijoles con 3 dientes de ajo bien machacados, dorados en 4 cucharadas de sopa de aceite. Compruebe la sal y retire la espuma una vez más para retirar cualquier exceso de grasa. Acompañe los frijoles de arroz blanco.

Chile: empanadas de horno

Ingredientes para el pino: para cuatro personas

1/2 Kg. de asiento en cuadrito o carne molida
2 cebollas picadas en cuadritos
1/8 aceite
1/2 cucharadita(s) ají de color
1 huevo duro en láminas
1 cuadradito de caldo de res
sal, orégano, pimienta
4 aceitunas negras grandes
2 cucharadas de pasas

Preparación del pino

Fría la cebolla en el aceite caliente y cocine a fuego suave hasta que esté blanda, agregue el ají de color y la carne, luego los condimentos, añada el caldo de vacuno disuelto en agua tibia, deje 5 a 10 minutos a fuego suave. Deje enfriar y rellene las empanadas. Para quitarle lo fuerte a la cebolla puede agregar una cucharadita de azúcar al pino.

Ingredientes para la masa

2 1/2 tazas de harina
30 grs. de polvos de hornear
1/2 cucharadita de sal
65 grs. de manteca
1/2 taza de leche

Preparación de la masa

Una la harina con los polvos de hornear y la sal, luego agregue la manteca derretida, mezcle hasta que esté granulosa, agregue la leche caliente mezclada con agua uniendo sin amasar.

Cubra la masa con un paño y deje reposar unos 20 minutos y luego uslerear sobre superficie enharinada dejándola de 2 o 3 cm. de grosor. Corte la masa en círculos de 20 cm. de diámetro aproximadamente. Rellene las empanadas coloque una cucharada de pino, una aceituna, dos pasas, un pedazo de huevo duro en cada una. Humedezca los bordes de la masa con un poco de agua tibia, doble la masa y cierre la empanada en semi-círculo. Pase sobre la superficie un pincel untado en yema de huevo. Hornee a temperatura moderada por unos 40 minutos.

Colombia: bandeja paisa (Antioquia – Caldas)

Generalmente consiste en una porción de frijoles (con una cuchara de hogao* encima), arroz blanco seco, carne molida, chicharrón, chorizo, morcilla, patacones de plátano verde, tajadas de plátano maduro, un huevo frito, tajadas de aguacate y arepas, servido todo junto en una bandeja.

* HOGAO:

2 cebollas cabezonas, peladas y picadas finas
4 tallos de cebolla larga, picados finos
2 tomates maduros, pelados y picados
1/2 cucharadita de tomillo
1/4 cucharadita de orégano
Pimienta y sal al gusto.
2 cucharadas de aceite. (Se sofríe todo revolviendo, hasta tener una salsa suave).

Ecuador: ceviche de camarones

Ingredientes: 4 porciones
1 kilo de camarones medianos
1 cebolla cortada en rodajas finas
6 limones verdes
2 tomates maduros
1 ají pimiento verde
10 ramas de cilantro
3 cucharaditas de salsa de tomate
sal y pimienta al gusto

Preparación

Lave y pele los camarones. Hierva en una olla la cáscara de los camarones con muy poquita agua por espacio de 10 minutos. Cierna para extraer las cáscaras y luego hierva en esa agua los camarones por 2 minutos. Inmediatamente retire la olla del fuego y vacíe los camarones con el jugo en un recipiente. Deje enfriar. Corte la cebolla en rodajas finas, y colóquela cubierta de agua fría en un recipiente. Agréguele 2 cucharadas de sal, mezcle y cierre herméticamente este recipiente por un espacio de 15 minutos. Luego lave bien la cebolla con agua fría y exprima los 6 limones y vuelva a colocar en el recipiente por espacio de otros 15 minutos. Corte en tiritas el pimiento verde y pique los tomates y las ramas de cilantro. Por último, agregue la cebolla curtida, el pimiento verde, el tomate y el cilantro picado a la fuente donde colocó los camarones, agregue la salsa de tomate, la sal y pimienta a gusto. Mezcle bien y ponga a enfriar por un mínimo de dos horas antes de servirlo. Se puede acompañar con pan o maíz cocido.

Perú: papas a la huancaína

Ingredientes: 6 porciones

3-4 Kg. de papas o 6 papas medianas

1 lechuga (sólo se necesitan 6 hojas)

3 huevos duros

1 paquete de queso fresco. Puede combinar añadiendo un tercio de queso de cabra.

2 ajíes frescos

1/4 taza de aceite

1 lata de leche evaporada

1 paquete de galletas de sal (crackers)

aceitunas negras

Achiote (sirve para darle color, no es necesario)

sal y pimienta al gusto

Preparación de las papas

Cocine las papas con una pizca de sal. Una vez cocidas pélelas y córtelas en rodajas medianamente delgadas.

Preparación de la crema

Fría el aceite con el achiote hasta que el aceite tome un color rojizo. Deje enfriar y saque los residuos de achiote. Corte el ají fresco en tajadas verticales y quítele las venitas. Ponga el ají, el aceite rojizo, la sal, la pimienta y el queso fresco en la licuadora y licúelo hasta que esté completamente homogéneo. Añada la yema de los tres huevos. Agregue la leche evaporada y las galletas hasta que quede una crema no muy espesa.

Presentación

En un plato pequeño, ponga una hoja de lechuga. Ponga tres o cuatro rodajas de papa y cúbralas con crema. Si gusta, puede agregar una aceituna por plato.

Perú: ceviche

Ingredientes

1 kilo de pescado

12 limones

3 ajíes monito

1/2 kilo de cebolla

3 dientes de ajo molido, sal y pimienta al gusto

6 camotes medianos

6 papas

3 choclos tiernos (mazorcas de maíz)

unas ramitas de cilantro

1 rocoto

Preparación

Corte el pescado en cuadraditos pequeños, lávelo con agua con sal, enjuague varias veces y acomódelo en una fuente espolvoreándolo con sal. Exprima los limones en un tazón procurando que no caigan las pepas. Lave bien el cilantro y córtelo finamente encima del ceviche. Agregue el ají, el jugo, los ajos molidos y la pimienta. Agregue esta preparación al pescado moviéndolo varias veces, luego añada la cebolla cortada en pluma delgada. Deje macerar por 1 o 2 horas, cuando el pescado esté cocido sirva acompañado con los choclos, las papas y los camotes.

Venezuela: arepas

Ingredientes para 4 a 6 arepas
2 tazas de harina de maíz blanco precocida
1 cucharadita de Sal
Agua
Aceite

Preparación

Vierta aproximadamente una taza y media de agua en un bol, agregue la sal y un chorrito de aceite, agregue progresivamente la harina diluyéndola en el agua, evitando que se formen grumos, amase con las manos agregando poco a poco harina y agua hasta obtener una masa suave que no se pegue a las manos. Forme bolas medianas y aplánelas creando un redondel un poco grueso y simétrico. Caliente una plancha y engrásela con un poquito de aceite, coloque las arepas y cocine por ambos lados, (hasta que se despeguen solas de la plancha), luego lleve al horno previamente caliente a 350° y déjelas hasta que al retirarlas las golpee levemente y suenen a "hueco", y se tornen abombadas y doraditas. Se sirven al momento, acompañadas o rellenas con queso, mantequilla, huevos revueltos, etc.

Bebidas

Cuba: mojito

Ingredientes
- 2 cucharaditas de azúcar
- 2 ramitas de hierbabuena (menta)
- 1 copa de ron blanco
- Soda
- Jugo de limón
- Hielo

Preparación

En un vaso se colocan dos cucharaditas de azúcar. Se humedece con jugo de limón. Luego se agregan 2 ramitas de hierbabuena (menta). Se machacan sin romper las hojas. Luego se agrega soda hasta la mitad, hielo, un poco de ron blanco, se mezcla todo y listo.

Puerto Rico: coquito

Ingredientes

1 tarro de crema de coco
½ tarro de leche condensada
1 tarro de leche evaporada
Hierva una copa de agua con canela, clavos de olor y nuez moscada
1 copa de ron
canela en polvo

Preparación

Mezcle los ingredientes en la licuadora, recuerde de filtrar el agua aromática, añada más ron de acuerdo a su gusto. Ponga a enfriar en el refrigerador. Sirva bien frío espolvoreado con canela.

La población hispana en los Estados Unidos

I. Antecedentes históricos

II. Panorama actual

La población hispana en los Estados Unidos

I. Antecedentes históricos

Los términos *Hispanic* o *Latino* nacen como gentilicio en los Estados Unidos de una necesidad política, y no responden necesariamente al sentimiento de identidad de las personas a quienes pretende identificar. Aunque a menudo los términos *Hispanic* y *Latino* se intercambian como sinónimos, *Hispanic* es utilizado de preferencia en el este, y *Latino* en el oeste del país, pero aunque sean los términos oficiales de identificación, en los individuos se mantiene un fuerte sentido de identidad nacional que se expresa al referirse a sí mismos como mexicanos, puertorriqueños, dominicanos, cubanos, guatemaltecos, salvadoreños, argentinos, chilenos, españoles, etc. como veremos más adelante.

El término *Hispanic* se acuñó para el censo poblacional de 1970 para clasificar étnicamente a los habitantes cuyos orígenes podían trazarse a algún país de lengua y cultura hispana ya que en ese momento existía una gran población de habla hispana residiendo en los Estados Unidos resultado de las grandes olas migratorias que se fueron produciendo a partir de los años cuarenta del siglo pasado. En censos subsiguientes la clasificación se expandió; en el censo del 2010, por ejemplo aparece: *Hispanic/Latino or Spanish Origin*. Tal vez porque la mayoría de los emigrantes de origen hispano en los Estados Unidos son provenientes de Latinoamérica, no de España, y aunque hablen español no se sienten españoles, como el término *Hispanic* parece indicar, sino latinoamericanos, más certeramente representado por la palabra *Latino*.

Es pertinente recordar que la presencia hispana en lo que hoy conocemos como los Estados Unidos de América no se origina en la emigración masiva que comenzó a producirse a mediados del siglo XX. En el 1513, en busca de la famosa fuente de la juventud, Juan Ponce de León llegó a las costas de lo que bautizó la Florida; en 1565 se fundó la ciudad de San Agustín. Durante los siglos XVI, XVII y XVIII, nuevos asentamientos surgieron por el Suroeste: Nuevo México, Texas, Arizona y California. El triunfo de los Estados Unidos en sucesivas guerras contra México entre 1836 y 1848 produjo la anexión a la unión de lo que hoy es Texas, Arizona, California, Colorado, Nevada, Nuevo México y Utah, es decir, más de la mitad del antiguo territorio mexicano. Ello explica la fuerte presencia hispana (mayoritariamente de origen mexicano) en esa región, presente, más allá de en su población, en los nombres de sus calles, pueblos y ciudades; en su arquitectura; en su cultura.

La idea de que los mexicanos no son extranjeros en esas tierras pues estaban allí primero es recogida en el corrido del grupo musical Los Tigres del Norte en su canción *Somos más americanos:* "Ya me gritaron mil veces que me regrese a mi tierra porque aquí no quepo yo. Quiero recordarle al gringo: yo no crucé la frontera, la frontera me cruzó. América nació libre. El hombre la dividió. Ellos pintaron la raya para que yo la brincara y me llaman invasor. Es un error bien marcado. Nos quitaron ocho Estados. ¿Quién es aquí el invasor? Soy extranjero en mi tierra. Y no vengo a darles guerra. Soy hombre trabajador. Nos compraron sin dinero las aguas del río Bravo y nos quitaron Tejas, Nuevo México, Arizona y Colorado... Yo soy la sangre del indio. Soy latino. Soy mestizo. Indios de dos continentes, mezclados con español. ¡Somos más americanos que el hijo de anglosajón!"

II. Panorama actual

De acuerdo a cifras del censo de 2008, el 15% de la población de los Estados Unidos de América, es decir, 46.9 millones se identificaron como hispanos, el 40% de los cuales eran emigrantes nacidos en el extranjero. El 64% se declaró mexicano, el 9% puertorriqueño, y el 3.5% cubano. El 23,6 % restante declaró venir de otros países de habla hispana. La mayoría de esta población se concentra en los estados del suroeste, antiguos territorios mexicanos: California, Texas, Arizona, Nevada y Nuevo México. Sin embargo, encontramos también grandes concentraciones en el noreste (Nueva York, Nueva Jersey y Pensilvania) y en el sureste, en la Florida, la mayoría cubanos. Al ritmo de crecimiento mostrado por la población hispana en los últimos censos, se proyecta que para el 2050 ésta será de 102,6 millones, es decir, 24,4% de la población total del país.

Identidad

En una encuesta realizada por el *Pew Hispanic Center* en el 2009 entre los jóvenes de 16 y 25, a la pregunta de cuál es el término con que mejor se identifican, el 52% expresó que el del país de origen, el 20% se identificó como *Hispanic or Latino* y el 24% como *American*. Sin embargo, estos números fluctúan dependiendo de si pertenecen a la primera, segunda o tercera generación.

1era. generación

72% país de origen; 22% *Hispanic or Latino*; 3% *American*

2da. generación

41% país de origen; 21% *Hispanic or Latino*; 33% *American*

3era. y más allá

32% país de origen; 15% *Hispanic or Latino*; 50% *American*

De estas cifras sobresale que incluso la tercera generación se identifica más, sea con el país de origen de los padres o con su país de nacimiento, no como *Hispanic or Latino*. De hecho, esta identificación queda claramente reflejada en la creación de apelativos como mexicoamericanos o chicanos, *newyoricans*, cubano-americanos, etc.

¿Monolingüismo o bilingüismo?

En términos del idioma utilizado para comunicarse, en general, la primera generación se comunica en español entre ellos, y el inglés, cuando se aprende, es por razones de trabajo o de supervivencia cuando se vive en una comunidad no hispana. La segunda generación tiende a ser completamente bilingüe utilizando el español en el marco del hogar y el barrio, si se vive en una comunidad preponderantemente hispana, y el inglés en la escuela, entre hermanos y amigos y en el lugar de trabajo. En la tercera generación, los niños crecen sintiéndose parte de una cultura hispana que se refleja mayoritariamente en los valores y en los gustos: la comida, la música, el orgullo por una herencia cultural, pero sus destrezas lingüísticas en español son pobres comparadas con su dominio del inglés. Esta tercera generación tiende a ser monolingüe, con el inglés como lengua materna, y en ocasiones se comunica en *spanglish* o en el español coloquial escuchado entre los adultos de las generaciones que lo han precedido.

Educación

En la encuesta mencionada anteriormente, el 89% de los jóvenes entre 16 y 25 años declaró que una educación universitaria es importante para triunfar en la vida, sin embargo sólo el 48% de ellos declaró tener planes de conseguir un título universitario. Peor aún, un estudio realizado por el Consejo Estadounidense sobre Educación reveló que la proporción de estudiantes hispanos varones de 24 años o menos cayó de 45% en 1999-2000 a 42% en 2007-2008 y que sólo la mitad de los hispanos inmigrantes considerados adultos jóvenes completaron la secundaria y menos de 10% consiguieron un título universitario. De los tres grupos de hispanos más grandes en los Estados Unidos, el porcentaje mayor de jóvenes que terminan la escuela secundaria recae en los cubanoamericanos: 68,7%, seguidos de los puertorriqueños: 63,2% y finalmente los mexicoamericanos: 48,7%.

En cuanto a la educación universitaria, según el censo del 2000, son también los cubanoamericanos, junto a los de Centroamérica y los sudamericanos, quienes tienen el mayor porcentaje de graduados de un programa de 4 años: 19,4%. Los puertorriqueños alcanzan un 9,9% y los mexicoamericanos 6,2%.

Números más recientes, del 2010, procedentes de un estudio realizado por la *American Enterprise Institute for Public Policy* indican que a nivel nacional, el 59% de la población estudiantil se gradúa de universidad, contra 51% de los hispanos. Se aduce que la mayoría de los hispanos desconoce la disponibilidad de becas u otra ayuda financiera y por lo tanto, muchos abandonan sus estudios por dificultades económicas.

Presencia hispana en la sociedad norteamericana

La influencia que la población de origen hispano ha tenido y tiene en la vida del país es cada vez más amplia y de mayor peso. Se encuentra presente en los sectores más visibles de la política, la industria del entretenimiento, los deportes y la moda, pero también en las ciencias, las artes, incluyendo las artes culinarias, y sobre todo en la vida diaria. Se puede apreciar en las palabras en español que salpican las conversaciones en inglés de los no hispanos, en las comidas que enriquecen los menús de los restaurantes, en los niños no hispanos que aprenden primero a hablar español con sus niñeras hispanas que en inglés con sus padres.

Algunos Gobiernos más que otros, por razones diversas, han patrocinado programas educativos o sociales a favor de la población hispana o han celebrado la herencia hispana como parte integrante e importante de esta sociedad. En 1968 el presidente Lyndon B. Johnson designó una semana en septiembre como la Semana Nacional de la Herencia Hispánica, medida que fue extendida a un mes por el presidente Ronald Reagan en 1988. Desde ese momento, cada año se celebra en los Estados Unidos el Mes de la Herencia Hispánica.

El tema de la emigración volvió fuertemente a la palestra en el 2010 debido a la ley antiinmigrante (SB 1070) aprobada en abril en el estado de Arizona la que exacerbó tanto sentimientos antihispanos, como de apoyo a esta minoría étnica. La ley de Arizona, que entrará en vigor el 29 de julio, faculta a la policía, estatal y local, para determinar la situación de legalidad o ilegalidad de los ciudadanos, lo que hasta ahora, era competencia exclusiva de los agentes de Inmigración. De no poder mostrar su legalidad, pueden ser condenados a seis meses de cárcel, multados con 2.500 dólares y, eventualmente, expulsados del país. Es indudable que una ley de ese tipo tiene el potencial de violar los derechos de ciudadanos norteamericanos y residentes legales inocentes al convertirlos en blanco de posibles detenciones simplemente por su apariencia física o por su acento.

A raíz de la ratificación de la ley, las manifestaciones de diferentes movimientos ciudadanos, religiosos y políticos en contra de la misma no se hicieron esperar. El primero de mayo, día internacional del trabajo, miles de personas manifestaron en más de 70 ciudades de los Estados Unidos en contra de la ley pidiendo al Gobierno del presidente Barack Obama la reforma migratoria prometida. De ahí en adelante, las marchas de estudiantes y de los mismos hispanos ilegales, exponiéndose a una acción contra ellos se atrevieron a tomar las calles protestando por la ley SB 1070 y exigiendo del Gobierno la reforma migratoria.

Asimismo dejaron escuchar su oposición contra la ley mandatarios internacionales entre ellos el presidente de México. De igual modo, alcaldes de algunas de las mayores ciudades de Estados Unidos, congresistas y directores de corporaciones, encabezados por Michael Bloomberg, alcalde de

Nueva York y Rupert Murdoch, de la cadena de televisión Fox y del diario *The Wall Street Journal* se han unido en un grupo llamado Alianza para una Nueva Economía de América, para impulsar en el Congreso la reforma migratoria; y éste es sólo uno de las cientos de organizaciones que se han movilizado.

El presidente Obama, quien ya había anunciado que le había pedido al Departamento de Justicia la revisión de la ley de Arizona, en julio del 2010, en el primer discurso oficial en el que se refirió al tema, hizo un llamado a los congresistas tanto demócratas como republicanos a que pongan fin a las luchas partidistas y den vía a una reforma de inmigración que legalice a los 11.000.000 de trabajadores ilegales en el país.

El plan anunciado por Obama es muy similar al propuesto por su predecesor, el ex residente Bush, el fallecido senador Ted Kennedy o el aspirante republicano a la presidencia John McCain: los inmigrantes ilegales deben registrarse, pagar sus impuestos, pagar una multa, aprender inglés, y tras superar esas pruebas, poder optar por la ciudadanía.

Se espera que todas estas manifestaciones de movimientos civiles en apoyo a la reforma migratoria, así como el impulso dado por el Presidente, por otros políticos de los diferentes partidos y por los presidentes de corporaciones se logre que la reforma se convierta en ley y traiga consigo la regularización de los millones de trabajadores ilegales que hacen mover la economía en este país.

Dónde ir en la Red para leer los diarios y ver algunos canales de televisión latinoamericanos gratuitamente.

Para los diarios: Publicaciones digitales/periódicos de la UNAM.

http://biblioweb.dgsca.unam.mx/periodicos/

Para ver los canales de TV: Mundo TV on Line gratis para Mundo Hispano.

http://mundotv.webcindario.com/

Solución a los ccrucigramas

1.- Primeras civilizaciones
Horizontales: **3**. Llama, **4**. Juracán, **6**. Araucanos, **8**. Quetzalcoátl, **11**. Quipu, **12**. Curare, **13**. Códices, **14**. Incas, **15**. Taíno, **16**. Machi.
Verticales: **1**. Kukulkán, **2**. Mayas, **5**. Chasquis, **7**. Aztecas, **9**. Tawantinsuyo, **10**. Caribes, **13**. Cusco, **14**. Inti.

2.- Descubrimiento, conquista y colonización
Horizontales: **2**. Malinche, **4**. ElDorado, **6**. Criollo, **7**. LeyendaNegra, **10**. NuevaGranada, **11**. Moctezuma, **13**. LasCasas, **14**. Mulato.
Verticales: **1**. Tenochtitlán, **2**. Mestizo, **3**. Colón, **5**. Pizarro, **8**. Guacanagarí, **9**. Atahualpa, **12**. Cortés.

3.- De la independencia al presente
Horizontales: **2**. Bogotá, **4**. México, **7**. Túpac Amaru, **9**. Martí, **11**. Titicaca, **13**. El Salvador, **15**. Quito, **17**. Bolívar, **18**. Chile, **19**. Hidalgo.
Verticales: **1**. SanMartín, **2**. Bolivia, **3**. Costa Rica, **5**. Panamá, **6**. Amazonas, **8**. Puerto Rico, **10**. Maceo, **12**. Cuba, **14**. Venezuela, **16**. Perú.

4.- El nuevo mapa económico de América Latina
Horizontales: **4**. Bachelet, **5**. AnilloEnergético, **8**. Evo, **9**. Chávez, **12**. Uruguay, **13**. MERCOSUR, **14**. Alba.
Verticales: **1**. Kirchner, **2**. Brasil, **3**. Chile, **6**. Lula, **7**. NuevaIzquierda, **10**. Humala, **11**. Camisea.

5.- Mujeres
Horizontales: **3**. Alfonsina Storni, **4**. Flora Tristán, **10**. Policarpa Salavarrieta, **12**. Anacaona, **13**. Violeta Barrios, **14**. Lourdes Flores.
Verticales: **1**. Lolita Lebrón, **2**. Domitila Barrios, **5**. Rigoberta Menchú, **6**. Juana Azurduy, **7**. Michelle Bachelet, **8**. Fresia, **9**. Micaela Bastidas, **11**. Isabel Perón.

Glosario

abanico: *fan*
abastecimiento: *supply*
abdicar: *to abdicate*
abogar: *to advocate/plead*
abonar: *to fertilize*
abrazar: *to embrace*
acatemos: acatar: *to respect*
acoplar: *to fit together*
acrecentar: *increase*
acuerdos: *agreements*
adentrado: adentrar/se en: *to go/get into*
adversamente: *negativamente*
afán: *urge, desire*
afiche: *poster*
afrenta: *affront, insult*
afrontar: *face*
agobiadas: *worn out, tired*
agotados: *finished, exhausted*
ahogados: *drowned*
ajiaco: literalmente: *a potato and chile stew*
albores: *dawn*
alejada: *away from*
alfabetización: *literacy*
alfabetizar: *to teach to read and write*
aliada: *allied*
aliviar: *to relieve*
alma: *soul*
alzamientos: *uprisings*
amedrentamiento: *intimidation*
ampliación: *enlargement*
analfabeta: *illiterate*
aniquilar: *to destroy*
antojos: *whims*
antropofagia: *cannibalism*
apertura: *opening*
aplastar: *to crush*
aportes: *contributions*
apostar: *to bet*
aprovechar: *to take advantage*
apuntar: *to point out*
araña: *spider*
arcilla: *clay*
arco *bow*
arder: *to burn*
ardua: *ardous, hard, tough*
arrabales: *slums*
arraigada: *rooted*
arrasadas: *destroyed*
arrastrar: *to drag along*
arrendadas: arrendar: *to rent*
artífices: *architects*
asentamiento: *settlement*

asentándose: asentarse : *to settle*
asombro: *astonishment*
astros: *stars*
atado: atar: *to tie*
atestiguar: *to attest*
auspicios: bajo los...: *under the sponsorship*
autoconsumo: *personal consumption*
avecinaban: avecinar/se: *to approach*
banda ancha: *broadband*
bandos: *parties, factions*
batir: *to beat/mix*
belicoso: guerrero: *warlike*
bichos: *insects*
bienestar: *wellbeing*
bizco: *cross-eyed*
boga (en...): *in fashion*
bonetes: *hats*
bordado: *embroidery, neddlework*
brecha: *gap*
brocados: *brocades*
buen trecho: *a good way*
bulbos de la cebolla: *onion bulbs*
caballerizo: *groom*
cacao: *cocoa*
cachorros: *cubs*
caduco: *obsole*
calabaza: *pumpkin, gourd*
caldo: *broth*
camellones: *ridges*
caña de azúcar: *sugar cane*
cancha: *court*
cañonazo: *cannonshot*
caoba: *mahogany*
carencia: *scarcity*
carga: *load*
caricatura: *caricature, cartoon*
carilampiños: *smooth-faced*
carrera: *career*
castigo: *punishment*
caucho: *rubber*
cazar: *to hunt*
célebre: *famous*
celuloide: *celluloid*
centrado en: *centered/ based on*
cestas: *baskets*
chivo: *goat*
chusma: *rabble*
cicatrices: *scars*
ciernes: en ... *in blossom*
cine mudo: *silent movie*
cinematógrafo: *cinema*
circunnavegar: *sail around*

clave: *concussion sticks*
clave: *key*
cobriza: *copper-colored*
códices: *ancient manuscripts*
codicia: *greed*
codiciar: *to covet*
coima: *bribe*
cola: *tail*
cólera: *anger*
colgando de las faldas de las montañas: *hanging from the mountains*
como lo estimen más conveniente: *as they deem fit*
complotando: complotar: *to plot*
concha de tortugas: *turtle shell*
conchas: *shells*
condenados a la hoguera: *sentenced to be burned alive at the stake*
conducta: *behavior*
conmoción: *commotion*
contramaestre: *warrant officer*
contrapunto: *counterpoint*
contrarrestar: *to counteract/offset*
convulso: *convulsed,revolutionary*
copar: *to cope*
correo: *postal services*
corteza: *bark*
cosechas: *crops*
cosmogonía: *cosmogony, a specific theory of the origin*
costura: *sewing*
cotorras: *parrots*
coyuntura histórica: *historical moment*
crispada: *tense*
crudos: *raw*
cuentas de vidrio: *glass vedas*
cundir: *to spread, to multiply*
curanderas: *women healers*
dados: *inclined to*
databa: datar de: *to date from*
debacle: *disaster*
decepcionados: decepcionar: *to deceive*
decreto: *decree, parliamentary act*
demorar: *to delay*
deponer: *to remove*
derecho: *law*
derogar: *to abolish*
desafiar: *to defy, to challenge*
desafío: *challenge*
desangrar: *to bleed*
desatarse: *to unleash*
descamisados: *without shirts, ragged*
desciframiento: *decoding*

descuartizado: descuartizar: *to quarter*
desembarcó: desembarcar: *to land*
desenfrenado: *wild, uncontrolled*
desfase: *difference*
desfavorecidos: *underprivileged*
desgarrador: *heartbreaking*
deslustrado: *tarnished, dull*
desmedro, en... de: *against*
desmenuzar: *to chop up/shred*
desmesurado: *immeasurable*
desnudos: *naked*
despojar: en sentido figurado: *to strip of*
despresar: *to cut up*
destacamento: *military detachment*
destituido: *impeached*
destreza: *skill*
desvalidos: *handicapped*
deteriorados: *in bad shape*
detractores: *slanderers*
diablillos: *little devils*
diestros: *skillful*
diezmar: *to decimate*
dimitir: *to resign*
dioses: *gods*
discrepancia: *discrepancy*
diseminar: *to disseminate/spread*
disparejo: *unequal*
divisas: *foreign exchange*
docencia: *teaching*
docilidad: *docility, gentleness*
dominicos: *Dominicans*
dotar: *to equip with*
duras jornadas de trabajo: *hard working days*
Edad Media: *Middle Ages*
eje: *axis*
elenco: *cast*
emblema: *device, emblem*
emplumada: *with feathers*
empresa: *enterprise*
en sentido figurado: *a mix-up, a mess*
enardecido: enardecer: *to inflame*
encendido encender *to light up*
enderezar: *to straighten out*
engalanar: en sentido figurado: *to adorn*
engrosar: aumentar: *to increase*
enjuiciar: *to judge, prosecute and sentence*
enredadera: *vine*
enriquecimiento: enriquecerse: *to get rich*
enseñanza: *teaching*
entendimiento: *understanding*
entrecruzamiento de razas: *ethnic interbreeding*

envenenar: *to poison*
envuelto: *wrapped*
equidad: *equity*
equipo: *team, crew*
erradicado: erradicar: *to eradica-te/uproot/eliminate*
erudición: *erudition, great learning*
escalonado: *in a series of steps*
escasear: *to get scarce*
Escrituras: las...: *the holy Scriptures*
esgrimir: ... un argumento: *to argue*
espera: *wait*
espinas: *thorns*
estación: *season*
Estado Libre Asociado: *Commonwealth*
estandarte: *banner*
estaño: *tin*
estribar (en): *to rest (up)on*
estupefacción: *stupefaction*
evocadoras: *evoking, eliciting*
excedente: *surplus*
exentos: *exempt*
exigirle cuentas: *to call to account*
fábrica: *factory*
fallido: *unsuccessful*
feligreses: *parishioners*
férreamente: fuertemente
férreas garras: *iron claws*
finamente: *thin*
flotas: *fleets*
flujo: *flow, flux*
forjar: *to shape*
formación: *training*
fortalecer: *strengthen*
franciscanos: *Franciscans*
fuego sagrado: *holy fire*
fuerte: *fort*
fundió: fundir *to blend*
galardón: *literary award*
galeones: barcos: *ships*
gallo: *rooster*
ganadería: *cattle raising*
globo de carne morada: *a purple flesh ballo-on*
golpear: *to make an impression on*
grabado: *engraving, print*
Grito: *proclamation*
grumos: *clots*
guardar: *to keep safe/guard*
habilitación: habilitar: *to enable, to author-ize*
hachas: *axes*
halagadoras: *flattering*

hastiado: cansado: *tired*
heredamos: heredar: *to inherit*
herejía: *heresy*
herir: *to hurt*
hermandad: *brotherhood*
herraduras: *horseshoes*
herramientas: *tools*
hito: *landmark*
hondas: *slings*
hondo: *deep*
hospitalario: *welcoming*
hueco: *hollow*
huérfanos: *orphans*
huesos duros de roer: *hard nuts to crack*
huesos: *bones*
huéspedes: *guests*
huestes: *troups*
humilde: *humble*
hurgar: *to dig*
idioma: *idiom, language*
imagen y semejanza: *own image*
imperante: imperar, reinar: *to reign, to prevail*
impuestos: *taxes*
impurezas: *impurities*
incidir: *to influence/affect*
incremento: *increase*
infladas: *inflated*
influyente: *influential*
infructuosamente: *unsuccessfully*
infundada: *groundless* de que estaba
instar: *to urge/ press*
insufribles: *unbearable*
inundables: *liable to flooding*
inusitado: *unusual*
ir y venir: *to-and-fro movement*
ira: *anger*
jesuitas: *Jesuits*
juguetería: *toyshop*
labranza: *agriculture*
ladrillero: *brick maker*
ladrón: *thief*
lagarto: *lezzard*
laicos: no religiosos
lanchas: *rafts*
lanzas: *spears*
largo metrajes: *full-length films*
leguas: *leagues; one league equals to ~ 3 miles*
levantamiento: *revolt*
libreto: *script*
llave: *key*
lucha libre: *wrestling*

luz: a la luz de: *in the light of*
macerar: *to macerate/soften*
machacar: *to crush*
madera: *timber*
maltrato: *mistreatment*
malversación: *embezzlement*
mansedumbre: *gentleness*
mantequilla: *butter*
marimbas: *thumb piano*
mas: *but*
médula (hasta la...): *to the core*
mercado negro: *black market*
mezquino: *mean*
miras: con ... a: *with the intention of*
misa: *mass*
misiones: *missions*
moler: *to grind*
moneda: *currency*
mono: *monkey*
mordaz: *pungent*
movilidad social: *social mobility*
municiones: *amunitions*
naciente: *nascent*
naufragó: naufragar: *to shipwreck*
negar: *to deny/refuse*
obligatoria: *obligatory*
olla a presión: *pressure cooker*
onírico: *oneiric, dream*
orbe: *globe, world*
orfebrería: *craftsmanship in precious metals*
oriundos: *native*
palo: *stick*
panadero: *baker*
paño: *cloth*
pantalla: *screen*
pantanos: *swamps*
pares: revisadas por sus...: *peer reviewed*
parnasianismo: *late 17th century poetry movement which emphasizes form over content*
partido: *match, game*
pastor: *shepherd*
patalear: *to kick one's legs in the water/air*
patria: *motherland*
patrocinar: *to sponsor/patronize*
pauperización: *impoverishment*
paupérrimas: *terrribly poor*
pavor: *terror*
pecado: *sin*
pelearse: *to fight*
pelota vasca: *racketball*
pelotazo: *fierce shot*
pena: dolor, sufrimiento
pena: *sentence*

pensiones: *pensions*
per se: *in itself*
percatarse: darse cuenta: *to find out, to notice*
perder la razón: *to lose your mind*
perdida: *lost*
pereciendo: perecer, morir: *to die*
perreo: *doggystyle*
pertenencia: sentido de...: *sense of belonging*
pescar: *to fish*
pese: *though*
picar: cortar
piedrecitas: *pebbles*
pincel: *paint-brush*
piropo: *flirtatious remark*
pléyade: *group*
pluma: *pen*
poderosa: *powerful*
policromados: *multicolored*
polvo de hornear: *baking powder*
poner en jaque: *to checkmate*
por consiguiente: *consequently, therefore*
por las dudas: *just in case*
por señas: *making signs*
precepto: *precept, rule*
prendas de vestir: *articles of clothing*
presintiendo: presentir: *to have a presentiment of*
previsión: *precautionary measure*
primer mandatario: *president*
probo y austero: *upright and austere*
programas: *shows*
promover: *to promote*
propiciar: *to promote and facilitate*
proveer: *to provide*
pudrirse: *to decompose*
puentes colgantes: *hanging bridges*
puerto franco: *free port*
quehaceres del hogar: *household chores*
quemar: *to burn*
quiteña: *a woman born in Quito, Ecuador*
rango social: *social claas*
raspadores: *scrapers*
recato: *shyness*
recaudar: *collect*
reclamar(se): *to claim*
reclutando: reclutar: *to recrute*
recompensados: recompensar: *to reward*
redimida: *redeemed*
redoblar: *to increase*
reducciones: *reservations*
redundó: redundar: *to redound to*

reforzando: reforzar: *to reinforce/boost/strengthen*
refranes: *proverbs, sayings*
refuerzos: *reinforcements*
regadío: *irrigation*
reguetón: *reggaeton*
rehén: *hostage*
reivindicación: *vindication, defense*
relegado: estar relegado: *to be at a less prominent position*
relevarlo: relevar: *to remove*
remontarse: *to go back*
renovable: *renewable*
rentable: *profitable*
requesón: *cottage cheese*
requisito: *requirement*
rescataron: rescatar: *to rescue*
rescate: *ransom*
resentimiento: *resentment*
resentir: *to feel bitter about*
resplandecientes
restauración: *restaurant industry*
resurgimiento: *resurgence*
reveladora: significativa
rezagar: *to pospone/leave behind/*
rieles: sobre sus rieles: *on track*
robar: *to steal*
rocoto: *large pepper*
sabios: *wise men*
saborear: *to taste/ enjoy*
sacra: *sacred, holy*
salir perdiendo/ ganando: *to lose/ to win*
salsa: literally *sauce; a popular form of Latin-American dance music*
salvar: *to save/rescue*
Santísima Trinidad: *holy Trinity: the unity of Father,*
se aprovechó: aprovecharse: *to take advantage*
se percataron: percatarse: *to notice*
secuestrar: *to kidnap*
semillas: *seeds*
Sendero Luminoso: *Shining Path*
seno: en el ...: al interior
sentar las bases: *to lay the foundations*
ser: no ser capaces: *to be: unable*
siembra: *sowing*
siglo: *century*
sitiar: *to besiege*
soborno: *bribery*
sogas: *ropes*
solía jugar: soler + infinitivo: *to be in the habit of*

sometimiento: *subjugation*
Son and Holy Spirit as three persons in one Godhead
sonajero o maraca: *rattle*
sonido: *sound*
soplar vientos de lucha: *to blow winds of change*
sospecha: *suspicion*
sospechar: *to suspect*
sotana: *garment worn by Catholic priests*
súbditos: *vassals*
subvencionar: *subsidize*
suelo: *ground*
sufragar: *to defray*
sumisos: *subdued*
superponerse: *to superimpose*
tambores hechos de barriles de metal: *steel drums*
tamizar: cerner: *to sieve/sift*
taparrabos: *loincloth*
taquilla: *box-office*
tardanza: *delay*
tarros: *pots, jars*
tejidos: *textiles*
temblor: *tremor*
temidos: *dreaded*
tender: *to lay*
tenderos: *grocers*
tener la sonrisa a flor de labios *to be ready to smile*
teocracia: *theocracy: government ruled by or subject to religious authority*
tez: *complexion*
tierra firme: *continental land*
tormentoso: *stormy*
torvos: *grim . . .*
trabajador: *worker*
trabajar por cuenta propia: *self-employment*
tragaban: tragar: *to swallow*
traición: *treason*
transporte terrestre /ferroviario: *ground/ railway*
tregua: *truce*
trepanaciones: *trephination: operation of the skull*
tributos: *taxes*
trincheras: *trenches*
tripulación: *crew*
trocha: *narrow path*
trueno: *thunder*
trueque: *exchange*
tucanes: *toucans*
tumbas: *tombs*

turbante: *turban*
unilaterales: *one-sided*
untar: *to smear/dab*
uslero: *rolling-pin*
útil: *useful, helpful*
vacuno: *bovine*
vale un Perú": *this is worth a Peru*
vejar: *to vex*
• vencer: derrotar: *to defeat*
vengarse: *to take revenge*
verdad: *truth*
vigor: poner en...: *to enforce*

vinculadas: *linked*
viraje: *turn*
visar: *to aim*
viudas: *widows*
yacimientos de oro: *gold deposits*
yelmos: *helmets*
zarpó: zarpar: *to weigh anchor*
zorzal: *thrush*

Obras consultadas

A Century of U.S. Military Interventions. International A.N.S.W.E.R.
  (http://www.internationalanswer.org/pdf/usmilitaryinterventions.pdf)
Asociación Latinoamericana de Integración.
(http://www.aladi.org/).
Asociación Latinoamericana de Libre Comercio - Asociación Latinoamericana de Integración: ALALC – ALADI.
  (http://mx.geocities.com/gunnm_dream/aladialalc.html).
Ayala Marín, Alexandra. "Periodismo feminista y periodistas feministas".
(http://www.unifemandina.org/unifem/02_03/pandora.htm).
"Bachelet Victory in Chile " ZNet, January 16, 2006.
(http://www.zmag.org/content/showarticle.cfm?ItemID=9536).
Bailey, Thomas A. *A Diplomatic History of the American People.* New York: Appleton-Century-Crofts, 1970.
Balta Campbell, Aída. *Presencia de la mujer en el periodismo escrito peruano* (1821-1960). Perú, Universidad de San Martín de Porres, 1998.
Barnet, Miguel. "Cultos Afrocubanos. Regla de Ocha. Regla de Palo Monte". Editorial Unión: La Habana, 1995.
Bazán, Ignacio. "Latin America Is Not Cute. How globalization overtook magical realism in South America". September 16, 2004.
(http://www.maisonneuve.org/index.php?&page_id=12&article_id=43)
Biblioteca del Congreso Nacional de Chile (http://www.bcn.cl/portada.html)
Blum, William. *Killing Hope: US Military and CIA Interventions since World War II.* Monroe, Maine: Common Courage Press, 1995.
Bolívar, Simón. *Doctrina del libertador.* Prólogo de Augusto Mijares, compilación, notas y cronología de Manuel Pérez Vila. Biblioteca Virtual Miguel de Cervantes, p. 18.
(http://www.cervantesvirtual.com/servlet/SirveObras/01145856442929384654102/p0000001.htm#I_4_).
Bonilla, A., Páez, A. "Populismo y caudillaje: una vieja historia".
  (http://www.flacso.org.ec/docs/artpopycau.pdf).
Burbach, Roger. "Latin America Shifts Left". January 16, 2006.
(http://www.zmag.org/content/showarticle.cfm?SectionID=52&ItemID=9562 znet).
Casa de las Américas. (http://www.casa.cult.cu/).
Casas, Bartolomé de las. *Brevísima relación de la destrucción de las Indias.* Madrid: Editorial Tecnos, 1992.
CEMAL: Centro de Estudios de la Mujer en la Historia de América Latina.
  http://webserver.rcp.net.pe/cemhal/capitulo1.html#_ftnref30
Chanan, Michael. "New Cinemas in Latin America", *The Oxford History of World Cinema*, ed. Geoffrey Nowell-Smith. New York: Oxford University Press, 1996:744.
Chiappa R., Olivares E. "Desempleo cae a 7,3% y gobierno rediseña planes de emergencia" *La Tercera* 29-03-2006.

Colón, Hernando. *Vida del Almirante Don Cristóbal Colón.* México-Buenos Aires: Fondo de Cultura Económica, 1947.

Cortés, Hernán: *Cartas de Relación de la Conquista de México*, 3ª Edición, Buenos Aires-México: Espasa Calpa 1989.

"Corridos Zapatistas (de la Revolución mexicana, de principios del siglo". (http://www.macalester.edu/courses/span54/CORRIDOS.pdfo XX).

Country Studies/Area Handbook Series on Internet. Library of the Congress. (http://countrystudies.us/).

Dávalos Orozco, Federico. *Albores del cine mexicano*. Editorial Clío: México, 1996.

Davies, Catherine "Recent Cuban Fiction Films: Identification, Interpretation, Disorder". *Bulletin of Latin American Studies* Vol. 15 No. 2 ,1996:184.

Debray, Regis. *The Chilean Revolution: Conversations with Allende*. New York: Pantheon, 1972.

"Democracy in Latin America: Towards a Citizens' Democracy". Lima, Peru, 21 April 2004. (http://www.undp.org/dpa/pressrelease/releases/2004/april/0421prodal.html).

Diario Yucatán. Constitución política de los Estados Unidos Mexicanos. http://www.yucatan.com.mx/especiales/constitucion/presentacion.asp

Díaz del Castillo, Bernal. *Historia verdadera de la conquista de la Nueva España*. Edición, índices y prólogo de Carmelo Sáenz de Santa María, Madrid: Alianza Editorial, 1989.

"Documentos dicen que EE.UU. apoyó guerra sucia argentina". (http://www.terra.com/actualidad/articulo/html/act166852.htm).

Domínguez Ortiz, Antonio. *Carlos III y la España de la Ilustración*. Madrid. Alianza Editorial, 1990.

Epelbaun, Yoyo".Breve historia de las Madres de Plaza de Mayo". (http://www.webmujeractual.com/noticias/madresmayo.htm).

Escobedo, Raquel. *Galería de Mujeres Ilustres*. Editores Mexicanos Unidos, S. A., 1967.

"El Estado latinoamericano en perspectiva. Figuras, crisis, prospectiva". en: *Pensamiento Iberoamericano*. Revista de Economía Política, nº 5a (1984), pp. 39-74.

Estelle, P., Silva F., Silva O., Villalobos, S. *Historia de Chile*. Santiago de Chile: Editorial Universitaria, 1980.

Finsterbusch, M., Villalobos, S. *Historia de mi país*. Santiago de Chile: Editorial Universitaria, 1992.

Freire, Paulo. *Pedagogy of the Opressed*, Translated by Myra Bergman Ramos. The Continuum Publishing Corporation: New York, NY, 1987.

Freire, Paulo. *The Politics of Education - Culture, Power, and Liberation*, Translated by Donoldo Macedo. Bergin & Garvey: New York, NY, 1985.

Frente Sandinista de Liberación Nacional. (http://www.fsln-nicaragua.com/).

Galeano, Eduardo. *Memorias del fuego I Los nacimientos*. México, Siglo XXI Editores, 1982.

_____. "Where the People Voted Against Fear". November 18, 2004. (http://www.zmag.org/content/showarticle.cfm?ItemID=6683).

_____. "The Second Founding of Bolivia". February 19, 2006. (http://www.zmag.org/content/showarticle.cfm?SectionID=52&ItemID=9757).

Ganson, Barbara. "Following Their Children into Battle: Women at War in Paraguay, 1864-1870".In *The Americas 46*, 1990: 335-71.

Gantier, Joaquin. *Doña Juana Azurduy de Padilla*. Buenos Aires: Imprenta Lopez, 1946.

García Goyco, Osvaldo. *Influencias mayas y aztecas en los taínos de las Antillas Mayores*. San Juan, Puerto Rico: Ediciones Xibalbay, 1984.

"Gueiler Tejada, Lidia". (http://es.wikipedia.org/wiki/Lidia_Gueiler_Tejada).

Guevara, Che. *Reminiscences of the Cuban Revolutionary War*. London: Allen & Unwin, 1968.

Gugliotta, Bobette. *Women of Mexico: The Consecrated and the Commoners, 1519-1900*. Encino, CA: Floricanto Press, 1989.

Gutiérrez Alea,Tomás. "El verdadero rostro de Calibán", *Cine Cubano* 126. 1989:12-22.

Guzmán, G. *El desarrollo latinoamericano y la CEPAL*. Barcelona: Planeta, 1976.

Hauser, Thomas. *Missing: The Execution of Charles Horman*. New York: Simon & Schuster, 1983.

Henderson, James D. y Linda Roddy Henderson. *Ten Notable Women of Latin America*. Chicago: Nelson-Hall Inc., 1978.

Herrera-Sobek, Maria. *The Mexican Corrido: A Feminist Analysis*. Bloomington: Indiana University Press, 1990.

Herring, Hubert. *A History of Latin America*. Third Edition. New York: Knopf, 1968.

Hidalgo Vega, David. "El hombre que sabe de incas". *El comercio*, Lima, miércoles, 18 de Mayo de 2005.
(http://www.elcomercioperu.com.pe/EdicionImpresa/Html/2005-05-18/impCronicas0308132.html#).

"Historia del cine argentino" (http://www.surdelsur.com/cine/cinein/)

"Historia del cine mexicano".
(http://lanic.utexas.edu/la/region/cinema/).

"History of Brazilian Cinema" (http://www.brazilbrazil.com/cinema.html)

"Iglesia-Estado: repasando la historia". (http://www.envio.org.ni/articulo/337).

Indice Cuarta Parte. "Realidad y problemática del proceso de formación de promotores: evaluación critica de la experiencia de formación de promotores en la operación ALFIN".
(http://atzimba.crefal.edu.mx/bibdigital/acervo/retablos/RP16/cuarta.pdf).

"Iniciativa Científica Milenio".
(http://www.mideplan.cl/milenio/evaluacion.htm).

Innes, Hammond. *The Conquistadors*. London: Collins, 1969.

Jaiven, Ana Lau and Ramos Escandon, Carmen. *Mujeres y Revolución: 1910-1917*. Mexico City: Instituto nacional de Estudios Historicos de la Revolución mexicana, 1993.

Knaster, Merl. *Women in Spanish America: An Annotated Bibliography from Pre-Conquest to Contemporary Times*. Boston: G. K. Hall, 1977.

Kinzer, Stephen. "The Illinois Congressman and the Dictator's Daughter". *The New York Times*, Saturday, July 10, 2004: A 12.

Kornbluh, Peter. *The Pinochet File: A Declassified Dossier on Atrocity and Accountability*.

Kennedy, Robert F. *Thirteen days, A Memoir of the Cuban Missile crisis*. New York: W. W. Norton & Co., 1969.

LaFebber, Walter. *The Panama Canal, The Crisis in Historical perspective.* New York: Oxford University Press, 1978.

_____. *Inevitable Revolutions: The United States in Central America.* New York: W.W. Norton, 1984.

Lara-Braud, Jorge. "Monsenor Romero: Model Pastor for the Hispanic Diaspora". *Apuntes* Fall 1981: 15-21.

Lechner, N. *Estado y política en América Latina.* México: Siglo XXI, 1983.

León, Nicolas. *Aventuras de la Monja Alférez.* Mexico, DF: Complejo Editorial Mexicano, 1973.

Leslie, Wirpsa. "No-nonsense Regime of Salvador's Saenz: Cardinal Puts Brakes on Option for the Poor in Post-Romero Church". *National Catholic Reporter,* 11 April 1997, 9-13.

"Lineamientos para la Estrategia de Bolivia en la Era Digital".
(http://www.aladi.org/nsfaladi/ecomerc.nsf/wvestudios/E8147919B55D97A4032 56BEA004D2EDA/$File/lineamientos.pdf?OpenElement).

Lockwood, Lee. *Castro's Cuba, Cuba's Fidel.* New Cork: Macmillan Company, 1967.

Loprete, C., McMahon, D. *Iberoamérica, síntesis de su civilización.* New York: Charles Scribner's Sons, 1965.

Luna, Lola. "Los movimientos de mujeres: feminismo y feminidad en Colombia (1930-1943)". *Boletín Americanista,* Universidad de Barcelona, N°35, Año XXVII, 1985: 169-190.

Macias, Anna. *Against All Odds: The Feminist Movement in Mexico to 1940.* Westport, CT: Greenwood Press, 1982.

Madariaga, Salvador de. *Le déclin de l'empire espagnol en Amérique.* Paris: Editions Albin Michel, 1986.

Martí, José. *Nuestra América.* Caracas, Venezuela: Biblioteca Electrónica, (http://www.analitica.com/bitblioteca/jmarti/nuestra_america.asp).

Moneda, el periódico financiero. "Centroamérica mira economía chilena como modelo de desarrollo". Centroamérica, lunes 19 al viernes 23 de julio de 2004, año 2004, número 158.
(http://moneda.terra.com.pa/moneda/noticias/mnd17797.htm).

Moore, Evelyn. "Girl of the Underground: La Pola, Heroine of Colombia's Struggle for Independence".*Americas* 5, 1953: 20-23, 27-28.

Morley, M., Petras J. *The United States and Chile: Imperialism and the Overthrow of the Allende Government.* NY: Monthly Review Press, 1975.

Neruda, Pablo. *Confieso que he vivido.* Buenos Aires: Alianza Editorial, 2003.

Newland, C. "La educación elemental en Hispanoamérica: desde la independencia hasta la centralización de los sistemas educativos nacionales", In: *Hispanic American Historical Review,* n° 71, 1991:335-364.

¡Nunca más!. Informe de la Comisión Nacional sobre los Desaparecidos.
(http://www.desaparecidos.org/arg/conadep/nuncamas/nuncamas.html).

O'Donnell, Pacho. *Juana Azurduy, La Teniente Coronela.*Buenos Aires: Planeta, 1994.

Osborne, Harold. *South American Mythology.* Verona, Italy: The Hamlyn Publishing Group Ltd, 1968.

Pardo, Adolfo. "Historia de la Mujer en Chile: La Conquista Los Derechos Políti-cos (1900-1952), 1995". (http://www.critica.cl/html/pardo_01.html).

Pereda Rodríguez, Justo Luis. "Eugenio María de Hostos: precursor de la sociología de la educación latinoamericana".
(http://www.cied.rimed.cu/revistaselec/ciencias/ano4/articulos/html/articulo11.htm).

Perkins, Dexter. *A History of the Monroe Doctrine*. New York: Little, Brown Company, 1955.

Perez, Esther R., James Kallas, and Nina Kallas. *Those Years of the Revolution, 1910-1920: Authentic Bilingual Life Experiences as Told by Veterans of the War*. San Jose: Aztlan Today, 1974.

Picó, Fernando. *Historia General de Puerto Rico*. San Juan, Puerto Rico: Edi-ciones Huracán. 1988.

Plenn, J. H. "Forgotten Heroines of Mexico: Tales of the Soldaderas, Amazons of War and Revolution". *Travel* 66, 1936:24-2.

Portal ALBA.
(http://www.alternativabolivariana.org/modules.php?name=Content&pa=showpage&pid=1).

Precursoras del feminismo en América Latina. Número especial de Mujer/Fempress: Santiago de Chile, 1991.

Prieto Osorno, Alexander. "Chile, *McOndo* y los supervivientes". In: *Nueva Narrativa Latinoamericana*: Centro Virtual Cervantes. Viernes, 28 de mayo 2004. (http://cvc.cervantes.es/el_rinconete/anteriores/mayo_04/28052004_01.htm).

"Proyecto Desaparecidos". (http://www.desaparecidos.org/arg/).

Ramos Escandon, M. "Mujer y sociedad novohispana". In ISIS. *Nuestra memoria, nuestro futuro: mujeres e historia. America Latina y el Caribe*. Santiago de Chile, Andromeda, 1988:21-33. (Ediciones de las Mujeres N°10).

Rauber, Isabel. "Mujer y revolución en los barrios cubanos".
(http://www.iued.unige.ch/information/publications/pdf/yp_creativite_femmes_dev/10-crea_isarau.pdf).

"Red Científica Peruana" (http://www.yachay.com.pe/especiales/Internet/).

Reyes de los, Aurelio. Cine y sociedad en México 1896-1930: Vivir de sueños/Bajo el cielo de México. Instituto de Investigaciones Estéticas de la UNAM: México, 1983.

Rojas, Marta and Mirta Rodriguez Calderon, Eds. *Tania: The Unforgettable Guerilla*. New York: Random House, 1971

Rodean, Selden. *South America of the Poets*. New York: Hawthorn Books Inc., 1970.

Romero, Oscar, and Brockman, James (ed). *The Violence of Love*. San Francisco: Har-per & Row, 1988.

Salas, Elizabeth. *Soldaderas in the Mexican Military: Myth and History*. Austin: Univer-sity of Texas Press, 1990.

Silva, Ana Josefa. "Cine-Chile-Historia: Tres palabras indisolubles".
(http://www.elojoquepiensa.udg.mx/espanol/numero01/cinejournal/04_cinechile.html)

Silva Campos, Armando. *Episodios nacionales*. Santiago de Chile: Gráfica Caran, 1991.

Smith, Christian. *The Emergence of Liberation Theology*. Chicago: U of Chicago Press, 1991.

The Participation of Women in the Wars for Independence in Northern South America 1810-1824. Minerva: Quarterly Report on Women and the Military, 1993: 11.3-4.

Tickell, Sophia. "Domitila – the forgotten activist". (http://www.newint.org/issue200/domitila.htm)

"University of Texas' Latin American Network Information Center - LANIC. (http://lanic.utexas.edu/project/tilan/)

U.S. Congress, Senate Committee on Foreign Relations, United States and Chile during the Allende Years, 1970-1973. Washington D.C: U.S Government Printing Office, 1975.

Valencia Vega, Alipio. *Manuel Ascencio Padilla y Juana Azurduy : los esposos que sacrificaron vida y hogar a la obra de creación de la patria*. Colección Tradición historia. La Paz, Bolivia: Librería Editorial Juventud, 1981

Wepman, Dennis. *World Leaders Past and Present: Simon Bolivar*. New York: Burke Publishing Co. Limited, 1988.

Worldwide Guide To Women In Leadership.

http://www.guide2womenleaders.com/index.htm

Wyden, Peter. *Bay of Pigs, The Untold Story*. New York: Simon And Schuster, 1979.

*Zapatista Women * Mujeres Zapatistas*.

(http://www.actlab.utexas.edu/~geneve/zapwomen/enter.html).

La Dra. Priscilla Gac-Artigas es profesora en el Departamento de Lenguas Extranjeras de la Universidad de Monmouth en Nueva Jersey, departamento del que fue directora del 2002 al 2008. Especialista en literatura hispanoamericana, es la editora desde 1998 de la página en la red *Reflexiones, ensayos sobre escritoras hispanoamericanas contemporáneas*, enciclopedia virtual con la bio-bibliografía y ensayos críticos de alrededor de ochenta escritoras.

http://bluehawk.monmouth.edu/~pgacarti/index.html

Gac-Artigas es también autora de numerosos artículos publicados en revistas de los Estados Unidos, México y Europa. Igualmente ha participado en congresos de investigación en diferentes países y ha sido invitada como oradora a encuentros de creación literaria junto a escritoras de la talla de Gioconda Belli, Angélica Gorodischer y Nancy Morejón.

Ha publicado

Libros de texto:

¡A la perfección! Para dominar la mecánica de la escritura Nueva Jersey: ENE-Academic Press, nov. 2008. ISBN: 1-930879-55-5
Cuaderno de ejercicios, ISBN 1-930879-56-3

Nos tomamos la palabra, Antología crítica de textos de 28 escritoras latinoamericanas contemporáneas. Reader. Nueva Jersey: ENE-Academic Press, sept. 2005. Editora. ISBN: 1-930879-41-5

Tabla de contenido

Reflexiones, ensayos sobre escritoras hispanoamericanas contemporáneas, 2 Vols., Madrid, España: Sánchez & Sierra Editores, 2003/2006. Primera edición, Nueva Jersey: Ediciones Nuevo Espacio, Colección Academia, 2002. Editora y colaboradora. Reseñado en *Críticas*, an "English speaker's guide to the latest Spanish language titles" asociada a *The Library Journal* y *Publishers Weekly*:

"The topics within these essays are as rich and diverse as the list of writers. . . . [T]he essays in these collections illuminate and open new research perspectives. Highly recommended for academic and public libraries with strong collections of Latin American women writers". Lourdes Vázquez, Rutgers University, New Brunswick, NJ. *Críticas*: Vol. 2, # 5: pp 56-57, September-October, 2002.

Reseñado también en: *The Hispanic Outlook in Higher Education*. Volumen 14, Número 10, febrero 23, 2004: 54; y en *Hispania*, marzo 2004.

3. *Directo al grano: a Complete Reference Manual for Spanish Grammar*, New Jersey: Prentice Hall, College Division, November 1999, To the Point Books, First Ed., 1996, Second Ed., 1997.

4. *Sans Détour: a Complete Reference Manual for French Grammar*, New Jersey: Prentice Hall, College Division, November 1999. To the Point Books, First Ed., 1996, Second Ed., 1997.

5. *To the Point: inglés para hispanohablantes*, New Jersey: To the Point Books, First Ed., 1996, Second Ed., 1997.

Ficción:
Melina, conversaciones con el ser que serás. Nueva Jersey: Ediciones Nuevo Espacio, 2000.

En preparación: *Cuentos para despertar a la vida* (colección de cuentos para niños).